JOSÉ LUIZ DE MOURA
FALEIROS JÚNIOR

JOÃO VICTOR
ROZATTI LONGHI

RODRIGO
GUGLIARA

COORDENADORES

PROTEÇÃO DE DADOS PESSOAIS NA SOCIEDADE DA INFORMAÇÃO

ENTRE DADOS E DANOS

AUTORES

ANA CRISTINA de Melo Silveira . **ARISTIDES** Tranquillini Neto . **ARTHUR** Pinheiro Basan . **CAIO CÉSAR** do Nascimento Barbosa . **CARLOS EDISON** do Rêgo Monteiro Filho . **CÍCERO** Dantas Bisneto **CÍNTIA ROSA** Pereira de Lima . **CLÁUDIA** Bressler . **CRISTIANO** Colombo . **GABRIEL** Oliveira de Aguiar Borges . **GLAYDER** Daywerth Pereira Guimarães . **GUILHERME** Magalhães Martins . **GUSTAVO** Xavier de Camargo . **ISADORA** Formenton Vargas . **JOÃO VICTOR** Rozatti Longhi . **JOSÉ FERNANDO** Simão . **JOSÉ LUIZ** de Moura Faleiros Júnior . **MARIELLA** Pittari . **MICHAEL CÉSAR** Silva . **NELSON** Rosenvald . **PEDRO** Modenesi . **PIETRA** Daneluzzi Quinelato . **RAFAEL** Mott Farah . **RAFAELLA** Nogaroli . **ROBERTA** Densa . **RODRIGO** da Guia Silva . **RODRIGO** Gugliara . **ROGER** Vieira Feichas

2021 © Editora Foco

Coordenadores: José Luiz de Moura Faleiros Júnior, João Victor Rozatti Longhi e Rodrigo Gugliara
Autores: Ana Cristina de Melo Silveira, Aristides Tranquillini Neto, Arthur Pinheiro Basan, Caio César do Nascimento Barbosa, Carlos Edison do Rêgo Monteiro Filho, Cícero Dantas Bisneto, Cíntia Rosa Pereira de Lima, Cláudia Bressler, Cristiano Colombo, Gabriel Oliveira de Aguiar Borges, Glayder Daywerth Pereira Guimarães, Guilherme Magalhães Martins, Gustavo Xavier de Camargo, Isadora Formenton Vargas, João Victor Rozatti Longhi, José Fernando Simão, José Luiz de Moura Faleiros Júnior, Mariella Pittari, Michael César Silva, Nelson Rosenvald, Pedro Modenesi, Pietra Daneluzzi Quinelato, Rafael Mott Farah, Rafaella Nogaroli, Roberta Densa, Rodrigo da Guia Silva, Rodrigo Gugliara e Roger Vieira Feichas
Diretor Acadêmico: Leonardo Pereira
Editor: Roberta Densa
Assistente Editorial: Paula Morishita
Revisora Sênior: Georgia Renata Dias
Capa Criação: Leonardo Hermano
Diagramação: Ladislau Lima e Aparecida Lima
Impressão miolo e capa: FORMA CERTA

Dados Internacionais de Catalogação na Publicação (CIP) (Câmara Brasileira do Livro, SP, Brasil)

P967   Proteção de dados pessoais na sociedade da informação: entre dados e danos / Ana Cristina de Melo Silveira ... [etal. ; coordenado por João Victor Rozatti Longhi, José Luiz de Moura Faleiros Júnior, Rodrigo Gugliara. - Indaiatuba, SP : Editora Foco, 2021.
484 p. ; 17cm x 24cm.

Inclui índice e bibliografia.

ISBN: 978-65-5515-145-9

1. Direito. 2. Tecnologias da Informação e Comunicação (TICs). 3. Proteção de dados pessoais. 4. Responsabilidade civil. 5. Direito civil. 6. Direito Digital. I. Silveira, Ana Cristina de Melo. II. Tranquillini Neto, Aristides. III. Basan, Arthur Pinheiro. IV. Barbosa, Caio César do Nascimento. V. Monteiro Filho, Carlos Edison do Rêgo. VI. Dantas Bisneto, Cícero. VII. Lima, Cíntia Rosa Pereira de. VIII. Bressler, Cláudia. IX. Colombo, Cristiano. X. Borges, Gabriel Oliveira de Aguiar. XI. Guimarães, Glayder Daywerth Pereira. XII. Martins, Guilherme Magalhães. XIII. Camargo, Gustavo Xavier de. XIV. Vargas, Isadora Formenton. XV. Longhi, João Victor Rozatti. XVI. Simão, José Fernando. XVII. Faleiros Júnior, José Luiz de Moura. XVIII. Pittari, Mariella. XIX. Silva, Michael César. XX. Rosenvald, Nelson. XXI. Modenesi, Pedro. XXII. Quinelato, Pietra Daneluzzi. XXIII. Farah, Rafael Mott. XXIV. Nogaroli, Rafaella. XXV. Densa, Roberta. XXVI. Silva, Rodrigo da Guia. XXVII. Gugliara, Rodrigo. XXVIII. Feichas, Roger Vieira. XXIX. Título.

2020-2232   CDD 340.0285   CDU 34:004

Elaborado por Vagner Rodolfo da Silva - CRB-8/9410

Índices para Catálogo Sistemático:
1. Direito Digital 340.0285   2. Direito Digital 34:004

DIREITOS AUTORAIS: É proibida a reprodução parcial ou total desta publicação, por qualquer forma ou meio, sem a prévia autorização da Editora FOCO, com exceção do teor das questões de concursos públicos que, por serem atos oficiais, não são protegidas como Direitos Autorais, na forma do Artigo 8º, IV, da Lei 9.610/1998. Referida vedação se estende às características gráficas da obra e sua editoração. A punição para a violação dos Direitos Autorais é crime previsto no Artigo 184 do Código Penal e as sanções civis às violações dos Direitos Autorais estão previstas nos Artigos 101 a 110 da Lei 9.610/1998. Os comentários das questões são de responsabilidade dos autores.

NOTAS DA EDITORA:

Atualizações e erratas: A presente obra é vendida como está, atualizada até a data do seu fechamento, informação que consta na página II do livro. Havendo a publicação de legislação de suma relevância, a editora, de forma discricionária, se empenhará em disponibilizar atualização futura.

Erratas: A Editora se compromete a disponibilizar no site www.editorafoco.com.br, na seção Atualizações, eventuais erratas por razões de erros técnicos ou de conteúdo. Solicitamos, outrossim, que o leitor faça a gentileza de colaborar com a perfeição da obra, comunicando eventual erro encontrado por meio de mensagem para contato@editorafoco.com.br. O acesso será disponibilizado durante a vigência da edição da obra.

Impresso no Brasil (10.2020) – Data de Fechamento (10.2020)

2021

Todos os direitos reservados à
Editora Foco Jurídico Ltda.

Rua Nove de Julho, 1779 – Vila Areal
CEP 13333-070 – Indaiatuba – SP

E-mail: contato@editorafoco.com.br
www.editorafoco.com.br

SOBRE OS AUTORES

COORDENADORES

JOSÉ LUIZ DE MOURA FALEIROS JÚNIOR
Mestre em Direito pela Universidade Federal de Uberlândia – UFU. Especialista em Direito Processual Civil, Direito Civil e Empresarial, Direito Digital e *Compliance*, com extensão pela University of Chicago. Pesquisador do Grupo de Estudos em Direito Digital da Universidade Federal de Uberlândia – UFU. Membro do Instituto Avançado de Proteção de Dados – IAPD. Associado do Instituto Brasileiro de Estudos de Responsabilidade Civil – IBERC. Advogado.

JOÃO VICTOR ROZATTI LONGHI
Defensor Público no Estado do Paraná. Professor visitante do PPGD da Universidade Estadual do Norte do Paraná – UENP e de Graduação do Centro de Ensino Superior de Foz do Iguaçu – CESUFOZ. Pós-Doutor em Direito pela Universidade Estadual do Norte do Paraná – UENP. Doutor em Direito Público pela Faculdade de Direito da Universidade de São Paulo – USP/Largo de São Francisco. Mestre em Direito Civil pela Faculdade de Direito da Universidade do Estado do Rio de Janeiro – UERJ.

RODRIGO GUGLIARA
Especialista em Direito Digital e *Compliance* pela Faculdade Damásio de Jesus. Técnico em Informática. Professor Assistente no Lab de Inovação da Faculdade de Direito de São Bernardo do Campo. Autor de artigos em Direito Digital. Assistente Judiciário no Tribunal de Justiça do Estado de São Paulo.

AUTORES

ANA CRISTINA MELO SILVEIRA
Doutoranda em Direito Privado pela Pontifícia Universidade Católica de Minas Gerais – PUC Minas. Mestre em Proteção dos Direitos Fundamentais pela Universidade de Itaúna – UIT. Pesquisadora bolsista pela CAPES. Especialista em Direito Processual Civil pela Pontifícia Universidade Católica de São Paulo – PUC/SP. Professora, Revisora de obras jurídicas e trabalhos acadêmicos. Parecerista da Revista do Instituto Brasileiro de Estudos de Responsabilidade Civil – IBERC.

ARISTIDES TRANQUILLINI NETO
Bacharel em Direito pela Pontifícia Universidade Católica de São Paulo – PUCSP, com extensões no Sistema Legal dos Estados Unidos pela Universidade de Yale, em Propriedade Intelectual pela Universidade de Stanford e Direito Digital pela Fundação Getúlio Vargas – FGV. Atualmente atua como Especialista no Departamento Jurídico do Grupo UOL.

ARTHUR PINHEIRO BASAN
Doutorando em Direito pela Universidade do Vale do Rio dos Sinos – UNISINOS, Mestre em Direito pela Faculdade de Direito Prof. Jacy de Assis, da Universidade Federal de Uberlândia – UFU. Pós-graduado em Direito Constitucional Aplicado pela Faculdade Damásio. Associado Titular do Instituto Brasileiro de Estudos de Responsabilidade Civil – IBERC. Professor Adjunto na Universidade de Rio Verde – UNIRV.

CAIO CÉSAR DO NASCIMENTO BARBOSA
Graduando em Direito pela Escola Superior Dom Helder Câmara (curso Direito Integral). Integrante sênior no Grupo de Iniciação Científica "Responsabilidade Civil: Desafios e perspectivas dos novos danos na sociedade contemporânea" da Escola Superior Dom Helder Câmara.

CARLOS EDISON DO RÊGO MONTEIRO FILHO
Professor Titular e ex-coordenador do Programa de Pós-Graduação em Direito da Faculdade de Direito da Universidade do Estado do Rio de Janeiro – UERJ. Doutor em Direito Civil e Mestre em Direito da Cidade pela UERJ. Procurador do Estado do Rio de Janeiro. Presidente do Fórum Permanente de Direito Civil da Escola Superior de Advocacia Pública da PGE-RJ (ESAP). Vice-presidente do Ins-

tituto Brasileiro de Estudos de Responsabilidade Civil – IBERC). Advogado, parecerista em temas de direito privado.

CÍCERO DANTAS BISNETO
Doutorando em Direito Civil pela Universidade de São Paulo – USP). Mestre em Direito Civil pela Universidade Federal da Bahia – UFBA. Especialista em Direito Civil pela Universidade Federal da Bahia – UFBA. Graduado em Direito pela Universidade Federal da Bahia – UFBA. Ex-Procurador do Estado de São Paulo. Atualmente, é Juiz de Direito do Tribunal de Justiça do Estado da Bahia – TJBA e Juiz Eleitoral do TRE-BA. Tem experiência na área de Direito, com ênfase em Direito Civil e Processual Civil. Associado Titular do IBERC.

CÍNTIA ROSA PEREIRA DE LIMA
Professora de Direito Civil da Faculdade de Direito da USP Ribeirão Preto – FDRP. Doutora em Direito Civil pela Faculdade de Direito da USP com estágio na Ottawa University (Canadá) com bolsa CAPES - PDEE - Doutorado Sanduíche e livre-docente em Direito Civil Existencial e Patrimonial pela Faculdade de Direito de Ribeirão Preto (USP). Pós-Doutora em Direito Civil na Università degli Studi di Camerino (Itália) com fomento FAPESP e CAPES. Líder e Coordenadora dos Grupos de Pesquisa *"Tutela Jurídica dos Dados Pessoais dos Usuários da Internet"* e *"Observatório do Marco Civil da Internet"*, cadastrados no Diretório de Grupos de Pesquisa do CNPq. Presidente do Instituto Avançado de Proteção de Dados – IAPD. Associada Titular do Instituto Brasileiro de Estudos de Responsabilidade Civil – IBERC e membro fundador do Instituto Brasileiro de Direito Contratual – IBDCONT. Advogada.

CLÁUDIA BRESSLER
Especialista em Direito Processual Civil e Direito do Trabalho pela Universidade do Vale do Rio dos Sinos – UNISINOS. LL.M. em Direito Empresarial pela Fundação Getúlio Vargas – FGV.

CRISTIANO COLOMBO
Pós-Doutor em Direito, Pontifícia Universidade Católica do Rio Grande do Sul – PUCRS. Doutor e Mestre em Direito, Programa de Pós-Graduação em Direito da Universidade Federal do Rio Grande do Sul – UFRGS. Professor Permanente do Mestrado Profissional em Direito da Empresa e dos Negócios da UNISINOS; Professor de graduação em Direito e Relações Internacionais da UNISINOS; Professor de Graduação em Direito das Faculdades Integradas São Judas Tadeu.

GABRIEL OLIVEIRA DE AGUIAR BORGES
Mestre e bacharel em Direito pela Universidade Federal de Uberlândia – UFU. Especialista em Direito Processual Civil pela Faculdade Damásio (SP) e pós-graduando em Direito Digital e *Compliance* pelo IBMEC (SP). Possui curso de inglês jurídico pela *Oxford Brookes University* (Inglaterra). Ex-presidente da Liga de Direito e Negócios de Uberlândia (MG). Professor de Direito Civil e membro do Comitê de Ética em Pesquisa, do Centro Universitário do Triângulo – UNITRI/MG. Advogado militante na área contratual, empresarial e digital.

GLAYDER DAYWERTH PEREIRA GUIMARÃES
Graduando em Direito pela Escola Superior Dom Helder Câmara (Curso Direito Integral). Integrante sênior no Grupo de Iniciação Científica "Responsabilidade Civil: Desafios e perspectivas dos novos danos na sociedade contemporânea" da Escola Superior Dom Helder Câmara.

GUILHERME MAGALHÃES MARTINS
Promotor de Justiça titular da 5ª Promotoria do Consumidor e Contribuinte da Capital – Rio de Janeiro. Professor associado de Direito Civil da Faculdade Nacional de Direito - Universidade Federal do Rio de Janeiro – UFRJ. Professor permanente do Doutorado em Direito, Instituições e Negócios da Universidade Federal Fluminense – UFF. Doutor em Direito Civil (2006), Mestre em Direito Civil (2001) e Bacharel (1994) pela Faculdade de Direito da Universidade do Estado do Rio de Janeiro - UERJ. Pós-doutorando em Direito Comercial pela Faculdade de Direito da Universidade de São Paulo – USP/Largo de São Francisco. É professor adjunto (licenciado) da Faculdade de Direito da Universidade Cândido Mendes-Centro. Foi professor visitante do Mestrado e Doutorado em Direito e da Graduação em Direito da Universidade do Estado do Rio de Janeiro – UERJ (2009-2010). Membro Honorário do Instituto dos Advogados Brasileiros – IAB NACIONAL, junto à Comissão de Direito do Consumidor. Diretor do BRASILCON, Diretor institucional do IBERC e associado do IBDFAM.

SOBRE OS AUTORES

GUSTAVO XAVIER DE CAMARGO
Mestre em Direito pela Universidade Federal de Santa Catarina – UFSC. Bacharel em Ciência da Computação pela Universidade Estadual de Campinas – UNICAMP. MBA Executivo pelo Insper. Pós-graduado (*lato sensu*) em Direito Digital e *Compliance* pela Faculdade Damásio.

ISADORA FORMENTON VARGAS
Mestre em Argumentação Jurídica pela Universidad de Alicante, Espanha, e pela Università degli Studi di Palermo, Itália. Mestranda e Graduada, com láurea, em Direito pela Universidade Federal do Rio Grande do Sul – UFRGS. Assessora do Procurador-Geral do MPC (TCE/RS).

JOÃO VICTOR ROZATTI LONGHI
Pós-Doutor em Direito pela Universidade Estadual do Norte do Paraná – UENP. Doutor em Direito Público pela Faculdade de Direito da Universidade de São Paulo – USP/Largo de São Francisco. Mestre em Direito Civil pela Faculdade de Direito da Universidade do Estado do Rio de Janeiro – UERJ. Professor visitante do PPGD da Universidade Estadual do Norte do Paraná – UENP e de Graduação do Centro de Ensino Superior de Foz do Iguaçu – CESUFOZ. Defensor Público no Estado do Paraná.

JOSÉ FERNANDO SIMÃO
Livre-docente, doutor e mestre pela faculdade de direito da Universidade de São Paulo. Professor Associado do Departamento de Direito civil da Faculdade de Direito da USP – Largo de São Francisco. Segundo Secretário do IBDCONT. Presidente do conselho consultivo do IBRADIM. Advogado e parecerista.

JOSÉ LUIZ DE MOURA FALEIROS JÚNIOR
Mestre em Direito pela Universidade Federal de Uberlândia – UFU. Especialista em Direito Processual Civil, Direito Civil e Empresarial, Direito Digital e *Compliance*, com extensão pela University of Chicago. Pesquisador do Grupo de Estudos em Direito Digital da Universidade Federal de Uberlândia – UFU. Associado Fundador do Instituto Avançado de Proteção de Dados – IAPD. Associado do Instituto Brasileiro de Estudos de Responsabilidade Civil – IBERC. Advogado.

MARIELLA PITTARI
Mestre em Direito pela Cornell University, em Ithaca, Nova Iorque, Estados Unidos. Especialista em Direito Público. Graduada em Direito pela Universidade Federal da Bahia – UFBA. Defensora Pública no Estado do Ceará.

MICHAEL CÉSAR SILVA
Doutor e Mestre em Direito Privado pela Pontifícia Universidade Católica de Minas Gerais. Especialista em Direito de Empresa pela Pontifícia Universidade Católica de Minas Gerais. Professor da Escola Superior Dom Helder Câmara. Líder do Grupo de Iniciação Científica "Responsabilidade Civil: Desafios e perspectivas dos novos danos na sociedade contemporânea" da Escola Superior Dom Helder Câmara. Membro do Instituto Brasileiro de Estudos de Responsabilidade Civil – IBERC. Advogado. Mediador Judicial credenciado pelo Tribunal de Justiça de Minas Gerais.

NELSON ROSENVALD
Professor do corpo permanente do Doutorado e Mestrado do IDP/DF. Procurador de Justiça do Ministério Público de Minas Gerais. Pós-Doutor em Direito Civil na *Università Roma Tre* (IT-2011). Pós-Doutor em Direito Societário na Universidade de Coimbra (PO-2017). *Visiting Academic Oxford University* (UK-2016/17). Professor Visitante na Universidade Carlos III (ES-2018). Doutor e Mestre em Direito Civil pela Pontifícia Universidade Católica de São Paulo – PUC/SP. Presidente do Instituto Brasileiro de Estudos de Responsabilidade Civil – IBERC.

PEDRO MODENESI
Mestre em Direito Civil pela Universidade do Estado do Rio de Janeiro – UERJ. Bacharel em Direito pela Pontifícia Universidade Católica do Rio de Janeiro – PUC-Rio. É autor de artigos publicados em revistas científicas e coautor de livros, na área jurídica. Professor de disciplinas jurídicas em cursos de pós-graduação. Pesquisador da área de Direito e tecnologia da informação. Foi assessor jurídico da 2ª Promotoria de Justiça Cível da Capital no Ministério Público do Estado do Rio de Janeiro (2013-2018). Advogado.

PIETRA DANELUZZI QUINELATO
Mestranda e Graduada em Direito pela Faculdade de Direito de Ribeirão Preto – FDRP/USP. Membro do grupo de estudos de Concorrência e Inovação

da FDRP/USP e do grupo de Lei, Direito e Moda da mesma instituição. Membro da Comissão "Estudos em Direito da Moda" da OAB/SP. Editora do portal jurídico "More Brands and Fashion" (www.morebrandsandfashion.com). Professora convidada da Escola Superior de Advocacia – ESA/SP e do curso online Trilhante em Direito da Moda. Advogada com militância em temas relacionados a propriedade intelectual e inovação em São Paulo/SP.

RAFAEL MOTT FARAH
Especialista em Direito Processual Civil pela Pontifícia Universidade Católica de São Paulo – PUC/SP. Graduado em Direito pela Universidade Presbiteriana Mackenzie. Advogado e sócio-fundador do escritório MFGM Advogados, com atuação voltada para a área do direito digital.

RAFAELLA NOGAROLI
Pós-graduanda em Direito Médico pelo Centro Universitário Curitiba – UNICURITIBA e em Direito Aplicado pela Escola da Magistratura do Paraná – EMAP. Especialista em Direito Processual Civil pelo Instituto de Direito Romeu Felipe Bacellar. Coordenadora do grupo de pesquisas em "Direito da Saúde e Empresas Médicas" – UNICURITIBA, ao lado do prof. Miguel Kfouri Neto. Membro do Instituto Brasileiro de Estudos de Responsabilidade Civil – IBERC. Assessora de Desembargador no Tribunal de Justiça do Estado do Paraná.

ROBERTA DENSA
Doutora em Direitos Difusos e Coletivos pela Pontifícia Universidade Católica de São Paulo – PUC/SP), mestre em Direito Político e Econômico pela Universidade Presbiteriana Mackenzie, especialista em Direito das Obrigações, Contratos e Responsabilidade Civil pela Escola Superior de Advocacia, graduada em Direito pela Universidade Presbiteriana Mackenzie. Professora de Direito Civil e Direitos Difusos e Coletivos. Editora Jurídica na Editora Foco. Foi editora responsável pelos conteúdos das obras jurídicas publicadas pela editora Atlas e editora executiva de aquisições e novos projetos da Editora Saraiva. Professora contratada da Faculdade de Direito de São Bernardo do Campo.

RODRIGO DA GUIA SILVA
Doutorando e Mestre em Direito Civil pela Universidade do Estado do Rio de Janeiro – UERJ. Membro do Instituto Brasileiro de Direito Civil – IBDCivil, do Instituto Brasileiro de Estudos de Responsabilidade Civil – IBERC e do Instituto Brasileiro de Direito Contratual – IBDCont. Pesquisador da Clínica de Responsabilidade Civil da UERJ. Advogado.

RODRIGO GUGLIARA
Especialista em Direito Digital e *Compliance* pela Faculdade Damásio de Jesus. Técnico em Informática. Professor Assistente no Lab de Inovação da Faculdade de Direito de São Bernardo do Campo. Autor de artigos em Direito Digital. Assistente Judiciário no Tribunal de Justiça do Estado de São Paulo.

ROGER VIEIRA FEICHAS
Defensor Público no Estado de Minas Gerais. Pós-Graduado em Direito Público. Lecionou as matérias de Direito do Consumidor e Direito Processual Civil na Faculdade de São Lourenço. Tem experiência na área de Direito Processual Coletivo. Ex-Assessor de Juiz oficiando junto à 1ª Vara Cível e Turma Recursal Cível e Criminal da Comarca de Itajubá/MG. Ex-Assessor de Juiz oficiando perante a 2ª Vara Cível da Comarca de Pouso Alegre/MG.

"Algoritmos não estão imunes ao problema fundamental da discriminação, em que suposições negativas e infundadas cristalizam-se em preconceitos. Eles são programados por seres humanos, cujos valores estão incorporados em seu software. E eles muitas vezes usarão dados presos ao mais humano dos preconceitos."

— **Frank Pasquale**

The black box society (2015), p. 38, tradução livre

AGRADECIMENTOS

Os agradecimentos são sem sombra de dúvida o capítulo mais importante de qualquer livo.

Primeiramente a Deus, com a convicção de que os caminhos que se entrelaçaram para que todos conseguissem concretizar esta obra são frutos de um planejamento sofisticado... de "algoritmos" muito além de nossa inteligência.

Agradecemos às nossas famílias, que suportam horas de trabalho solitário de quem procura contribuir com a ciência e com isso, infelizmente, sacrifica o tão precioso tempo com a família.

Palavras especiais aos amigos João Victor, que plantou uma das frutíferas sementes do Direito Digital quando professor da Universidade Federal de Uberlândia-MG, aglutinando pesquisadores como Arthur Basan, hoje brilhando na UNISINOS e na UNIRV; Gabriel Borges (ou "OAB"), aprovado em 1º lugar do doutorado da Mackenzie; José Faleiros Jr., coordenando todas as *lives* e webinars que muito contribuem com a academia jurídica nacional via Instituto Brasileiro de Estudos de Responsabilidade Civil – IBERC, juntamente com as queridíssimas Rafaella Nogaroli – UniCuritiba/TJPR – e Roberta Densa – PUC-SP –, apoiadora de sempre em projetos na Editora Foco.

Ainda, ao IBERC, gratidão especial ao fundador e presidente, Professor Rosenvald, por sua generosidade, humildade e carisma inconfundíveis, capazes de amealhar ideias de brilhantes amigos como Cícero Dantas Bisneto – USP/UFBA e TJBA; Ana Cristina Melo Silveira – PUC-Minas; Rodrigo da Guia –UERJ/IBDCivil; Pedro Modenesi – PUC-RJ/UERJ, companheiro desde o mestrado; Carlos Edison do Rêgo Monteiro Filho ("Caé"), Professor Titular e referência em Responsabilidade Civil da UERJ e da PGE-RJ; Guilherme Magalhães Martins, mestre de todos nós na UERJ/UFRJ e MPRJ, e hoje pós-doutorando na Universidade de São Paulo, instituição que nos brinda com Cíntia Rosa – FDRP/FD-USP e fundadora do Instituto Avançado de Proteção de Dados – IAPD.

De São Paulo, agradecimentos especiais a José Fernando Simão, Livre-docente da USP e Presidente do conselho consultivo do IBRADIM, que além de ímpar doutrinador, também demonstrou grande humanidade ao sequer hesitar quando do convite para nos brindar com um texto para a obra; Rafael Farah – PUC-SP/Mackenzie e MFGM Advogados, que acompanhou de perto toda a evolução do projeto até a publicação da obra; Aristides Tranquillini Neto – PUC/FGV-SP e Grupo UOL; Pietra Quinelato – FDRP/USP e Curso Trilhante; e Rodrigo Gugliara – Direito São Bernardo/SP e TJSP, co-coordenador e aglutinador de excelentes e brilhantes ideias para esse projeto.

Do Rio Grande do Sul e Santa Catarina, Cláudia Bressler – UNISINOS/Fundação Getúlio Vargas; Cristiano Colombo – UNISINOS/São Judas Tadeu; Gustavo Xavier – UFSC/UNICAMP; Isadora Formenton - Universidade de Alicante, Esp./Università degli Studi di Palermo, Itália.

De Belo Horizonte, Michael César Silva – PUC/MG, Professor e líder de pesquisas na Escola Superior Dom Helder Câmara, juntamente com Caio Barbosa e Glayder Guimarães, pesquisadores e diletos alunos da instituição.

Por fim, aos amigos do "Defensoria Tech", Mariella Pittari – Cornell University, EUA e DPCE, e Roger Feichas – DPE-MG, pela preocupação com os "cybervulneráveis".

A todos e a cada um, muito obrigado.

Belo Horizonte, Foz do Iguaçu, São Paulo, setembro de 2020.

José Luiz de Moura Faleiros Júnior
João Victor Rozatti Longhi
Rodrigo Gugliara

NOTA DE APRESENTAÇÃO

A sociedade da informação se manifesta com toda a sua potencialidade nesses tempos hodiernos e, com o avanço incessante da tecnologia, novos desafios se apresentam aos operadores do direito na medida em que as Tecnologias da Informação e Comunicação (TICs) desempenham seu papel de forças-motrizes das transformações contemporâneas. Noutras palavras, a tecnologia deixa de se apresentar como um elemento autônomo e desconectado da sociedade, da economia, da cultura e do direito, e passa a constituir o próprio amálgama das inter-relações individuais – ressignificadas a largos passos.

A tecnologia tem o potencial de alterar a adequação dos regimes de responsabilidade civil diante dos desafios tecnológicos, e compreender alguns desses fenômenos e os impactos sociais que acarretam foi a proposta que culminou na obra "*Proteção de dados pessoais na sociedade da informação: entre dados e danos*", na qual estão reunidos 23 (vinte e três) trabalhos redigidos por profissionais de elevada qualificação, representando as mais diversas interfaces entre as possibilidades e os desafios para a conjugação desse universo em que a proteção de dados ganha relevância ímpar e a necessidade de constante reforço a um dos mais clássicos institutos do direito: a responsabilidade civil.

Iniciando os trabalhos, no capítulo intitulado "*Danos a dados pessoais: fundamentos e perspectivas*", Carlos Edison do Rêgo Monteiro Filho e Nelson Rosenvald analisam a potencialidade lesiva que há no tratamento indevido dos dados pessoais, ressaltando seu potencial avassalador, sobretudo à luz das transformações tecnológicas mais recentes e da jurisprudência mais atualizada, salientando que caberá aos juristas, estudiosos do direito de danos e das novas tecnologias, a árdua tarefa de construir um sistema de responsabilidade civil adequado que, ao mesmo tempo que possibilite a efetiva prevenção e a reparação dos danos residualmente sofridos, permita o pleno desenvolvimento das tecnologias emergentes que tanto beneficiarão a sociedade.

Na sequência, em "*O Estado entre dados e danos: uma releitura da teoria do risco administrativo na sociedade da informação*", José Luiz de Moura Faleiros Júnior se dedica à revisitação da teoria fundante da responsabilidade civil do Estado, anunciando que a legalidade hermética precisa se acoplar à governança pública efetiva para que o descompasso entre inovação e regulação seja atenuado, evitando o surgimento de lacunas perigosas e aviltantes, na medida em que o *compliance* digital pode ser a 'régua' definidora de critérios e parâmetros mais flexíveis para a definição de violações a deveres no desempenho das atividades estatais, em sintonia com os variados graus de complexidade que as atividades relacionadas a dados exijam para que não se permita a 'subjetivação' do debate, com o retorno da superada discussão sobre culpa administrativa ('*faute du service*'), e também não se avance rumo à defesa do risco integral.

O terceiro capítulo da obra, intitulado "*Inteligência Artificial e proteção de dados no Poder Judiciário: reflexões sobre o alcance da tutela reparatória*", é assinado por Isadora Formenton Vargas e, com profundidade, a autora explora cenários e desafios possíveis para uma dogmática preventiva direcionada a incitar o debate acadêmico em torno da inteligência artificial, para que se identifique, inicialmente, seu campo de aplicação, e, a partir disso, suas principais implicações, a fim de prever determinadas consequência para evitá-las, e enfrentar situações para resolvê-las, buscando contribuir para a reflexão sobre a tutela de remoção do ilícito e, também, do alcance da tutela reparadora, no que se refere à aplicação da inteligência artificial aplicada ao Poder Judiciário.

O quarto capítulo, "*Privacy by design e código digital: a tecnologia a favor de direitos e valores fundamentais*", do autor Pedro Modenesi, analisa a *privacy by design* e sua incorporação à ordem jurídica brasileira, bem como sua inclusão na agenda para o desenvolvimento de tecnologias da informação e das comunicações (TICs), com a realização do *technological enforcement*, já verificado nos *smart contracts* (contratos inteligentes) via rede *blockchain*, com potencial de conduzir a proteção de dados pessoais a patamar autoexecutável, pelo próprio sistema tecnológico, mas trazendo desafios diversos, de ordens técnica, regulatória e mercadológica, que devem ser superados a partir de atualizadas formas de tutela e promoção de direitos individuais e difusos fundamentais para o desenvolvimento da pessoa humana, que é o âmago da sociedade contemporânea da informação.

Avançando, no capítulo intitulado "*Responsabilidade civil, acidente de consumo e a proteção do titular de dados na Internet*", Guilherme Magalhães Martins explora como o advento da Lei Geral de Proteção de Dados Pessoais inseriu um novo elemento ao microssistema de proteção que já rege as relações jurídicas na *web*, destacando que, embora o artigo 45 da lei faça remissão ao Código de Defesa do Consumidor como fonte adequada à tutela das relações de consumo que envolvem dados, sua incidência não tem o condão de afastar ou mitigar a cogência da LGPD quanto à tutela de acidentes de consumo baseados na malversação de dados pessoais, em exemplos como a prática espúria denominada "*profiling*", quando haja desvio da finalidade original de coleta e a subversão do *Big Data* a partir da discriminação algorítmica, o que reforça a conclusão de que o diálogo de fontes é um caminho necessário e profícuo à solução dos desafios impostos ao direito do consumidor nesse novo ambiente.

Ainda na seara consumerista, em "*Novas tecnologias na publicidade: o assédio de consumo como dano*", o autor Arthur Pinheiro Basan retoma seus estudos quanto ao *habeas mente*, como garantia contra *spams* e demais publicidades virtuais que utilizam dados pessoais da pessoa conectada em rede, enquanto esta promove a sua vida virtual, para impor publicidades direcionadas e não solicitadas, assediando ao consumo e, consequentemente, perturbando o sossego dos consumidores, o que desafia o Estado ao cumprimento dos deveres de proteção que lhe são impostos, em especial frente aos problemas que surgem com as novas tecnologias de informação e comunicação diante das publicidades importunadoras, que se aproveitam de dados pessoais (às vezes, até de dados sensíveis), com técnicas de *neuromarketing*, para assediar ao consumo.

No sétimo texto da obra, intitulado "*Responsabilidade civil no âmbito empresarial pela publicidade parasitária nas plataformas de busca*", Rafael Mott Farah estuda como as inovações quebram antigos paradigmas, o que faz com que o operador do direito tenha que se atualizar para acompanhar a nova realidade, trazendo à tona debates importantes como o que diz respeito à responsabilidade dos provedores de busca pela regra do artigo

19 do Marco Civil da Internet, eminentemente limitadora, quanto aos conteúdos gerados por terceiros, realçando o fato de que esses mesmos provedores auferem lucros, com a venda das palavras-chave, que são potencializos em duas frentes: além de economizar com mão de obra ou com a criação de filtros tecnológicos, aumentam sua receita mediante o leilão das palavras-chave mais concorridas.

Prosseguindo, no capítulo "*1984 no século XXI? Um estudo sobre a (i)legalidade de o Estado saber a localização das pessoas por meio do celular*", o autor Gabriel Oliveira de Aguiar Borges se reporta ao clássico literário de George Orwell e aos filmes da série Guerra nas Estrelas, ou *Star Wars*, para ilustrar um problema hodierno e que se amplificou com a pandemia da COVID-19: os riscos de se colocar poderes excessivos sob a égide do Estado, eis que violações a direitos, ainda mais em tempos de crise sanitária, podem representar ilegalidades, e até inconstitucionalidades, não só para fins de enfrentamento da pandemia, mas em qualquer situação.

O nono capítulo da obra, "*Responsabilidade civil do administrador de grupos de WhatsApp: as categorias clássicas resolvem a questão?*", de autoria de José Fernando Simão, confronta um precedente curioso da jurisprudência brasileira às categorias tradicionais do direito civil, mormente aos elementos da responsabilidade civil, para investigar sua suficiência frente aos danos causados no aplicativo de mensagens de texto WhatsApp, que, em sua visão, não decorrem da existência de mensagens ofensivas em si, postadas por integrantes de grupos da referida plataforma, pois, se assim fosse, estar-se-ia imputando a responsabilidade por ato de terceiro, o que ofende a lógica do sistema jurídico brasileiro; há que se investigar, efetivamente, a responsabilidade por omissão quando o grupo não é encerrado, extinto, o que permite sensível redução do dano, já que as mensagens ofensivas, se não desaparecem, deixam de produzir efeitos, evitando o surgimento de novos prejuízos.

No capítulo subsequente, intitulado "*Os perfis falsos em redes sociais e a responsabilidade civil dos provedores de aplicação*", João Victor Rozatti Longhi averigua a responsabilidade civil por danos à pessoa humana pelo uso de perfis falsos em sites de redes sociais, partindo da delimitação do potencial de estruturas comunicativas dispostas em redes descentralizadas, na medida em que, embora sejam elas de uso corrente, o conceito ordinário de "rede social" tem pouca relevância para a delimitação do objeto de estudo sob a ótica jurídica, de modo que a configuração do dano moral deve ser aferida pela análise do caso concreto, uma vez que a proteção integral da vítima, neste ,âmbito atende a particularidades especiais.

A seguir, em "*A alquimia do século XXI: pirâmides de criptomoedas*", Mariella Pittari parte da descentralização advinda do *blockchain* para explorar o intrigante tema das pirâmides de criptomoedas – engendradas a partir de 'esquemas Ponzi' –, em que as vítimas lesadas dificilmente serão restituídas em suas perdas, pois os fundos arrecadados são transferidos aos que conceberam o esquema antes do êxito em seu bloqueio pelo Judiciário, impondo a adoção de técnicas algorítmicas baseadas em mineração de dados (*data mining*) para a detecção desses esquemas pelo rastreio de sites que oferecem indicativos de que o modelo de negócio é insustentável.

No capítulo seguinte, intitulado *"Dano moral pela violação à legislação de proteção de dados: um estudo de direito comparado entre a LGPD e o RGPD"*, Cícero Dantas Bisneto analisa a caracterização do dano moral nas hipóteses de violação à legislação de proteção de dados, contrastando as semelhanças e dessemelhanças entre as normatizações brasileira e europeia para analisar a legitimidade de pessoas jurídicas para demandar reparações por dano moral com fundamento em tais normas, além da antijuridicidade e dos critérios de imputação adequados à solução dos diversos litígios que podem advir da aplicação da legislação de proteção de dados, no intuito de demonstrar, ainda, que a LGPD deixou de prever um sistema de responsabilidade objetiva, eis que não há previsão expressa na legislação, bem como o tratamento de dados não se enquadra na cláusula geral estampada no parágrafo único do art. 927 do Código Civil de 2002.

No décimo-terceiro capítulo da obra, *"Compliance com a Lei Geral de Proteção de Dados como forma de evitar a responsabilização civil"*, o autor Aristides Tranquillini Neto busca demonstrar que não é intuito da LGPD apenas garantir a proteção dos dados pessoais, mas também estabelecer meios para que os titulares dos dados tenham relação mais transparente e direta com os controladores, concedendo as ferramentas necessárias para que possam exercer seus direitos a partir de parâmetros extraídos do *compliance* e de uma análise estruturada das previsões contidas na lei.

O trabalho seguinte, *"Danos morais coletivos e vazamentos de dados pessoais"*, é de autoria de Pietra Daneluzzi Quinelato e, como indica o título, está voltado ao dano moral coletivo. A tutela coletiva, investigada pela autora nos casos de vazamentos de dados, além de ter respaldo pela Lei 7.347/1985 (Lei da Ação Civil Pública) e nos artigos 81 e 104 do CDC, encontra respaldo nos artigos 22, 42, *caput* e §3º da LGPD, e é vista como um dos caminhos frequentes no Poder Judiciário, em razão do uso crescente de aplicações baseadas em *Big Data* pelas empresas que trabalham com dados, embora já se possa afirmar que há preocupação de vários atores da sociedade em garantir a tutela coletiva a um dano causado e, o mais importante, o *enforcement* na proteção aos dados pessoais.

No capítulo intitulado *"Ciberespaço e comunidade escolar: riscos em matéria de proteção de dados pessoais e implementação de novas práticas pelas instituições educacionais"*, Cláudia Bressler e Cristiano Colombo sinalizam a necessidade de adoção de práticas para as instituições de ensino na administração das interações que se dão por meio do ciberespaço, como: (i) uso de aplicações e plataformas cujos termos de uso sejam claros no que diz respeito ao uso e tratamento de dados implementado; (ii) oferta de meios para a educação digital em sentido amplo; (iii) a formação de docentes, não somente para o uso pedagógico das ferramentas e aplicações que acessam o ciberespaço; (iv) a revisão dos termos dos contratos de prestação de serviços em educação celebrados com alunos e seus responsáveis; (v) a revisão de contratos de trabalho de docentes e demais profissionais; (vi) o mapeamento de todas as interfaces existentes no tráfego de dados; (vii) o acompanhamento zeloso de todas as ações pedagógicas que se dão no ciberespaço.

Em *"Cyberbullying - entre estatísticas e danos: a vulnerabilidade de adolescentes na Internet"*, a autora Ana Cristina de Melo Silveira analisa que a sociedade contemporânea está cada vez mais inserida no mundo digital, sendo a interação social, pelos diversos formatos digitais disponíveis, uma tendência, em princípio, sem retorno. Realçando a função preventiva da responsabilidade civil, aponta a necessidade de sua análise para além da concepção sancionatória, que deve se pautar pela exploração de possibilidades que passem pela educação digital e por políticas de governança digital, sob enfoque multidisciplinar e mediante o envolvimento de diversos atores.

Avançando, no capítulo intitulado "*A responsabilidade civil dos influenciadores digitais em tempos de coronavírus*", os autores Caio César do Nascimento Barbosa, Glayder Daywerth Pereira Guimarães e Michael César Silva exploram como o delicado momento de pandemia do novo coronavírus afeta o mercado de consumo digital a partir de fenômenos como as "lives". A partir dos influxos da hiperconectividade, avaliam o papel dos influenciadores digitais nas redes sociais, em especial, em uma época onde muitos querem ditar padrões de comportamento, expor conteúdos e, essencialmente, participar desse novo mercado de consumo digital, em que são passíveis de responsabilização civil.

No décimo-oitavo capítulo, "*Para além das loot boxes: responsabilidade civil e novas práticas abusivas no mercado de games*", José Luiz de Moura Faleiros Júnior e Roberta Densa avaliam o peculiar mercado de *games* e seus impactos sobre as relações de consumo a partir do modelo das *loot boxes* e dos *gacha games* – estes visualizados na experiência japonesa. Analisam, nesse panorama, quatro práticas típicas e novas desse mercado – *framing*, *anchoring*, microtransações e *bundling* – e avaliam se são tuteláveis pelo Código de Defesa do Consumidor brasileiro, especialmente quando combinado transversalmente, em diálogo de fontes, com a Lei Geral de Proteção de Dados.

Prosseguindo, no capítulo intitulado "*Inteligência Artificial e Big Data no diagnóstico e tratamento de doenças: novos desafios ao dever de informação e à proteção de dados sensíveis*", Rodrigo da Guia Silva e Rafaella Nogaroli destacam que as benesses propiciadas pelo avanço tecnológico não devem ofuscar a atenção quanto os riscos subjacentes à sua incorporação pela prática médica, uma vez que há inegáveis riscos associados à revolução digital no setor da saúde, a demandar a formulação de possíveis diretrizes hermenêuticas voltadas a auxiliar o intérprete-aplicador do direito na árdua tarefa de assegurar a proteção dos direitos da pessoa humana face às novas tecnologias, sem inibir-lhes o contínuo desenvolvimento.

No capítulo "*Da adequação da Defensoria Pública à Lei Geral de Proteção de Dados*", o autor Roger Vieira Feichas ressalta que a Defensoria Pública segue uma dupla obrigação, a de estar em conformidade e a de exigir daqueles que tratem dados que também estejam, uma vez que a ela é dada a missão de atuar, também, na proteção de dados pessoais em prol de seus assistidos, atendendo às finalidades de proteção decorrentes dessa nova vulnerabilidade: a digital.

Mais adiante, a autora Cíntia Rosa Pereira de Lima, no capítulo intitulado "*Da invalidade da cláusula de não indenizar em matéria de proteção de dados*", explora o dever reparatório decorrente do ajuste de vontade nas cláusulas de não-indenizar à luz do imprescindível consentimento. E, transpondo essa discussão para o meio virtual, analisa a peculiar situação do titular dos dados pessoais, a quem, muitas vezes, não é dada efetiva oportunidade de ler os extensos textos das políticas de privacidade e de proteção de dados, não sendo destacadas as cláusulas restritivas de direitos, motivo que por si só já poderia acarretar a invalidade da cláusula de não-indenizar. A autora se reporta ao Código Civil, ao Código de Defesa do Consumidor, à Lei Geral de Proteção de Dados e à

Lei da Liberdade Econômica para reforçar que o acordo entre as partes se sustenta se os contratos forem paritários e que as políticas de privacidade e de proteção de dados são contratos de adesão ou condições gerais à contratação, em que as cláusulas são estabelecidas unilateralmente pelos agentes de tratamento de dados.

No capítulo "*Decisões judiciais computacionalmente fundamentadas: uma abordagem a partir do conceito de EXplainable Artificial Intelligence*", Gustavo Xavier de Camargo explora as aproximações entre os processos de decisão humano e computacional no que tange à forma como as decisões são concebidas, ressaltando que não há como estabelecer um comportamento ideal para o juiz, assim como não é possível garantir um modelo infalível de decisão computacional. O autor se dedica, em razão dessa premissa, à análise da influência de fatores externos à atividade jurisdicional e a seus impactos, que acarretam certo grau de incerteza quanto ao resultado final obtido e, consequentemente, também um certo grau de desconfiança quanto a este mesmo resultado, o que revela a importância crucial das técnicas computacionais que visam à inclusão de novo processo de aprendizagem de máquina dedicado à fundamentação das decisões.

Encerrando a obra, Rodrigo Gugliara explora "*Os critérios e elementos essenciais para fixação do quantum indenizatório nos crimes contra a honra praticados na Internet*". No texto, o autor trata da fixação do valor indenizatório de danos morais – tarefa, por si só, complexa; e, com base nisso, e considerando a inviabilidade de tarifação do dano moral, destaca que o Superior Tribunal de Justiça adotou o método bifásico, que consiste na utilização de casos semelhantes para que se delimite o valor base, viabilizando, a partir dessa estrutura, a segunda fase, em que são valoradas as circunstâncias do caso concreto. Nessa segunda fase, repleta de nuances e particularidades, está o objeto específico do estudo: a extensão do dano e sua quantificação nas indenizações decorrentes de crimes contra a honra cometidos no ambiente virtual.

A obra, em sua completude, traz substratos de diversos ramos do direito, entrelaçados às peculiaridades decorrentes da interação entre a responsabilidade civil e a proteção de dados pessoais. O esforço coletivo e colaborativo foi essencial e, por isso, expressamos nossos efusivos agradecimentos aos colegas autores que colaboraram para a concretização deste projeto, dele participando com excelentes textos. Outrossim, registramos nossa gratidão e nossos elogios à Editora Foco, que acreditou no projeto e nos propiciou grande maestria editorial, permitindo-nos levar nossas ideias, dúvidas, inquietações e proposições sobre o formidável Direito Digital adiante. Esperamos que a obra seja rico repositório de ideias e desejamos a todos uma agradável experiência de leitura!

Belo Horizonte, Foz do Iguaçu, São Paulo, setembro de 2020.

José Luiz de Moura Faleiros Júnior
João Victor Rozatti Longhi
Rodrigo Gugliara

SUMÁRIO

SOBRE OS AUTORES III

AGRADECIMENTOS
    José Luiz de Moura Faleiros Júnior, João Victor Rozatti Longhi e Rodrigo Gugliara... IX

NOTA DE APRESENTAÇÃO
    José Luiz de Moura Faleiros Júnior, João Victor Rozatti Longhi e Rodrigo Gugliara... XI

1. DANOS A DADOS PESSOAIS: FUNDAMENTOS E PERSPECTIVAS
    Carlos Edison do Rêgo Monteiro Filho e Nelson Rosenvald 1

2. O ESTADO ENTRE DADOS E DANOS: UMA RELEITURA DA TEORIA DO RISCO ADMINISTRATIVO NA SOCIEDADE DA INFORMAÇÃO
    José Luiz de Moura Faleiros Júnior 21

3. INTELIGÊNCIA ARTIFICIAL E PROTEÇÃO DE DADOS NO PODER JUDICIÁRIO: REFLEXÕES SOBRE O ALCANCE DA TUTELA REPARATÓRIA
    Isadora Formenton Vargas 49

4. *PRIVACY BY DESIGN* E CÓDIGO DIGITAL: A TECNOLOGIA A FAVOR DE DIREITOS E VALORES FUNDAMENTAIS
    Pedro Modenesi 61

5. RESPONSABILIDADE CIVIL, ACIDENTE DE CONSUMO E A PROTEÇÃO DO TITULAR DE DADOS NA INTERNET
    Guilherme Magalhães Martins 77

6. NOVAS TECNOLOGIAS NA PUBLICIDADE: O ASSÉDIO DE CONSUMO COMO DANO
    Arthur Pinheiro Basan 91

7. RESPONSABILIDADE CIVIL NO ÂMBITO EMPRESARIAL PELA PUBLICIDADE PARASITÁRIA NAS PLATAFORMAS DE BUSCA
    Rafael Mott Farah 125

8. 1984 NO SÉCULO XXI? UM ESTUDO SOBRE A (I)LEGALIDADE DE O ESTADO SABER A LOCALIZAÇÃO DAS PESSOAS POR MEIO DO CELULAR
    Gabriel Oliveira de Aguiar Borges 137

9. RESPONSABILIDADE CIVIL DO ADMINISTRADOR DE GRUPOS DE *WHATSAPP*: AS CATEGORIAS CLÁSSICAS RESOLVEM A QUESTÃO?
    José Fernando Simão 165

10. OS PERFIS FALSOS EM REDES SOCIAIS E A RESPONSABILIDADE CIVIL DOS PROVEDORES DE APLICAÇÃO
    João Victor Rozatti Longhi 175

11. A ALQUIMIA DO SÉCULO XXI: PIRÂMIDES DE CRIPTOMOEDAS
    Mariella Pittari 191

12. DANO MORAL PELA VIOLAÇÃO À LEGISLAÇÃO DE PROTEÇÃO DE DADOS: UM ESTUDO DE DIREITO COMPARADO ENTRE A LGPD E O RGPD
    Cícero Dantas Bisneto 217

13. *COMPLIANCE* COM A LEI GERAL DE PROTEÇÃO DE DADOS COMO FORMA DE EVITAR A RESPONSABILIZAÇÃO CIVIL
    Aristides Tranquillini Neto 241

14. DANOS MORAIS COLETIVOS E VAZAMENTOS DE DADOS PESSOAIS
    Pietra Daneluzzi Quinelato 259

15. *CIBERESPAÇO* E COMUNIDADE ESCOLAR: RISCOS EM MATÉRIA DE PROTEÇÃO DE DADOS PESSOAIS E IMPLEMENTAÇÃO DE NOVAS PRÁTICAS PELAS INSTITUIÇÕES EDUCACIONAIS
    Cláudia Bressler e Cristiano Colombo 273

16. *CYBERBULLYING* – ENTRE ESTATÍSTICAS E DANOS: A VULNERABILIDADE DE ADOLESCENTES NA INTERNET
    Ana Cristina de Melo Silveira 291

17. A RESPONSABILIDADE CIVIL DOS INFLUENCIADORES DIGITAIS EM TEMPOS DE CORONAVÍRUS
    Caio César do Nascimento Barbosa, Glayder Daywerth Pereira Guimarães e Michael César Silva 311

18. PARA ALÉM DAS *LOOT BOXES*: RESPONSABILIDADE CIVIL E NOVAS PRÁTICAS ABUSIVAS NO MERCADO DE *GAMES*
    José Luiz de Moura Faleiros Júnior e Roberta Densa 333

19. INTELIGÊNCIA ARTIFICIAL E *BIG DATA* NO DIAGNÓSTICO E TRATAMENTO DE DOENÇAS: NOVOS DESAFIOS AO DEVER DE INFORMAÇÃO E À PROTEÇÃO DE DADOS SENSÍVEIS
    Rodrigo da Guia Silva e Rafaella Nogaroli 357

20. DA ADEQUAÇÃO DA DEFENSORIA PÚBLICA À LEI GERAL DE PROTEÇÃO DE DADOS
    Roger Vieira Feichas 381

21. DA INVALIDADE DA CLÁUSULA DE NÃO INDENIZAR EM MATÉRIA DE PROTEÇÃO DE DADOS
    Cíntia Rosa Pereira de Lima 397

22. DECISÕES JUDICIAIS COMPUTACIONALMENTE FUNDAMENTADAS: UMA ABORDAGEM A PARTIR DO CONCEITO DE *EXPLAINABLE ARTIFICIAL INTELLIGENCE*
    Gustavo Xavier de Camargo 413

23. OS CRITÉRIOS E ELEMENTOS ESSENCIAIS PARA FIXAÇÃO DO *QUANTUM* INDENIZATÓRIO NOS CRIMES CONTRA A HONRA PRATICADOS NA INTERNET
    Rodrigo Gugliara 425

1
DANOS A DADOS PESSOAIS: FUNDAMENTOS E PERSPECTIVAS

Carlos Edison do Rêgo Monteiro Filho

Nelson Rosenvald

Sumário: 1. O dano em novos ambientes tecnológicos. 2. Danos causados a dados pessoais: novos contornos. 3. Problemas de causalidade em cenários digitais. 4. A tutela dos dados pessoais em ação. Referências.

1. O DANO EM NOVOS AMBIENTES TECNOLÓGICOS

O principal objetivo da responsabilidade civil consiste em indenizar as vítimas por danos que elas não deveriam suportar com base na avaliação de interesses que um sistema legal considera dignos de proteção.[1-2] Como regra geral, normalmente o dano recai sobre a própria vítima (*casum sentit dominus*), a menos que haja uma razão convincente para transferi-lo para outra parte a quem possa ser atribuída.[3] Os motivos para imputar danos a outra parte variam de acordo com o tipo de responsabilidade que está em jogo. Sob a responsabilidade subjetiva, o ponto principal é que o comportamento censurável e evitável do infrator causou o dano – o que traduz simultaneamente argumentos de justiça corretiva e o fornecimento de incentivos corretos para evitar danos. Já sob regimes de responsabilidade objetiva, o fundamento é o de que a pessoa responsável expôs

---

[1]. "Todo sujeto está expuesto a sufrir daños como consecuencia de su vulnerabilidad, pero no siempre padece daños *jurídicos*. Para merecer ese calificativo los daños deben ser resarcibles. A veces la víctima debe soportar, total o parcialmente, el menoscabo que implican los daños. Cuando ello ocurre, se le impone la carga de asumirlos". (ALTERINI, Atilio A.; CABANA, Roberto M. Lopez. Nuevos daños jurídicos. In: *Derecho de Daños*. Buenos Aires: La Ley, 1992, p. 203).

[2]. Como já tivemos oportunidade de afirmar em outra obra, "O protagonismo do modelo compensatório não é uma exclusividade das jurisdições da *civil law*. Nos países que compõem a *common law*, o "princípio do dano" de John Stuart Mill sempre foi uma das mais vigorosas defesas epistemológicas da liberdade: 'o único propósito pelo qual o poder será exercitado contra um membro de uma comunidade civilizada contra a sua vontade será o de evitar um dano para outros'. Ou seja, o Estado só pode interferir nessa liberdade contra vontade do indivíduo para impedir que ele cause dano a terceiros". ROSENVALD, Nelson. *A responsabilidade civil pelo ilícito lucrativo*: o disgorgement e a indenização restitutória. Salvador: Juspodivm. 2019, p. 27.

[3]. Como anota Klaus Günther, "É essa função de estruturação que funda o significado da responsabilidade como conceito-chave em contextos diversos. Trata-se, enfim, de estruturar a comunicação social acerca de problemas sociais, conflitos, riscos, perigos e danos de maneira que estes sejam atribuídos a pessoas singulares, a indivíduos, e não a estruturas e processos supraindividuais: à sociedade, à natureza ou ao destino". (GÜNTHER, Klaus. Responsabilização na sociedade civil. Tradução de Flavia Portella Püschel. *Revista Novos Estudos*, São Paulo, ed. 63, v. 2, jul. 2002, p. 109).

outras pessoas aos riscos de uma atividade da qual se beneficiou e que estava sob seu controle. Isso se traduz novamente, embora por caminho distinto, em argumentos de justiça corretiva e de incentivos corretos.

A escola da análise econômica do direito enfatiza o *"cheapest cost avoider"*, com o custo mais baixo funcionando como fator de atribuição de responsabilidade à pessoa que poderia desistir de um comportamento censurável (na imputação subjetiva) ou àquela que controla um risco e sua extensão (na imputação objetiva).[4] Ilustrativamente, para os automóveis que (ainda) se utilizam, o proprietário/usuário/detentor é a pessoa mais apropriada a ser responsabilizada, pois se beneficia da operação em geral, tendo o mais alto grau de controle do risco ao decidir quando, onde e como usar, manter e reparar o veículo. Todavia, no contexto de carros autônomos, a maioria dos acidentes será causada pelo mau funcionamento da tecnologia. A este novo quadro pintado nos tons das tecnologias digitais emergentes, os conceitos tradicionais de proprietário/usuário/detentor não mais se adequarão. Em vez disso, opta-se pelo conceito mais neutro e flexível de "operador", que se refere à pessoa que controla o risco relacionado à operação de tecnologias digitais emergentes e que se beneficia dessa operação.[5] Quando veículos autônomos modernos são de propriedade privada, o produtor é o *"cheapest cost avoider"*, estando em posição de controlar o risco de acidentes. Todas as decisões sobre rota e velocidade são tomadas por algoritmos por ele fornecidos – ou por um terceiro agindo em seu nome. Por outro lado, não é possível simplesmente eximir o operador: ele que decide quando, onde e para quais fins a tecnologia é usada e quem se beneficia diretamente com o seu uso. Além disso, se a responsabilidade objetiva pela operação da tecnologia recaísse apenas sobre o produtor, o custo do seguro seria repassado aos proprietários de qualquer maneira por meio do mecanismo de preços.[6]

Em reforço, as formas existentes de responsabilidade solidária permitem que os prejudicados busquem compensação nos *"deepest pockets"* quando houver uma pluralidade de atores envolvidos no evento lesivo, principalmente se entre eles houver pessoas jurídicas de direito público ou grandes corporações. Embora o valor pago seja desproporcional à contribuição do coautor para a causação dos danos, a solidariedade

---

4. TIMM, Luciano Benetti. Os grandes modelos de responsabilidade civil no Direito Privado: da culpa ao risco. *Revista de Direito do Consumidor*, São Paulo, v. 14, n. 55, p. 149-167, jul./set. 2005.
5. 'Controle' é um conceito que varia desde a simples ativação da tecnologia – expondo terceiros a seus riscos potenciais – até a determinação do resultado (como determinar o destino de um veículo ou definir as próximas tarefas de um robô), incluindo outras etapas intermediárias, que afetam os detalhes da operação do início ao fim. Com as tecnologias digitais emergentes, geralmente há mais do que apenas uma pessoa que pode, de uma maneira significativa, ser considerada como "operador" da tecnologia. O proprietário/usuário/detentor pode operar a tecnologia no plano imediato, mas frequentemente haverá um provedor de "back-end" que define os recursos da tecnologia e fornece serviços essenciais de suporte, com alto grau de controle sobre os riscos operacionais a que outros estão expostos, beneficiando-se da operação, ao lucrar com os dados por elas gerados. Onde houver mais de um operador, como um operador de front-end e back-end, a responsabilidade deve recair sobre quem tem mais controle sobre os riscos apresentados pela operação. A fim de evitar incertezas, o legislador deve definir qual operador é responsável e sob quais circunstâncias.
6. No entanto, quanto mais sofisticado e autônomo for um sistema, menos alguém exercitará o "controle" real sobre os detalhes da operação, definindo e influenciando os algoritmos.

é uma alternativa para que os prejudicados sejam adequadamente compensados.[7] Um possível efeito colateral dessa estratégia é o de que os fabricantes procurarão limitar a capacidade dos consumidores e usuários de modificar, adaptar ou personalizar seus produtos avançados de IA e robótica, a fim de manter maior controle sobre como são usados, sufocando a inovação vinda das comunidades *hacker*, de código aberto e de bricolagem, que embora sejam poderosa fonte de inovação, possuem meios limitados de compensar aqueles que podem ser prejudicados por seus produtos.

As regras existentes sobre responsabilidade também podem levar a resultados inadequados por razões relacionadas à quebra de coerência, tendo-se em conta o princípio da equivalência funcional, como quando a compensação é negada em uma situação que envolve tecnologias digitais emergentes, quando haveria compensação em uma situação funcionalmente equivalente envolvendo conduta humana e tecnologia convencional.[8] Por exemplo, um Hospital utiliza um robô cirúrgico baseado em IA. Apesar de o hospital e sua equipe terem cumprido todas as tarefas possíveis de cuidado, o dano é causado ao paciente por causa de um imprevisível mau funcionamento do robô. Se o paciente não fosse indenizado pelo dano resultante, isso seria inconsistente com o resultado na situação funcionalmente equivalente em que o hospital contratou um médico humano, sendo responsável pela má conduta comparável desse médico sob as regras tradicionais de responsabilidade indireta.

O dano extrapatrimonial, em suas múltiplas facetas, é uma das consequências de lesão a interesses existenciais, ou eventualmente patrimoniais, dignos de proteção. Quando decorrente das tecnologias digitais emergentes, com destaque para violações à

---

7. "[A] previsão da responsabilidade do produtor garantiu que se ultrapassasse o estrito domínio contratual, viabilizando que o consumidor/adquirente de um bem que, por causa de um defeito que ele contivesse, sofresse danos demandasse o fabricante e não apenas o fornecedor direto, ao mesmo tempo que permitiu afastar a necessidade de prova do desvalor objetivo de cuidado, sempre difícil de apurar pela intermediação dos diversos agentes do circuito produtivo. Mas nem por isso arredou a exigência quer da prova do defeito, quer da prova da causalidade entre aquele e o dano gerado". (BARBOSA, Mafalda Miranda. Responsabilidade civil do produtor e nexo de causalidade: breves considerações. *FIDES* – Revista de Filosofia do Direito, do Estado e da Sociedade, Natal, v. 8, n. 2, p. 172-190, jul./dez. 2017, p. 173).
8. Pietro Perlingieri explica que é a função da relação jurídica que determina a disciplina jurídica aplicável: "Em toda noção jurídica encontra-se uma estrutura e uma função. Dá-se o mesmo com a relação jurídica. Esta, no perfil funcional, não é nada mais que um regulamento, isto é, a disciplina de opostos centros de interesses relacionados, de maneira que estes tenham uma composição ou harmonização (*contemperamento*) das situações subjetivas. Ela apresenta-se como o ordenamento do caso concreto; não é casual, de fato, a definição de ordenamento como sistema de relações. A relação é, no seu perfil funcional, um conjunto de cláusulas, preceitos, prerrogativas, atribuições, isto é, um regulamento. O aspecto normativo conflui naquele funcional. A obrigação pecuniária caracteriza-se por ter como conteúdo a prestação de uma quantia em dinheiro; ela, no seu aspecto estrutural, é relacionamento – expresso em termos de contraposição – entre a situação creditória e aquela debitória. Esta relação, porém, é neutra, não exprime o porquê da sua existência, a função prático-social à qual corresponde. Falta o aspecto causativo da obrigação pecuniária, o seu regramento, a disciplina que a caracteriza. Se se limitasse ao aspecto estrutural, isto é, à relação entre as situações, não seria possível individuar efetivamente a disciplina segundo a sua causa, a qual é expressão da sua disciplina: o aspecto funcional e aquele causativo exprimem a mesma exigência, isto é, individuar e completar uma relação entre situações subjetivas. O credor, segundo seja a causa uma ou outra, tem, ou não, determinados poderes, obrigações: poderá agir para a resolução (art. 1.453 ss. Cód. Civ.), poderá defender-se excepcionando a inadimplência da outra parte (art. 1.460 Cód. Civ.) (PERLINGIERI. Pietro. *Perfis do direito civil*: introdução ao direito civil-constitucional. 3. ed. Tradução de Maria Cristina de Cicco. Rio de Janeiro: Renovar, 2002, pp. 116-117).

privacidade,[9-10] exigirá respostas no plano da tutela coletiva e uma ênfase não apenas na restituição de danos, mas também na contenção de comportamentos antijurídicos, seja pelo recurso à prevenção de condutas ilícitas, punição de comportamentos ultrajantes e mesmo pela restituição de lucros indevidamente auferidos pela exploração econômica de atributos da personalidade alheia.

2. DANOS CAUSADOS A DADOS PESSOAIS: NOVOS CONTORNOS

Uma das vantagens de compreendermos os direitos da personalidade em um enfoque de cláusula geral de tutela da pessoa humana é o de percebermos a sua permeabilidade, a vagueza do conteúdo semântico e a aptidão evolutiva das situações existenciais conforme a sociedade e a cultura que lhe conferem substrato. Não há *numerus clausus* em matéria de direitos da personalidade, pois o ser humano se exibe em inesgotáveis manifestações.[11] Destarte, para além de um direito geral da personalidade – globalmente considerado – há um direito especial da personalidade composto por bens intrínsecos já mapeados (só para ficarmos nos limites do Código Civil direito ao corpo, imagem, nome, honra e intimidade), sem que isso impeça a progressiva decantação de novas zonas de relevância ainda não proclamadas de um conceito elástico, em permanente expansão.[12]

Na sociedade tecnológica, defende-se abertamente a existência de um direito da personalidade à proteção de dados pessoais com autonomia perante o direito à privacidade.[13] Em todas as suas derivações, a privacidade revela aquilo que a pessoa tem ou faz em um contexto espacial delimitado. Todavia, em matéria de dados pessoais a informação extrapola o âmbito da pessoa. Ela ainda é um bem em si, mas capaz de ser objetivado e

---

9. "Na sociedade contemporânea, em que o fluxo de dados se intensifica e agiganta em inimagináveis velocidade e volume de informações trocadas, os dados pessoais passam a circular por toda a parte. Diante dos avanços da capacidade humana em transmitir informações por meio virtual, evidencia-se risco crescente ao direito à privacidade". (MONTEIRO FILHO, Carlos Edison; CASTRO, Diana Paiva de. Potencialidades do direito de acesso na nova Lei Geral de Proteção de Dados. In: TEPEDINO, Gustavo; FRAZÃO, Ana; OLIVA, Milena Donato (Coords.). *Lei Geral De Proteção de Dados Pessoais e suas repercussões no direito brasileiro*. São Paulo: Thomson Reuters Brasil, 2019, p. 324).
10. Resolução do Parlamento Europeu, de 16 de fevereiro de 2017, que contém recomendações à Comissão sobre disposições de Direito Civil sobre Robótica (2015/2103(INL): "52. Considera que, seja qual for a solução jurídica aplicável à responsabilidade civil pelos danos causados por robôs em caso de danos não patrimoniais, o futuro instrumento legislativo não deverá nunca limitar o tipo ou a extensão dos danos a indemnizar nem as formas de compensação à parte lesada, pelo simples facto de os danos terem sido provocados por um agente não humano".
11. Talvez Saramago tenha explicado o conceito de personalidade de forma mais clara do que qualquer jurista: "Dentro de nós há uma coisa que não tem nome, essa coisa é o que somos". SARAMAGO, José. *Ensaio sobre a cegueira*. Lisboa: Editorial Caminho, 1995.
12. "O que está em causa nos direitos da personalidade não é apenas a tutela de um aspecto particular da pessoa humana, mas sim a tutela da pessoa humana globalmente considerada, podendo abranger novas zonas de relevância. Trata-se da pessoa não apenas perspectivada estaticamente, como ser humano, mas também em devir, em desenvolvimento" PINTO, Paulo Mota. *Direitos da personalidade e direitos fundamentais*. Coimbra: Gestlegal, 2018, p. 334.
13. "O esforço a ser empreendido pela doutrina e pela jurisprudência seria emo nosso ponto de vista uma interpretação dos incisos X e XII do art. 5. que seja mais fiel ao nosso tempo, reconhecendo a intima ligação que passam a ostentar os direitos relacionados à privacidade e à comunicação de dados. Dessa forma, a garantia da proteção dos dados pessoais, em si próprios considerados, com carárter de direito fundamental representa o passo necessário à integração da personalidade em sua acepção mais ampla e adequada à sociedade de informação" DONEDA, Danilo. O direito fundamental à proteção de dados pessoais. In: MARTINS, Guilherme Magalhães; LONGHI, João Victor Rozatti (Coords.). *Direito digital*: direito privado e Internet. 3. ed. Indaiatuba: Foco, 2020, p. 52.

tratado longe e a despeito dela. Em um cenário de despersonalização, no qual a premissa antropocêntrica do ordenamento é subvertida pela coisificação do ser humano em um conjunto de algoritmos passíveis de transação no mercado, a consolidação de um direito da personalidade à tutela dos dados – voltada aos poderes público e privado – converte-se em pré-condição de cidadania na era eletrônica. O conceito dinâmico de autodeterminação informativa demanda mesmo um estatuto jurídico de dados, afinal, eles definem autonomia, identidade e liberdade da pessoa.[14]

Paradoxalmente, a IA e outras tecnologias digitais emergentes não desafiam a gama já existente de danos reparáveis. Em países que seguem a tradição francesa, o dano como pré-requisito para a obrigação de indenizar é um conceito flexível e qualquer lesão a um interesse lícito pode ser o ponto de partida para a responsabilidade extracontratual,[15] cujo controle se dará pela verificação do nexo causal entre o dano e o comportamento culposo ou o risco de uma atividade. Por conseguinte, o interesse em jogo pode ser mais ou menos significativo e a extensão do dano a esse interesse também pode variar, com impacto na avaliação quanto à justificação da indenização em um caso concreto.[16]

Nada obstante, algumas incipientes categorias de danos podem ser mais relevantes em casos futuros do que em cenários tradicionais de responsabilidade civil.[17-18] Os danos causados aos dados pessoais podem resultar em responsabilidade civil quando a responsabilidade surge do contrato;[19] ou quando a responsabilidade decorra da interferência

---

14. Neste conceito dinâmico do direito à proteção dos dados pessoais já se insere o direito à portabilidade dos dados: "trata-se de uma ferramenta posta à disposição dos titulares para incrementar o controle dos mesmos sobre os seus dados pessoais de uma forma ativa, concorrendo dessa maneira para o exercício da autodeterminação informativa, ou seja, o controle das informações que lhe digam respeito, evitando que os ados se tornem mero objeto de transação". CRAVO, Daniela Copetti; KESSLER, Daniela Seadi; DRESCH, Rafael de Freitas Valle. Responsabilidade civil na portabilidade de dados. In: MARTINS, Guilherme Magalhães; ROSENVALD, Nelson (Coords.). *Responsabilidade civil e novas tecnologias*. Indaiatuba: Foco, 2020, p. 187.
15. Art. 927 CC/2002: "Aquele que, por ato ilícito (arts. 186 e 187), causar dano a outrem, fica obrigado a repará-lo. Parágrafo único. Haverá obrigação de reparar o dano, independentemente de culpa, nos casos especificados em lei, ou quando a atividade normalmente desenvolvida pelo autor do dano implicar, por sua natureza, risco para os direitos de outrem".
16. Neste sentido, o artigo 2:102 parágrafo 1, do PETL (*Principles of European Tort Law*): "O alcance da proteção de um interesse depende de sua natureza; sua proteção será mais ampla, quanto maior seja o seu valor, a precisão de sua definição e sua obviedade".
17. Exemplos sugeridos no *Report from the expert group on liability and new technologies-New technologies formation–European Union 2019*. Disponível em: https://ec.europa.eu/transparency/regexpert/index.cfm?do=groupDetail.groupMeetingDoc&docid=36608. Acesso em: 23 jun. 2020.
18. "A utilização de dados pessoais para alimentar os novos sistemas de inteligência artificial e a sua utilização para tomar decisões proporcionam uma acurácia bastante significativa para um número crescentes de aplicações. Isto abre espaço para, ao menos, dois temas centrais nos debates sobre autonomia e direitos fundamentais nos próximos anos: os efeitos que a utilização desses sistemas causará para a pessoa e sua autonomia pessoal, bem como a necessidade de qualificar a natureza desses instrumentos e sistemas de inteligência artificial. (DONEDA, Danilo; MENDES, Laura Schertel; SOUZA, Carlos Affonso Pereira de; ANDRADE, Norberto Nuno Gomes de. Considerações iniciais sobre inteligência artificial, ética e autonomia pessoal. *Pensar*: Revista de Ciências Jurídicas, Fortaleza, v. 23, n. 4, p. 1-17, out./dez. 2018, p. 3).
19. Ilustrativamente, A armazena os seus arquivos no espaço em nuvem fornecido pelo provedor B com base contratual. B não protege adequadamente o espaço na nuvem, e, aproveitando-se disso, um hacker exclui todas as fotos de A. B será responsável perante A pela violação contratual, com fundamento em danos patrimoniais consubstanciados nos custos que A assumiu para restaurar os arquivos. Porém, pode-se acrescer os danos extrapatrimoniais pela perda de memórias familiares.

de terceiro no ambiente em que os dados foram armazenados;[20] ou ainda, naquilo que nos interessa de maneira mais próxima, o dano foi causado por conduta antijurídica (violadora do dever geral de não lesar).[21] Não é universalmente aceito que destruição de dados seja equiparada à perda de propriedade, uma vez que em alguns sistemas jurídicos a noção de propriedade é limitada a objetos corporais e exclui bens intangíveis, todavia[22] o surgimento de tecnologias digitais enfatizou a importância dos danos aos dados, por meio de sua subtração, deterioração, contaminação, criptografia, alteração ou supressão.[23] Com grande parte de nossas vidas e nossas propriedades sendo "digitalizadas", é inviável, por óbvio, limitar a responsabilidade civil ao mundo tangível.[24]

Referimo-nos à categoria dos *digital assets, digital property* ou bens digitais, como aqueles ativos incorpóreos, progressivamente inseridos na internet, que consistem em informações intangíveis fisicamente, de caráter pessoal – conteúdos postados ou compartilhados no ambiente virtual –, que trazem em si utilidade, tenham ou não conteúdo econômico.[25]

No terreno da responsabilidade extracontratual, uma adaptação recorrente é a de traduzir os danos aos dados como danos ao meio físico no qual os dados foram

---

20. Exemplificando, os arquivos de A estão armazenados no espaço em nuvem fornecido por C. Sem nenhuma negligência da parte de C, B danifica negligentemente os seus servidores e todos os arquivos de A são excluídos. Não está claro por que deveria fazer diferença na responsabilidade de B se os arquivos continham texto ou fotos sobre os quais A detinha os direitos autorais; os arquivos continham texto ou fotos sobre as quais terceiros detinham os direitos autorais, ou, por fim, os arquivos continham "machine data" de grande valor econômico, sobre os quais ninguém ainda titularizava direito autoral ou outro direito de propriedade intelectual. Trata-se da necessidade do ordenamento assegurar a tutela dos referidos interesses legais protegidos com eficácia contra terceiros. Um ponto de partida para a incidência da responsabilidade pelo ato ilícito é a semelhança dos danos aos dados com a ofensa à propriedade.
21. "Em havendo grandes fluxos de dados, grandes preocupações passam a permear a sociedade da informação, não apenas com os riscos de eventual uso discriminatório dos acervos de dados, mas também com o surgimento de potencial dependência em relação a eles e às práticas de coleta massiva e mineração (*data mining*). Nesse espírito, o intuito do legislador brasileiro, ao promulgar a Lei Geral de Proteção de Dados Pessoais está adequadamente alinhado ao propósito de assegurar direitos e promover o titular de dados – aqui visto como vulnerável". (MARTINS, Guilherme Magalhães; FALEIROS JÚNIOR, José Luiz de Moura. Compliance digital e responsabilidade civil na Lei Geral de Proteção de Dados. *In*: MARTINS, Guilherme Magalhães; ROSENVALD, Nelson (Coords.). *Responsabilidade civil e novas tecnologias*. Indaiatuba: Foco, 2020, p. 271).
22. Ilustrativamente, enuncia o §90 do Código Civil da Alemanha – BGB: "conceito de coisa: apenas objetos corpóreos são coisas, como definido por lei".
23. "Le tecnologie dell'informazione non solo si impadroniscono della nostra vita, ma construiscono un corpo elettronico, l'insieme delle nostre informazioni personali custodite in infinite banche dati, che vive accanto al corpo físico". (RODOTÀ, Stefano. Persona, libertà, tecnologia. Note per una discussione. *Diritto e Questioni Pubbliche*: Rivista di Filosofia del Diritto e Cultura Giuridica, Palermo, v. 5, p. 25-29, 2005.).
24. Quando B ingressa no espaço na nuvem e exclui os arquivos de A, para além da esfera cível, o comportamento doloso se qualifica como ilícito criminal. Na União Europeia o art. 82 do Regulamento Geral de Proteção de Dados (RGPD) explicita que há responsabilidade quando os danos foram causados pela intencional violação dos seus requisitos. Ao definir tais regras o legislador assume a relevância dos dados como ativo e a sua ubiquidade. Se em tese é possível introduzir uma regra declarando amplamente a proibição de acesso ou modificação de quaisquer dados controlados por outra pessoa, atribuindo responsabilidade se esse padrão for violado, isso pode resultar em um desbalanceamento, na medida em que todos nós, constantemente acessamos e modificamos dados controlados por outras pessoas.
25. LACERDA, Bruno Torquato Zampier. A responsabilidade civil no universo dos bens digitais. *In*: MARTINS, Guilherme Magalhães; ROSENVALD, Nelson (Coords.). *Responsabilidade civil e novas tecnologias*. Indaiatuba: Foco, 2020, p. 95. O autor se serve de quatro categorias para retratar as possibilidades de lesões a bens digitais: "a) Lesões oriundas de conduta de outro particular; b) lesões oriundas da conduta do próprio provedor; c) lesões oriundas da conduta do estado; d) lesões oriundas da conduta de familiares do titular". *Op. cit.*, p. 97.

armazenados. Assim, se A armazena os seus arquivos na unidade de disco rígido de seu computador pessoal em casa e um colega de faculdade negligentemente danifica o computador, tornando os arquivos ilegíveis, independentemente da qualificação dos danos aos dados, em qualquer caso, a ilicitude se dirigiu à propriedade tangível de A (a unidade de disco rígido) e, apenas por esse motivo, B já seria responsável. Contudo, não é adequado simplesmente equiparar o tratamento normativo entre ambos objetos. Basta uma pequena modificação no exemplo, para o caso em que o proprietário do computador não coincida com a pessoa que tem um interesse digno de tutela nos dados. Seria o caso de classificar esse interesse merecedor de proteção semelhante à propriedade como propriedade intelectual ou um segredo comercial, ou a necessidade de tutelar o progresso intelectual em nada se relaciona com o resguardo de um "hard disk" inserido em computador? Seja como for, da lesão a dados pessoais podem decorrer danos patrimoniais ou extrapatrimoniais, nas mais variadas correntes de qualificação da responsabilidade, de seus fundamentos e de sua justificação.

3. PROBLEMAS DE CAUSALIDADE EM CENÁRIOS DIGITAIS

Outro requisito essencial para estabelecer a responsabilidade é a constatação do nexo de causalidade entre o dano e a atuação do ofensor.[26] Como regra, é a vítima que deve provar que seus danos foram originados de conduta censurável ou risco atribuível ao réu, produzindo evidências para apoiar esse argumento. No entanto, quanto menos evidente a sequência de eventos que levou ao fato lesivo, mais complexa se torna a interação de vários fatores que contribuíram em conjunto ou separadamente para o dano, sobretudo quando os elos cruciais na cadeia de eventos estão sob o controle do réu.[27] Ilustrativamente, é um desafio provar que algum defeito de *hardware* foi a razão pela qual alguém sofreu ferimentos, missão que se agrava ao se estabelecer que a causa do dano foi algum algoritmo defeituoso.[28]

---

26. "Na investigação da causalidade, cumpre, de acordo com a lição dos mestres, observar que essa relação de consequência tem que ser direta e imediata, sem o que, pela concatenação infinita das coisas, se tornaria impossível o estabelecimento de qualquer responsabilidade. É o que ensina Pothier, dizendo que os danos que não se prendem ao fato incriminado senão de um modo remoto não são consequência necessária dele e a outras causas pode ser atribuído". (SANTOS, João Manuel de Carvalho. *Código Civil Brasileiro Interpretado*, principalmente do ponto de vista prático, v. XX. 12. ed. Rio de Janeiro: Freitas Bastos, 1990, p. 200).
27. O padrão probatório (*standard of proof*) determina o grau em que um tribunal deve ser persuadido de alguma afirmação, a fim de considerá-la verdadeira. Este padrão oscila bastante. A maioria dos sistemas das *civil law*, exige tradicionalmente que o juiz seja convencido de algo equivalente a uma certeza, ou pelo menos um alto grau de probabilidade, para decidir a favor da parte com o ônus da prova. Por outro lado, os países da *common law* exigem que haja uma probabilidade superior a 50% (ou uma preponderância da evidência) para satisfazer o ônus da prova.
28. ANTUNES, Henrique Souza. Inteligência Artificial e responsabilidade civil: enquadramento. *Revista de Direito da Responsabilidade*, Coimbra, ano 1, p. 139-154, 2019. Explica: "O anonimato que as novas tecnologias permitem, exigem a alteração dos critérios tradicionais que assentem na identificação do autor da lesão. A responsabilidade deverá estender-se, de forma inequívoca, aos agentes que tão só colaborem na prática do dano ou a facilitem. O proveito econômico associado aos serviços que prestam permite vinculá-los ao dever de indemnizar. A nova realidade tecnológica reforçará a necessidade de regimes fundados em modelos econômicos de causalidade ou em esferas de risco. E reforçará, também, a utilidade das presunções de causalidade ou da facilitação do ónus da prova a esse respeito e, ainda, da responsabilidade solidária". Em sentido semelhante, na primeira metade do século XIX, George Ripert já vaticinava o anonimato do responsável pela lesão diante do desenvolvimento tecnológico: "A regra do artigo 1.382 [do Código Civil francês] supõe que a vítima prove a existência de uma falta causadora do prejuízo. Ora, se este é fácil de estabelecer, a prova da culpabilidade assim como o laço de causalidade entre a falta

Se um detector de fumaça em um ambiente doméstico inteligente não aciona um alarme devido a falhas na fiação, esse defeito poderá ser identificável (e, nesse caso, até visível). Se, por outro lado, o detector de fumaça não disparar devido a algum erro de *firmware*, isso pode não ser provado com tanta facilidade (mesmo que a ausência de um alarme em si possa ser facilmente provada), apenas porque requer uma cuidadosa análise do código do *firmware* e sua adequação aos componentes de hardware do detector de fumaça. A tarefa se torna ainda mais árdua se o algoritmo suspeito de causar danos tiver sido desenvolvido ou modificado por algum sistema de IA alimentado por *machine/deep learning*, com base em dados externos coletados desde o início de sua operação. Mesmo sem alterações no *design* original do *software*, os critérios incorporados que orientam a coleta e a análise dos dados e o processo de tomada de decisão podem não ser facilmente explicáveis e geralmente requerem análises dispendiosas por especialistas.[29]

Além da complexidade originária dos sistemas de IA ao tempo do lançamento, eles estarão sujeitos a atualizações mais ou menos frequentes, que não são necessariamente fornecidas pelo produtor original. Consequentemente, ao introduzirmos a responsabilidade objetiva, a identificação da causalidade é facilitada. Em vez de estabelecer alguma conduta imprópria na esfera do réu, a vítima precisa apenas provar que o risco que desencadeia a imputação objetiva de danos se materializou.

A identificação de qual parte de um código agora defeituoso estava errada desde o início ou foi alterada negativamente no curso de uma atualização exigirá a intervenção de especialistas, essencial para determinar quem processar para obter reparação.

A operação dos sistemas de IA geralmente depende de dados e outros *inputs* coletados pelos próprios sensores do sistema ou adicionadas por fontes externas. Isto acarreta problemas de causalidade incerta, pois não apenas esses dados podem ter falhas em si, mas o processamento de dados corretos também pode ser imperfeito, devido a defeitos originais no *design* do manuseio de dados ou como consequência de distorções das habilidades de auto aprendizado do sistema devido ao volume de dados coletados, cuja aleatoriedade pode levar o sistema de IA em questão a interpretar mal e classificar incorretamente as informações subsequentes.[30]

---

e o prejuízo, constitui muitas vezes prova diabólica. Quanto mais as forças que o homem dispõe são multiplicadas por meio de mecanismos complicados susceptíveis de agir à distância, quanto mais os homens vivem amontoados e próximos dessas máquinas perigosas, mais difícil se torna descobrir a verdadeira causa do acidente e estabelecer a existência da falta que o teria causado. Na expressão de Josserand, o acidente torna-se *anônimo*" (RIPERT, Georges. O regime democrático e o direito civil moderno. Tradução de J. Cortezão. São Paulo: Saraiva, 1937, p. 337).

29. "Tais dificuldades tendem a se agravar à medida que crescem as interações e interligações entre variados sistemas autônomos componentes de complexas redes inteligentes. Tal cenário foi associado em doutrina à dificuldade de identificação dos agentes responsáveis pela produção de certo dano, cujas identidades seriam gradativamente diluídas e teriam o reconhecimento cada vez mais difícil por parte das vítimas (sejam ou não os usuários finais dos dispositivos). (TEPEDINO, Gustavo; SILVA, Rodrigo da Guia. Desafios da inteligência artificial em matéria de responsabilidade civil. *Revista Brasileira de Direito Civil* – RBDCivil, Belo Horizonte, v. 21, p. 61-86, jul./set. 2019, p. 76).

30. Nesse diapasão, Carlos Eduardo Goettenauer defende a necessidade de se distinguir, para fins de responsabilização, as hipóteses de falhas do *software* dos prejuízos decorrentes da natureza do próprio algoritmo. Isso porque, se "o programa de computador não funcionou como o esperado e, em razão da quebra de expectativa, causou prejuízo ao usuário, nas hipóteses de uso de ferramentas de inteligência artificial os danos podem ser decorrentes exatamente do perfeito funcionamento dos produtos. Afinal a imprevisibilidade e a falta de controle não são defeitos dos algoritmos de inteligência artificial, mas características que justificam seu próprio uso." (GOETTENAUER,

Esse dilema do tudo ou nada já está sendo questionado por algumas modificações de abordagem que ajudam a vítima a provar a causa sob certas circunstâncias. Os tribunais aceitam evidências *prima facie*[31] em cenários complexos, como o surgimento das tecnologias digitais emergentes, em que a sequência exata de eventos pode ser difícil de provar. O ônus de provar a causalidade é claramente facilitado para a vítima, que não precisa provar todos os elos da cadeia de causalidade se os tribunais aceitarem que um determinado resultado é o efeito típico de um certo desenvolvimento nessa cadeia. Além disso, como precedentes de responsabilidade médica demonstram, os tribunais tendem a colocar o ônus de produzir evidências sobre a parte que está ou deveria estar no controle das evidências, sob pena de presunção de desvantagem da outra parte. Se, por exemplo, determinados "log files" não puderem ser produzidos ou lidos adequadamente, os tribunais podem estar preparados para avaliar essas evidências contra a parte encarregada dessas gravações e da tecnologia para analisá-las. Em alguns casos, inverte-se o ônus de provar a causa, presumindo-se que o dano da vítima foi causado pelo réu, deixando ao réu a possibilidade de refutá-lo. Resta ver até que ponto qualquer dessas ferramentas será usada em favor da vítima, se seu dano puder ter sido causado por tecnologias digitais emergentes.

Já é difícil provar que alguma conduta ou atividade foi a causa do dano, mas fica ainda mais complexo se outras causas alternativas entrarem em cena. Isso não é novidade, mas se tornará muito mais problemático no futuro, dada a interconectividade das tecnologias digitais emergentes e sua crescente dependência de dados e inputs externos, tornando cada vez mais duvidoso se os danos foram desencadeados por uma única causa ou pela interação de múltiplas causas (reais ou potenciais).

No caso de múltiplas fontes potenciais de dano, mesmo que se prove a ocorrência do dano em si (por exemplo, o carro autônomo que colide com uma árvore), a verdadeira razão do evento nem sempre é igualmente evidente. O carro pode ter sido mal projetado (seja seu *hardware*, *software* pré-instalado ou ambos), mas também pode ter recebido dados incorretos, interpretando-os equivocadamente, ou uma atualização de *software* feita pelo produtor original ou por algum terceiro pode ter sido falha, ou mesmo o próprio usuário pode ter falhado em instalar uma atualização que teria impedido a colisão, para dar apenas alguns exemplos, sem mencionar uma combinação de vários desses fatores.

A resposta clássica, na hipótese de causalidade alternativa, é a de que se ainda não está claro qual das várias causas possíveis foi a influência decisiva para desencadear o dano, ninguém será responsável ou todas as partes serão solidariamente responsáveis.[32]

Carlos Eduardo. Algoritmos, inteligência artificial, mercados. Desafios ao arcabouço jurídico. *In*: FRAZÃO, Ana; CARVALHO, Angelo Gamba Prata de (Coords). *Empresa, mercado e tecnologia*. Belo Horizonte: Fórum, 2019, p. 282).

31. Ao contrário de uma inversão do ônus da prova, a evidência *prima facie* resolve incertezas, ao invés de colmatar situações *non liquet* (eximindo o juiz de julgar), e pode ser refutada se a outra parte provar que existe possibilidade genuína do dano proceder de uma dinâmica de eventos diferente da esperada de acordo com a experiência.

32. "Outro debate recente no âmbito do nexo de causalidade refere-se à aplicação, pelos tribunais da causalidade alternativa, que paulatinamente ganha espaço diante de inúmeras hipóteses nas quais não é possível identificar o agente responsável pelo dano, mas apenas o grupo de pessoas de onde se originou o fato que o produziu (...). Exemplo eloquente de causalidade alternativa se traduz no art. 938 do Código Civil, o qual dispõe que 'aquele que habitar prédio, ou parte dele, responde pelo dano proveniente das coisas que dele caírem ou forem lançadas em lugar indevido'". (TEPEDINO, Gustavo; TERRA, Aline de Miranda Valverde; GUEDES, Gisela Sampaio da Cruz.

O primeiro resultado é indesejável para a vítima, o segundo para aqueles possíveis infratores que, de fato, não causaram danos, mas ainda podem ser alvos atraentes para litígios devido à sua disponibilidade processual e/ou à sua capacidade financeira de pagar uma indenização. Abordagens mais modernas preveem em alguns casos a responsabilidade proporcional (*proportional liability*), reduzindo a reivindicação da vítima contra cada potencial infrator a uma cota correspondente à probabilidade de que cada um deles tenha realmente causado o dano em questão.

Cogite-se ainda da mitigação dos danos, em face de eventual conduta concorrente da própria vítima contribuindo para o dano, o que pode suscitar novos problemas na era das tecnologias digitais emergentes. Se a vítima esteve envolvida, ou de alguma forma se beneficiou da operação de algum sistema inteligente ou outro dispositivo digitalizado interconectado, por exemplo, instalando, modificando as configurações padrão do sistema ou adicionando seu próprio conteúdo digital. Além de colisões de veículos autônomos, outros exemplos óbvios incluem o proprietário da casa que falha ao instalar e combinar adequadamente vários componentes de um sistema de casa inteligente, apesar da correção das instruções. No primeiro caso, dois riscos semelhantes se enfrentam, enquanto no segundo os riscos de uma tecnologia digital emergente devem ser pesados contra a falha em respeitar o padrão de atendimento esperado.

4. A TUTELA DOS DADOS PESSOAIS EM AÇÃO

A relevância da tutela dos dados pessoais deriva de sua identificação com os valores existenciais que norteiam as relações jurídicas desde o ápice do ordenamento. Não por outra razão, a Lei Geral de Proteção de Dados Pessoais – LGPD (Lei 13.709/2018), deitando raízes em solo constitucional, revela no rol dos fundamentos do artigo 2º conjunto de valores existenciais diretamente informados pela dignidade da pessoa humana (Constituição da República, art. 1º, III). Por identidade de razões, a potencialidade lesiva que há no tratamento indevido desses dados pessoais mostra-se avassaladora, sobretudo à luz das transformações tecnológicas mais recentes.

Em decorrência do desenvolvimento tecnológico e da virtualização da vida, a captação de dados e o seu armazenamento expandiram-se de tal forma que seus titulares a todo tempo acabam por transmiti-los sem sequer perceber, muito particularmente no ambiente da Internet, mediante seus diversos meios de acesso. Nessa nova realidade, como esclarece Stefano Rodotà, "nossa representação social é cada vez mais confiada a informações espalhadas numa multiplicidade de bancos de dados, e aos 'perfis' assim construídos, às simulações que eles permitem".[33]

Fundamentos do direito civil. v. 4. Rio de Janeiro: Forense, 2020, p. 99). Para abordagem específica da questão, com ulteriores referências, v. RITO, Fernanda Paes Leme Peyneau. Dano causado por membro indeterminado de um grupo. In: MONTEIRO FILHO, Carlos Edison do Rêgo (Org.). *Problemas de Responsabilidade Civil*. Rio de Janeiro: Revan, 2016, p. 153-182.

33. RODOTÀ, Stefano. *Palestra Professor Stefano Rodotà*. Tradução de Myriam de Filippis. Rio de Janeiro, 11 de março de 2003. Disponível em: http://www.rio.rj.gov.br/dlstatic/10112/151613/DLFE-4314.pdf/GlobalizacaoeoDireito.pdf. Acesso em: 10 jun. 2020.

Esses dados, que se avolumam e transitam em velocidade cada vez maior, são direcionados para abastecer gigantescas indústrias, em movimento que já se convencionou designar "capitalismo movido a dados".[34] Grandes empresas e governos investem, cada vez mais, na obtenção de informações e na identificação de padrões de comportamentos que, por vezes, definirão toda a sorte de relações atinentes a determinados produtos ou serviços.

Nesse cenário, o indivíduo, ao mesmo tempo em que é compelido a fornecer seus dados na rede, poderá ver essas mesmas informações voltadas contra si num futuro não muito distante, a depender de como elas serão utilizadas. Por essa razão, Pietro Perlingieri destaca a necessidade de se compreender o fenômeno do tratamento de dados pessoais como relacional, no qual "os interesses das pessoas identificáveis mediante a referência direta ou indireta às informações fornecidas adquirem importância e exigem tutela".[35] Essa foi justamente a preocupação a animar a elaboração da LGPD, que em diversos dispositivos estabelece os princípios da autodeterminação informativa (art. 2º, inciso II), da transparência (art. 6º, inciso VI), da não discriminação (art. 6º, inciso IX), além de exigir o consentimento do titular para que o tratamento de dados ocorra (art. 7º, inciso I).

Inúmeros casos práticos, que se avolumam ao redor do globo, ilustram a relevância dos dados pessoais – e, consequentemente, de sua proteção – na sociedade contemporânea.[36]

As potencialidades desveladas pela combinação do desenvolvimento tecnológico com o tratamento de dados pessoais equiparam-se aos riscos também decorrentes dessa associação. A título ilustrativo, o jornal The New York Times publicou reportagem, no dia 18 de janeiro de 2020, acerca de aplicativo de reconhecimento facial denominado *Clearview*, desenvolvido pela *Clearview* AI. De acordo com a reportagem, o programa funciona da seguinte forma: tira-se uma foto de certa pessoa – ainda que com o rosto parcialmente encoberto ou com baixa resolução – e se a transfere para um sistema. Em

---

34. Documentário *Privacidade Hackeada* (*The Great Hack*). Direção de Karim Amer; Jehane Noujaim. Distribuído pela Netflix em 26.01.2019. No mesmo sentido: "Vistos como o novo petróleo, os dados são hoje insumos essenciais para praticamente todas as atividades econômicas e tornaram-se, eles próprios, objeto de crescente e pujante mercado. Não é sem razão que se cunhou a expressão *data-driven economy*, ou seja, economia movida a dados, para designar o fato de que, como aponta Nick Srnicek, o capitalismo do século XXI passou a centrar-se na extração e no uso de dados pessoais". (FRAZÃO, Ana. Fundamentos da proteção dos dados pessoais – Noções introdutórias para a compreensão da importância da Lei Geral de Proteção de Dados. In: TEPEDINO, Gustavo; FRAZÃO, Ana; OLIVA, Milena Donato (Coords.). *Lei Geral De Proteção de Dados Pessoais e suas repercussões no direito brasileiro*. São Paulo: Thomson Reuters Brasil, 2019, p. 24).
35. PERLINGIERI, Pietro. *O direito civil na legalidade constitucional*. Tradução de Maria Cristina de Cicco. Rio de Janeiro: Renovar, 2008, p. 868. Nesse sentido, vale mencionar decisão do Tribunal Federal Alemão, datada de 23 de junho de 2020, que determinou ao Facebook a restrição da coleta de dados de seus usuários sob o fundamento de que a plataforma "abusa de seu domínio de mercado e que o uso de dados da empresa carece do consentimento adequado de seus usuários". (Tribunal alemão retoma restrições ao Facebook sobre coleta de dados. *Revista Consultor Jurídico*, 23 jun. 2020. Disponível em: https://www.conjur.com.br/2020-jun-23/tribunal-alemao-restringe-coleta-dados-facebook. Acesso em: 25 jun. 2020.).
36. Em 2018, a revista Veja noticiou projeto do Governo chinês denominado Sistema de Crédito Social (SCS), no qual os cidadãos seriam monitorados e, de acordo com as informações obtidas acerca de seu comportamento, ser-lhes-ia atribuída uma pontuação (*scoring*). Quanto maior a nota, mais facilidade teria para acessar serviços como a aquisição de passagens aéreas e financiamentos. Cf., BRAUN, Julia. Na China, atos dos cidadãos valerão pontos e limitarão seus projetos. *Revista Veja*, 15 nov. 2018. Disponível em: https://veja.abril.com.br/mundo/na-china-atos-dos-cidadaos-valerao-pontos-e-limitarao-seus-projetos/. Acesso em: 10 jun. 2020.

seguida, esse sistema, após comparar a foto tirada com uma base de cerca de três bilhões de fotos publicadas em redes sociais como *Facebook, Instagram e YouTube*, identifica o indivíduo fotografado além de apresentar *links* para seus perfis em redes sociais, ensejando a possibilidade de se encontrar as mais diversas informações a respeito da pessoa pesquisada. Trata-se de ferramenta verdadeiramente revolucionária, e, como mencionado na reportagem, capaz de decretar o fim da privacidade como nós a conhecemos e impossibilitar que qualquer pessoa caminhe anonimamente pelas ruas. Ainda segundo a publicação, em 2019, mais de 600 agências de segurança pública começaram a usar o *Clearview* na solução de seus casos.[37]

Em paralelo, danos também podem derivar de condutas estatais, destacadamente no monitoramento de seus nacionais, com violação a direitos fundamentais. A prática de atos na vida em sociedade depende do repasse de informações ao Poder Público para a emissão de documentos oficiais, e assim também ocorre para o exercício dos direitos sociais. A rigor, a própria existência do indivíduo em sociedade depende da comunicação de dados ao Estado.[38]

Um caso de destaque em tema de risco da utilização de dados pessoais deu-se em decisão datada do dia 5 de fevereiro de 2020, pelo Tribunal Distrital de Haia, nos Países Baixos, que proferiu aquele que foi o primeiro julgamento de que se tem notícia, em país europeu, a declarar ilegal um algoritmo sobre avaliação de características pessoais dos cidadãos. O Sistema de Indicação de Riscos (SyRI) do governo neerlandês tinha por função prevenir e combater a fraude no âmbito da seguridade social e das contribuições fiscais por meio do processamento de diversos dados dos cidadãos, como nome, endereço, gênero, profissão, propriedades, histórico de descumprimento de leis, dentre outros. Em sua decisão, o tribunal observou que o Sistema de Indicação de Riscos viola a proporcionalidade que deve existir entre o interesse social que se busca tutelar e a utilização de dados sensíveis relacionados à privacidade dos cidadãos, de modo que a intromissão, nesse caso, não se justificaria.[39] Para tanto, o tribunal pautou-se nos princípios fundamentais que embasam a Convenção Europeia de Direitos Humanos e o Regulamento Geral sobre Proteção de Dados (RGPD).[40]

Igualmente recente, em razão da pandemia da Covid-19 a utilização de dados pessoais para controlar a saúde dos cidadãos ganhou notoriedade na China, onde o governo desenvolveu aplicativo no qual o cidadão deveria fornecer informações como locais em que esteve recentemente e sintomas que poderiam indicar a contaminação

---

37. HILL, Kashmir. The Secretive Company That Might End Privacy as We Know It. *The New York Times*, 18 jan. 2020. Disponível em: https://nyti.ms/3gSN1vX. Acesso em: 23 jun. 2020.
38. TERRA, Aline de Miranda Valverde; CASTRO, Diana Paiva de. A responsabilidade do poder público no tratamento de dados pessoais. In: MULHOLLAND, Caitlin (Org.). *A LGPD e o novo marco normativo no Brasil*. Porto Alegre: Arquipélago Editorial, 2020, p. 237.
39. Hipótese esta distinta da relatada por Edward Snowden, que tornou públicos detalhes de vários programas que constituem o sistema de vigilância global da NSA norte-americana, mediante deliberada captura de dados pessoais de cidadãos americanos e até mesmo de líderes mundiais. Detalhes na Biografia intitulada *Permanent record*. Nova York: Henry Holt and Company, 2019.
40. FERNÁNDEZ, Carlos B. Primera sentencia europea que declara ilegal un algoritmo de evaluación de características personales de los ciudadanos. *Diario La Ley*, 13 fev. 2020. Disponível em: https://bit.ly/2ZnaVKc. Acesso em: 23 jun. 2020.

pelo vírus. Após avaliar as informações, o aplicativo, por meio de uma bandeira verde, amarela ou vermelha, indicaria o estado de saúde do indivíduo. Trata-se de ferramenta que se apropria de dados cuja circulação e utilização podem engendrar consequências nocivas à população em geral. [41]

No Brasil, a questão da coleta e do tratamento de dados pessoais associados à execução das obrigações já há alguns anos tem sido objeto de análise pelos tribunais. Em 2014, a Segunda Seção do Superior Tribunal de Justiça julgou, sob o rito dos recursos repetitivos, o REsp 1.419.697/RS,[42] no qual analisou a legalidade do sistema denominado *credit scoring*, destinado à avaliação do risco de concessão de crédito, a partir de modelos estatísticos, considerando diversas variáveis, com atribuição de pontuação ao consumidor avaliado (nota do risco de crédito). Para análise do risco, as instituições financeiras por vezes utilizam dados como a idade, o endereço, o número de dependentes, a profissão, dentre outros. Ao concluir o julgamento, o STJ firmou a tese de que "essa prática comercial é lícita, estando autorizada pelo art. 5º, IV, e pelo art. 7º, I, da Lei n. 12.414/2011 (Lei do Cadastro Positivo)". Em complemento, entretanto, ficou assentado que "na avaliação do risco de crédito, devem ser respeitados os limites estabelecidos pelo sistema de proteção do consumidor no sentido da tutela da privacidade e da máxima transparência nas relações negociais, conforme previsão do CDC e da Lei n. 12.414/2011" e, ainda, que "apesar de desnecessário o consentimento do consumidor consultado, devem ser a ele fornecidos esclarecimentos, caso solicitados, acerca das fontes dos dados considerados (histórico de crédito), bem como as informações pessoais valoradas". Esse entendimento, embora tenha demonstrado devida preocupação com a informação e o esclarecimento ao consumidor a respeito da utilização de seus dados, deve, atualmente, ser compatibilizado com os preceitos introduzidos pela Lei Geral de Proteção de Dados sobre o assunto, em especial com as exigências de consentimento do titular para tratamento de seus dados.

Já em 2018, a Quarta Turma do Superior Tribunal de Justiça enfrentou questão envolvendo a previsão, em contrato de prestação de serviço de cartão de crédito, "que autoriza o banco contratante a compartilhar dados dos consumidores com outras entidades financeiras, assim como com entidades mantenedoras de cadastros positivos e negativos de consumidores, sem que seja dada opção de discordar daquele compartilhamento". Forte na dimensão relacional do tratamento de dados e na necessidade de tutela do titular, a Corte Superior concluiu que "a impossibilidade de contratação do serviço de cartão de crédito, sem a opção de negar o compartilhamento dos dados do consumidor, revela exposição que o torna indiscutivelmente vulnerável, de maneira impossível de ser mensurada e projetada", o que leva à abusividade de referida previsão contratual.[43]

Nesse diapasão, vale mencionar, ainda, decisão da Terceira Turma do Superior Tribunal de Justiça nos autos do REsp 1.758.799/MG,[44] que reconheceu a ocorrência de danos extrapatrimoniais a consumidor que teve suas informações disponibilizadas

---

41. Coronavírus: China usa software para monitorar cidadãos e relaciona cor a estado de saúde. *Jornal O Globo*, 02 mar. 2020. Disponível em: https://oglobo.globo.com/sociedade/coronavirus-china-usa-software-para-monitorar--cidadaos-relaciona-cor-estado-de-saude-24280871. Acesso em: 23 jun. 2020.
42. STJ, 2ª Seção, REsp 1.419.697/RS, Rel. Min. Paulo de Tarso Sanseverino, julg. 12.11.2014.
43. STJ, 4ª T., REsp 1.348.532/SP, Rel. Min. Luis Felipe Salomão, julg. 10.10.2017.
44. STJ, 3ª T., REsp 1.758.799/MG, Relª. Minª. Nancy Andrighi, julg. 12.11.2019.

em banco de dados sem a sua autorização sob o argumento de que "o consumidor tem o direito de tomar conhecimento de que informações a seu respeito estão sendo arquivadas/comercializadas por terceiro, sem a sua autorização, porque desse direito decorrem outros dois que lhe são assegurados pelo ordenamento jurídico: o direito de acesso aos dados armazenados e o direito à retificação das informações incorretas". De outro giro, a falta de comunicação, ao consumidor, do compartilhamento de seus dados viola expressamente a Lei 12.414/2011 (Lei do Cadastro Positivo), que assegura como direito do cadastrado "ser informado previamente sobre a identidade do gestor e sobre o armazenamento e o objetivo do tratamento dos dados pessoais" (art. 5º, inciso V).

Outro interessante julgado da Terceira Turma do Superior Tribunal de Justiça a envolver dados pessoais se deu no âmbito do REsp 1.660.168/RJ.[45] Incomodada com o fato de que, ao utilizar seu nome como critério de pesquisa em buscador de plataformas de pesquisa, aparecia como principal resultado seu suposto envolvimento em fato desabonador ocorrido uma década antes e que nunca fora comprovado, a autora ajuizou ação com o objetivo de obrigar as plataformas de pesquisa a desvincular o seu nome, quando utilizado como critério único de pesquisa, à notícia desabonadora. O Ministro Aurélio Bellizze, em seu voto vencedor, sustentou que "nessas situações excepcionais, o direito à intimidade e ao esquecimento, bem como a proteção aos dados pessoais deverá preponderar, a fim de permitir que as pessoas envolvidas sigam suas vidas com razoável anonimato, não sendo o fato desabonador corriqueiramente rememorado e perenizado por sistemas automatizados de busca". O dano aos dados pessoais ocorrido nesse caso e, portanto, que justificou o deferimento do pleito, decorreu não já da utilização indevida de dados de certo indivíduo, mas sim da associação, à autora, de informações que a ela não diziam respeito, ferindo sua identidade pessoal.[46]

Nesta senda, na legislação europeia de proteção de dados pessoais, o Regulamento 2016/79 deu um importante passo no sentido de reconhecer o direito fundamental ao tratamento dos dados pessoais como derivação do princípio da dignidade da pessoa humana em sua dupla eficácia: negativa e positiva. A dimensão negativa é tutelada com a materialização do direito à proteção em face da sociedade e órgãos estatais quanto à publicidade de dados que desconsiderem o ser humano, desrespeitando a sua honra, imagem ou vida privada. Por outro lado, a eficácia positiva da dignidade é vivificada no direito à promoção da autonomia existencial da pessoa, no sentido de que ela possa realizar o seu pleno desenvolvimento sem os entraves de dados que estejam descontextualizados ou representem situações que não mais correspondam à realidade. Assim, o tratamento dos dados pessoais deverá ser concebido para servir as pessoas, passando a ser divido em três espécies: "retificação", "apagamento" e "limitação de tratamento". Em uma linha de razoabilidade, o legislador modulou abstratamente as hipóteses em que cada uma das

---

45. STJ, 3ª T., REsp 1.660.168/RJ, Rel. p/ acórdão Min. Marco Aurélio Bellizze, julg. 08.05.2018.
46. Este caso foi análogo ao de 2014, no *leading case* de um cidadão Espanhol que reclamou que uma publicação eletrônica de seu país persistia em associar as pesquisas sobre o seu nome a um link que o remetia condição de inadimplente, - não obstante a dívida já ter sido solucionada há muitos anos. A Corte Europeia de Justiça (CJEU) determinou que o *right to be forgotten* poderá ser acionado para a remoção de *links* na internet quando a informação for imprecisa, inadequada, excessiva ou irrelevante, o que dependerá principalmente de quanto tempo passou desde que as referências originais da pessoa foram divulgadas. Certamente, uma avaliação casuística será necessária para definir se a informação em questão era sensível à privacidade do indivíduo ou preponderaria o interesse social de acesso aos dados.

figuras será contemplada. No mais, ao estabelecer que o direito de ser esquecido será adaptado à era digital, a diretiva cria três importantes regras: a) o ônus da prova quanto à necessidade do não apagamento dos dados digitais passa a ser da empresa, devendo provar que as informações ainda são necessárias ou relevantes; b) surge uma obrigação para aquele que controla a informação e a tornou pública, no sentido de adotar medidas razoáveis ("*reasonable steps*"), conferindo publicidade ao fato de que um indivíduo deseja deletar determinados dados; c) as empresas devem assegurar o apagamento de dados sempre que houver uma decisão judicial nesse sentido.[47]

Como se nota, se é verdadeiro que os dados pessoais sempre tiveram importância social, também é igualmente correta a assertiva de que em tempos de enorme virtualização da vida, tornam a assumir novo significado em razão dos interesses econômico e existenciais que lhes são correlatos. Diante do caráter inexorável dos avanços tecnológicos e da cada vez maior centralidade dos dados pessoais nas relações sociais e nas transações econômicas, essencial que a legislação e a jurisprudência cumpram seu papel de proteção da dignidade dos titulares de dados pessoais, ao mesmo tempo valiosa mercadoria e elemento indissociável da personalidade do indivíduo.

Mais grave se torna a questão em tempos de pandemia e suas consequências. Sob tais circunstâncias, expressiva parcela das relações pessoais e patrimoniais migra para o ambiente virtual, fazendo valer, mais do que nunca, a máxima de Stefano Rodotà segundo a qual "nós somos os nossos dados".[48] Tal situação agudiza e expõe às escâncaras as vulnerabilidades humanas diante das ameaças e dos efeitos, muitas vezes irreversíveis, das lesões aos dados pessoais.

Justamente neste cenário, o Plenário do Supremo Tribunal Federal (STF) suspendeu a eficácia da Medida Provisória (MP) 954/2020, que prevê o compartilhamento de dados de usuários de telecomunicações com o Instituto Brasileiro de Geografia e Estatística (IBGE) para a produção de estatística oficial durante a pandemia do coronavírus, firmando o entendimento de que, ao obrigar as empresas de telefonia fixa e móvel a disponibilizar ao IBGE a relação dos nomes, dos números de telefone e dos endereços de seus consumidores, pessoas físicas ou jurídicas, o compartilhamento previsto na MP viola o direito constitucional à intimidade, à vida privada e ao sigilo de dados.[49]

Diante deste conjunto de violações a direitos fundamentais por parte dos poderes públicos[50] e privados, denota-se a importância da *accountability,* como um dever de justificar escolhas, uma espécie de devido processo legal, pela qual se estabeleçam garantias instrumentais e procedimentos para a garantia do anonimato e higidez de

---

47. ROSENVALD, Nelson. *O direito civil em movimento*. 3. ed. Salvador: Juspodivm, 2019, p. 26.
48. RODOTÀ, Stefano. *Palestra Professor Stefano Rodotà*. Tradução de Myriam de Filippis. Rio de Janeiro, 11 de março de 2003. Disponível em: http://www.rio.rj.gov.br/dlstatic/10112/151613/DLFE-4314.pdf/GlobalizacaoeoDireito.pdf. Acesso em: 10 jun. 2020.
49. Por maioria de votos, em sessão em 7/5/20, foram referendadas pelo Plenário do STF medidas cautelares deferidas pela ministra Rosa Weber em cinco Ações Diretas de Inconstitucionalidade (ADIs). http://www.stf.jus.br/portal/cms/verNoticiaDetalhe.asp?idConteudo=442902. Acesso em: 23 jun. 2020.
50. FORTES, Pedro Rubim Borges. Responsabilidade algorítmica do Estado. *In*: MARTINS, Guilherme Magalhães; ROSENVALD, Nelson (Coords.). *Responsabilidade civil e novas tecnologias*. Indaiatuba: Foco, 2020. O autor enfatiza a necessidade de o "Estado agir como regulador, ator e legislador, de maneira a reequilibrar as assimetrias de poder e de informação entre as empresas e seus usuários para impedir efeitos negativos e lesivos", *Op. cit.*, p. 436.

dados compartilhados. A indagação "Who watches the watchmen?" se faz mais atual do que nunca.[51]

Ao propor a substituição da heurística do medo pelo princípio da responsabilidade como ética da civilização na era tecnológica, Hans Jonas não apenas alertou para a necessidade de que as gerações presentes zelem pela sobrevivência das gerações seguintes, mas que aceitem o risco como algo inevitável e envidem esforços na gestão de procedimentos, em não negligenciar probabilidades.[52] Evidentemente danos a dados pessoais frustram interesses patrimoniais e extrapatrimoniais dignos de proteção, demandando parâmetros regulatórios preventivos.

Daí porque se impõe categoricamente conferir adequada tutela, sobretudo em termos preventivos, à privacidade e à autodeterminação informativa. Mais do que o simples direito à informação, o controle dos dados pessoais requer uma justificação sobre tudo que nos possa afetar, desde a fase de coleta até o descarte. Não é suficiente uma fugaz resposta *"The algorithm did it"*, sendo necessária uma noção de *answerability*, isto é, uma explicação clara sobre uma determinada conduta, lesiva ou potencialmente lesiva.[53-54]

Considerando o contexto da Pandemia, ainda que a normatização de emergência estabeleça eventual necessidade de relativizações na proteção legal dos dados – e a própria LGPD contém ressalva expressa de inaplicação a tratamento de dados para fins exclusivos de segurança pública e defesa nacional (art. 4º, III, a e b), com os condicionantes dos parágrafos 1º a 4º –, a ponderação de interesses conflitantes não pode descurar da prevalência axiológica da tutela dos dados pessoais, visceralmente vinculados ao mais alto grau da escala de valores do ordenamento jurídico brasileiro. Desse balanceamento, então, resultaria permitir a utilização dos dados pessoais em caráter temporário, à luz da boa-fé, para fins de gerenciamento da crise se, e na medida em que, rigorosamente atendidos os princípios nominados no art. 6º da LGPD, não se configure qualquer menoscabo às garantias fundamentais da pessoa.

---

51. A frase remonta ao poeta romano do século I / II Juvenal, que escreveu sátiras sobre governos tirânicos, ditaduras opressivas e corrupção na aplicação da lei. A frase original é "Quis custodiet ipsos custodes" em latim, que literalmente se traduz em "Quem guardará os guardas", cuja versão moderna se tornou "Quem vigia os vigilantes?"
52. JONAS, Hans. *O Princípio responsabilidade*: ensaio de uma ética para a civilização tecnológica. Tradução de Marijane Lisboa. Rio de Janeiro: Editora PUC-Rio, 2011. "Sob o signo da tecnologia, a ética tem a ver com ações (não mais de sujeitos isolados) que têm uma projeção causal sem precedentes na direção do futuro, acompanhadas por uma consciência prévia que, mesmo incompleta, vai muito além daquela outrora existente. Ajunte-se a isto a magnitude bruta dos impactos de longo prazo e, também, com frequência, a sua irreversibilidade. Tudo isso desloca a responsabilidade para o centro da ética". *Op. cit.*, p. 22.
53. Podemos exemplificar com a legislação da Alemanha de 2017 – *Road Traffic Act* (StVG) – que regula a circulação de veículos autônomos com a obrigação do fornecimento da "*black box*" em caso de acidentes, a fim de que se verifique se quem estava conduzindo era o usuário ou a própria tecnologia. http://arno.uvt.nl/show.cgi?fid=149595. Ilustramos ainda com o aplicativo da Uber, no qual o motorista excluído da empresa pode contestar a desativação algorítmica. Tendo em vista as características da nova estrutura organizacional, sendo os motoristas submetidos a controle por algoritmo, nada mais natural que a contrapartida da *answerability*.
54. MULHOLLAND, Caitlin. Responsabilidade civil e processos decisórios autônomos em sistemas de inteligência artificial. *In*: FRAZÃO, Ana; MULHOLLAND, Caitlin (Coords.). *Inteligência artificial e direito*. São Paulo: Revista dos Tribunais, 2019, p. 346.

Como já enunciado, caberá aos juristas, estudiosos do direito de danos e das novas tecnologias, a árdua tarefa de construir um sistema de responsabilidade civil adequado que, ao mesmo tempo que possibilite a efetiva prevenção e a reparação dos danos residualmente sofridos, permita o pleno desenvolvimento das tecnologias emergentes que tanto beneficiarão a sociedade.

REFERÊNCIAS

ALTERINI, Atilio A.; CABANA, Roberto M. Lopez. Nuevos daños jurídicos. In: *Derecho de Daños*. Buenos Aires: La Ley, 1992.

ANTUNES, Henrique Souza. Inteligência Artificial e responsabilidade civil: enquadramento. *Revista de Direito da Responsabilidade*, Coimbra, ano 1, p. 139-154, 2019.

BARBOSA, Mafalda Miranda. Responsabilidade civil do produtor e nexo de causalidade: breves considerações. *FIDES – Revista de Filosofia do Direito, do Estado e da Sociedade*, Natal, v. 8, n. 2, p. 172-190, jul./dez. 2017.

BRAUN, Julia. Na China, atos dos cidadãos valerão pontos e limitarão seus projetos. *Revista Veja*, 15 nov. 2018. Disponível em: https://veja.abril.com.br/mundo/na-china-atos-dos-cidadaos-valerao-pontos-e-limitarao-seus-projetos/. Acesso em: 10 jun. 2020.

CORONAVÍRUS: China usa software para monitorar cidadãos e relaciona cor a estado de saúde. *Jornal O Globo*, 02 mar. 2020. Disponível em: https://oglobo.globo.com/sociedade/coronavirus-china-usa-software-para-monitorar-cidadaos-relaciona-cor-estado-de-saude-24280871. Acesso em: 23 jun. 2020.

CRAVO, Daniela Copetti; KESSLER, Daniela Seadi; DRESCH, Rafael de Freitas Valle. Responsabilidade civil na portabilidade de dados. In: MARTINS, Guilherme Magalhães; ROSENVALD, Nelson (Coords.). *Responsabilidade civil e novas tecnologias*. Indaiatuba: Foco, 2020.

DONEDA, Danilo; MENDES, Laura Schertel; SOUZA, Carlos Affonso Pereira de; ANDRADE, Norberto Nuno Gomes de. Considerações iniciais sobre inteligência artificial, ética e autonomia pessoal. *Pensar*: Revista de Ciências Jurídicas, Fortaleza, v. 23, n. 4, p. 1-17, out./dez. 2018.

DONEDA, Danilo. O direito fundamental à proteção de dados pessoais. In: MARTINS, Guilherme Magalhães; LONGHI, João Victor Rozatti (Coords.). *Direito digital*: direito privado e Internet. 3. ed. Indaiatuba: Foco, 2020.

EUROPEAN COMMISSION. *Report from the expert group on liability and new technologies-New technologies formation–European Union 2019*. Texto disponível em: https://ec.europa.eu/transparency/regexpert/index.cfm?do=groupDetail.groupMeetingDoc&docid=36608. Acesso em: 23 jun. 2020.

FERNÁNDEZ, Carlos B. Primera sentencia europea que declara ilegal un algoritmo de evaluación de características personales de los ciudadanos. *Diario La Ley*, 13 fev. 2020. Disponível em: https://bit.ly/2ZnaVKc. Acesso em: 23 jun. 2020.

FORTES, Pedro Rubim Borges. Responsabilidade algorítmica do Estado. In: MARTINS, Guilherme Magalhães; ROSENVALD, Nelson (Coords.). *Responsabilidade civil e novas tecnologias*. Indaiatuba: Foco, 2020.

FRAZÃO, Ana. Fundamentos da proteção dos dados pessoais – Noções introdutórias para a compreensão da importância da Lei Geral de Proteção de Dados. In: TEPEDINO, Gustavo; FRAZÃO, Ana; OLIVA, Milena Donato (Coords.). *Lei Geral De Proteção de Dados Pessoais e suas repercussões no direito brasileiro*. São Paulo: Thomson Reuters Brasil, 2019.

GOETTENAUER, Carlos Eduardo. Algoritmos, inteligência artificial, mercados. Desafios ao arcabouço jurídico. In: FRAZÃO, Ana; CARVALHO, Angelo Gamba Prata de (Coords). *Empresa, mercado e tecnologia*. Belo Horizonte: Fórum, 2019.

GÜNTHER, Klaus. Responsabilização na sociedade civil. Tradução de Flavia Portella Püschel. *Revista Novos Estudos*, São Paulo, ed. 63, v. 2, jul. 2002.

HILL, Kashmir. The Secretive Company That Might End Privacy as We Know It. *The New York Times*, 18 jan. 2020. Disponível em: https://nyti.ms/3gSN1vX. Acesso em: 23 jun. 2020.

JONAS, Hans. *O Princípio responsabilidade*: ensaio de uma ética para a civilização tecnológica. Tradução de Marijane Lisboa. Rio de Janeiro: Editora PUC-Rio, 2011.

LACERDA, Bruno Torquato Zampier. A responsabilidade civil no universo dos bens digitais. In: MARTINS, Guilherme Magalhães; ROSENVALD, Nelson (Coords.). *Responsabilidade civil e novas tecnologias*. Indaiatuba: Foco, 2020.

MARTINS, Guilherme Magalhães; FALEIROS JÚNIOR, José Luiz de Moura. Compliance digital e responsabilidade civil na Lei Geral de Proteção de Dados. In: MARTINS, Guilherme Magalhães; ROSENVALD, Nelson (Coords.). *Responsabilidade civil e novas tecnologias*. Indaiatuba: Foco, 2020.

MONTEIRO FILHO, Carlos Edison; CASTRO, Diana Paiva de. Potencialidades do direito de acesso na nova Lei Geral de Proteção de Dados. In: TEPEDINO, Gustavo; FRAZÃO, Ana; OLIVA, Milena Donato (Coords.). *Lei Geral De Proteção de Dados Pessoais e suas repercussões no direito brasileiro*. São Paulo: Thomson Reuters Brasil, 2019.

MULHOLLAND, Caitlin. Responsabilidade civil e processos decisórios autônomos em sistemas de inteligência artificial. In: FRAZÃO, Ana; MULHOLLAND, Caitlin (Coords.). *Inteligência artificial e direito*. São Paulo: Revista dos Tribunais, 2019.

PERLINGIERI, Pietro. *O direito civil na legalidade constitucional*. Tradução de Maria Cristina de Cicco. Rio de Janeiro: Renovar, 2008.

PERLINGIERI. Pietro. *Perfis do direito civil*: introdução ao direito civil-constitucional. 3. ed. Tradução de Maria Cristina de Cicco. Rio de Janeiro: Renovar, 2002.

PINTO, Paulo Mota. *Direitos da personalidade e direitos fundamentais*. Coimbra: Gestlegal, 2018.

PRIVACIDADE HACKEADA (The Great Hack). *Documentário*. Direção de Karim Amer; Jehane Noujaim. Distribuído pela Netflix em 26.01.2019.

RIPERT, Georges. *O regime democrático e o direito civil moderno*. Tradução de J. Cortezão. São Paulo: Saraiva, 1937.

RITO, Fernanda Paes Leme Peyneau. Dano causado por membro indeterminado de um grupo. In: MONTEIRO FILHO, Carlos Edison do Rêgo (Org.). *Problemas de Responsabilidade Civil*. Rio de Janeiro: Revan, 2016.

RODOTÀ, Stefano. *Palestra Professor Stefano Rodotà*. Tradução de Myriam de Filippis. Rio de Janeiro, 11 de março de 2003. Disponível em: http://www.rio.rj.gov.br/dlstatic/10112/151613/DLFE-4314.pdf/GlobalizacaoeoDireito.pdf. Acesso em: 10 jun. 2020.

RODOTÀ, Stefano. Persona, libertà, tecnologia. Note per una discussione. *Diritto e Questioni Pubbliche*: Rivista di Filosofia del Diritto e Cultura Giuridica, Palermo, v. 5, p. 25-29, 2005.

ROSENVALD, Nelson. *O direito civil em movimento*. 3. ed. Salvador: Juspodivm, 2019.

ROSENVALD, Nelson. *A responsabilidade civil pelo ilícito lucrativo*: o *disgorgement* e a indenização restitutória. Salvador: Juspodivm. 2019.

SANTOS, João Manuel de Carvalho. *Código Civil Brasileiro Interpretado*, principalmente do ponto de vista prático, v. XX. 12. ed. Rio de Janeiro: Freitas Bastos, 1990.

SARAMAGO, José. *Ensaio sobre a cegueira*. Lisboa: Editorial Caminho, 1995.

SNOWDEN, Edward. *Permanent record*. Nova York: Henry Holt and Company, 2019.

TEPEDINO, Gustavo; SILVA, Rodrigo da Guia. Desafios da inteligência artificial em matéria de responsabilidade civil. *Revista Brasileira de Direito Civil* – RBDCivil, Belo Horizonte, v. 21, p. 61-86, jul./set. 2019.

TEPEDINO, Gustavo; TERRA, Aline de Miranda Valverde; GUEDES, Gisela Sampaio da Cruz. *Fundamentos do direito civil*. v. 4. Rio de Janeiro: Forense, 2020.

TERRA, Aline de Miranda Valverde; CASTRO, Diana Paiva de. A responsabilidade do poder público no tratamento de dados pessoais. In: MULHOLLAND, Caitlin (Org). A LGPD e o novo marco normativo no Brasil. Porto Alegre: Arquipélago Editorial, 2020.

TIMM, Luciano Benetti. Os grandes modelos de responsabilidade civil no Direito Privado: da culpa ao risco. *Revista de Direito do Consumidor*, São Paulo, v. 14, n. 55, p. 149-167, jul./set. 2005.

TRIBUNAL alemão retoma restrições ao Facebook sobre coleta de dados. *Revista Consultor Jurídico*, 23 jun. 2020. Disponível em: https://www.conjur.com.br/2020-jun-23/tribunal-alemao-restringe-coleta-dados-facebook. Acesso em: 25 jun. 2020.

2
O ESTADO ENTRE DADOS E DANOS: UMA RELEITURA DA TEORIA DO RISCO ADMINISTRATIVO NA SOCIEDADE DA INFORMAÇÃO

José Luiz de Moura Faleiros Júnior

Sumário: 1. Introdução. 2. Responsabilidade objetiva e a teoria do risco administrativo. 2.1. Um breve panorama sobre o risco integral. 2.2. O risco administrativo. 3. Enfim, uma Administração Pública digital. 3.1. O Estado enquanto agente de tratamento de dados. 3.2. As excludentes do artigo 43 da LGPD. 4. *Compliance* digital e um 'novo' risco administrativo. 5. Considerações finais. Referências.

1. INTRODUÇÃO

A compreensão das potencialidades da gestão de dados a partir de paradigmas de governança digital aplicáveis ao Poder Público ultrapassa as lindes da tecnocracia e deságua no clamor por um Estado capaz de dar concretude normativa aos deveres de proteção que lhe são impostos e, em última instância, à promoção da pacificação social (seu *telos* essencial).

É nesse contexto que se impõe uma remodelagem do papel da Administração Pública, agora também inserida no mundo digital e, ao mesmo tempo, usuária e exploradora de atividades relacionadas a dados que circulam pela Internet.

E, com base nessa atuação, o legislador pátrio não deixou de tutelar as atividades exercidas pelo Estado, enquanto agente de tratamento de dados, na Lei Geral de Proteção de Dados (Lei 13.709, 2018), tendo dedicado um capítulo inteiro (artigos 23 a 32) exatamente a este tema, e os dois últimos artigos, 31 e 32, cuidam de deveres de prevenção, sem expressar categoricamente um regime de responsabilidade civil mais específico ou aprofundado do que o regido pela tradicional e vigente teoria do risco administrativo, o que abre margem a interpretações, especialmente se tais dispositivos forem lidos em conjunto com os artigos 42 a 44 da lei – que versam sobre regras de responsabilidade civil e sobre os quais pairam inúmeras controvérsias interpretativas.

Assim, tendo em vista esse tema ainda pouco explorado, analisar-se-á, neste breve ensaio, a adequação dos elementos tradicionais de regência da responsabilidade civil do Estado a esse novo contexto, marcado pela presença massiva de dados e pela necessidade de estruturação de parâmetros específicos para a demarcação do campo de incidência da LGPD às atividades do Poder Público.

2. RESPONSABILIDADE OBJETIVA E A TEORIA DO RISCO ADMINISTRATIVO

A responsabilidade civil do Estado, especialmente quanto à sua natureza (se subjetiva ou objetiva) quando decorrente de atos omissivos, sempre suscitou polêmicas no ordenamento jurídico brasileiro. Em resumo, a responsabilidade civil objetiva dispensa a comprovação da culpa do agente para torná-lo responsável pela reparação do dano. Desse modo, para configurar-se o dever de indenizar do Estado, basta a comprovação da existência do dano e do nexo causal entre este dano e a atividade estatal. Não obstante, alguns pontos da teoria da responsabilidade objetiva, notadamente com relação à atuação estatal – ativa ou omissiva –, ainda causam dissenso e controvérsia, principalmente em tempos marcados pela transferência das rotinas e atividades públicas para o meio virtual.

Para Gustavo Zagrebelsky, a história constitucional se manifesta na mudança, na contingência política, na acumulação de experiências do passado no presente.[1] Com esse mote, em breve retrospecto histórico, cumpre anotar que a Constituição de 1946 foi a responsável por incorporar a teoria do risco administrativo ao ordenamento brasileiro.[2-3] Naquele momento, enfim, a responsabilidade objetiva do Estado tornou-se a regra, passando a existir até os dias atuais, com expressa previsão na Constituição da República de 1988, em seu artigo 37, § 6º[4], que é praticamente reproduzido pelo artigo 43 do Código Civil (Lei 10.406/2002).[5] Não obstante a clareza com que se encontra solução jurídica para a responsabilização estatal por atos comissivos, sempre pairaram dúvidas acerca da incidência dos mencionados dispositivos aos atos omissivos, embora o acolhimento da responsabilidade objetiva também para as omissões estatais sempre parecesse ser uma certeira tendência pretoriana, um pensamento de vanguarda, uma realidade inevitável.

O que se notou, porém, revendo a casuística dos tribunais pátrios, foi que, durante décadas, houve uma completa ausência de pacificação jurisprudencial acerca da questão, até que, em precedente de 2016 (Recurso Extraordinário 841.526/RS), julgado pelo Supremo Tribunal Federal com repercussão geral, definiu-se pela prevalência da responsabilidade objetiva também para as omissões.[6] Basicamente, "o que a Corte fez,

---

1. ZAGREBELSKY, Gustavo. *Storia e Costituzione*. Milão: Giuffrè, 1993, p. 36.
2. O artigo 194 da Constituição dos Estados Unidos do Brasil de 1946 foi a norma que inaugurou, no ordenamento jurídico pátrio, a teoria da responsabilidade objetiva, desvinculando a responsabilidade estatal de qualquer prova de culpa ou falta do serviço, pouco importando se o agente público agiu irregularmente. Tal dispositivo previa que "as pessoas jurídicas de direito público Interno são civilmente responsáveis pelos danos que os seus funcionários, nessa qualidade, causem a terceiros".
3. Analisando o período anterior, especialmente entre a Constituição de 1891 e as que a ela se seguiram – fortemente influenciada pelas grandes codificações civis e pela prevalência da teoria da culpa, de inspiração francesa ("*faute du service*") –, conferir: SEVERO, Sérgio. *Tratado da responsabilidade pública*. São Paulo: Saraiva, 2009, p. 47, nota 159. Por sua vez, explorando as nuances da responsabilidade civil do Estado arquitetada para o século XXI, conferir: BRAGA NETTO, Felipe. *Manual da responsabilidade civil do Estado*: à luz da jurisprudência do STF e do STJ e da teoria dos direitos fundamentais. 5. ed. Salvador: Juspodivm, 2019, p.40-69.
4. "Art. 37. [...] § 6º As pessoas jurídicas de direito público e as de direito privado prestadoras de serviços públicos responderão pelos danos que seus agentes, nessa qualidade, causarem a terceiros, assegurado o direito de regresso contra o responsável nos casos de dolo ou culpa."
5. "Art. 43. As pessoas jurídicas de Direito Público Interno são civilmente responsáveis por atos dos seus agentes que nessa qualidade causem danos a terceiros, ressalvado direito regressivo contra os causadores do dano, se houver, por parte destes, culpa ou dolo."
6. A despeito disso, o entendimento pacificado pelo Supremo Tribunal Federal ainda relegou à análise casuística a definição última dos fundamentos aplicáveis a um ou a outro caso, razão pela qual novos precedentes surgiram

partindo da dicotomia entre omissão genérica e omissão específica, foi acolher esta última como viés de diferenciação para a aplicação da responsabilidade objetiva – afastando-se da teoria da culpa administrativa e refutando por completo a teoria do risco integral."[7]

2.1. Um breve panorama sobre o risco integral

Enfim, a partir da segunda metade do século XX, surgiu a discussão em torno das especificidades da teoria do risco aplicável à regência das atividades de Estado. Em um primeiro momento, grande debate foi travado quanto à viabilidade de se aplicar, para tais hipóteses, a teoria do risco integral.[8]

Anotando em detalhes, Guido Zanobini destaca que o risco integral é pautado no preceito de que, se o administrado sofre prejuízo em decorrência de ato material proibido, ou mesmo de ato jurídico irregular, que seja imputável ao Estado, desde que se verifique o liame causal entre o dano e o ato, poderão predominar as condições necessárias e suficientes para o equacionamento do problema da responsabilidade civil do Estado[9], sendo despicienda qualquer discussão em torno de causas excludentes.

Noutros termos, entre o fato ilegítimo e o dano deve subsistir relação de interdependência, isto é, um deve ser causa do outro. Por outro lado, a causalidade deve ser objetiva e não pode ser confundida com a vetusta noção de culpa.[10] Assim, a primordial justificativa pela qual o Estado estaria obrigado a indenizar as ofensas a direitos individuais adviria do princípio da igualdade dos ônus e encargos[11], que, elevando o Estado a patamar de destaque, pressupõe que as atividades e rotinas públicas, quando propiciadoras de danos a um ou a alguns administrados, devem impor a este mesmo Estado, legitimado pela coletividade para representar seus interesses, também os ônus decorrentes desse exercício, que serão repartidos por esta coletividade.[12]

A lógica deste postulado encontra suas raízes nas próprias origens históricas de constituição do Estado, conduzindo à associação das vontades individuais dependente do Contrato Social, tão bem elucidado por Rousseau, quando define o Estado como "objeto de um contrato no qual os indivíduos não renunciam a seus direitos naturais, mas ao

---

e foram submetidos ao crivo da corte. Para demonstrar a prevalência do entendimento pacificado em 2016, dois outros arestos são especialmente relevantes: Agravo Regimental no Recurso Extraordinário com Agravo 854.386/RR e Embargos de Divergência no Segundo Agravo Regimental no Recurso Extraordinário 603.626/MS. O primeiro foi julgado em 27 de abril de 2018 e o segundo, em 1º de agosto de 2018.

7. MELO, Luiz Carlos Figueira de; FALEIROS JÚNIOR, José Luiz de Moura. A responsabilidade civil objetiva do Estado por atos omissivos: realidade ou apenas tendência? *Revista Publicum*, Rio de Janeiro, v. 5, n. 1, p. 92-110, jan./jun. 2019, p. 106.
8. SALAZAR, Alcino de Paula. *Responsabilidade do Poder Público por atos judiciais*. Rio de Janeiro: Canton & Reile, 1941, p. 45-46. Anota: "O simples liame de causalidade entre o dano e o ato ou omissão do funcionário, desde que este tenha agido na esfera de suas atribuições, determina a responsabilidade da Fazenda Pública sem que seja necessário indagar se houve culpa, em qualquer de seus graus."
9. ZANOBINI, Guido. *Corso di diritto amministrativo*. 6. ed. Milão: Giuffrè, 1950, v. I, p. 272.
10. D'ALESSIO, Francesco. *Istituzioni di diritto amministrativo*. 4. ed. Turim: Unione Editrice Torinese, 1949, v. 2, p. 254.
11. CAHALI, Yussef Said. *Responsabilidade civil do Estado*. 3. ed. São Paulo: Revista dos Tribunais, 2007, p. 90.
12. Zanobini, sobre o assunto, afirma que a responsabilidade se baseia, especialmente, num princípio mais substancial de justiça distributiva, que tende a evitar todo o prejuízo injustificado e não equitativamente repartido por todos: ZANOBINI, Guido. *Corso di diritto amministrativo*, cit., v. I, p. 270.

contrário, entram em acordo para a proteção desses direitos, que o Estado é criado para preservar"[13], conduzindo à conclusão de que o Estado é a unidade e, como tal, representa a vontade geral. Paul Duez dizia que o Estado nada mais é do que "enorme empresa, cuja finalidade é satisfazer, por meio de processos apropriados, a certas necessidades de interesse geral".[14] Ainda com relação a esta comparação, à frente desta empresa, aduzia o autor, estão colocados os governantes e seus agentes, sendo que, os primeiros, imprimem à gestão da empresa suas diretivas mestras, enquanto os segundos lhe asseguram a marcha cotidiana pelo pormenor, no quadro das diretivas. Trocando em miúdos, o Estado passaria a ser visto como um "segurador universal".[15]

Baseada no risco que o exercício da atividade pública gera ao particular, a teoria em questão foi criada para viabilizar a reparação de danos injustamente causados a determinado cidadão a partir da participação de todos os demais e de modo a eliminar a desigualdade gerada entre a vítima e seus pares. Nela predomina a preocupação com a reparação do dano em si, e, levando-se em conta a natureza estrutural do próprio Estado, converte-se esta reparação em uma distribuição do dano por toda a coletividade, como se fosse mesmo um seguro. A diferença, no entanto, reside na minoração da responsabilidade, pois o dano é rateado entre todos os demais administrados, que contribuem para sua indenização.[16]

Naturalmente, pelo caráter extremo, abusivo e injusto da teoria do risco integral, grande parcela da doutrina passou a criticá-la duramente ao longo dos anos[17], restando poucos que ainda a defendem, notadamente em face de sua reduzida aplicabilidade, capaz de gerar graves consequências aos postulados e princípios do ordenamento jurídico como um todo. Nos dizeres de Hely Lopes Meirelles, tal teoria jamais foi acolhida no Brasil, e seu abandono, nos sistemas jurídicos que a admitiram, ocorreu "por conduzir ao abuso e à iniquidade social".[18]

Nesse sentido, a teoria do risco integral não obteve grande acolhida como fundamento para a justa possibilidade de restituição que lastreia a responsabilidade civil. Aqui reside a maior crítica dos doutrinadores que se posicionam contrariamente a esta teoria: se o Estado responde pela vítima, é porque há o suposto rompimento do equilíbrio

---

13. ROUSSEAU, Jean-Jacques. *Do contrato social*. Tradução de Antônio de Pádua Danesi. 3. ed. São Paulo: Martins Fontes, 1996, p. 56.
14. DUEZ, Paul. *La responsabilité de la puissance publique*: en dehors du contrat. Paris: Dalloz, 1927, p. 14-15, tradução livre.
15. CRETELLA JÚNIOR, José. *O Estado e a obrigação de indenizar*. São Paulo: Saraiva, 1980, p. 91. Comenta: "O Estado – o grande agente de seguros – não vai deixar de pagar o prêmio devido, principalmente quando o prejuízo não veio de terceiros, mas é proveniente da própria empresa seguradora – a Administração – que, funcionando mal, prejudicou o segurado – o funcionário ou administrado, ocasionando-lhe um dano ou desequilíbrio financeiro."
16. CRETELLA JÚNIOR, José. *O Estado e a obrigação de indenizar*, cit., p. 86.
17. DIAS, José de Aguiar. *Da responsabilidade civil*. 11. ed. Rio de Janeiro: Renovar, 2006, p. 829, nota n. 986. Anota: "[...] Que é risco integral? Esta a indagação a que obriga a boa interpretação, porque há quem sustente que o risco a que se deve ater o intérprete não é risco. Nós entendemos que a definição de risco integral só pode referir-se à atividade do Estado, exercida mediante o desempenho, por seus agentes, da parcela dessa atividade que lhes é atribuída. [...] Se atentarmos para esse aspecto do problema e o tivermos como indispensável à aplicação do princípio do risco, podemos defini-lo como integral, embora para a definição bastasse o substantivo, porque o adjetivo, como acontece com a democracia, por exemplo, só provoca equívoco."
18. MEIRELLES, Hely Lopes. *Direito administrativo brasileiro*. 28. ed. São Paulo: Malheiros, 2003, p. 658.

como déficit entre eles. Mas isto não pode ocorrer em toda e qualquer situação, de forma absolutamente indistinta.

2.2. O risco administrativo

Não tendo o risco integral granjeado acolhida doutrinária e muito menos jurisprudencial no Brasil, enfim se sacramentou o fundamento essencial da responsabilidade civil do Estado: a teoria do risco administrativo, criada no afã de propiciar a reparação de danos causados pelo Estado aos administrados, mas permitindo que aquele demonstre, para fins de se eximir ou de atenuar o dever de indenizar, o fato exclusivo ou concorrente da própria vítima quanto à eclosão do evento danoso.

Sua origem advém de uma adaptação da teoria do risco do direito civil – e, na verdade, é preciso frisar sempre que o direito público sempre sofreu influxos dos institutos do direito privado –, gerando para o Estado a obrigação de indenizar como decorrência do simples comportamento estatal baseado no 'fato da administração'. Sua principal diferença quanto à teoria da culpa administrativa (fundamento vetusto da responsabilidade civil subjetiva de outros tempos) reside neste ponto, uma vez que, sendo objetiva, não se perquire culpa, sendo irrelevante analisar se houve 'falta (*faute*, para referenciar o verbete francês) da administração', como ocorre na teoria da culpa administrativa.

Com isso, o dever de indenizar deixa de encontrar amparo no caráter da própria conduta do agente causador do dano para debruçar-se no risco que o exercício de determinada atividade gera para terceiros, em função do proveito econômico daí resultante. Basicamente, havendo o prejuízo, indeniza-se, mas com alguns limites.

Para Yussef Cahali, a distinção entre ambas as teorias não é estabelecida conceitual ou ontologicamente, mas em função das consequências irrogadas pelo risco administrativo que, necessariamente, é qualificado por seu efeito de permitir a contraprova excludente da responsabilidade.[19] Hely Lopes Meirelles distingue as duas modalidades simplesmente dizendo que a teoria do risco administrativo admite as causas excludentes da responsabilidade (*v.g.*, fato exclusivo da vítima, fato de terceiro ou força maior), ao passo que a teoria do risco integral não as admite.[20]

No Brasil, esta teoria foi amplamente adotada[21], e vem balizando a maior parte da casuística imputável ao Estado. Entretanto, é preciso ir além: vive-se a plenitude da sociedade da informação, marcada precipuamente pela transposição das rotinas – especialmente dos atos de gestão – à Internet. E essa virtualização já permite algumas indagações importantes, das quais se elegeu, neste brevíssimo ensaio, a investigação em

---

19. CAHALI, Yussef Said. *Responsabilidade civil do Estado*, cit., p. 40.
20. MEIRELLES, Hely Lopes. *Direito administrativo brasileiro*, cit., p. 623.
21. BRAGA NETTO, Felipe. *Novo manual de responsabilidade civil*. Salvador: Juspodivm, 2019, p. 374. Anota: "Cabe lembrar que, no Brasil, a responsabilidade civil do Estado é objetiva (CF, art. 37, § 6º), desde 1946, e está fundada na teoria do risco administrativo. Comporta portanto, as excludentes de responsabilidade civil (caso fortuito e força maior; culpa exclusiva da vítima). Abrange, em princípio, tanto os chamados atos de império (julgar, legislar), como os atos de gestão (aluguel de imóvel particular, por exemplo). O Estado responde pelos atos de gestão de qualquer agente, desde o mais modesto até o presidente da República."

torno da atuação do Estado enquanto agente de tratamento de dados e sujeito, por isso, aos rigores da Lei Geral de Proteção de Dados (Lei 13.709/2018).

Conforme se verá adiante, é em razão da LGPD que o debate se torna mais amplo, uma vez que surgem novas possibilidades para a contemplação de causas excludentes. O debate, com isso, se revolverá à compreensão da causalidade, que, segundo Sérgio Severo:

> O engajamento da responsabilidade pública requer uma relação causal entre o serviço público e o dano causado ao particular. Em regra, o dano deve guardar relação direta com a atividade pública. Embora em algumas hipóteses seja observada a atenuação de tal requisito, é inequívoca a inviabilidade da pretensão quando não configurada uma relação com a ação estatal. Porém, a causalidade entre o resultado danoso e o ato do agente comporta certas dificuldades, que se acentuam no regime de direito público.[22]

Para compreender melhor esse raciocínio, voltemos ao direito privado.

António Menezes Cordeiro acentua que a causalidade é produto de uma valoração jurídica.[23] E, nesse contexto, o propósito de se estudar o nexo de causalidade, para efeitos de responsabilidade civil, tem sua relevância atrelada à relação "entre a injuridicidade da ação e o mal causado"[24], o que pode ser melhor compreendido pela verificação do caso, analisando-se se há, entre os dois fatos conhecidos (o danoso e o próprio dano), um vínculo de causalidade suficientemente caracterizado.[25]

Em essência, a causalidade direta e imediata tem seu nascedouro na acepção desdobrada da noção naturalística de causa e efeito, que sempre simbolizou barreiras cognitivas imanentes à tutela dos danos indiretos ou remotos, suscitando polêmicas na medida em que, embora "excluísse a ressarcibilidade do chamado dano indireto ou remoto, (...) tal abordagem gerava, em certos casos, enorme injustiça".[26]

O nexo de causalidade é responsável, portanto, por criar esta vinculação lógica que une o comportamento e o dano em sequência lógica de conduta e resultado, sem a qual não se pode imputar qualquer obrigação de ressarcimento, principalmente ao Estado, e em especial quando se trate de responsabilidade objetiva, em que a culpa é deixada de lado e se atribui suprema importância para o nexo causal.

Francisco Muniz assevera que "[a] teoria da causalidade direta e imediata restou refletida no texto legal de diversos ordenamentos (a exemplo do art. 1.223 do Código Civil italiano e do art. 403 do Código Civil brasileiro)"[27], o que é alvo de intensas

---

22. SEVERO, Sérgio. Tratado da responsabilidade pública, cit., p. 203.
23. MENEZES CORDEIRO, António. Da responsabilidade civil dos administradores das sociedades comerciais. Lisboa: Lex, 1996, p. 547.
24. PEREIRA, Caio Mário da Silva. Responsabilidade civil. Atualizado por Gustavo Tepedino. 12. ed. Rio de Janeiro: Forense, 2018, p. 105.
25. VINEY, Geneviève. Traité de droit civil: les obligations, responsabilité civile. Paris: LGDJ, 1965, n. 333, p. 406.
26. SCHREIBER, Anderson. Novos paradigmas da responsabilidade civil: da erosão dos filtros da reparação à diluição dos danos. 6. ed. São Paulo: Atlas, 2015, p. 61-62. Nesse contexto, o autor ainda descreve o seguinte: "[d]esta forma, podem-se identificar danos indiretos, passíveis de ressarcimento, desde que sejam consequência necessária da conduta tomada como causa. De fato, a melhor doutrina conclui, atualmente, que a necessariedade consiste no verdadeiro núcleo da teoria da causalidade direta e imediata, não se excluindo a ressarcibilidade excepcional de danos indiretos, quando derivados necessariamente da causa em questão".
27. MUNIZ, Francisco Arthur de Siqueira. Das retóricas da causalidade à imputação objetiva: lineamentos para a responsabilidade civil pelos danos decorrentes de doenças vetoriais. In: BARBOSA, Mafalda Miranda; MUNIZ,

críticas doutrinárias[28], na medida em que o 'outro lado da moeda', ou seja, a teoria da causalidade alternativa incerta, também é tema tormentoso para a doutrina pátria, em especial devido à confusão que usualmente se faz entre causalidade e imputação[29], o que pode se tornar expediente para conflitos no quadro jurisprudencial. E, em relação a isso, mister destacar que doutrinadores como Pablo Malheiros da Cunha Frota[30] entendem ser prevalente no ordenamento brasileiro a teoria do dano direto e imediato, ao passo que outros, como Francisco Muniz[31] e Anderson Schreiber[32], indicam uma celeuma jurisprudencial a evidenciar a aplicação de uma e de outra teoria sem um padrão equacionável de julgamento.

Diversas são as tentativas doutrinárias de solução desse impasse, o que levou alguns autores a sucessivas tentativas de propugnar métricas abrangentes para o equacionamento dos desdobramentos causais. Manuel Carneiro da Frada, de forma categórica, sugere o delineamento de presunções causais:

> Outra forma de contornar as dificuldades de prova da causalidade é o estabelecimento de presunções de causalidade, de considerar por exemplo naqueles casos em que a violação de um dever torna praticamente impossível a demonstração da causalidade (...).[33]

O tema certamente não é novo na literatura jurídica[34], e essa situação conduz à necessidade de ressignificação da metodologia jurídica aplicável à compreensão da responsabilidade civil a partir da casuística, impondo-se o reconhecimento do que Frada denomina de 'método do caso', de modo a permitir a realização de asserções intuitivas a partir da compreensão "de que, no caso concreto, o nexo de causalidade é presumível ou provável, ou de que o suposto agente lesante assumiu o risco de se encontrar em meio a uma situação de incerteza".[35]

A par dessa necessidade, impõe-se uma releitura da teoria do risco, na medida em que toda a dogmática aplicável à delimitação de presunções causais estará atrelada, necessariamente, ao espectro de imputação da vertente açulada para o caso concreto, na aferição de qualquer dever reparatório, notadamente o do Estado.

Francisco Arthur de Siqueira. *Responsabilidade civil*: 50 anos em Portugal e 15 anos no Brasil. Salvador: Juspodivm, 2017, p. 258.

28. Pode-se citar, *verbi gratia*, a ponderação de Felipe Peixoto Braga Netto: "Não se sabe bem por que o legislador tratou tão mal um tema tão importante. Antes de tudo, a norma só se refere a devedor. Isto é, só cuida, ou pelo menos só quis cuidar, da chamada responsabilidade contratual (está, ademais, no título referente ao inadimplemento das obrigações). Além disso, só alude ao dano material (perdas e danos). Não faz referência ao dano extrapatrimonial. (BRAGA NETTO, Felipe Peixoto. *Manual da responsabilidade civil do Estado*, cit., p. 193.)
29. SCHREIBER, Anderson. *Novos paradigmas da responsabilidade civil*, cit., p. 75.
30. FROTA, Pablo Malheiros da Cunha. *Responsabilidade civil por danos*: imputação e nexo de causalidade. Curitiba: Juruá, 2014, p. 94.
31. MUNIZ, Francisco Arthur de Siqueira. Das retóricas da causalidade à imputação objetiva, cit., p. 258-259.
32. SCHREIBER, Anderson. *Novos paradigmas da responsabilidade civil*, cit., p. 63.
33. FRADA, Manuel A. Carneiro da. *Direito civil, responsabilidade civil*: o método do caso. Coimbra: Almedina, 2010, p. 102.
34. MULHOLLAND, Caitlin Sampaio. *A responsabilidade civil por presunção de causalidade*. Rio de Janeiro: GZ Editora, 2010, p. 62; CRUZ, Gisela Sampaio da. *O problema do nexo causal na responsabilidade civil*. Rio de Janeiro: Renovar, 2005, p. 17.
35. MUNIZ, Francisco Arthur de Siqueira. Das retóricas da causalidade à imputação objetiva, cit., p. 261.

3. ENFIM, UMA ADMINISTRAÇÃO PÚBLICA DIGITAL

Não há dúvidas de que a Administração Pública do século XXI é marcada pelos impactos da Quarta Revolução Industrial. Seu maior estudioso, Klaus Schwab, já destacara que "a escala do impacto e a velocidade das mudanças fazem que a transformação seja diferente de qualquer outra revolução industrial da história da humanidade."[36] Trata-se, enfim, do crepúsculo de uma nova era, na qual, "muito além da noção de governo eletrônico, é preciso (re)pensar o Estado na era digital, transpondo as barreiras materiais do mundo real para se inserir no universo *cyber* que a Internet trouxe à tona."[37]

Nesse novo contexto, as estruturas clássicas do Estado passam a demandar reformulações, pois tudo o que se vislumbra passa a sofrer, em alguma medida, os impactos da inovação e de novas tecnologias, afetando não apenas o desempenho prestacional do Estado, a nível de eficiência na oferta de políticas públicas, mas também sua capacidade de se inserir nesse novo contexto. Em simples termos, os impactos atingem a Administração Pública e o direito administrativo.[38]

Tais impactos, por reverberarem sobre a disciplina tradicional do direito administrativo não poderiam deixar de afetar a base fundamental da responsabilidade civil do Estado e, na linha do que explica José Fernando Brega, este é um desafio que precisa ser enfrentado:

> 1) o governo eletrônico é uma realidade jurídica, que pode ser compreendida também sob a perspectiva do direito administrativo; 2) na condição de realidade jurídica, o governo eletrônico está sujeito a um conjunto de fundamentos, decorrentes do ordenamento vigente, em especial de seus preceitos constitucionais; 3) a utilização de meios eletrônicos provoca consequências substanciais em relação a institutos clássicos do direito administrativo, tornando necessário que estes e suas respectivas bases sejam reavaliados pela ciência do direito a partir da realidade tecnológica atual e dos fundamentos jurídicos sistemáticos referidos na hipótese anterior.[39]

Evidentemente, o chamado 'direito digital' reúne uma série de temas dos mais diversos ramos do direito, sendo desafiado à resolução de inúmeros problemas contemporâneos – e muitos deles guardam pertinência com o direito administrativo – advindos de novas tecnologias.[40] Em leitura conectada a alguns aspectos extraídos do direito privado, percebe-se que isso se dá por um motivo bem simples: a Internet é explorada essencialmente por participantes privados! Meia dúzia de grandes corporações fornecem a grande

---

36. SCHWAB, Klaus. *A quarta revolução industrial*. Tradução de Daniel Moreira Miranda. São Paulo: Edipro, 2016, p. 115.
37. FALEIROS JÚNIOR, José Luiz de Moura. *Administração Pública Digital*: proposições para o aperfeiçoamento do Regime Jurídico Administrativo na sociedade da informação. Indaiatuba: Foco, 2020, p. 79.
38. MEDAUAR, Odete. *O direito administrativo em evolução*. 3. ed. Brasília: Gazeta Jurídica, 2017, p. 362.
39. BREGA, José Fernando Ferreira. *Governo eletrônico e direito administrativo*. Brasília: Gazeta Jurídica, 2015, p. 320.
40. OLAVE, Ruperto Pinochet. La recepción de la realidad de las nuevas tecnologías de la información por el derecho civil: panorama actual y perspectivas futuras. *Ius et Praxis*, Talca, v. 7, n. 2, p. 469-489, 2001, p. 470, tradução livre. No original: "Los medios de comunicación pertenecientes a las nuevas tecnologías, algunos al alcance de la mayoría de las personas, han servido, entre otras utilidades, para expresar voluntades jurídicamente relevantes, hecho que ha producido una rápida incorporación de la realidad electrónica en el ámbito del negocio jurídico, con el consiguiente período de adaptación que ello supone, generando como todo proceso adaptativo, una serie de nuevos problemas e interrogantes, tanto de naturaleza técnica como de carácter teórico jurídico, que el mundo del derecho ha debido enfrentar."

gama de ferramentas comunicacionais que não apenas moldam uma nova cultura digital (eminentemente líquida[41]) ou trazem impactos deletérios ao convívio interpessoal[42], mas que, pelo poder da arquitetura da rede, têm o condão de se sobrepujar ao Estado.

Foram nomes como Joel Reidenberg e Lawrence Lessig os primeiros a tratar de possíveis codificações para o mundo virtual. A ideia de uma *Lex Informatica*[43], conforme sugerida pelo primeiro, ou de um *Code*[44], como indicado pelo segundo, seriam soluções generalistas para um problema global. Em termos de atendimento à função promocional dos deveres de proteção aos direitos fundamentais (e de vedação à proteção insuficiente)[45], incumbe ao Estado se cercar de todas as ferramentas que possam operar em sentido positivo na acepção que se dá ao aprimoramento da técnica em sintonia com a ética.[46] A ideia essencial tangencia os quatro modais de regulação comportamental apontados por Lawrence Lessig na estruturação do *Code* (normas e ética, mercado, arquitetura e o direito), e assim sintetizados por Murray:

> Uma tentativa de estender o modelo tradicional de análise regulatória para o ciberespaço foi feita por Lawrence Lessig em sua monografia Code and Other Laws of Cyberspace. Neste Lessig procura identificar quatro 'modalidades de regulamentação': (1) lei, (2) mercado, (3) arquitetura e (4) normas que podem ser usadas individual ou coletivamente, direta ou indiretamente, pelos reguladores. Cada modalidade, portanto, tem um papel a desempenhar na regulação de sua decisão. Lessig sugere que o verdadeiro quadro regulatório é aquele em que as quatro modalidades são consideradas juntas. Os reguladores projetarão modelos regulatórios híbridos, escolhendo a melhor combinação dos quatro para alcançar o resultado desejado.[47]

---

41. BAUMAN, Zygmunt. *A cultura no mundo líquido moderno*. Tradução de Carlos Alberto Medeiros. Rio de Janeiro: Zahar, 2013, p. 21.
42. GOLEMAN, Daniel. *Social intelligence*: the new science of human relationships. Nova York: Bantam Books, 2006, p. 6. Anota: "Today, just as science reveals how crucially important nourishing relationships are, human connections seem increasingly under siege. Social corrosion has many faces."
43. REIDENBERG, Joel R. Lex Informatica: the formulation of information policy rules through technology. *Texas Law Review*, Austin, v. 76, n. 3, p. 553-584, 1998, p. 583.
44. LESSIG, Lawrence. *Code, and other laws of cyberspace 2.0*. 2. ed. Nova York: Basic Books, 2006, p. 123.
45. SILVA, Jorge Pereira da. *Deveres do Estado de protecção de direitos fundamentais*: fundamentação e estrutura das relações jusfundamentais triangulares. 3. ed. Lisboa: Universidade Católica Editora, 2015, p. 585.
46. VERONESE, Alexandre; SILVEIRA, Alessandra; LEMOS, Amanda Nunes Lopes Espiñeira. Inteligência Artificial, mercado único digital e a postulação de um direito às inferências justas e razoáveis: uma questão jurídica entre a ética e a técnica. In: FRAZÃO, Ana; MULHOLLAND, Caitlin (Coords.). *Inteligência artificial e direito*: ética, regulação e responsabilidade. São Paulo: Thomson Reuters Brasil, 2019, p. 258. Registram: "[...] os conceitos de *Code* (Lawrence Lessig) e de *Lex Informatica* (Joel R. Reidenberg e outros) são suficientes para evidenciar o problema. A solução exposta pelos dois autores citados residiria na construção de mecanismos jurídicos – ou econômicos, ou sociais, ou éticos – que possam influenciar a produção de programas afinados com um paradigma progressista em relação aos direitos. O espaço de solução é, portanto, indiretamente, jurídico. Ele será, contudo, diretamente, técnico ou ético. É somente a partir dessa constatação que se percebe a importância dos fóruns [...]. Muitos aos atrás, François Ost e Michel van de Kerchove já haviam diagnosticado o aparecimento de fontes jurídicas novas que mostravam a emergência de um novo tipo de direito."
47. MURRAY, Andrew. Conceptualising the post-regulatory (cyber)state. In: BROWNSWORD, Roger; YEUNG, Karen (Eds.). *Regulating technologies*: legal futures, regulatory frames and technological fixes. Oxford: Hart Publishing, 2008, p. 291-292, tradução livre. No original: "An attempt to extend the traditional model of regulatory analysis into Cyberspace was made by Lawrence Lessig in his monograph Code and Other Laws of Cyberspace. In this Lessig seeks to identify four 'modalities of regulation': (1) law, (2) market, (3) architecture, and (4) norms which may be used individually or collectively either directly or indirectly by regulators. Each modality thus has a role to play in regulating your decision. Lessig suggests that the true regulatory picture is one in which all four modalities are considered together. Regulators will design hybrid regulatory models choosing the best mix of the four to achieve the desired outcome."

Os "impérios da comunicação" apontados por Tim Wu[48] são verdadeiros conglomerados informacionais alçados ao patamar em que se tornam capazes de se agigantar frente ao Estado exatamente por serem, na prática, os detentores do poder advindo do controle da arquitetura indicado como terceiro modal regulatório na acepção de Lessig. A proteção de dados pessoais dá contornos peculiares ao papel do Estado neste novo plano 'digitalizado' das interações humanas, demandando intervenção substancial para a proteção de direitos; é aqui que se encontra o fundamento essencial para que se tenha não apenas uma Lei Geral de Proteção de Dados promulgada no país, mas, inserido nela, um capítulo especificamente voltado à aferição do papel do Estado enquanto agente de dados.

3.1. O Estado enquanto agente de tratamento de dados

A Lei Geral de Proteção de Dados cuidou, em capítulo próprio, de tutelar as atividades de tratamento de dados nas quais o próprio agente – controlador ou operador – é o Estado. E esses dois conceitos são essenciais para uma compreensão assertiva, pelos conceitos do artigo 5º da LGPD, sobre o enquadramento do Ente Político como agente de dados (gênero previsto no inc. IX), na medida em que o controlador (inciso VI) possui competência decisional e o operador (inciso VII) apenas exerce funções executivas, atuando como *longa manus* do controlador. Isso é crucial para a aferição seguinte, que consta dos arts. 23 a 32 da lei e onde há diversas nuances que indicam particularidades para a compreensão da aplicabilidade dessa norma às atividades estatais.

De início, nota-se a expressa menção, no artigo 23, à Lei de Acesso à Informação:

> Art. 23. O tratamento de dados pessoais pelas pessoas jurídicas de direito público referidas no parágrafo único do art. 1º da Lei 12.527, de 18 de novembro de 2011 (Lei de Acesso à Informação), deverá ser realizado para o atendimento de sua finalidade pública, na persecução do interesse público, com o objetivo de executar as competências legais ou cumprir as atribuições legais do serviço público, desde que:
>
> I – sejam informadas as hipóteses em que, no exercício de suas competências, realizam o tratamento de dados pessoais, fornecendo informações claras e atualizadas sobre a previsão legal, a finalidade, os procedimentos e as práticas utilizadas para a execução dessas atividades, em veículos de fácil acesso, preferencialmente em seus sítios eletrônicos;
>
> II – (VETADO); e
>
> III – seja indicado um encarregado quando realizarem operações de tratamento de dados pessoais, nos termos do art. 39 desta Lei; e
>
> IV – (VETADO).

Dois foram os vetos, mas algumas nuances chamam a atenção: (i) no *caput*, naturalmente, a remissão feita ao artigo 1º, parágrafo único, da Lei 12.527/2011 (Lei de Acesso à Informação)[49], que contempla toda a estrutura de funcionamento da Administração,

---

48. WU, Tim. *The master switch*: the rise and fall of information empires. Nova York: Vintage, 2010, p. 255-256.
49. "Art. 1º Esta Lei dispõe sobre os procedimentos a serem observados pela União, Estados, Distrito Federal e Municípios, com o fim de garantir o acesso a informações previsto no inciso XXXIII do art. 5º, no inciso II do § 3º do art. 37 e no § 2º do art. 216 da Constituição Federal. Parágrafo único. Subordinam-se ao regime desta Lei: I – os órgãos públicos integrantes da administração direta dos Poderes Executivo, Legislativo, incluindo as Cortes de Contas, e Judiciário e do Ministério Público; II – as autarquias, as fundações públicas, as empresas públicas, as sociedades de economia mista e demais entidades controladas direta ou indiretamente pela União, Estados, Distrito Federal e Municípios."

subordinando até mesmo o Judiciário, o Ministério Público e as Cortes de Contas aos rigores da lei; (ii) ainda no *caput*, a menção sugestiva a uma 'finalidade pública' do tratamento de dados, conceito que pode ser melhor explorado noutro estudo; (iii) no inciso I, a definição de um dever de transparência que surge atrelado a modais de *compliance*[50]; (iv) no inciso III, a exigência de indicação de um 'encarregado público' (ou *data protection officer* [DPO] público), "pessoa indicada pelo controlador e operador para atuar como canal de comunicação entre o controlador, os titulares dos dados e a Autoridade Nacional de Proteção de Dados (ANPD)" (art. 5º, VIII).

Este último ponto suscita grandes controvérsias, pois a lei não é clara quanto à eventual distinção do encarregado ou DPO público em relação ao particular. Isso traz consequências, inclusive, por não haver clareza sobre se essa indicação deverá se dar apenas quando a Administração Pública se revestir das características de controladora, ou também quando for operadora, na dicção da lei.[51]

Mas, sendo certo que a LGPD incide sobre as operações de tratamento de dados realizadas pelo Poder Público e havendo grande nebulosidade sobre isso na própria lei geral, outro não poderia ser o desfecho desta tendência, senão a edição, pela União, de uma normativa especificamente voltada à regência de sua política de governança para o compartilhamento de dados, que passa a se apresentar em sintonia exata com os propósitos de *compliance* digital, por "análise jurídica e técnica que transcende o Direito, impondo um diálogo transversal e interdisciplinar".[52] Trata-se do Decreto 10.046, de 07 de outubro de 2019, que assim prevê, em seu artigo 3º:

> Art. 3º. O compartilhamento de dados pelos órgãos e entidades de que trata o art. 1º observará as seguintes diretrizes:
>
> I – a informação do Estado será compartilhada da forma mais ampla possível, observadas as restrições legais, os requisitos de segurança da informação e comunicações e o disposto na Lei 13.709, de 14 de agosto de 2018 – Lei Geral de Proteção de Dados Pessoais;
>
> II – o compartilhamento de dados sujeitos a sigilo implica a assunção, pelo recebedor de dados, dos deveres de sigilo e auditabilidade impostos ao custodiante dos dados;
>
> III – os mecanismos de compartilhamento, interoperabilidade e auditabilidade devem ser desenvolvidos de forma a atender às necessidades de negócio dos órgãos e entidades de que trata o art. 1º, para facilitar a execução de políticas públicas orientadas por dados;
>
> IV – os órgãos e entidades de que trata o art. 1º colaborarão para a redução dos custos de acesso a dados no âmbito da administração pública, inclusive, mediante o reaproveitamento de recursos de infraestrutura por múltiplos órgãos e entidades;

---

50. Analisando os impactos da transparência para esse fim, confira-se: NEWBOLD, Stephanie P. Is transparency essential for public confidence in government? *Public Administration Review*, Nova Jersey, v. 71, n. S1, p. 547-552, dez. 2011; LIMBERGER, Têmis. Transparência administrativa e novas tecnologias: o dever de publicidade, o direito a ser informado e o princípio democrático. *Revista do Ministério Público do Estado do Rio Grande do Sul*, n. 60, p. 47-65, abr. 2008; MESSA, Ana Flávia. *Transparência, compliance e práticas anticorrupção na Administração Pública*. São Paulo: Almedina, 2019, p. 142.
51. ALVES, Fabrício da Mota. Estruturação do cargo de DPO em entes públicos. In: BLUM, Renato Opice; VAINZOF, Rony; MORAES, Henrique Fabretti (Coords.). *Data Protection Officer (encarregado)*: teoria e prática de acordo com a LGPD e o GDPR. São Paulo: Thomson Reuters Brasil, 2020, p. 528-529.
52. FALEIROS JÚNIOR, José Luiz de Moura. Notas introdutórias ao compliance digital. In: CAMARGO, Coriolano Almeida; CRESPO, Marcelo; CUNHA, Liana; SANTOS; Cleórbete (Coords.). *Direito digital: novas teses jurídicas*. 2. ed. Rio de Janeiro: Lumen Juris, 2019, p. 123.

V – nas hipóteses em que se configure tratamento de dados pessoais, serão observados o direito à preservação da intimidade e da privacidade da pessoa natural, a proteção dos dados e as normas e os procedimentos previstos na legislação; e

VI – a coleta, o tratamento e o compartilhamento de dados por cada órgão serão realizados nos termos do disposto no art. 23 da Lei 13.709, de 2018.

O compartilhamento de dados entre órgãos e entidades da Administração Pública federal já estava previsto, em caráter programático, no artigo 27 da LGPD, que traz três exceções em seus incisos.[53] O objetivo precípuo, sem dúvida alguma, é a delimitação de políticas institucionais adequadas aos propósitos elencados pelo legislador no que concerne à proteção de dados pessoais.

O artigo 2º, inciso XV, do decreto conceitua como 'governança de dados' o "exercício de autoridade e controle que permite o gerenciamento de dados sob as perspectivas do compartilhamento, da arquitetura, da segurança, da qualidade, da operação e de outros aspectos tecnológicos". No cotejo do compartilhamento, por sua vez, o artigo 4º define três níveis essenciais: (i) amplo; (ii) restrito; (iii) específico.[54]

Sendo certo que o *Big Data* público já é uma realidade, o controle de dados exercido pelo Poder Público passa a ostentar nova dimensão com a possibilidade de compartilhamento interorgânico, que já era possível desde a edição da política de governança da Administração Pública federal direta, autárquica e fundacional (Decreto 9.203/2017)[55],

---

53. "Art. 27. A comunicação ou o uso compartilhado de dados pessoais de pessoa jurídica de direito público a pessoa de direito privado será informado à autoridade nacional e dependerá de consentimento do titular, exceto: I - nas hipóteses de dispensa de consentimento previstas nesta Lei; II – nos casos de uso compartilhado de dados, em que será dada publicidade nos termos do inciso I do caput do art. 23 desta Lei; ou III – nas exceções constantes do § 1º do art. 26 desta Lei."
54. "Art. 4º O compartilhamento de dados entre os órgãos e as entidades de que trata o art. 1º é categorizado em três níveis, de acordo com sua confidencialidade: I – compartilhamento amplo, quando se tratar de dados públicos que não estão sujeitos a nenhuma restrição de acesso, cuja divulgação deve ser pública e garantida a qualquer interessado, na forma da legislação; II – compartilhamento restrito, quando se tratar de dados protegidos por sigilo, nos termos da legislação, com concessão de acesso a todos os órgãos e entidades de que trata o art. 1º para a execução de políticas públicas, cujo mecanismo de compartilhamento e regras sejam simplificados e estabelecidos pelo Comitê Central de Governança de Dados; e III – compartilhamento específico, quando se tratar de dados protegidos por sigilo, nos termos da legislação, com concessão de acesso a órgãos e entidades específicos, nas hipóteses e para os fins previstos em lei, cujo compartilhamento e regras sejam definidos pelo gestor de dados. § 1º A categorização do nível de compartilhamento será feita pelo gestor de dados, com base na legislação. § 2º A categorização do nível de compartilhamento será detalhada de forma a tornar clara a situação de cada item de informação. § 3º A categorização do nível de compartilhamento como restrito ou específico será publicada pelo respectivo gestor de dados no prazo de noventa dias, contado da data de publicação das regras de compartilhamento de que trata o art. 31. § 4º A categorização do nível de compartilhamento como restrito e específico especificará o conjunto de bases de dados por ele administrado com restrições de acesso e as respectivas motivações. § 5º A categorização do nível de compartilhamento, na hipótese de ainda não ter sido feita, será realizada pelo gestor de dados quando responder a solicitação de permissão de acesso ao dado. § 6º A categorização do nível de compartilhamento será revista a cada cinco anos, contados da data de publicação deste Decreto ou sempre que identificadas alterações nas diretrizes que ensejaram a sua categorização. § 7º Os órgãos e entidades de que trata o art. 1º priorizarão a categoria de compartilhamento de dados de maior abertura, em compatibilidade com as diretrizes de acesso à informação previstas na legislação."
55. FALEIROS JÚNIOR, José Luiz de Moura; MIGLIAVACCA, Viviane Furtado. A parametrização das políticas de compliance na Administração Pública: uma análise dos mecanismos de governança definidos pelo Decreto 9.203/2017. *Revista do Tribunal Regional Federal da 1ª Região*, Brasília, ano 32, n. 1, p. 56-70, jan./jun. 2020, p. 67. Com efeito: "Sem dúvidas, o amadurecimento de uma visão quase universal acerca da necessidade de combate à corrupção e de aprimoramento dos institutos de prevenção são fatores que se somam à presença irrefreável da tecnologia e à ascensão globalizatória para conduzir o pensamento jurídico a uma perspectiva de Administração

responsável, dentre outras medidas, pela criação do Comitê Interministerial de Governança – CIG, conforme dicção de seu artigo 7º, "com a finalidade de assessorar o Presidente da República na condução da política de governança da administração pública federal".

Em seu artigo 3º, o Decreto 9.203/2017 ainda elenca alguns princípios de regência das políticas de integridade, sendo eles: capacidade de resposta; integridade; confiabilidade; melhoria regulatória; prestação de contas e responsabilidade; e transparência. Nesse aspecto, voltando ao Decreto 10.046/2019, a criação do 'Cadastro Base do Cidadão' (artigo 16 e seguintes), por exemplo, revela a possibilidade de cognição ampla sobre aspectos relacionados a todas as esferas da vida do usuário. A integração a partir do fornecimento de informações pelos Cartórios de Registro Civil, bem como o cruzamento de dados extraídos de bases como a da Receita Federal do Brasil e do Instituto Nacional do Seguro Social propiciam a consolidação de verdadeira 'vigilância de dados' estatal.[56] Fato é que o projeto de regulamentação de uma política de governança de dados específica para o Poder Público, a ser fiscalizada por um Comitê também definido pelo decreto (artigos 21 e seguintes) se alinha à premência de que sejam iniciadas as atividades da Agência Nacional de Proteção de Dados – ANPD, que, embora formalmente criada, ainda não está em operação.

Além disso, dois dias depois da publicação do Decreto 10.046, foi editado o de numeração subsequente: Decreto 10.047, que dispõe sobre a governança do Cadastro Nacional de Informações Sociais – CNIS[57] e institui o programa Observatório de Pre-

---

Pública consensual, norteada pela adesão dos cidadãos aos processos decisionais e legitimada pela implementação de políticas de compliance efetivas e eficazes."

56. *Cf.* CLARKE, Roger A. Information technology and dataveillance. *Communications of the ACM*, Nova York, v. 31, n. 5, p. 498-512, maio 1988.

57. O CNIS passa a ser composto e operacionalizado por 51 sistemas e bases de dados distintos, listados no Anexo único do decreto, a saber: 1. Cadastro Nacional da Pessoa Jurídica – CNPJ; 2. Cadastro Nacional de Imóveis Rurais – Cnir; 3. Cadastro Nacional de Obras – CNO; 4. Cadastro de Atividade Econômica da Pessoa Física – CAEPF; 5. Cadastro de Imóveis Rurais – Cafir; 6. Cadastro de Pessoas Físicas – CPF; 7. Sistema Nacional de Cadastro Rural – SNCR; 8. Sistema Integrado de Administração de Recursos Humanos – Siape; 9. Fundo de Garantia do Tempo de Serviço – FGTS; 10. Sistema Integrado de Administração Financeira do Governo Federal – Siafi; 11. Registro Nacional de Veículos Automotores – Renavam; 12. Registro Nacional de Carteira de Habilitação – Renach; 13. Programa Nacional de Acesso ao Ensino Técnico e Emprego – Pronatec; 14. Programa Universidade para Todos – ProUni; 15. Sistema de Seleção Unificada – Sisu; 16. Monitoramento da frequência escolar do Programa Bolsa Família – Presença; 17. Financiamento Estudantil – Fies; 18. Programa Nacional de Fortalecimento da Agricultura Familiar – Pronaf; 19. Base de dados do sistema GTA; 20. Sistema de Informações de Projetos de Reforma Agrária – Sipra; 21. Cadastro Nacional de Estabelecimentos de Saúde – Cnes; 22. Prontuário Eletrônico do Paciente – PEP; 23. Programa de Volta para Casa – PVC; 24. Sistema de Acompanhamento da Gestante – SisPreNatal; 25. Sistema de Informações do Programa Nacional de Imunizações – SIPNI; 26. Sistema de Informações sobre Mortalidade – SIM; 27. Sistema de Cadastro de usuários do SUS – Cadsus; 28. Sistema de Informação sobre Nascidos Vivos – Sinasc; 29. Folha de Pagamento do Programa Bolsa Família; 30. Cadastro Único – CadÚnico; 31. Sistema de Registro Nacional Migratório – Sismigra; 32. Sistema de Informação do câncer do colo do útero – Siscolo; 33. Sistema de Informação do câncer de mama – Sismama; 34. Sistema Nacional de Passaportes – Sinpa; 35. Sistema Nacional de Informações de Segurança Pública – Sinesp; 36. Registro Administrativo de Nascimento e Óbito de Indígenas – Rani; 37. Sistema ProVB – Programa de Vendas em Balcão; 38. Sistema de Cadastro Nacional de Produtores Rurais, Público do PAA, Cooperativas, Associações e demais Agências – Sican; 39. Observatório da Despesa Pública; 40. Sistema de Gerenciamento de Embarcações da Marinha do Brasil – Sisgemb; 41. Sistema da Declaração de Aptidão ao Pronaf – Sistemas DAP; 42. Cadastro da Agricultura Familiar – CAF; 43. Cadastro Ambiental Rural – CAR; 44. Sistema de Cadastramento Unificado de Fornecedores – Sicaf; 45. Cadastro Nacional de Empresas – CNE; 46. Folha de Pagamento do Seguro-Desemprego; 47. Folha de Pagamento do Programa Garantia Safra; 48. Base de Beneficiários do Plano Safra; 49. Folha de Pagamento do Bolsa Estiagem; 50. Auxílio econômico a produtores independentes de cana-de-açúcar; 51. Sistema Aguia.

vidência e Informações. Com maior foco em dados relacionados à Previdência, o foco deste segundo decreto se alinha aos propósitos da governança estabelecida, em linhas mais amplas, no primeiro.

Não obstante, preocupações surgem no contexto dos dois decretos, pois abre-se largo espaço ao acirramento de alguns riscos se esse compartilhamento de dados se der de forma inadvertida. Maior compartilhamento significa maior risco de vazamentos, o que incrementa ainda mais a necessidade de uma atuação forte da ANPD e do Comitê específico para a prevenção de tais situações – desdobramento natural do princípio da *accountability* –, como anota Cíntia Rosa Pereira de Lima:

> Na LGPD, o princípio está expressamente incorporado no inc. X do art. 6º, ou seja, o princípio da responsabilização e prestação de contas, segundo o qual o agente de tratamento de dados deve demonstrar que adotou medidas eficazes e capazes de comprovar a observância e o cumprimento das normas de proteção de dados pessoais, provando, inclusive a eficácia dessas medidas. Portanto, este princípio exige uma conduta proativa por parte dos agentes de tratamento de dados.[58]

Exatamente pela vastidão dos bancos de dados entrelaçados a partir do CNIS e pela quantidade avassaladora de informações que passarão a ser compartilhadas entre órgãos e entidades do Governo Federal, impõe-se, ainda com maior rigor, a observância a mecanismos de segurança da informação.

Nesse contexto, pode-se asseverar que a facultatividade descrita no *caput* do artigo 50 – constatada pela utilização do verbo "poderá" –, mesmo para o Poder Público, certamente não terá o mesmo impacto que a cogência desses parâmetros traria para o contexto da proteção de dados.[59] Contudo, o estabelecimento de largo rol de deveres nos parágrafos 1º e 2º do mesmo dispositivo, com exigência de demonstração de sua efetividade[60], revela que a opção pela implementação de boas práticas e de governança nos processos de coleta e tratamento de dados trará consequências para o agente de dados, e muitas delas estão relacionadas à responsabilidade civil e, como não poderia deixar de ser, sendo objetiva a natureza da responsabilidade civil do Estado no art. 37, §6º, da Constituição, nuances específicas quanto ao nexo de causalidade precisam ser averiguadas.

---

58. LIMA, Cíntia Rosa Pereira de. *Autoridade Nacional de Proteção de Dados e a efetividade da Lei Geral de Proteção de Dados*: de acordo com a Lei Geral de Proteção de Dados (Lei 13.709/2018 e as alterações da Lei 13.853/2019), o Marco Civil da Internet (Lei 12.965/2014) e as sugestões de alteração do CDC (PL 3.514/2015). São Paulo: Almedina, 2020, p. 209.
59. FALEIROS JÚNIOR, José Luiz de Moura. *Administração Pública Digital*, cit., p. 153-157.
60. LIMA, Cíntia Rosa Pereira de; PEROLI, Kelvin. *Direito digital*: compliance, regulação e governança. São Paulo: Quartier Latin, 2019, p. 136. Os autores destacam os seguintes aspectos para a garantia de efetividade: "(...) (i) o nexo estrutural (*structural nexus*), entendido como o desenvolvimento de políticas e procedimentos na própria empresa capazes de promover a cultura de conformidade, em seu âmago; (ii) o fluxo de informações (*information flow*) da empresa necessita ser eficiente, no sentido de que o *compliance* deve ser implantado no fluxo de informações do alto comando até os empregados do chão de fábrica, para garantir que a comunicação entre todos, de todos níveis hierárquicos, seja rápida e eficaz; (iii) monitoramento e vigilância (*monitoring and suveillance*), sendo também função do *compliance* o monitoramento do comportamento dos empregados, a fim de garantir a sua adesão às políticas e procedimentos da empresa, o que gera, consequentemente, a vigilância, que deve ser minimizada e utilizada apenas para os fins corporativos; (iv) o *enforcement* das políticas, procedimentos e normas de direito, que devem ser direcionados tanto para as atividades que oferecem maior risco de não conformidade, quanto para as que menos risco oferecem, o que pressupõe, em verdade, a análise e o gerenciamento de riscos efetivos pela empresa."

3.2. As excludentes do artigo 43 da LGPD

Em seu artigo 43, a Lei Geral de Proteção de Dados enumera causas excludentes do nexo de causalidade aplicáveis à responsabilidade pelos processos de tratamento de dados:

> Art. 43. Os agentes de tratamento só não serão responsabilizados quando provarem:
> I – que não realizaram o tratamento de dados pessoais que lhes é atribuído;
> II – que, embora tenham realizado o tratamento de dados pessoais que lhes é atribuído, não houve violação à legislação de proteção de dados; ou
> III – que o dano é decorrente de culpa exclusiva do titular dos dados ou de terceiro.

A não realização do tratamento (inc. I) aparece também na legislação europeia (artigo 82 (3), *in fine*)[61] e revela consequência natural para a imputação de responsabilidades. Em simples termos, não tendo sido determinado agente o realizador do tratamento de dados, não se pode lhe atribuir a responsabilidade pelos danos eventualmente sofridos pelo titular. Por sua vez, as hipóteses de fato exclusivo do titular de dados (vítima) ou de terceiro (inc. III) seguem a mesma dinâmica aplicável às causas correlatas da responsabilidade civil tradicional. Evidentemente, a demonstração de fato exclusivo deverá ser detalhada e assertiva o suficiente para afastar o dever de reparar o dano.

Porém, a hipótese de demonstração de não violação à legislação (inc. II) é a que causa maior nebulosidade, contudo, uma vez que os parâmetros para essa aferição nem sempre são objetivos. Tampouco há uma "régua" que permita aferir concretamente os limites de eventual violação praticada.

O artigo 44, no intuito de parametrizar deveres, apresenta três circunstâncias a serem consideradas nesse exercício interpretativo:

> Art. 44. O tratamento de dados pessoais será irregular quando deixar de observar a legislação ou quando não fornecer a segurança que o titular dele pode esperar, consideradas as circunstâncias relevantes, entre as quais:
> I – o modo pelo qual é realizado;
> II – o resultado e os riscos que razoavelmente dele se esperam;
> III – as técnicas de tratamento de dados pessoais disponíveis à época em que foi realizado.

Ocorre que, noutras inúmeras passagens da lei, há dispositivos que trabalham com critérios incertos para a delimitação da observância à lei. Eis alguns exemplos: (i) quanto aos dados reidentificados (ou dados anteriormente anonimizados[62] que perderam tal característica e permitiram que seu titular fosse desvendado), o artigo 12, § 1º, descreve que "[a] determinação do que seja razoável deve levar em consideração fatores objetivos, tais como custo e tempo necessários para reverter o processo

---

61. "Artigo 82. (3). O responsável pelo tratamento ou o subcontratante fica isento de responsabilidade nos termos do n. 2, se provar que não é de modo algum responsável pelo evento que deu origem aos danos."
62. Sobre o tema, confira-se: MARTINS, Guilherme Magalhães; FALEIROS JÚNIOR, José Luiz de Moura. A anonimização de dados pessoais: consequências jurídicas do processo de reversão, a importância da entropia e sua tutela à luz da Lei Geral de Proteção de Dados. In: DE LUCCA, Newton; SIMÃO FILHO, Adalberto; LIMA, Cíntia Rosa Pereira de; MACIEL, Renata Mota (Coord.). *Direito & Internet IV*: sistema de proteção de dados pessoais. São Paulo: Quartier Latin, 2019.

de anonimização, de acordo com as tecnologias disponíveis, e a utilização exclusiva de meios próprios"; (ii) no tratamento de dados pessoais de crianças e adolescentes, o artigo 14, § 5º, registra que "[o] controlador deve realizar todos os esforços razoáveis para verificar que o consentimento a que se refere o § 1º deste artigo foi dado pelo responsável pela criança, consideradas as tecnologias disponíveis"; (iii) ao impor o dever de comunicação de "incidente de segurança que possa acarretar risco ou dano relevante aos titulares", o artigo 48, §1º, exige uma série de medidas cuja aferição também envolverá análise fática.

Na vasta maioria das passagens em que a LGPD apresenta conceitos abertos ou indeterminados, é descrita a obrigação de posterior regulamentação pela autoridade nacional, a Agência Nacional de Proteção de Dados – ANPD. Apesar disso, a celeuma adquire ainda mais complexidade quando se analisa esse conceito de "tratamento regular" à luz da faculdade de se implementar os programas de governança e as políticas de integridade dos artigos 50 e 51 da lei. Sem dúvidas, para agentes de dados que realizarem o *compliance* digital, a aferição da excludente de não violação à lei adquire muito mais subjetividade e novos aspectos passam a ser relevantes em qualquer investigação de dano[63] – especialmente quando envolverem o Estado.

4. COMPLIANCE DIGITAL E UM 'NOVO' RISCO ADMINISTRATIVO

O termo *compliance* é sabidamente oriundo da Língua Inglesa. Sua origem está na etimologia do verbo "*to comply*", que não possui tradução exata, mas revela a expectativa de uma postura de conformidade e adesão a parâmetros regulatórios.

Sua presença, em contraste ao rigor hermético da legalidade estrita, parece apresentar um novo desafio à compreensão não apenas do próprio princípio da legalidade (pilar estruturante da atividade administrativa), mas, também, à ressignificação da própria teoria do risco administrativo, quando o Estado se enquadrar no conceito de 'agente de dados'.

Giselda Hironaka destaca que, "ao longo do século XX, dezenas de teorias foram desenvolvidas para criar parâmetros fundantes de um sistema de responsabilidade civil

---

63. Sobre o tema, anota a doutrina: "Dúvidas não há, diante do cenário de mudança já delineado no presente artigo, que a atuação em conformidade com a LGPD demandará a estruturação de mecanismos (técnicos e organizacionais) robustos direcionados exclusivamente a assegurar o respeito à legalidade no tratamento de dados pessoais. Além de garantir a conformidade com as demais normas da LGPD, os agentes de tratamento devem construir estruturas que permitam o atendimento a diversos outros deveres específicos, associados a boas práticas corporativas. É o caso (i) do dever de manter registro de todas as atividades de tratamento realizadas (art. 37); (ii) da apresentação, pelo controlador, quando requisitado, de relatório de impacto à proteção de dados pessoais (art. 38); (iii) da observância, por ambos os agentes de tratamento, das normas de segurança (art. 46) – que, se não comprovadas, induzem à sua automática responsabilização (art. 44, parágrafo único); e, ainda (iv) da comprovação da efetividade do programa de governança em privacidade adotado, nos termos do art. 50, § 2º, inciso II. Identificar quais medidas organizacionais e técnicas deverão ser adotadas na construção de um programa de compliance de dados pessoais não consiste em tarefa simples e, na ausência de outros parâmetros, parece adequado recorrer às orientações extraídas da própria LGPD, bem como às bases previamente estabelecidas em áreas, como a legislação antitruste e anticorrupção, em que se debatem os requisitos de programas de compliance efetivos." (FRAZÃO, Ana; OLIVA, Milena Donato; ABÍLIO, Vivianne da Silveira. Compliance de dados pessoais. *In:* TEPEDINO, Gustavo; FRAZÃO, Ana; OLIVA, Milena Donato (Coords.). *Lei Geral de Proteção de Dados Pessoais e suas repercussões no direito brasileiro*. São Paulo: Revista dos Tribunais, 2019, p. 698-699.)

distinto daquele que até o anterior século pareceu bastar".[64] Quando se investiga a dificuldade de enfrentamento causal para que se conceda guarida a uma teoria consistente e apta a tutelar eventual dano disso decorrente, a partir de uma investigação empírica lógica, a imputação objetiva surge como um gatilho convidativo, conforme sustenta Mafalda Miranda Barbosa, que tenta compatibilizar, sob viés imputacional, a intencionalidade predicativa do sistema jurídico aos paradigmas do planejamento econômico.[65] Em sentido contrário, destacando a ausência de correlação nesta compreensão, tem-se a lição de Francisco Muniz:

> A ausência de necessariedade correlacional entre a causalidade dita natural e a compreensão de causalidade jurídica que consubstancia o nexo de imputação dissocia a solução imputacional da responsabilidade civil extracontratual, tanto na intenção quanto na operacionalidade, das soluções que convocam a análise econômica do direito para resolver os problemas marcados pela complexidade e incerteza a partir de uma razão probabilística ou estocástica.[66]

A par desse raciocínio, extrai-se a conclusão de que a causalidade adequada perpassa por uma compreensão abrangente de construção da narrativa causal para que se possibilite imputar determinado dano a uma omissão.[67] Nesse aspecto, a dicotomia entre omissão genérica e omissão específica aflora de forma emblemática para a compreensão da causalidade concernente ao enquadramento dos atos omissivos estatais[68], realçando o papel do Estado de agir em conformidade com os deveres que lhe sejam exigíveis, porquanto normatizados no próprio texto constitucional ou no acervo da legislação infraconstitucional.

A doutrina reputa ser inaceitável adotar um conceito puramente naturalístico de causa, que tenha lastro no raciocínio de que a omissão nunca pode ser causa exatamente porque é o 'não ser', isto é, o nada. Na filosofia e no direito, porém, 'causa' tanto pode ser um comportamento comissivo como omissivo.[69]

---

64. HIRONAKA, Giselda Maria Fernandes Novaes. Responsabilidade pressuposta: evolução de fundamentos e de paradigmas da responsabilidade civil na contemporaneidade. In: BARBOSA, Mafalda Miranda; MUNIZ, Francisco Arthur de Siqueira. *Responsabilidade civil*: 50 anos em Portugal e 15 anos no Brasil. Salvador: Juspodivm, 2017, p. 283.
65. BARBOSA, Ana Mafalda Castanheira Neves de Miranda. *Do nexo de causalidade ao nexo de imputação*: contributo para a compreensão da natureza binária e personalística do requisito causal ao nível da responsabilidade civil extracontratual. Cascais: Principia, 2013, v. II, p. 1242.
66. MUNIZ, Francisco Arthur de Siqueira. Das retóricas da causalidade à imputação objetiva, cit., p. 267.
67. Gabriel Magadan elucida os percalços dessa aferição: "A dificuldade enfrentada na utilização da causalidade na apuração de danos é decorrente de sua própria concepção mecânica, muito embora seja possível visualizar, sobretudo na jurisprudência, que a complexidade das situações que envolvem a causalidade enseja uma discussão mais profunda, abarcando casos que se correlacionam, em prova de materialidade, imputação, e de extensão danosa. [...] O modelo de causalidade não se atém ao subjetivismo do agente e seu grau de previsibilidade, o que é levado em conta para a atribuição da responsabilidade civil, em si, mas, no caso em apreço, a respeito da apuração dos danos, o critério para a verificação da extensão será o da probabilidade, em uma ordem natural dos acontecimentos, considerando o possível abstratamente e as circunstâncias concretas para determinar o provável, selecionar consequências e delimitar a área de ressarcibilidade." (MAGADAN, Gabriel de Freitas Melro. *Responsabilidade civil extracontratual*: causalidade jurídica. Seleção das consequências jurídicas do dano. São Paulo: Editora dos Editores, 2019, p. 152-153.)
68. MELO, Luiz Carlos Figueira de; FALEIROS JÚNIOR, José Luiz de Moura. A responsabilidade civil objetiva do Estado por atos omissivos: realidade ou apenas tendência? cit., p. 106.
69. Cf. SILVA, Almiro do Couto e. A responsabilidade extracontratual do Estado no direito brasileiro. *Revista de Direito Administrativo*, Rio de Janeiro, n. 202, out./dez., 1995.

Para Gustavo Tepedino, "a omissão pode ser uma condição para que outro evento cause o dano, mas ela mesma (omissão) não pode produzir o efeito danoso. A omissão poderá ter condicionado sua ocorrência, mas não o causou".[70] Justamente em face de tal circunstância, hipóteses que envolvam condutas omissivas sempre foram encaradas sob a ótica da responsabilidade subjetiva, atraindo a teoria da culpa anônima ou *faute du service*. Noutros termos, a ação, tomada em sua acepção jurídica, é um conceito diferente da ação humana, que interessa à filosofia e mesmo às outras ciências, de modo que o direito, enquanto ciência normatizada e dotada de conceitos específicos, traduz a ideia de omissão a partir do fato de que uma pessoa não fez o que deveria ter feito; nada mais é do que o não agir diante de uma situação esperada, calculada.[71]

> O carácter caleidoscópico com que a categoria da causalidade tem vindo a ser conformada não permite percepcionar claramente a cisão entre a natureza das duas questões. Com tantas consequências que isso comporta.
> Consequências ao nível da pureza dos alicerces, pois no primeiro caso o que está verdadeiramente em causa é um problema referente à imputação [...] consequências ao nível intersistemático, já que a possibilidade de salvaguardar a pureza da adequação, pela imperiosa consciência da impertinência de um critério fisicista, desarreigado de considerações normativas, impõe a introdução de correções ao mesmo.[72]

Da mesma forma que o caso concreto deve nortear a aferição de eventual nexo imputacional relativo a lesões sofridas pela vítima, permitindo-se empregar o entendimento mais justo para a solução do problema à luz do caso concreto, ainda que seja necessário manipular a invocação de uma ou outra teoria, ou mesmo misturar os seus fundamentos para proporcionar à vítima maiores chances de reparação[73], a casuística[74] também será a metodologia aplicável à aferição de eventual dever reparatório estatal pela atuação ativa (mas desregulada) no tratamento de dados, ou pela omissão fiscalizatória que lhe incumbe, quanto às atividades de tratamento de dados realizadas por particulares.

Sem qualquer dúvida, a causalidade alternativa aparece como solução viável para responder à dificuldade imputacional na condição de viés definitivo de concretização da aferição casuística, indo além do risco administrativo e da própria noção de omissão genérica ou específica. O ponto dúbio persiste, contudo, quanto à opacidade dos parâmetros regulatórios e à dificuldade de se aferir quais seriam os deveres impostos para que eventual omissão (genérica ou específica) possa ser aferida.

No direito digital, segundo Guilherme Martins e José Faleiros Júnior:

---

70. TEPEDINO, Gustavo. *Temas de direito civil*. 2. ed. Rio de Janeiro: Renovar, 2003, p. 190-191.
71. ANNONI, Danielle. *A responsabilidade do Estado pela demora na prestação jurisdicional*. Rio de Janeiro: Forense, 2003, p. 46-47.
72. BARBOSA, Ana Mafalda Castanheira Neves de Miranda. *Do nexo de causalidade ao nexo de imputação*: contributo para a compreensão da natureza binária e personalística do requisito causal ao nível da responsabilidade civil extracontratual. Cascais: Principia, 2013, v. I, p. 32.
73. MULHOLLAND, Caitlin Sampaio. *A responsabilidade civil por presunção de causalidade*, cit., p. 193.
74. Novamente, ganha especial relevância o estudo proposto por Manuel A. Carneiro da Frada, porquanto "se as normas jurídicas são um instrumento de conformação da vida social dirigidas a uma série indefinida de pessoas e situações, então tem de extrair-se delas um sentido que garanta uma uniformidade de soluções". (FRADA, Manuel A. Carneiro da. *Direito civil, responsabilidade civil*, cit., p. 144.)

Em simples termos, não se deve concluir que o risco é o critério central de responsabilização dos agentes de dados. O risco é o fundamento essencial para que sejam estabelecidos critérios próprios de imputação advindos da violação dos deveres estabelecidos pela legislação protetiva e, quando presente o *compliance*, catalisados pela inobservância dos programas de integridade e das políticas de governança de dados.[75]

O papel do *compliance* para a ressignificação do papel do Estado no século XXI – digitalizado e de fronteiras translucidas[76] –, tendo a governança como verdadeiro vetor de alavancagem da vetusta legalidade estrita, agora flexibilizada, mas não menos carecedora de efetivo controle, remete à importância do chamado *e-government* que proliferou mundo afora na década de 1990, marcando uma importante transição.[77] Com ele, tem-se a necessidade de superação da terminologia 'governo eletrônico' em prol da expressão 'Administração Pública digital', que "além de prover um conjunto de serviços de forma mais eficiente, é uma política pública fundamentada no relacionamento mais democrático entre Administração Pública e cidadãos, como uma interação entre quem toma decisões e os cidadãos".[78]

É concebível que os direitos à privacidade e à proteção de dados, baseados em noções e garantias constitucionais complexas, como autodeterminação informacional, dignidade humana e liberdade de ação, sejam simplesmente abstratos demais para que os indivíduos possam empregá-los efetivamente, daí a necessidade da regulação.[79]

Sendo certo o descompasso existente entre a atuação estatal e sua capacidade de responder à incessante inovação tecnológica, destacou-se a imperiosidade de superação do modo tradicional de atuação legislativa, sugestionando-se, como solução adequada, a adoção de instrumentos de governança para a aceleração da responsividade estatal às inúmeras contingências sociais desdobradas desse descompasso. Essa responsividade, aliás, compõe um dos elementos essenciais da governança, juntamente com a responsabilidade, a legalidade e a integridade, convolados em verdadeira *accountability* pública.

---

75. MARTINS, Guilherme Magalhães; FALEIROS JÚNIOR, José Luiz de Moura. Compliance digital e responsabilidade civil na Lei Geral de Proteção de Dados. *In*: MARTINS, Guilherme Magalhães; ROSENVALD, Nelson (Coords.). *Responsabilidade civil e novas tecnologias*. Indaiatuba: Foco, 2020, p. 292.
76. SHAPIRO, Martin. Administrative law unbounded: reflections on government and governance. *Indiana Journal of Global Legal Studies*, Bloomington, v. 8, n. 2, p. 369-377, 2001, p. 374. Anota: "Thus far, we have considered the erosion of the boundaries that separate the governors from the governed. A second erosion of these boundaries is taking place along a different geographic dimension; national governments are increasingly losing authority to both supra and subnational governments. It is now commonplace that the two losses are linked."
77. DAVISON, Robert M.; WAGNER, Christian; MA, Louis C. K. From government to e-government: a transition model. *Information Technology & People*, Londres, v. 18, n. 3, p. 280-299, set. 2005.
78. MESSA, Ana Flávia. *Transparência, compliance e práticas anticorrupção na Administração Pública*, cit., p. 263.
79. MAYER-SCHÖNBERGER, Viktor. Beyond privacy, beyond rights – toward a "system" theory of information governance. *California Law Review*, Berkeley, v. 98, p. 1853-1886, 2010, p. 1877-1878. Sobre o tema, o autor ainda comenta: "Perhaps, then, the lack of enforcement is not caused by the complexity (or simplicity) of the individual right to be enforced, but by the costliness of the specific enforcement process. If that were the case, reducing the enforcement cost (including the risk of enforcement) could result in the needed increase in enforcement action. There are numerous strategies to lower enforcement costs for individuals. One could choose a less costly legal basis that would lead to less costly enforcement action: for example, employing a different legal vehicle (such as switching from rights to torts), increasing the economic incentive for success (e.g., the amount of statutory damages awarded), or adjusting procedural elements (e.g., by shifting the burden of proof or implementing no-fault compensation schemes)."

Sobre isso, alguns detalhes foram explicitados para reforçar a necessidade de clara delimitação do tema, tamanha sua sensibilidade em um período no qual o papel essencial do Estado quanto à garantia da segurança pública é desafiado pela complexidade tecnológica, que envolve o próprio Estado em suas abstenções – omissivas, porquanto leigo, quanto à fiscalização de atividades desempenhadas por participantes privados que exercem poder pelo domínio da arquitetura das redes (sobreposição pela técnica) –, ou por suas ações – comissivas, quando seja, ele próprio, agente de tratamento de dados.

Importante lembrar o conceito de segurança pública, descrito por Moreira Neto:

> O conceito teórico de *segurança pública* é, pois, o de uma *atividade estatal* voltada à preservação da *ordem pública* e, como corolário, da incolumidade das pessoas e do patrimônio. Em síntese, entre ordem pública e segurança pública, existe uma relação de finalidade para o instrumento, ou seja, a ordem pública é o objeto da segurança pública e, esta, o instrumento do Estado organizado para manter ou estabelecer a ordem pública, caracterizando-se pelo emprego da coerção no desempenho da *vis absoluta*, por ele legitimamente monopolizada.[80]

Evidentemente, para que haja melhoria de desempenho do Estado na condução de suas políticas públicas relacionadas às TICs e à melhoria de desempenho na gestão interna para garantia dessa almejada segurança pública, impõe-se, paralelamente à inevitável inovação tecnológica, uma nova abordagem de atuação centrada nos parâmetros de governança elucidados anteriormente, que são capazes de consolidar uma 'tecnologia de *compliance*'. Somente assim – com o realce ético – se atingirá o desiderato primordial da otimização estatal com redução de más condutas, ainda que omissivas. Novas interações entre inovação e regulação partem, nesse contexto, de uma leitura ampliativa dos papéis de partícipes públicos e privados:

> Apesar de a inovação tecnológica ser comumente protagonizada pelos particulares, muitas vezes a administração é responsável, direta ou indiretamente, por seu desenvolvimento ou promoção. [...] Nesse sentido, tecnologias que auxiliam a organização, recuperação e análise de vastas quantidades de informação colaboram significativamente para a qualidade da regulação, provendo maior velocidade e precisão do resultado final. Além disso, a construção de websites que permitem a contribuição em processos de consulta pública, bem como o acesso a agendas públicas, relatórios e documentos em geral, representam um avanço em termos de participação popular e transparência nesses processos.[81]

Isso se dá em razão da flagrante necessidade de se investigar a suficiência do labor regulatório estatal para a pacificação social a partir da tutela de conflitos no que diz respeito aos mercados de dados, que operam os interesses de grupos distintos, harmonizados por plataformas digitais geridas por empresas privadas a partir do implemento de algoritmos, formando os *data-rich markets*, descritos por Viktor Mayer-Schönberger e Thomas Range.[82]

---

80. MOREIRA NETO, Diogo de Figueiredo. *Curso de direito administrativo*: parte geral e parte especial. 15. ed. Rio de Janeiro: Forense, 2009, p. 463.
81. BAPTISTA, Patrícia; KELLER, Clara Iglesias. Por que, quando e como regular as novas tecnologias? Os desafios trazidos pelas inovações disruptivas. *Revista de Direito Administrativo*, Rio de Janeiro, v. 273, n. 3, p. 123-163, set./dez. 2016, p. 136
82. MAYER-SCHÖNBERGER, Viktor; RAMGE, Thomas. *Reinventing capitalism in the age of big data*. Nova York: Basic Books, 2018, p. 7. Comentam: "The key difference between conventional markets and data-rich ones is the role of information flowing through them, and how it gets translated into decisions. In data-rich markets, we no longer

Surge, então, uma 'corrida' pelos algoritmos mais eficazes e capazes de filtrar os mais variados acervos de dados para propiciar vantagens concorrenciais que o Estado dificilmente é capaz de diagnosticar. Aparentemente, a regulação de ilícitos econômicos e das 'novas' relações de consumo (agora algorítmicas) – vistas como um primeiro percalço desse novo modo de se operacionalizar atividades econômicas na Internet – seriam facilmente tuteláveis e fiscalizáveis. Entra em cena, porém, uma dificultosa compreensão dos complexos algoritmos utilizados para a realização de tais atividades. Frank Pasquale, o renomado professor da Universidade de Maryland, atribuiu a tais algoritmos o nome de *'black boxes'* (caixas-pretas), e alertou para os perigos de uma sociedade regida pelos segredos.[83]

Ainda que o próprio autor reconheça que empresas de economias capitalistas democráticas se utilizem de processos de aferição de riscos e oportunidades cada vez mais dinâmicos e complexos[84], um Estado indiferente a essa realidade será uma figura omissa e passiva frente à realidade inescapável de que abusos sistemáticos desses algoritmos possuem o condão de gerar danos variados.

Para suplantar o cenário indesejável de um Estado fraco e impotente frente ao poderio técnico-informacional de grandes corporações, também o direito público precisa se reinventar. Nesse contexto, é preciso ir além da noção de 'governo eletrônico'.[85]

Inegavelmente entusiasmante, a tecnologia traz, em si, percalços que não podem ser ignorados pelo administrador público, sob pena de incorrer em excessos perigosos, ou omissões inaceitáveis. Se o *compliance* propicia realces à ética, reinserindo-a no cotidiano estatal a partir da delimitação de alguns parâmetros específicos, maior relevância se deve dar, conclusivamente, à figura do indivíduo – protegido constitucionalmente por uma plêiade de direitos inalienáveis e que, agora, se vê projetado no mundo virtual, com direitos patrimoniais e situações jurídicas existenciais, consolidando verdadeira faceta da personalidade individual, digna de proteção.[86]

---

have to condense our preferences into price and can abandon the oversimplification that was necessary because of communicative and cognitive limits."

83. PASQUALE, Frank. *The black box society*: the secret algorithms that control money and information. Cambridge: Harvard University Press, 2015, p. 6-7. Anota: "Real secrecy establishes a barrier between hidden content and unauthorized access to it. We use real secrecy daily when we look our doors or protect our e-mail with passwords. Legal secrecy obliges those privy to certain information to keep it secret; a bank employee is obliged both by statutory authority and by terms of employment not to reveal customers' balances to his buddies. Obfuscation involves deliberate attempts at concealment when secrecy has been compromised. For example, a firm might respond to a request for information by delivering 30 million pages of documents, forcing its investigator to waste time looking for a needle in a haystack. And the end result of both types of secrecy, and obfuscation, is opacity, my blanket term for remediable incomprehensibility."
84. PASQUALE, Frank. *The black box society*, cit., p. 216.
85. FALEIROS JÚNIOR, José Luiz de Moura. *Administração Pública Digital*, cit., p. 166-168.
86. SILVA, Jorge Pereira da. *Deveres do Estado de protecção de direitos fundamentais*, cit., p. 354. Comenta: "O desiderato a se atingir é o de que o poder de intervenção estatal e a liberdade dos cidadãos se equilibrem de modo a garantir ao indivíduo tanta protecção quanto a necessária, mas também tanta liberdade pessoal quanto seja possível. Por isso, segundo a denominada concepção pessoal do bem jurídico, tem-se entendido que integram este conceito aquelas "realidades ou fins que são necessários para uma vida social livre e segura, que garantam os direitos humanos e fundamentais do indivíduo, assim como para o funcionamento do sistema estatal erigido para a consecução de tal objectivo. Não que, com esta referência, se pretenda induzir à importação acrítica para o direito constitucional dos resultados (nem sempre pacíficos) atingidos pela doutrina penalista sobre a teoria do bem jurídico – até porque a protecção penal é apenas uma modalidade, entre várias outras, de protecção de direitos fundamentais –, mas é importante reconhecer que a multifuncionalidade dos direitos fundamentais implica uma atenção redobrada ao conceito de bem jusfundamental e a sua colocação no centro do processo construtivo dos *conglomerados jurídicos* usualmente designados por direitos fundamentais."

A somatória de *accountability*, *legality*, *integrity* e *responsiveness* dá ensejo a uma combinação potente de preceitos para a regência de uma 'nova' Administração Pública, não apenas atualizada aos modelos mais hodiernos de gestão pública, mas efetivamente 'digital', no sentido que o termo permite colher a partir dos impactos da sociedade da informação sobre a governança pública.

Pode-se dizer que *accountability* nada mais é que o processo pelo qual as entidades e os gestores públicos são responsabilizados pelas próprias decisões e ações, contemplando o trato com recursos públicos e todos os aspectos de desempenho que podem ser submetidos a mecanismos de controle interno e externo, como auditorias, prestações de contas etc.[87] Nesse sentido, pode-se dizer que a Administração Pública é sempre "responsável" (*accountable*), pois – mesmo em sistemas não democráticos – sempre há o dever de os servidores públicos darem conta de suas atividades e, portanto, estarem sujeitos a julgamentos ou avaliações de uma autoridade superior.[88] A responsabilidade em sentido estrito (*liability*), por outro lado, se refere à suposição das consequências dos próprios atos e, às vezes, também de atos praticados por terceiros, quando esses atos ocorrem dentro do campo de autoridade do administrador responsável final. As consequências dessa dimensão de responsabilidade são normalmente fixadas por lei e podem variar muito, dependendo da ordem jurídica de cada país.[89]

Esse panorama não comporta, por óbvio, o risco administrativo em suas feições tradicionais e evidência disso pode ser colhida da leitura do já transcrito artigo 43, inciso II, da LGPD, que cria uma moldura de chanfro aberto para a consolidação de causas excludentes mais adequadas à espécie de tratamento de dados que se realize. Do referido inciso – relembremo-nos – consta a possibilidade de se afastar o nexo de causalidade quanto aos agentes de tratamento nas hipóteses em "que, embora tenham realizado o tratamento de dados pessoais que lhes é atribuído, não houve violação à legislação de proteção de dados." E, sendo o Estado um potencial agente de tratamento de dados, a 'régua' adotada para aferir se houve ou não violação à LGPD poderá não ser a mesma utilizada para o particular.

Tudo dependerá, dentre vários outros fatores, da qualidade das medidas de segurança empregadas para uma atuação administrativa ativa e efetiva. Isso significa dizer que a própria teoria do risco administrativo enfrentará desafios e demandará ressignificações.

---

87. CAIDEN, Gerald E. The problem of ensuring the public accountability of public official. *In:* JABBRA, Joseph G.; DWIVEDI, Onkar Prasad (Eds.). *Public service accountability*: a comparative perspective. West Hartford: Kumarian, 1989, p. 17-38.
88. JØRGENSEN, Torben Beck; SØRENSEN, Ditte-Lene. Codes of good governance. *Public Administration*, Nova Jersey, v. 12, n. 1, p. 71-96, dez. 2012, p. 94-95; WALDEGRAVE, William. *The reality of reform and accountability in today's public service*. Londres: CIPFA, 1993, p. 33-35.
89. HOGWOOD, Brian W. Autonomía burocrática y responsabilidad. *Gestión y Análisis de Políticas Públicas*, Madri, v. 15, p. 19- 37, maio/ago. 1999, p. 20. Diz o autor: "Las palabras *accountability* y *responsibility* se usan frecuentemente intercambiándolas, y cuando hay intentos para diferenciarlas, al hacer la pareja y contrastarla puede tener significados opuestos dados por diferentes autores. Las definiciones del diccionario, a menudo, definen uno según términos del otro. Chambers tiene como uno de sus significados de *account*: 'responder como único responsable: tener la responsabilidad o crédito'; *responsible* tiene como una de sus definiciones: 'poder ser llamado a responder por estar al mando y el control'. La distinción o falta de ella en es simplemente una cuestión de semántica, una que se trata de decidir si ellos, en el centro del debate en Inglaterra, encuentran diferencias en las relaciones entre ministerios, empleados civiles y el Parlamento."

Se, por um lado, trilhar caminho direcionado ao risco integral parece ser uma opção extrema, por outro, reconhecer eventual limitação do Estado em face do advento de tecnologias que são exploradas ao alvedrio da cognição estatal não pode conduzir a um esfacelamento de deveres ou à admissão de alguma espécie de 'subjetivação' do debate, com o retorno da superada discussão sobre culpa administrativa (*'faute du service'*). Bem ao contrário disso, o risco administrativo deve permanecer, mas potencializado, atualizado, 'turbinado' (caso se prefira) pela governança pública efetiva e entrelaçada ao *compliance* digital, seja para remapear o escopo das causas excludentes aplicáveis aos processos de tratamento de dados, seja para delimitar uma estrutura de *accountability* que não redunde em soluções temporárias como a delimitação de presunções causais.

5. CONSIDERAÇÕES FINAIS

À luz do exposto, pode-se salientar que este brevíssimo estudo direcionou-se à revisitação das bases fundamentais da teoria do risco administrativo – fundamento da responsabilidade civil do Estado – para permitir o reposicionamento do instituto no século XXI, remodelando as estruturas de previsibilidade causal em função da complexidade inerente às novas tecnologias.

Basicamente, o que se pretendeu demonstrar foi que uma "Administração Pública Digital" deve ser reestruturada em suas bases fundamentais. A legalidade hermética precisa se acoplar à governança pública efetiva para que o descompasso entre inovação e regulação seja atenuado, evitando o surgimento de lacunas perigosas e aviltantes. E isso, essencialmente, se mostra adequado para que a ideia do Estado enquanto agente de tratamento de dados seja levada a efeito com toda a sua potencialidade.

A Lei Geral de Proteção de Dados trouxe institutos curiosos para a formatação desse raciocínio, definindo, por exemplo, grande abertura para a discussão causal ao prever, no artigo 43, II, o afastamento do nexo pela demonstração de não violação às disposições da lei. Este parâmetro aberto, pelo que se explorou, não deve conduzir ao raciocínio de que uma 'subjetivação' da responsabilidade civil do Estado aparece no horizonte como solução viável às dificuldades advindas da complexidade de cognição, fiscalização e controle dos algoritmos baseados em *Big Data*, voltando, com isso, a se cogitar da culpa administrativa (*'faute du service'*). Seria um retrocesso.

O chamado *compliance* digital, ainda fragmentário e merecedor de estudos mais aprofundados, também aparece na LGPD (artigos 50 e 51) como uma faculdade do agente de dados. Porém, para a Administração Pública – cada vez mais norteada pela governança, com exemplos brasileiros recentes como os Decretos Federais 9.203, 10.046 e 10.047 – essa 'abertura' pode abrir caminhos para que se repense o escopo da teoria do risco administrativo, mantendo-a hígida e viável no plano da discussão causal para não se permitir o avanço rumo ao extremo da teoria do risco integral.

Em simples termos: o *compliance* digital pode ser a 'régua' definidora de critérios e parâmetros mais flexíveis para a definição de violações a deveres no desempenho das atividades estatais, em sintonia com os variados graus de complexidade que as atividades relacionadas a dados exijam, e seja a Administração controladora ou operadora, nas acepções descritas pela LGPD. Poderá, ademais, ser um dos instrumentais mais profícuos para a atuação futura da Agência Nacional de Proteção de Dados, seja no exercício de seu poder regulamentar, seja no exercício de seu poder de polícia.

REFERÊNCIAS

ALVES, Fabrício da Mota. Estruturação do cargo de DPO em entes públicos. *In*: BLUM, Renato Opice; VAINZOF, Rony; MORAES, Henrique Fabretti (Coords.). *Data Protection Officer (encarregado)*: teoria e prática de acordo com a LGPD e o GDPR. São Paulo: Thomson Reuters Brasil, 2020.

ANNONI, Danielle. *A responsabilidade do Estado pela demora na prestação jurisdicional*. Rio de Janeiro: Forense, 2003.

BAPTISTA, Patrícia; KELLER, Clara Iglesias. Por que, quando e como regular as novas tecnologias? Os desafios trazidos pelas inovações disruptivas. *Revista de Direito Administrativo*, Rio de Janeiro, v. 273, n. 3, p. 123-163, set./dez. 2016.

BARBOSA, Ana Mafalda Castanheira Neves de Miranda. *Do nexo de causalidade ao nexo de imputação*: contributo para a compreensão da natureza binária e personalística do requisito causal ao nível da responsabilidade civil extracontratual. Cascais: Principia, 2013, v. I.

BARBOSA, Ana Mafalda Castanheira Neves de Miranda. *Do nexo de causalidade ao nexo de imputação*: contributo para a compreensão da natureza binária e personalística do requisito causal ao nível da responsabilidade civil extracontratual. Cascais: Principia, 2013, v. II.

BAUMAN, Zygmunt. *A cultura no mundo líquido moderno*. Tradução de Carlos Alberto Medeiros. Rio de Janeiro: Zahar, 2013.

BRAGA NETTO, Felipe. *Manual da responsabilidade civil do Estado*: à luz da jurisprudência do STF e do STJ e da teoria dos direitos fundamentais. 5. ed. Salvador: Juspodivm, 2019.

BRAGA NETTO, Felipe. *Novo manual de responsabilidade civil*. Salvador: Juspodivm, 2019.

BREGA, José Fernando Ferreira. *Governo eletrônico e direito administrativo*. Brasília: Gazeta Jurídica, 2015.

D'ALESSIO, Francesco. *Istituzioni di diritto amministrativo*. 4. ed. Turim: Unione Editrice Torinese, 1949, v. 2.

CAHALI, Yussef Said. *Responsabilidade civil do Estado*. 3. ed. São Paulo: Revista dos Tribunais, 2007.

CAIDEN, Gerald E. The problem of ensuring the public accountability of public official. *In*: JABBRA, Joseph G.; DWIVEDI, Onkar Prasad (Eds.). *Public service accountability*: a comparative perspective. West Hartford: Kumarian, 1989.

CLARKE, Roger A. Information technology and dataveillance. *Communications of the ACM*, Nova York, v. 31, n. 5, p. 498-512, maio 1988.

CRETELLA JÚNIOR, José. *O Estado e a obrigação de indenizar*. São Paulo: Saraiva, 1980.

CRUZ, Gisela Sampaio da. *O problema do nexo causal na responsabilidade civil*. Rio de Janeiro: Renovar, 2005.

DAVISON, Robert M.; WAGNER, Christian; MA, Louis C. K. From government to e-government: a transition model. *Information Technology & People*, Londres, v. 18, n. 3, p. 280-299, set. 2005.

DIAS, José de Aguiar. *Da responsabilidade civil*. 11. ed. Rio de Janeiro: Renovar, 2006.

DUEZ, Paul. *La responsabilité de la puissance publique*: en dehors du contrat. Paris: Dalloz, 1927.

FALEIROS JÚNIOR, José Luiz de Moura. *Administração Pública Digital*: proposições para o aperfeiçoamento do Regime Jurídico Administrativo na sociedade da informação. Indaiatuba: Foco, 2020.

FALEIROS JÚNIOR, José Luiz de Moura. Notas introdutórias ao compliance digital. *In:* CAMARGO, Coriolano Almeida; CRESPO, Marcelo; CUNHA, Liana; SANTOS; Cleórbete (Coords.). *Direito digital*: novas teses jurídicas. 2. ed. Rio de Janeiro: Lumen Juris, 2019.

FALEIROS JÚNIOR, José Luiz de Moura; MIGLIAVACCA, Viviane Furtado. A parametrização das políticas de compliance na Administração Pública: uma análise dos mecanismos de governança definidos pelo Decreto 9.203/2017. *Revista do Tribunal Regional Federal da 1ª Região*, Brasília, ano 32, n. 1, p. 56-70, jan./jun. 2020.

FRADA, Manuel A. Carneiro da. *Direito civil, responsabilidade civil*: o método do caso. Coimbra: Almedina, 2010.

FRAZÃO, Ana; OLIVA, Milena Donato; ABÍLIO, Vivianne da Silveira. Compliance de dados pessoais. *In:* TEPEDINO, Gustavo; FRAZÃO, Ana; OLIVA, Milena Donato (Coords.). *Lei Geral de Proteção de Dados Pessoais e suas repercussões no direito brasileiro*. São Paulo: Revista dos Tribunais, 2019.

FROTA, Pablo Malheiros da Cunha. *Responsabilidade civil por danos*: imputação e nexo de causalidade. Curitiba: Juruá, 2014.

GOLEMAN, Daniel. *Social intelligence*: the new science of human relationships. Nova York: Bantam Books, 2006.

HIRONAKA, Giselda Maria Fernandes Novaes. Responsabilidade pressuposta: evolução de fundamentos e de paradigmas da responsabilidade civil na contemporaneidade. *In:* BARBOSA, Mafalda Miranda; MUNIZ, Francisco Arthur de Siqueira. *Responsabilidade civil*: 50 anos em Portugal e 15 anos no Brasil. Salvador: Juspodivm, 2017.

HOGWOOD, Brian W. Autonomía burocrática y responsabilidad. *Gestión y Análisis de Políticas Públicas*, Madri, v. 15, p. 19- 37, maio/ago. 1999.

JØRGENSEN, Torben Beck; SØRENSEN, Ditte-Lene. Codes of good governance. *Public Administration*, Nova Jersey, v. 12, n. 1, p. 71-96, dez. 2012.

LESSIG, Lawrence. *Code, and other laws of cyberspace 2.0*. 2. ed. Nova York: Basic Books, 2006.

LIMA, Cíntia Rosa Pereira de. *Autoridade Nacional de Proteção de Dados e a efetividade da Lei Geral de Proteção de Dados*: de acordo com a Lei Geral de Proteção de Dados (Lei 13.709/2018 e as alterações da Lei 13.853/2019), o Marco Civil da Internet (Lei 12.965/2014) e as sugestões de alteração do CDC (PL 3.514/2015). São Paulo: Almedina, 2020.

LIMA, Cíntia Rosa Pereira de; PEROLI, Kelvin. *Direito digital*: compliance, regulação e governança. São Paulo: Quartier Latin, 2019.

LIMBERGER, Têmis. Transparência administrativa e novas tecnologias: o dever de publicidade, o direito a ser informado e o princípio democrático. *Revista do Ministério Público do Estado do Rio Grande do Sul*, n. 60, p. 47-65, abr. 2008.

MAGADAN, Gabriel de Freitas Melro. *Responsabilidade civil extracontratual*: causalidade jurídica. Seleção das consequências jurídicas do dano. São Paulo: Editora dos Editores, 2019.

MARTINS, Guilherme Magalhães; FALEIROS JÚNIOR, José Luiz de Moura. A anonimização de dados pessoais: consequências jurídicas do processo de reversão, a importância da entropia e sua tutela à luz da Lei Geral de Proteção de Dados. *In:* DE LUCCA, Newton; SIMÃO FILHO, Adalberto; LIMA, Cíntia Rosa Pereira de; MACIEL, Renata Mota (Coord.). *Direito & Internet IV*: sistema de proteção de dados pessoais. São Paulo: Quartier Latin, 2019.

MARTINS, Guilherme Magalhães; FALEIROS JÚNIOR, José Luiz de Moura. Compliance digital e responsabilidade civil na Lei Geral de Proteção de Dados. *In:* MARTINS, Guilherme Magalhães; ROSENVALD, Nelson (Coords.). *Responsabilidade civil e novas tecnologias*. Indaiatuba: Foco, 2020.

MAYER-SCHÖNBERGER, Viktor. Beyond privacy, beyond rights – toward a "system" theory of information governance. *California Law Review*, Berkeley, v. 98, p. 1853-1886, 2010.

MAYER-SCHÖNBERGER, Viktor; RAMGE, Thomas. *Reinventing capitalism in the age of big data*. Nova York: Basic Books, 2018.

MEDAUAR, Odete. *O direito administrativo em evolução*. 3. ed. Brasília: Gazeta Jurídica, 2017.

MEIRELLES, Hely Lopes. *Direito administrativo brasileiro*. 28. ed. São Paulo: Malheiros, 2003.

MELO, Luiz Carlos Figueira de; FALEIROS JÚNIOR, José Luiz de Moura. A responsabilidade civil objetiva do Estado por atos omissivos: realidade ou apenas tendência? *Revista Publicum*, Rio de Janeiro, v. 5, n. 1, p. 92-110, jan./jun. 2019.

MENEZES CORDEIRO, António. *Da responsabilidade civil dos administradores das sociedades comerciais*. Lisboa: Lex, 1996.

MESSA, Ana Flávia. *Transparência, compliance e práticas anticorrupção na Administração Pública*. São Paulo: Almedina, 2019.

MOREIRA NETO, Diogo de Figueiredo. *Curso de direito administrativo*: parte geral e parte especial. 15. ed. Rio de Janeiro: Forense, 2009.

MULHOLLAND, Caitlin Sampaio. *A responsabilidade civil por presunção de causalidade*. Rio de Janeiro: GZ Editora, 2010.

MUNIZ, Francisco Arthur de Siqueira. Das retóricas da causalidade à imputação objetiva: lineamentos para a responsabilidade civil pelos danos decorrentes de doenças vetoriais. *In*: BARBOSA, Mafalda Miranda; MUNIZ, Francisco Arthur de Siqueira. *Responsabilidade civil*: 50 anos em Portugal e 15 anos no Brasil. Salvador: Juspodivm, 2017.

MURRAY, Andrew. Conceptualising the post-regulatory (cyber)state. *In*: BROWNSWORD, Roger; YEUNG, Karen (Eds.). *Regulating technologies*: legal futures, regulatory frames and technological fixes. Oxford: Hart Publishing, 2008.

NEWBOLD, Stephanie P. Is transparency essential for public confidence in government? *Public Administration Review*, Nova Jersey, v. 71, n. S1, p. 547-552, dez. 2011.

OLAVE, Ruperto Pinochet. La recepción de la realidad de las nuevas tecnologías de la información por el derecho civil: panorama actual y perspectivas futuras. *Ius et Praxis*, Talca, v. 7, n. 2, p. 469-489, 2001.

PASQUALE, Frank. *The black box society*: the secret algorithms that control money and information. Cambridge: Harvard University Press, 2015.

PEREIRA, Caio Mário da Silva. *Responsabilidade civil*. Atualizado por Gustavo Tepedino. 12. ed. Rio de Janeiro: Forense, 2018.

REIDENBERG, Joel R. Lex Informatica: the formulation of information policy rules through technology. *Texas Law Review*, Austin, v. 76, n. 3, p. 553-584, 1998.

ROUSSEAU, Jean-Jacques. *Do contrato social*. Tradução de Antônio de Pádua Danesi. 3. ed. São Paulo: Martins Fontes, 1996.

SALAZAR, Alcino de Paula. *Responsabilidade do Poder Público por atos judiciais*. Rio de Janeiro: Canton & Reile, 1941.

SCHREIBER, Anderson. *Novos paradigmas da responsabilidade civil*: da erosão dos filtros da reparação à diluição dos danos. 6. ed. São Paulo: Atlas, 2015.

SCHWAB, Klaus. *A quarta revolução industrial*. Tradução de Daniel Moreira Miranda. São Paulo: Edipro, 2016.

SEVERO, Sérgio. *Tratado da responsabilidade pública*. São Paulo: Saraiva, 2009.

SHAPIRO, Martin. Administrative law unbounded: reflections on government and governance. *Indiana Journal of Global Legal Studies*, Bloomington, v. 8, n. 2, p. 369-377, 2001.

SILVA, Almiro do Couto e. A responsabilidade extracontratual do Estado no direito brasileiro. *Revista de Direito Administrativo*, Rio de Janeiro, n. 202, out./dez., 1995.

SILVA, Jorge Pereira da. *Deveres do Estado de protecção de direitos fundamentais*: fundamentação e estrutura das relações jusfundamentais triangulares. 3. ed. Lisboa: Universidade Católica Editora, 2015.

TEPEDINO, Gustavo. *Temas de direito civil*. 2. ed. Rio de Janeiro: Renovar, 2003.

VERONESE, Alexandre; SILVEIRA, Alessandra; LEMOS, Amanda Nunes Lopes Espiñeira. Inteligência Artificial, mercado único digital e a postulação de um direito às inferências justas e razoáveis: uma questão jurídica entre a ética e a técnica. In: FRAZÃO, Ana; MULHOLLAND, Caitlin (Coords.). *Inteligência artificial e direito*: ética, regulação e responsabilidade. São Paulo: Thomson Reuters Brasil, 2019.

VINEY, Geneviève. *Traité de droit civil*: les obligations, responsabilité civile. Paris: LGDJ, 1965.

WALDEGRAVE, William. *The reality of reform and accountability in today's public service*. Londres: CIPFA, 1993.

WU, Tim. *The master switch*: the rise and fall of information empires. Nova York: Vintage, 2010.

ZAGREBELSKY, Gustavo. *Storia e Costituzione*. Milão: Giuffrè, 1993.

ZANOBINI, Guido. *Corso di diritto amministrativo*. 6. ed. Milão: Giuffrè, 1950, v. I.

3
INTELIGÊNCIA ARTIFICIAL E PROTEÇÃO DE DADOS NO PODER JUDICIÁRIO: REFLEXÕES SOBRE O ALCANCE DA TUTELA REPARATÓRIA

Isadora Formenton Vargas

Sumário: 1. Introdução. 2. Cenários e desafios possíveis. 3. Reflexões sobre a dogmática preventiva e reparadora. 4. Considerações finais. Referências.

1. INTRODUÇÃO

A humanidade desenvolveu-se a partir de ferramentas, isso denota a atribuição de tecnicidade. A história e suas eras sempre foram marcadas por ferramentas ou pelo aperfeiçoamento tecnológico. Para Bernard Stiegler, a sociedade não seria possível sem tecnicidade, referindo que "o humano se inventa no técnico, inventando a ferramenta – tornando-se tecnologicamente exteriorizado"[1]. Lucas Introna indica que "o horizonte transcendental constitutivo do humano é a tecnicidade, da qual emergem as condições de possibilidade do tempo, da sociedade e da cultura"[2]. Isso também aparece em Hannah Arendt, justamente quando trata da condição humana: "a conexão entre o pensamento e a experiência dos sentidos, inerente à condição humana, parece vingar-se de nós: embora a tecnologia demonstre a verdade dos mais abstratos conceitos da ciência moderna, prova apenas que o homem sempre pode aplicar os resultados de sua mente"[3].

Nesta relação de aplicação dos resultados da mente na tecnicidade, iniciou-se a busca pela exteriorização da própria condição humana: cognição e emoção, a partir de sistemas inteligentes e autônomos. Nesse sentido, há de se notar a relação interessante que se estabelece entre ficção e realidade. Isso porque, muitas questões surgem no âmbito da ficção antes de tornarem-se reais e, por consequência, objeto de observação pelas ciências humanas.

A título exemplificativo, a palavra *robot* apareceu pela primeira vez na peça de teatro tcheca, R.U.R (Rossumovi Univerzální Roboti – Robôs Universais de Rossum), de 1921, do dramaturgo Karel Čapek. A palavra deriva de *robota* que, por sua vez, significa trabalho

---

1. STIEGLER, Bernard. *Technics and Time:* The Fault of Epimetheus. Stanford: Stanford University Press, 1998, p. 141.
2. INTRONA, Lucas, Phenomenological Approaches to Ethics and Information Technology. In: ZALTA, Edward N. (Ed.). *The Stanford Encyclopedia of Philosophy*, 2017. Disponível em: https://stanford.io/2CqSbAq. Acesso em: 06 jun. 2020.
3. ARENDT, Hannah. *A condição humana.* Tradução de Roberto Raposo. 10. ed. Rio de Janeiro: Forense Universitária, 2007.

forçado. Mais tarde, no episódio *The Measure of a Man*, de 1989, da série *Star Trek: Next Generation*, ocorre o julgamento do androide Data, com a apresentação de argumentos favoráveis e desfavoráveis ao reconhecimento de sua humanidade. Esse episódio foi analisado por Robert Alexy[4] e, também, por Maria Cláudia Cachapuz[5] para refletir sobre as possibilidades e riscos de se reconhecer um catálogo de Direitos Humanos interespécies.

Esse cenário introdutório busca aproximar o leitor da temática e demonstrar que nem sempre o que parece disruptivo se encontra distante da realidade. Sabe-se que um dos princípios que regem essa transformação é o aumento da eficiência, especialmente com a diminuição do tempo aplicado no exercício de determinadas atividades. Esse critério, mais relacionado a um aspecto utilitarista[6], começou a ser desafiado com o surgimento de questões importantes que devem ser consideradas para o aprendizado da máquina, a fim de corrigir "dificuldades técnicas", tais como, vieses discriminatórios, por exemplo.

Surgem dúvidas, assim, acerca das implicações éticas e morais da digitalização e automação de funções. Nesse sentido, importa mencionar o texto provisório da Primeira Versão de Recomendação Internacional sobre ética na inteligência artificial, elaborado pelo *Ad Hoc Expert Group (AHEC)*, da UNESCO, publicado em 15 de maio de 2020[7], que ainda será aberto para consulta pública.

No caso deste estudo, especificamente sobre a inteligência artificial no Poder Judiciário[8], pode-se pensar em diversas formas de aplicação: das mais operacionais referentes ao andamento do processo, tais como ajuizamento, identificação da matéria, distribuição, questões cartoriais, verificação de conexão ou continência, execuções de sentença ou fiscais[9], estudos estatísticos a partir de um banco de dados jurisprudencial, otimização das estratégias administrativas[10] (quais demandas tramitam por mais tempo,

---

4. ALEXY, Robert; FIGUEROA, Alfonso García. *Star Trek y los derechos humanos*. Valencia: Tirant lo Blanch, 2007.
5. CACHAPUZ, Maria Cláudia. O conceito de pessoa e a autonomia de Data (Ou sobre a medida da humanidade em tempos de inteligência artificial). Revista de Direito Civil Contemporâneo, São Paulo, n. 6. v. 20, p. 63-87, jul./set. 2019, p. 63 *et seq*.
6. Como refere Cachapuz: "A construção de uma disciplina normativa para a responsabilidade civil em tempos de automação ou mesmo em momentos excepcionais que demandem o enfrentamento de questões de maior emergência numa era tecnológica – como a atualmente vivida em tempos de pandemia – exige, portanto, reflexões sérias que devem ir além das fronteiras da simples ponderação acerca de uma ética de mercado." CACHAPUZ, Maria Cláudia. Responsabilidade civil e autonomia em tempos de pandemia e de automação. *Migalhas*, 18 jun. 2020. Disponível em: https://bit.ly/3hT1Lwj. Acesso em: 18 jun. 2020.
7. UNESCO. *First version of a draft text of a recommendation on the ethics of artificial intelligence*. Ad Hoc Expert Group (AHEG). Paris, 15 may 2020. Disponível em: https://bit.ly/2BtOpWc. Acesso em: 06 jun. 2020.
8. Embora o recorte do estudo seja atinente ao Poder Judiciário, não se pode desconsiderar a relevância da ciência de dados e da inteligência artificial nos Tribunais de Contas, seja no âmbito da União, seja nos estados da federação, uma vez que também se faz necessário o cruzamento de informações e dados para o aperfeiçoamento das estratégias de controle dos órgãos fiscalizados, tema mais relacionado à governança digital.
9. No Tribunal de Justiça do Rio Grande do Sul, em novembro de 2019 foi implementada a seguinte solução de IA: "o magistrado, após a distribuição do processo, utiliza a ferramenta para a classificação do despacho a ser proferido. O mecanismo processa os documentos anexados à inicial da execução fiscal e sugere o tipo de despacho inicial: citação, intimação, prescrição, entre outros. Em grandes volumes, como é o caso dos executivos fiscais, a funcionalidade minimiza o tempo de análise dos documentos, permitindo ao julgador se concentrar nos pontos divergentes e em outras atividades processuais". In: TJRS. *Inteligência Artificial nos processos de execução fiscal*. 19 dez. 2019. Disponível em: https://bit.ly/2NfCxKi. Acesso em: 30 mai. 2020.
10. Com base em um conjunto de dados de 150.000 casos criminais, Kleinberg et al. constataram que uma regra de soltura (com resolução pendente dos casos) baseada em previsões de aprendizado de máquina permitiria reduzir a população carcerária em 25% sem nenhum aumento na taxa de criminalidade ou reduzir a taxa de criminalidade

quais tramitam em menos, quanto recurso público é aplicado) até, efetivamente, a tarefa de julgar: interpretar, argumentar e decidir.

Todas essas formas de aplicação também buscam maior eficiência, que, por sua vez, é um dos princípios que regem a Administração Pública, de acordo com o art. 37, *caput,* da Constituição Federal, aplicável ao Poder Judiciário. No entanto, deve ser sopesado com outros princípios. E as ciências jurídicas e sociais, nesse passo, percebe-se como ramo da ciência no qual não só se aplica a inteligência artificial, como também dessa aplicação decorrem questões jurídicas acerca do seu desenvolvimento e modelagem.

Dessa forma, as ciências jurídicas e sociais passaram a voltar os olhos a questões referentes à licitude, ao dano, à responsabilidade civil e à reflexão acerca de medidas protetivas, assim como nas demais revoluções tecnológicas: como ferramentas, máquinas e instrumentos introduziram questões de responsabilidade do empregador aos danos decorrentes de acidente do trabalho, como os veículos automobilísticos também geraram novas compreensões, até uma sociedade do risco e ao reconhecimento da responsabilidade objetiva. Não seria diferente com a inteligência artificial.

Assim, para que sejam analisadas as formas de aplicação da inteligência artificial no Poder Judiciário, torna-se relevante, na primeira parte, apresentar seus diferentes campos e funções, bem como a sua relação com a ciência de dados, e, consequentemente, o necessário diálogo com a proteção de dados, além da construção de cenários e desafios possíveis. Na segunda parte, para incitar a promoção ética da aplicação da inteligência artificial, serão analisadas questões referentes à proteção de dados, especialmente quanto ao alcance da responsabilização no âmbito da Administração Pública.

2. CENÁRIOS E DESAFIOS POSSÍVEIS

A IA é um termo genérico para diversas tecnologias e abordagens que buscam imitar o pensamento humano para tomada de decisões, baseando-se em algoritmos. Diferentemente da cognição computacional, que simula o pensamento humano em processo de modelo computadorizado, a IA diferencia-se pelo aprendizado e pela ação[11]. Essas decisões podem ser tomadas de forma autônoma ou guiada por um ser humano.

Há diferença, assim, nos modelos de aprendizagem da máquina e suas respectivas funções[12]: supervisionado (para consulta), de reforço (para assistência)[13], não supervisionado (operações autônoma e automatizada). Essa divisão de aprendizagem e também de função gera uma diferenciação a respeito do grau de tomada de decisão, o que pode

---

em 20% sem alterar a população carcerária. *In:* KLEINBERG; LAKKARAJU; LESKOVEC; LUDWIG; MULLAINATHAN. Human Decisions and Machine Predictions. The Quarterly Journal of Economics, Oxford University Press, v. 133, n. 1, p. 237-293, fev. 2017.

11. NORVIG, Peter; RUSSELL, Stuart. *Artificial Intelligence:* a modern approach. 4. ed. 2020. Disponível em: http://aima.cs.berkeley.edu/. Acesso em: 06 jun. 2020.
12. RAO, Anand. *Artificial Intelligence:* vision of the Future Automation Innovation Conference 2017. Disponível em: https://bit.ly/2YUIceg. Acesso em: 06 jun. 2020.
13. ICO. Information Commissioner's Office and The Alan Turing Institute. *Explaining decisions made with AI.* 20 maio 2020. Disponível em: https://bit.ly/2V1YroI. Acesso em: 01 jun. 2020.

suscitar diferentes compreensões acerca da responsabilidade em caso de dano gerado pela aplicação de IA.

Nesse sentido, importa verificar que proteção de dados e inteligência artificial são temas correlatos. Os algoritmos de inteligência artificial nutrem-se de dados, que no caso de um processo judicial, podem ser os fatos e as normas (descritos nas peças jurídicas, por exemplo), e, inclusive, a tendência jurisprudencial, que pode vincular, por heurísticas, os dados do caso particular à jurisprudência, para traçar casos por analogia.

No entanto, essa relação possui fronteiras incertas e, inclusive, desconhecidas. É justamente por isso que se identifica uma esfera de insegurança jurídica. Key Firth-Butterfield refere que "o aprendizado da máquina depende de dados e todos os dados são históricos"[14], inclusive, resultando na manutenção de preconceitos e de desigualdades. Essas desigualdades podem ser extremamente difíceis de serem identificadas e reguladas por ausência de transparência. São as chamadas "Black Boxes" (caixas pretas)[15], consistindo em desafio contemporâneo à efetivação da regulamentação de proteção de dados, seja ao Regulamento Geral de Proteção de Dados (RGPD), seja às leis nacionais de proteção de dados, além de suscitar questionamentos éticos[16] e jurídicos diversos.

A título exemplificativo, apontam-se os efeitos discriminatórios do algoritmo utilizado no questionário COMPAS (*Correctional Offender Management Profiling for Alternative Sanctions*), que previa que as populações negras tinham duas vezes mais probabilidades de reincidência do que as populações brancas nos dois anos seguintes à condenação[17]. No entanto, tal questionário possui perguntas que parecem sugerir direcionamentos inadequados e discriminatórios, como, por exemplo: "alguém da sua família já foi preso?"[18]

Esse contexto não tem passado despercebido por organizações internacionais. Em dezembro de 2018, a Comissão Europeia de Eficiência da Justiça publicou a Carta Europeia de Ética para direcionar a utilização da inteligência artificial em sistemas jurídicos[19]. Foram elencados cinco princípios para promoção e preservação da ética: de respeito aos direitos fundamentais, com a proposta de observância a uma ética no design[20]; da não

---

14. FIRTH-BUTTERFIELD, Key. Creating smarter Artificial Intelligence by eliminating bias. *Accenture UK*, 12 fev. 2018. Disponível em: https://accntu.re/2YUrgUZ. Acesso em: 06 jun. 2020.
15. CRAWFORD, Kate; WHITTAKER, Meredith; ELISH, Madeleine; BAROCAS, Solon; PLASEK, Aaron; FERRYMAN, Kadija. *The AI Now Report: The Social and Economic Implications of Artificial Intelligence*. Tabled with the White House Office of Science and Technology Policy for their Future of Artificial Intelligence Series, 2016. Disponível em: https://bit.ly/2YjtX3C. Acesso em: 06 jun. 2020.
16. Encontra-se em andamento junto ao Instituto de Engenheiros Elétricos e Eletrônicos – IEEE – a elaboração de projeto para alinhamento ético referente às melhores práticas e técnicas para dados pessoais e inteligência artificial. Disponível em: https://standards.ieee.org/project/7006.html. Acesso em: 06 jun. 2020.
17. CEPEJ. *European Ethical Charter on the Use of Artificial Intelligence in Judicial Systems and their environment*. Disponível em: https://bit.ly/2Brl7aK. Acesso em: 18 mai. 2020, p. 55.
18. Como refere Cláudia Carvalho, uma utilização interessante da IA no âmbito penal seria o desenvolvimento de um sistema que pudesse prever o fim do período de cumprimento de pena e alertar períodos de análise da possibilidade de concessão de certos benefícios de execução penal. *In:* CARVALHO, Cláudia da Costa Bonard de. A inteligência artificial na Justiça dos EUA e o Direito Penal brasileiro. *Revista Consultor Jurídico*, 10 jun. 2018. Disponível em: https://bit.ly/3ekP1vZ. Acesso em: 17 jun. 2020.
19. CEPEJ. *European Ethical Charter on the Use of Artificial Intelligence in Judicial Systems and their environment*. Op. cit.
20. Ann Cavoukian desenvolveu a teoria *"Privacy by Design"*, no sentido de que a privacidade deve reger o desenvolvimento tecnológico desde sua idealização. *In:* CAVOUKIAN, Ann. *Privacy by Design:* the 7 foundational principles. Information and Privacy Commissioner of Ontario. Ontario: IPCO, 2011.

discriminação, o que guarda relação com a tendência dos dados representarem padrões de discriminação; da qualidade e da segurança, com o uso de fontes certificadas para operação dos dados; da transparência, imparcialidade e justiça, para que se alcance um processamento de dados acessível e compreensível, submetido a auditorias externas, e, por fim, o princípio "sob controle do usuário", garantindo que os usuários sejam atores informados.

Embora inteligência artificial e proteção de dados sejam temas vinculados, esses princípios relacionam-se mais com a operação e tratamento de dados por sistemas inteligentes, do que com as implicações da inteligência artificial no raciocínio jurídico. Assim, necessária a diferenciação de âmbitos de aplicação da inteligência artificial no Poder Judiciário para que se possa, a depender da atividade a que se propõe sua aplicação, desenvolver mecanismos específicos à orientação ética e protetiva, partindo-se da compreensão de que nenhuma forma de raciocínio jurídico parece depender mais de habilidades exclusivamente humanas do que a tomada de decisão por um juiz[21], sem, no entanto, mitificar a utilização da inteligência artificial.

Assim, outra possibilidade de operação interessante com algoritmos e dados refere-se ao âmbito específico do discurso jurídico e das decisões. A linguagem é composta por signos e significados[22], por meio da qual a dogmática jurídica expressa os fatos, as normas e, inclusive, a tendência jurisprudencial. Esses signos e significados constituem fonte de dados para os sistemas decisórios inteligentes. Por tratar-se de linguagem jurídica, vale referir a dupla indeterminação do Direito. De um lado, a indeterminação da linguagem, a partir da existência da ambiguidade e da vagueza. De outro lado, a indeterminação decorrente de defeitos lógicos dos sistemas jurídicos[23], como as lacunas e as antinomias.

MacCormick refere que James Palmer (1998) sugeriu que a ideia de "pedaços de argumento" (*argument-bites*), de Duncan Kennedy (1997), poderia servir à tecnologia da informação e à inteligência artificial baseada em conhecimento (*knowledge-based systems*) "para gerar uma bateria de pedaços de argumentos disponíveis para movimentação em relação aos problemas que surgem em um dado domínio do Direito"[24], consistiria em "uma lista exaustivamente construída de argumentos disponíveis, baseada na prática jurídica anterior (precedentes) e, quando apropriado, no Direito legislado"[25].

Ocorre que, caso se parta da discricionariedade como indeterminação, dúvidas surgem em relação à operabilidade dos conceitos indeterminados, cláusulas-gerais e princípios jurídicos por sistemas inteligentes. Esse panorama, entre ética e argumentação, leva à necessidade de distinção entre o contexto de descobrimento e contexto de justificação. Conforme Manuel Atienza, "uma coisa são as razões que explicam a decisão,

---

21. SARTOR, Giovanni; BRANTING, Karl. *Judicial Applications of Artificial Intelligence*. Dordrecht: Kluwer Academic, 1998.
22. GUIBOURG, Ricardo A.; GHIGLIANI, Alejandro M.; GUARINONI, Ricardo V. *Introducción al conocimiento científico*. Buenos Aires: Eudeba, 1985.
23. RÓDENAS, Ángeles. *Los intersticios del derecho:* Indeterminación, validez y positivismo jurídico. Barcelona: Marcial Pons, 2012, p. 27.
24. MACCORMICK, Neil. Retórica e o Estado de Direito: uma teoria da argumentação jurídica. In: MACEDO JR., Ronaldo Porto (coord.). *Coleção Teoria e Filosofia do Direito*. Rio de Janeiro: Elsevier Editora/ Editora Campus, 2008, p. 25.
25. MACCORMICK, Neil. *Op. cit.*, p. 25.

e outra as que justificam"[26]. Ademais, essa distinção também passa pela lógica, ou seja, um raciocínio jurídico lógico-formal pode ser correto internamente, em relação às premissas, à conclusão e à relação inferencial que se estabelece, mas não necessariamente justificado externamente.

Nesse sentido, partindo-se do pressuposto de que os sistemas inteligentes adotam geralmente um modelo de aplicação formal e um método inferencial do tipo lógico[27] não se pode deixar de atentar para o fato de que a teoria da argumentação jurídica, conforme Atienza, "é a refutação à compreensão de que o raciocínio jurídico se entende em termos, estritamente, lógico-formais. Digamos que a lógica, a lógica formal é um elemento necessário, mas não suficiente – ou nem sempre suficiente – à argumentação jurídica"[28]. Ou seja, o raciocínio jurídico passa por questões cognitivas e emocionais que ultrapassam as hipóteses lógico-formais de correção dos argumentos.

Esse contexto, no qual foram apresentadas características da IA, formas de aplicação, desafios de sua operação e a relação com a proteção de dados, bem como alguns riscos de discriminações arbitrárias e à argumentação jurídica, permite que, agora, se parta à segunda parte do estudo, na qual serão aprofundadas as questões protetivas referentes aos dados e às reflexões acerca do alcance da tutela reparatória, além de algumas propostas.

3. REFLEXÕES SOBRE A DOGMÁTICA PREVENTIVA E REPARADORA

Verificada a relação entre dados e inteligência artificial, percebe-se que a discussão acerca da reparação em caso de danos gerados pela inteligência artificial no Poder Judiciário, para além de uma discussão sobre quem responde, trata-se de identificar uma pergunta e duas possíveis causas: (i) a responsabilidade, como instituto jurídico, consistente na indenização em pecúnia para reparar o dano, é suficiente no contexto contemporâneo ao reequilíbrio das posições jurídicas?; (ii) a extensão do dano e as consequências jurídicas anexas geradas pela operação da inteligência artificial são muitas vezes difíceis de serem identificadas; (iii) o dano-evento e o dano-prejuízo muitas vezes são mensurados pelo desenvolvedor da tecnologia como risco atinente à execução do negócio, sendo o lucro ou vantagens obtidas através da sua implantação maior que a indenização eventualmente devida.

No caso do Poder Público, especialmente do Poder Judiciário, a vantagem que se verifica, levando-se em consideração os riscos envolvidos, é sopesada com a materialização do princípio da eficiência anteriormente mencionado, ou seja, aparentemente, tende a "valer a pena" a existência de danos neste processo, se for possível julgar, acelerar e findar uma grande quantidade de processos. Ocorre que, como visto, os estudos, legislações e orientações sobre a aplicação da IA têm intensificado a compreensão da necessidade de se atentar à ética na sua aplicação. Mas qual seria esta ética?

---

26. ATIENZA, Manuel. *Curso de argumentación jurídica*. Madrid: Editorial Trotta, 2013, p. 114.
27. SARTOR, Giovanni. Intelligenza artificiale e diritto: un'introduzione. *Collana diretta da Vittorio Novelli:* informatica e ordinamento giuridico. Milão: Dott. A. Guiffrè Editore, 1996, p. 76.
28. ATIENZA, Manuel. *Curso de argumentación jurídica*. Madrid: Editorial Trotta, 2013, p. 21.

De acordo com a Carta da União Europeia de IA no Poder Judiciário, deve-se atentar, inicialmente, à proteção dos direitos fundamentais, que, sob uma perspectiva deontológica, deve orientar os operadores do direito e os desenvolvedores da tecnologia. No entanto, sabe-se que a modelagem de pensamento aplicada à tecnologia, muitas vezes tende a ser mais voltada à lógica, à matemática, à probabilidade, do que a aspectos subjetivos que se apresentam. Isso demonstra uma primeira conclusão prévia: talvez, um dos grandes ganhos da inteligência artificial não se resumirá ao fator eficiência e tempo, e sim à comunicação intensa entre ciências exatas, humanas e biológicas para resolução de questões éticas. De forma preventiva, será necessário o design eticamente alinhado dos desenvolvedores, que devem e deverão, cada vez mais, levar em consideração vieses atinentes às ciências humanas em seus projetos.

O que se propõe, em primeiro lugar, é considerar que, diante das questões apresentadas, torna-se preocupação maior a promoção de instrumentos à prevenção dos ilícitos digitais decorrentes da implementação de sistemas inteligentes, ou seja, à tutela preventiva não só para evitar a ocorrência do próprio ilícito, como também de remoção do ilícito para prevenir o dano. Esses conceitos dogmáticos devem ser levados em consideração quando se pretende maior ética na implementação e execução de sistemas inteligentes.

De um lado, há a previsão constitucional de reparação pelas pessoas jurídicas de direito público e as de direito privado prestadoras de serviços públicos, "pelos danos que seus agentes, nessa qualidade, causarem a terceiros, assegurado o direito de regresso contra o responsável nos casos de dolo ou culpa", de acordo com o § 6º do art. 37 da Constituição Federal. De outro lado, há a previsão especial de responsabilidade na Lei 13.709/2018 (Lei Geral de Proteção de Dados) voltada ao Poder Público, nos artigos 31 e 32. No art. 31, refere-se que "quando houver infração a esta Lei em decorrência do tratamento de dados pessoais por órgãos públicos, a autoridade nacional poderá enviar informe com medidas cabíveis para fazer cessar a violação".

Já o art. 32 aponta que "a autoridade nacional poderá solicitar a agentes do Poder Público a publicação de relatórios de impacto à proteção de dados pessoais e sugerir a adoção de padrões e de boas práticas para os tratamentos de dados pessoais pelo Poder Público". Por outro lado, ao prever de forma geral a responsabilidade e o ressarcimento de danos, a LGPD determina, no art. 42, que "o controlador ou o operador que, em razão do exercício de atividade de tratamento de dados pessoais, causar a outrem dano patrimonial, moral, individual ou coletivo, em violação à legislação de proteção de dados pessoais, é obrigado a repará-lo". E o art. 44 dispõe que "o tratamento de dados pessoais será irregular quando deixar de observar a legislação ou quando não fornecer a segurança que o titular dele pode esperar, consideradas as circunstâncias relevantes (...)".

Dos artigos apresentados, percebe-se que o diploma de responsabilização da LGPD dispõe que a Autoridade Nacional de Proteção de Dados (ANPD) se voltará à cessação da violação e à adoção de padrões e de boas práticas para o tratamento de dados pessoais. Ainda, no que tange à disposição geral de responsabilidade da LGPD, o tratamento irregular pode ser aquele que viola os princípios – uma vez que o tratamento será irregular quando deixar de observar a legislação – previstos no *caput* do art. 6º e incisos da LGPD: boa-fé, finalidade, adequação, necessidade, livre acesso, qualidade dos dados, transparência, segurança, prevenção, não discriminação e prestação de contas. Esses princípios orientam o tratamento ético dos dados, os quais constituem guia às práticas lícitas de operação de dados.

No que se refere à operação automatizada, a LGPD dispõe, no art. 20 e parágrafos, que "o titular dos dados tem direito a solicitar a revisão de decisões tomadas unicamente com base em tratamento automatizado de dados pessoais que afetem seus interesses, incluídas as decisões destinadas a definir o seu perfil pessoal, profissional, de consumo e de crédito ou os aspectos de sua personalidade". O §1º indica que ao controlador caberá o fornecimento, sempre que solicitado, de "informações claras e adequadas a respeito dos critérios e dos procedimentos utilizados para a decisão automatizada, observados os segredos comercial e industrial", sendo prevista no §2º, a possibilidade de auditoria, solicitada pela ANPD, "em caso de não oferecimento de informações de que trata o § 1º deste artigo baseado na observância de segredo comercial e industrial".

Nesse sentido, um dos questionamentos aqui suscitados, a corroborar o alcance da tutela reparatória, é respondido tanto pela interpretação conjunta dos artigos supramencionados, uma vez que há uma orientação à prevenção dos ilícitos, tendo em vista que o tratamento irregular também será aquele que violar a lei e, consequentemente, seus princípios, quanto pela Carta da União Europeia sobre IA no Poder Judiciário, ao referir que, diante da relação com a proteção de dados pessoais adequada ao seu tratamento, "o princípio da precaução deve ser aplicado às políticas de avaliação dos riscos"[29] no que se refere à utilização de algoritmos no Poder Judiciário.

Ademais, a Carta da UE sobre IA indica que "a licitude do tratamento de dados pessoais e a obrigação de prevenir ou minimizar o impacto do tratamento de dados sobre os direitos e liberdades fundamentais dos titulares de dados deverão induzir uma avaliação prévia do risco"[30], o que deverá permitir "a aplicação de medidas adequadas, em especial durante a fase de concessão (e, por conseguinte, desde a concessão) e por defeito, a fim de atenuar os riscos identificados"[31].

A proposta internacional da UNESCO de ética na inteligência artificial dispõe, no tópico 104, "o desenvolvimento de ferramentas e indicadores adequados para medir a eficácia e a eficiência das políticas relacionadas à ética da IA em relação aos padrões, prioridades e metas acordadas, incluindo metas específicas para grupos desfavorecidos e vulneráveis"[32]. Para isso, a UNESCO refere que essas ferramentas podem envolver avaliações de instituições, provedores e programas públicos e privados, incluindo autoavaliações, estudos de rastreamento e desenvolvimento de conjuntos de indicadores. Nessa perspectiva, "a coleta e o processamento dos dados devem ser realizados de acordo com a legislação sobre proteção de dados"[33].

Essas considerações ratificam as hipóteses apresentadas, com propostas tal qual a da UNESCO, publicada em maio de 2020. No que se refere às iniciativas de regulamentação,

---

29. CEPEJ. *Op. cit.*, p. 56.
30. CEPEJ. *Op. cit.*, p. 56.
31. CEPEJ. *Op. cit.*, p. 56.
32. UNESCO. *Op. cit.*, p. 19.
33. UNESCO. *Op. cit.*, p. 19.

sabe-se que o rápido desenvolvimento das tecnologias pode prejudicar a atualidade de eventual instrumento legislativo. É comum que se pense em legislações que promovam princípios norteadores, porque são abstratos o suficiente para serem atualizados com descarga argumentativa adequada à situação concreta que se apresente, mesmo com o desenvolvimento tecnológico. Até porque, regras descrevem comportamentos, enquanto os princípios promovem um estado de coisas[34]. Por isso, ao descrever comportamentos, a regra já pode nascer atrasada em relação à realidade.

No entanto, como refere Frederik Borgesius em estudo para o Conselho Europeu, os princípios norteadores são de difícil aplicação na prática, motivo pelo qual guias de orientação pelos próprios reguladores podem auxiliar na materialização de observância aos princípios[35]. Assim, mesmo ocorrendo dano, o lesado muitas vezes não possui condições de identificá-lo, motivo pelo qual falar sobre responsabilidade civil, embora fundamental, é passo posterior à possibilidade de implementar condições à identificação desses novos danos.

Com o desenvolvimento de sistemas preditivos que estabeleçam instrumentos para o combate às desigualdades e discriminações promovidas pelos próprios algoritmos, ratifica-se a relação entre proteção de dados e inteligência artificial, que, na linha do Conselho Europeu, importa a aplicação da legislação de proteção de dados, especialmente quando dispõe de um modelo específico de responsabilidade pelos danos causados. Isso porque, o instrumento jurídico de responsabilidade próprio da proteção de dados implica o aperfeiçoamento da jurisprudência em relação a esse instituto, bem como faz surgir a necessidade de aplicação de outros instrumentos e linguagens próprias da lei especial, como a Autoridade Nacional de Proteção de Dados e os direitos e obrigações dos agentes de dados.

4. CONSIDERAÇÕES FINAIS

Por fim, como referiu o Supremo Tribunal Federal (STF), quando da suspensão da eficácia da Medida Provisória (MP) 954/2020, não existem dados insignificantes. Essa afirmação é inserida justamente em um contexto no qual o desenvolvimento da tecnologia, a existência de Big Data, de governança algorítmica, entre outros, e a consequente operação de dados torna cada vez mais complexa a identificação dos limites e da necessidade a fim de considerar a licitude da operação.

Percebe-se fundamental, mesmo que sensível, realizar uma distinção entre os âmbitos proteção de dados e inteligência artificial. Embora a inteligência dos sistemas derive, propriamente, do aprendizado a partir de dados, quando se fala em ética na utilização da inteligência artificial aplicada ao Poder Judiciário, não se pode deixar de enfrentar temas atinentes ao raciocínio jurídico, que, representa uma condição humana, repleta de indeterminações e subjetividades.

---

34. ÁVILA, Humberto. *Teoria dos princípios*: da definição à aplicação dos princípios jurídicos. 16. ed. rev. e atual. São Paulo: Malheiros, 2015, p. 225.
35. CONSELHO EUROPEU. *Discrimination, artificial intelligence and algorithmic decision-making*. BORGESIUS, Frederik Zuiderveen. Strasbourg: Directorate General of Democracy, 2018.

Essas breves reflexões buscam incitar o debate acadêmico em torno da inteligência artificial, para que se identifique, inicialmente, seu campo de aplicação, e, a partir disso, suas principais implicações, a fim de prever determinadas consequência para evitá-las, e enfrentar situações para resolvê-las. Assim, busca-se contribuir à reflexão acerca da tutela de remoção do ilícito e também do alcance da tutela reparadora no que se refere à aplicação da inteligência artificial.

Finalmente, o acompanhamento ético do processo visa, assim, a evitar o que Hannah Arendt vaticinou em Copenhague, em 1975, sobre "o governo que não é nem da lei, nem dos homens, mas de escritórios ou computadores anônimos, cuja dominação inteiramente despersonalizada pode vir a se tornar uma ameaça maior à liberdade e àquele mínimo de civilidade sem o qual nenhuma vida comunitária é concebível, do que jamais foi a mais abusiva arbitrariedade dos tiranos do passado"[36].

REFERÊNCIAS

ALEXY, Robert; FIGUEROA, Alfonso García. *Star Trek y los derechos humanos*. Valencia: Tirant lo Blanch, 2007.

ARENDT, Hannah. *A condição humana*. Tradução de Roberto Raposo. 10. ed. Rio de Janeiro: Forense Universitária, 2007.

ARENDT, Hannah. *Responsabilidade e Julgamento*. Tradução de Rosaura Eichenberg. São Paulo: Companhia das Letras, 2004.

ATIENZA, Manuel. *Curso de argumentación jurídica*. Madrid: Editorial Trotta, 2013.

ÁVILA, Humberto. *Teoria dos princípios*: da definição à aplicação dos princípios jurídicos. 16. ed. rev. e atual. São Paulo: Malheiros, 2015.

CACHAPUZ, Maria Cláudia. O conceito de pessoa e a autonomia de Data (Ou sobre a medida da humanidade em tempos de inteligência artificial). *Revista de Direito Civil Contemporâneo*, São Paulo, n. 6. v. 20, p. 63-87, jul./set. 2019.

CACHAPUZ, Maria Cláudia. Responsabilidade civil e autonomia em tempos de pandemia e de automação. *Migalhas*, 18 jun. 2020. Disponível em: https://bit.ly/3hT1Lwj. Acesso em: 18 jun. 2020.

CARVALHO, Cláudia da Costa Bonard de. A inteligência artificial na Justiça dos EUA e o Direito Penal brasileiro. *Revista Consultor Jurídico*, 10 jun. 2018. Disponível em: https://bit.ly/3ekP1vZ. Acesso em: 17 jun. 2020.

CAVOUKIAN, Ann. *Privacy by Design:* the 7 foundational principles. Information and Privacy Commissioner of Ontario. Ontario: IPCO, 2011.

CEPEJ. *European Ethical Charter on the Use of Artificial Intelligence in Judicial Systems and their environment*. Disponível em: https://bit.ly/2Brl7aK. Acesso em: 03 de fev. 2020.

CONSELHO EUROPEU. *Discrimination, artificial intelligence and algorithmic decision-making*. BORGESIUS, Frederik Zuiderveen. Strasbourg: Directorate General of Democracy, 2018.

CRAWFORD, Kate; WHITTAKER, Meredith; ELISH, Madeleine; BAROCAS, Solon; PLASEK, Aaron; FERRYMAN, Kadija. *The AI Now Report: The Social and Economic Implications of Artificial Intelligence*.

---

36. ARENDT, Hannah. *Responsabilidade e Julgamento*. Tradução de Rosaura Eichenberg. São Paulo: Companhia das Letras, 2004.

Tabled with the White House Office of Science and Technology Policy for their Future of Artificial Intelligence Series, 2016. Disponível em: https://bit.ly/2YjtX3C. Acesso em: 06 jun. 2020.

FIRTH-BUTTERFIELD, Key. Creating smarter Artificial Intelligence by eliminating bias. *Accenture UK*, 12 fev. 2018. Disponível em: https://accntu.re/2YUrgUZ. Acesso em: 06 jun. 2020.

GUIBOURG, Ricardo A.; GHIGLIANI, Alejandro M.; GUARINONI, Ricardo V. *Introducción al conocimiento científico*. Buenos Aires: Eudeba, 1985.

ICO. Information Commissioner's Office and The Alan Turing Institute. *Explaining decisions made with AI*. 20 maio 2020. Disponível em: https://bit.ly/2V1YroI. Acesso em: 01 jun. 2020.

IEEE. *P7006 – Standard for Personal Data Artificial Intelligence (AI) Agent*. Disponível em: https://standards.ieee.org/project/7006.html. Acesso em: 06 jun. 2020.

INTRONA, Lucas, Phenomenological Approaches to Ethics and Information Technology. In: ZALTA, Edward N. (Ed.). *The Stanford Encyclopedia of Philosophy*, 2017. Disponível em: https://stanford.io/2CqSbAq. Acesso em: 06 jun. 2020.

KLEINBERG; LAKKARAJU; LESKOVEC; LUDWIG; MULLAINATHAN. Human Decisions and Machine Predictions. *The Quarterly Journal of Economics*, Oxford University Press, v. 133, n. 1, p. 237-293, fev. 2017.

MACCORMICK, Neil. Retórica e o Estado de Direito: uma teoria da argumentação jurídica. In: MACEDO JR., Ronaldo Porto (Coord.). *Coleção Teoria e Filosofia do Direito*. Rio de Janeiro: Elsevier/Campus, 2008.

NORVIG, Peter; RUSSELL, Stuart. *Artificial Intelligence*: a modern approach. 4. ed. 2020. Disponível em: http://aima.cs.berkeley.edu/. Acesso em: 06 jun. 2020.

RAO, Anand. *Artificial Intelligence*: vision of the Future Automation Innovation Conference 2017. Disponível em: https://bit.ly/2YUIceg. Acesso em: 06 jun. 2020.

RIO GRANDE DO SUL. Tribunal de Justiça do Estado do Rio Grande do Sul. *Inteligência artificial nos processos de execução fiscal*. 19 dez. 2019. Disponível em: https://bit.ly/2NfCxKi. Acesso em: 30 maio 2020.

RÓDENAS, Ángeles. *Los intersticios del derecho*: Indeterminación, validez y positivismo jurídico. Barcelona: Marcial Pons, 2012.

SARTOR, Giovanni. Intelligenza artificiale e diritto: un'introduzione. *Collana diretta da Vittorio Novelli*: informatica e ordinamento giuridico. Milão: Dott. A. Guiffrè Editore, 1996.

SARTOR, Giovanni; BRANTING, Karl. *Judicial Applications of Artificial Intelligence*. Dordrecht: Kluwer Academic, 1998.

STIEGLER, Bernard. *Technics and Time*: The Fault of Epimetheus. Stanford: Stanford University Press, 1998.

UNESCO. *First version of a draft text of a recommendation on the ethics of artificial intelligence*. Ad Hoc Expert Group (AHEG). Paris, 15 may 2020. Disponível em: https://bit.ly/2BtOpWc. Acesso em: 06 jun. 2020.

4
PRIVACY BY DESIGN E CÓDIGO DIGITAL: A TECNOLOGIA A FAVOR DE DIREITOS E VALORES FUNDAMENTAIS

Pedro Modenesi

Sumário: 1. Introdução. 2. A regulação do ambiente digital. 3. *Privacy by design* e código digital. 4. Conclusão. Referências.

1. INTRODUÇÃO

"*The world's most valuable resource is no longer oil, but data*". Esse foi o título de artigo publicado na revista The Economist que serviu para ilustrar que os dados pessoais são a nova commodity da economia digital – sendo considerados mais valiosos que o petróleo – e que as antigas destilarias e refinarias desse recurso mineral vêm sendo substituídas por empresas de tecnologia situadas no Vale do Silício, nos Estados Unidos.[1]

No âmbito jurídico, os dados pessoais também assumem especial valor e sua proteção integra a categoria de direitos fundamentais. Nesse sentido, a academia já se manifesta, há alguns anos, como por exemplo, Danilo Doneda que afirma que "a garantia da proteção dos dados pessoais, em si próprios considerados, com caráter de direito fundamental representa o passo necessário à integração da personalidade em sua acepção mais completa e adequada à Sociedade da Informação".[2]

Essa compreensão foi chancelada pelo Supremo Tribunal Federal (STF) em decisão paradigmática, proferida em maio de 2020, no julgamento de cinco ações diretas de inconstitucionalidade (ADIs 6.387, 6.388, 6.389, 6.390 e 6.393) contra a medida provisória 954, que previa o compartilhamento de dados de usuários, por empresas de telefonia fixa e móvel, com o Instituto Brasileiro de Geografia e Estatística (IBGE) para a produção de estatística oficial durante a pandemia do coronavírus (Covid-19).

O reconhecimento do direito fundamental à proteção de dados, pela Suprema Corte, deu-se a partir da abertura da ordem e da jurisdição constitucionais à evolução

---

1. THE ECONOMIST. *The world's most valuable resource*. Disponível em: https://www.economist.com/leaders/2017/05/06/the-worlds-most-valuable-resource-is-no-longer-oil-but-data. Acesso em: 18 jun. 2020. No mesmo sentido, confira-se: TOONDERS, Joris. Data is the new oil of the digital economy. *Wired*. Disponível em: https://www.wired.com/insights/2014/07/data-new-oil-digital-economy/. Acesso em: 16 jun. 2020.
2. DONEDA, Danilo. O direito fundamental à proteção de dados pessoais. *In*: MARTINS, Guilherme Magalhaes; LONGHI, João Victor Rozatti (Coords.). *Direito digital*: direito privado e Internet. 3. ed. Indaiatuba: Foco, 2020, p. 52.

tecnológica típica da sociedade da informação, na qual despontam novos riscos.[3] Essa abertura hermenêutica possibilitou a reafirmação da força normativa da Constituição que, especificamente quanto à privacidade (art. 5º, X), foi "atualizada e reconceitualizada para preservar garantias individuais que constituem a base da democracia constitucional e que hoje são diretamente ameaçadas pelo descompasso entre o poder de vigilância e a proteção da intimidade".[4]

Essa reconfiguração transforma o estático direito à privacidade em dinâmica proteção de dados promotora de autodeterminação informativa, que tutela, não apenas direitos individuais privados, mas também fundamentais interesses difusos como a democracia e a soberania. Evidencia-se que "a tutela de um direito fundamental à proteção de dados não mais se adstringe à demarcação de um espaço privado, mas, antes, afirma-se no direito à governança, transparência e sindicabilidade do tratamento de dados compreendidos em acepção abrangente".[5]

A despeito do reconhecimento doutrinário e jurisprudencial da fundamentabilidade do direito à proteção de dados pessoais, sua efetiva fiscalização e tutela é bastante complexa e difícil diante de uma realidade social lastreada em *big data* que proporciona uma veloz coleta de grandes volumes de dados variados – por meio de diversos dispositivos conectados à Internet – que são analisados, interpretados e aplicados, muitas vezes, de forma automática em praticamente todos os domínios da vida contemporânea.

A partir da verificação da complexidade de regulação do ambiente digital e seus consequentes entraves à efetiva proteção de dados pessoais, desenvolve-se a *privacy by design* que é uma diretriz destinada aos responsáveis – dos setores público e privado – pelo tratamento de dados que visa garantir a privacidade e o controle das informações pelo seu titular por meio de medidas técnicas e organizacionais aplicáveis tanto no momento de definição dos métodos de tratamento quanto na sua própria execução.

A possibilidade de se valer da tecnologia digital como um instrumento de proteção de dados pessoais, e outros valores fundamentais, é um dos benefícios capazes de se auferir da *sociedade pós-industrial* – nesse sentido discorrerá o presente trabalho.

2. A REGULAÇÃO DO AMBIENTE DIGITAL

Logo no início do desenvolvimento da Internet surgiu um questionamento a respeito da possibilidade ou não de regulação do ciberespaço. Chegou-se a afirmar que a Internet, em razão de sua *natureza* ou seu design, não estava sujeita a qualquer tipo de regulação, sendo inevitavelmente livre. Essa ideia, no entanto, foi rapidamente superada,

---

3. CASTELLS, Manuel. *A sociedade em rede*: a era da informação, economia, sociedade e cultura. Tradução de Roneide Venâncio Majer. São Paulo: Paz e Terra, 1999, v. 1.
4. BRASIL. Supremo Tribunal Federal. *Referendo na medida cautelar na ação direta de inconstitucionalidade 6.389 Distrito Federal*. Ministro Gilmar Mendes. Voto conjunto ADIs 6.389, 6.390, 6.393, 6.388 e 6.387, 07 maio 2020. O acórdão referente ao julgamento das ADIs 6.387, 6.388, 6.389, 6.390 e 6.393 ainda não havia sido publicado até o fechamento deste trabalho.
5. BRASIL. Supremo Tribunal Federal. *Referendo na medida cautelar na ação direta de inconstitucionalidade 6.389 Distrito Federal*, cit.

pois se percebeu que, assim como o mundo físico, o espaço virtual também é passível de regulação e conformação.

Passou-se, então, para um segundo questionamento que perdura até os dias atuais: como promover uma efetiva regulação dos meios digitais e tutelar valores e direitos fundamentais?

Lawrence Lessig, que já foi professor das universidades de Chicago, Harvard e Stanford, realizou uma pioneira pesquisa sobre a interação do Direito com a Internet. Seu livro intitulado *"Code and other laws of cyberspace"* – que já foi reconhecido como o livro mais influente sobre Direito e ciberespaço – teve sua primeira edição publicada em 1999, e uma segunda edição em 2006, na qual se atualizou o título para *"Code: version 2.0"*.[6] Nele, o autor examina modalidades tradicionais de regulação – como o Direito, as normas sociais, o mercado e a arquitetura – e sua incidência na Internet. E afirma que o ciberespaço demanda uma nova compreensão do funcionamento do fenômeno da regulação. Impõe-se um olhar além do escopo do tradicional profissional do Direito – além de leis ou mesmo normas. Requer uma concepção mais ampla de regulação e, principalmente, o reconhecimento de uma nova e peculiar forma de regulação do ciberespaço: o *"code"* ou *"Lex Informatica"*, que é destacadamente relevante na concepção e formatação do espaço digital.[7]

O Direito ou o ordenamento jurídico é uma fonte de regulação composta de princípios e regras que regula, tanto o mundo físico como a Internet, mediante a inibição ou indução de comportamentos. Trata-se de modalidade reguladora desenvolvida preponderantemente pelo Estado que, mediante normas jurídicas previamente estabelecidas, aplica sanções posteriormente à prática de atos ilícitos. Percebe-se que sua natureza é, essencialmente, reativa ou corretiva.

As normas sociais ou os costumes assemelham-se ao Direito quanto ao momento de execução ou coerção, pois as duas modalidades reguladoras sancionam um comportamento desviante após a ocorrência da transgressão, ostentando, pois, caráter repressivo. Por outro lado, diferenciam-se em relação ao agente executor da regulação, porquanto os costumes são impostos pela sociedade ou comunidade, e dispensam o aparato estatal.

O mercado, de acordo com Lessig, regula comportamentos por meio dos preços ou pela precificação, isto é, o estabelecimento de preços para produtos ou serviços.[8] Todavia, sustenta-se, neste capítulo, que o mercado é representado pelo conjunto de ações de

---

6. Paul Schwartz afirma: "In *Code and Other Laws of Cyberspace*, the most influential book to date about law and cyberspace, Lawrence Lessig makes an intriguing attempt to structure privacy rules for the Internet" (grifou-se). SCHWARTZ, Paul M. Beyond Lessig's code for internet privacy: cyberspace filters, privacy control and fair information practices. *Wisconsin Law Review*, Madison, 2000. Disponível em: https://ssrn.com/abstract=254849. Acesso em: 15 jun. 2020.
7. "Cyberspace demands a new understanding of how regulation works. It compels us to look beyond the traditional lawyer's scope – beyond laws, or even norms. It requires a broader account of regulation, and most importantly, the recognition of a newly salient regulator. That regulator is the obscurity in this book's title – Code. In real space, we recognize how laws regulate – through constitutions, statutes, and other legal codes. In cyberspace we must understand how a different *code* regulates – how the software and hardware (i.e., the *code* of cyberspace) that make cyberspace what it is also regulate cyberspace as it is. As William Mitchell puts it, this code is cyberspace's law. Lex Informatica, as Joel Reidenberg first put it, or better, *code is law*". LESSIG, Lawrence. *Code*: version 2.0. Nova York: Basic Books, 2006, p. 5.
8. LESSIG, Lawrence. *Code*: version 2.0, cit., p. 341.

agentes econômicos, cujo âmbito de ingerência vai muito além da simples precificação, sendo especialmente influente na regulação da Internet, pois alguns de seus integrantes são companhias com alcance global, que concentram enormes poderes econômico e informacional. A título exemplificativo, Alphabet (holding da Google), Amazon, Apple, Facebook e Microsoft são as cinco empresas mais valiosas do mundo, cujos lucros líquidos somaram mais de vinte e cinco bilhões de dólares, apenas no primeiro trimestre de 2017.[9] Logo, ações e políticas empresariais dessas companhias, conhecidas como *Internet giants*, têm poder suficiente para influenciar ou mesmo determinar comportamentos de outros fornecedores, bem como de usuários e consumidores.

A regulação promovida pelo mercado é exercida pelos próprios agentes econômicos, e diz-se que sua coerção ou constrição pode ser simultânea às demais ações praticadas no ciberespaço, do que se infere poder ser também anterior ou posterior.[10]

Na economia digital, o mercado, até agora, foi o agente mais proeminente na determinação do rumo da denominada indústria 4.0 – fruto da quarta revolução industrial – ao definir o que seria pesquisado, desenvolvido, protegido e descartado, conforme seus próprios interesses. Foi quem, em grande medida, fez as escolhas dos valores – fundamentais ou não – da *sociedade da informação*.[11] Todavia, essa dinâmica de controle e regulação da Internet pode ser mais equilibrada e melhor compartilhada com as demais forças reguladoras.

A arquitetura, assim como as demais modalidades de regulação, é verificada tanto no mundo físico quanto no mundo virtual. Ela é compreendida em sentido amplo e designa a estrutura ou o design de objetos materiais e imateriais. No espaço real, Lessig exemplifica a regulação arquitetônica com as lombadas ou quebra-molas, que visam determinar a diminuição da velocidade de motoristas que trafeguem em determinadas vias. Repare-se que a estrutura arquitetônica tem o mesmo propósito de uma lei de trânsito que fixe um limite de velocidade e preveja sanções administrativas, civis ou penais para a hipótese de eventual descumprimento.

Há dois grandes diferenciais na regulação pela arquitetura. O primeiro é sua autoexecutoriedade que possibilita a observância de seu comando por seus próprios meios, sem a necessidade de intervenção direta do aparato estatal, do corpo social ou de agentes do mercado. Lessig assevera que "[t]he constraints of architecture are self-executing in a way that the constraints of law, [social] norms, and the market are not".[12] O segundo atributo diferenciador – frente às demais formas de regulação que ostentam, em regra, natureza corretiva – é o seu caráter preventivo, pois busca evitar a ocorrência da transgressão, ao compelir previamente a adoção das condutas desejadas.

No espaço digital, a arquitetura é denominada *code of cyberspace* ou apenas *code*[13] e representa o "conjunto da infraestrutura física (hardware) e lógica (software)" que

---

9. THE ECONOMIST. *The world's most valuable resource*. Disponível em: https://www.economist.com/leaders/2017/05/06/the-worlds-most-valuable-resource-is-no-longer-oil-but-data. Acesso em: 18 jun. 2020.
10. LESSIG, Lawrence. *Code*: version 2.0, cit., p. 341.
11. CASTELLS, Manuel. *A sociedade em rede*: a era da informação, economia, sociedade e cultura. Tradução de Roneide Venâncio Majer. São Paulo: Paz e Terra, 1999, v. 1.
12. LESSIG, Lawrence. *Code*: version 2.0, cit., p. 342.
13. LESSIG, Lawrence. *Code*: version 2.0, cit., p. 5 e 121.

compõe o ciberespaço e regula as condutas nele praticadas.[14] Assim, define-se a arquitetura tecnológica como o *código digital* que se expressa por meio de linguagem de programação computacional e algoritmos incorporados a dispositivos tecnológicos e plataformas digitais.

Na visão de Lessig, o *code* é um poderoso regulador da Internet que ameaça uma ampla gama de liberdades, haja vista ser criado por quem realiza a concepção e o desenvolvimento de produtos e serviços digitais e, dessa forma, pode ser orientado a promover interesses particulares que afrontem direitos e valores fundamentais. Desperta a atenção a comparação estabelecida entre o *código da Internet* e outras ameaças experimentadas ao longo da história: "And if in the middle of the nineteenth century the threat to liberty was norms, and at the start of the twentieth it was state power, and during much of the middle twentieth it was the market, then my argument is that we must come to understand how *in the twenty-first century it is a different regulator – code – that should be our current concern*" (grifou-se).[15]

A preocupação expressada pelo autor logo se concretizou no mundo virtual onde já ocorreram inúmeros casos de graves violações de direitos fundamentais. Com relação aos direitos à privacidade e à proteção de dados pessoais, podem ser citados alguns episódios como o do aplicativo *myPersonality* – que consistia em um quiz ou teste de personalidade – no qual informações pessoais, inclusive dados sensíveis, de 3 milhões de usuários do Facebook, que utilizaram o *app*, foram expostos online.[16]

Outro caso gravíssimo foi protagonizado pela *Cambridge Analytica*, empresa de mineração de dados e comunicação eleitoral estratégica, que atuou na campanha de Donald Trump nas eleições presidenciais norte-americanas de 2016, e também na campanha a favor da saída do Reino Unido da União Europeia, que ficou conhecida como *Brexit*. Semelhantemente ao caso anterior, foi utilizado um aplicativo chamado *This is your digital life* que coletou dados pessoais de usuários e os repassou indevidamente à empresa de marketing político. Embora apenas cerca de trezentos mil usuários do Facebook tenham feito uso do aplicativo, este foi capaz de coletar dados de milhões de outros usuários da rede que tinham conexão de "amizade" entre si – o que foi possibilitado pelas políticas de privacidade e compartilhamento de dados da rede social, à época. As informações obtidas eram utilizadas para traçar perfis comportamentais e psicográficos de eleitores e permitir o direcionamento de propaganda política com maiores chances de êxito. A publicidade era distribuída no Facebook em forma de anúncios patrocinados no *feed*.[17]

Esse episódio demonstra que não apenas direitos individuais são ameaçados pelo *código digital*, mas, também, outros valores fundamentais como a soberania, o regime

---

14. LEONARDI, Marcel. *Tutela e privacidade na Internet*. São Paulo: Saraiva, 2011, p. 148.
15. LESSIG, Lawrence. *Code*: version 2.0, cit., p. 121.
16. REVELL, Timothy; WATERFIELD, Phee. Huge new Facebook data leak exposed intimate details of 3m users. *New Scientist*. Disponível em: https://www.newscientist.com/article/2168713-huge-new-facebook-data-leak-exposed-intimate-details-of-3m-users/. Acesso em: 17 jun. 2020.
17. LOGAN, Brian. Facebook suspends Cambridge Analytica, a controversial data-analysis firm linked to the Trump campaign. *Business Insider*. Disponível em: https://www.businessinsider.com/facebook-suspends-cambridge-analytica-strategic-communication-laboratories-2018-3. Acesso em: 17 jun. 2020.

democrático, a cidadania, o pluralismo e os direitos políticos – todos positivados na Constituição da República.

Os casos de violações de dados, citados acima, também ilustram a complexidade e a dificuldade de se regular as relações travadas na sociedade da informação, na qual há uma veloz coleta de grandes volumes de dados variados – por meio de diversos dispositivos conectados à Internet – que são analisados, interpretados e aplicados, muitas vezes, de forma automática em praticamente todos os domínios da vida contemporânea. Despontam, exemplificativamente, *big data*, Internet das coisas, inteligência artificial, decisões automatizadas, *machine learning*, computação em nuvem, contratos inteligentes, *blockchain*, criptomoedas,[18] robótica avançada, entre outros recursos tecnológicos.

Destarte, o Direito vivencia um descompasso entre a vertiginosa inovação tecnológica e seus tradicionais métodos de aplicação de normas jurídicas. Marcel Leonardi assevera que, nessa peculiar conjuntura, o Direito

> nem sempre é a modalidade mais eficiente: em muitos casos, as limitações do sistema jurídico e da jurisdição de um país dificultam a obtenção de tutela prática suficientemente justa para a vítima. O exemplo mais óbvio é a corriqueira violação de direitos autorais por meio da Rede: as disposições da Lei n. 9.610/98 têm plena aplicação a essas condutas, mas a tremenda facilidade de reprodução de obras em formato digital – que ocorre independentemente da existência de normas de direito autoral – *exige mecanismos alternativos para resolver o problema, diante da ineficácia dos meios tradicionais de tutela* (grifou-se).[19]

O ambiente digital demanda, portanto, que sua regulação seja operada por meio da interação entre todas as modalidades reguladoras vistas acima. Nesse particular, o diálogo entre o Direito e o *código digital* será fundamental, haja vista que este último é programável de acordo com os valores de quem o cria. E dessa plasticidade ou maleabilidade do *código digital* decorre um risco para a sociedade, pois "[s]e o sistema jurídico for omisso, a tecnologia será modificada para atender a interesses privados do mercado, e valores fundamentais podem ser limitados".[20] Consequentemente, o *código digital* deve pautar-se pelos interesses e valores fundamentais albergados pelo Direito e sua tábua axiológica constitucional. É incontestável que o *código digital* submete-se às normas e preceitos legais, de modo que sua aplicação apenas será legítima quando estiver em conformidade com a ordem jurídica.

Destarte, em que pese o surgimento de uma sociedade em que os recursos tecnológicos assumem cada vez maior protagonismo, o Direito mantém-se como instrumento vital de regulação das relações entre pessoas humanas – e entre essas e a alta tecnologia.

Não obstante os desvios, as ameaças e os riscos próprios do ambiente virtual sejam concretos, já tendo sido inclusive constatados na prática, o que se quer defender neste trabalho é o *outro lado da moeda*, ou seja, que o *código digital* seja utilizado para tutelar e

---

18. Para uma análise sobre o enquadramento do Bitcoin como moeda, veja-se: LONGHI, João Victor Rozatti; FALEIROS JÚNIOR, José Luiz de Moura. Comentário à "sentença" n. 326/2019 do Tribunal Supremo da Espanha: o Bitcoin e seu enquadramento como moeda. *Revista IBERC*, Belo Horizonte, v. 2, n. 2, p. 1-20, maio-ago./2019.
19. LEONARDI, Marcel. *Tutela e privacidade na Internet*, cit., p. 170.
20. LEONARDI, Marcel. *Tutela e privacidade na Internet*, cit., p. 177.

promover valores e direitos fundamentais. É o que se propõe seja feito a partir da diretriz *privacy by design*, que será analisada a seguir.

3. *PRIVACY BY DESIGN* E CÓDIGO DIGITAL

O conceito de *privacy by design* ("PbD") começou a ser desenvolvido a partir da década de 1990 por Ann Cavoukian – que foi *comissária de informação e privacidade* da província de Ontário, no Canadá – para tratar da privacidade no paradigma da sociedade digital em que despontam as *tecnologias da informação e das comunicações* ("TICs").[21] O conceito fundamenta-se no reconhecimento de que a privacidade não pode ser satisfatoriamente tutelada apenas pelas estruturas regulatórias tradicionais, como o Direito. Cavoukian assevera: "Privacy by Design advances the view that the future of privacy cannot be assured solely by compliance with regulatory frameworks; rather, privacy assurance must ideally become an organization's default mode of operation".[22]

Trata-se, portanto, de uma diretriz destinada aos responsáveis, dos setores público e privado, pelo tratamento de dados que visa garantir a privacidade e o controle das informações pelo seu titular por meio de medidas técnicas e organizacionais aplicáveis tanto no momento de definição dos métodos de tratamento quanto na sua própria execução. Mais especificamente, propõe-se que o mecanismo regulador e protetor da privacidade seja incorporado ao design dos dispositivos tecnológicos, i.e., à sua própria estrutura lógica (software) ou física (hardware). Esse é o *lado positivo da moeda do código digital* que se quer expor.

A essência da diretriz foi muito bem apresentada por Koops, Hoepman e Leenes, que a sintetizaram nos seguintes termos: "The idea of privacy by design has been widely embraced in European policy and in proposed legislation, stressing the need that information systems be designed in such a way that *privacy and data protection rules are automatically enforced* and that default settings restrict data processing to a necessary minimum" (grifou-se).[23]

As tecnologias que adotam a *privacy by design* em sua concepção ou execução são conhecidas como *privacy enhancing technologies* ("PETs"). Em termos práticos, são os recursos tecnológicos que salvaguardam a privacidade por meio da minimização ou eliminação da coleta de dados pessoais identificáveis.

Cavoukian delineia sete princípios fundamentais para a consecução dos objetivos da *privacy by design*, que ajudam a compreender seu conceito e seus propósitos.

---

21. João Longhi observa que "um dos maiores riscos contemporâneos trazidos pela popularização das TICs diz respeito à tutela da privacidade do usuário". Cf. LONGHI, João Victor Rozatti. Marco Civil da Internet no Brasil: breves considerações sobre seus fundamentos, princípios e análise crítica do regime de responsabilidade civil dos provedores. *In*: MARTINS, Guilherme Magalhães; LONGHI, João Victor Rozatti (Coords.). *Direito digital*: direito privado e internet. 3. ed. Indaiatuba: Foco, 2020, p. 118.
22. CAVOUKIAN, Ann. Privacy by design. The 7 foundational principles. *Information and Privacy Commissioner of Ontario*, 2011. Disponível em: https://www.ipc.on.ca/wp-content/uploads/Resources/7foundationalprinciples.pdf. Acesso em: 18 jun. 2020.
23. KOOPS, Bert-Jaap; HOEPMAN, Jaap-Henk; LEENES, Ronald. Open-source intelligence and privacy by design. *Computer Law & Security Review*, Londres, v. 29, p. 676-688, 2013, p. 678.

O primeiro é o *princípio da prevenção ou da proatividade* que prescreve medidas preventivas e, não, corretivas ou reativas. É a consagração da máxima "é melhor prevenir do que remediar", que particularmente no âmbito da privacidade tem especial relevância, pois muitas vezes as violações causam danos irreparáveis ou não suscetíveis de reparação *in natura*. A possibilidade de permanência, por tempo indefinido, das informações expostas na Rede,[24] bem como o livre acesso a elas torna extremamente difícil a obtenção de tutela específica ou de tutela pelo resultado prático equivalente. Sendo essas últimas impossíveis, a obrigação será convertida em perdas e danos, conforme dispõe o art. 499 do Código de Processo Civil – o que, infelizmente, é provável que ocorra na maior parte dos casos de violações de dados pessoais na Internet, ou seja, a resposta jurídica estatal será por meio de compensações meramente patrimoniais.

Especificamente quanto ao *direito ao esquecimento* na Internet, Guilherme Martins enfatiza a importância do "direito de não ser vítima de danos" e afirma que:

> [A] principal consequência do exercício do direito ao esquecimento, tendo em vista o *princípio da precaução*, deve ser a imposição de obrigações de fazer e não fazer, consagrando o "direito de não ser vítima de danos", tendo em vista, após a ponderação dos interesses envolvidos, a retirada do material ofensivo. A reparação de danos somente ocorrerá excepcionalmente, caso se trate de ofensa consumada a situação jurídica existencial, não passível de remédio por meio de execução específica (grifou-se).[25]

A lógica do preceito, ora em exame, também é observada no Direito Ambiental, em que também há o princípio da prevenção, pois, semelhantemente, a peculiaridade do bem jurídico protegido torna os danos comumente irreparáveis ou não passíveis de reparação *in natura*.

A relevância dessa diretriz foi reconhecida pelo legislador nacional que definiu, na Lei Geral de Proteção de Dados Pessoais ("LGPD"), o princípio da prevenção como a "adoção de medidas para prevenir a ocorrência de danos em virtude do tratamento de dados pessoais" (art. 6º, VIII), já tendo sido asseverado que "este deve ser o espírito da referida norma: o estímulo constante à prevenção de riscos, à eliminação ou mitigação de danos e a propagação de uma cultura de boas práticas e de conformidades".[26]

As palavras de Cavoukian explicam com clareza o escopo da abordagem proposta: "*The Privacy by Design [PbD] approach is characterized by proactive rather than reactive measures. It anticipates and prevents privacy invasive events before they happen. PbD does not wait for privacy risks to materialize, nor does it offer remedies for resolving privacy infractions once they have occurred – it aims to prevent them from occurring. In short, Privacy by Design comes before-the-fact, not after*".[27]

---

24. O termo Rede, grafado com letra maiúscula, é utilizado neste trabalho como sinônimo de Internet.
25. MARTINS, Guilherme Magalhaes. O direito ao esquecimento na Internet. *In*: MARTINS, Guilherme Magalhaes; LONGHI, Joao Victor Rozatti (Coords.). *Direito digital*: direito privado e internet. 3. ed. Indaiatuba: Foco, 2020, p. 87.
26. MARTINS, Guilherme Magalhães; FALEIROS JÚNIOR, José Luiz de Moura. Compliance digital e responsabilidade civil na Lei Geral de Proteção de Dados. *In*: MARTINS, Guilherme Magalhães; ROSENVALD, Nelson (Coords.). *Responsabilidade civil e novas tecnologias*. Indaiatuba: Foco, 2020, p. 291.
27. CAVOUKIAN, Ann. Privacy by design. The 7 foundational principles: implementation and mapping of fair information practices. *Internet Architecture Board*, 2011. Disponível em: https://iapp.org/media/pdf/resource_center/pbd_implement_7found_principles.pdf. Acesso em: 18 jun. 2020.

Essa diretiva dá concretude a dois atributos fundamentais do *código digital*, anteriormente mencionados. Primeiro, possibilita a execução prévia da tutela da privacidade, impedindo a ocorrência de violações. Em segundo lugar, concretiza a autoexecutoriedade da proteção de dados, pois o próprio mecanismo tecnológico efetua a salvaguarda das informações independentemente de intermediários ou da intervenção direta de outros agentes. Nesse aspecto, realiza-se o chamado *technological enforcement* – autônomo frente ao *law enforcemnt* – que atualmente já é verificado em *smart contracts* (contratos inteligentes) e em transações financeiras de ativos digitais e criptomoedas, como o Bitcoin e o Ether, via *blockchain*.[28] Em resumo, a proteção de dados pessoais será autoexecutável pelo próprio sistema tecnológico.

O segundo princípio, nominado *privacy by default*, determina que a configuração padrão de produtos e serviços deve preservar a privacidade do usuário. Os dispositivos e as plataformas digitais devem ser ofertados ao público com todos os recursos de proteção de dados ativos, a fim de que sejam coletadas apenas informações essenciais ao funcionamento do produto ou à prestação do serviço, o que promoverá a *minimização de dados* (*data minimization*). A configuração em seu nível mais alto de privacidade será a regra dos produtos e serviços e caberá ao titular dos dados decidir se quer compartilhá-los com o fornecedor e, assim, desativar alguma ou algumas das salvaguardas.

Essa orientação é fundamental, pois grande parte dos usuários não tem conhecimentos técnicos, mesmo básicos, para acessar e reconfigurar os sistemas dos aparatos tecnológicos. E mais que isso: "A maioria dos usuários busca justamente comodidade, e não se preocupa em descobrir como alterar as configurações padrão".[29] Cavoukian é assertiva a esse respeito e bem exemplifica a proposição em análise: "We can all be certain of one thing – the default rules! Privacy by Design seeks to deliver the maximum degree of privacy by ensuring that personal data are automatically protected in any given IT [information technology] system or business practice. If an individual does nothing, their privacy still remains intact. No action is required on the part of the individual to protect their privacy – it is built into the system, by default".[30]

A terceira diretiva é referida como *princípio da incorporação da privacidade ao design* e visa tornar a promoção da privacidade um componente constitutivo da base funcional do dispositivo tecnológico ou do modelo de negócios. Afirma-se que sua implementação pode exigir criatividade de gestores e técnicos para reinventar opções já disponíveis, porém inadmissíveis em razão da baixa proteção conferida aos dados pessoais. Cavoukian ainda sustenta que a adoção dessa proposição não deve repercutir negativamente sobre a funcionalidade do artefato tecnológico, confira-se: "Privacy by Design is embedded into the design and architecture of IT [information technology] systems and business practices. It is not bolted on as an add-on, after the fact. The result is that privacy becomes

---

28. Sobre contratos eletrônicos de consumo, confira-se: MODENESI, Pedro. Contratos eletrônicos de consumo: aspectos doutrinário, legislativo e jurisprudencial. *In*: MARTINS, Guilherme Magalhães; LONGHI, João Victor Rozatti (Coords.). *Direito digital*: direito privado e Internet. 3. ed. Indaiatuba: Foco, 2020.
29. OLIVEIRA, Samanta. LGPD: as diferenças entre o privacy by design e o privacy by default. *Consumidor Moderno*. Disponível em: https://www.consumidormoderno.com.br/2019/05/27/lgpd-diferencas-privacy-design-privacy--default/. Acesso em: 19 jun. 2020.
30. CAVOUKIAN, Ann. Privacy by design. The 7 foundational principles: implementation and mapping of fair information practices. *Internet Architecture Board*, 2011. Disponível em: https://iapp.org/media/pdf/resource_center/pbd_implement_7found_principles.pdf. Acesso em: 18 jun. 2020.

an essential component of the core functionality being delivered. Privacy is integral to the system, without diminishing functionality".[31]

A quarta linha de ação constitui o *princípio da funcionalidade total* que objetiva conjugar todos os interesses legítimos porventura incidentes no caso concreto como, por exemplo, permitir a transmissão de mensagem entre emissor e receptor com a manutenção da confidencialidade do conteúdo informativo em relação a terceiros. Busca-se evitar o falso argumento de que a implementação de privacidade é incompatível com outros interesses legítimos como a segurança, sustentando-se ser possível ter a as duas, veja-se: "Privacy by Design avoids the pretence of false dichotomies, such as privacy vs. security, demonstrating that it is possible, and far more desirable, to have both".[32]

A quinta proposição é designada *princípio da segurança de ponta a ponta* e visa proteger o dado por todo seu ciclo de vida, desde a coleta até a sua eliminação. As medidas de segurança são essenciais durante todo o processo de tratamento de dados, pois, logicamente, não basta haver proteção apenas em algumas etapas do processo. Ressalta-se a necessidade de adoção de efetivas medidas de segurança para haver privacidade: "Privacy must be continuously protected across the entire domain and throughout the life-cycle of the data in question. There should be no gaps in either protection or accountability. The "Security" principle has special relevance here because, at its essence, without strong security, there can be no privacy".[33] Nesse sentido, dispõe o art. 6º, VII da LGPD.

O sexto princípio busca proporcionar *transparência e visibilidade* mediante o oferecimento, a usuários e fornecedores, de informações claras, precisas e facilmente acessíveis sobre a realização do tratamento e seus respectivos agentes, resguardados os segredos comercial e industrial (cf. art. 6º, VI, LGPD). Quer-se evitar a opacidade, tão frequente no processo de tratamento de dados, que inviabiliza a verificação da conformidade da atuação de controladores e operadores com os objetivos declarados, as boas práticas e as normas de proteção aplicáveis. Somente assim é possível proporcionar confiança e estabelecer responsabilização (*accountability*) na linha do que dispõe o art. 6º, X, LGPD. Nos termos de Cavoukian: "Privacy by Design seeks to assure all stakeholders that whatever the business practice or technology involved, it is in fact, operating according to the stated promises and objectives, subject to independent verification".[34]

A sétima diretiva configura o *princípio do respeito ao usuário* e visa incentivar a disseminação de tecnologias cujos designs e interfaces sejam *amigáveis*, fáceis de usar e, assim, proporcionem maior operabilidade aos usuários. Os artefatos e sistemas tecnológicos devem ser criados e desenvolvidos levando-se em conta as necessidades e os interesses dos titulares dos dados. Assim, os usuários conseguem desempenhar um papel mais ativo

---

31. CAVOUKIAN, Ann. Privacy by design. The 7 foundational principles: implementation and mapping of fair information practices, cit., p. 3.
32. CAVOUKIAN, Ann. Privacy by design. The 7 foundational principles: implementation and mapping of fair information practices, cit., p. 3.
33. CAVOUKIAN, Ann. Privacy by design. The 7 foundational principles: implementation and mapping of fair information practices, cit., p. 4.
34. CAVOUKIAN, Ann. Privacy by design. The 7 foundational principles: implementation and mapping of fair information practices, cit., p. 4.

no gerenciamento de suas informações, o que proporcionará maior autodeterminação informativa, que é um dos fundamentos da LGPD (art. 2º, II). Destaca-se, ainda, que essa orientação pode ser eficaz para prevenir abusos e violações de privacidade: "Empowering data subjects to play an active role in the management of their own data may be the single most effective check against abuses and misuses of privacy and personal data".[35]

As diretrizes de *privacy by design* e *privacy by default*, também denominadas *data protection by design* e *data protection by default*, foram expressamente acolhidas pelo Regulamento Geral sobre a Proteção de Dados ("RGPD") da União Europeia (Regulamento 2016/679 do Parlamento Europeu e do Conselho) ao prever, no *considerando 78*, que o responsável pelo tratamento deverá adotar medidas técnicas e organizacionais que promovam a minimização e a pseudonimização de dados, a transparência, a autodeterminação informativa e a segurança. Vejam-se os termos do Regulamento: "In order to be able to demonstrate compliance with this Regulation, the controller should adopt internal policies and implement measures which meet in particular the principles of *data protection by design and data protection by default*" (grifou-se).

Ademais, o artigo 25 do RGPD dedicou-se à indicação de parâmetros de aplicação da *data protection by design*, ressaltando os princípios da minimização e da finalidade específica e, também, a técnica da pseudonimização. A obrigação dos agentes de tratamento de dados foi explicitada nos seguintes termos: "(...) o responsável pelo tratamento aplica, tanto no momento de definição dos meios de tratamento como no momento do próprio tratamento, as medidas técnicas e organizativas adequadas, como a pseudonimização, destinadas a aplicar com eficácia os princípios da proteção de dados, tais como a minimização (...)". Em relação à *privacy by default* determinou-se que: "O responsável pelo tratamento aplica medidas técnicas e organizativas para assegurar que, por defeito [*by default*], só sejam tratados os dados pessoais que forem necessários para cada finalidade específica do tratamento".

No Brasil, afirma-se que o Marco Civil da Internet (Lei n. 12.965/14), no que concerne à proteção de dados pessoais, orienta-se de acordo com alguns preceitos de *privacy by design* como, por exemplo, os princípios da transparência e da finalidade que exigem "informações claras e completas sobre coleta, uso, armazenamento, tratamento e proteção de seus dados pessoais, que somente poderão ser utilizados para finalidades que: a) justifiquem sua coleta; b) não sejam vedadas pela legislação; e c) estejam especificadas nos contratos de prestação de serviços ou em termos de uso de aplicações de internet" – de acordo com seu art. 7º, VIII.[36] Rony Vainzof e Carla Segala enfatizam que:

> A Privacy as the Default Setting, por exemplo, remete à exigência de obtenção de consentimento constante no Marco Civil, pois, ao estabelecer como configuração padrão a maior privacidade possível

---
35. CAVOUKIAN, Ann. Privacy by design. The 7 foundational principles: implementation and mapping of fair information practices, cit., p. 5.
36. No âmbito do Marco Civil da Internet, especificamente sobre privacidade, neutralidade de rede e liberdade de expressão, que constituem um tripé axiológico que norteia o desenvolvimento da Internet no Brasil, confira-se: LONGHI, João Victor Rozatti. Marco Civil da Internet no Brasil: breves considerações sobre seus fundamentos, princípios e análise crítica do regime de responsabilidade civil dos provedores. *In*: MARTINS, Guilherme Magalhães; LONGHI, João Victor Rozatti (Coords.). *Direito digital*: direito privado e internet. 3. ed. Indaiatuba: Foco, 2020, p. 116.

ao usuário, exige que a coleta de informações, como por meio de cookies, dependa de interação do usuário com o sistema e, portanto, de seu consentimento expresso.[37]

O direito do usuário ao "consentimento expresso sobre coleta, uso, armazenamento e tratamento de dados pessoais, que deverá ocorrer de forma destacada das demais cláusulas contratuais" é previsto no art. 7º, IX do Marco Civil da Internet.

A Lei Geral de Proteção de Dados Pessoais nacional (Lei n. 13.709/18), na linha da evolução normativa europeia e de outros países do mundo, acolheu princípios, técnicas e objetivos emanados da *privacy by design*.

Alguns princípios de *privacy by design* foram especificamente descritos no art. 6º da LGPD. O fundamental *princípio da prevenção ou da proatividade* que determina que a tutela da privacidade seja prévia à sua violação – mediante a adoção de medidas preventivas e, não, corretivas – está definido no inciso VIII do citado artigo.

No inciso I, consta o *princípio da finalidade (specific purpose)* que impõe o tratamento de dados atenda a propósitos legítimos, específicos, explícitos e informados ao titular, vedado o tratamento posterior que se desvie dessas finalidades.

Em seguida, no inciso III, inseriu-se o *princípio da necessidade (data minimization)* que fixa a limitação do tratamento aos dados estritamente pertinentes e necessários ao alcance do propósito da operação.

Já no inciso VI, consta o *princípio da transparência e visibilidade* que visa oferecer informações claras e precisas sobre o tratamento de dados e seus agentes e, consequentemente, possibilitar a fiscalização das normas protetivas e, eventualmente, promover a responsabilização (*accountability*) pelas violações.

No inciso seguinte do mesmo artigo, foi previsto o *princípio da segurança* que é essencial ao resguardo dos dados e deve ser observado – durante todo o ciclo de tratamento, desde a coleta até a sua deleção – mediante a "utilização de medidas técnicas e administrativas aptas a proteger os dados pessoais de acessos não autorizados e de situações acidentais ou ilícitas de destruição, perda, alteração, comunicação ou difusão".

Já a técnica de pseudonimização (*pseudonymisation*) foi explicitada no § 4º do art. 13 da LGPD como o método pelo qual o dado perde a possibilidade de associação ao titular, salvo mediante o uso de informação adicional mantida separadamente pelo controlador em ambiente seguro e protegido.

Ademais, um objetivo essencial da *privacy by design* – emanado do *princípio do respeito ao usuário* – é a *autodeterminação informativa*, que foi reconhecida pela LGPD como um dos fundamentos da disciplina de proteção de dados pessoais, conforme disposto no art. 2º, II.

Além da positivação no âmbito legislativo, o Poder Executivo federal previu a adoção da *privacy by design* como uma das estratégias de fortalecimento de governança cibernética. Por meio do Decreto presidencial n. 10.222, de 5 de fevereiro de 2020, aprovou-se

---

37. ALVES, Carla Segala; VAINZOF, Rony. Privacy by design e proteção de dados pessoais. *Jota*. 2016. Disponível em: https://www.jota.info/opiniao-e-analise/artigos/direito-digital-privacy-design-e-protecao-de-dados-pessoais-06072016. Acesso em: 18 jun. 2020.

a *Estratégia Nacional de Segurança Cibernética – E-Ciber* que consiste na orientação do Governo federal à sociedade brasileira sobre as principais ações nacionais e internacionais, por ele pretendidas, na área de segurança cibernética.

Dentre as estratégias traçadas para o setor público e para a iniciativa privada, no âmbito de suas competências, previu-se a adoção, pela indústria, de padrões internacionais no desenvolvimento de novos produtos que incorporem a diretriz de "privacy/security by design and default" – de acordo com os termos do item 2.3.1 do referido ato normativo.

É patente o reconhecimento, pelo Decreto presidencial n. 10.222 de 2020, da *privacy by design and default* como um fundamental instrumento de proteção dos usuários de tecnologias digitais no âmbito do paradigma da indústria 4.0. Confiram-se seus precisos termos a seguir:

> Nesse contexto, ressalta-se a importância de as empresas, que produzem ou comercializam serviços no campo da segurança cibernética, adotarem padrões nacionais e internacionais no desenvolvimento de novas soluções, desde a sua concepção, o que é internacionalmente conhecido pelos termos *privacy by design and default e security by design and default*. Para tanto, destaca-se o papel do Estado em garantir às empresas a flexibilidade para continuar a criar mecanismos de aperfeiçoamento, com o *uso de tecnologia de ponta para garantir a segurança de seus produtos, serviços e soluções e, assim, proteger seus usuários* (grifou-se).

4. CONCLUSÃO

Alguns importantes passos já foram dados em direção à construção de uma *sociedade da informação* que seja orientada à promoção da personalidade humana, que é o escopo essencial da *proteção de dados*, pois, como já foi bem observado, não são os dados, em si, que se busca tutelar, mas, sim, a pessoa humana – e os demais valores fundamentais para o seu desenvolvimento como a democracia, a cidadania, a liberdade e o pluralismo.[38]

Nesse sentido, o Brasil elaborou, em 2014, o Marco Civil da Internet e, em 2018, promulgou a Lei Geral de Proteção de Dados Pessoais (LGPD), que, seguindo a evolução normativa verificada na União Europeia e em outros países do mundo, acolheu a *privacy by design* ao positivar seus princípios, técnicas e objetivos.

Além do acolhimento legislativo, o Poder Executivo federal, mediante o Decreto n. 10.222, de 5 de fevereiro de 2020, previu expressamente a *privacy by design and default* ao traçar – para o setor público e para a iniciativa privada – as ações estratégicas para o fortalecimento da governança cibernética e da proteção dos usuários de tecnologia digital.

Dessa forma, o país incorpora a *privacy by design* à sua ordem jurídica e a inclui na agenda para o desenvolvimento de tecnologias da informação e das comunicações (TICs), que deverão observar, sobretudo, o *princípio da necessidade* ou *data minimization* (art. 6º, III, LGPD) e o *princípio da prevenção* (art. 6º, VIII, LGPD). Concretizam-se dois atributos essenciais do *código digital*: (i) a sua natureza preventiva, que busca evitar a ocorrência da transgressão ao compelir previamente a adoção da conduta desejada;

---

38. DONEDA, Danilo. Um código para a proteção de dados pessoais na Itália. *Revista Trimestral de Direito Civil*, Rio de Janeiro, ano 4, n. 16, out./dez. 2003, p. 118.

e (ii) a autoexecutoriedade de seu comando, que, no caso da proteção de dados, será efetuada pelo próprio mecanismo tecnológico, o qual assegurará a salvaguarda das informações independentemente de intermediários ou da intervenção direta de outros agentes como, por exemplo, o Poder Judiciário. Realiza-se o *technological enforcement*, que é autônomo frente ao *law enforcement* e, atualmente, já se verifica na execução de *smart contacts* (contratos inteligentes) via *blockchain*. Em síntese, a proteção de dados pessoais será autoexecutável pelo próprio sistema tecnológico. Esse é o *lado positivo da moeda do código digital*, no âmbito da privacidade, que se quer ver adotado por agentes do mercado, amparado pelo Direito e fiscalizado pela sociedade.

Os desafios dessa agenda são diversos e de ordens técnica, regulatória e mercadológica. Uma resistência evidente será exercida pelos agentes do mercado, pois uma efetiva proteção da privacidade implica restrição de acesso ao recurso mais valioso da economia digital: os dados pessoais, que, até recentemente – na maior parte do mundo – eram coletados de forma indiscriminada e ilimitada, tanto pelo setor público quanto pelos atores da iniciativa privada, destacadamente, pelas *tech giants* como Google, Facebook, Apple, Amazon, e Microsoft.

Em que pese a amplitude dos obstáculos, eles devem ser superados. Novos tempos, avançadas tecnologias, inéditos riscos e imprevisíveis danos demandam atualizadas formas de tutela e promoção de direitos individuais e difusos fundamentais para o desenvolvimento da pessoa humana, que é o âmago da sociedade contemporânea da informação.

REFERÊNCIAS

ALVES, Carla Segala; VAINZOF, Rony. Privacy by design e proteção de dados pessoais. *Jota*. 2016. Disponível em: https://www.jota.info/opiniao-e-analise/artigos/direito-digital-privacy-design-e-protecao-de-dados-pessoais-06072016. Acesso em: 18 jun. 2020.

BRASIL. Supremo Tribunal Federal. *Referendo na medida cautelar na ação direta de inconstitucionalidade 6.389 Distrito Federal*. Ministro Gilmar Mendes. Voto conjunto ADIs 6.389, 6.390, 6.393, 6.388 e 6.387, 07 maio 2020.

CASTELLS, Manuel. *A sociedade em rede*: a era da informação, economia, sociedade e cultura. Tradução de Roneide Venâncio Majer. São Paulo: Paz e Terra, 1999, v. 1.

CAVOUKIAN, Ann. Privacy by design. The 7 foundational principles. *Information and Privacy Commissioner of Ontario*, 2011. Disponível em: https://www.ipc.on.ca/wp-content/uploads/Resources/7foundationalprinciples.pdf. Acesso em: 18 jun. 2020.

CAVOUKIAN, Ann. Privacy by design. The 7 foundational principles: implementation and mapping of fair information practices. *Internet Architecture Board*, 2011. Disponível em: https://iapp.org/media/pdf/resource_center/pbd_implement_7found_principles.pdf. Acesso em: 18 jun. 2020.

DONEDA, Danilo. O direito fundamental a proteção de dados pessoais. *In*: MARTINS, Guilherme Magalhaes; LONGHI, João Victor Rozatti (Coords.). *Direito digital*: direito privado e Internet. 3. ed. Indaiatuba: Foco, 2020.

DONEDA, Danilo. Um código para a proteção de dados pessoais na Itália. *Revista Trimestral de Direito Civil*, Rio de Janeiro, ano 4, n. 16, out./dez. 2003.

KOOPS, Bert-Jaap; HOEPMAN, Jaap-Henk; LEENES, Ronald. Open-source intelligence and privacy by design. *Computer Law & Security Review*, Londres, v. 29, p. 676-688, 2013.

LEONARDI, Marcel. *Tutela e privacidade na Internet*. São Paulo: Saraiva, 2011.

LESSIG, Lawrence. *Code*: version 2.0. Nova York: Basic Books, 2006.

LOGAN, Brian. Facebook suspends Cambridge Analytica, a controversial data-analysis firm linked to the Trump campaign. *Business Insider*. Disponível em: https://www.businessinsider.com/facebook-suspends-cambridge-analytica-strategic-communication-laboratories-2018-3. Acesso em: 17 jun. 2020.

LONGHI, João Victor Rozatti. Marco Civil da Internet no Brasil: breves considerações sobre seus fundamentos, princípios e análise crítica do regime de responsabilidade civil dos provedores. *In*: MARTINS, Guilherme Magalhães; LONGHI, João Victor Rozatti (Coords.). *Direito digital*: direito privado e internet. 3. ed. Indaiatuba: Foco, 2020.

LONGHI, João Victor Rozatti; FALEIROS JÚNIOR, José Luiz de Moura. Comentário à "sentencia" n. 326/2019 do Tribunal Supremo da Espanha: o Bitcoin e seu enquadramento como moeda. *Revista IBERC*, Belo Horizonte, v. 2, n. 2, p. 1-20, maio-ago./2019.

MARTINS, Guilherme Magalhaes. O direito ao esquecimento na Internet. *In*: MARTINS, Guilherme Magalhaes; LONGHI, João Victor Rozatti (Coords.). *Direito digital*: direito privado e internet. 3. ed. Indaiatuba: Foco, 2020.

MARTINS, Guilherme Magalhães; FALEIROS JÚNIOR, José Luiz de Moura. Compliance digital e responsabilidade civil na Lei Geral de Proteção de Dados. *In*: MARTINS, Guilherme Magalhães; ROSENVALD, Nelson (Coords.). *Responsabilidade civil e novas tecnologias*. Indaiatuba: Foco, 2020.

MODENESI, Pedro. Contratos eletrônicos de consumo: aspectos doutrinário, legislativo e jurisprudencial. *In*: MARTINS, Guilherme Magalhães; LONGHI, João Victor Rozatti (Coords.). *Direito digital*: direito privado e Internet. 3. ed. Indaiatuba: Foco, 2020.

OLIVEIRA, Samanta. LGPD: as diferenças entre o privacy by design e o privacy by default. *Consumidor Moderno*. Disponível em: https://www.consumidormoderno.com.br/2019/05/27/lgpd-diferencas-privacy-design-privacy-default/. Acesso em: 19 jun. 2020.

REVELL, Timothy; WATERFIELD, Phee. Huge new Facebook data leak exposed intimate details of 3m users. *New Scientist*. Disponível em: https://www.newscientist.com/article/2168713-huge-new-facebook-data-leak-exposed-intimate-details-of-3m-users/. Acesso em: 17 jun. 2020.

SCHWARTZ, Paul M. Beyond Lessig's code for internet privacy: cyberspace filters, privacy control and fair information practices. *Wisconsin Law Review*, Madison, 2000. Disponível em: https://ssrn.com/abstract=254849. Acesso em: 15 jun. 2020.

THE ECONOMIST. *The world's most valuable resource*. Disponível em: https://www.economist.com/leaders/2017/05/06/the-worlds-most-valuable-resource-is-no-longer-oil-but-data. Acesso em: 18 jun. 2020.

TOONDERS, Joris. Data is the new oil of the digital economy. *Wired*. Disponível em: https://www.wired.com/insights/2014/07/data-new-oil-digital-economy/. Acesso em: 16 jun. 2020.

5
RESPONSABILIDADE CIVIL, ACIDENTE DE CONSUMO E A PROTEÇÃO DO TITULAR DE DADOS NA INTERNET

Guilherme Magalhães Martins

Sumário: 1. Introdução. 2. Acidentes de consumo na Internet e sua tutela jurídica. 3. O titular de dados e os mercados ricos em dados (*data-rich markets*). 4. Uma leitura do artigo 45 da Lei Geral de Proteção de Dados Pessoais. 5. Conclusão. Referências.

1. INTRODUÇÃO

É papel do jurista acompanhar a revolução tecnológica, especialmente num momento de transição em que a regulação jurídica deve fazer frente a novas relações sociais, seja para confirmar ou rever suas premissas dogmáticas, seja para adaptar as normas já existentes, seja ainda para propor um novo modelo normativo pelo qual se possa extrair a relevância social e científica do tema proposto.

Com base nessa premissa, o que se tem observado nos últimos anos é uma forte tendência à edição de marcos regulatórios voltados à Internet, como o Marco Civil, de 2014 (Lei 12.965), e a recente Lei Geral de Proteção de Dados Pessoais, de 2018 (Lei 13.709), cujos impactos sobre as relações de consumo são notados e reverberam seus efeitos de modo a desafiar o direito do consumidor ao enfrentamento de novas contingências que surgem a partir desses novos e atuais desafios impostos pela predominância cada vez maior do comércio eletrônico e dos mercados ricos em dados (*data-rich markets*).

Desponta, então, ao lado da revolução tecnológica uma nova economia, baseada na globalização e na desmaterialização parcial da riqueza, tendo em vista a possibilidade de cortar custos substanciais e aumentar lucros empresariais.

O foco da responsabilidade civil volta-se, sobretudo, para o dano, sobre o qual se concentram as atenções dos tribunais, com intuito de identificação de um responsável que àquele se vincule, assegurando-se, por qualquer meio disponível, a reparação dos prejuízos sofridos pela vítima.

Com base nessa premissa, muito já se discutiu acerca da responsabilização dos provedores de aplicação por acidentes de consumo ocorridos na Internet, especialmente em face da polêmica discussão acerca do critério definido pelo artigo 19 do Marco Civil da Internet.

Nesse estudo, porém, o que se pretenderá traçar é um panorama do tratamento conferido pela Lei Geral de Proteção de Dados Pessoais à proteção do consumidor na Internet. Mais do que nunca, o conceito de titularidade sobre os dados pessoais gera consequências que merecem ser analisadas pontualmente, especialmente à luz do disposto no artigo 45 da LGPD, que trata especificamente das relações de consumo.

2. ACIDENTES DE CONSUMO NA INTERNET E SUA TUTELA JURÍDICA

Os defeitos juridicamente relevantes, para os fins do art. 12 do CDC, são aqueles decorrentes de projeto, fabricação, construção, montagem, fórmulas, manipulação, apresentação ou acondicionamento dos produtos, bem como os que decorram de informações insuficientes ou inadequadas sobre sua utilização e riscos. A noção de defeito surge, nesse contexto, a partir da compreensão do que se entende por informação e do dever, que incumbe ao fornecedor, de prestá-la adequadamente, sob pena de responder objetivamente pelo acidente de consumo causado.[1]

O *acidente de consumo*, nessa linha, materializa-se na repercussão externa do defeito do produto, atingindo a incolumidade físico-psíquica do consumidor e o seu patrimônio.[2] Trata-se da causa objetiva do dano causado ao consumidor, em virtude de defeito do produto, ou seja, da manifestação danosa dos defeitos juridicamente relevantes, atingindo a integridade do consumidor e ensejando a responsabilidade delitual e extracontratual do fornecedor.[3]

Aplica-se à Internet, em matéria de responsabilidade pelos acidentes de consumo ocorridos por meio das redes sociais virtuais, a seguinte indagação: o direito do consumidor aplica-se apenas ao meio físico através do qual a informação é veiculada, ou regula ainda o conteúdo informacional?[4]

Sobre o tema, já tivemos a oportunidade de anotar que:

> Os defeitos característicos do fato do produto podem ser subdivididos em três categorias menores, de acordo com a fase do *iter* produtivo em que se originam ou têm sua causa: defeitos de criação (projeto e fórmula), defeitos de produção (fabricação, construção, montagem, manipulação, acondicionamento) e defeitos de informação (publicidade, apresentação, informação insuficiente ou inadequada).

---

1. CASTRO, Guilherme Couto de. *A responsabilidade civil objetiva no direito brasileiro*. Rio de Janeiro: Forense, 1997. p. 80.
2. Sobre o tema, confira-se: ARRUDA ALVIM et al. *Código do Consumidor comentado*. 2. ed. São Paulo: Revista dos Tribunais, 1995. p. 103 *et seq.*; SILVA, João Calvão da. *Responsabilidade civil do produtor*. Coimbra: Almedina, 1990. p. 658; ALPA, Guido et al. *La responsabiltà per danno da prodotti difettosi*. Milano: Giuffrè, 1990. p. 47.
3. ROCHA, Silvio Luís Ferreira da. *Responsabilidade civil do fornecedor pelo fato do produto no direito brasileiro*. 2. ed. São Paulo: Revista dos Tribunais, 2000. p. 113. Anota: "'(...) a responsabilidade do fornecedor pressupõe a existência de um defeito no produto introduzido no mercado. Esse defeito deve ser causado por um fato necessário, cujo efeito era impossível evitar ou impedir (caso fortuito ou força maior). Ora, se causado antes do produto (sic) ser colocado em circulação, restaria ao fornecedor sempre uma oportunidade, por mínima que fosse, de antes de introduzir o produto no mercado, verificar as condições de seu produto e certificar-se da existência do defeito. Se causado depois do (sic) produto ser colocado em circulação, o defeito inexistia no momento da colocação do produto no mercado, e, portanto, a responsabilidade está afastada, não pelo caso fortuito ou força maior, mas pelo disposto no art. 12, § 3º, II, do CDC."
4. WILHELMSSON, Thomas. The consumer's right to knowledge and the press. *In*: WILHELMSSON, Thomas; TUOMINEN, Salla; TUOMOLA, Heli. *Consumer law in the information society*. Hague: Kluwer, 2001. p. 368.

Os defeitos de criação afetam as características gerais da produção em consequência de erro na elaboração do projeto ou da fórmula, ou de deficiências existentes logo na fase inicial do planejamento e preparação, como ocorre, a título de exemplificação, na escolha de um material inadequado ou de um componente químico nocivo, por não ter sido testado o suficiente, atingindo todos os produtos da série ou séries fabricadas.

Os defeitos de produção, por seu turno, ocorrem na fase de elaboração, montagem ou controle, por falha de uma determinada máquina, de um trabalhador ou de um setor de produção mecânica ou manual, atingindo apenas um ou alguns produtos de uma série ou séries determinadas onde os demais tiveram regular produção e, portanto, não apresentam defeito, numa situação típica da moderna produção de massa industrial.[5]

Afora as características próprias da Internet, em se tratando de uma rede aberta, sujeita a possíveis ataques ou invasões por parte de *crackers*, a segurança abrange ainda o mau funcionamento da rede, em função de fatores como o congestionamento ou queda na conexão, bem como as hipóteses de bloqueio do sistema[6], impedindo que a informação chegue ao seu destinatário e podendo provocar até mesmo a perda desta.

A segurança do sistema, portanto, deve garantir o fluxo regular das informações, a continuidade do acesso e o conteúdo informativo relativo à circulação dos produtos e serviços. A apresentação consiste num ato unilateral do fornecedor pelo qual traz ao conhecimento do consumidor os elementos característicos do produto, abrangendo tanto suas virtudes quanto seus riscos potenciais.[7]

Nela são incluídas todas as informações acerca do produto, como ocorre nos campos da publicidade, instruções técnicas, embalagem, demonstrações etc., bem como a forma de sua comercialização, ensejando, para o consumidor, a expectativa de que a segurança apresentada se traduza em realidade, devendo a apresentação operar como uma barreira eficaz à possível incidência ou materialização de defeitos.

---

5. MARTINS, Guilherme Magalhães. *Responsabilidade civil por acidente de consumo na Internet*. 3. ed. São Paulo: Thomson Reuters Brasil, 2020, p. 142-143.
6. Pode-se dizer que não há produto ou serviço totalmente seguro. Consoante Antonio Herman Benjamin, "A produção em massa é incapaz de criar produtos e serviços completamente isentos de defeitos. Os bens de consumo modernos, se por um lado oferecem crescente conforto e inovação, por outro aumentam, na mesma ou em maior proporção, seus riscos, como decorrência natural da sua progressiva complexidade, assim como de sua quantidade e multiplicidade no mercado." (BENJAMIN, Antônio Herman de Vasconcellos. Responsabilidade civil e acidentes de consumo no Código de Defesa do Consumidor. *Revista do Advogado*, São Paulo, v. 33, p. 16-34, dez. 1990, p. 22.)
7. Nesse contexto, ganha especial relevância a questão da previsibilidade, que deve ser aferida, no caso dos riscos decorrentes das atividades realizadas na Internet, em função do estado da arte vigente. Segundo Liliana Minardi Paesani, fatores ligados à verificação da razoabilidade da tecnologia utilizada num dado momento seriam sujeitos a controvérsias, adquirindo contornos fluidos. (PAESANI, Liliana Minardi. *Direito e Internet:* liberdade de informação, privacidade e responsabilidade civil. São Paulo: Atlas, 2000. p. 85. A autora exemplifica esta constatação citando o chamado "*BUG do milênio*" ocorrido na virada do ano 2000, situação que a maioria dos computadores e programas existentes no mercado não se encontraria preparada para enfrentar, a despeito da sua suposta previsibilidade. Em suas palavras: "As raízes do problema (*bug*) foram lançadas quase meio século atrás, quando se criou a linguagem de programação Cobol, que rodava em todos os computadores comerciais. Eram utilizados cartões perfurados para armazenar os dados. Por uma economia de espaço, os programadores de Cobol convencionaram que bastariam dois dígitos para representar os anos. Em 1964, a IBM lançou o System 360, computador de grande porte, que se tornou padrão no mercado. Inexplicavelmente, manteve os dois dígitos para representar o ano, mesmo numa época em que já existiam fitas magnéticas em substituição aos cartões perfurados. *Assim, os erros do passado foram, por inércia, sendo transferidos de geração em geração de computadores até os dias de hoje*".)

Ainda no tocante à apresentação, observadas as peculiaridades da Internet, descumpre os seus deveres de informação o fornecedor que retira subitamente certa oferta *on-line* do ar ou se vale de publicidade abusiva (art. 37, § 2º, do CDC – aquela que é capaz de induzir o consumidor a se comportar de forma prejudicial ou perigosa à sua segurança), como nas hipóteses de imposição da mensagem publicitária, obstrução de saída ou trancamento do fluxo natural de navegação ou leitura.[8]

No que diz respeito à colocação do produto em circulação, os contratos eletrônicos de consumo via Internet podem compreender duas modalidades: o comércio eletrônico indireto, denominado no direito norte-americano *indirect e-commerce*, quando o bem for entregue fisicamente pelos meios tradicionais, de forma diferida ou retardada, por exemplo, na aquisição de um automóvel, ou o comércio eletrônico direto, *direct e-commerce*, caso em que não somente a formação, como também a execução do ajuste, ocorre por meio eletrônico, por exemplo, no caso da aquisição de um *software*.[9]

A contratação eletrônica pode ser atingida em diversos graus pela digitalização, que pode afetar o produto ou serviço vendido, o processo de formação do contrato ou o próprio agente de entrega.[10]

Deve-se advertir, também, para o fato de que o conceito de produto defeituoso não pode ser equiparado ao de produto perigoso, o qual, desde que acompanhado das advertências e instruções pertinentes e usado de forma correta, oferece a segurança legitimamente esperada.

Se não a oferecer, ter-se-á o acidente de consumo e a consequente responsabilização, cujos contornos se analisará nos tópicos a seguir.

3. O TITULAR DE DADOS E OS MERCADOS RICOS EM DADOS (*DATA-RICH MARKETS*)

A LGPD rege o tratamento jurídico dos direitos do 'titular de dados pessoais'[11], que é, pelo conceito de seu artigo 17, toda pessoa natural à qual são assegurados os seus

---

8. Sobre o tema, confira-se: LIMEIRA, Tânia Vidigal. *E-marketing na Internet com casos brasileiros*. São Paulo: Saraiva, 2003, p. 9; FINKELSTEIN, Maria Eugênia. *Aspectos jurídicos do comércio eletrônico*. Porto Alegre: Síntese, 2004, p. 254; PRATES, Cristina Cantú. *Publicidade na Internet*: consequências jurídicas. Curitiba: Juruá, 2015, p. 42.
9. MARTINS, Guilherme Magalhães. *Formação dos contratos eletrônicos de consumo via Internet*. 2. ed. Rio de Janeiro: Lumen Juris, 2010, p. 153.
10. ROCHA, Roberto Silva da. Natureza jurídica dos contratos celebrados com sites de intermediação no comércio eletrônico. *Revista de Direito do Consumidor*. São Paulo, v. 61, jan./mar. 2007, p. 239. Para o autor, "a comercialização de um livro em forma física (material), por exemplo, por intermédio de um site de entrega pelo correio é apenas parcialmente eletrônica. Puramente eletrônico é o negócio envolvendo bens imateriais, que podem ser enviados pela própria rede telemática, como por exemplo, e-books, músicas e programas de computador. Outra peculiaridade está no fato de o comércio eletrônico permitir que o processo de produção seja acionado logo após a entrada de um pedido, facilitando uma personalização em massa, isto é, produção de grande quantidade de itens, conforme as necessidades dos respectivos consumidores".
11. Nos dizeres de Cíntia Rosa Pereira de Lima e de Lívia Froner Moreno Ramiro, devido à conexão da titularidade com os direitos fundamentais de liberdade, intimidade e privacidade, "os direitos que serão apresentados têm natureza de direito fundamental, assegurado pela supremacia constitucional, não podendo ser afastado por leis infraconstitucionais, pelos intérpretes e, nem tão pouco, pelos agentes de tratamento de dados pessoais." (LIMA, Cíntia Rosa Pereira de; RAMIRO, Lívia Froner Moreno. Direitos do titular dos dados pessoais. *In*: LIMA, Cíntia Rosa Pereira de. *Comentários à Lei Geral de Proteção de Dados*. São Paulo: Almedina, 2020, p. 254.)

dados pessoais e garantidos os direitos fundamentais de liberdade, de intimidade e de privacidade.[12]

Evidentemente, o chamado 'direito digital' reúne uma série de temas dos mais diversos ramos do direito, sendo desafiado à resolução de inúmeros problemas contemporâneos – e muitos deles guardam pertinência com o direito do consumidor. Nesse sentido, melhor detalhando o tema-problema investigado, destaca-se que é flagrante a necessidade de se investigar a suficiência do labor regulatório estatal para a pacificação social a partir da tutela dos mencionados conflitos no que diz respeito aos 'mercados de múltiplos lados'[13], delimitados primeiramente por Jean-Charles Rochet e Jean Tirole, em pesquisa que rendeu a este último o Prêmio Nobel de Economia em 2014.[14]

Na expressão em inglês, os *two-sided* (no caso, *multi-sided*) *markets* operam os interesses de grupos distintos, cujos interesses são harmonizados por uma plataforma[15], gerando rentabilidade a partir do volume massivo de participantes interconectados para viabilizar os desideratos econômicos de uns em alinhamento aos interesses usualmente de consumo dos demais.

Na Internet, isto ocorre com enorme frequência e com precisão cada vez maior devido ao implemento de algoritmos, formando os *data-rich markets*, descritos por Viktor Mayer-Schönberger e Thomas Ramge como ambientes em que não é mais preciso condensar nossas preferências em preços e onde se pode abandonar a simplificação excessiva por causa dos limites comunicativos e cognitivos.[16]

---

12. Importante, ainda, a leitura do artigo 18 da lei, que contém rol não exaustivo de direitos do titular de dados: "Art. 18. O titular dos dados pessoais tem direito a obter do controlador, em relação aos dados do titular por ele tratados, a qualquer momento e mediante requisição: I – confirmação da existência de tratamento; II – acesso aos dados; III – correção de dados incompletos, inexatos ou desatualizados; IV – anonimização, bloqueio ou eliminação de dados desnecessários, excessivos ou tratados em desconformidade com o disposto nesta Lei; V – portabilidade dos dados a outro fornecedor de serviço ou produto, mediante requisição expressa, de acordo com a regulamentação da autoridade nacional, observados os segredos comercial e industrial; VI – eliminação dos dados pessoais tratados com o consentimento do titular, exceto nas hipóteses previstas no art. 16 desta Lei; VII – informação das entidades públicas e privadas com as quais o controlador realizou uso compartilhado de dados; VIII – informação sobre a possibilidade de não fornecer consentimento e sobre as consequências da negativa; IX – revogação do consentimento, nos termos do § 5º do art. 8º desta Lei."
13. Segundo Ana Frazão, "na *data-driven economy*, as dificuldades para a identificação e estimação do poder econômico ficam ainda maiores. Uma das razões é o fato de que a ideia de substituibilidade entre produtos e serviços, tão importante para a identificação do mercado relevante, torna-se mais fluida. Em muitos casos, além das eventuais zonas de sobreposição, há fundadas dúvidas sobre que produtos ou serviços, apesar de não idênticos, são funcionalmente semelhantes a ponto de integrarem o mesmo mercado relevante." (FRAZÃO, Ana. Big data e impactos sobre a análise concorrencial: adaptação da metodologia antitruste para compreender características da nova dinâmica competitiva. *Jota*, 13 dez. 2017. Disponível em: https://www.jota.info/opiniao-e-analise/colunas/constituicao-empresa-e-mercado/big-data-e-impactos-sobre-analise-concorrencial-13122017. Acesso em: 10 jul. 2020).
14. LEE, Robin S. Vertical integration and exclusivity in platform and two-sided markets. *American Economic Review*, Pittsburgh, v. 103, n. 7, p. 2960-3000, 2013.
15. ROCHET, Jean-Charles; TIROLE, Jean. Platform Competition in Two-Sided Markets. *Journal of the European Economic Association*, Viena, v. 1, n. 3, p. 990-1029, jun. 2003.
16. MAYER-SCHÖNBERGER, Viktor; RAMGE, Thomas. *Reinventing capitalism in the age of big data*. Nova York: Basic Books, 2018, p. 7. Comentam: "*The key difference between conventional markets and data-rich ones is the role of information flowing through them, and how it gets translated into decisions. In data-rich markets, we no longer have to condense our preferences into price and can abandon the oversimplification that was necessary because of communicative and cognitive limits.*"

A facilidade de acesso à informação promove a ascensão de empresas aparelhadas para capitanear processos colossais de coleta de informações, que as coloca em patamar de superioridade ao próprio poder do Estado de auditá-las. Frank Pasquale descreve tais companhias como "caixas-pretas"[17], formando uma sociedade por ele nominada de *black box society*, em que todo o escrutínio de dados passa a ser fomentado – e controlado – por quem detém o domínio da plataforma graças ao poder da arquitetura (aqui destacado em alusão aos apontamentos de Lessig) e às externalidades das redes, que formam verdadeiros 'impérios da comunicação'[18], como descreve Tim Wu e acaba propiciar desafios à legislação antitruste.

Em nova menção aos trabalhos de Tim Wu, destaca-se uma preocupação global com a ascensão de poucas grandes empresas a um patamar tamanho que as garanta verdadeiro monopólio de exploração econômica na Internet, retomando-se preocupações que, no passado – em especial na chamada '*Gilded Age*' norte-americana[19] –, já desafiaram o direito a trabalhar com questões econômicas e concorrenciais dificultosas.

A revisitação de núcleos essenciais da dinâmica regulatória estatal conduz uma releitura de diversos institutos – incluindo a responsabilidade civil –, que não podem se limitar à edição de marcos regulatórios, sempre em descompasso com a inovação tecnológica.

Nesse cenário, as relações de consumo realizadas na Internet passam a ostentar uma dimensão adicional. E é exatamente esse o espaço que a LGPD visa preencher, com novos requisitos e parâmetros voltados à tutela do consumidor na rede.

Bruno Miragem esclarece, a esse respeito, que o consentimento se torna elemento ainda mais importante para a configuração das relações de consumo que envolvem dados exatamente em razão dessa nova dinâmica:

> A formação de bancos de dados de consumidores, pela incidência em comum da LGPD e do CDC (LGL\1990\40) – excluídos os bancos de dados de crédito cuja disciplina especial do art. 43 do CDC (LGL\1990\40) e da Lei 12.414/2011 (LGL\2011\1883) tem precedência – submete-se, necessariamente, à exigência de consentimento expresso do consumidor titular dos dados pessoais. Ordinariamente, relacionam-se como condições para o consentimento que ele tenha sido emitido por vontade livre do titular dos dados, voltado a uma finalidade específica e que tenha sido informado sobre esta finalidade, o processamento e utilização dos dados, bem como da possibilidade de não consentir. O art. 5º, XII, da LGPD, em clara influência do Regulamento Geral europeu sobre proteção de dados, define o consentimento como "manifestação livre, informada e inequívoca pela qual o titular concorda com o tratamento de seus dados pessoais para uma finalidade determinada".
>
> A rigor, seu significado se identifica com os requisitos que se exigem para a manifestação de vontade do consumidor capaz de vincular-lhe juridicamente. Sabe-se que nos negócios jurídicos de consumo, o silêncio não caracteriza anuência, tampouco convalida o abuso ou a ilicitude. A aceitação do consumidor sempre deve ser expressa, ainda que se possa interpretar, naquilo que não se lhe seja oneroso

---

17. PASQUALE, Frank. *The black box society*: the secret algorithms that control money and information. Cambridge: Harvard University Press, 2015, p. 6-7.
18. WU, Tim. *The master switch*: the rise and fall of information empires. Nova York: Vintage, 2010, p. 300.
19. WU, Tim. *The curse of bigness*: antitrust law in the new Gilded Age. Nova York: Columbia Global Reports, 2018, p. 22-23.

ou determine prejuízo, o consentimento tácito, segundo os usos. No caso do consentimento, para o tratamento de dados (art. 7º, I, da LGPD) observam-se requisitos substanciais e formais.[20]

É preciso ressaltar, ademais, que os mercados ricos em dados são ambientes onde impera a nebulosidade. Pouco se sabe quanto aos algoritmos empregados para a criação de perfis comportamentais, e as grandes empresas que os empregam não revelam exatamente o modo como procedem.[21] São as já mencionadas caixas-pretas (*black boxes*)[22], que podem causar danos variados não apenas quando incorrerem em equívocos estatísticos ou de análise preditiva, mas também quando forem utilizadas para o envio massivo de informações.

A jurisprudência já se debruçou sobre o tema, tendo o Superior Tribunal de Justiça, como paradigma o Recurso Especial 1.457.199/RS.[23] Na ocasião, averiguou-se os riscos do *score* de crédito[24] praticado pelas instituições financeiras, levando a doutrina[25] a concluir que seus efeitos para a delimitação de perfis sem qualquer "filtro ético, nas mãos do controlador e operador do tratamento de dados, pode levar a situações extremamente deletérias ao corpo eletrônico."[26]

Aqui, importa destacar também que a utilização algorítmica dos dados não deixou de ser considerada na LGPD, que trata do "perfil comportamental" em seu artigo 12, § 2º[27], e em seu artigo 20[28], deixando claro que

> (...) A legislação, portanto, aponta para a distinção entre decisões automatizadas que afetam os interesses dos titulares de dados, enquanto outras não. Receber o resultado de acesso ou negativa a um plano de saúde, sem dúvida, afeta o interesse do titular de dados. A mera formação de perfil para envio de uma publicidade, pode não afetar os interesses desse titular.[29]

---

20. MIRAGEM, Bruno. A Lei Geral de Proteção de Dados (Lei 13.709/2018) e o direito do consumidor. In: MARTINS, Guilherme Magalhães; ROSENVALD, Nelson (Coords.). *Responsabilidade civil e novas tecnologias*. Indaiatuba: Foco, 2020, p. 77.
21. PASQUALE, Frank. Data-informed duties in AI development. *Columbia Law Review*, Nova York, v. 119, p. 1917-1940, 2019, p. 1917-1920.
22. PASQUALE, Frank. *The black box society*, cit., p. 4.
23. STJ, 2ª Seção, REsp 1.457.199/RS, Rel. Min. Paulo de Tarso Sanseverino, julg. 12.11.2014.
24. O tema pode ser explorado em detalhes com a leitura da obra de BESSA, Leonardo Roscoe. *Nova lei do cadastro positivo*: comentários à Lei 12.414, com as alterações da Lei Complementar 166/2019 e de acordo com a LGPD. São Paulo: Thomson Reuters Brasil, 2019.
25. Com efeito: "A falta de transparência dos sistemas de avaliação de risco é um dos principais problemas enfrentados não apenas por consumidores, mas também por reguladores e advogados. A obscuridade de diversos sistemas de avaliação de risco ensejara a equiparação do *scoring* a uma "*blackbox*", dado que os processos pelos quais o histórico de crédito é convertido em um índice objetivo de risco são completamente intransparentes para um observador externo." (MENDES, Laura Schertel. *Privacidade, proteção de dados e defesa do consumidor*: linhas gerais de um novo direito fundamental. São Paulo: Saraiva, 2014, p. 56.)
26. COLOMBO, Cristiano; FACCHINI NETO, Eugênio. "Corpo elettronico" como vítima em matéria de tratamento de dados pessoais: responsabilidade civil por danos à luz da lei de proteção de dados brasileira e dano estético no mundo digital. In: CELLA, José Renato Graziero; BOFF, Salete Oro; OLIVEIRA, Júlia Francieli Neves de. *Direito, governança e novas tecnologias II*. Florianópolis: CONPEDI, 2018, p. 74-75.
27. "Art. 12. (...) § 2º Poderão ser igualmente considerados como dados pessoais, para os fins desta Lei, aqueles utilizados para formação do perfil comportamental de determinada pessoa natural, se identificada.".
28. "Art. 20. O titular dos dados tem direito a solicitar a revisão de decisões tomadas unicamente com base em tratamento automatizado de dados pessoais que afetem seus interesses, incluídas as decisões destinadas a definir o seu perfil pessoal, profissional, de consumo e de crédito ou os aspectos de sua personalidade."
29. COLOMBO, Cristiano; FACCHINI NETO, Eugênio. Decisões automatizadas em matéria de perfis e riscos algorítmicos: diálogos entre Brasil e Europa acerca dos direitos das vítimas de dano estético digital. In: MARTINS,

Violações praticadas na Internet advêm, portanto, de todo tipo de utilização derivada da finalidade para a qual os dados pessoais foram originalmente coletados. Isso suscita não apenas a necessidade de ampla compreensão quanto ao fenômeno do "*profiling*", mas uma leitura abrangente das espécies de violações que podem vir a ser praticadas.[30-31]

Sem dúvidas, merece realce o fato de a discriminação levada a efeito por algoritmos de Inteligência Artificial ainda ser um ambiente carente de regulamentação mais estreita. Não obstante, e é este o ponto fulcral do tópico subsequente, a proteção do ciber-consumidor[32] (que também é, pela dicção da LGPD, titular de dados pessoais) já existe a partir de verdadeiro microssistema composto por acervo normativo adequado.

4. UMA LEITURA DO ARTIGO 45 DA LEI GERAL DE PROTEÇÃO DE DADOS PESSOAIS

Leitura precipitada do artigo 45 da LGPD[33] pode levar o intérprete à conclusão de que as relações de consumo que envolvam dados serão regidas unicamente pelo Código de Defesa do Consumidor.

Nesse ponto, mister analisar se o dispositivo afasta a incidência da LGPD, como se poderia pensar, ou não. E, desde logo, cumpre salientar que a resposta é negativa.

O que se observa é a necessidade de verdadeiro diálogo de fontes[34] entre a Lei Geral de Proteção de Dados (mais específica) e o Código de Defesa do Consumidor (mais generalista) em relação à tutela dos temas relativos à proteção do ciber-consumidor.

É inegável que o avanço da Internet levou o legislador justamente a editar importantes regulamentações sobre a Internet no Brasil, sendo a mais importante delas a Lei 12.965, de 23 de abril de 2014 (o chamado "Marco Civil da Internet") e, posteriormente, o Decreto 8.771/2016, que a regulamentou. E, mais recentemente, a Lei 13.709, de 14 de agosto de 2018 (a chamada "Lei Geral de Proteção de Dados Pessoais"), posteriormente

---

Guilherme Magalhães; ROSENVALD, Nelson (Coords.). *Responsabilidade civil e novas tecnologias*. Indaiatuba: Foco, 2020, p. 167.

30. Já pudemos cogitar, por exemplo, da perturbação do sossego na Internet. Para maiores detalhes, confira-se: MARTINS, Guilherme Magalhães; FALEIROS JÚNIOR, José Luiz de Moura; BASAN, Arthur Pinheiro. A responsabilidade civil pela perturbação do sossego na internet. *Revista de Direito do Consumidor*, São Paulo, v. 128, p. 227-256, mar./abr. 2020.
31. Noutro trabalho, apontamos as razões pelas quais tanto se fala em *compliance* digital, especialmente para a parametrização da responsabilidade civil descrita na LGPD: MARTINS, Guilherme Magalhães; FALEIROS JÚNIOR, José Luiz de Moura. Compliance digital e responsabilidade civil na Lei Geral de Proteção de Dados. *In*: MARTINS, Guilherme Magalhães; ROSENVALD, Nelson (Coords.). *Responsabilidade civil e novas tecnologias*. Indaiatuba: Foco, 2020.
32. A expressão advém da doutrina portuguesa, tendo aparecido nos escritos de Elsa Dias Oliveira, que, em síntese, descreve que aquele "celebra contratos através da Internet (...), [é] correntemente designado por consumidor internauta ou por ciber-consumidor". (OLIVEIRA, Elsa Dias. *A protecção dos consumidores nos contratos celebrados através da Internet*. Coimbra: Almedina, 2002, p. 57.) No Brasil, a terminologia foi apresentada por Claudia Lima Marques, se reportando aos estudos de Thibault Verbiest. (MARQUES, Claudia Lima. *Confiança no comércio eletrônico e a proteção do consumidor*: um estudo dos negócios jurídicos de consumo no comércio eletrônico. São Paulo: Revista dos Tribunais, 2004, p. 57.)
33. "Art. 45. As hipóteses de violação do direito do titular no âmbito das relações de consumo permanecem sujeitas às regras de responsabilidade previstas na legislação pertinente."
34. Sobre o tema, confira-se: MARQUES, Claudia Lima. Superação das antinomias pelo diálogo das fontes. *Revista de Direito do Consumidor*, São Paulo, v. 51, p. 34-67, jul./set. 2004.

alterada pela Medida Provisória 869, de 27 de dezembro de 2018, que se consolidou pelo texto da Lei 13.853, de 08 de julho de 2019. Outras iniciativas de destaque são a Lei 12.527, de 18 de novembro de 2011 ("Lei de Acesso à Informação"), e a Lei 13.874, de 20 de setembro de 2019 ("Declaração de Direitos de Liberdade Econômica").

Todo esse universo normativo se consolida em verdadeiro microssistema voltado à preservação das relações de consumo (inclusive, as que envolvam dados) em sintonia com o regime de responsabilidade civil pelo fato do serviço (artigo 14 do CDC).

Esta também é a constatação de Bruno Miragem:

> Tratando-se de danos a consumidores decorrentes do tratamento indevido de dados, contudo, o art. 45 da LGPD, ao dispor que "as hipóteses de violação do direito do titular no âmbito das relações de consumo permanecem sujeitas às regras de responsabilidade previstas na legislação pertinente", conduzem tais situações ao regime do fato do serviço (art. 14 do CDC (LGL\1990\40)). Neste caso, controlador e operador de dados respondem solidariamente assim como outros fornecedores que venham intervir ou ter proveito do tratamento de dados do qual resulte o dano. Neste caso, incidem tanto as condições de imputação da responsabilidade pelo fato do serviço (em especial o defeito que se caracteriza pelo tratamento indevido de dados, ou seja, desconforme à disciplina legal incidente para a atividade), quanto as causas que porventura possam excluir eventual responsabilidade do fornecedor (art. 14, § 3º), que estão, porém, em simetria com o disposto no próprio art. 43 da LGPD. Outro efeito prático da remissão do art. 45 da LGPD ao regime de reparação próprio da legislação de proteção do consumidor será a submissão de eventuais pretensões de reparação dos consumidores ao prazo prescricional previsto no seu art. 27 do CDC (LGL\1990\40), de cinco anos contados do conhecimento do dano ou de sua autoria.[35]

A responsabilidade civil dos prestadores de serviços nas redes sociais virtuais pelos danos à pessoa humana decorrentes do meio é objetiva, na forma do art. 14 do Código de Defesa do Consumidor, não se podendo admitir a inexistência de um dever geral de vigilância, sob pena de que se admita verdadeiro retrocesso em direção à culpa, em plena era do risco.[36]

Os exemplos de acidentes de consumo na Internet são muitos e a aplicação do *notice and takedown*, previsto no Marco Civil para a regulamentação da Internet no Brasil, não significa a aplicação de um padrão subjetivo de responsabilidade, mas apenas uma condição de procedibilidade para a responsabilização do provedor.[37] O critério da notificação administrativa melhor atenderia ao interesse dos consumidores vítimas de danos nos acidentes de consumo nas redes sociais virtuais.

Os provedores Internet respondem por eventos como a invasão do *site* ou rede, tendo em vista a amplitude dos deveres de proteção decorrentes do princípio da boa-fé objetiva. Tal fato enseja a responsabilidade do provedor de conteúdo e de hospedagem, em caso de falha na prestação do seu serviço, fazendo com que os dados armazenados em seus servidores sejam perdidos, apagados, alterados ou infectados por vírus de computador,

---

35. MIRAGEM, Bruno. A Lei Geral de Proteção de Dados (Lei 13.709/2018) e o direito do consumidor, cit., p. 89.
36. MARTINS, Guilherme Magalhães. *Responsabilidade civil por acidente de consumo na Internet*, cit., p. 480 *et seq*.
37. Sobre o artigo 19 do MCI e o sistema '*notice and takedown*', consulte-se: MARTINS, Guilherme Magalhães. Artigo 19 do Marco Civil da Internet gera impunidade e viola a Constituição. *Consultor Jurídico*, 21 nov. 2019. Disponível em: https://www.conjur.com.br/2019-nov-21/guilherme-martins-artigo-19-marco-civil-internet-gera-impunidade. Acesso em: 10 jun. 2020.

ou ainda nas hipóteses de dificuldade de acesso livre às informações disponibilizadas aos seus usuários.

No tocante à contaminação por vírus, bem como às práticas como o *spam* e o *phishing spam*[38], já não se pode atribuir ao provedor de acesso e de correio eletrônico obrigação de estabelecer uma triagem de todas as mensagens encaminhadas por *e-mail*, tendo em vista a natureza deste serviço e o estado atual da técnica, a menos que haja obrigação contratual nesse sentido.[39] Para tanto, deve ser considerada, sobretudo, a técnica de ponderação entre o interesse da vítima e o dos prestadores de serviços, com intuito de apreciação da prevalência deste no caso concreto.

A perda de informações titularizadas pelos consumidores por falha no seu serviço também acarretará a responsabilidade objetiva do provedor de correio eletrônico, na forma do art. 14 da Lei 8.078/1990, pois se trata de atividade que integra a essência de seus serviços, competindo-lhe, entre outras obrigações, garantir o bom funcionamento de seus equipamentos.

O provedor de correio eletrônico deve velar pela inviolabilidade da correspondência, contemplada no art. 5º, XII, da Constituição da República, de modo que responde pelos danos causados ao usuário em razão da má prestação dos serviços, tais como nas hipóteses de falhas ou atrasos no envio de recebimento de mensagens, perda de mensagens armazenadas, envio indevido de mensagens a destinatários diversos daqueles especificados pelo remetente, devolução de mensagens em razão de erros de configuração ou sobrecarga do servidor, ou impossibilidade de acesso à conta de *e-mail* por seu titular, entre outros.[40] Se não adota as medidas cabíveis em face de uma situação de insegurança relativa ao certificado, devidamente notificada ou comprovadamente conhecida do subscritor, o certificador deve responder pelos prejuízos porventura causados ao consumidor, em virtude da periculosidade adquirida de tais produtos.

Tais exemplos ilustram operações suscetíveis de tutela pelas regras do CDC. São casos de complexidade reduzida frente aos modelos de negócio baseados em dados, especialmente àqueles que exploram mercados de múltiplos lados (*multi-side markets*). Sendo assim, mais importante ainda será a incidência conjunta da LGPD e do CDC, em verdadeiro diálogo de fontes, para a tutela desse âmbito em que o risco – mais do que previsível – chega a ser inerente às atividades exploradas.

---

38. O conceito de *phishing* é apresentado por Finn Brunton: "the practice of "fishing" (...) with usable accounts noted in chat with fish symbols, "<><" — or, as we know it now, "phishing," misleading people into giving you their passwords. (The term's first known appearance is in the Usenet newsgroup for the hacker magazine 2600 early in 1996, but it is referred to there as a preexisting slang term; in that context, it also refers to collecting AOL user accounts.)" (BRUNTON, Finn. *Spam*: A shadow history of the internet. Cambridge: The MIT Press, 2013, p. 76-77).
39. Neste ponto, ganha relevância a investigação em torno da vulnerabilidade técnica, manifestada quando o comprador não possui conhecimentos específicos sobre o objeto adquirido, podendo ser mais facilmente enganado quanto às suas características ou utilidades. Já a vulnerabilidade jurídica ou científica se refere à falta de conhecimento específico, no campo da contabilidade ou economia. A vulnerabilidade fática, por sua vez, é decorrência da posição de monopólio em que negocia o fornecedor, seja em razão do seu grande poder econômico, seja em virtude da essencialidade do serviço. Sobre o tema: MARQUES, Claudia Lima. *Contratos no Código de Defesa do Consumidor*. 3. ed. São Paulo: Revista dos Tribunais, 1998, p. 157-162.
40. MARTINS, Guilherme Magalhães. *Responsabilidade civil por acidente de consumo na Internet*, cit., p. 481.

O direito do consumidor, propulsionado e aprimorado pelo direito digital nesse novo microssistema de proteção ao ciber-consumidor titular de dados pessoais reforça os contornos da proteção normativa que se deve haurir às relações de consumo na sociedade da informação.

5. CONCLUSÃO

Em conclusão, pode-se assinalar que o comércio eletrônico e as relações de consumo em geral estão cada vez mais aprimoradas pelos modelos de negócio transpostos ao ambiente virtual. E, se a Internet amplia horizontes para o empreendedorismo, também a legislação deve ser aprimorada e reestruturada para responder às novas contingências geradas.

Nesse contexto, os mercados ricos em dados (*data-rich markets*) e especialmente os de natureza multilateral (*multi-sided markets*) impõem uma releitura da proteção consumerista à luz da legislação direcionada à tutela e à proteção de dados pessoais. Mais do que nunca, o consumidor que também é titular de dados pessoais é colocado em posição de vulnerabilidade quanto às más práticas que esse ambiente apresenta e a aplicação de institutos protetivos ganha novos contornos.

Anotou-se que o advento da Lei Geral de Proteção de Dados Pessoais (LGPD) inseriu um novo elemento ao microssistema de proteção que já rege as relações jurídicas na *web*. O artigo 45 da lei, embora faça remissão ao Código de Defesa do Consumidor como fonte adequada à tutela das relações de consumo que envolvem dados, não tem o condão de afastar ou mitigar a cogência da LGPD quanto à tutela de acidentes de consumo que envolvam dados.

Registrou-se que, em duas passagens (art. 12, §2º, e art. 20), a LGPD realça a vedação à prática espúria denominada "*profiling*", que representa exatamente a malversação dos dados pessoais, o desvio da finalidade original de coleta e a subversão do *Big Data* a partir da discriminação algorítmica, o que reforça a conclusão de que o diálogo de fontes é um caminho necessário e profícuo à solução dos desafios impostos ao direito do consumidor nesse novo ambiente.

REFERÊNCIAS

ALPA, Guido et al. *La responsabiltà per danno da prodotti difettosi*. Milano: Giuffrè, 1990.

ARRUDA ALVIM *et al*. *Código do Consumidor comentado*. 2. ed. São Paulo: Revista dos Tribunais, 1995.

BENJAMIN, Antonio Herman de Vasconcellos. Responsabilidade civil e acidentes de consumo no Código de Defesa do Consumidor. *Revista do Advogado*, São Paulo, v. 33, p. 16-34, dez. 1990.

BESSA, Leonardo Roscoe. *Nova lei do cadastro positivo*: comentários à Lei 12.414, com as alterações da Lei Complementar 166/2019 e de acordo com a LGPD. São Paulo: Thomson Reuters Brasil, 2019.

BRUNTON, Finn. *Spam*: A shadow history of the internet. Cambridge: The MIT Press, 2013.

CASTRO, Guilherme Couto de. *A responsabilidade civil objetiva no direito brasileiro*. Rio de Janeiro: Forense, 1997.

COLOMBO, Cristiano; FACCHINI NETO, Eugênio. "Corpo elettronico" como vítima em matéria de tratamento de dados pessoais: responsabilidade civil por danos à luz da lei de proteção de dados brasileira e dano estético no mundo digital. *In:* CELLA, José Renato Graziero; BOFF, Salete Oro; OLIVEIRA, Júlia Francieli Neves de. *Direito, governança e novas tecnologias II.* Florianópolis: CONPEDI, 2018.

FINKELSTEIN, Maria Eugênia. *Aspectos jurídicos do comércio eletrônico.* Porto Alegre: Síntese, 2004.

FRAZÃO, Ana. Big data e impactos sobre a análise concorrencial: adaptação da metodologia antitruste para compreender características da nova dinâmica competitiva. *Jota,* 13 dez. 2017. Disponível em: https://www.jota.info/opiniao-e-analise/colunas/constituicao-empresa-e-mercado/big-data-e-impactos-sobre-analise-concorrencial-13122017. Acesso em: 10 jul. 2020.

LEE, Robin S. Vertical integration and exclusivity in platform and two-sided markets. *American Economic Review,* Pittsburgh, v. 103, n. 7, p. 2960-3000, 2013.

LIMA, Cíntia Rosa Pereira de; RAMIRO, Lívia Froner Moreno. Direitos do titular dos dados pessoais. *In:* LIMA, Cíntia Rosa Pereira de. *Comentários à Lei Geral de Proteção de Dados.* São Paulo: Almedina, 2020.

LIMEIRA, Tânia Vidigal. *E-marketing na Internet com casos brasileiros.* São Paulo: Saraiva, 2003.

MARQUES, Claudia Lima. *Confiança no comércio eletrônico e a proteção do consumidor*: um estudo dos negócios jurídicos de consumo no comércio eletrônico. São Paulo: Revista dos Tribunais, 2004.

MARQUES, Claudia Lima. *Contratos no Código de Defesa do Consumidor.* 3. ed. São Paulo: Revista dos Tribunais, 1998.

MARQUES, Claudia Lima. Superação das antinomias pelo diálogo das fontes. *Revista de Direito do Consumidor,* São Paulo, v. 51, p. 34-67, jul./set. 2004.

MARTINS, Guilherme Magalhães. *Formação dos contratos eletrônicos de consumo via Internet.* 2. ed. Rio de Janeiro: Lumen Juris, 2010.

MARTINS, Guilherme Magalhães. *Responsabilidade civil por acidente de consumo na Internet.* 3. ed. São Paulo: Thomson Reuters Brasil, 2020.

MARTINS, Guilherme Magalhães; FALEIROS JÚNIOR, José Luiz de Moura. Compliance digital e responsabilidade civil na Lei Geral de Proteção de Dados. *In:* MARTINS, Guilherme Magalhães; ROSENVALD, Nelson (Coords.). *Responsabilidade civil e novas tecnologias.* Indaiatuba: Foco, 2020.

MARTINS, Guilherme Magalhães; FALEIROS JÚNIOR, José Luiz de Moura; BASAN, Arthur Pinheiro. A responsabilidade civil pela perturbação do sossego na internet. *Revista de Direito do Consumidor,* São Paulo, v. 128, p. 227-256, mar./abr. 2020.

MAYER-SCHÖNBERGER, Viktor; RAMGE, Thomas. *Reinventing capitalism in the age of big data.* Nova York: Basic Books, 2018.

MENDES, Laura Schertel. *Privacidade, proteção de dados e defesa do consumidor*: linhas gerais de um novo direito fundamental. São Paulo: Saraiva, 2014.

MIRAGEM, Bruno. A Lei Geral de Proteção de Dados (Lei 13.709/2018) e o direito do consumidor. *In:* MARTINS, Guilherme Magalhães; ROSENVALD, Nelson (Coords.). *Responsabilidade civil e novas tecnologias.* Indaiatuba: Foco, 2020.

OLIVEIRA, Elsa Dias. *A protecção dos consumidores nos contratos celebrados através da Internet.* Coimbra: Almedina, 2002.

PAESANI, Liliana Minardi. *Direito e Internet*: liberdade de informação, privacidade e responsabilidade civil. São Paulo: Atlas, 2000.

PASQUALE, Frank. Data-informed duties in AI development. *Columbia Law Review,* Nova York, v. 119, p. 1917-1940, 2019, p. 1917-1920.

PASQUALE, Frank. *The black box society*: the secret algorithms that control money and information. Cambridge: Harvard University Press, 2015.

PRATES, Cristina Cantú. *Publicidade na Internet*: consequências jurídicas. Curitiba: Juruá, 2015.

ROCHA, Roberto Silva da. Natureza jurídica dos contratos celebrados com sites de intermediação no comércio eletrônico. *Revista de Direito do Consumidor*. São Paulo, v. 61, jan./mar. 2007.

ROCHA, Silvio Luís Ferreira da. *Responsabilidade civil do fornecedor pelo fato do produto no direito brasileiro*. 2. ed. São Paulo: Revista dos Tribunais, 2000.

ROCHET, Jean-Charles; TIROLE, Jean. Platform Competition in Two-Sided Markets. *Journal of the European Economic Association*, Viena, v. 1, n. 3, p. 990-1029, jun. 2003.

SILVA, João Calvão da. *Responsabilidade civil do produtor*. Coimbra: Almedina, 1990.

WILHELMSSON, Thomas. The consumer's right to knowledge and the press. *In:* WILHELMSSON, Thomas; TUOMINEN, Salla; TUOMOLA, Heli. *Consumer law in the information society*. Hague: Kluwer, 2001.

WU, Tim. *The curse of bigness*: antitrust law in the new Gilded Age. Nova York: Columbia Global Reports, 2018.

WU, Tim. *The master switch*: the rise and fall of information empires. Nova York: Vintage, 2010.

6
NOVAS TECNOLOGIAS NA PUBLICIDADE: O ASSÉDIO DE CONSUMO COMO DANO

Arthur Pinheiro Basan

Sumário: 1. Introdução. 2. A publicidade inserida na Sociedade da Informação. 3. Inovações tecnológicas e práticas importunadoras. 4. O problema do *spam*. 5. O *neuromarketing* e a tutela do consumidor. 6. O assédio de consumo como dano. 7. Considerações finais. Referências.

1. INTRODUÇÃO

É inegável que o desenvolvimento do ambiente da *Internet* proporcionou base sólida para a expansão tecnológica, nos mais diversos setores da sociedade. Soma-se a isso a capacidade das novas tecnologias colocarem em risco direitos fundamentais há muito consagrados[1], sem que, na maioria das vezes, o avanço das respostas jurídicas seja capazes de oferecer tutela na mesma velocidade das violações.[2] Neste sentido, nota-se que a economia, um dos subsistemas mais beneficiados pelo desenvolvimento da *Internet*[3], passa a ser capaz de ameaçar direitos de maneira cada vez mais veloz, especialmente levando em consideração que o Direito, enquanto método imprescindível para resolução de lides, é na maioria das vezes moroso em sua efetividade.[4]

Em paralelo a isso, com o desenvolvimento constante do mundo virtual, a publicidade se destaca como mola mestra da economia informatizada, matéria-prima de uma milionária indústria mundial, cumprindo também tarefa importante de aproximação de pessoas, bens e serviços na Sociedade da Informação.[5] Para além disso, um ponto

---

1. Marshall McLuhan já alertava quanto aos perigos provocados pelo avanço tecnológico, afirmando que nenhuma sociedade teve um conhecimento suficiente de suas ações a ponto de poder desenvolver uma imunidade contra novas extensões ou tecnologias. In: McLUHAN, Marshall. *Os meios de comunicação como extensões do homem*. Tradução de Décio Pignatari. São Paulo: Cultrix, 2007, p. 84.
2. BECK, Ulrich. *Sociedade de risco: rumo a uma outra modernidade*. Tradução de Sebastião Nascimento. São Paulo: Editora 34, 2010.
3. MARTINS, Fernando Rodrigues. Sociedade da Informação e Promoção à Pessoa: Empoderamento Humano na Concretude de Novos Direitos Fundamentais. *In:* MARTINS, Fernando Rodrigues. *Direito Privado e Policontextualidade*: fontes, fundamentos e emancipação. Rio de Janeiro: Lumen Juris, 2018, p. 403.
4. PASQUALOTTO, Adalberto. *Os efeitos obrigacionais da publicidade no Código de Defesa do Consumidor*. São Paulo: Revista dos Tribunais, 1997, p. 16.
5. A Sociedade da Informação é identificada a partir do contexto histórico em que há a preponderância da informação sobre os meios de produção e distribuição dos bens na sociedade, decorrente principalmente da introdução dos computadores conectados em rede nas relações sociais. Nessa linha, desde a segunda metade do século XX, observou-se a maturação do pensamento sociológico, propiciando projeções de uma sociedade de base informacional, posteriormente designada de *sociedade em rede*, com base nos pensamentos de autores como Yoneji Masuda e Fritz Machlup – já na década de 1960 – e, mais recentemente, Jan van Dijk e Manuel Castells. Estes últimos, no curso da

importante a enfatizar é que a partir das novas tecnologias de informação e comunicação, principalmente aproveitando-se de dados pessoais dos internautas em rede, as ofertas publicitárias passaram a interferir na vida das pessoas de maneira mais intensa e incisiva, a ponto de em diversas situações perturbar o sossego daqueles que estão conectados.

Nessa perspectiva, surge o seguinte problema: considerando as inovações tecnológicas notadas na contemporaneidade, e diante do conflito entre livre mercado agenciado pelas publicidades e direitos fundamentais das pessoas conectadas à *Internet*, como promover um elevado nível de proteção às pessoas, de modo a garantir que estas não sejam prejudicadas pelo assédio de consumo praticado pelas publicidades?

Com base nisso, o presente estudo visa abordar o necessário reconhecimento da expansão da tutela dos direitos da pessoa humana também às relações eletrônicas. Em verdade, tendo como base a problemática apresentada, o texto busca destacar como a publicidade se aproveita das novas tecnologias tornando-se muitas vezes prática importunadora de sossego e, consequentemente, prática abusiva. Ainda assim, almeja-se demonstrar que essas novas formas de ofertas de produtos e serviços acabam por assediar o consumidor à realização de contratações impensadas, irrefletidas e muitas vezes indesejadas, qualificando o assédio de consumo como um verdadeiro dano.

Trabalha-se, portanto, com a hipótese de que as novas tecnologias, relacionadas à *Internet*, ao proporcionarem novas formas de publicidade, ampliaram as possibilidades de causar danos aos consumidores e, consequentemente, surge a necessidade de reconhecer que a integridade humana não se limita mais ao espaço físico, real ou concreto, tendo também sua manifestação, cada vez mais necessária socialmente, no ambiente da *Internet*. Isso, evidentemente, demanda do sistema jurídico novas respostas.

Todas essas reflexões são essenciais para evidenciar que os direitos fundamentais devem ser estendidos ao âmbito virtual, especialmente nas relações de consumo, onde há presumida vulnerabilidade. Exatamente por isso que a responsabilidade civil surge como instituto jurídico essencial para, em última análise, cumprir o papel de garantia fundamental, isto é, garantindo que direitos fundamentais, como a liberdade e a privacidade, em seu aspecto de "direito de ser deixado em paz", sejam efetivamente realizados.

Partindo daí, a pesquisa utilizará o método de abordagem dedutivo, investigando o desenvolvimento das técnicas publicitárias para evidenciar a problemática da tecnologia sobre o Direito, especialmente destacando a essencial necessidade de concretização dos direitos fundamentais. Além disso, o trabalho promoverá a análise bibliográfico-doutrinária para, logo em seguida, apresentar as considerações finais, das quais se procurará extrair uma compreensão mais assertiva quanto à problemática explicitada, isto é, buscará oferecer uma hermenêutica promocional, focada na proteção do valor central do Direito, qual seja: a dignidade da pessoa humana.

década de 1990, foram pioneiros nas proposições sobre como os modais inter-relacionais que configuram a base fundamental de sustentação das atividades humanas seriam afetados pela alavancagem tecnológica, em especial pela *Internet*. DUFF, Alistair A. *Information society studies*. Londres: Routledge, 2000; MASUDA, Yoneji. *The information society as post-industrial society*. Tóquio: Institute for the Information Society, 1980; MACHLUP, Fritz. *The production and distribution of knowledge in the United States*. Nova Jersey: Princeton University Press, 1962; VAN DIJK, Jan. *The network society*. 3. ed. Londres: Sage Publications, 2012; CASTELLS, Manuel. *A sociedade em Rede*. Tradução de Roneide Venâncio Majer. Rio de Janeiro: Paz e Terra, 2018.

2. A PUBLICIDADE INSERIDA NA SOCIEDADE DA INFORMAÇÃO

A facilidade e a ampliação da comunicação proporcionadas pelo desenvolvimento da tecnologia possibilitaram evidente expansão da economia, posto que esta superou fronteiras e limitações, ampliando sobremaneira a exposição de produtos e serviços no mercado.[6] Evidentemente, a economia contemporânea reduziu custos e facilitou a aproximação das partes contratantes frente as inúmeras possibilidades de oferta e, além disso, diante da possibilidade de o próprio consumidor buscar, em rede, onde há a oferta de produtos e serviços de seu interesse. É dizer que, ao considerar todos os subsistemas sociais modificados pela Sociedade da Informação, o econômico é o mais beneficiado, posto que o conhecimento tem capacidade de se transformar facilmente em substrato para a produção industrial[7] e, em última análise, em objeto de troca nas relações comerciais.

Em verdade, partindo do pressuposto de que a própria informação tornou-se produto oferecido amplamente no mercado virtual, a publicidade ganha destaque como instrumento estratégico do *marketing,* inclusive em relação retroalimentadora[8], afinal, é a forma mais barata e mais efetiva de comunicação comercial que se conhece. Dito de outra maneira, no último século, o desenvolvimento da publicidade, com destaque para as virtuais promovidas através da *Internet*[9], foi um dos fatores que mais contribui para a mudança paradigmática no mercado, transformando o sistema econômico em uma verdadeira economia virtualizada.[10] Neste sentido, afirma Adalberto Pasqualotto que:

> Na economia, [a publicidade] transformou-se simplesmente em mola mestra, insuflando necessidades para depois supri-las com o oferecimento irresistível de produtos *necessários*. Ela é a moda. Movimenta as artes, o esporte. Influencia a moral dominante. Serve de divulgação do bem e do mal. E além de tudo, representa em si mesma uma milionária indústria mundial.[11]

Inevitável apontar que a publicidade é um fenômeno social importante para a sociedade brasileira, tendo em vista que amplia as possibilidades das empresas difundirem seus produtos e serviços. Como se não bastasse, é papel também da publicidade auxiliar os consumidores a encontrarem os bens que procuram, seja para satisfação das necessidades básicas, seja para a satisfação dos desejos íntimos. Vale lembrar que, "não há dúvida que o ser humano precisa de supérfluos".[12]

---

6. LORENZETTI, Ricardo. *Comércio Eletrônico.* Tradução de Fabiano Menke. São Paulo: Revista dos Tribunais, 2004, p. 354.
7. MARTINS, Fernando Rodrigues. Sociedade da Informação e proteção da pessoa. *Revista da Associação Nacional do Ministério Público do Consumidor*, Juiz de Fora, v. 2, n. 2, 2016, p. 6.
8. PASQUALOTTO, Adalberto. *Os Efeitos Obrigacionais da Publicidade no Código de Defesa do Consumidor.* São Paulo: Editora Revista dos Tribunais, 1997, p. 15.
9. Cláudio Torres aponta que "a *Internet* trouxe para o mundo dos negócios uma grande novidade: o acesso instantâneo às informações sobre produtos e serviços." TORRES, Cláudio. *A bíblia do marketing digital*: tudo o que você queria saber sobre marketing e publicidade na internet e não tinha a quem perguntar. São Paulo: Novatec Editora, 2018, p. 22.
10. MARTINS, Fernando Rodrigues. Sociedade da Informação e proteção da pessoa. *Revista da Associação Nacional do Ministério Público do Consumidor*, Juiz de Fora, v. 2, n. 2, 2016, p. 5.
11. PASQUALOTTO, Adalberto. *Os Efeitos Obrigacionais da Publicidade no Código de Defesa do Consumidor.* São Paulo: Editora Revista dos Tribunais, 1997, p. 15.
12. Rafael Maltez destaca a necessidade humana, para além das necessidades básicas primitivas, de diversão, lazer, prazer, distração etc. MALTEZ, Rafael Tocantins. *Direito do consumidor e publicidade*: análise jurídica e extrajurídica da publicidade subliminar. Curitiba: Juruá, 2011, p. 160.

Dessa forma, a inexistência da publicidade, por proibição, por exemplo, traria atualmente como consequência a eliminação do próprio capitalismo, tendo em vista ser hoje instrumento necessário para o desenvolvimento econômico e social. Desse modo, é preciso sempre considerar a importância econômica da atividade publicitária, levando em consideração que dificilmente um fornecedor consegue conquistar seu público-alvo, ou mesmo manter seus clientes cativos, sem investir na divulgação do seu trabalho.

Em razão disso, é preciso destacar que apesar do caráter persuasivo inerente à própria noção de publicidade, esta prática negocial trouxe transformações econômicas extremamente significativas para o mercado. Afinal, no mercado de consumo, competir é anunciar[13], fazendo essa prática parte do processo de livre mercado e de livre concorrência. Conforme aponta Antônio Benjamin, "em um ponto, entretanto, críticos e defensores do *marketing* concordam: na sua ausência, os produtos e serviços dificilmente seriam os que temos a nossa disposição, ou, mesmo que fossem, não teriam as características que apresentam."[14]

Todavia, é preciso bastante cautela quando se trata das questões jurídicas, afinal, assim como qualquer fato social, a publicidade, se totalmente desregulada, sob o argumento da liberdade de expressão e do livre mercado, pode produzir ilicitudes patentes e, em último caso, gerar danos significativos nas pessoas expostas às práticas de mercado. Afinal, liberdade ilimitada não é direito![15]

Vale lembrar, inclusive, que sob a ótica constitucional, o mercado é bem fundamental da coletividade considerada, tendo projeção difusa e, por isso, regulado por leis de ordem pública, de modo que "o direito se impõe como sistema de limites."[16] Assim, é preciso refletir a respeito do tratamento jurídico dado a publicidade no Brasil, em especial, diante da recente Lei 13.709/2018 isto é, a Lei Geral de Proteção de Dados Pessoais (LGPD), indicando a necessária hermenêutica promocional da pessoa humana.

Dito de outra forma, é preciso reconhecer que a publicidade deriva da livre iniciativa econômica e da livre concorrência. Contudo, afirma-se igualmente a legalidade da imposição de limites publicitários, em especial diante da necessidade de preservar a autonomia dos consumidores que a recebem e, não obstante, outros direitos básicos, como a própria integridade psíquica, representada pelo direito ao sossego, isto é, o direito de não ser perturbado e molestado pelas publicidades indesejadas. Afinal, a publicidade é inerente à atividade de criação de interesses e desejos de consumo, para suprir necessidades básicas ou vontades supérfluas, de modo que não há razões para se admitir abusos capazes de instigar e persuadir ao consumo patológico, por meio da manipulação, enganação, abusividade, despertar de desejos excessivos e, além disso, por meio da importunação de sossego, visando principalmente promover o consumo irrefletido.

---

13. DIAS, Lucia Ancona Lopez de Magalhães. *Publicidade e direito*. São Paulo: Revista dos Tribunais, 2010, p. 36.
14. BENJAMIN, Antônio Herman Vasconcellos. O controle jurídico da publicidade. *Revista de Direito do Consumidor*, São Paulo, n. 9, jan./mar. 1994, p. 25-57.
15. BENJAMIN, Antônio Herman Vasconcellos. O controle jurídico da publicidade. *Revista de Direito do Consumidor*, São Paulo, n. 9, jan./mar. 1994, p. 25-57.
16. MARTINS, Fernando Rodrigues; FERREIRA, Keila Pacheco. Da idade média à idade mídia: a publicidade persuasiva digital na virada linguística do Direito. *In:* PASQUALOTTO, Adalberto (Org.). *Publicidade e proteção da infância*. Porto Alegre: Livraria do Advogado, 2018, v. 2, p. 80.

Dessa maneira, ao analisar a questão da publicidade, é preciso evidenciar o reconhecimento do direito a receber informação publicitária adequada[17], sem o indesejado assédio de consumo. Evidentemente, um dos pontos centrais do direito do consumidor se refere à necessidade de compatibilizar os direitos fundamentais e a livre-iniciativa econômica e, lógico, é um grande desafio, especialmente a partir do momento em que a proliferação da concorrência entre as fornecedoras enseja a busca por novos mecanismos de captação de consumidores que, por vezes, afrontam os direitos fundamentais.[18]

Assim, é relevante apontar que a definição em si de publicidade é um exercício tormentoso, afinal, não porque se trata de um conceito de difícil alcance, mas sim porque a sua dimensão e o seu enquadramento social e jurídico não são unânimes.[19] Entretanto, o CDC regula de maneira expressa a publicidade[20], trazendo diversas consequências jurídicas, no âmbito administrativo, cível e penal, especialmente levando em consideração às consequências decorrentes das práticas de *marketing* promovidas de maneira ilícita.

Com rigor, nota-se que a prática publicitária é um dos temas que apresenta grandes riscos para o consumidor. Isso porque há a dificuldade de harmonizar, de um lado, o desejo de sedução e a necessidade de informação adequada, com outro, inerente ao respeito às regras e valores que sustentam o sistema jurídico. Além disso, é necessário que a publicidade fundamente-se na ideia de convivência social, inspirando o consumo saudável, mas não o consumismo.[21]

Assim, é preciso expor os novos problemas jurídicos relacionados às novas tecnologias, levando em consideração o recorrente uso de dados pessoais para a promoção de publicidades, em especial àquelas indesejadas, que acabam, além de perturbar o consumidor, instigando o consumismo. Neste ponto, destaque para o necessário respeito que a prática publicitária terá que assumir a partir da vigência da recente LGPD.

Com efeito, nota-se verdadeira mutação na estrutura das novas publicidades de consumo, que se baseiam cada vez mais em técnicas de *neuromarketing* associadas ao uso de dados pessoais para garantir maior efetividade às mensagens e, consequentemente, induzir de forma mais intensa as pessoas ao consumo. Evidentemente, quanto mais persuasivas se tornam as publicidades, diante de técnicas envolvendo comunicações hipnóticas e subliminares[22], por exemplo, maiores são os riscos a que os consumidores estão expostos.

---

17. FARIAS, Edilsom. *Liberdade de expressão e comunicação*. Teoria e proteção constitucional. São Paulo: RT, 2004, p. 179.
18. RUARO, Regina Linden. O direito fundamental à proteção de dados pessoais do consumidor e o livre mercado. *Revista de Direito do Consumidor*, v. 118, p. 195-219, jul./ago. 2018, p. 196.
19. FEDERIGHI, Suzana Maria Catta Preta. *Publicidade abusiva*. Incitação à violência. São Paulo: Juarez de Oliveira, 1999, p. 64.
20. Segundo o CDC, em seu artigo 30, toda informação ou publicidade veiculada por qualquer meio de comunicação ofertando produtos e serviços obriga o fornecedor que a fizer veicular ou dela se utilizar e integra o contrato que vier a ser celebrado. In: BRASIL. *Lei 8.078 (Código de Defesa do Consumidor)*, de 11 de setembro de 1990.
21. BENJAMIN, Antônio Herman Vasconcellos. O controle jurídico da publicidade. *Revista de Direito do Consumidor*, São Paulo, n. 9, jan./mar. 1994, p. 25-57.
22. A publicidade subliminar consiste na oferta capaz de provocar reações e percepções no consumidor sem que ele tenha consciência, tendo em vista que "o vocábulo 'subliminar' origina-se do latim (*sub limen*, sob limite), e significa abaixo do limiar da consciência." MALTEZ, Rafael Tocantins. *Direito do consumidor e publicidade*: análise jurídica e extrajurídica da publicidade subliminar. Curitiba: Juruá, 2011, p. 195.

Com isso, resta evidente a forma com que muitas publicidades, no atual contexto informacional, extrapolando as finalidades e a exposição razoável da mensagem publicitária, se tornam abusivas, molestando as pessoas e interferindo incisivamente na saúde psíquica dos consumidores. E é deste ponto que será possível extrair a necessidade de se reconhecer, como forma de garantir a tutela integral da pessoa humana, que a integridade psíquica, representada pelo direito ao sossego, deve ser garantida na atual sociedade de consumo frente às publicidades indesejadas.

E como forma de instrumentalizar esse direito será necessário destacar a importância da responsabilidade civil, em especial amparada pelas novas disposições legais que orientam o uso de dados pessoais. É dizer que a publicidade, se fundamentando em hábitos, desejos e comportamentos de consumo previamente elaborados por técnicas de processamento de dados, quando não solicitadas, são capazes de causar danos às pessoas, de cunho existencial, de importância tão grande quanto o já reconhecido desvio produtivo do consumidor, que aponta a responsabilidade civil pela indevida violação do tempo e pelo desvio de competências do consumidor.[23]

Daí porque será possível demonstrar, inclusive com respaldo nos projetos de lei que visam atualizar o CDC, como o assédio de consumo pode ser considerado um dano, especialmente sob a ótica da responsabilidade civil preventiva. No atual contexto, a integridade psíquica do consumidor é colocada em risco diante das publicidades de consumo, agora personalizadas e direcionadas, e cada vez mais onipresentes, infiltradas de maneira sorrateira no dia a dia das pessoas enquanto navegam pela *Internet*. Isso porque, a partir do uso de dados pessoais de forma indiscriminada e fora das finalidades devidas, para fins de *marketing*, nota-se a violação de um dos direitos mais relevantes em uma sociedade estimulada constantemente pela hiperinformação, qual seja, o incondicional sossego.

3. INOVAÇÕES TECNOLÓGICAS E PRÁTICAS IMPORTUNADORAS

É evidente que o desenvolvimento de técnicas publicitárias teve como forte influência o advento da televisão.[24] Entretanto, com o crescimento do uso da *Internet*, como novo ambiente de comunicação e de mercado[25], alterou-se fortemente conceitos básicos do *marketing*, sempre com o intuito de potencializar as mensagens mercadológicas. Daí porque fala-se em uma mudança da publicidade tradicional à digital, por meio do *marketing* 4.0[26], de modo que a *Internet*, base das novas tecnologias, é hoje considerada uma verdadeira ferramenta de *marketing*.[27]

---

23. O desvio produtivo caracteriza-se pela necessidade de o consumidor desperdiçar o seu tempo e desviar as suas competências para tentar resolver um problema criado pelo fornecedor, a um custo de oportunidade indesejado, de natureza irrecuperável, diante de uma situação de mau atendimento pelo fornecedor. DESSAUNE, Marcos. *Desvio Produtivo do Consumidor*: o prejuízo do tempo desperdiçado. São Paulo: Revista dos Tribunais, 2017, p. 88.
24. McLUHAN, Marshall. *Os meios de comunicação como extensões do homem*. Tradução de Décio Pignatari. São Paulo: Cultrix, 2007, p. 256.
25. "A Internet surge antes de tudo como um *shopping center* eletrônico." BARBER, Benjamin R. *Consumido*. Rio de Janeiro: Record, 2009, p. 349.
26. KOTLER, Philip. *Marketing 4.0*: do tradicional ao digital. Tradução de Ivo Korytowski. Rio de Janeiro: Sextante, 2017, p. 12.
27. PRATES, Cristina Cantú. *Publicidade na internet*: consequências jurídicas. Curitiba: Juruá, 2015, p. 32.

Historicamente, no início da década de 90, após a autorização pela *National Science Foundation* (NSF), órgão do governo norte-americano que estuda o uso comercial da Internet, o comércio eletrônico inicia sua atividade efetivamente. Com o passar do tempo, o desenvolvimento da *Internet* como ambiente do mercado trouxe nova realidade aos anúncios publicitários: o mundo virtual.[28]

Neste ponto, necessário mencionar a empresa Google, que atualmente serve como modelo de gerenciamento, desenvolvimento e inovação de produtos e serviços. É impossível conhecer a *Internet* e desconhecer o Google, afinal, como afirma Cláudio Torres, "o Google cresceu muito e se tornou líder em alguns segmentos por um único e importante motivo: a empresa conseguiu criar uma fórmula inovadora e simples de ganhar dinheiro"[29], podendo esse modelo de negócios ser resumido a uma ideia central: a publicidade online.

Tudo isso vai de encontro ao crescimento do número de usuários da *Internet*, em especial pelo uso de aparelhos móveis (*smartphones*[30]), que promove o surgimento do *mobilemarketing*, isto é, o *marketing* que tem como fonte de mensagem os celulares[31]. Somado as isso, as mídias digitais revelam que, no Brasil, o número de idosos[32] e pessoas mais pobres (classes D e E)[33] acessando a rede também têm ganhado destaque. Isso revela, evidentemente, a necessidade de maior cautela, tendo em vista as condições de hipervulnerabilidade destes sujeitos.[34]

Assim, desde já é preciso ter em mente que se as novas técnicas utilizadas na publicidade se adequarem às disposições do sistema jurídico brasileiro, não há que se falar em ilicitude, dentro da ideia de liberdade da atividade econômica. Todavia, o problema surge a partir do momento em que as técnicas de *marketing* surgem violando os preceitos normativos, como os de proteção ao consumidor. Isso porque, muitas vezes, conforme já mencionado, a tecnologia, atrelada às questões de mercado sob a lógica da análise

---

28. Afirma Cristina Prates que "um dos principais fatores que propiciaram o enorme avanço tecnológico é a invenção da tecnologia digital, em contrapartida com a tecnologia analógica. PRATES, Cristina Cantú. *Publicidade na internet*: consequências jurídicas. Curitiba: Juruá, 2015, p. 32.
29. TORRES, Cláudio. *A bíblia do marketing digital*: tudo o que você queria saber sobre marketing e publicidade na internet e não tinha a quem perguntar. São Paulo: Novatec Editora, 2018, p. 311.
30. Aduz Darren Bridger que: "quando as pessoas passam a comprar em smartphones, elas acabam gastando mais e com mais frequência, talvez simplesmente porque agora têm mais oportunidades de comprar. Os smartphones permitem comprar em qualquer lugar, aumentando a conveniência." BRIDGER, Darren. *Neuromarketing*: como a neurociência aliada ao design pode aumentar o engajamento e a influência sobre os consumidores. Tradução de Afonso Celso da Cunha Serra. São Paulo: Autêntica Business, 2018, p. 201.
31. "As apps, ou aplicações móveis, invadem nossa vida, e muitas das coisas que fazíamos no computador, como usar o Facebook, ler as notícias ou consultar o e-mail, passam a ser feitas prioritariamente no nosso celular." TORRES, Cláudio. *A bíblia do marketing digital*: tudo o que você queria saber sobre marketing e publicidade na internet e não tinha a quem perguntar. São Paulo: Novatec Editora, 2018, p. 23.
32. SILVEIRA, Daniel. Brasil ganha 10 milhões de internautas em 1 ano, aponta IBGE. *G1 Economia*, Rio de Janeiro, 20 de dez. de 2018. Disponível em: https://g1.globo.com/economia/tecnologia/noticia/2018/12/20/numero-de--internautas-cresce-em-cerca-de-10-milhoes-em-um-ano-no-brasil-aponta-ibge.ghtml. Acesso em 03 dez. 2019.
33. LAVADO, Thiago. Uso da internet no Brasil cresce, e 70% da população está conectada. *G1 Economia*, Rio de Janeiro, 28 de ago. de 2019. Disponível em: https://g1.globo.com/economia/tecnologia/noticia/2019/08/28/uso-da-internet-no-brasil-cresce-e-70percent-da-populacao-esta-conectada.ghtml Acesso em: 03 dez. 2019.
34. Essa vulnerabilidade é destacada por Yuval Harari, segundo o qual "se quisermos evitar a concentração de toda a riqueza e de todo o poder nas mãos de uma pequena elite, a chave é regulamentar a propriedade dos dados." HARARI, Yuval Noah. *21 Lições para o Século 21*. Tradução de Paulo Geiger. São Paulo: Companhia das Letras, 2018, p. 107.

econômica, se desenvolve independente e distante do Direito, o que não pode, e por certo, não deve ocorrer.

O desenvolvimento de novas técnicas publicitárias se baseia no fato de que a *Internet* oferece amplas possibilidades de trabalho com sons, imagens e sensações, se aproximando da própria realidade. Isso oferece considerável impacto aos internautas, principalmente tornando a prática de *marketing* cada vez mais próxima dos estudos envolvendo a neurociência[35], como, por exemplo, no que se refere às razões pelos desejos, necessidades e comportamentos humanos, no caso, direcionadas às motivações do consumidor.[36]

Tudo isso se soma a crescente demanda de consumo pela rede. Daí porque as publicidades foram se adaptando às necessidades de mercado, incrementando novas tecnologias não só para exposição de produtos e serviços, mas também para a aproximação entre consumidores e fornecedores, no denominado engajamento.

Além disso, é preciso considerar o fato de a publicidade virtual ser carregada de inúmeras vantagens, afinal, tem custo baixo, é onipresente e, além disso, possui a imensa capacidade de permear inúmeros consumidores, sem limites territoriais. Como se não bastasse, ainda se aproveita de dados pessoais dos consumidores, capazes de direcionar e aumentar a efetividade do anúncio publicitário. Neste sentido, Lindstron Martin afirma que sociedade atual se qualifica como "sociedade pós-privacidade", em que empresas de *marketing* gravam, armazenam, compilam e analisam as informações compartilhada, além das que não são compartilhadas, para enganar, manipular e seduzir e, finalmente, fazer o consumidor comprar mais coisas.[37]

Dessa forma, nota-se que o uso da *Internet* como ambiente para o mercado gera economia na divulgação de produtos e serviços além de ampliar e otimizar o alcance das mensagens, dado que a publicidade vai se tornando segmentada e direcionada aos consumidores predefinidos.

Neste sentido, a publicidade na *Internet* é repensada pela presença de novos instrumentos de *marketing*, como o uso de recursos audiovisuais, mensagens convidativas, interatividade, animações, contratação de influenciadores digitais, além de outros. Reconhece-se uma infinitude de inovações tecnológicas na promoção de mensagens

---

35. "A tendência do momento na área do *marketing* é a utilização da neurociência para descobrir o que realmente pensamos e sentimos em relação aos produtos e quais são as formas de divulgar cada um deles. Por esse motivo, o *marketing* tende a ser cada vez mais eficiente, invisível e sinestésico. SILVA, Ana Beatriz Barbosa. *Mentes consumistas*: do consumismo à compulsão por compras. São Paulo: Globo, 2014, p. 141.
36. Martin Lindstrom destaca que: "Graças às novas tecnologias e às sofisticadas ferramentas disponíveis, além de pesquisas nas áreas e comportamento do consumidor, de psicologia cognitiva e neurociência, as empresas sabem muito mais sobre o que motiva os consumidores. Elas vasculham nossa mente em busca de medos, sonhos, vulnerabilidades e desejos mais profundos. Exploram o rastro digital que deixamos cada vez que usamos o programa de fidelidade de uma farmácia, pagamos algo no cartão de crédito ou pesquisamos um produto na *Internet*. Em seguida, esses dados são usados para bombardear com ofertas 'sob medidas' para nosso perfil psicológico. [...] [...] Mais do que nunca na história, as empresas identificam o que inspira, assusta, acalma e seduz os consumidores." *In*: LINDSTROM, Martin. *Brandwashed*: o lado oculto do marketing. Controlamos o que compramos ou são as empresas que escolhem por nós? Tradução de Rosemarie Ziegelmaier. Rio de Janeiro: Alta Books, 2018 Controlamos o que compramos ou são as empresas que escolhem por nós? Rio de Janeiro: Alta Books, 2018, p. 23.
37. LINDSTROM, Martin. Brandwashed: o lado oculto do marketing. Controlamos o que compramos ou são as empresas que escolhem por nós? Tradução de Rosemarie Ziegelmaier. Rio de Janeiro: Alta Books, 2018, p. 273.

publicitárias, como, por exemplo, o *micro-site*[38], o *banner*[39], o *pop up*[40], os *links* patrocinados[41], o *e-mail marketing*[42], o *adverlog*[43], o *Search Engine Marketing*[44], o *podcasting*[45] e os *spams*. Em resumo, é a utilização de tecnologias digitais como ferramenta de *marketing* envolvendo comunicação[46], de modo que, junto às novas tecnologias surgem também novos riscos de danos.

Conforme se visualiza, o problema ainda se agrava a partir do momento em que essas publicidades virtuais são ofertadas excessivamente, em especial nos aparelhos celulares.[47] Isso porque, hoje, esses aparelhos acompanham as pessoas praticamente o tempo todo, as vezes se confundindo com o próprio corpo físico[48], a ponto de a medicina já reconhecer a fobia derivada da ausência de contato com o celular: a nomofobia.[49]

---

38. São pequenos sites de marcas que se transversa em links dentro de sites de conteúdo. LIMEIRA, Tânia Vidigal. *E-marketing na internet com casos brasileiros*. São Paulo: Saraiva, 2003. p. 166-186.
39. É o tipo de publicidade feita por meio de espécies de cartazes virtuais inseridos em algum lugar da página, como uma espécie de *outdoor* virtual. LIMEIRA, Tânia Vidigal. *E-marketing na internet com casos brasileiros*. São Paulo: Saraiva, 2003. p. 166-186.
40. É uma pequena janela que se abre automaticamente assim que o internauta visualiza determinada página na *Internet*. LIMEIRA, Tânia Vidigal. *E-marketing na internet com casos brasileiros*. São Paulo: Saraiva, 2003. p. 166-186.
41. Promove-se por meio da associação entre uma marca e um site, visando oferecer o conteúdo da página ao patrocinador, divulgando ao consumidor como se tivesse mero cunho informativo. LIMEIRA, Tânia Vidigal. *E-marketing na internet com casos brasileiros*. São Paulo: Saraiva, 2003. p. 166-186.
42. Consiste no envio de mala direta através de e-mails. LIMEIRA, Tânia Vidigal. *E-marketing na internet com casos brasileiros*. São Paulo: Saraiva, 2003. p. 166-186.
43. Promove-se por meio de uma espécie de diário eletrônico, usado para elogiar um produto ou serviço. LIMA, Eduardo Weis Martins de. *Proteção do consumidor brasileiro no comércio eletrônico internacional*. São Paulo: Atlas, 2008, p. 58.
44. É uma ferramenta paga para promover anúncios diretamente nos mecanismos de buscas, como o Google e o Yahoo. LIMA, Eduardo Weis Martins de. *Proteção do consumidor brasileiro no comércio eletrônico internacional*. São Paulo: Atlas, 2008, p. 58.
45. São arquivos de som, onde empresas patrocinam de maneira velada os produtores de conteúdo. LIMA, Eduardo Weis Martins de. *Proteção do consumidor brasileiro no comércio eletrônico internacional*. São Paulo: Atlas, 2008, p. 58.
46. Cláudio Torres expõe que "Quando você ouve falar de *marketing* digital, publicidade online, *web marketing*, *mobile marketing*, *inboud marketing*, ou quaisquer outras composições criativas que se possa fazer dessas palavras, estamos falando em utilizar efetivamente as tecnologias digitais como uma ferramenta do marketing, envolvendo comunicação, publicidade, propaganda e todo o arsenal de estratégias e conceitos já conhecidos na teoria do *marketing*." TORRES, Cláudio. *A bíblia do marketing digital*: tudo o que você queria saber sobre marketing e publicidade na internet e não tinha a quem perguntar. São Paulo: Novatec Editora, 2018, p. 65.
47. Darren Bridger destaca que: "com mais de 2 bilhões de pessoas com *smartphones*, a *Internet* móvel é o maior mercado consumidor da história da humanidade. [...] [...] O fato de estarem quase sempre à mão significa que são vistas com mais frequência e em mais lugares do que qualquer outra tela." BRIDGER, Darren. *Neuromarketing*: como a neurociência aliada ao design pode aumentar o engajamento e a influência sobre os consumidores. Tradução de Afonso Celso da Cunha Serra. São Paulo: Autêntica Business, 2018, p. 202.
48. Tudo isso em um contexto em que "a internet se transformou no canal prioritário de comunicação e relacionamento dos indivíduos, e, com a evolução dos dispositivos móveis, permitiu estender esse fenômeno para as ruas. Hoje, todos estamos conectados e nos relacionando 24 horas por dia, em qualquer lugar." TORRES, Cláudio. *A bíblia do marketing digital*: tudo o que você queria saber sobre marketing e publicidade na internet e não tinha a quem perguntar. São Paulo: Novatec Editora, 2018, p. 38.
49. O termo nomofobia originou da expressão em inglês *no-mobile* que significa sem telefone celular, unida à palavra fobia, que decorre do grego *fobos*, que significa medo intenso, resultando na fobia de ficar sem o aparelho celular. Geralmente o termo é utilizado para designar o desconforto ou incomodo decorrente de ficar desconectado (*off-line*) ou mesmo de pensar em ficar incomunicável. KING Anna Lucia Spear, NARDI, Antonio Egídio, CARDOSO, Adriana (Org.). *Nomofobia*: dependência do Computador, Internet, Redes Sociais? Dependência do Telefone Celular? Impacto das Novas no Cotidiano dos Indivíduos. Rio de Janeiro: Atheneu, 2014.

Com base nisso nota-se que a *Internet* permite a ampliação do espaço do *marketing* de intromissão, isto é, o uso de ofertas publicitárias direcionadas e excessivas, a ponto de serem sempre lembradas pelo consumidor, as vezes de maneira inconsciente. Essa prática está frequentemente relacionada às redes sociais e se difere do *marketing* de permissão, que é aquele promovido pela televisão[50], por exemplo, em um momento próprio (chamados intervalos comerciais), com a divulgação de produtos e serviços de maneira abstrata, sem direcionamento ao consumidor específico.[51] Thiago Sombra destaca que:

> A ideia subjacente a essa prática de mercado com dados pessoais comportamentais envolve o recebimento esperado de sinais (estímulo) para que haja consistência com a ação desejada. A configuração de aplicativos e o desenho gráfico de plataformas digitais são construídos exatamente com o escopo de proporcionar o recebimento de sinais esperados para ensejar a adoção de ações desejadas. O maior exemplo desse fenômeno advém da publicidade on-line praticada por redes sociais, que conseguem direcionar anúncios a partir da criação de incentivos para a troca de experiências com usuários.[52]

Com efeito, boa parte das novas tecnologias utilizadas na publicidade são capazes de promover o assédio de consumo e, muitas vezes, a própria perturbação do sossego do consumidor. É exatamente em razão disso que se busca chegar ao apontamento de uma hermenêutica promocional capaz de proteger o internauta-consumidor dessas práticas de mercado que podem, em última análise, causar danos.

Como se não bastasse, dentro de toda essa problemática surgem também polêmicas questões envolvendo a publicidade e a privacidade, especialmente na vertente da proteção de dados, que é evidentemente violada a partir do momento em que as empresas, por meio dos *cookies*[53], promovem a vigilância do usuário em rede.[54]

---

50. Darren Bridger destaca que "no passado, as imagens criadas pelos *designers* e artistas eram consumidas em silêncio, seja pelos frequentadores de galerias de arte ou espectadores de televisão, seja pelos leitores de periódicos e livros. Agora, observadores comunicam reações. No entanto [...], a manifestação, em grande parte, não é da mente consciente do observador, mas sim uma expressão da mente inconsciente." BRIDGER, Darren. *Neuromarketing*: como a neurociência aliada ao design pode aumentar o engajamento e a influência sobre os consumidores. Tradução de Afonso Celso da Cunha Serra. São Paulo: Autêntica Business, 2018, p. 19.
51. Ressalta Cláudio Torres que "a comunicação em massa, a partir da televisão aberta, trouxe a ideia de que vale a pena fazer propaganda para todo mundo. Entretanto, a *Internet* e a segmentação cada vez maior da audiência criam um novo paradigma, no qual não podemos mais criar e veicular publicidade sem antes segmentar o público-alvo. TORRES, Cláudio. *A bíblia do marketing digital*: tudo o que você queria saber sobre marketing e publicidade na internet e não tinha a quem perguntar. São Paulo: Novatec Editora, 2018, p. 254.
52. SOMBRA, Thiago Luís Santos. *Fundamentos da regulação da privacidade e proteção de dados pessoais*. São Paulo: Thomson Reuters Brasil, 2019. E-book.
53. Conforme descreve Ricardo Lorenzetti, "os *cookies* são fichários de dados gerados através das instruções que os servidores *web* enviam aos programas navegadores e que são guardados num diretório específico do computador do usuário. É um instrumento para a obtenção de dados sobre os hábitos de consumo, frequências de visita a uma seção determinada, tipo de notícias a suprir." LORENZETTI, Ricardo Luis. Informática, cyberlaw, e-commerce. In: DE LUCCA, Newton de; FILHO, Adalberto Simão (Coords.). *Direito e internet*: aspectos jurídicos relevantes. Bauru: Edipro, 2001, p. 490.
54. Ampliando ainda mais o problema, Cláudio Torres ensina que "como os *cookies* podem ser desabilitados pelo usuário, uma alternativa é o chamado registro ou *login*. O usuário se cadastra no site, criando um usuário e uma senha de acesso. Quando retorna, faz seu *login*, ou seja, se registra novamente no site, digitando o usuário e a senha. Assim, o site pode controlar quem está acessando e obter informações detalhadas sobre o comportamento e as preferências do usuário." TORRES, Cláudio. *A bíblia do marketing digital*: tudo o que você queria saber sobre marketing e publicidade na internet e não tinha a quem perguntar. São Paulo: Novatec Editora, 2018, p. 279.

Assim, as regras contidas no CDC e, ainda mais, as contidas na LGPD, não admitem que os *cookies* sejam utilizados automaticamente em desfavor dos consumidores, coletando informações e alimentando banco de dados, sem a necessária informação das finalidades e sem a permissão do consumidor, por violar nitidamente a privacidade do consumidor, na vertente dos dados pessoais. Ademais, as vezes o uso de *cookies* atinge dados sensíveis, como conta bancária ou senhas, e na maioria das vezes essas informações, de maneira obscura, são utilizadas posteriormente para promoção de publicidades direcionadas e, mais grave, não solicitadas. E é principalmente a partir daí que surge a figura do *spam*.

4. O PROBLEMA DO *SPAM*

O *spam* pode ser conceituado como técnica de publicidade virtual consistente no envio de anúncios publicitários de forma não solicitada pelo consumidor. O surgimento do termo é apontado como derivado do nome de uma empresa norte-americana que produz uma famosa carne enlatada e que em um seriado de comédia britânico, denominado de Monty Python, era servido em todas as refeições do cardápio.[55] Em razão da forma com que era apresentado no seriado[56], o *spam* ficou conhecido como uma referência a uma coisa chata que é direcionada ao consumidor sem meios de defesa.[57]

Em verdade, o termo passou efetivamente a se relacionar às publicidades eletrônicas quando dois advogados, Canter e Siegel, usaram o *e-mail* para divulgar anúncios dos serviços advocatícios que prestavam.[58] A partir daí o termo passou a ser relacionado aos anúncios que eram enviados de forma maciça e repetidamente, de maneira indesejada e não solicitada.

Em resumo, pode-se considerar *spam* todas as mensagens eletrônicas enviadas por meio da *Internet*, de maneira não solicitada ou sem o consentimento prévio do consumidor, normalmente com a finalidade de divulgar produtos ou serviços de consumo. Logo, "tal figura é considerada a modalidade de publicidade telemática mais invasiva e eficaz, de longa data condenada pela Netiqueta."[59] Consequentemente, "pode concluir-se, sem dúvida alguma, que o chamado *spam* constitui uma invasão da privacidade".[60]

---

55. Ainda hoje esse tipo de enlatado é comercializado, conforme se nota no site da empresa. Disponível em: https://www.spam.com/. Acesso em: 04 dez. 2019.
56. Segundo expõe Anderson Schreiber "A designação tem origem em famosa cena do grupo de comediantes ingleses Monty Python, que satirizava um produto enlatado norte-americano, chamado Spam, nome que consistia na aglutinação de Spiced. Ham (presunto temperado). Na cena, uma garçonete lia o cardápio a um casal de clientes, repetindo incessantemente a palavra Spam, já que todos os pratos ofertados consistiam em variações do mesmo produto. A cada menção à palavra, um coral viking cantava "Spam, Spam, Spam, Spam... lovely Spam! Wonderfull Spam" O coro acabava por tornar inteiramente incompreensível o diálogo. Os internautas viram aí notável semelhança com o efeito gerado pela publicidade indesejada que abarrota as caixas postais eletrônicas, dificultando a identificação de mensagens relevantes." SCHREIBER, Anderson. *Direitos da personalidade*. São Paulo: Atlas, 2014, p. 165.
57. PRATES, Cristina Cantú. *Publicidade na internet*: consequências jurídicas. Curitiba: Juruá, 2015, p. 165.
58. PRATES, Cristina Cantú. *Publicidade na internet*: consequências jurídicas. Curitiba: Juruá, 2015, p. 165.
59. MARTINS, Guilherme Magalhães. *Responsabilidade civil por acidente de consumo na internet*. São Paulo: Revista dos Tribunais, 2008, p. 208-209.
60. LORENZETTI, Ricardo Luiz. Informática, Cyberlaw, E-Commerce. In: LUCCA, Newton de; SIMÃO FILHO, Adalberto (Coords.). *Direito & Internet*: aspectos jurídicos relevantes. São Paulo: Quartier Latin, 2005, p. 491.

Verifica-se, portanto, que o *spam* encontra-se em conflito com o ordenamento jurídico por se qualificar como prática importunadora não solicitada.[61] Inegavelmente, a questão deve ser tratada com vistas à imposição de limites aos abusos da publicidade virtual, que além de assediar indevidamente ao consumo, é perturbadora de sossego. Neste ponto, Cláudia Marques se manifesta que:

> O Direito comparado tem demonstrado a preocupação estatal e paraestatal em reduzir a agressividade e a quantidade deste *side effect* do comércio eletrônico, seja com a proibição do *spam*, seja com a responsabilização dos fornecedores, seja com a elaboração de listas negativas de consumidores que não desejam receber estas mensagens comerciais de *marketing* dos negociantes eletrônicos. O Direito brasileiro ainda não regulou este fenômeno.[62]

Vale destacar que o *spam* não se limita unicamente à mensagem enviada por correio eletrônico, também considerando *spam* qualquer tipo de publicidade não solicitada e importunadora enviada por meio de tecnologias de informação e comunicação[63], como por meio de computadores, *smartphones*, *smartwatch*, através de e-mail[64], *short message service* (mensagem *sms*), ligações telefônicas, notificações em aplicativos etc.[65]

Aqui, interessante destacar que já se verificou o envio de mensagens publicitárias até mesmo dentro de comunicações inseridas em jogos eletrônicos, como no jogo *World of Warcraft*. Aponta Cristina Prates que "um jogador relata que seu personagem havia recebido *spam* pelo sistema de correios de jogos."[66] Dessa maneira, a tutela integral da pessoa demanda também a ampliação do próprio conceito de *spam*.[67] Ademais, dentre as diversas razões para o repúdio às mensagens não solicitadas Fabíola Santos descreve o fato de:

---

61. Destaca-se que o *spam* é tema frequente no Congresso Nacional. Em junho de 2019, foi aprovado o parecer do Projeto de Lei 757/2003, que conta com outros 12 projetos de lei apensados, visando a proibição das prestadoras dos serviços móvel celular e móvel pessoal de utilizarem o serviço de mensagem para a veiculação de propaganda comercial. Na relatoria do projeto mencionado, o Deputado Vinicius Carvalho destaca que: "as mensagens e contatos comerciais em comento não são, normalmente, solicitados pelos usuários-consumidores, sendo uma prática comercial abusiva e invasora da privacidade a que tem direito todo cidadão em nosso regime jurídico, pois, mesmo pagando por um serviço, o consumidor é obrigado a receber uma série de contatos comerciais indesejados por intermédio desse mesmo serviço pago e que terminam por perturbar sua tranquilidade e obrigá-lo a, no mínimo, perder tempo com o descarte de todo o 'lixo' recebido" Disponível em https://www.camara.leg.br/proposicoesWeb/fichadetramitacao?idProposicao=111567. Acesso em: 05 dez. 2019.
62. MARQUES, Claudia Lima. *Confiança no comércio eletrônico e a proteção do consumidor*. São Paulo: Revista dos Tribunais, 2004, p. 118.
63. Afinal, "a expansão da tecnologia digital transformou a internet em um meio de comunicação onde se conectam milhões de pessoas por meio de suas aplicações móveis, notebooks, smartTVs ou computadores." TORRES, Cláudio. *A bíblia do marketing digital*: tudo o que você queria saber sobre marketing e publicidade na internet e não tinha a quem perguntar. São Paulo: Novatec Editora, 2018, p. 27.
64. O e-mail tem perdido cada vez mais o espaço e mesmo a importância, surgindo novas formas de comunicação virtual que englobam mensagens instantâneas, vídeos, imagens e sons.
65. Neste ponto, não se desconhece que diversas associações formaram o Grupo Brasil Antispam, elaborando, em meados de novembro de 2003, o denominado "Código de Ética Anti-Spam" com orientações para melhores práticas de uso de mensagens eletrônicas. E neste documento, expressamente, só se considera como *spams* as mensagens eletrônicas que não possam ser consideradas nem marketing eletrônico, nem newsletter, nos termos do seu artigo 3º, contrariando o conceito utilizado pelo presente trabalho. In: BRASILANTISPAM. Código de Ética AntiSPAM e Melhores Práticas de Uso de Mensagens Eletrônicas. Disponível em: http://www.brasilantispam.com.br/main/codigo.htm. Acesso em: 04 dez. 2019.
66. PRATES, Cristina Cantú. *Publicidade na internet*: consequências jurídicas. Curitiba: Juruá, 2015, p. 165.
67. Diferentemente do que ocorrem com os videogames tradicionais, os jogos *online* criam notáveis comunidades de relacionamento entre os jogadores. Aqui, novamente, vale mencionar o jogo *Second Life*, que cria um verdadeiro mundo virtual.

[...] o internauta ter que despender tempo, tanto para o recebimento da mensagem quanto para a sua exclusão, sem falar em eventuais prejuízos de ordem econômica que podem causar, tais como (i) quando o espaço da caixa de e-mails se torna insuficiente devido ao número de spams recebidos, o usuário corre o risco de não receber mensagens lícitas, solicitadas e esperadas, (ii) multiplicação do tempo de conexão, (iii) dificuldades nos sistemas operacionais dos provedores, acarretando diminuição da qualidade dos serviços, (iv) desvio de atenção e sentimento de irritação e incômodo com tanto lixo eletrônico e mensagens inúteis e invasivas no correio eletrônico.[68]

Nota-se portanto que o problema das mensagens publicitárias importunadoras e não solicitadas não pode ser resumido ao argumento de que se resolve pela simples exclusão ou desconsideração[69], conforme já manifestou o Superior Tribunal de Justiça (STJ) quando foi questionado sobre o tema.[70] Isso porque, no sistema jurídico brasileiro, a utilização de publicidade invasiva concretiza violação da privacidade e ato ilícito, além de constituir prática abusiva à luz das disposições do CDC[71], sob a ótica do direito ao sossego, garantindo às pessoas a prerrogativa de não serem importunadas. Neste ponto, Jean Erenberg destaca que:

O uso do correio eletrônico para veiculação de mensagem de natureza comercial proporciona, hoje, um verdadeiro festival de aberrações que mistura erros canhestros (de gramática, de digitação, de editoração, de marketing, jurídicos), ilícitos civis e criminais (oferta de produtos e serviços ilegais no país) e principalmente lesões ao consumidor (publicidade enganosa e abusiva, *spamming*, falsas mensagens pessoais).[72]

A situação se agrava ainda mais, no sentido de produzir danos, a partir do momento em que as novas tecnologias de informação e comunicação exploram cada vez mais as percepções do cérebro, isto é, avançam ainda mais nos limites, fronteiras e limiares do processamento das informações publicitárias no cérebro dos consumidores.[73]

Isso porque enquanto o Direito se esforça na criação de instrumentos que minimizem as diversas vulnerabilidades do consumidor, coibindo práticas abusivas, invasivas, antiéticas e desleais, de um modo geral, em contrapartida, o mercado, em outra dimensão, tende a atuar no sentido oposto, estudando a mente e todas as contingências das

---

68. SANTOS, Fabíola Meira de Almeida. *O marketing digital e a proteção do consumidor*. 2009. 181f. Dissertação (Mestrado em Direito) – Pontifícia Universidade Católica de São Paulo, São Paulo, 2009, p. 91.
69. Vale destacar que, diferentemente dos outros meios de publicidade, o *spam* traz uma peculiaridade atípica, afinal, o consumidor que o recebe é levado obrigatoriamente a utilizar o seu tempo para abrir, ler e excluir a mensagem indesejadas. Assim, para escapar dessa prática de mercado, o consumidor, além de tudo, precisa desviar o seu tempo.
70. BRASIL. Superior Tribunal de Justiça, Quarta Turma, REsp 844.736/DF, Relator Ministro Luís Felipe Salomão, Relator. p/ Acórdão Ministro Honildo Amaral De Mello Castro, julg em 27.10.2009.
71. Cristina Prates ainda destaca o custo que é imposto ao consumidor pela prática do *spam*, afinal, "como instrumento de propaganda em massa, causa enorme prejuízo ao consumidor, que paga a conta da remessa indevida de e-mails." PRATES, Cristina Cantú. *Publicidade na internet*: consequências jurídicas. Curitiba: Juruá, 2015, p. 173. Essa mesma autora, citando Amaro Silva Neto, aponta que: "O *spammer* está cônscio de que, além dos aborrecimentos decorrentes de sua ação no campo anímico, também há transferência dos custos de sua operação publicitária aos destinatários de suas mensagens. Interessam-lhe apenas os lucros daquele empreendimento que nada lhe custou. Quer bônus, mas rejeita os ônus. SILVA NETO, Amaro Moraes *Apud* PRATES, Cristina Cantú. *Publicidade na internet*: consequências jurídicas. Curitiba: Juruá, 2015, p. 174.
72. ERENBERG, Jean Jacques. *Publicidade patológica na Internet à luz da legislação brasileira*. São Paulo: Juarez de Oliveira, 2003.p. 48.
73. CALAZANS, Flávio Mário de Alcântara. *Propaganda subliminar multimídia*. São Paulo: Summus Editorial, 2006, p. 147.

pessoas visando aumentar o poder de persuasão das publicidades e, consequentemente, o aumento dos lucros.[74]

Com escopo, essa prática pode ser considerada abusiva e, a partir da ocorrência do dano, evidenciado no assédio de consumo, gerar a obrigação de indenizar. Neste ponto, Antônio Santos verifica a ocorrência do dano moral em razão do incômodo causado ao consumidor, isto é:

> Quando a repetição de e-mails é permanente, o destinatário não mais estará diante do mal-estar trivial insuscetível de causar dano moral, mas de inquietação que caracteriza o dano. Afinal, é ilícita a atividade de quem, sem o consentimento do destinatário, efetua lista contendo dados pessoais, para remeter diariamente os não desejados *spams*. A continuidade e a frequência deixam de ser mero enfado, simples incômodo que o internauta deve suportar, e passa a ter aquela grandeza suficiente para gerar perturbação anímica. O dano moral é patente.[75]

Neste mesmo sentido, Guilherme Cassi e Antônio Carlos Efing defendem que o supracitado *spam* configura indesejado assédio de consumo, promovendo dano em razão também da violação da privacidade. Segundo esses autores, o recebimento de *spam*, acompanhado de publicidade não desejada, é denominado na doutrina como assédio de consumo. Isso porque, além de trazer potenciais perigos, essa prática atenta contra a privacidade das pessoas, as quais, no atual contexto, tem o direito de não quererem ser importunadas por publicidades. A partir dessas premissas, além do direito de obter informações sobre os objetos de consumo, o consumidor também possui o direito à não informação, isto é, de ser protegido quanto aos indevidos assédios de consumo.[76]

Assim, as empresas fornecedoras utilizam de artifícios permitidos pelos estudos de *neuromarketing*, acrescidos de novas tecnologias de publicidade, conforme mencionado, para assediar os consumidores, somente com uma finalidade: lucrar. Daí porque, ao notar o presente cenário social, é inegável que as publicidades importunadoras, especialmente no âmbito virtual, são capazes de promover danos aos consumidores, de modo que é possível afirmar que o assédio de consumo, na ótica da tutela de consumidor, dá indícios de se qualificar como um dano.

5. O NEUROMARKETING E A TUTELA DO CONSUMIDOR

Acompanhando a evolução tecnológica, a publicidade já foi comparada às práticas de guerra psicológica[77], de modo que se desenvolveram no sentido de afetar a saúde mental dos destinatários, abalando subliminarmente as pessoas, empregando publicidades de

---

74. VERBICARO, Dennis; RODRIGUES, Lays; ATAÍDES, Camille. Desvendando a vulnerabilidade comportamental do consumidor: uma análise jurídico-psicológica do assédio de consumo. *Revista de Direito do Consumidor*, São Paulo, v.119, set./out. 2018. p. 349-384.
75. SANTOS, Antônio Jeová. *Dano moral na Internet*. São Paulo: Método, 2001, p. 159.
76. CASSI, Guilherme Helfenberger Galino; EFING, Antônio Carlos. Spam na internet sob a ótica do Código de Defesa do Consumidor. *Revista de Direito do Consumidor*, São Paulo, v. 15, abr./jun. 2018. p. 73-92.
77. RIES, Al; TROUT, Jack. *Marketing de Guerra*. Edição histórica 20 anos. Tradução de Auriphebo Berrance Simões. São Paulo: Mbooks, 2006, 2006.

maneira orquestrada para atingir o ponto fraco do ser humano: a emoção.[78] Neste aspecto, é importante destacar, conforme Fernando Martins aponta, que a *Internet* não é só um novo ambiente social, mas também um novo espaço que promove danos às pessoas, afinal, "tal espaço não só é viciante como mitigador do descanso do ser humano (um ansioso da informação)".[79]

Em verdade, muitas vezes a *Internet* encoraja a navegação impaciente, em razão de quantidade de informações disponíveis, de modo que "tanta são as escolhas disponíveis *online* e tão pequeno o esforço envolvido em clicar de um site para o outro, que somos mais impacientes e rápidos ao comprar em lojas virtuais do que em lojas físicas."[80] Assim, conforme expõe também Ricardo Lorenzetti, é importante examinar uma outra faceta da *Internet*, enquanto instrumento muitas vezes lesivo à liberdade das pessoas. Neste sentido, afirma o autor que:

> O "cibernauta" padrão balbucia, joga, simula e não assume riscos. Estamos distantes do "super-homem" de Nietzsche; ao revés dá-se o surgimento de um "netcitizen", que é um navegador feliz mas socialmente cada vez mais isolado e sem capacidade crítica. A realidade mostra que assistimos um processo de regulação heterônoma das condutas, mediante a publicidade indutiva, a criação de modelos culturais, incentivo a determinadas condutas, que vai criando regras comuns. Esta homogeneidade do indivíduo médio leva ao padrão de gostos e preferências, o que desencadeia um processo lesivo das liberdades. Como descreve Huxley este mundo é "feliz" porquanto ninguém é consciente do controle social e os sujeitos tomam decisões induzidos pelos outros, mas crendo firmemente que são suas próprias decisões.[81]

Daí porque pode-se afirmar que as tecnologias estão afetando não só o comportamento das pessoas, mas também a própria condição humana. No ciberespaço, onde as pessoas ficam constantemente conectadas aos seus dispositivos via *Internet*, diante da quantidade de possibilidades, em multitarefas simultâneas, aliadas a uma explosão de anúncios publicitários, surgem, repaginadas, as velhas questões de ansiedade, frustração e depressão.[82] Marshall Mcluhan, já nos anos 70, alertava que "uma extensão tecnológica de nossos corpos, projetada para aliviar o *stress* físico pode produzir um *stress* psíquico muito mais grave."[83]

Isso porque é indiscutível que "as experiências virtuais e até mesmo às fantasiosas como jogos, filmes e seriados afetam a pessoa, transformando de alguma maneira a sua percepção, interpretação e o seu contexto emocional e intelectual."[84] Nota-se, portanto,

---

78. CALAZANS, Flávio Mário de Alcântara. *Propaganda subliminar multimídia*. São Paulo: Summus Editorial, 2006, p. 219.
79. MARTINS, Fernando Rodrigues. Sociedade da Informação e Promoção à Pessoa: Empoderamento Humano na Concretude de Novos Direitos Fundamentais. In: MARTINS, Fernando Rodrigues. *Direito Privado e Policontextualidade*: fontes, fundamentos e emancipação. Rio de Janeiro: Lumen Juris, 2018, p. 425.
80. BRIDGER, Darren. *Neuromarketing*: como a neurociência aliada ao design pode aumentar o engajamento e a influência sobre os consumidores. Tradução de Afonso Celso da Cunha Serra. São Paulo: Autêntica Business, 2018, p. 114.
81. LORENZETTI, Ricardo. *Comércio Eletrônico*. Tradução de Fabiano Menke. São Paulo: Revista dos Tribunais, 2004, p. 45.
82. TURKLE, Sherry. *Alone Together*: why we expect more from technology and less from each other. Nova York: Basic Books, 2011, p. 19.
83. McLUHAN, Marshall. *Os meios de comunicação como extensões do homem*. Tradução de Décio Pignatari. São Paulo: Cultrix, 2007, p. 87.
84. BOLESINA, Iuri. *Direito à extimidade*: as inter-relações entre identidade, ciberespaço e privacidade. Florianópolis: Empório do Direito, 2017, p. 132.

que essa mesma transformação é constantemente promovida pelas publicidades, em especial às virtuais, que aliciam nos consumidores incontroláveis desejos de consumo.[85]

Evidentemente, quanto mais tempo as pessoas passam utilizando os aparelhos eletrônicos conectados à *Internet*, com destaque para os *smartphones*, mais superficiais se tornam as capacidades cognitivas, em razão da limitação da concentração. Neste sentido, Nicholas Carr ressalta que: "a rede foi projetada para ser um sistema de interrupção, uma máquina voltada para dividir a atenção. As interrupções frequentes dispersam nossos pensamentos, enfraquecem nossa memória e nos deixam tensos e ansiosos."[86]

Em verdade, os usuários da *Internet* são impacientes dado a quantidade de informações. No mundo virtual, as informações atingem números extraordinários, de modo que o consumidor, atingido por um turbilhão de mensagens, imagens e ofertas, tornou-se um observador efêmero, saltitante e rasante.[87] Com efeito, "pesquisas mostram que as pessoas não leem em profundidade textos *online*; sobrevoam, relanceiam e prosseguem, sem mergulhar e se aprofundar."[88]

Isso se explica pela expansão multiplicativa e dinâmica de informações e, posteriormente, de conhecimentos que foram permitidas pela evolução das tecnologias de informação e comunicação. Como consequência, os diversos campos da ciência sofrem com uma explosão de conhecimentos, gerando modificações extremamente rápidas no mundo de uma forma geral. Neste sentido, Robert Cialdini reflete que:

> [...] viajamos mais e com mais rapidez; mudamos com mais frequência para residências novas, que são construídas e demolidas em menos tempo; conhecemos mais pessoas e temos relacionamentos mais curtos com elas; nos supermercados, nos *shopping centers* etc., deparamos com uma variedade de opções de estilos e produtos que eram desconhecidos no ano passado e talvez estejam obsoletas ou esquecidas ano que vem. Novidade, transitoriedade, diversidade e aceleração são reconhecidas como termos-chave para descrever a vida civilizada. Essa avalanche de informações e escolhas é possibilitada pelo crescente desenvolvimento tecnológico.[89]

E a consequência desse tipo de sociedade se revela pelas doenças mentais que surgem com grande expressão no atual contexto, afinal, "com tantos estímulos visuais disponíveis, não admira que terapeutas e psicólogos relatem aumento na ocorrência

---

85. Darren Brifger destaca, como forma de induzir ao consumo, a utilização de atalhos mentais envolvendo o afeto e as emoções. Segundo o autor: heurística são atalhos mentais que usamos para tomar decisões. [...] [...] A heurística do afeto se refere a situações em que as pessoas tomam decisões usando o atalho mental de como se sentem, mesmo que, em termos estritos, o processo talvez seja irracional. [...] [...] A simples criação do sentimento positivo pode ser suficiente para influenciar a escolha." BRIDGER, Darren. *Neuromarketing*: como a neurociência aliada ao design pode aumentar o engajamento e a influência sobre os consumidores. Tradução de Afonso Celso da Cunha Serra. São Paulo: Autêntica Business, 2018, p. 143.
86. CARR, Nicholas *Apud* SCHWAB, Klaus. *A quarta revolução industrial*. Tradução de Daniel Moreira Miranda. São Paulo: Edipro, 2016, p. 104.
87. Neste ponto, preciosas são as lições de Robert Cialdini, segundo o qual: "a agitação da vida diária moderna exige que tenhamos atalhos confiáveis, regras práticas seguras para lidar com ela. Essas coisas não são mais luxo: são necessidades que devem se tornar cada vez mais vitais à medida que o ritmo se acelera. CIALDINI, Robert B. *As armas da persuasão*. Tradução de Ivo Korytowski. Rio de Janeiro: Sextante, 2012, p. 270.
88. BRIDGER, Darren. *Neuromarketing*: como a neurociência aliada ao design pode aumentar o engajamento e a influência sobre os consumidores. Tradução de Afonso Celso da Cunha Serra. São Paulo: Autêntica Business, 2018, p. 17.
89. CIALDINI, Robert B. *As armas da persuasão*. Tradução de Ivo Korytowski. Rio de Janeiro: Sextante, 2012, p. 267.

de sintomas de transtornos do tipo déficit de atenção com hiperatividade (TDAH)."[90] Desenvolve-se assim uma sociedade em que a atenção é dispersa, em uma verdadeira "sociedade do cansaço"[91], proporcionando caminho seguro para a promoção de publicidade requintadas.

Evidentemente, o excesso de publicidades, no contexto de hiperinformação, em velocidade incontrolável permitida pelo ambiente da *Internet*, com anúncios onipresentes, de maneira indesejada, é causa que inevitavelmente promove danos nas pessoas expostas a essas práticas de mercado.[92] Cláudia Marques alerta que, no atual contexto, o excesso de publicidades é tão intenso a ponto de causar real ansiedade e perturbação emocional ("distress").[93]

Isso faz com que a capacidade humana natural de processar informações esteja descompassada com a abundância de ofertas, mudanças, escolhas e desafios da vida contemporânea. Conforme aponta Lindstron Martin: "[...] empresas desonestas tentam criar dependência (tanto física quanto psicológica) de seus produtos, além do empenho de alguns sites em reprogramar nosso cérebro e nos transformar em compradores compulsivos."[94]

Em razão disso, os consumidores agem cada vez mais com comportamento animal e instintivo, utilizando os atalhos mentais do chamado *sistema 1*. Isso porque, segundo diversos estudos de psicologia, conforme aponta Daniel Kahneman, a mente pode ser compreendida através do seu funcionamento sob a ótica de dois sistemas, o 1 e o 2.[95] Em resumo, o sistema 1 consiste no funcionamento do cérebro de forma automática e rápida, com pouco esforço e pouca percepção de controle voluntário. Em contrapartida, o sistema 2 opera nas atividades mentais laboriosas, que requisitam raciocínio e cálcu-

---

90. BRIDGER, Darren. *Neuromarketing:* como a neurociência aliada ao design pode aumentar o engajamento e a influência sobre os consumidores. Tradução de Afonso Celso da Cunha Serra. São Paulo: Autêntica Business, 2018, p. 17.
91. Aponta Byung-Chul Han que "em épocas de superabundância, o problema volta-se mais para a rejeição e expulsão. A comunicação generalizada e a superinformação ameaçam todas as forças humanas de defesa. [...] Há muito tempo entrou uma [...] [...] sociedade de academias *fitness*, prédios de escritórios, bancos, aeroportos, *shopping centers* e laboratórios de genética. A sociedade do século XXI não é mais a sociedade disciplinar, mas uma sociedade de desempenho. [...] O poder ilimitado é o verbo modal positivo da sociedade de desempenho. O plural coletivo da afirmação *yes, we can* expressa precisamente o caráter de positividade da sociedade de desempenho. No lugar de proibição, mandamento ou lei, entram projeto, iniciativa e motivação. A sociedade disciplinar ainda está dominada pelo *não*. Sua negatividade gera loucos e delinquentes. A sociedade do desempenho, ao contrário, produz depressivos e fracassados." HAN, Byung-Chul. *Sociedade do cansaço*. Tradução de Enio Paulo Giachini. Petrópolis: Vozes, 2017, p. 15-25.
92. "SFI (Síndrome de Fadiga da Informação), o cansaço da informação, é a enfermidade psíquica que é causada por um excesso de informação. Os afligidos reclamam do estupor crescente das capacidades analíticas, de déficits de atenção, de inquietude generalizada ou de incapacidade de tomar responsabilidades. [...] Hoje todos são vítimas da SFI. A razão disso é que todos somos confrontados com quantias rapidamente crescente de informação." HAN, Byung-Chul. *No enxame*: perspectivas do digital. Tradução de Lucas Machado. Petrópolis: Vozes, 2018, p. 104-105.
93. MARQUES, Claudia Lima. *Contratos no Código de Defesa do Consumidor*: o novo regime das relações contratuais. São Paulo: Thomson Reuters Brasil, 2019. E-book.
94. LINDSTROM, Martin. *Brandwashed*: o lado oculto do marketing. Controlamos o que compramos ou são as empresas que escolhem por nós? Tradução de Rosemarie Ziegelmaier. Rio de Janeiro: Alta Books, 2018, p. 24.
95. Alguns autores vão denominar esses tipos de funcionalidades da mente como pensamento intuitivo e automático e pensamento reflexivo e racional, respectivamente. SUNSTEIN, Cass R.; THALER, Richard H. *Nudge*: como tomar melhores decisões sobre saúde, dinheiro e felicidade. Tradução de Ângelo Lessa. Rio de Janeiro: Objetiva, 2019, p. 29.

los complexos, muitas vezes associados a escolhas racionais e concentradas.[96] Assim, explica o autor que:

> Quando pensamos em nós mesmos, nos identificamos com o sistema 2, o eu consciente, raciocinador, que tem crenças, faz escolhas e decide o que pensar e o que fazer a respeito de algo. Embora o sistema 2 acredita estar onde a ação acontece, é o automático sistema 1 o herói deste livro. Descrevo o sistema 1 como originado sem esforço as impressões e sensações que são as principais fontes das crenças explícitas e escolhas deliberadas do sistema 2. As operações automáticas do sistema 1 geram padrões de ideias surpreendentemente complexos, mas apenas o sistema 2, mais lento, pode construir pensamentos em séries ordenadas de passos. Também descrevo circunstâncias em que o sistema 2 assume o controle, dominando os irrefreáveis impulsos e associações do sistema 1.[97]

Diante disso, inserido no contexto de Sociedade da Informação, com excesso de mensagens espargidas nos meios de comunicação, não há nada de errado em as pessoas utilizarem de atalhos da atenção limitada com base em reações automáticas, conforme reiteradamente a psicologia demonstra, através da função do sistema 1. Todavia, "o problema surge quando faz com que as pistas normalmente confiáveis nos aconselhem de maneira inadequada, levando-nos a ações errôneas e decisões equivocadas."[98] Isso pode ocorrer pelo comportamento ardil de operadores do mercado, que utilizam de técnicas de persuasão para tirar vantagem da natureza humana de buscar reações automáticas em atalhos mentais.[99]

Afinal, novas tecnologias surgem e por meio delas advêm novas técnicas de publicidades, inclusive subliminares, sempre visando a ampliação do lucro no mercado. Evidentemente, o Direito e a respectiva hermenêutica jurídica devem acompanhar os fatos para enquadrar qualquer prática publicitária que vicie a vontade do consumidor e que cause dano como fatos ilícitos.

Daí surge a importância de se destacar o *neuromarketing*[100] como estratégica mercadológica que muitas vezes fundamento o assédio de consumo e é capaz de colocar em risco a integridade psíquica do consumidor, em especial a partir do momento em que essa estratégia atrela-se às novas tecnologias, tornando as práticas publicitárias virtuais importunadoras.[101] Aqui, "o publicitário, auxiliado por psicólogos, psiquiatras, antropólogos e sociólogos, aproveita a condição da natureza humana para impingir-lhe

---

96. KAHNEMAN, Daniel. *Rápido e devagar*: duas formas de pensar. Tradução de Cássio de Arantes Leite. Rio de Janeiro: Objetiva, 2012, p. 29.
97. KAHNEMAN, Daniel. *Rápido e devagar*: duas formas de pensar. Tradução de Cássio de Arantes Leite. Rio de Janeiro: Objetiva, 2012, p. 29.
98. CIALDINI, Robert B. *As armas da persuasão*. Tradução de Ivo Korytowski. Rio de Janeiro: Sextante, 2012, p. 269.
99. CIALDINI, Robert B. *As armas da persuasão*. Tradução de Ivo Korytowski. Rio de Janeiro: Sextante, 2012, p. 269.
100. Darren Bridger conceitua o *neuromarketing* como o desenvolvimento da publicidade envolvendo ideias dos campos da psicologia social, estética, neurociência, *neurodesign*, psicologia evolucionista, economia comportamental, teste de pesquisa de mercado, inteligência artificial e análise de imagem por computador. BRIDGER, Darren. *Neuromarketing*: como a neurociência aliada ao design pode aumentar o engajamento e a influência sobre os consumidores. Tradução de Afonso Celso da Cunha Serra. São Paulo: Autêntica Business, 2018, p. 17.
101. Cita-se, por exemplo, a utilização do *data mining* como forma de promoção publicitária. Neste sentido, Martin Lindstrom afirma que: "graças às empresas de *data mining* (ou Big Brothers, como gosto de chamá-las), todas as vezes que pesquisamos no Google, escrevemos na página do Facebook de um amigo, usamos o cartão de crédito, baixamos uma música do iTunes, procuramos um endereço pelo celular ou fazemos compras no mercadinho perto de casa, um coletor de dados invisível está nos espionando. O sistema se incumbe de registrar todas as informações e detalhá-las, analisá-las e vendê-las a lojas e empresas de *marketing*." LINDSTROM, Martin. Brandwashed: o lado

cada vez mais 'desejos de consumo'."[102] Afinal, por meio do *neuromarketing*, aliado às ferramentas que a publicidade virtual oferece, o assédio de consumo se concretiza como um dano ao consumidor.[103]

Sob essa ótica, a *Internet* é considerada o maior experimento psicológico do mercado[104], isto é, um mercado em que "todos os dias, milhões de *designs*, fotos e imagens são lançados e testados com base em milhões de reações comportamentais: cliques."[105]

Em verdade, surge como ambiente em que as publicidades são direcionadas à busca da atenção do consumidor, principalmente com base nos ensinamentos transdisciplinares, como da psicologia comportamental[106], que reforçam as lições do denominado *neuromarketing* e, além disso, do direcionamento e da manipulação permitidas pelo processamento de dados pessoais.[107] Neste sentido, "todo esse conhecimento, associado ao poder da comunicação, hoje também embasado nos estudos da biologia, neurociência e psicologia, pode ser facilmente utilizado para manipular pessoas." [108]

---

oculto do marketing. Controlamos o que compramos ou são as empresas que escolhem por nós? Tradução de Rosemarie Ziegelmaier. Rio de Janeiro: Alta Books, 2018, p. 240.

102. MALTEZ, Rafael Tocantins. *Direito do consumidor e publicidade: análise jurídica e extrajurídica da publicidade subliminar*. Curitiba: Juruá, 2011, p. 161.

103. Ana Beatriz Silva, ao trabalhar com a compulsão por compras, destaca que se trata de uma patologia inerente a atual sociedade de consumo, que instiga as pessoas a consumirem em demasia, oferecendo a utópica felicidade. Em razão disso, segundo a autora, gera nas pessoas pensamentos intrusivos e repetitivos relacionas à necessidade de consumir. Assim, "esse estado interno de desespero é vivenciado com níveis imensuráveis de ansiedade e de angústia e recebe o nome de fissura. E a presença dela é a condição essencial para que o diagnóstico de compulsão por compras seja realizado. O estado de fissura, sem tratamento inadequado, só encontra alívio no ato de comprar." SILVA, Ana Beatriz Barbosa. *Mentes consumistas*: do consumismo à compulsão por compras. São Paulo: Globo, 2014, p. 47.

104. O *marketing digital*, como centro da *Internet*, tem como base o comportamento humano, em suas intenções, desejos e necessidades. Assim, "quando falamos em *marketing digital* estamos falando sobre pessoas, suas histórias e desejos. Estamos falando sobre relacionamentos e necessidades a serem atendidas. Assim a visão que mais se aproxima da realidade é a baseada no comportamento do consumidor [...] TORRES, Cláudio. *A bíblia do marketing digital*: tudo o que você queria saber sobre marketing e publicidade na internet e não tinha a quem perguntar. São Paulo: Novatec Editora, 2018, p. 103.

105. BRIDGER, Darren. *Neuromarketing*: como a neurociência aliada ao design pode aumentar o engajamento e a influência sobre os consumidores. Tradução de Afonso Celso da Cunha Serra. São Paulo: Autêntica Business, 2018, p. 21.

106. Neste ponto é importante mencionar a abordagem utilizada por Cass Sunstein e Richard Thaler, segundo o qual a ciência da escolha, como área emergente, tem demonstrado que a racionalidade dos julgamentos e decisões humanas são menores do que se imaginava. Neste sentido, os autores mencionam a importância, nas decisões das pessoas, dos *nudge*, isto é, pequeno empurrão, capaz de induzir gentilmente a pessoa a tomar determinado comportamento. Assim, as opções oferecidas no mercado de consumo não são neutras, sendo fortemente influenciáveis. Nas palavras dos autores: "em suma, segundo nosso ponto de vista, as pessoas são influenciadas por *nudges*. Suas escolhas, mesmo as mais importantes são influenciadas de formas imprevisíveis em um enquadramento econômico padrão." SUNSTEIN, Cass R.; THALER, Richard H. *Nudge*: como tomar melhores decisões sobre saúde, dinheiro e felicidade. Tradução de Ângelo Lessa. Rio de Janeiro: Objetiva, 2019, p. 49.

107. FRAZÃO, Ana. Fundamentos da proteção dos dados pessoais: noções introdutórias para a compreensão da importância da Lei Geral da Proteção de Dados. In: FRAZÃO, Ana; TEPEDINO, Gustavo; OLIVA, Milena Donato (Coord.) *Lei Geral de Proteção de Dados Pessoais e suas repercussões no direito brasileiro*. São Paulo: Thomson Reuters Brasil, 2019, p. 44.

108. A potencialidade dos algoritmos é destacada por Ana Frazão, segundo a qual: "não é novidade que algoritmos hoje podem decidir quem terá crédito e a que taxa de juros, quem será contratado para trabalhar em determinada empresa, qual a probabilidade de reincidência de determinado criminoso, quem deve ser atropelado em determinadas situações, entre inúmeras outras circunstâncias." FRAZÃO, Ana. Fundamentos da proteção dos dados pessoais: noções introdutórias para a compreensão da importância da Lei Geral da Proteção de Dados. In: FRAZÃO, Ana;

Ocorre que, diante da quantidade crescente de mensagens publicitárias, a propensão dos consumidores é agirem de maneira irracional. Isso porque, quando a pessoa se vê diante de situações complexas, com excesso de informações, a tendência é de se recorrer para reações inconscientes, pelos atalhos concedidos pelo sistema 1. Essas reações inconscientes são promovidas por meio de espécies de atalhos mentais que o cérebro desenvolveu, capazes de "reagir com rapidez em situações de incerteza."[109]

Neste sentido, Robert Cialdini aduz que construímos um ambiente tão acelerado e tão sobrecarregado de informações, como nas relações via *Internet*, que precisamos reagir, cada vez mais, assim como animais que há milênios transcendemos.[110] Assim, o autor aduz que o comportamento automático predomina grande parte das ações humanas no atual contexto, seja porque é a forma mais eficiente de comportamento, seja porque é simplesmente necessário.

Afinal, processar todas as informações e fazer as escolhas disponíveis "se tornou como tentar beber água numa mangueira de incêndio a toda pressão. Estamos sedentos, mas só podemos beber se conseguirmos filtrar o jato incessante. Os filtros estão no cérebro."[111] Com efeito, "para viver no ambiente complexo e dinâmico dos dias de hoje, precisamos de atalhos."[112] Expressando de maneira mais detalhada, o autor aponta que:

> [...] às vezes as questões podem ser tão complicadas, o tempo tão exíguo, as perturbações tão invasivas, a agitação emocional tão forte ou a fadiga mental tão profunda que não temos condições cognitivas de agir de forma racional. Seja o assunto importante ou não, sentimos a necessidade de tomar um atalho.[113]

Dessa maneira, conforme exposto, o problema jurídico surge a partir do momento em que fornecedores, visando o lucro a qualquer custo, utilizam dessas técnicas que envolvem comportamentos intuitivos, por meio de novas tecnologias, para impulsionar nas pessoas o consumo impensado. Afinal, "a verdadeira traição, e o que não podemos tolerar, é qualquer tentativa de obterem lucro de maneira que ameaça a confiabilidade de nossos atalhos."[114] Neste mesmo sentido, Daniel Kahneman aponta que:

> Uma empresa inescrupulosa que redige contratos que os clientes costumam assinar sem ler possui considerável margem de manobra legal para ocultar informação importante à vista de todos. [...] [...] Um mundo em que empresas competem oferecendo produtos melhores é preferível a um em que a vencedora é a empresa mais bem-sucedida em ofuscar.[115]

Fernando Martins afirma que as publicidades, no contexto informacional, tornam-se ainda mais persuasivas, com caráter sentimental e com apelo às inovações e provocações

---

TEPEDINO, Gustavo; OLIVA, Milena Donato (coord.) *Lei Geral de Proteção de Dados Pessoais e suas repercussões no direito brasileiro*. São Paulo: Thomson Reuters Brasil, 2019, p. 33.
109. BRIDGER, Darren. *Neuromarketing*: como a neurociência aliada ao design pode aumentar o engajamento e a influência sobre os consumidores. São Paulo: Autêntica Business, 2018, p. 27.
110. CIALDINI, Robert B. *Influence*: Science and practice. Nova York: HarperCollins, 1993, p. 275.
111. BRIDGER, Darren. *Neuromarketing*: como a neurociência aliada ao design pode aumentar o engajamento e a influência sobre os consumidores. Tradução de Afonso Celso da Cunha Serra. São Paulo: Autêntica Business, 2018, p. 27.
112. CIALDINI, Robert B. *As armas da persuasão*. Tradução de Ivo Korytowski. Rio de Janeiro: Sextante, 2012, p. 18.
113. CIALDINI, Robert B. *As armas da persuasão*. Tradução de Ivo Korytowski. Rio de Janeiro: Sextante, 2012, p. 20.
114. CIALDINI, Robert B. *As armas da persuasão*. Tradução de Ivo Korytowski. Rio de Janeiro: Sextante, 2012, p. 270.
115. KAHNEMAN, Daniel. *Rápido e devagar*: duas formas de pensar. Tradução de Cássio de Arantes Leite. Rio de Janeiro: Objetiva, 2012, p. 517.

de desejos, que influenciam o imaginário dos consumidores, vulneráveis, "criando modelos de inclusão de natureza supérflua e quer verdadeiramente seduzem às noções de beleza, moda, sucesso, liderança, empreendedorismo, conquistas e visibilidade social".[116] Daí porque as publicidades baseadas em fórmulas de *neuromarketing* geralmente são apresentadas de maneira dissimulada e disfarçada, ferindo um dos direitos fundamentais mais essenciais à civilização ocidental: a liberdade.[117]

Diante disso, é preciso garantir que a vontade do consumidor seja liberta das pressões e dos desejos impostos maliciosamente pelas publicidades e por outros métodos agressivos de oferta. Em verdade, esses métodos mudaram e estão "cada vez mais agressivos, emocionais e apelativos, os desejos do consumidor aprimoraram-se e o consumismo não é mais um fato isolado"[118], de modo que está cada vez mais difícil atingir a vontade realmente consentida, racional e refletida. No atual contexto, abandonou-se a noção de comunidade (*idade média*) e se abraça às relações efêmeras, hedonistas, de consumo e virtuais (*idade mídia*).[119]

Em razão disso, é preciso que o sistema jurídico esteja atento aos danos provocados pelas novas práticas virtuais, afinal, os anúncios não são endereçados ao consumo consciente. Conforme exposto, as novas tecnologias de informação e comunicação avançam em detrimento do Direito, em compasso bem mais veloz do que o sistema jurídico é capaz de impedir. Em razão disso, conforme expõe Claudia Marques, a publicidade virtual carrega consigo a necessidade de revisitar os direitos fundamentais, isto é:

> O combate às pressões (*Zwang*) e ao abuso são concretizações novas do respeito à dignidade da pessoa humana e manutenção da liberdade de ambos, fornecedor e consumidor, em uma sociedade pós-industrial, que necessita essencialmente de direitos com efeitos distributivos.[120]

Inegavelmente, os desejos de consumo são ampliados e provocados pela publicidade que generaliza informações e estimula as compras, de modo que não possuir o objeto de desejo promove reações furtivas e, consequentemente, pensamentos e sentimentos doentios e incontroláveis. Isso porque, muitas vezes, a reação é o atalho irracional provocado pela vulnerabilidade, resultando no consumo extrapolado, base para gerar o indesejado (super)endividamento.[121] A necessidade de tutela do consumidor, portanto, salta aos olhos!

---

116. MARTINS, Fernando Rodrigues; FERREIRA, Keila Pacheco. Da idade média à idade mídia: a publicidade persuasiva digital na virada linguística do Direito. In: PASQUALOTTO, Adalberto (Org.). *Publicidade e proteção da infância*. Porto Alegre: Livraria do Advogado, 2018, v. 2, p. 96.
117. Fábio Calazans afirmar que "[...] uma população exposta a subliminares, teleguiada, que se veste, se comporta, consome produtos, serviços, crenças, religiões, ideologias, e vota levada por sugestões externas, subliminares, não pode ser considerada uma forma de vida inteligente, adaptada, autônoma." CALAZANS, Flávio Mário de Alcântara. *Propaganda subliminar multimídia*. São Paulo: Summus Editorial, 2006, p. 238.
118. MARQUES, Claudia Lima. *Contratos no Código de Defesa do Consumidor*: o novo regime das relações contratuais. São Paulo: Revista dos Tribunais, 2014. p. 181.
119. MARTINS, Fernando Rodrigues; FERREIRA, Keila Pacheco. Da idade média à idade mídia: a publicidade persuasiva digital na virada linguística do Direito. In: PASQUALOTTO, Adalberto (Org.). *Publicidade e proteção da infância*. Porto Alegre: Livraria do Advogado, 2018, v. 2, p. 99.
120. MARQUES, Claudia Lima. *Contratos no Código de Defesa do Consumidor*: o novo regime das relações contratuais. São Paulo: Revista dos Tribunais, 2014. p. 180.
121. CARVALHO, Diógenes Faria de. *Consumo e (super)endividamento:* vulnerabilidade e escolhas intertemporais. Goiânia: Editora Espaço Acadêmico, 2017, p. 29.

Com base nisso, é possível considerar que o *neuromarketing*, aliado às técnicas virtuais de publicidade, pautadas especialmente em dados pessoais, vão promover o indesejado assédio de consumo. Em verdade, a sociedade está cada vez mais movida pelo consumo, "que, por ter alcançado um nível outrora inimaginável, desencadeou um novo *status quo* evidenciado por um crescente assédio do qual todos se tornaram vítimas",[122] trazendo como consequência o agravamento da vulnerabilidade do consumidor.

6. O ASSÉDIO DE CONSUMO COMO DANO

A prática de assédio de consumo é aquela agressiva, que pressiona o consumidor de forma a influenciar, paralisar ou impor sua decisão de consumo, explorando emoções, sentimentos, fraquezas, medos e a confiança em relação a terceiros, por exemplo, abusando da posição de *expert* do fornecedor e das circunstâncias especiais da pessoa, como a idade, o estudo e a condição social[123], aproveitando-se principalmente da situação de vulnerabilidade do consumidor.

Da mesma forma, pode caracterizar assédio de consumo o modo pelo qual se exerce a atividade publicitária, como ocorre, cada vez com maior frequência nas publicidades realizadas por *telemarketing* ou no envio não autorizado de e-mails ou mensagens em celulares, os *spams*. Nestes casos, a quantidade, frequência ou modo de abordagem evidenciam a deslealdade e a violação da boa-fé objetiva, que caracterizam a prática como abusiva.[124] Também tratando desse fenômeno, aponta a doutrina que:

> O assédio de consumo coloca o consumidor em uma situação em que se vê constrangido, persuadido e pressionado a adquirir os bens considerados desejáveis e "necessários" no momento, que, por sua vez, subitamente tornam-se ultrapassados e são substituídos por outros, num ciclo vicioso de consumo, impossível de ser acompanhado nem mesmo pelo consumidor mais diligente, gerando consequências psicológicas (ansiedade, frustração e, numa escala ais grave, depressão) e econômicas (comprometimento financeiro e superendividamento). É nesse descompasso entre o que se deseja, o que se impõe e o que se pode adquirir que o assédio de consumo se instala e coloca o consumidor em uma situação de vulnerabilidade extremada.[125]

No Brasil, é fato notório que os principais abusos praticados são efetuados pelas instituições financeiras,[126] em desfavor dos idosos, como ocorrem com o oferecimento de

---

122. VERBICARO, Dennis; RODRIGUES, Lays; ATAÍDES, Camille. Desvendando a vulnerabilidade comportamental do consumidor: uma análise jurídico-psicológica do assédio de consumo. *Revista de Direito do Consumidor*, São Paulo, v.119, set./out. 2018. p. 349-384.
123. MARQUES, Claudia Lima. *Contratos no Código de Defesa do Consumidor*: o novo regime das relações contratuais. São Paulo: Thomson Reuters Brasil, 2019. E-book.
124. MIRAGEM, Bruno. O ilícito e o abusivo: propostas para uma interpretação sistemática das práticas abusivas nos 25 anos. *Revista de Direito do Consumidor*, São Paulo, v.104, mar./abr. 2016. p. 99-127.
125. VERBICARO, Dennis; RODRIGUES, Lays; ATAÍDES, Camille. Desvendando a vulnerabilidade comportamental do consumidor: uma análise jurídico-psicológica do assédio de consumo. *Revista de Direito do Consumidor*, São Paulo, v.119, set./out. 2018. p. 349-384.
126. A título de exemplo, cite-se relevante caso anunciado pelas mídias digitais: TAKAR, Téo. Bancos são condenados a pagar R$ 10 mi por prática abusiva em consignado. *UOL Economia*, 24 de nov. de 2017. Disponível em: https://economia.uol.com.br/noticias/redacao/2017/11/24/condenacao-cobranca-emprestimos-consignados-servidores-publicos-bancos-rj.htm. Acesso em: 12 dez. 2019.

serviços na modalidade *consignado*, como empréstimos e cartões.[127] Essa é, inclusive, uma das razões para que o CDC considere pratica abusiva aquela que prevalece da fraqueza ou ignorância do consumidor, tendo em vista sua idade, nos termos do artigo 39, inciso IV.[128]

Nesse sentido, visando ampliar e adequar as ferramentas de promoção e tutela do consumidor, os Projetos de Lei 3.514/15 e 3.515/15 trazem atualizações do CDC, com melhorias significativas, inclusive quanto às publicidades ilícitas, dando indícios de que o assédio de consumo deve ser reconhecido como um dano, especialmente quando praticado contra hipervulneráveis, como os idosos. Neste ponto, Claudia Marques aponta que técnicas agressivas de oferta por crédito consignado ou com semelhante retirada direta das contas e pensões dos aposentados, têm levado muitos desses consumidores idosos, hipervulneráveis, ao superendividamento.

Por isso, a atualização do CDC pretende regular melhor a publicidade do crédito, protegendo de forma especial, do assédio de consumo,[129] os consumidores idosos, analfabetos e crianças.[130] Neste sentido, destaca a autora:

> Nos Projetos de Lei do Senado Federal que visam a atualização do CDC, a Comissão de Juristas, coordenada pelo e. Min. Antônio Herman Benjamin, introduziu no direito brasileiro a figura do combate ao assédio de consumo, nominando estratégias acediosas de *marketing* muito agressivas e de *marketing* focado em grupos de consumidores, *targeting*, muitas vezes nos mais vulneráveis do mercado, idosos e analfabetos. A Diretiva europeia sobre práticas comerciais abusivas, Diretiva 2005/29/CE, em seu art. 8º, utiliza como termo geral, o de prática agressiva, aí incluídas como espécies o assédio (*harassment*), a coerção (*coercion*), o uso de força física (*physical force*) e influência indevida (*undue influence*). A opção do legislador brasileiro foi de considerar assédio de consumo o gênero para todas as práticas comerciais agressivas que limitam a liberdade de escolha do consumidor.[131]

No relatório-geral da atualização do CDC, estas normas são destacadas como parte de um reforço na dimensão ético-inclusiva e solidarista do CDC, por meio de da imposição de "limites à publicidade de crédito, práticas comerciais e ao assédio de consumo em geral, protegendo em especial consumidores idosos, jovens, crianças e analfabetos, mantendo e expandindo as listas de práticas e cláusulas abusivas."[132]

---

127. Neste ponto, destaca-se recente nota técnica do Ministério da Justiça e Segurança Pública averiguando denúncias de que instituições financeiras, mediante vazamento de dados dos aposentados e pensionistas vinculados ao Instituto Nacional do Seguro Social – INSS, estão realizando abordagens telefônicas de forma abusiva para que consumidores idosos adquiram serviços e produtos na modalidade consignada. Segundo a denúncia apresentada, referida prática está levando os idosos a situação de superendividamento. Disponível em: https://www.justica.gov.br/seus-direitos/consumidor/notas-tecnicas/anexos/nota-tecnica-243.pdf. Acesso em: 12 dez. 2019.
128. É vedado ao fornecedor de produtos ou serviços, dentre outras práticas abusivas. [...] [...] IV – prevalecer-se da fraqueza ou ignorância do consumidor, tendo em vista sua idade, saúde, conhecimento ou condição social, para impingir-lhe seus produtos ou serviços. BRASIL. *Lei 8.078 (Código de Defesa do Consumidor)*, de 11 de setembro de 1990.
129. Destaca-se que essa ideia já estava presente no Anteprojeto de Lei Geral de defesa do Consumidor do Estado do Rio Grande do Sul, segundo o qual configuraria prática abusiva assediar o consumidor para aquisição de produtos ou serviços, aproveitando-se de sua situação de vulnerabilidade. MARQUES, Claudia Lima; MIRAGEM, Bruno; MOESCH, Teresa Cristina. Comentários ao Anteprojeto de Lei Geral de Defesa do Consumidor do Estado do Rio Grande do Sul, da OAB/RS. *Revista de Direito do Consumidor*, São Paulo, v.90 nov./dez. 2013. p. 399-406.
130. MARQUES, Claudia Lima. *Contratos no Código de Defesa do Consumidor*: o novo regime das relações contratuais. São Paulo: Thomson Reuters Brasil, 2019. E-book.
131. MARQUES, Claudia Lima. *Contratos no Código de Defesa do Consumidor*: o novo regime das relações contratuais. São Paulo: Thomson Reuters Brasil, 2019. E-book.
132. BENJAMIN, Antonio Herman; MARQUES, Claudia Lima. Extrato do Relatório-Geral da Comissão de Juristas do Senado Federal para Atualização do Código de Defesa do Consumidor. *Revista de Direito do Consumidor*, São Paulo, v. 92 mar./abr. 2014. p. 303-306.

Dessa forma, nota-se que o assédio de consumo não pode se limitar as situações em que é direcionado especificadamente aos consumidores idosos ou às crianças, ocorrendo assédio também sempre que a pessoa for importunada de maneira agressiva, por exemplo, pela publicidade direcionada por dados pessoais ilegalmente coletados. Nesse sentido, é importante destacar o acréscimo do inciso XI ao artigo 6º do CDC proposto no Projeto de Lei 3.514/15, consolidando como direito básico do consumidor: "XI – a autodeterminação, a privacidade e a segurança das informações e dados pessoais prestados ou coletados, por qualquer meio, inclusive o eletrônico." Logo em seguida, propõe o Projeto supracitado o acréscimo do Inciso XII, que prevê expressamente o assédio de consumo como prática abusiva, isto é, "XII – a liberdade de escolha, em especial frente a novas tecnologias e redes de dados, vedada qualquer forma de discriminação e assédio de consumo."

Já no Projeto de Lei 3.515/15, há a previsão de acrescer ao CDC o Art. 54-C, nos seguintes termos:

> Art. 54-C. É vedado, expressa ou implicitamente, na oferta de crédito ao consumidor, publicitária ou não: [...]
>
> IV – assediar ou pressionar o consumidor para contratar o fornecimento de produto, serviço ou crédito, inclusive a distância, por meio eletrônico ou por telefone, principalmente se se tratar de consumidor idoso, analfabeto, doente ou em estado de vulnerabilidade agravada ou se a contratação envolver prêmio.

Diante disso, é possível afirmar que os Projetos de Lei que visam atualizar o CDC corroboram para o entendimento defendido no presente texto. Afinal, defender que o assédio de consumo se qualifica como um dano é notar que o consumidor possui o direito ao sossego, isto é, de não ser molestado e perturbado com a finalidade única de induzir ao consumo.

Importante destacar que a figura do assédio de consumo, mesmo não ainda não estando positivada no direito brasileiro, conforme pretendem os projetos de Atualização do CDC supracitados, já possui suas bases principiológicas no CDC, em especial nos arts. 39 e 42, sendo espécie das práticas abusivas.[133] Isso porque, conforme aponta Anderson Schreiber, o dano pode ser conceituado como a "lesão a um interesse juridicamente tutelado".[134] Dessa forma, expõe o autor que essa definição se concentra no interesse lesado, como a saúde, a privacidade ou mesmo a integridade psíquica, e não nas consequências econômicas ou emocionais da lesão, como a dor, o sofrimento ou a tristeza.

Daí é possível notar que o reconhecimento do assédio de consumo como um dano, afinal, é inegável que a perturbação ou a importunação indevida praticada pelas publicidades virtuais, alimentadas por dados pessoais, configura lesão ao interesse jurídico tutelado e, consequentemente, dano à pessoa em sua integridade humana. Inclusive, essa é uma das bases para poder se defender a concreção de um verdadeiro direito ao sossego, afinal, nenhum consumidor é obrigado a ser perturbado de maneira não solicitada a consumir.

---

133. MIRAGEM, Bruno. O ilícito e o abusivo: propostas para uma interpretação sistemática das práticas abusivas nos 25 anos. *Revista de Direito do Consumidor*, São Paulo, v.104, mar./abr. 2016. p. 99 - 127.
134. SCHREIBER, Anderson. *Novos paradigmas da responsabilidade civil*: da erosão dos filtros da reparação à diluição dos danos. São Paulo: Atlas, 2012, p. 107.

Ressalta-se que a própria noção de dano, evidentemente, sofre fortes mutações ao se considerar as alterações dos perfis sociais em dadas sociedades, de modo que, em um sistema jurídico que enquadra a pessoa como epicentro jurídico, como o brasileiro, é possível notar a progressiva valorização da dimensão existencial nas relações jurídicas.[135]

Como base nisso, é preciso destacar que o dano de assédio de consumo se qualifica como dano existencial, tendo em vista que o dano existencial é o fato desabonador que prejudica a existência saudável da vítima, interrompendo o seu cotidiano comum. Enquadra-se, portanto, em dano existencial, a situação em que a pessoa fica impedida de realizar as atividades de vida que realizava cotidianamente ou fica impedida de fazer as suas atividades habituais do modo que fazia, produzindo, como consequência, uma interrupção na sua fruição digna de existência, como o ocorre no desvio produtivo do consumidor, em que a pessoa perde o tempo de vida para solucionar problemas de consumo.

Em resumo, é possível perceber que o dano existencial funda-se na lesão da pessoa à liberdade de atuar de forma plena na realização de sua esfera individual, comprometendo, em última análise, a sua qualidade digna de vida. Desse modo, é possível enquadrar o dano existencial como uma espécie de dano extrapatrimonial, de modo que:

> O assédio de consumo é caracterizado pela prática de condutas agressivas, que afetam diretamente a liberdade de escolha do consumidor e, em situações mais graves e continuadas, seus próprios projetos de vida, atentando contra sua esfera psíquica, que, em meio a tantas estratégias manipuladoras, é subjugado e levado a ceder às pressões do mercado. O que assusta é a velocidade com que esse fenômeno vem se sofisticando, já que, diante da reiteração de tais práticas, o consumidor acaba por assimilá-las como algo natural e, por conseguinte, aceitável. Desse modo, a vulnerabilidade típica das relações consumeristas deve ser ressignificada à luz dessa nova realidade, sendo compreendida também em seu sentido comportamental e não apenas econômico.[136]

Com efeito, o dano existencial é o dano com potencialidade, posto que ao impedir a prática de atividades cotidianas que garantiriam a manutenção da qualidade de vida à vítima, a lesão acaba por se projetar ao futuro. De maneira clara, Flaviana Soares, sobre o assunto, conceitua o dano existencial como a lesão ao desenvolvimento normal da personalidade isto é, uma afetação negativa, total ou parcial, permanente ou temporária, de uma atividade que a vítima normalmente tinha como usual à sua vida e que, em razão do ato lesivo, precisou modificar sua forma de realização, ou mesmo eliminar da sua rotina.[137]

Neste mesmo sentido, Marcos Dessaune aponta que a justificativa do dano existencial é de que toda pessoa tem direito de não ser molestada por quem quer que seja, em qualquer aspecto da vida, seja físico, psíquico ou social. Isso porque o ser humano tem o direito viver da melhor forma que quiser, sem a interferência nociva de ninguém, isto é,

---

135. PERLINGIERI, Pietro *O direito civil na legalidade constitucional*. Tradução de Maria Cristina De Cicco. Rio de Janeiro: Renovar, 1999, p. 760.
136. VERBICARO, Dennis; RODRIGUES, Lays; ATAÍDES, Camille. Desvendando a vulnerabilidade comportamental do consumidor: uma análise jurídico-psicológica do assédio de consumo. *Revista de Direito do Consumidor*, São Paulo, v.119, set./out. 2018. p. 349-384.
137. RAMPAZZO SOARES, Flaviana. *Responsabilidade civil por dano existencial*. Porto Alegre: Livraria do Advogado, 2009. p. 44.

de forma autônoma. Conforme se nota, "essa é a agenda do ser humano: caminhar com tranquilidade, no ambiente em que sua vida se manifesta rumo ao seu projeto de vida."[138]

Em verdade, em especial com base no dever de boa-fé objetiva, é preciso exigir que os fornecedores respeitem a pessoa enquanto consumidora, que tem o direito de tomar decisões inteligentes, racionais, conscientes sobre os produtos e serviços que adquire, inclusive quanto aos motivos que levaram a esse consumo. Afinal, "o suficiente basta para todos nós".[139]

A rigor, a economia de mercado pressupõe que o consumidor esteja bem informado, uma vez sendo o parceiro ativo do fornecedor. Neste mesmo sentido, "não é menos certo que os abusos publicitários limitam, quando não destroçam, este papel fundamental de árbitro no mercado reservado ao consumidor", retirando do consumidor a própria autonomia necessária ao consumo consciente e saudável.[140] Conforme expõe Ricardo Lorenzetti, a publicidade detém um enorme poder, afinal:

> Muito embora a publicidade seja uma atividade lícita, ela é utilizada como uma ferramenta para diminuir o discernimento do consumidor quando da formação do contrato, e para tanto faz uso de artifícios como sedução desmedida, publicidade indutiva, distorção da informação sobre produtos e serviços, incitação a superstições, desrespeito a valores morais, indução a um comportamento que vá contra os interesses e a segurança, condicionar a aquisição de um produto a outro.[141]

A publicidade, evidentemente, pode ser utilizada de forma contrária aos preceitos de tutela do consumidor, como por exemplo, ao oferecer especificadamente às crianças, público hipervulnerável, alimentos e bebidas comprovadamente maléficos em publicidades de redes de *fast-food*. Neste sentido, Rafael Maltez destaca que:

> Existem fortes apelos, de todos os tipos, reforçados pela publicidade, para que se fume, se beba. Se não se bebe, a pessoa é considerada um anormal, um esquisito, um excluído, como a publicidade insiste em persuadir. A pressão imposta por ela é fenomenal. Após, sabe-se disso, esses produtos causam dependência, química e psicológica, bem como males à saúde ou risco à vida. O fornecedor não se preocupa. Quer auferir apenas lucro. Após, surge o problema de saúde e o fornecedor lava as mãos e argumenta que cada um é responsável por si.[142]

Dessa forma, ao defender que o assédio de consumo se qualifica como um dano é também preciso reconhecer a necessária revisitação do direito de liberdade, afinal, é esse direito que garante que o consumidor não seja importunado por várias técnicas de *marketing* que levam à ideia de que a pessoa, em suas fragilidades e desejos humanos, tem necessidade de consumir.

Além disso, garante ao consumidor a liberdade de buscar o produto ou serviço quando e onde quiser tão somente, sem ser invadido por inúmeras publicidades que os fornecedores, através das tecnologias, oferecem acreditando serem do interesse da pessoa,

---

138. DESSAUNE, Marcos. *Desvio Produtivo do Consumidor*: o prejuízo do tempo desperdiçado. São Paulo: Revista dos Tribunais, 2017, p. 140-141.
139. LINDSTROM, Martin. *Brandwashed*: o lado oculto do marketing. Controlamos o que compramos ou são as empresas que escolhem por nós? Tradução de Rosemarie Ziegelmaier. Rio de Janeiro: Alta Books, 2018, p. 25.
140. BENJAMIN, Antônio Herman Vasconcellos. O controle jurídico da publicidade. *Revista de Direito do Consumidor*, São Paulo, n. 9, jan./mar. 1994, p. 25-57.
141. LORENZETTI, Ricardo. *Comércio Eletrônico*. Tradução de Fabiano Menke. São Paulo: Revista dos Tribunais, 2004, p. 390.
142. MALTEZ, Rafael Tocantins. *Direito do consumidor e publicidade*: análise jurídica e extrajurídica da publicidade subliminar. Curitiba: Juruá, 2011, p. 367.

com base em dados ocultamente capturados e, não raro, de maneira desautorizada.[143] Não obstante, o reconhecimento também da liberdade de acesso ao mercado de consumo sem a necessidade de ter de fornecer dados pessoais irrelevantes para a finalização da negociação, e muito menos a obrigação de permitir que esses dados sejam utilizados posteriormente para fins de *marketing*.

Afinal, o mercado que cerca o consumidor atualmente é altamente impessoal, com enormes redes de distribuição e, além disso, alicerça-se "em técnicas de comercialização refinadas e de 'alta pressão', na forma de publicidade intensiva, por todos os veículos imagináveis, embalagens tentadoras (algumas até perfumadas!)"[144]

Desse modo, não há dúvidas de que as novas tecnologias, aliadas ao ambiente da *Internet*, impõem novas modalidades de publicidades, virtuais e importunadoras, que irritam o sistema jurídico a reagir e fornecer respostas, em especial quando nas hipóteses em que provoca danos, como o assédio ao consumo, mediante as ferramentas possíveis, dentre elas, a responsabilidade civil.[145]

7. CONSIDERAÇÕES FINAIS

Ao analisar os danos que podem ser provocados pelas publicidades virtuais de consumo, atreladas às novas tecnologias, é necessária uma revisão dos procedimentos jurídicos de tutela presentes no sistema jurídico. Trata-se, ao fim e ao cabo, de verdadeira reformulação de categorias jurídico-analíticas no ciberespaço, o que implica novos modais de consideração do contexto de propagação da informação.

Assim, em tempos de conclusão, para enfrentar a problemática proposta, é preciso destacar que Estado que se pauta por um sistema democrático de Direito tem como fundamento as funções que a própria Constituição Federal deve buscar, a saber, i) impor a responsabilidade como limite às liberdades; ii) tutelar a ordem pública; e iii) atingir ao bem comum da sociedade democrática.[146]

Partindo desse raciocínio, a publicidade, enquanto prática de mercado, está umbilicalmente ligada à livre iniciativa da atividade econômica, tendo em vista que o mercado mantém expressões e regras próprias, amoldando-se a publicidade como o "falar do mercado"[147], no intuito de promover o lucro mercantil.

---

143. Eduardo Magrani, ao tratar sobre a publicidade direcionada e indesejada, a qualifica também como abusiva, destacando que "é capaz de aumentar a assimetria de informação da na relação de consumo, potencializar a discriminação entre os consumidores, minimizar a capacidade de escolha livre e autônoma do consumidor, dentre outras consequências." MAGRANI, Eduardo. *Entre dados e robôs*: ética e privacidade na era da hiperconectividade. Porto Alegre: Arquipélago Editorial, 2019, p. 71.
144. BENJAMIN, Antonio Herman Vasconcellos. O controle jurídico da publicidade. *Revista de Direito do Consumidor*, São Paulo, n. 9, jan./mar. 1994, p. 25-57.
145. MARTINS, Fernando Rodrigues; FERREIRA, Keila Pacheco. Da idade média à idade mídia: a publicidade persuasiva digital na virada linguística do Direito. In: PASQUALOTTO, Adalberto (Org.). *Publicidade e proteção da infância*. Porto Alegre: Livraria do Advogado, 2018, v. 2, p. 101.
146. NABAIS, José Casalta. *Por uma liberdade com responsabilidade*: estudos sobre direitos e deveres fundamentais. Coimbra: Coimbra Editora, 2007. p. 30.
147. BAUDRILLARD, Jean. *Apud* MARTINS, Fernando Rodrigues; FERREIRA, Keila Pacheco. Da idade média à idade mídia: a publicidade persuasiva digital na virada linguística do Direito. In: PASQUALOTTO, Adalberto (Org.). *Publicidade e proteção da infância*. Porto Alegre: Livraria do Advogado, 2018, v. 2, p. 80.

Exatamente por isso que a atividade econômica possui capítulo específico na Constituição Federal, tendo como fim assegurar a todos existência digna, diante da limitação imposta por uma série de princípios legitimadores, como, por exemplo, a própria defesa do consumidor, vide artigo 170, inciso V. Assim, é preciso destacar que a publicidade se afasta da racionalidade essencial em contexto de promoção dos direitos humanos, isto é

> [...] a liberdade do empresário deve ser concretizada proporcionalmente à luz das demais liberdades previstas na Constituição da República, tais como liberdades políticas, liberdades sociais, liberdades coletivas, liberdades ambulatoriais, porquanto se tratam de liberdades fundamentais, próprias da pessoa humana.[148]

Tendo isso em vista, vale lembrar que a tutela dos direitos fundamentais é uma das necessárias formas para impedir que o avanço tecnológico viole o direito das pessoas de usufruírem da navegação via *Internet* sem interferência alheia e, além disso, sem sofrer fortes pressões para o consumo desenfreado, violador de sossego e da vida substancialmente livre.

Em verdade, a concepção de que as práticas virtuais, dentro da lógica do livre mercado, podem subsistir sob a lógica da ampla liberdade, fraqueja-se frente ao sistema jurídico que se preocupa com o combate dos abusos e, consequentemente, com a prevenção dos danos que a pessoa humana pode sofrer em sua integridade, física ou psíquica[149], inclusive frente à nova dimensão virtual do ser humano.[150] Neste aspecto, ensina Maria Celina Bodin de Moraes que os direitos da personalidade devem ser entendidos como amplíssimos "direitos à saúde", como completo bem-estar psicofísico e social.[151]

E é justamente no tratamento mais efetivo do dano que a doutrina contemporânea vem demonstrando, por uma constelação de motivos que está o renovado olhar da responsabilidade civil, de modo que o dano passa a ser visto como cláusula geral da responsabilidade civil, em especial quando se trata de direitos fundamentais à pessoa humana. Tal análise se dá numa perspectiva dinâmica e concreta em face do interesse lesivo, e não mais na identificação do agente do ato ilícito, afastando-se do apego excessivo à demonstração de culpa. É o denominado "Direito de Danos".[152]

---

148. MARTINS, Fernando Rodrigues; FERREIRA, Keila Pacheco. Da idade média à idade mídia: a publicidade persuasiva digital na virada linguística do Direito. *In*: PASQUALOTTO, Adalberto (Org.). *Publicidade e proteção da infância*. Porto Alegre: Livraria do Advogado, 2018, v. 2, p. 94.
149. Vale destacar que o sistema jurídico brasileiro já destacou a necessária tutela da integridade psíquica ao proibir a prática de violência psicológica doméstica e familiar contra a mulher, conforme consta no artigo 7º, II, da Lei 11.340/06. Não obstante, encontra previsão também a tutela psíquica e social das pessoas conforme a Organização Mundial da Saúde.
150. RODOTÀ, Stefano. *El derecho a tener derechos*. Tradução do italiano para o espanhol de Jose Manuel Revuelta López. Madri: Trotta, 2014, p. 289.
151. MORAES, Maria Celina Bodin de. *Na medida da pessoa humana*: estudos de direito civil-constitucional. Rio de Janeiro: Renovar, 2016, p. 96.
152. "A expressão direito de danos deve ser utilizada preferencialmente quando nos referimos ao estado atual da Teoria Geral da Responsabilidade Civil. Isto porque [...] a noção de responsabilidade está atrelada a uma ideia moralizante e limitadora da autonomia individual, característica marcante do século XIX; enquanto a expressão direito de danos seria mais consentânea das funções hodiernas do estudo da obrigação de indenizar, pois se refere aos danos que devem ser indenizados." MULHOLLAND, Caitlin Sampaio. *A responsabilidade civil por presunção de causalidade*. Rio de Janeiro: GZ Editora, 2010, p. 13.

Como se não bastasse, vale destacar que o sistema jurídico deve ir além de simplesmente agir com a força compensatória, ou seja, é preciso transcender "a epiderme do dano, para alcançar o ilícito em si, seja para preveni-lo, remover os ganhos indevidamente dele derivados ou, em situações excepcionais, punir comportamentos exemplarmente negativos".[153] Daí se extrai as finalidades da responsabilidade civil, quais sejam, reparar ou compensar o dano, punir o ilícito e prevenir o risco.

Em resumo, a responsabilidade civil, em que pese suas diversas funções já consagradas, seja compensatória, punitiva ou preventiva, necessita desempenhar o papel central de desestímulo a comportamentos antijurídicos e atividades que imponham riscos ou ameaças desnecessárias à coletividade, principalmente às pessoas humanas, baseando-se na hermenêutica humanista.

Tudo isso levando em consideração que a defesa contra o assédio de consumo pode ser reconhecida a partir do advento do direito fundamental ao sossego, inerente à ideia de a pessoa não ser importunada pelas publicidades virtuais de consumo, que utilizam de dados pessoais e não são solicitadas. Trata-se, portanto, de uma necessidade social contemporânea, própria da Sociedade da Informação, exigindo do Direito uma resposta capaz de tutelar as pessoas. Esse direito deve ser concretizado por meio da responsabilidade civil, tendo em vista que é este um dos instrumentos jurídicos aptos a garantir a tutela dos direitos fundamentais frente às relações entre pessoas privadas.

Isso porque, em que pese tenha o artigo 5º da Constituição Federal estabelecido direitos fundamentais que devem ser protegidos inclusive nas relações entre particulares, como a intimidade, a vida privada, a honra e a imagem (artigo 5º, inciso X), ou mesmo a inviolabilidade do domicílio (artigo 5º, inciso XI), o sigilo da correspondência e das comunicações telegráficas e de dados (artigo 5º, inciso XII), a Carta Magna não determinou as devidas garantias fundamentais capazes de instrumentalizar essas tutelas.

Vale lembrar que o reconhecimento e a previsão de um direito fundamental na constituição não são suficientes para assegurar sua efetividade, sendo necessários instrumentos jurídicos capazes de protegê-lo perante ameaças. Assim, por meio de uma interpretação sistêmica do Direito, inclusive partindo das pistas extraídas do próprio artigo 5º, inciso X, que assegura o direito a indenização pelo dano material ou moral decorrente violação dos direitos supracitados, é possível defender que a responsabilidade civil, visando a tutela da pessoa humana, pode fazer as vezes de verdadeira garantia fundamental.

Com base nisso, a privacidade, inclusive sob o viés de proteção de dados, enquanto direito fundamental, também qualificado como direito da personalidade e, não obstante, direito básico do consumidor, enquanto situação jurídica existencial, reclama ampla tutela e promoção, tanto no âmbito material quanto no processual, diante das lesões que mitigam a sua potência. Verifica-se, assim, diálogo entre a tutela inibitória (conforme artigo 12, primeira parte, do CC/02) e a responsabilidade civil (artigos 12, segunda parte, e 927 do CC/02), também conforme no Código de Processo Civil (artigo 497, parágrafo único).

---

153. ROSENVALD, Nelson. *A responsabilidade civil pelo ilícito lucrativo*: o disgorgement e a indenização restitutória. Salvador: Juspodivm. 2019, p. 26.

É oportuno lembrar que não apenas as condutas legalmente previstas como ilícitas geram responsabilidade civil, tendo em vista que práticas lícitas podem também obrigar à indenização, desde que exista expressa previsão legal, como nos termos do artigo 188 do CC/02. A situação se torna ainda mais complexa no âmbito dos direitos da personalidade, onde agressões às vezes partem do exercício regular de um direito, exigindo juízo de ponderação entre os interesses conflitantes. É o que acontece no conflito entre livre iniciativa econômica e privacidade, por exemplo, afinal, "são condutas lícitas, mas que podem ser, à luz do caso concreto e do juízo de ponderação, consideradas ilícitas ou antijurídicas."[154]

Desse modo, prioriza-se a tutela da pessoa, por meio da limitação das práticas publicitárias, em desfavor da liberdade total e irrestrita na divulgação de produtos e serviços no âmbito virtual. Afinal, a partir do momento em que o consumidor é insistentemente molestado por publicidades, sua liberdade e dignidade estão sendo violadas.[155]

Daí porque além das projeções contra o ilícito (inibição e remoção), a responsabilidade civil também promove a tutela preventiva, considerando a ameaça de lesão, que não deixa de ser dano pela turbação, sem desconsiderar a cominatória de cessação de lesão, obrigando o lesante a interromper o dano em execução.[156] Sempre destacando que a tutela preventiva não exclui a eventualidade de ocorrência de danos, pois a simples exposição a perigos ou riscos desproporcionais já configura turbação da paz do ofendido, caracterizando lesão a interesse jurídico tutelável, ou seja, dano extrapatrimonial.[157]

Assim, para além de traçar conceitos fechados e definitivos, sempre arriscados em um contexto de pós-modernidade, o texto objetiva levantar possibilidades a serem analisadas e repensadas no que se refere às publicidades virtuais, segundo o prisma de que o ser humano tem, em sua integridade, o fator psicofísico, de modo que o mundo virtual, de livre acesso, deve ser considerado um espaço público[158], onde haja a mais ampla liberdade, inclusive de não ser importunado enquanto conectado em rede.

Parece pertinente portanto a metáfora do *habeas mente*, como garantia contra *spams* e demais publicidades virtuais que utilizam dados pessoais da pessoa conectada em rede, enquanto esta promove a sua vida virtual, para impor publicidades direcionadas e não solicitadas, assediando ao consumo e, consequentemente, perturbando o sossego dos consumidores.[159] Isso porque essas informações pessoais, uma vez compreendidas em preferências, situações e opções da vida da pessoa, não podem ser utilizadas como forma

---

154. NANNI, Giovanni Ettore (Coord.). *Comentários ao Código Civil*: direito privado contemporâneo. São Paulo: Saraiva Educação, 2019, p. 93.
155. DE BRITO, Dante Ponte. Publicidade nas redes sociais e a violação à privacidade do consumidor. In: EHRHARDT JÚNIOR, Marcos; LOBO, Fabíola Albuquerque (Coord.). *Privacidade e sua compreensão no direito brasileiro*. Belo Horizonte: Fórum, 2019, p. 63.
156. NANNI, Giovanni Ettore (Coord.). *Comentários ao Código Civil*: direito privado contemporâneo. São Paulo: Saraiva Educação, 2019, p. 94.
157. NANNI, Giovanni Ettore (Coord.). *Comentários ao Código Civil*: direito privado contemporâneo. São Paulo: Saraiva Educação, 2019, p. 94.
158. "Hoje, a *Internet* é eminentemente pública, aberta e interativa." ERENBERG, Jean Jaques. *Publicidade patológica na Internet à luz da legislação brasileira*. São Paulo: Juarez de Oliveira, 2003, p. 12.
159. BASAN, Arthur Pinheiro. *Habeas Mente*: garantia fundamental de não ser molestado pelas publicidades virtuais de consumo. 2020. No prelo.

de instigar o consumo desmedido, sob pena dessa prática se enquadrar como conduta empresarial abusiva e desmensurada, violadora de direitos fundamentais e transgressora da autonomia privada, necessária a autodeterminação da pessoa humana.

Enfim, a presente pesquisa comprova, ao menos pelas hipóteses apontadas, de que o Estado tem que cumprir os deveres de proteção às pessoas, destacados frente aos problemas que surgem com as novas tecnologias de informação e comunicação. Neste sentido, diante das publicidades importunadoras, que se aproveitam de dados pessoais e às vezes até sensíveis, com técnicas de *neuromarketing*, para assediar ao consumo, é preciso invocar a virada linguista do direito, no sentido de desenvolver a hermenêutica a favor da pessoa humana.[160]

REFERÊNCIAS

BARBER, Benjamin R. *Consumido*. Rio de Janeiro: Record, 2009.

BASAN, Arthur Pinheiro. *Habeas Mente*: garantia fundamental de não ser molestado pelas publicidades virtuais de consumo. 2020. No prelo.

BECK, Ulrich. *Sociedade de risco:* rumo a uma outra modernidade. Tradução de Sebastião Nascimento. São Paulo: Editora 34, 2010.

BENJAMIN, Antonio Herman Vasconcellos. O controle jurídico da publicidade. *Revista de Direito do Consumidor*, São Paulo, n. 9, p. 25-57, jan./mar. 1994.

BENJAMIN, Antonio Herman; MARQUES, Claudia Lima. Extrato do Relatório-Geral da Comissão de Juristas do Senado Federal para Atualização do Código de Defesa do Consumidor. *Revista de Direito do Consumidor*, São Paulo, v. 92, p. 303-306, mar./abr. 2014.

BOLESINA, Iuri. *Direito à extimidade:* as inter-relações entre identidade, ciberespaço e privacidade. Florianópolis: Empório do Direito, 2017.

BRASIL. *Lei 8.078 (Código de Defesa do Consumidor)*, de 11 de setembro de 1990.

BRASIL. Superior Tribunal de Justiça, Quarta Turma, *REsp 844.736/DF*, Relator Ministro Luís Felipe Salomão, Relator. p/ Acórdão Ministro Honildo Amaral De Mello Castro, julg em 27.10.2009.

BRASILANTISPAM. *Código de Ética AntiSPAM e Melhores Práticas de Uso de Mensagens Eletrônicas*. Disponível em: http://www.brasilantispam.com.br/main/codigo.htm. Acesso em: 04 de dez. de 2019.

BRIDGER, Darren. *Neuromarketing:* como a neurociência aliada ao design pode aumentar o engajamento e a influência sobre os consumidores. Tradução de Afonso Celso da Cunha Serra. São Paulo: Autêntica Business, 2018.

CALAZANS, Flávio Mário de Alcântara. *Propaganda subliminar multimídia*. São Paulo: Summus Editorial, 2006.

SCHWAB, Klaus. *A quarta revolução industrial*. Tradução de Daniel Moreira Miranda. São Paulo: Edipro, 2016.

CARVALHO, Diógenes Faria de. *Consumo e (super)endividamento*: vulnerabilidade e escolhas intertemporais. Goiânia: Editora Espaço Acadêmico, 2017.

---

160. MARTINS, Fernando Rodrigues; FERREIRA, Keila Pacheco. Da idade média à idade mídia: a publicidade persuasiva digital na virada linguística do Direito. In: PASQUALOTTO, Adalberto (org.). *Publicidade e proteção da infância*. v. 2. Porto Alegre: Livraria do Advogado. 2018, p. 101.

CASSI, Guilherme Helfenberger Galino; EFING, Antônio Carlos. Spam na internet sob a ótica do Código de Defesa do Consumidor. *Revista de Direito do Consumidor*, São Paulo, v. 15, p. 73-92, abr./jun. 2018.

CASTELLS, Manuel. *A sociedade em Rede*. Tradução de Roneide Venâncio Majer. Rio de Janeiro: Paz e Terra, 2018.

CIALDINI, Robert B. *As armas da persuasão*. Tradução de Ivo Korytowski. Rio de Janeiro: Sextante, 2012.

CIALDINI, Robert B. *Influence:* Science and practice. New York: HarperCollins, 1993.

DE BRITO, Dante Ponte. Publicidade nas redes sociais e a violação à privacidade do consumidor. In: EHRHARDT JÚNIOR, Marcos; LOBO, Fabíola Albuquerque (Coord.). *Privacidade e sua compreensão no direito brasileiro*. Belo Horizonte: Fórum, 2019.

DESSAUNE, Marcos. *Desvio Produtivo do Consumidor:* o prejuízo do tempo desperdiçado. São Paulo: Revista dos Tribunais, 2017.

DIAS, Lucia Ancona Lopez de Magalhães. *Publicidade e direito*. São Paulo: Revista dos Tribunais, 2010.

DUFF, Alistair A. *Information society studies*. Londres: Routledge, 2000.

ERENBERG, Jean Jacques. *Publicidade patológica na Internet à luz da legislação brasileira*. São Paulo: Juarez de Oliveira, 2003.

FARIAS, Edilsom. *Liberdade de expressão e comunicação*. Teoria e proteção constitucional. São Paulo: Revista dos Tribunais, 2004.

FEDERIGHI, Suzana Maria Catta Preta. *Publicidade abusiva*. Incitação à violência. São Paulo: Juarez de Oliveira, 1999.

FRAZÃO, Ana. Fundamentos da proteção dos dados pessoais: noções introdutórias para a compreensão da importância da Lei Geral da Proteção de Dados. In: FRAZÃO, Ana; TEPEDINO, Gustavo; OLIVA, Milena Donato (Coord.) *Lei Geral de Proteção de Dados Pessoais e suas repercussões no direito brasileiro*. São Paulo: Thomson Reuters Brasil, 2019.

HAN, Byung-Chul. *No enxame:* perspectivas do digital. Tradução de Lucas Machado. Petrópolis: Vozes, 2018.

HAN, Byung-Chul. *Sociedade do cansaço*. Tradução de Enio Paulo Giachini. Petrópolis: Vozes, 2017.

HARARI, Yuval Noah. *21 Lições para o Século 21*. Tradução de Paulo Geiger. São Paulo: Companhia das Letras, 2018.

KAHNEMAN, Daniel. *Rápido e devagar:* duas formas de pensar. Tradução de Cássio de Arantes Leite. Rio de Janeiro: Objetiva, 2012.

KING Anna Lucia Spear, NARDI, Antonio Egídio, CARDOSO, Adriana (Org.). *Nomofobia:* dependência do Computador, Internet, Redes Sociais? Dependência do Telefone Celular? Impacto das Novas Tecnologias no Cotidiano dos Indivíduos. Rio de Janeiro: Atheneu, 2014.

KOTLER, Philip. *Marketing 4.0:* do tradicional ao digital. Tradução de Ivo Korytowski. Rio de Janeiro: Sextante, 2017

LAVADO, Thiago. Uso da internet no Brasil cresce, e 70% da população está conectada. *G1 Economia*, Rio de Janeiro, 28 de ago. de 2019. Disponível em: https://g1.globo.com/economia/tecnologia/noticia/2019/08/28/uso-da-internet-no-brasil-cresce-e-70percent-da-populacao-esta-conectada.ghtml Acesso em 03 de dez. de 2019.

LIMA, Eduardo Weis Martins de. *Proteção do consumidor brasileiro no comércio eletrônico internacional*. São Paulo: Atlas, 2008.

LIMEIRA, Tânia Vidigal. *E-marketing na internet com casos brasileiros*. São Paulo: Saraiva, 2003.

LINDSTROM, Martin. *Brandwashed*: o lado oculto do *marketing*. Controlamos o que compramos ou são as empresas que escolhem por nós? Tradução de Rosemarie Ziegelmaier. Rio de Janeiro: Alta Books, 2018.

LORENZETTI, Ricardo Luis. Informática, cyberlaw, e-commerce. *In*: DE LUCCA, Newton de; FILHO, Adalberto Simão (Coords.). *Direito e internet*: aspectos jurídicos relevantes. Bauru: Edipro, 2001.

LORENZETTI, Ricardo. *Comércio Eletrônico*. Tradução de Fabiano Menke. São Paulo: Revista dos Tribunais, 2004.

MACHLUP, Fritz. *The production and distribution of knowledge in the United States*. Nova Jersey: Princeton University Press, 1962.

MAGRANI, Eduardo. *Entre dados e robôs*: ética e privacidade na era da hiperconectividade. Porto Alegre: Arquipélago Editorial, 2019.

MALTEZ, Rafael Tocantins. *Direito do consumidor e publicidade*: análise jurídica e extrajurídica da publicidade subliminar. Curitiba: Juruá, 2011.

MARQUES, Claudia Lima. *Confiança no comércio eletrônico e a proteção do consumidor*. São Paulo: Revista dos Tribunais, 2004.

MARQUES, Claudia Lima. *Contratos no Código de Defesa do Consumidor*: o novo regime das relações contratuais. São Paulo: Thomson Reuters Brasil, 2019. E-book.

MARQUES, Claudia Lima; MIRAGEM, Bruno; MOESCH, Teresa Cristina. Comentários ao Anteprojeto de Lei Geral de Defesa do Consumidor do Estado do Rio Grande do Sul, da OAB/RS. *Revista de Direito do Consumidor*, São Paulo, v. 90, p. 399-406, nov./dez. 2013.

MARTINS, Fernando Rodrigues. Sociedade da Informação e Promoção à Pessoa: Empoderamento Humano na Concretude de Novos Direitos Fundamentais. *In*: MARTINS, Fernando Rodrigues. *Direito Privado e Policontexturalidade*: fontes, fundamentos e emancipação. Rio de Janeiro: Lumen Juris, 2018.

MARTINS, Fernando Rodrigues. Sociedade da Informação e proteção da pessoa. *Revista da Associação Nacional do Ministério Público do Consumidor*, Juiz de Fora, v. 2, n. 2, 2016.

MARTINS, Fernando Rodrigues; FERREIRA, Keila Pacheco. Da idade média à idade mídia: a publicidade persuasiva digital na virada linguística do Direito. *In*: PASQUALOTTO, Adalberto (Org.). *Publicidade e proteção da infância*. Porto Alegre: Livraria do Advogado, 2018, v. 2.

MARTINS, Guilherme Magalhães. *Responsabilidade civil por acidente de consumo na internet*. São Paulo: Revista dos Tribunais, 2008.

MASUDA, Yoneji. *The information society as post-industrial society*. Tóquio: Institute for the Information Society, 1980.

McLUHAN, Marshall. *Os meios de comunicação como extensões do homem*. Tradução de Décio Pignatari. São Paulo: Cultrix, 2007.

MIRAGEM, Bruno. O ilícito e o abusivo: propostas para uma interpretação sistemática das práticas abusivas nos 25 anos. *Revista de Direito do Consumidor*, São Paulo, v. 104, p. 99-127, mar./abr. 2016.

MORAES, Maria Celina Bodin de. *Na medida da pessoa humana*: estudos de direito civil-constitucional. Rio de Janeiro: Renovar, 2016.

MULHOLLAND, Caitlin Sampaio. *A responsabilidade civil por presunção de causalidade*. Rio de Janeiro: GZ Editora, 2010.

NABAIS, José Casalta. *Por uma liberdade com responsabilidade*: estudos sobre direitos e deveres fundamentais. Coimbra: Coimbra Editora, 2007.

NANNI, Giovanni Ettore (Coord.). *Comentários ao Código Civil*: direito privado contemporâneo. São Paulo: Saraiva Educação, 2019.

PASQUALOTTO, Adalberto. *Os efeitos obrigacionais da publicidade no Código de Defesa do Consumidor.* São Paulo: Revista dos Tribunais, 1997.

PERLINGIERI, Pietro *O direito civil na legalidade constitucional.* Tradução de Maria Cristina De Cicco. Rio de Janeiro: Renovar, 1999.

PRATES, Cristina Cantú. *Publicidade na internet:* consequências jurídicas. Curitiba: Juruá, 2015.

RAMPAZZO SOARES, Flaviana. *Responsabilidade civil por dano existencial.* Porto Alegre: Livraria do Advogado, 2009.

RIES, Al; TROUT, Jack. *Marketing de Guerra.* Edição histórica 20 anos. Tradução de Auriphebo Berrance Simões. São Paulo: Mbooks, 2006.

RODOTÀ, Stefano. *El derecho a tener derechos.* Tradução do italiano para o espanhol de Jose Manuel Revuelta López. Madri: Trotta, 2014.

ROSENVALD, Nelson. *A responsabilidade civil pelo ilícito lucrativo*: o disgorgement e a indenização restitutória. Salvador: Juspodivm. 2019.

RUARO, Regina Linden. O direito fundamental à proteção de dados pessoais do consumidor e o livre mercado. *Revista de Direito do Consumidor*, v. 118, p. 195-219, jul./ago. 2018.

SANTOS, Antônio Jeová. *Dano moral na Internet.* São Paulo: Método, 2001.

SANTOS, Fabíola Meira de Almeida. *O marketing digital e a proteção do consumidor.* 2009. 181f. Dissertação (Mestrado em Direito) – Pontifícia Universidade Católica de São Paulo, São Paulo, 2009.

SCHREIBER, Anderson. *Direitos da personalidade.* São Paulo; Atlas, 2014.

SCHREIBER, Anderson. *Novos paradigmas da responsabilidade civil*: da erosão dos filtros da reparação à diluição dos danos. São Paulo: Atlas, 2012.

SILVA, Ana Beatriz Barbosa. *Mentes consumistas:* do consumismo à compulsão por compras. São Paulo: Globo, 2014.

SILVEIRA, Daniel. Brasil ganha 10 milhões de internautas em 1 ano, aponta IBGE. *G1 Economia*, Rio de Janeiro, 20 de dez. de 2018. Disponível em: https://g1.globo.com/economia/tecnologia/noticia/2018/12/20/numero-de-internautas-cresce-em-cerca-de-10-milhoes-em-um-ano-no-brasil-aponta-ibge.ghtml. Acesso em: 03 dez. 2019.

SOMBRA. Thiago Luís Santos. *Fundamentos da regulação da privacidade e proteção de dados pessoais.* São Paulo: Thomson Reuters Brasil, 2019. E-book.

SUNSTEIN, Cass R.; THALER, Richard H. *Nudge*: como tomar melhores decisões sobre saúde, dinheiro e felicidade. Tradução de Ângelo Lessa. Rio de Janeiro: Objetiva, 2019.

TAKAR, Téo. Bancos são condenados a pagar R$ 10 mi por prática abusiva em consignado. *UOL Economia*, 24 de nov. de 2017. Disponível em: https://economia.uol.com.br/noticias/redacao/2017/11/24/condenacao-cobranca-emprestimos-consignados-servidores-publicos-bancos-rj.htm. Acesso em: 12 dez. 2019.

TORRES, Cláudio. *A bíblia do marketing digital*: tudo o que você queria saber sobre marketing e publicidade na internet e não tinha a quem perguntar. São Paulo: Novatec Editora, 2018.

TURKLE, Sherry. *Alone Together*: why we expect more from technology and less from each other. Nova York: Basic Books, 2011.

VAN DIJK, Jan. *The network society.* 3. ed. Londres: Sage Publications, 2012.

VERBICARO, Dennis; RODRIGUES, Lays; ATAÍDES, Camille. Desvendando a vulnerabilidade comportamental do consumidor: uma análise jurídico-psicológica do assédio de consumo. *Revista de Direito do Consumidor*, São Paulo, v. 119, p. 349-384, set./out. 2018.

7
RESPONSABILIDADE CIVIL NO ÂMBITO EMPRESARIAL PELA PUBLICIDADE PARASITÁRIA NAS PLATAFORMAS DE BUSCA

Rafael Mott Farah

Sumário: 1. Introdução. 2. O uso de marcas de terceiro em buscas patrocinadas. 3. Das responsabilidades decorrentes do uso indevido de marcas de terceiro como palavra-chave em buscas patrocinadas. 4. Conclusão. Referências.

1. INTRODUÇÃO

Empresas, cada vez mais, disputam pela atenção dos consumidores. Nesse sentido, a Internet se apresenta como uma mídia alternativa para a publicidade – isso para não dizer como a principal[1]. Tal fenômeno faz com aqueles recursos destinados a facilitar o acesso à informação disponível na rede mundial de computadores passem a servir como ferramentas relevantes para a comunicação publicitária.

Dessa forma, além de possuir um site e perfis em redes sociais, as empresas buscam fazer com que tais endereços virtuais sejam facilmente encontrados pelos usuários, seus potenciais clientes. E é esse o nicho de mercado explorado pelos provedores de busca, a exemplo de Google, Yahoo! e Bing (Microsoft).

Os provedores de busca indexam grande parte do material disponibilizado na internet para exibi-los por ordem de relevância conforme a palavra-chave buscada pelo usuário. São, pois, "*as 'páginas amarelas' do mundo virtual*"[2].

Em síntese, plataformas de busca nada mais são do que ferramentas automatizadas de rastreamento e indexação de páginas da internet. Normalmente, as pesquisas feitas em tais plataformas funcionam em três etapas. Em primeiro lugar, o provedor rastreia a internet à procura de novas páginas ou atualizações de conteúdos de páginas já inde-

---

1. Nesse contexto, vale destacar a Resolução 01/2019, aprovada pelo conselho do CENP (Conselho Executivo das Normas-Padrão) em 16 de julho de 2019, que encerra uma antiga – embora não tão relevante – discussão para consolidar *"como Veículos de Divulgação ou Comunicação, para todos os efeitos da legislação de regência, todo e qualquer ente jurídico individual que tenha auferido receitas decorrentes da sua capacidade de transmissão de mensagens de propaganda/publicidade"*. Assim, para o CENP, órgão de autorregulamentação do mercado publicitário brasileiro, empresas como Google, Yahoo, Microsoft (Bing) e Facebook passam a ser formalmente consideradas como *veículos de mídia*.
2. RODRIGUES JÚNIOR, Edson Beas. Reprimindo a concorrência desleal no comércio eletrônico: links patrocinados, estratégias desleais de marketing, motores de busca na internet e violação aos direitos de marca. *Revista dos Tribunais*, São Paulo, v. 961, p. 35-93, nov. 2015, p. 35 *et seq.*

xadas. Feito isso, os resultados são compilados em uma espécie de índice com todas as palavras encontradas, sua localização e sua relevância em cada página. Assim, torna-se mais simples retornar os resultados de busca mais relevantes para os parâmetros buscados pelo usuário – a relevância, nesse contexto, é determinada por um algoritmo que considera inúmeros fatores.

Esse mecanismo é utilizado para as chamadas buscas orgânicas, ou seja, aquelas em que os resultados apresentados guardam relevância natural com a palavra-chave conforme parâmetros definidos pelo algoritmo da plataforma. Pode-se dizer, assim, que *"os resultados de busca orgânica são os 'naturais'"*[3].

Existem, contudo, outros tipos de resultados que costumeiramente são apresentados. São os denominados "resultados patrocinados", foco do presente estudo. Como o próprio nome denuncia são aqueles exibidos em função de um contrato firmado entre o usuário anunciante e o provedor de buscas, que se compromete a potencializar o alcance de um determinado endereço por um certo preço, isto é, se compromete a dar ele uma posição de destaque, aumentando, por consequência, o número de visualizações e acessos.

A receita dos provedores que oferecem esse tipo de serviço é obtida pela contagem dos cliques nos links patrocinados e é possível que mais de um anunciante efetue a compra de uma mesma palavra-chave, hipótese em que receberá uma posição destacada o anúncio daquele que estiver disposto a pagar mais por cada clique. É feito, em outras palavras, um verdadeiro leilão de palavras-chave[4].

A mecânica de funcionamento dos serviços mencionados não é complexa. Em primeiro lugar os anunciantes escolhem livremente as palavras-chave e, em razão do contrato prestado com o provedor de buscas, este efetua a afixação privilegiada, normalmente no topo da lista e em situação destacada, do anúncio do usuário como *"link patrocinado"*[5].

Com exceção ao fato de que os resultados patrocinados recebem uma posição de destaque que os distinguem dos resultados orgânicos, todos os resultados apresentam uma mesma estrutura: o título, a URL e o *snippet*, que nada mais é do que o texto que aparece abaixo do anúncio e mostra, para os resultados orgânicos, um "resumo" daquilo que foi localizado no site indicado como resultado, e para os patrocinados um texto definido pelo próprio anunciante.

Exemplo de resultado patrocinado	Google Adwords | AdWords agora é Google Ads (Anúncio) ads.google.com/GoogleAds ▼ 0800 724 6652 Seja Visto Por Clientes No Momento Em Que Eles Procuram Pelo Que Você Oferece. Sem investimento mínimo. Controle quanto investir. Alcance muitas pessoas. Alcance mais clientes. Práticas recomendadas. Aumente sua presença. Divulgue seu aplicativo. Pague só pelos resultados.

---

3. RODRIGUES Jr., Edson Beas. *Op. cit., loc. cit.*
4. Mais informações sobre o funcionamento do GoogleAdwords, o mais utilizado em nosso país, estão disponíveis em: https://support.google.com/google-ads/answer/142918?hl=pt-BR. Acesso em: 22 nov. 2019.
5. SANTOS, Manoel, J. Pereira. Responsabilidade civil pela utilização de ferramentas de hiperconexão e de busca na internet. *In:* SILVA, Regina Beatriz Tavares; SANTOS, Manoel J. Pereira (Coords.). *Responsabilidade Civil na Internet e nos demais meio de comunicação*. 2. ed. São Paulo: Saraiva, 2012, p. 278.

Exemplo de resultado orgânico	Google AdWords - Resultados Digitais https://resultadosdigitais.com.br › blog › o-que-e-google-adwords ▾ 9 de ago. de 2018 - Isso é o que você precisa saber sobre o **Google Adwords** para iniciar as suas primeiras campanhas. Acesse e saiba como utilizar a plataforma ...

Assim, o uso da marca de terceiros pode se dar de três maneiras: mediante sua simples inserção como palavra-chave, hipótese em que o termo escolhido não será explicitamente apresentado ao consumidor, mediante sua apresentação no título, na URL ou, ainda, no *snippet*.

Com relação às últimas hipóteses, não restam dúvidas sobre a ilegalidade da conduta, já que a expressa apresentação da marca de terceiro teria o condão de gerar confusão suficiente no consumidor, o que implicaria conduta de concorrência desleal. A constatação é reforçada pelo fato de que a conduta é vedada pelos próprios provedores, como é o caso do Google[6].

Assim, o presente estudo se debruçará sobre o que há de mais relevante e polêmico sobre o tema: quais são as responsabilidades dos provedores de busca e dos próprios anunciantes pela compra da marca alheia como palavra-chave, isto é, apenas como elemento interno do algoritmo na escolha dos anúncios que serão exibidos, sem a exibição expressa do sinal distintivo?

2. O USO DE MARCAS DE TERCEIRO EM BUSCAS PATROCINADAS

É fato notório que algumas empresas cadastram como palavras-chave de seus anúncios as marcas de titularidade de terceiros, com o intuito de que seu site também seja exibido quando um consumidor fizer buscas utilizando como parâmetro estas marcas.

Embora a questão se encontre pacificada quando a marca é exibida de maneira direta e expressa aos consumidores, qual é a solução dada pelo nosso ordenamento jurídico quando a marca é utilizada apenas como palavra-chave, ou seja, quando ela não é exibida no texto, no título ou no *snippet* do anúncio?

Para entender a questão, é preciso ter em mente que a Lei de Propriedade Industrial (Lei Federal 9.279/96) garante ao titular da marca o direito de, dentre outros, gozar de seu *uso exclusivo* em todo o território nacional (art. 129[7]). E nem poderia ser diferente, já que o registro confere ao titular a propriedade da marca, que garante o direito do titular (*rectius*: proprietário) a "*usar, gozar e dispor da coisa, e o direito de reavê-la do poder de quem quer que injustamente a possua ou detenha*" (art. 1.228, Código Civil).

A propriedade das marcas recebeu inclusive proteção constitucional, sob a égide do artigo 5º, que em seu inciso XXIX, determina que "*a lei assegurará [...] proteção às*

---

6. Disponível em: https://support.google.com/adspolicy/answer/6118. Acesso em: 10 set. 2019.
7. "Art. 129. A propriedade da marca adquire-se pelo registro validamente expedido, conforme as disposições desta Lei, sendo assegurado ao titular seu uso exclusivo em todo o território nacional, observado quanto às marcas coletivas e de certificação o disposto nos arts. 147 e 148."

criações industriais, à propriedade das marcas, aos nomes de empresas e a outros signos distintivos, tendo em vista o interesse social e o desenvolvimento tecnológico e econômico do País".

Todavia, essa propriedade não pode ser exercida de modo absoluto. Nesse sentido, Tullio Ascarelli salienta que a proteção da marca não constitui nenhuma premiação a um esforço de criação intelectual que pudesse ser protegida por si mesma, mas sim um instrumento de diferenciação concorrencial, que tem a proteção dos consumidores como seu fundamento[8].

Nesse sentido, foi a escolha do legislador ao promulgar o Código de Defesa do Consumidor. Em seu artigo 4º, o diploma consumerista define os princípios que regerão as relações por ele reguladas. Dentre os princípios encontram-se a coibição e a repressão da concorrência desleal e da utilização indevida de marcas e signos distintivos[9].

Para Denis Barbosa, referido dispositivo do Código de Defesa do Consumidor busca coibir os abusos *"que possam causar prejuízos aos consumidores [...] pois há concorrências desleais que favorecem, e não lesam, os consumidores"*[10].

A fruição da propriedade da marca também possui limitações por expressa disposição legal. O artigo 132 da LPI determina, por exemplo, que o titular da marca não poderá (i) impedir sua utilização por comerciantes ou distribuidores em sua comercialização; (ii) impedir que fabricantes de acessórios utilizem a marca para indicar destinação de um produto; (iii) impedir a livre circulação de produto no mercado interno e (iv) impedir sua citação em discurso, obra científica ou literária, desde que sem conotação comercial e sem prejuízo para o caráter distintivo da marca.

As limitações ao gozo da propriedade pelo titular da marca, todavia, não justificam a utilização de marca alheia como palavra-chave em buscas patrocinadas. Para Rodrigues Junior, essa prática é manifestamente contrária ao regime marcário do Brasil, pois (i) parasita o prestígio da marca alheia; (ii) faz com que ocorra a diluição da marca alheia; (iii) prejudica a função publicitária da marca alheia ao reduzir a sua visibilidade orgânica nos buscadores, fazendo com que (iv) os seus titulares tenham que aumentar os seus investimentos em publicidade[11].

De fato, a utilização de marcas registradas de terceiros como palavra-chave acaba gerando um aumento no valor do termo escolhido, em consequência direta do leilão de

---

8. No original: *"La protección de la marca no constituye ni un premio a un esfuerzo de creación intelectual, que pueda ser protegida por sí misma, ni un premio por las inversiones en publicidad; es un instrumento para una diferenciación concurrencial que tiene como último fundamento la protección de los consumidores y por lo tanto, sus límites, en la función distintiva que cumple"*. (ASCARELLI, Tullio. *Teoria de la concurrencia e de los bienes imateriales*. Tradução do italiano para o espanhol de E. Verdera y L. Suárez-Llanos. Barcelona: Bosch, 1970, p. 438-439).
9. "Art. 4º A Política Nacional das Relações de Consumo tem por objetivo o atendimento das necessidades dos consumidores, o respeito à sua dignidade, saúde e segurança, a proteção de seus interesses econômicos, a melhoria da sua qualidade de vida, bem como a transparência e harmonia das relações de consumo, atendidos os seguintes princípios: VI – coibição e repressão eficientes de todos os abusos praticados no mercado de consumo, inclusive a concorrência desleal e utilização indevida de inventos e criações industriais das marcas e nomes comerciais e signos distintivos, que possam causar prejuízos aos consumidores."
10. BARBOSA, Denis Borges. *Uma introdução à propriedade intelectual*. 2. ed. Disponível em: http://www.denisbarbosa.addr.com/arquivos/livros/umaintro2.pdf. Acesso em: 13 jun. 2019.
11. RODRIGUES Jr., Edson Beas. *Op. cit.*, *loc. cit.*

palavras-chave que é realizado pelos provedores. Referido aumento, por sua vez, afeta o retorno sobre o investimento feito em publicidade pelo titular da marca, que terá que pagar mais caro pelo uso da própria marca como palavra-chave diante da concorrência. A prática culmina, portanto, em evidente lesão ao parasitado.

Os argumentos expostos por Rodrigues Junior[12] demonstram bem os prejuízos suportados pelo titular da marca violada, sejam eles diretos ou indiretos. Dentre os indiretos, destaca-se a diluição da marca que, para Filipe Cabral, "*constitui uma ofensa à integridade moral de uma marca. É uma conduta que causa dano à reputação do sinal (...)*"[13].

Há, também, de se considerar a proteção a todo o sistema econômico de uma forma geral, ou a "teoria da proteção ao *sweat of the brow*". Como ensina Denis Barbosa, a inexistência de um investimento do copiador que se apropria sem qualquer custo de um valor do mercado de seu concorrente acaba por diminuir o incentivo daquele que tem a marca violada, acarretando prejuízos a toda economia de forma geral[14].

O Superior Tribunal de Justiça possui entendimento pacífico no sentido de que o titular de qualquer marca, independente de usufruir de grande prestígio de mercado, possui a legitimidade de adotar medidas de repressão à concorrência desleal, aqui incluída também em sua forma parasitária, em que há a apropriação, ainda que indireta, de investimentos realizados pelo titular[15]. Para o STJ, vale ressaltar, a concorrência parasitária se configura mediante a "*exploração indevida do prestígio alheio na promoção dos próprios serviços*".[16]

Em recente julgamento, o Tribunal de Justiça de São Paulo reconheceu que a concorrência parasitária restará configurada sempre que persistir exploração indevida do prestígio alheio para promoção de produtos ou serviços, e que sua licitude apenas poderá ser declarada caso presente algumas das situações previstas no artigo 132 da LPI. Inexistindo qualquer dessas situações excepcionais, restará claro o prejuízo à função publicitária da marca ao ser reduzida sua visibilidade e, consequentemente, a ilicitude do ato[17]. No mesmo julgado, o Relator consignou que:

Persiste, a partir da instrumentalização da ferramenta de busca, a sobreposição da apresentação de um produto ou serviço fornecido por uma empresa menos conhecida àquele oferecido por um concorrente mais conhecido com o aproveitamento parasitário da fama alheia, o que implica na violação das regras de conduta impostas para a salvaguarda da convivência entre os empresários, conformando, ao contrário do proposto pela corré Google, ilicitude.[18]

Acompanhando o posicionamento da jurisprudência, o Denis Barbosa defende que o que se busca prevenir na concorrência parasitária não é o parasitismo em si, mas

---

12. RODRIGUES Jr., Edson Beas. *Op. cit.*, *loc. cit.*
13. CABRAL, Filipe F. Diluição de marca: uma teoria defensiva ou ofensiva? *Revista da Associação Brasileira de Propriedade Industrial*, São Paulo, n. 58, maio/jun. 2012.
14. BARBOSA, Denis Borges. *Op. cit.*, p. 286.
15. STJ. REsp n. 1.105.422/MG, Terceira Turma, Rel. Min. Nancy Andrighi, j. 10.05.2011.
16. STJ. AREsp n. 683.316/SP, Quarta Turma, Rel. Min. Luis Felipe Salomão, j. 04.05.2015.
17. TJSP. Apelação 1033082-69.2018.8.26.0100, 1ª Câmara Reservada de Direito Empresarial, Rel. Des. Fortes Barbosa, j. 09.10.2019.
18. Até o momento da finalização deste artigo, o acórdão mencionado não transitou em julgado.

a lesão sobre o parasitado[19], até mesmo porque *"a concorrência não se identifica com a boa-fé subjetiva"*.[20]

Calixto Salomão Filho, nesse sentido, consigna que garantir uma concorrência saudável significa garantir duas coisas diversas: A primeira é que o sucesso das empresas dependa de suas respectivas eficiências e não da sua capacidade de desviar consumidores de seus concorrentes, enquanto a segunda nada mais é do que uma decorrência direta da primeira, que se consubstancia na garantia do fluxo íntegro de informações ao consumidor.[21]

A princípio, a utilização de marcas de terceiros como palavras-chave, sem sua exibição direta ao consumidor, não tem o condão de induzir o consumidor em erro, ainda que ele seja *"um observador extremamente desatento"*[22]. De fato, aquele que realiza a compra da marca apenas como palavra-chave (ou seja, sem exibir explicitamente a marca ao usuário) não tem, geralmente, a intenção de fazer se passar pelo seu concorrente, mas sim de mostrar-se como uma opção viável no mercado.

De qualquer maneira, mesmo que não exista confusão entre os consumidores, o titular da marca permanecerá suportando diversos prejuízos decorrentes da conduta do terceiro que utiliza sua marca como palavra-chave em buscas patrocinadas. Há, portanto, uma ação que viola direitos e gera danos a outrem, o que é suficiente para que se reconheça a ilicitude da conduta (artigo 186, Código Civil).

Também não há que se falar que tal prática se equipararia à publicidade comparativa. Embora ela seja uma prática legal, o artigo 32 do Código de Auto Regulação Publicitária do CONAR impõe à publicidade comparativa alguns princípios e limites, determinando, dentre outras, que (i) seu objetivo maior seja o esclarecimento; (ii) não se estabeleça confusão entre produtos e marcas concorrentes; (iii) não se caracterize concorrência desleal, depreciação à imagem do produto ou à marca de outra empresa; (iv) não se utilize injustificadamente a imagem corporativa ou o prestígio de terceiros[23].

---

19. "Dir-se-ia que não é o parasitismo só que é recusável; apenas no caso de que se possa induzir confusão entre o público quanto à origem dos produtos ou serviços, ou quando possa ocorrer denigramento do titular original, ou ainda diluição de sua imagem no mercado, se teria algo contra o que se poderia arguir, no caso, alguma iniquidade da regra de livre concorrência. Ou seja, não é o parasitismo, mas a lesão sobre o parasitado que se visaria prevenir e compor." (BARBOSA, Denis Borges. *Op. cit.* p. 282).
20. BARBOSA, Denis Borges. *Op. cit.*, p. 261.
21. SALOMÃO FILHO, Calixto. *Condutas tendentes à dominação dos mercados: análise jurídica*. Tese apresentada para concurso de Professor Titular de Direito Comercial da Faculdade de Direito da Universidade de São Paulo (FDUSP), São Paulo, 2001, p. 60-61.
22. Nesse sentido: "Em condições normais, o consumidor é um observador extremamente desatento. Dificilmente se prende aos detalhes do rótulo da marca. Ignora as minúcias usadas mesmo na logotipia de marcas famosas. Veja-se o caso da marca de leite condensado MOÇA: a despeito de ser notoriamente conhecida pela população em geral, poucos saberiam dizer quantas tinas a moça carrega, quais as cores e figuras de seu vestido (ou é um avental?), qual a posição do braço esquerdo e assim por diante. O consumidor guarda apenas uma imagem geral da marca, sem se prender à análise de todos os seus pormenores" (SCHMIDT, Lélio Denícoli. A proteção das marcas no Brasil. *In:* COELHO, Fábio Ulhoa (Coord.). *Tratado de Direito Comercial*. São Paulo: Saraiva, 2015, v. 6, p. 262).
23. No mesmo sentido é a Resolução 126/1996 do Mercosul, a publicidade comparativa será permitida sempre que sejam respeitados alguns princípios e limites. Em primeiro lugar, ela não pode ser enganosa e seu principal objetivo deve ser o esclarecimento da informação ao consumidor. Da mesma forma, precisa ter por princípio básico a objetividade na comparação – que também deve ser passível de comprovação –, proibindo-se a utilização de dados subjetivos, de caráter psicológico ou emocional. Ademais, ela não pode desprestigiar a imagem alheia ou, ainda, estabelecer confusão entre os produtos, serviços ou marcas de outras empresas.

Gustavo Leonardo defende que para aceitar a licitude da publicidade comparativa, deve-se aceitar a prevalência do princípio constitucional da livre expressão da atividade de comunicação sobre o da proteção da propriedade das marcas. Por tal razão, sempre deverá ser observada a prevalência do conteúdo informativo sobre as demais mensagens, sob pena de ser validada a concorrência desleal do uso indevido de marca alheia por intermédio da propaganda comparativa.[24]

Com efeito, a propaganda comparativa é permitida, mas deve ser feita dentro de certos limites para que possa ser considerada lícita. Ela será ilícita quando tiver o condão de, em síntese, estabelecer confusão entre produtos e/ou marcas que concorrem entre si, quando for utilizada como forma de denegrir a imagem de produto e/ou marcas de terceiros, quando ocorrer o desvio de clientela[25] ou, ainda, quando injustificadamente for utilizado o prestígio de terceiros.

No caso da utilização de marcas registradas de terceiros como palavras-chave em buscas patrocinadas, pode-se falar tanto em denegrimento da marca, desvio de clientela e uso injustificado do prestígio de terceiros. Assim, mesmo que se reconheça que se trata de publicidade comparativa, estaremos diante de uma publicidade comparativa fora de seus limites legais e, portanto, ilícita.

O reconhecimento do uso de marca de terceiro como palavra-chave em buscas patrocinadas como ato ilícito, vale dizer, também é uma tendência forte do Poder Judiciário, como indica o estudo feito em 2016 por Daniel de Souza *et all*.[26], o qual foi consubstanciado em uma pesquisa empírica realizada nos sites dos principais Tribunais brasileiros.

A reparação pelos danos decorrentes da violação da marca é regulada pela LPI (artigos 208 a 210), sendo possível ao terceiro cuja marca foi violada requerer a reparação pelos danos materiais e morais[27] decorrentes do ilícito, bem como requerer a própria cessação do ilícito.

---

24. LEONARDOS, Gustavo S., A Perspectiva dos Usuários dos Serviços do INPI em Relação ao Registro de Marcas sob a Lei 9.279/96. *Anais do XVII Seminário Nacional de Propriedade Intelectual*. São Paulo: Associação Brasileira da Propriedade Intelectual – ABPI, 1997.
25. STJ, REsp n. 1.377.911, 4ª Turma, Rel. Min. Luis Felipe Salomão, j. 02.10.2014.
26. No estudo, os autores concluíram que *"nossos tribunais vêm solidificando o entendimento de que o uso de sinal distintivo concorrente como palavra-chave de link patrocinado caracteriza ato de concorrência desleal"*. (SOUZA, Daniel Adensohn de; OQUENDO, Felipe Barros; VALAZIANE, Isís Moret Souza; e MAIA, Lívia Barboza. A Jurisprudência sobre o uso de links patrocinados como instrumento de concorrência desleal. *Revista da Associação Brasileira de Propriedade Industrial*, São Paulo, 143, jul./ago. 2016, p. 53-66).
27. Cumpre destacar que, nestes casos, há divergência na jurisprudência sobre serem os danos materiais e morais presumidos ou não, senão vejamos alguns exemplos: Civil e comercial. Recurso especial. Propriedade industrial. Marca. Uso indevido. Danos materiais. Presunção. Danos morais. Comprovação. [...] 2. Na hipótese de uso indevido de marca, capaz de provocar confusão entre os estabelecimentos e consequente desvio de clientela, desnecessária a prova concreta do prejuízo, que se presume. 3. Há que ser demonstrado o efetivo prejuízo de ordem moral sofrido pelo titular do direito de propriedade industrial, decorrente da sua violação. Na hipótese, configurado pelo protesto efetuado. 4. Recurso especial provido". (STJ, REsp n. 1.174.098/MG, Terceira Turma, Rel. Min. Nancy Andrighi, j. 04.08.2011); Marca. Obrigação de não fazer c/c reparação de dano. *Link* patrocinado. Uso da marca da autora como palavra chave de *link* patrocinado contratado pela ré. O consumidor que fazia uma busca na internet pelo nome da autora obtinha como resposta, dentre as opções, o site da ré. Uso parasitário da marca. Dano moral presumido. Lesão à honra, reputação e imagem da autora que, ao lado do uso parasitário do nome da sociedade empresária, deve ser indenizado. Não comprovação de danos materiais. Provimento em parte, para determinar a abstenção do uso da marca da autora e fixar dano moral em R$ 20.000,00, que se ajusta aos parâmetros da jurisprudência. Sucumbência recíproca e honorários fixados em 20% do valor da condenação para cada qual.

Superado este ponto, restando demonstrada a ilicitude da conduta, passa-se a discutir a responsabilidade dos agentes na conduta. Quem deve responder pelos danos suportados pelo titular da marca violada?

3. DAS RESPONSABILIDADES DECORRENTES DO USO INDEVIDO DE MARCAS DE TERCEIRO COMO PALAVRA-CHAVE EM BUSCAS PATROCINADAS

A responsabilização do anunciante que compra a marca de terceiro como palavra-chave não levanta muitas questões. A discussão que merece atenção diz respeito à responsabilização do provedor de buscas pelos anúncios feitos com a mecânica analisada neste artigo.

A discussão ganha maiores contornos com a vigência do Marco Civil da Internet que, em seu artigo 19, limita a responsabilidade do provedor de aplicações de internet – gênero do qual o provedor de buscas é espécie – pelos conteúdos gerados por terceiros. Com efeito, por expressa disposição legal, o provedor de aplicações de Internet apenas será responsabilizado por conteúdos de terceiros na hipótese de descumprir uma ordem judicial específica de remoção.

Mesmo diante do artigo 19 do Marco Civil da Internet, Rodrigues Junior[28] indica a existência de uma responsabilidade objetiva dos provedores de busca nestes casos, já que o serviço de links patrocinados é, usualmente, prestado mediante uma contraprestação financeira. Considerando que o fornecimento de motores de busca com resultados patrocinados possui o potencial de gerar danos aos titulares de marcas, os provedores devem adotar todas as medidas a sua disposição *"para prevenir que seus clientes (anunciantes) se beneficiem injustamente dos bens intelectuais de terceiros"*[29].

Referido autor prossegue sua argumentação aduzindo que diferentemente do que acontece com os resultados orgânicos, em que os provedores de fato não possuem qualquer ingerência sobre a criação dos conteúdos, os resultados patrocinados são controlados

---

(TJSP, Ap. 0175492-17.2011.8.26.0100, 1ª Câmara Reservada de Direito Empresarial, Rel. Des. Enio Zuliani; j. 13/07/2016); Propriedade industrial. Marca. Veiculação publicitária. *Link* patrocinado do google. Utilização indevida da marca da autora. Reparação por danos morais. A ré, ao cadastrar seu anúncio junto ao Google, em link patrocinado, citou como palavra-chave de busca a marca "Neocom", registrada em nome da autora. Assim, por ocasião de buscas feitas por usuários, que citavam a palavra "Neocom", constava-se o registro da autora, titular da marca, e, em destaque, como um dos primeiros apontamentos, a publicidade da ré, que buscava atrair, portanto, clientela antes direcionada exclusivamente à autora. Ao pretender que sua empresa estivesse atrelada ao signo da autora no momento da veiculação de anúncio, a ré, além do uso indevido da marca da autora, cometeu desvio de clientela, o que não pode ser admitido, ainda que tenha vigência o princípio da livre concorrência. Acrescenta a doutrina referida que para caracterizar a concorrência desleal é preciso que haja a quebra da competitividade pela busca desleal da clientela alheia. Ambas as partes atuam no mesmo segmento mercadológico e, seguramente, o uso indevido da marca pela ré induziu clientes a erro. Danos morais. Não se cuida de admitir a indenização punitiva, mas, em face da realidade que se apresenta, devesse admitir que o dano efetivamente ocorreu pelo ato de concorrência desleal. Os atos ofendem direitos intangíveis da empresa, como a clientela, independentemente da prova de qualquer diminuição patrimonial da vítima. Outra solução assegura o que a doutrina moderna denomina ilícito lucrativo. Incidência de correção monetária desde o arbitramento da reparação por danos morais. Súmula 362, do STJ. Recurso parcialmente provido para este fim. [...] (TJSP, Ap. 1007078-04.2016.8.26.0152, 2ª Câmara Reservada de Direito Empresarial, Rel. Des. Carlos Alberto Garbi; Comarca: São Paulo; j. 11.12.2017).

28. RODRIGUES Jr., Edson Beas. *Op. cit.*, *loc. cit.*
29. RODRIGUES Jr., Edson Beas. *Op. cit.*, *loc. cit.*

pelos provedores de busca já que as palavras-chave são armazenadas em seus servidores e já que eles interferem na ordem de apresentação dos resultados – quanto mais alto o valor por clique, melhor a posição do anúncio. Conclui, assim, que a *"filtragem do conteúdo das pesquisas feitas por cada usuário constitui atividade intrínseca ao serviço prestado pelos provedores de links patrocinados, de modo que se pode reputar defeituoso, nos termos do art. 14 do CDC, o serviço que não exerce esse controle"*[30].

Cita-se, nessa toada, o julgamento da Apelação 0218907-50.2011.8.26.0100, oportunidade em que o Tribunal de Justiça de São Paulo reconheceu a legitimidade passiva do provedor de buscas Google para responder pelos prejuízos sofridos pelo titular da marca, *"pois mantém relação contratual com a correquerida para a utilização do sistema"*, aplicando, na oportunidade, a teoria do risco, já que houve a eleição do Google por sistema impediente de controle prévio e que dali obtém retorno pecuniário.[31]

Em outro caso emblemático[32], o Tribunal de Justiça de São Paulo também reconheceu a responsabilidade solidária do provedor Google. Para o Relator Francisco Loureiro, a corresponsabilidade deriva dos artigos 130, inciso III, 190 e 195, incisos III e VI da LPI, já que a propriedade industrial gera direitos absolutos, dotados de força *"erga omnes"*, afastando a alegação da empresa de ignorância acerca da divulgação parasitária. O acórdão ainda ponderou que se o titular da marca é estranho à relação tida entre Google e anunciante, a responsabilidade teria natureza aquiliana, o que também geraria solidariedade, nos termos do artigo 942 do Código Civil.

No mesmo caso, a aplicação do artigo 19 do Marco Civil da Internet, invocado pelo Google, foi afastada sob o fundamento de que a violação da marca se deu antes de sua vigência, bem como sob o argumento de se ele se dispõe a vender anúncios em sua plataforma sem analisar previamente o potencial lesivo dos conteúdos ali inseridos, deve arcar com as consequências de sua omissão, pela aplicação da teoria do "risco-proveito". Ainda foi consignado que *"se delibera contratar com milhares de usuários sem qualquer prévio controle de violação de direitos imateriais alheios, e com isso aufere receitas, mas potencializa o risco de danos, deve responder se o risco se converte em prejuízo real"*.

---

30. RODRIGUES Jr., Edson Beas. *Op. cit., loc. cit.*
31. "[...] Obrigação de não fazer c.c. reparação de dano moral. Uso do nome empresarial da autora como palavra-chave de link patrocinado contratado pela corré ODONTOPREV junto ao site de busca mantido pelo corréu Google. O consumidor que faz uma busca na internet pelo nome da autora é direcionado para o site da corré ODONTOPREV, que atua no mesmo ramo da requerente. Legitimidade passiva do Google, pois mantém relação contratual com a correquerida para a utilização do sistema. Eleição, de método impediente de controle prévio, acarreta responsabilidade do Google acerca de eventuais prejuízos causados a terceiros, sobretudo porque a contratação do aludido programa confere-lhe retorno pecuniário. Direito do depositante à proteção da marca. Artigo 130, III, da Lei 9279/96. Concorrência desleal caracterizada. Determinação para que os corréus se abstenham da conduta, sob pena de multa diária de R$ 1.000,00. Danos morais devidos e oriundos da ilicitude que advêm da violação da marca e da concorrência desleal. Prejuízo presumido. Lesão à honra, reputação e imagem da autora que, ao lado do uso parasitário do nome da sociedade empresária, deve ser indenizada para prestígio da marca e do nome e em benefício do consumidor. Teoria do "ilícito lucrativo" mencionada em embargos infringentes em que prevaleceu a tese sustentada. DANOS MORAIS QUE DEVEM SER DIMINUÍDOS E ARBITRADOS EM R$ 50.000,00 de modo a se ajustar aos parâmetros da jurisprudência. Recurso provido em parte para tanto. [...]" (TJSP, Ap. 0218907-50.2011.8.26.0100, 1ª Câmara Reservada de Direito Empresarial, Rel. Des. Maia da Cunha; j. 13.07.2016).
32. TJSP, Apelação Cível 0130935-08.2012.8.26.0100, 1ª Câmara Reservada de Direito Empresarial, Rel. Des. Francisco Loureiro, j. 9.11.2016.

Os dois precedentes acima citados têm uma coisa em comum: os fatos que consubstanciam as respectivas causas de pedir aconteceram antes da vigência do Marco Civil da Internet.

Entretanto, a questão é polêmica. Em outro caso em que os fatos também são anteriores à vigência do Marco Civil da Internet, o Tribunal de Justiça de São Paulo afastou a responsabilidade dos provedores, justamente com base no artigo 19 do Marco Civil da Internet.

É o caso do julgamento da apelação 1054774-03.2013.8.26.0100, em que o Tribunal de Justiça afastou a responsabilidade do Google pela utilização da marca de terceiro como palavra-chave, sob o fundamento de que se trata de um conteúdo gerado por terceiro e, portanto, a responsabilidade do provedor de busca apenas se opera quando (e se) houver descumprimento de ordem judicial específica para sua remoção.[33] Vale ressaltar, entretanto, que mesmo assim o provedor foi obrigado a abster-se de registrar a marca da autora a anúncios patrocinados de terceiros.

Se antes da vigência do Marco Civil da Internet a questão já levantava acesas polêmicas, a sua vigência parece ter acentuado ainda mais os debates em torno da questão. Em um recente caso julgado pelo Tribunal de Justiça de São Paulo[34], o provedor de buscas foi condenado a indenizar um titular que teve sua marca associada a um concorrente nas buscas patrocinadas.

Para o Relator, a prestação de serviços de resultados patrocinados é uma relação contratual onerosa e que não imuniza o seu provedor sobre os efeitos que ela gera na esfera jurídica de terceiros. Foi reconhecido, ainda, que ao prestar esse serviço, o provedor não atuava como um simples hospedeiro de conteúdo gerados por terceiros, colocando-se como um verdadeiro parceiro comercial de empresas anunciantes, auferindo lucro decorrente das publicações.

---

33. Obrigação de fazer. Links patrocinados. Permissão de utilização por terceiros de marca registrada como palavra-chave. Concorrência desleal. Insurgência da autora em face de sentença de improcedência. Pretensão de exclusão dos resultados de links patrocinados quando utilizado como palavra-chave marca de sua titularidade. Insulfilm. Pretensão relacionada à ferramenta Google Search (resultado de pesquisa de links não patrocinados) não reiterada em apelação. Alegação de que disponibilização do espaço publicitário acarretaria violação a direito de marca e concorrência desleal. Reparação de danos materiais e morais. Acolhimento parcial. Serviço oferecido pela Google que permite associação de termos de pesquisa a anúncios patrocinados. Palavras-chaves escolhidas pelos anunciantes. Vinculação indevida de marca registrada a anúncios publicitários de terceiros. Possibilidade de cessação mediante simples impedimento de utilização da palavra-chave em questão. Indevida abertura de espaço para que outras marcas se beneficiem do prestígio da autora. Reparação de danos. Inviabilidade. Conteúdo gerado por terceiros. Art. 19, Lei 12.965/14. Reforma parcial. Ré impedida de associar marca registrada da autora a anúncios patrocinados de terceiros. Impossibilidade de utilização da marca registrada como palavra-chave para associação com anúncios pagos terceiros. Sucumbência recíproca. Recurso provido em parte. (TJSP. Apelação 1054774-03.2013.8.26.0100, 3ª Câmara de Direito Privado, Rel. Des. Carlos Alberto de Salles, j. 17.01.2017).
34. Ação ordinária de obrigação de não fazer e indenizatória – Extinção do processo – Irrazoabilidade – Autora licenciada para o uso da marca "Boston Medical Group" – Legitimidade ativa reconhecida – Julgamento de mérito (CPC, art. 1.013, § 3º, I) – Associação indevida, pela corré Keilla do elemento nominativo "Boston Medical Group" ao seu nome de domínio www.drakeillafreitas.com.br, através do serviço de "links" patrocinados do apelado Google – Comprovação – Possibilidade de confusão e desvio de clientela – Concorrência desleal – Responsabilização do sítio eletrônico de buscas ("Google") pela permissão de veiculação do anúncio – Cabimento – Obtenção de lucro que o coloca na cadeia da prática do ilícito – Danos morais, "in re ipsa", devidos – Sentença reformada – Recurso provido. (TJSP. Apelação 1085064-25.2018.8.26.0100. 2ª Câmara Reservada de Direito Empresarial. Rel. Des. Mauricio Pessoa, j. 10.09.2019).

4. CONCLUSÃO

As inovações carregam consigo quebras de antigos paradigmas, o que faz com que o operador do direito tenha que se atualizar para acompanhar a nova realidade que nos cerca. Quebras de paradigmas geram invariavelmente polêmicas e com a publicidade na internet não foi diferente.

Grande parte das questões encontram-se sedimentadas. Não parece existir muita dúvida sobre a ilicitude da utilização de marcas de terceiros como palavras-chave em buscas patrocinadas, da mesma forma que não há discussão sobre a responsabilidade objetiva do anunciante.

A questão que gera maior discussão diz respeito à responsabilidade dos provedores de buscas. Por um lado, o artigo 19 do Marco Civil da Internet limita sua responsabilidade sobre conteúdos gerados por terceiros, determinando que eles apenas poderão ser responsabilizados caso descumpram ordem judicial específica de remoção de determinado conteúdo. De outro lado, não é segredo que os provedores auferem lucros com a venda das palavras-chave e que a ausência de uma verificação prévia potencializa esses lucros em duas frentes: além de economizar com mão de obra ou com a criação de filtros tecnológicos, aumentam sua receita mediante o leilão que é realizado com a venda das palavras-chave, que se tornam mais concorridas.

Embora a jurisprudência pareça caminhar para reconhecer a responsabilidade dos provedores de busca, não se pode afirmar que a questão esteja pacificada. Até mesmo por ser uma questão há relativamente pouco tempo judicializada, é importante que passe por um período de amadurecimento.

REFERÊNCIAS

ASCARELLI, Tullio. *Teoria de la concurrencia e de los bienes imateriales*. Tradução do italiano para o espanhol de E. Verdera y L. Suárez-Llanos. Barcelona: Bosch, 1970.

BARBOSA, Denis Borges. *Uma introdução à propriedade intelectual*. 2. ed. Disponível em: http://www.denisbarbosa.addr.com/arquivos/livros/umaintro2.pdf. Acesso em: 13 jun. 2019.

CABRAL, Filipe F. Diluição de marca: uma teoria defensiva ou ofensiva? *Revista da Associação Brasileira de Propriedade Industrial*, São Paulo, n. 58, maio/jun. 2012.

LEONARDOS, Gustavo S., A Perspectiva dos Usuários dos Serviços do INPI em Relação ao Registro de Marcas sob a Lei 9.279/96. *Anais do XVII Seminário Nacional de Propriedade Intelectual*. São Paulo: Associação Brasileira da Propriedade Intelectual – ABPI, 1997.

RODRIGUES JÚNIOR, Edson Beas. Reprimindo a concorrência desleal no comércio eletrônico: links patrocinados, estratégias desleais de marketing, motores de busca na internet e violação aos direitos de marca. *Revista dos Tribunais*, São Paulo, v. 961, p. 35-93, nov. 2015.

SALOMÃO FILHO, Calixto. *Condutas tendentes à dominação dos mercados: análise jurídica*. Tese apresentada para concurso de Professor Titular de Direito Comercial da Faculdade de Direito da Universidade de São Paulo (FDUSP), São Paulo, 2001.

SANTOS, Manoel, J. Pereira. Responsabilidade civil pela utilização de ferramentas de hiperconexão e de busca na internet. In: SILVA, Regina Beatriz Tavares; SANTOS, Manoel J. Pereira (Coords.). *Responsabilidade Civil na Internet e nos demais meio de comunicação*. 2. ed. São Paulo: Saraiva, 2012.

SCHMIDT, Lélio Denícoli. A proteção das marcas no Brasil. *In:* COELHO, Fábio Ulhoa (Coord.). *Tratado de Direito Comercial.* São Paulo: Saraiva, 2015, v. 6.

SOUZA, Daniel Adensohn de; OQUENDO, Felipe Barros; VALAZIANE, Isís Moret Souza; e MAIA, Lívia Barboza. A Jurisprudência sobre o uso de links patrocinados como instrumento de concorrência desleal. *Revista da Associação Brasileira de Propriedade Industrial*, São Paulo, n. 143, jul./ago. 2016.

8
1984 NO SÉCULO XXI? UM ESTUDO SOBRE A (I)LEGALIDADE DE O ESTADO SABER A LOCALIZAÇÃO DAS PESSOAS POR MEIO DO CELULAR

Gabriel Oliveira de Aguiar Borges

Sumário: 1. Introdução. 2. A Internet das coisas e a fragilidade do usuário da inteligência artificial. 3. Da privacidade ao direito fundamental à autodeterminação informativa. 4. O mito do consentimento. 5. Proteção de dados e segurança pública. 6. Considerações finais. Referências.

1. INTRODUÇÃO

Na obra 1984, George Orwell cria uma distopia em que o personagem central, de nome Winston, se encontra preso na engrenagem totalitária de uma sociedade totalmente subjugada pelo Estado, onde as pessoas vivem sozinhas, mas fazem tudo coletivamente e ninguém escapa ao olhar vigilante do chamado *Big Brother*[1].

A ideia de um Estado que controla e sabe absolutamente tudo o que os cidadãos fazem, onde estão, com quem estão etc. pode parecer assustadora, porém mais próximas da realidade do que pode parecer.

Há muito tempo, instituições sociais como a Igreja Católica e, posteriormente, o Estado estiveram associadas ao controle do poder na sociedade e, via de consequência, ao controle do fluxo de informações. Tal panorama só se alterou a partir de meados do século XX, momento a partir do qual o desenvolvimento tecnológico acarretou a intensificação dos fluxos de informação de uma forma até então nunca vista, o que levou à denominação da sociedade atual como *Sociedade da Informação* ou *Era da Informação*[2].

Dentre as consequências dessa intensificação, temos possibilidade de registro de praticamente todos os atos realizados por meios informatizados, sendo que vários desses, os quais outrora seriam efêmeros e gerariam consequências apenas imediatas e previsíveis conforme padrões preestabelecidos, começam a tomar forma de informações armazenadas, abrindo o leque de possibilidades de uso em contextos diferentes daqueles nos quais foram inicialmente praticados, bem como com dife-

---
1. ORWELL, George. *1984*. Nova York: Harper Perennial, 2014.
2. Cf. LYON, David. *The information society*: issues and illusions. Cambridge: Polity Press, 1988.

rentes finalidades, fugindo, muitas vezes, do poder de previsão e controle de quem inicialmente os praticou[3].

Os dados mais armazenados são aqueles de identificação de seus titulares, que são fornecidos para uma organização, podendo ser tratados para variados fins. O perfil de um sujeito, do que ele gosta, o que compra, quais suas necessidades, hábitos e, em alguns casos, até mesmo sua localização e seu perfil genético são tão valiosos que o consumidor, nesse contexto, deixa de ser mero destinatário de informações, tornando-se a própria fonte delas, o que determina, inclusive, a forma como ele será abordado e tratado futuramente[4].

Assim, representam o conjunto de fato, comunicações e ações concernentes à pessoa, podendo revelar seus caracteres e conteúdos quanto à personalidade, relações afetivas e familiares, etnia, circunstâncias físicas, domicílio (físico e eletrônico), acervo patrimonial, registros telefônicos, preferências políticas ou religiosas e orientação sexual[5].

Acerca desse assunto, vale mencionar que estudos empíricos feitos a partir das eleições presidenciais estadunidenses de 2016 levaram Yochai Benkler, Robert Faris e Hal Roberts a concluir que os pequenos efeitos documentados na trajetória do mercado de dados pessoais podem ter efeitos notáveis em pouco tempo. Claro que tais efeitos são de mensuração extremamente difícil, o que não os torna menos preocupantes, razão pela qual há que se regular e ser transparente sobre a propaganda política, bem como criar medidas de prevenção[6].

E o perigo é ainda maior quando essas empresas passam a compartilhar esses dados com o Estado, gerando panorama que, se não controlado a tempo, pode levar a uma distopia similar àquela criada por Orwell na obra 1984. É justamente esse o objeto do presente estudo.

Com vistas a conter o avanço da pandemia da COVID-19, países como China, Coreia do Sul e Israel acessavam dados como identidade e número de telefone das pessoas que transitavam pelas ruas. Na China, o Estado adotou uma série de ferramentas, com base em GPS, antenas de celular, aplicativos e *QR Code* para determinar a localização dos cidadãos infectados antes mesmo da confirmação do diagnóstico, proibir pessoas de entrar em prédios ou transporte público, ou mesmo identificar se alguém em quarentena desrespeitou as medidas de isolamento[7].

Também no Brasil, foi noticiado, pela *BBC News* que o governo passaria a ter acesso a dados de operadoras de celulares para identificar aglomerações de pessoas por todo

---

3. SOUZA, Thiago Pinheiro Vieira de. A evolução da proteção de dados pessoais ao patamar de direito fundamental. In: LONGHI, João Victor Rozatti; FALEIROS JÚNIOR, José Luiz de Moura (Coords.). *Estudos essenciais de direito digital*. Uberlândia: LAECC, 2019, p. 399.
4. SOUZA, Thiago Pinheiro Vieira de. *Op. cit.*, p. 400.
5. MALTA, Tatiana. *O direito à privacidade na sociedade da informação*: efetividade desse direito fundamental diante da tecnologia da informação. Porto Alegre: Sergio Antônio Fabris, 2007, p. 6.
6. BENKLER, Yochai; FARIS, Robert; ROBERTS, Hal. *Network Propaganda*. Manipulation, Disinformation and Radicalization in Americam Politics. New York: Oxford University Press, 2018, p. 381-386.
7. MAGENTA, Matheus. Coronavírus: governo brasileiro vai monitorar celulares para conter pandemia. *BBC News Brasil*, Londres, 03 de abril de 2020. Disponível em: https://www.bbc.com/portuguese/brasil-52154128. Acesso em: 20 abr. 2020.

o território nacional[8]. O então ministro da saúde, Luiz Henrique Mandetta, chegou a defender que tais empresas deveriam disponibilizar dados pessoais individualizados para as autoridades de saúde localizarem pessoas infectadas.

> "Eu peço aqui para as telefônicas que disponibilizem isso. Se houver necessidade de nós regulamentarmos que, em caso de epidemia, como estamos vivendo, isso passa a ser público, porque não tem outro jeito de localizar tão rápido. Se eu for pedir onde a senhora mora, qual o número da sua casa, do seu CEP. Pelo número do telefone, eu caio no endereço onde ele está registrado. Podemos ter erro para cá, para lá? Podemos, mas já teríamos o dado do nome da pessoa, do CPF. Precisamos dar agilidade para esse profissional", disse Mandetta[9].

Nesse sentido, a Medida Provisória (MP) número 954/2020 ordena às operadoras de telefonia fixa e celular que procedam ao repasse do cadastro dos clientes para o Instituto Brasileiro de Geografia e Estatística (IBGE), o qual fará uso dos dados com vistas à realização de pesquisas domiciliares por telefone.

As companhias de telecomunicação deverão entregar ao IBGE a relação dos nomes, números de telefone e endereços dos clientes e tais dados só poderão ser manipulados pelo IBGE enquanto durar a situação de emergência de saúde pública decorrente da pandemia.

Contra a MP, foram ajuizadas cinco ações diretas de inconstitucionalidade, pelo Conselho Federal da Ordem dos Advogados do Brasil – OAB (ADI 6387), pelo Partido da Social Democracia Brasileira – PSDB (ADI 6388), pelo Partido Socialista Brasileiro – PSB (ADI 6389), pelo Partido Socialismo e Liberdade – PSOL (ADI 6390) e pelo Partido Comunista do Brasil (ADI 6393).

Em análise preliminar, a Ministra Rosa Weber destacou que as informações tratadas na MP são constitucionalmente protegidas no art. 5º, que ampara o direito à intimidade, à vida privada, à honra e à imagem das pessoas. Notou a ministra que a MP não prevê exigências de mecanismos ou procedimentos para assegurar o sigilo, a higidez e o anonimato dos dados compartilhados, de forma que as exigências estabelecidas na Constituição para a efetiva proteção de direitos fundamentais não restaram atendidas[10].

Ressaltou, outrossim, a ausência de legítimo interesse público no compartilhamento de dados pessoais dos usuários dos serviços de telefonia, destacando que a norma não oferece condições para se auferir a sua adequação e necessidade, pois não define a forma, nem o objetivo da utilização de tais dados, em violação ao devido processo legal[11].

Por fim, a relatora deixou claro que não se subestima a gravidade e urgência da crise sanitária, ou a necessidade de formulação de políticas públicas que demandam dados específicos para o enfrentamento da pandemia. Avaliou, contudo, que o combate

---

8. MAGENTA, Matheus. *Op. cit.*
9. MAGENTA, Matheus. *Op. cit.*
10. BRASIL. Supremo Tribunal Federal (STF). *Medida Cautelar na Ação Direta De Inconstitucionalidade 6.387 Distrito Federal*. Relatora: Min. Rosa Weber. DJ: 24.04.2020. Disponível em: http://www.stf.jus.br/arquivo/cms/noticiaNoticiaStf/anexo/ADI6387MC.pdf. Acesso em: 28 abr. 2020.
11. BRASIL. Supremo Tribunal Federal (STF). *Medida Cautelar na Ação Direta De Inconstitucionalidade 6.387 Distrito Federal*. Relatora: Min. Rosa Weber. DJ: 24/04/2020. Disponível em: http://www.stf.jus.br/arquivo/cms/noticiaNoticiaStf/anexo/ADI6387MC.pdf. Acesso em: 28 abr. 2020.

à doença não deve ter o condão de legitimar o que chamou de "atropelo de garantias fundamentais consagradas na Constituição"[12].

Outra situação interessante é a do Estado de São Paulo, conforme noticiado pelo *Jornal Nacional*, das Organizações Globo, com as antenas das operadoras captando a localização dos usuários de celulares e *smartphones*, passou-se a gerar gráficos e mapas em telas do Gabinete de Crise do Governo de São Paulo, onde as autoridades passaram a usar tais dados para monitorar se a população vinha acatando as medidas de isolamento social para conter a pandemia. A notícia chega a mencionar que a informação é entregue ao governo como dados agregados, de forma que não se vê o indivíduo[13].

De toda forma, conforme leciona Manuel David Masseno,

> Os modelos de negócio assentes na *Big Data* possibilitam um controle permanente sobre os consumidores, com dados obtidos e tratados em tempo real, conservados por tempo indeterminado, com vista a obter informações ainda não evidentes, muitas delas nem sequer previstas no momento de recolha e tratamento inicial dos dados. O que conduz ao estabelecimento de perfis detalhados para cada cliente, depois usados para prever e avaliar os respectivos comportamentos. Além de hoje sabermos que as analíticas de *Big Data* tornam a anonimização dos dados reversível, mesmo se tiverem sido usadas PET – Tecnologias de Reforço da Privacidade[14].

Inconformado com a situação perpetrada pelo governo de São Paulo, o advogado Caio Junqueira Zacarias impetrou mandado de segurança contra o governador João Agripino da Costa Doria Júnior, junto ao Tribunal de Justiça do Estado de São Paulo (TJSP), requerendo, em sede de antecipação de tutela, que o *chip* usado em seu *smartphone* não fosse monitorado. Requereu, também, que tal decisão tivesse efeito *erga omnes*.

Em análise preliminar, o relator, desembargador Evaristo dos Santos, reputou presentes os requisitos legais (caput dos artigos 300 e 311 do CPC e artigo 7º, III, da Lei 12.016/09) para a concessão, em parte, da liminar pretendida – negando o efeito *erga omnes* por se tratar de mandado de segurança individual:

> Presentes (a) *fumus boni iuris* afrontados, em tese, direito à intimidade e à privacidade – razoável identificar no conjunto de informações sobre a própria localização física do titular da conta, a serem obtidas de seu próprio celular, conjunto de dados pessoais a ter assegurada privacidade, protegida de acesso por terceiros, salvo lei autorizativa ou decisão judicial nesse sentido, hipóteses ausentes no caso dos autos e (b) *periculum in mora* – monitoramento decorrente do noticiado acordo de cooperação entre o Governo do Estado e as empresas de telefonia celular, na iminência de implantação, autorizam, em parte, a concessão da liminar pretendida[15].

---

12. BRASIL. Supremo Tribunal Federal (STF). *Medida Cautelar na Ação Direta De Inconstitucionalidade 6.387 Distrito Federal*. Relatora: Min. Rosa Weber. DJ: 24/04/2020. Disponível em: http://www.stf.jus.br/arquivo/cms/noticiaNoticiaStf/anexo/ADI6387MC.pdf. Acesso em: 28 abr. 2020.
13. JORNAL NACIONAL. Governo de São Paulo usa dados de celulares para localizar aglomerações. *Globo.com*, 08 de abril de 2020. Disponível em: https://g1.globo.com/jornal-nacional/noticia/2020/04/08/governo-de-sp-usa--dados-de-celulares-para-localizar-aglomeracoes.ghtml. Acesso em: 20 abr. 2020.
14. MASSENO, Manuel David. Protegendo os cidadãos-consumidores em tempos de big data: uma perspectiva desde o direito da União Europeia. *In*: MARTINS, Guilherme Magalhães; LONGHI, João Victor Rozatti (Coords.). *Direito Digital*: Direito Privado e Internet. 2. ed. Indaiatuba: Foco, 2019, p. 380.
15. SÃO PAULO. Tribunal de Justiça do Estado de São Paulo. *Mandado de Segurança 2.069.736-76.2020.8.26.0000*. Relator: Desembargador Evaristo dos Santos. DJ: 16.04.2020. ConJur, 2020. Disponível em: https://www.conjur.com.br/dl/liminar-exclusao-celular-monitoramento.pdf. Acesso em: 20 abr. 2020.

De toda forma, conforme noticiado pelo próprio governo do Estado de São Paulo, a ministra do Superior Tribunal de Justiça (STJ) Laurita Vaz entendeu diferente em um *habeas corpus* ajuizado perante aquela corte.

> "Constato, dessa forma, que na espécie impugna-se a mera possibilidade de constrangimento, sem que haja elementos categóricos de que maneira a suposta ameaça ao direito ambulatorial materializar-se-ia. Ou seja, não foram apontados quaisquer atos objetivos que possam causar, direta ou indiretamente, perigo ou restrição à liberdade de locomoção no caso – o que inviabiliza, por si só, o manejo do remédio heroico", afirmou Laurita[16].

O presente estudo almeja a discutir a legalidade de o Estado monitorar a localização das pessoas por meio de seus *smartphones*, não só em situações de pandemia – embora use os fatos acima expostos como pano de fundo –, mas em qualquer caso. Muitos foram os fatos durante a confecção do trabalho[17] e, certamente, haverá muitos outros fatos e julgados, de forma que, ao longo do estudo, serão explorados apenas os fatos acima.

2. A INTERNET DAS COISAS E A FRAGILIDADE DO USUÁRIO DA INTELIGÊNCIA ARTIFICIAL

O processo que se conveio chamar de Quarta Revolução Industrial é, possivelmente, a principal mudança da humanidade. Ora, da mesma forma que o vapor foi a base da Primeira Revolução, a energia elétrica para os meios de produção na Segunda, ou o computador na Terceira, temos que a inteligência artificial (IA, ou, na versão em inglês, AI) tende a ser o grande marco da chamada Quarta Revolução Industrial[18].

A Internet foi responsável por tornar a informação virtual. É dizer, o tratamento de dados, tanto para fins pessoais quanto econômicos, sempre foi realizado. Com o desenvolvimento e a evolução da tecnologia, a capacidade de dados foi bastante aprimorada, de forma que informações que outrora estavam presas a ficheiros de papel que armazenavam apenas alguns poucos escritos foram transferidas para sistemas binários (0 e 1) em computadores – e outros dispositivos, como os *smartphones* –, com capacidade de armazenar qualquer informação escrita, fonográfica, dentre outras[19].

Nesse processo, tornou-se possível a monetização de dados pessoais, o que levou ao surgimento de tecnologias responsáveis por revolucionar o mercado das informações, sem, contudo, deixar de colocar os envolvidos em situações cada vez mais arriscadas. Um claro exemplo disso é o *Big Data*, conceito fruto dessa ideia de consolidar muitos dados, os quais, uma vez filtrados por intermédio de processos de algoritmização, levam coisas aparentemente sem importância – por exemplo, que tipo de filmes uma pessoa costuma

---

16. SÃO PAULO. STJ nega pedido para interromper monitoramento por celular em SP. *Portal do Governo*, São Paulo, 17 de abril de 2020. Disponível em: https://www.saopaulo.sp.gov.br/noticias-coronavirus/stj-nega-pedido-para-interromper-monitoramento-por-celular-em-sp-2/. Acesso em: 20 abr. 2020.
17. As duas decisões acima expostas foram proferidas durante a realização do estudo.
18. CRUVINEL, Guilherme Ferreira Araújo. A (hiper)vulnerabilidade do consumidor no tratamento de seus dados pessoais. *In*: LONGHI, João Victor Rozatti; FALEIROS JUNIOR, José Luiz de Moura (Coords.). *Estudos essenciais de direito digital*. Uberlândia: LAECC, 2019, p. 167-168.
19. CRUVINEL, Guilherme Ferreira Araújo. *Op. cit.*, p. 169.

assistir, ou o tipo de uva cujos vinhos ela mais consome – a serem transformadas em informações cuja titularidade é facilmente identificada[20].

É também nesse contexto que aparecem as chamadas "coisas inteligentes", capazes de interagir com os usuários, tornando-se, talvez, a principal maneira de coletar dados nos tempos hodiernos. É dizer, televisores, relógios e assistentes virtuais estão constantemente armazenando as atitudes de seus usuários. No caso dos relógios inteligentes, interessante destacar que eles são capazes até mesmo de realizar relatórios médicos detalhados por intermédio da coleta de dados pessoais. Despiciendo ressaltar que até mesmo crimes têm sido desvendados através desses chamados *smart watches*[21].

Além disso, cada clique diariamente dado nessas plataformas – por exemplo, os *likes* dados nas redes sociais – é utilizado com vistas a traçar um perfil de consumo, mapeando-se interesses por meio desses cliques – curtidas, comentários, pesquisas etc. – e, posteriormente, tais informações são vendidas a empresas de publicidade e propaganda. A chamada internet das coisas (IoT, ou *Internet of Things*), alinhada à tecnologia *Big Data*, possibilita que grandes corporações – como as operadoras de telefonia móvel mencionadas na introdução deste trabalho – coletem e tratem um sem número de dados pessoais, em operações que podem trazer prejuízo aos envolvidos[22].

Nesse contexto, interessante colacionar a lição de Renato Opice Blum:

> Muita interação = muita facilidade; muitos dados = muitos interesses = muito dinheiro. Esta sequência, obrigatoriamente reconhecida quando objetos são associados à Internet, foi fácil e rapidamente percebida pelos indivíduos mal intencionados que atuam na Web. Logicamente, a partir do momento em que as coisas (relógios, fogões, TVs) precisam de dados reais e atualizados de seus usuários para funcionar de forma personalizada, estes objetos passaram a atrair a atenção de infratores[23].

É possível dizer que se tornou arriscado navegar na internet. Especialistas do mundo todo têm bradado reiteradamente acerca da fragilidade dos sistemas de segurança da informação na IoT[24]. É dizer, nunca saberemos quando estamos sendo discriminados por nossa localização geográfica, nosso tom de pele, nossa capacidade financeira, orientação sexual ou qualquer outro dado, sensível ou não[25].

De fato,

> São cada vez mais comuns as desafortunadas notícias a respeito de obtenção indevida de dados ou acidentes oriundos bens comuns ligados à Rede, como lâmpadas (captação de senhas Wi-fi), TVs (veiculação de vídeos inapropriados em locais públicos), entre outros. Acidentes com veículos autônomos podem ter ocorrido. Armas de fogo foram comprovadamente invadidas e controladas de modo remoto em testes. Ou seja: os problemas não são pequenos e envolvem, basicamente, atacabilidade da pri-

---

20. CRUVINEL, Guilherme Ferreira Araújo. *Op. cit.*, p. 169-170.
21. CRUVINEL, Guilherme Ferreira Araújo. *Op. cit.*, p. 170.
22. CRUVINEL, Guilherme Ferreira Araújo. *Op. cit.*, p. 170.
23. BLUM, Renato M. S. Opice. Internet das coisas: a inauguração do novo mundo e suas intercorrências jurídicas. In: MARTINS, Guilherme Magalhães LONGHI, João Victor Rozatti (Coords.). *Direito digital*: direito privado e internet. 2. ed. Indaiatuba: Foco, 2019, p. 238.
24. BLUM, Renato M. S. Opice. *Op. cit.*, p. 238.
25. CRUVINEL, Guilherme Ferreira Araújo. *Op. cit.*, p. 173.

vacidade, compartilhamento inseguro de IPs, ausência de criptografia ou atualização, fragilidade nos sistemas de segurança e falta de capacitação do usuário[26].

De fato, a facilidade de obtenção de informações acerca dos consumidores na internet o torna ainda mais vulnerável nas relações de consumo[27], eis que a evolução dos meios pelos quais o consumidor pode obter informações acerca de produtos, serviços e fornecedores gera falsa sensação de empoderamento deste *player*, eis que, por outro lado, temos a consolidação do fluxo contrário, em que o consumidor se transforma em fonte de informações[28].

Assim, pode-se dizer que o consumidor, diariamente, está, devido à Internet, em situação de hipervulnerabilidade, tornando-se, conforme expressão cunhada por Susanne Lace, verdadeiros "consumidores de vidro". A professora da Universidade de Bristol utiliza tal expressão porque o consumidor torna-se cada vez mais frágil e vulnerável em suas relações sociais, frente às novas tecnologias, que, cotidianamente, transformam a sociedade quase que em uma prisão[29]. De fato, grande é a assimetria entre consumidores e os impérios da comunicação, na expressão cunhada por Tim Wu[30].

Nessa relação assimétrica, o usuário se vê vulnerável em, pelo menos, três esferas distintas[31].

Primeiramente, o consumidor se encontra em situação de vulnerabilidade informacional, já que, via de regra, a finalidade do tratamento dos dados não é demonstrada de forma clara ao titular, que se vê privado do conhecimento de todo o processo de tratamento.

Além disso, o usuário está em situação de vulnerabilidade técnica, já que raramente possui a capacidade intelectual para optar, por intermédio de seu consentimento, sobre o tratamento de seus dados. Vale dizer que a tecnologia que deveria minimizar tal assimetria, na realidade, acaba por maximizá-la, eis que dificulta o entendimento do titular.

Por fim, o poderio econômico das empresas distancia o usuário de suas garantias fundamentais enquanto consumidor, colocando-o em situação de vulnerabilidade econômica.

A situação se agrava, eis que, para participar da chamada "sociedade digital"[32], o usuário/consumidor é praticamente forçado a consentir com o compartilhamento de seus dados pessoais.

---

26. BLUM, Renato M. S. Opice. *Op. cit.*, p. 238-239.
27. BLUM, Renato M. S. Opice. *Op. cit.*, p. 243.
28. ALIMONTI, Veridiana. O Fortalecimento da Proteção do Consumidor com o Marco Civil da Internet. *In:* ARTESE, Gustavo (Coord.). *Marco Civil da Internet*: análise jurídica sob uma perspectiva empresarial. São Paulo: Quartier Latin, 2015, p. 242-243.
29. LACE, Susanne. *The glass consumer*: life in a surveillance Society. Bristol: Polity Press, 2005, p. 1.
30. WU, Tim. *The master switch*: the rise and fall of information empires. Nova York: Vintage, 2010.
31. CRUVINEL, Guilherme Ferreira Araújo. *Op. cit.*, p. 176.
32. Nesse sentido, não parece exagero dizer que os contratos entre os consumidores e as grandes corporações digitais que tratam seus dados de várias maneiras podem ser qualificados como contratos existenciais. Sobre contratos existenciais, ver BASAN, Arthur Pinheiro. *Contratos existenciais*: hermenêutica à luz dos direitos fundamentais. Uberlândia: LAECC, 2020.

Essa potencial falta de organização de segurança preocupa, eis que abala um dos mais importantes pilares do uso da *Web*, a saber, a privacidade. Em que pese este princípio tão basilar venha sendo relativizado por vários usuários despreocupados com as consequências de suas ações *online*, há que se primar por sua preservação, especialmente porque, a cada dia, nota-se a fusão entre a segurança da informação e a própria segurança física, as quais se tornaram parceiras indissociáveis[33].

Consequentemente, conforme entendimento de Liliana Minardi Paesani, há que se tutelar o conjunto das nossas informações pessoais, nosso "corpo eletrônico", sob pena de colocar a própria liberdade pessoal em perigo, abrindo espaço para a construção de uma sociedade de vigilância, classificação e seleção social. Assim, a tutela da privacidade é o instrumento necessário para a própria defesa da sociedade da liberdade[34].

Realmente, ainda que os proveitos ofertados pela modernidade dos bens sejam, de fato, fascinantes, não se pode colocá-los em rota de colisão com os princípios de elevação da dignidade humana.

Nesse diapasão é que, quanto mais a área da informática vê a evolução tecnológica, maior a preocupação com os mais diversos aspectos da privacidade, especialmente no tocante à proteção de dados pessoais. Existe consenso na doutrina no sentido de que os avanços tecnológicos representam ameaças a direitos da personalidade e, via de consequência, da própria dignidade humana, em que pese tragam vários benefícios[35].

Claro exemplo disso está no art. 3º, incisos II e III do Marco Civil da Internet (MCI), os quais registram que a utilização da rede mundial de computadores deve seguir os princípios de proteção da privacidade e dos dados pessoais. Na mesma linha, o inciso I do art. 7º, também do MCI, estabelece o direito de o usuário não ter sua intimidade e vida privada violadas.

Tais ditames já eram previstos pelo Código de Defesa do Consumidor (CDC), com fulcro no respeito a todas as nuances da dignidade humana (art. 4º), de forma que a tecnologia deve atender a padrões de qualidade e segurança.

Ademais, o art. 31 do CDC impõe que a oferta e apresentação dos produtos assegurem informações claras acerca dos riscos ofertados à saúde e segurança do consumidor. Nesse contexto, a doutrina conclui pela obrigatoriedade de se expressar as informações acerca de riscos e providências preventivas de segurança da informação para os usuários dos bens da IoT[36].

Opice Blum, inclusive, destaca que

> Não é qualquer modalidade informativa que se presta para atender aos ditames do Código. A informação deve ser correta (verdadeira), clara (de fácil entendimento), precisa (sem prolixidade), ostensiva (de fácil percepção) e em língua portuguesa. (...) O consumidor bem informado é um ser apto a ocupar seu espaço na sociedade de consumo[37].

---

33. BLUM, Renato M. S. Opice. *Op. cit.*, p. 239.
34. PAESANI, Liliana Minardi. A Evolução do Direito Digital: Sistemas Inteligentes, a Lei 12.7372012 e a Privacidade. *In:* PAESANI, Liliana Minardi (Coord.). *O Direito na Sociedade da Informação III*. São Paulo: Atlas, 2013, p. 32.
35. BENJAMIN, Antonio Herman V.; BESSA, Leonardo Roscoe; MARQUES, Claudia Lima. *Manual de Direito do Consumidor*. São Paulo: Revista dos Tribunais, 2007, p. 247.
36. BLUM, Renato M. S. Opice. *Op. cit.*, p. 242.
37. BLUM, Renato M. S. Opice. *Op. cit.*, p. 243.

Nesse sentido, temos como conclusão parcial o fato de que a IoT, da qual os *smartphones* utilizados pelo Estado para localizar os cidadãos fazem parte, em que pese tenha trazido inúmeros avanços, representa risco ao bem jurídico da privacidade.

3. DA PRIVACIDADE AO DIREITO FUNDAMENTAL À AUTODETERMINAÇÃO INFORMATIVA

A noção clássica de privacidade, restrita à intimidade e ao direito de ser deixado em paz (*right to be left alone*), deixa de ser coadunável com os complexos desafios intrínsecos à economia hodierna, onde os dados se transformaram em *commodity* e a vigilância é o principal motor.

Nesse contexto, adverte Rodotá que "o problema da circulação das informações pessoais, portanto, não pode ser solucionado somente a partir das noções correntes de privacidade"[38] e que "privacidade não mais se confunde com o que é secreto", o que o leva a afirmar que "(...) pode-se dizer que hoje a sequência quantitativamente mais relevante é 'pessoa-informação-circulação-controle', e não mais apenas 'pessoa-informação-sigilo', em torno da qual foi construída a noção clássica de privacidade"[39].

Grande parte das liberdades individuais atualmente são concretamente exercidas em estruturas ou plataformas em que a comunicação e a informação desempenham importante papel. De fato, pode-se traçar um retrato bastante representativo de elementos fundamentais da estrutura social com base na informação, compreendendo, por exemplo, desde o problema da propriedade dos meios de comunicação, a liberdade de informação, de expressão e de imprensa, a caracterização da informação como um bem jurídico, o direito à informação, até a propriedade intelectual como meio de estimular (ou embaraçar) a livre circulação de informações, dentre outros[40].

Para esboçar uma teoria jurídica da informação, Pierre Català classificou-a em quatro modalidades: (i) aquelas relativas às pessoas e seus patrimônios; (ii) opiniões pessoais das pessoas; (iii) obras do espírito; (iv) as informações que descrevem fenômenos, coisas, eventos[41].

É possível que uma informação se vincule objetivamente com um sujeito, revelando algo sobre ele. Tal vínculo implica que a informação se refere às características ou ações desse sujeito, que lhe podem ser atribuídas conforme a norma jurídica, a exemplo do nome civil ou do domicílio, ou, ainda, às informações provenientes de seus atos, como ocorre com hábitos de consumo, informações provenientes de suas manifestações, como as opiniões que expressa, dentre muitas outras[42].

---

38. RODOTÁ, Stefano. *A vida na sociedade da vigilância*. A privacidade hoje. Tradução de Danilo Doneda e Luciana Cabral Doneda. Rio de Janeiro: Renovar, 2008, p. 77.
39. RODOTÁ, Stefano. *Op. cit.*, p. 93.
40. DONEDA, Danilo. *Da privacidade à proteção de dados pessoais*: fundamentos da Lei Geral de Proteção de Dados. 2. ed. São Paulo: Thomson Reuters Brasil, 2019, p. 137.
41. CATALÀ, Pierre. Ebauche d'une théorie juridique de l'information. *Informatica e Diritto*, Nápoles, ano IX, jan-apr. 1983, p. 22.
42. DONEDA, Danilo. *Op. cit.*, p. 139.

Importante ressaltar que, ainda que o sujeito em questão não seja "autor" da informação, no sentido de sua concepção, ele é titular legítimo de seus elementos, de tão estreito é seu vínculo com a pessoa. Sendo o objeto dos dados uma pessoa, a informação é um atributo da personalidade[43].

Ressalta-se que, conforme mencionado na Introdução a este trabalho, um dado pode também se referir a uma pessoa indeterminada, como no caso do dado anônimo, útil para várias finalidades nas quais o importante é uma informação referente toda uma coletividade ou corte específico de indivíduos, sem que se possa nominar os titulares, como é o caso dos dados relativos ao fluxo telefônico de uma determinada concessionária de telecomunicações, sem identificar o responsável pelas chamadas. A chamada "anonimização" de dados pessoais – a retirada do vínculo da informação com a pessoa a qual se refere – é recurso de que determinadas leis de proteção de dados fazem uso com vistas a reduzir os riscos presentes em seu tratamento. Também se mitiga tais riscos por intermédio de técnicas como a da pseudonimização, a qual, embora não torne o dado anônimo, pode dificultar a identificação do titular[44].

Para o direito privado, especificamente, uma das abordagens possíveis para a proteção de dados seria o reconhecimento da natureza de bem jurídico à informação e, a partir disso, a disponibilização dos instrumentos do direito de propriedade para a sistematização do tema[45].

Parte da doutrina entende pelo reconhecimento de um direito de propriedade sobre os dados pessoais como boa forma de resolver a querela, eis que a criação de um nicho de mercado voltado para tais bens poderia resolver vários problemas, recorrendo aos mecanismos da teoria econômica com vistas a otimizar custos e benefícios[46].

Não obstante, quando se considera as inúmeras situações e interesses constantes dos dados pessoais, não limitados a vetores patrimoniais, pode-se entender que estender a tutela patrimonial aos dados pessoais prejudicaria esses outros interesses, eis que se consideraria principalmente – talvez apenas – seu valor econômico[47].

Assim, os dados pessoais merecem uma tutela dinâmica, que os acompanhe em sua circulação, sem, contudo, se concentrar na pessoa e em suas características eminentemente subjetivas (como costuma ocorrer quando se trata do direito à privacidade). Em certo sentido, a informação pessoal pode ser desvinculada da pessoa: pode circular, ser submetida a tratamento, ser comunicada etc. No entanto, enquanto continuar sendo uma informação "pessoal", ou seja, tiver o condão de identificar a pessoa a que se refere, a informação mantém um vínculo indissolúvel com o sujeito e sua valoração específica deve partir dele, sendo representação direta da pessoa. Devido ao regime privilegiado de vinculação entre informação pessoal e o sujeito à qual ela se refere – como representação direta de sua personalidade –, tal informação deve ser entendida como extensão de sua personalidade[48].

---

43. CATALÀ, Pierre. *Op. cit.*, p. 20.
44. DONEDA, Danilo. *Op. cit.*, p. 140.
45. GONÇALVES, Maria Eduarda. *Direito da informação*. Coimbra: Almedina, 1995, p. 10.
46. DONEDA, Danilo. *Op. cit.*, p. 146.
47. DONEDA, Danilo. *Op. cit.*, p. 146.
48. DONEDA, Danilo. *Op. cit.*, p. 148.

A grande polêmica no que tange aos direitos da personalidade reside na necessidade de normatizar direitos das pessoas em favor da concretude da dignidade humana, tutelando-a de maneira melhor, sempre que tal necessidade se fizer presente. Assim, não se há que discutir se o rol desses direitos seria *numerus clausus* ou *numerus apertus*, vez que, a partir do princípio constitucional da dignidade humana, se está frente a uma cláusula geral de tutela da pessoa humana[49].

A partir daí, temos a regra geral segundo a qual, em qualquer relação privada onde aconteça conflitos entre situações existenciais e situações patrimoniais, aquela prevalecerá, em obediência aos princípios constitucionais que estabelecem a dignidade humana como valor base do sistema.

Destaca-se que não existe um número predeterminado de situações jurídicas subjetivas tuteladas pelo ordenamento, vez que o que se encontra protegido é a personalidade humana, sem qualquer tipo de limitação, salvo em interesse de outras pessoas, que também são dotadas de dignidade. É por meio desse caráter exemplificativo, ou *numerus apertus*, do rol de direitos da personalidade que temos, também, proteções atípicas, embasadas no livre desenvolvimento da personalidade[50].

Assim, Maria Celina Bodin de Moraes afirma que

> a tutela da pessoa humana não pode ser fracionada em isoladas hipóteses, microssistemas, em autônomas *fattispecie* não intercomunicáveis entre si, mas deve ser apresentada como um problema unitário, dado o seu fundamento, representado pela unidade do *valor* da pessoa. Esse fundamento não pode ser dividido em tantos interesses, em tantos bens, como é feito nas teorias atomísticas. A personalidade é, portanto, não um "direito", mas um *valor*, o valor fundamental do ordenamento, que está na base de uma série (aberta) de situações existenciais, nas quais se traduz a sua incessantemente mutável exigência de tutela[51].

E continua:

> por isso, não pode existir um número fechado (*numerus clausus*) de hipóteses tuteladas: tutelado é o valor da pessoa, sem limites, salvo aqueles postos no seu interesse e no interesse de outras pessoas humanas. Nenhuma previsão especial pode ser exaustiva, porque deixaria de fora, necessariamente, novas manifestações e exigências da pessoa, que, com o progredir da sociedade, passam a exigir uma consideração positiva[52].

Quando falamos em "personalidade", nos referimos, conforme lição de Maria Helena Diniz, ao

> conjunto de caracteres próprios da pessoa. A personalidade não é um direito, de modo que seria errôneo afirmar que o ser humano tem direito à personalidade. A personalidade é que apoia os direitos e deveres que dela irradiam, é objeto de direito, é o primeiro bem da pessoa, que lhe pertence como primeira utilidade, para que ela possa ser o que é, para sobreviver e se adaptar às condições do ambiente em que se encontra, servindo-lhe de critério para aferir, adquirir e ordenar outros bens[53].

---

49. MORAES, Maria Celina Bodin de. *Danos à pessoa humana*: uma leitura civil-constitucional dos danos morais. 2. ed. Rio de Janeiro: Processo, 2017, p. 117-118.
50. PERLINGIERI, Pietro. *Perfis de direito civil*: uma introdução ao direito civil constitucional. Tradução de Maria Cristina de Cicco. 3. ed. Rio de Janeiro: Renovar, 1997, p.156.
51. PERLINGIERI, Pietro. *Op. cit.*, p. 121.
52. PERLINGIERI, Pietro. *Op. cit.*, p. 121.
53. DINIZ, Maria Helena. *Curso de direito civil brasileiro*, v. 1. 18. ed. São Paulo: Saraiva, 2002, p. 119.

Rabindranath Capelo de Sousa trata da personalidade a partir do art. 70 do CC/66, de Portugal, que preconiza que *"A lei protege os indivíduos contra qualquer ofensa ilícita ou ameaça de ofensa à sua personalidade física ou moral"*.

Segundo o autor, a partir do momento em que essa disposição abrange na personalidade humana tanto uma personalidade de cunho físico quanto de cunho moral, estamos diante de uma distinção, à moda grega e kantiana, da Física (*Physis*) da Ética (*Ethos*), tutelando o homem enquanto sujeito às suas determinantes físicas (*homo phoenomenon*), bem como o homem representado como personalidade independente de tais determinantes, eis que dotado do atributo da liberdade (*homo noumenon*). É dizer, o supramencionado art. 70 do *códex* civilista lusitano protege não só os bens ligados à realidade física de cada sujeito, a exemplo de sua vida e integridade física, como, também, os bens resultantes de sua racionalidade específica, atribuindo-lhe a categoria de centro autônomo, livre, paritário e capaz de conceber e assumir finalidades de ação, a exemplo de sua existência moral, sua liberdade e sua honra[54].

Mais. O autor leciona que a personalidade humana tutelada tem caráter dinâmico, não estático, razão pela qual se protege, outrossim, o direito ao desenvolvimento da própria personalidade, em sua adaptabilidade tanto ambiental quanto socioeconômica, sufragando-se a ideia de que a essência e a existência do sujeito, vez que determinantes de sua personalidade, merecem a mesma proteção por parte da legislação e do Direito[55].

Capelo de Souza conclui tal raciocínio no sentido de que

> poderemos definir positivamente o bem da personalidade humana juscivilisticamente tutelado como o real e o potencial físico e espiritual de cada homem em concreto, ou seja, o conjunto autônomo, unificado, dinâmico e evolutivo dos bens integrantes da sua materialidade física e do seu espírito reflexivo, socioambientalmente integrados[56].

De qualquer maneira, não se pode se limitar a tratar da personalidade pelo viés jurídico, mas, também, pelo biopsicológico e pelo ético-filosófico.

No campo biopsicológico, importante tratar do entendimento de Freud, que estrutura a personalidade em três grandes sistemas, a saber: o *id*, que consiste no sistema original, que diz respeito a tudo o que herdamos psicologicamente, até mesmo os instintos; o *ego*, que controla e direciona a ação, selecionando aspectos do meio ambiente com os quais vai reagir e, portanto, decidindo os instintos que serão satisfeitos e como satisfazê-los; e o *super ego*, que representa os axiomas da sociedade, sendo reforçado por um sistema de castigos e recompensas sociais, habilitando a pessoa a agir de acordo com os padrões morais que a sociedade autoriza[57].

Gordon Allport, por seu turno, trata da personalidade como organização dinâmica de sistemas psicofísicos que determinam o comportamento característico da pessoa, bem como seus pensamentos[58].

---

54. CAPELO DE SOUSA, Rabindranath Valentino Aleixo. *O direito geral de personalidade*. Coimbra: Coimbra, 1995, p. 115-116.
55. CAPELO DE SOUSA, Rabindranath Valentino Aleixo. *Op. cit.*, p. 117.
56. CAPELO DE SOUSA, Rabindranath Valentino Aleixo. *Op. cit.*, p. 117.
57. FREUD, Sigmund. O ego e o id. In: FREUD, Sigmund. *Obras Psicológicas Completas de Sigmund Freud*. Tradução de Jayme Salomão. Rio de Janeiro: Imago, 1969, p. 32 e ss.
58. ALLPORT, Gordon Willard. *Structure et développement de la personnalité*. Neuchâtel: Delachaux, 1970, p. 34.

Lawrence Pervin afirma que a personalidade é constituída das propriedades estruturais e dinâmicas de uma pessoa ou um grupo de pessoas, refletindo eles mesmos em respostas características a cada situação possível[59].

Segundo Alberto Merani, a personalidade, em um primeiro momento,

> é simples construção biológica, de acordo com as condições biofóricas do ambiente imediato, laço de união natural com os outros indivíduos e coisas exteriores ao ser vivo, que estrutura as suas condutas psicobiológicas e procura evitar um nível de entropia que anule as suas funções de adaptação; é também, deste modo, reação à natureza que a princípio se apresenta ao ser como modeladora absoluta, e com o qual mantém uma relação puramente animal[60].

Em um segundo momento, "a personalidade pode ser realmente algo diverso do reflexo da *práxis* existente, capaz já de se emancipar das forças do mundo"[61], para chegar à última fase, na qual

> como síntese das instâncias biológicas e sociais conjugadas dialecticamente, [a personalidade] se apresenta como um nível evolutivo novo, em cujo plano já é capaz de emancipar-se das constrições quantitativas da matéria ou das suas interacções[62]

Dessa maneira, no conteúdo biopsicológico da personalidade humana, temos um caráter unitário, dinâmico, ilimitável e individualizado da personalidade e sua adaptação ao mundo.

Em nível ético-filosófico, é possível trabalhar com Kant, que afirma o caráter indivisível e uno da personalidade humana, fundindo o *homo noumenon* e o *homo phoenomenon*[63]. Esse pensamento casa com o de Heinrich Hubmann, que traz a ideia de humanidade enquanto repositório das características em comum que todos os homens possuem, as quais lhe conferem dignidade, mas, em vez de prejudicar, incorpora na noção de individualidade, a qual permite a distinção entre os homens, atribuindo-lhes originalidade. Contudo, em que pese ser individualizado, o ser humano é um ser gregário, assumindo, a partir da relação com os demais homens, consigo mesmo e com o mundo externo, o mundo de valores a que ele optou por aderir um relevo especial, que estrutura, molda e traz significado à sua personalidade[64].

Assim, quando se fala em livre desenvolvimento da personalidade, temos a ideia da expressão da dinâmica evolutiva da individualidade da pessoa até o fim da vida, engendrando sua própria existência. A garantia do livre desenvolvimento da personalidade é o que possibilita à pessoa modelar seu ser e, em última análise, dialoga com o próprio conceito de vida, conforme exposto por Ortega y Gasset[65].

---

59. PERVIN, Lawrence A. *Theory, Assessment and Research*. Nova York: Wiley, [s.d.], p. 2.
60. MERANI, Alberto. *Estrutura e dialética da personalidade*. Tradução de Seabra Dinis e Azevedo Mota. Lisboa: Seara Nova, 1976, p. 226.
61. MERANI, Alberto. *Op. cit.*, p. 226.
62. MERANI, Alberto. *Op. cit.*, p. 226.
63. KANT, Immanuel. *Principios metafisicos del derecho*. Tradução de G. Lizarraga. Madri: Suarez, 1873, p. 57 e ss.
64. HUBMANN, Heinrich. Das Persönlichkeitsrecht, *apud* CAPELO DE SOUSA, Rabindranath Valentino Aleixo. *Op. cit.*, p. 112.
65. OTERO, Paulo. *Direito constitucional português*, v. 1. Coimbra: Almedina, 2010, p. 42.

O livre desenvolvimento da personalidade, em aproximação incipiente, denota a possibilidade de o sujeito realizar suas próprias escolhas no que diz respeito ao seu próprio projeto de vida, considerando sua particular percepção do que é uma vida boa. É a própria pessoa quem vai decidir, com total liberdade, sobre a configuração de seu jeito de ser, ou seja, de sua personalidade[66].

Poder-se-ia identificar o surgimento desse direito na *pursuit of happiness* dos estadunidenses, que surge desde a Declaração de Independência dos EUA: "todos os homens são criados iguais, dotados pelo Criador de certos direitos inalienáveis, que entre estes estão a vida, a liberdade e a procura da felicidade"[67].

Patrick J. Charles afirma que o princípio da felicidade eleva o governo a um patamar acima da função de simplesmente proteger uma pessoa contra invasões das demais. Quando o Estado reconhece o direito à busca da felicidade, ele assume para si o compromisso de ajudar o administrado a alcançar seus desejos. Alcançando não só a maior felicidade do maior número de pessoas, mas, na medida do possível, a maior felicidade de todos, independentemente de sua condição[68].

Não se trata de uma visão utilitarista de felicidade, cuja ideia central tem apelo intuitivo e é formulada de maneira bem simples: o objetivo mais alto da moral é o de maximizar a felicidade, assegurando que se haverá, na vida, mais prazer do que dor. Conforme a lição de Bentham, o certo é sempre maximizar a utilidade, ou seja, qualquer coisa que produza prazer/felicidade e evite dor/sofrimento[69].

O utilitarismo, de fato, possui uma vulnerabilidade muito forte, qual seja, sua incapacidade de respeitar os direitos individuais, vez que considera a soma das satisfações e, portanto, acaba sendo cruel com a pessoa isolada, vez que a importância dos indivíduos, segundo a lógica utilitarista, só tem importância enquanto as preferências de cada um forem consideradas conjuntamente com as dos demais[70].

A ideia nos EUA era de garantir a felicidade máxima de todos, não a felicidade total da maioria.

Uma boa maneira de se buscar a felicidade é por meio da autonomia da pessoa, garantindo-lhe o desenvolvimento de suas potencialidades rumo ao que lhe traz prazer, fugindo do que, ao contrário, lhe causa desconforto, ou seja, a autonomia é necessidade para a autorrealização e bem-estar do sujeito, havendo, pois, um direito ao livre desenvolvimento da personalidade[71].

---

66. MOREIRA, Rodrigo Pereira. *Direito ao livre desenvolvimento da personalidade*: caminhos para a proteção e promoção da pessoa humana. 2015. Dissertação (Mestrado em Direito Público) – Faculdade de Direito Prof. Jacy de Assis, Universidade Federal de Uberlândia, Uberlândia, p. 81.
67. UNITED STATES OF AMERICA. *A Declaração de Independência dos Estados Unidos da América*. Versão em português disponível em: https://bit.ly/3etSc3T. Acesso em: 21 dez. 2019.
68. CHARLES, Patrick J. Restoring "life, liberty, and pursuit of happiness" in our constitutional jurisprudence: an exercise in legal history. *William & Mary Bill of Rights Journal*, Williamsburg, v. 20, n. 2, p. 457-532, 2011, p. 472.
69. SANDEL, Michael J. *Justiça*. O que é fazer a coisa certa. Tradução de Heloisa Matias e Maria Alice Máximo. 21. ed. Rio de Janeiro: Civilização Brasileira, 2016, p. 48.
70. SANDEL, Michael J. *Op. cit.*, p. 51.
71. MENEZES, Joyceane Bezerra de; MARTINS, Rogério. O direito à busca da felicidade: filosofia, biologia e cultura. *Novos Estudos Jurídicos*, Itajaí, v. 18, n. 3, p. 474-491, set./dez. 2013, p. 484.

No plano normativo do Direito Comparado, em 1947, a constituição italiana reconheceu, em seus artigos 2 e 3, o livre e pleno desenvolvimento da pessoa humana:

> Art. 2 – A República reconhece e garante os direitos invioláveis do homem, quer como ser individual quer nas formações sociais onde se desenvolve a sua personalidade, e requer o cumprimento dos deveres inderrogáveis de solidariedade política, económica e social.
>
> Art. 3 – Todos os cidadãos têm a mesma dignidade social e são iguais perante a lei, sem discriminação de sexo, de raça, de língua, de religião, de opiniões políticas, de condições pessoais e sociais.
>
> Cabe à República remover os obstáculos de ordem social e económica que, limitando de facto a liberdade e a igualdade dos cidadãos, impedem o pleno desenvolvimento da pessoa humana e a efetiva participação de todos os trabalhadores na organização política, económica e social do País[72].

Em 1948, por meios dos artigos 22, 26 e 29 da Declaração Universal dos Direitos Humanos, a ONU também traz o livre desenvolvimento da personalidade como direito humano:

> Artigo 22:
>
> Todo ser humano, como membro da sociedade, tem direito à segurança social, à realização pelo esforço nacional, pela cooperação internacional e de acordo com a organização e recursos de cada Estado, dos direitos econômicos, sociais e culturais indispensáveis à sua dignidade e ao livre desenvolvimento da sua personalidade. [...]
>
> Artigo 26:
>
> 1. Todo ser humano tem direito à instrução. A instrução será gratuita, pelo menos nos graus elementares e fundamentais. A instrução elementar será obrigatória. A instrução técnico-profissional será acessível a todos, bem como a instrução superior, está baseada no mérito.
>
> 2. A instrução será orientada no sentido do pleno desenvolvimento da personalidade humana e do fortalecimento do respeito pelos direitos do ser humano e pelas liberdades fundamentais. A instrução promoverá a compreensão, a tolerância e a amizade entre todas as nações e grupos raciais ou religiosos e coadjuvará as atividades das Nações Unidas em prol da manutenção da paz.
>
> 3. Os pais têm prioridade de direito na escolha do gênero de instrução que será ministrada a seus filhos. [...]
>
> Artigo 29:
>
> 1. Todo ser humano tem deveres para com a comunidade, na qual o livre e pleno desenvolvimento de sua personalidade é possível.
>
> 2. No exercício de seus direitos e liberdades, todo ser humano estará sujeito apenas às limitações determinadas pela lei, exclusivamente com o fim de assegurar o devido reconhecimento e respeito dos direitos e liberdades de outrem e de satisfazer as justas exigências da moral, da ordem pública e do bem-estar de uma sociedade democrática.
>
> 3. Esses direitos e liberdades não podem, em hipótese alguma, ser exercidos contrariamente aos objetivos e princípios das Nações Unidas[73].

Posteriormente, em 1949, a Lei Fundamental de Bonn reconhece o caráter de direito fundamental do livre desenvolvimento da personalidade, no art. 2, §1º: "Todos têm o

---

72. ITALIA. Senatto della Repubblica. *Constituzione Italiana*. Edizione in lingua portoghese. Disponível em: https://www.senato.it/application/xmanager/projects/leg18/file/repository/relazioni/libreria/novita/XVII/COST_PORTOGHESE.pdf. Acesso em: 02 dez. 2019.
73. ORGANIZAÇÃO DAS NAÇÕES UNIDAS. *Declaração Universal dos Direitos Humanos*. Disponível em: https://www.unicef.org/brazil/pt/resources_10133.html. Acesso em: 02 dez. 2019.

direito ao livre desenvolvimento da sua personalidade, desde que não violem os direitos de outros e não atentem contra a ordem constitucional ou a lei moral"[74].

Posteriormente, a Constituição Espanhola de 1978 também reconhece o livre desenvolvimento da personalidade, como princípio fundamental, em seu art. 10.1: "A dignidade da pessoa, os direitos invioláveis que lhe são inerentes, o livre desenvolvimento da personalidade, o respeito à lei e aos direitos dos demais são fundamento da ordem política e da paz social"[75].

Outros países, como Paraguai, Venezuela, Equador, Portugal e México, também fizeram o reconhecimento constitucional do livre desenvolvimento da personalidade. Japão e Coreia do Sul até mesmo consagraram a expressão "busca da felicidade" em suas respectivas constituições[76] e, no Brasil, a PEC 19, de 2010, almejava a alterar o art. 6º da CF/88 para considerar os direitos ali previstos como direitos sociais essenciais à busca da felicidade[77], mas acabou sendo arquivada ao fim daquela legislatura.

De fato, na CF/88, inexiste expressa previsão acerca do livre desenvolvimento da personalidade, o que, contudo, não indica a ausência de tal direito no sistema jurídico brasileiro, mas apenas o fato de ser necessária uma argumentação jurídica para definir sua estrutura, função, limites e até mesmo seu reconhecimento como direito fundamental atípico, com fulcro no art. 5º, § 2º, da Constituição, e do princípio da dignidade humana[78].

No plano jurisprudencial, o marco histórico é o caso *Elfes*, julgado pelo BVerfG, em que o político Wilhelm Elfes ajuizou reclamação constitucional por ter tido a prorrogação da validade de seu passaporte negada com fulcro no fato de as limitações da lei de passaporte seriam legítimas.

Nesta decisão, temos "a rejeição de uma concepção restrita do art. 2, §1º da Lei Fundamental concernente à proteção apenas de um mínimo de liberdade de ação sem a qual a pessoa não poderia se desenvolver intelectual e moralmente"[79]. Além disso, "somente nos casos em que direitos fundamentais específicos não possam ser aplicados é que o direito ao livre desenvolvimento da personalidade é chamado a agir"[80].

Assim, conforme proposto por Ana Frazão, a ideia inicial vinculada à intimidade se expande para abarcar, em um primeiro momento, a autodeterminação informativa e, posteriormente, importantes direitos e garantias fundamentais, incluindo a dignidade e a cidadania, conforme o esquema abaixo[81]:

---

74. DEUTSCHLAND. *Lei Fundamental da República Federal da Alemanha*. Tradução de Assis Mendonça. Disponível em: https://www.btg-bestellservice.de/pdf/80208000.pdf. Acesso em: 21 dez. 2019.
75. ESPAÑA. *Constitución española*. Disponível em: https://www.tribunalconstitucional.es/es/tribunal/normativa/Normativa/CEportugu%C3%A9s.pdf. Acesso em: 21 dez. 2019.
76. MOREIRA, Rodrigo Pereira. *Op. cit.*, p. 84-85.
77. BRASIL. Senado Federal. *PEC 19, de 2010*. Disponível em: https://www25.senado.leg.br/web/atividade/materias/-/materia/97622. Acesso em: 21 dez. 2019.
78. MOREIRA, Rodrigo Pereira. *Op. cit.*, p. 85. Sobre a recepção de direitos fundamentais atípicos pela CF/88, ver, por todos, SANTOS, Eduardo Rodrigues dos. *Direitos fundamentais atípicos*: uma análise da cláusula de abertura do §2º, do art. 5º, da CF/88. Salvador: Juspodivm, 2017.
79. MOREIRA, Rodrigo Pereira. *Op. cit.*, p. 89.
80. MOREIRA, Rodrigo Pereira. *Op. cit.*, p. 89.
81. FRAZÃO, Ana. Objetivos e alcance da Lei Geral de Proteção de Dados. *In*: TEPEDINO, Gustavo; FRAZÃO, Ana; OLIVA, Milena Donato (Coords.). *Lei Geral de Proteção de Dados Pessoais e suas repercussões no direito brasileiro*. São Paulo: Thomson Reuters Brasil, 2019, p. 109.

4. O MITO DO CONSENTIMENTO

Atualmente, o instituto do contrato já não é apenas o jogo econômico-liberal entre dois contratantes, mas constitui importante ferramenta rumo à efetivação de direitos sociais[82]. Se, antes, havia um padrão de massificação social que gerava um paradoxo entre contratos paritários e contratos de adesão, passa-se, paulatinamente, a um novíssimo modelo que gera a dicotomia entre contratos empresariais (apenas com objetivo de lucro) e os chamados contratos existenciais[83].

De fato, Fernando Martins leciona que

> o alargamento do capitalismo a partir da industrialização é tranquilamente constatável pelo surgimento de novos atores (empregado, consumidor, prestador de serviços), novos setores (como o de consumo, o digital, o desportivo), na intensificação da empresa (estrutura juridicamente organizada), no recrudescimento das cidades (*locus* das titularidades dominiais transformada pelo urbanismo), na formação de inéditas opções da vida social (incremento da cultura e lazer) e nas multifacetadas possibilidades de construção, invenção, comercialização, distribuição de produtos e serviços no mercado[84].

E, nesse contexto, há mudanças na sociedade que alteram imediatamente os negócios jurídicos e o direito obrigacional, tornando-se a teoria da vontade insuficiente na sustentação desse contrato massificado, vez que, agora, há um fluxo de rapidez exigente ao tráfego jurídico, a base subjetiva acaba tornando a interpretação insegura, considerando o conflito entre predisponente e aderente, com vários vícios do consentimento, vez que o predisponente determina todos, ou quase todos, os aspectos da contratação, gerando certa inutilidade hermenêutica na solução de conflitos[85]. Além disso, opera-se uma despersonalização dos contratantes, que, agora, são totalmente desconhecidos um do outro, separados por estipulantes, redes contratuais e meios informáticos ou telemáticos de contratação[86].

---

82. MARQUES, Claudia Lima. A chamada nova crise do contrato e o modelo de direito privado brasileiro: crise de confiança ou de crescimento do contrato? In: *A nova crise do contrato*: estudos sobre a nova teoria contratual. São Paulo: Revista dos Tribunais, 2007, p. 36.
83. MARTINS, Fernando Rodrigues. Contratos existenciais e Intangibilidade da Pessoa Humana na Órbita Privada: Homenagem ao Pensamento Imortal de Antônio Junqueira de Azevedo. In: MARTINS, Fernando Rodrigues. *Direito privado e policontexturalidade*. Fontes, Fundamentos e Emancipação. Rio de Janeiro: Lumen Juris, 2018, p. 301-302.
84. MARTINS, Fernando Rodrigues. Contratos existenciais..., cit., p. 303.
85. MARTINS-COSTA, Judith. *A boa-fé no direito privado*: sistema e tópica no processo obrigacional. São Paulo: Revista dos Tribunais, 2000, p. 206.
86. MARQUES, Cláudia Lima. *Confiança no comércio eletrônico e a proteção do consumidor*. São Paulo: Revista dos Tribunais, 2004, p. 64. Ver também: MARTINS, Guilherme Magalhães. *Contratos eletrônicos de consumo*. 3. ed. São Paulo: Atlas, 2016, p. 133-139; CANTO, Rodrigo Eidelvein do. A vulnerabilidade dos consumidores no comércio eletrônico: reconstrução da confiança na atualização do Código de Defesa do Consumidor. São Paulo: Revista dos Tribunais, 2015, p. 78-94.

Tais mudanças também se operaram no âmbito da responsabilidade civil, havendo a substituição da teoria da culpa pela do risco[87].

Na perspectiva da objetivação, o contrato

> é consentâneo ao fortalecimento das empresas e a racionalização do processo econômico (obtenção de lucros, previsão de custos e repartição de riscos) despregando-se da sombra acessória e servil do instituto da propriedade [...]. *Isoladamente, o contrato representava imanência, não se preocupava com o ambiente social (convivência), munido de efeito fronteiriço aos contratantes. Parece básico que o contrato assim perspectivado não representava instrumento essencial para o desenvolvimento e transformação da pessoa humana e da sociedade, sendo que a pouca justificação externa na relação intersubjetiva advém da força obrigatória do contrato*[88].

Nesse recrudescimento das esferas empresariais, passa-se a perceber o aparecimento de massas anônimas de usuários cujas contratações passam a ser feitas mediante processos objetivos, impessoais e uniformes, prescindindo-se da declaração de vontade como exigência para a contraprestação, vez que a reciprocidade surge a partir de elementos de vinculação, o que leva ao aparecimento do que G. Haupt vem a chamar de relações contratuais de fato[89].

Com a difusão do contrato em vários seguimentos, acaba-se gerando uma espécie de pancontratualismo, levando o contrato a substituir o poder público em várias tarefas[90], levando-o à categoria de instrumento para o tráfego de relações jurídicas fundamentais[91], tais como moradia, saúde, educação etc.

A partir daí, temos o contrato como sistema, processo e instituição[92].

Enquanto *sistema*, porque o contrato deixa de ser mera relação jurídica bilateral, vez que há, agora, uma coletividade de partes contratantes, além de contratos conexos, gerando redes contratuais[93].

Enquanto *processo* na medida em que há que se analisar o contrato não só a partir da ótica de sua celebração e execução, mas, também, o período pré-contratual e pós--contratual, sem deixar de ter em mente a existência de contratos chamados "cativos", ou de longa duração, admitindo-se a constante modificação do objeto obrigacional, considerando a inerente desmaterialização da obrigação[94].

Enquanto *instituição*, vez que delineiam funcionalidade específica e, além disso, não podem prejudicar o ambiente econômico, observando-se a regra do desenvolvimento sustentável[95].

---

87. Sobre isso, ver SCHREIBER, Anderson. *Novos paradigmas da responsabilidade civil*: da erosão dos filtros da reparação à diluição dos danos. 5. ed. São Paulo: Atlas, 2013, p. 9-54.
88. MARTINS, Fernando Rodrigues. *Contratos existenciais...*, cit., p. 304-305.
89. LARENZ, Karl. *Derecho de Obligaciones*, t. I. Tradução do alemão para o espanhol de Jaime Santos Briz. Madri: Revista de Derecho Privado, 1958, p. 60.
90. MARTINS, Fernando Rodrigues. *Contratos existenciais...*, cit., p. 309-310.
91. LARENZ, Karl. *Derecho civil*: parte general. Tradução do alemão para o espanhol de Miguel Izquierdo e Macias--Picavea. Madri: Revista de Derecho Privado, 1978, p. 44.
92. LORENZETTI, Ricardo Luís. *Teoría general del contrato y de los servicios*: uma teoria sistémica del contrato. Contratos de servicios a los consumidores. Santa Fe: Rubinzal-Culzoni, 2005, p. 18.
93. ITURRASPE, Jorge Mosset. *Contratos conexos*: grupos y redes de contratos. Santa Fe: Rubinzal-Culzoni, 1999, p. 132.
94. MARTINS, Fernando Rodrigues. *Contratos existenciais...*, cit., p. 313.
95. LORENZETTI, Ricardo Luís. *Op. cit.*, p. 17.

A tormentosa querela de analisar, interpretar e realizar a integração dos contratos privados, além do sistema inerente, não se encontra arrimada tão somente na circulação jurídico-econômica de riquezas, mas, também, no reconhecimento da pessoa, dos direitos fundamentais e situações existenciais como ponto de partida da dogmática, principalmente a partir da supracitada "virada kantiana" no Direito, especialmente no Direito Privado.

Assim, surge o supramencionado paradoxo entre contrato empresarial (que almeja única a exclusivamente ao lucro) e contrato existencial (que almeja à promoção da pessoa humana).

Nas palavras de Antônio Junqueira de Azevedo,

> essa dicotomia não visa eliminar outras já existentes no direito contratual, como a divisão milenar entre contratos onerosos e gratuitos, ou aquela própria do direito contratual do século XX, entre contratos de adesão e contratos paritários. A nova dicotomia, própria do século XXI, procura conciliar o funcionamento estável da economia e um desenvolvimento econômico cego ao valor da pessoa humana. Os três níveis de contrato, o econômico, o jurídico e o social devem ser conciliados[96].

Quando se fala em contrato existencial, no plano subjetivo, temos um predisponente desumanizado, caracterizado pela empresa, empregador, fornecedor de serviços etc., e um aderente pessoa natural. No plano objetivo, a obrigação, em que pese o inegável valor econômico, será de todo exigível para preservar a vida do vulnerável, a integralidade do usuário, ou a preservação do mínimo existencial. É de se ressaltar, portanto, que a patrimonialidade da prestação está submetida à intangibilidade da pessoa humana. Portanto, nos contratos existenciais, há os inexoráveis filtros da pessoa humana e ausência do lucro[97].

Essa proteção especial que se dá aos contratos existenciais encontra arrimo na recepção da dignidade humana enquanto valor máximo do direito privado.

Além de tudo, há que se observar os contratos existenciais no plano da existência, da validade e da eficácia, "os três planos nos quais a mente humana deve sucessivamente examinar o negócio jurídico, a fim de verificar se ele obtém a plena realização"[98].

No plano da existência, os contratos existenciais possuem os mesmos elementos e pressupostos que quaisquer outros negócios jurídicos: forma, objeto, circunstâncias negociais, agente, tempo e lugar do negócio.

---

96. AZEVEDO, Antônio Junqueira de. Relatório brasileiro sobre revisão contratual apresentado para as Jornadas Brasileiras da Associação Henri Capitant. In: *Novos estudos e pareceres de direito privado*. São Paulo: Saraiva, 2009, p. 185.
97. MARTINS, Fernando Rodrigues. *Contratos existenciais...*, cit., p. 317-318. Quando o autor fala em *"ausência de lucro"*, ele não quer dizer que nenhuma das partes vai receber lucro a partir da relação jurídica desenvolvida, mas, sim, que o objeto da relação contratual instituída não será a obtenção do lucro pelo lucro, mas, sim, a prestação de um serviço ou a entrega de um produto cujo fim último é a promoção da pessoa humana, ao contrário dos contratos empresariais, em que as partes são empresas e ambas almejam única e exclusivamente ao lucro. O autor ressalta ainda que "há mesmo certa hierarquização dos contratos existenciais sobre os contratos empresariais, considerando a *essencialidade* intrínseca, o que justifica a intervenção mais ativa e necessária dos órgãos protetivos e da respectiva legislação".
98. AZEVEDO, Antônio Junqueira de. *Negócio jurídico*: existência, validade e eficácia. 4. ed. São Paulo: Saraiva, 2002, p. 34.

Não obstante, há que se observar que existe um especial tônus vital, vez que, para um contrato ser reconhecido como existencial, deverá ser formulado por pessoa natural (podendo ser jurídica, desde que não tenha fins lucrativos) e o objeto deverá ser a subsistência de, ao menos, uma dessas partes[99].

Registre-se, também, que o princípio da autonomia privada "é convidado a dinamizar o estabelecimento de condições para o pleno desenvolvimento da pessoa humana"[100].

No plano da validade, uma vez que esta implica que todos os requisitos do negócio jurídico sejam atendidos pelas partes, sendo que o desatendimento a algum requisito implicará na invalidade do negócio, tornando-o inútil ao fim a que se destina[101], nota-se uma omissão legislativa quanto aos requisitos normativos de eticidade referente aos contratos existenciais, além de melhor atuação do Judiciário, por intermédio do chamado "ativismo progressista", bem como maior combatividade dos órgãos que tutelam direitos fundamentais[102]. É assim porque, nos contratos existenciais, a boa-fé é muito maior do que entre contratos empresariais[103].

No plano da eficácia, recorda-se do princípio da função social do contrato, em que a "dimensão do civismo e solidarismo contratual são exigentes de tutela própria à intangibilidade da pessoa nos contratos existenciais. Nessa esteira de ressaltar que a convivência num mundo de necessidades importa em muitas ocasiões, inclusive, no *dever de contratar* em situações de monopólio ainda mais quando o objeto contratual tem supedâneo em bens ou serviços *vitais* sem os quais a pessoa tem bastante mitigada sua *qualidade* de vida"[104].

Assim, ainda que o contrato não perca seu caráter econômico e patrimonial, existe uma guinada epistemológica nos contratos existenciais, acompanhando tendência global no sentido de que o *telos* do direito nas relações existenciais passa por valores inegociáveis e intangíveis de emancipação da pessoa humana, exigindo-se solidariedade do contratante que almeja ao lucro.

Sendo assim, considerando que estar conectado nos dias de hoje é verdadeira necessidade humana, seja para fins de trabalho, seja para fins de interação social, ou mesmo de lazer, pode-se dizer que os contratos com redes de telefonia móvel, comunicadores instantâneos e até mesmo redes sociais são qualificados como contratos existenciais.

E, somado ao fato de serem contratos de adesão, no sistema de *take it or leave it*, não é difícil concluir que, na realidade, o consentimento para acesso dessas empresas aos dados pessoais – como é o caso da localização, utilizada pelo governo para fins de enfrentamento à pandemia da COVID-19 – é apenas um mito, quiçá uma falácia.

---

99. MARTINS, Fernando Rodrigues. *Contratos existenciais...*, cit., p. 326.
100. MARTINS, Fernando Rodrigues. *Contratos existenciais...*, cit., p. 327. O autor, aliás, cita, como exemplo, o contrato médico: "pense no contrato de prestação de serviços entre genitores de determinado núcleo familiar com sérios problemas de fertilização com profissional médico apto às técnicas de inseminação".
101. NORONHA, Fernando. *Direito das obrigações*, v. 1. São Paulo: Saraiva, 2003, p. 70-88.
102. MARTINS, Fernando Rodrigues. *Contratos existenciais...*, cit., p. 327.
103. AZEVEDO, Antônio Junqueira de *apud* MARTINS, Fernando Rodrigues. *Contratos existenciais...*, cit., p. 328.
104. MARTINS, Fernando Rodrigues. *Contratos existenciais...*, cit., p. 330.

Sendo assim, impossível falar em consentimento, ainda mais com essa finalidade de informar ao governo a localização do sujeito. Por isso, precisamos enfrentar um outro argumento: o da segurança pública.

5. PROTEÇÃO DE DADOS E SEGURANÇA PÚBLICA

Conforme a hiperconectividade entre os diversos dispositivos, objetos e sensores cria riscos à privacidade dos titulares dos dados manipulados e tratados, a heterogeneidade dos meios de circulação da informação impulsiona os governos a desenvolver novas estratégias de vigilância e segurança[105].

Nesse sentido, avança o conceito do Estado Vigilância e a tecnologia responde com novas formas de criptografia, com vistas a proteger mais e mais as informações dos cidadãos. Da mesma maneira, a legislação também almeja a estabelecer-lhe novos limites, deixando o governo vigilante em verdadeira "zona de obscurecimento", capaz de dificultar os serviços de inteligência necessários ao enfrentamento do *cyber* terrorismo e à investigação criminal[106].

Nesse governo de vigilância, a prática do chamado *data mining* tem ascendido na acelerada evolução da tecnologia da informação. Por intermédio de recursos tecnológicos mais e mais poderosos, governos e empresas galgam maior influência e poder, com vistas a descobrir o que ocorre mundialmente, identificando potenciais ameaças e otimizando a prestação de serviços. O problema é saber se tais entidades públicas e privadas fazem uso desse poder dentro das balizas do Estado democrático de direito ou se, eventualmente, avançarão em detrimento dos direitos fundamentais dos cidadãos[107].

Na Europa, o Regulamento 526/2013 almeja a proteger a privacidade através de uma política de segurança da informação capaz de inspirar a confiança daqueles que interagem em rede, especialmente o cidadão comum. Sob esse escopo, as cortes europeias vêm avançando na garantia da proteção da privacidade, trabalhando bem o direito à autodeterminação informativa e indo além, ao cunhar verdadeiro direito à confidencialidade e à integridade dos sistemas informáticos, o qual ficou conhecido como direito fundamental informático[108].

Nesse sentido,

> Conquanto seja complexa a tensão entre privacidade e segurança, o estado de vigilância terá que conviver com o sistema de direitos humanos e fundamentais e os limites que são impostos. Nos estados democráticos de direito não haverá lugar para uma solução panóptica *benthamiana*, na qual todas as pessoas são tratadas como um *homem de vidro* sob vigilância permanente e universal quanto aos seus

---

105. MENEZES, Joyceane Bezerra de. Quando a Lei Geral de Proteção de Dados não se aplica? In: TEPEDINO, Gustavo; FRAZÃO, Ana; OLIVA, Milena Donato (Coords.). Lei Geral de Proteção de Dados Pessoais e suas repercussões no direito brasileiro. São Paulo: Thomson Reuters Brasil, 2019, p. 165.
106. MENEZES, Joyceane Bezerra de. Quando a Lei Geral de Proteção de Dados..., cit., p. 166.
107. MOLINARO, Carlos Alberto; SARLET, Ingo Wolfgang. Sociedades em rede, internet e estado de vigilância: algumas aproximações. *Revista da AJURIS*, Porto Alegre, v. 40, n. 132, dez. 2013. Disponível em: http://www.ajuris.org.br/OJS2/index.php/REVAJURIS/article/viewFile/249/184. Acesso em: 15 abr. 2020.
108. MENEZES, Joyceane Bezerra de. Quando a Lei Geral de Proteção de Dados..., cit., p. 167.

dados, seu comportamento, comunicações, escolhas e até mesmo quanto ao seu próprio corpo, no tocante às informações biométricas[109].

Abstratamente, os valores em jogo – privacidade ou segurança –, possuem o mesmo peso axiológico; somente o caso concreto em que tais axiomas colidirem permitirá ao intérprete que determine qual deles prevalecerá. Inclusive, é possível recorrer à técnica do juízo valorativo dos atos particulares ou apreciação do *merecimento de tutela*, com vistas a tutelar tanto quanto possível, ambos os interesses em jogo[110].

A reformulação de tais técnicas de controle da atividade interpretativa passa a ser objeto central do debate doutrinário, o que leva a noção de segurança jurídica (*giusto processo*) a adquirir conteúdo substancial inserido em uma perspectiva de desenvolvimento de ferramentas hermenêuticas funcionais com vistas à garantia da efetividade da proteção da pessoa[111].

Nesse ínterim, temos, no Brasil, a restrição da incidência da Lei Geral de Proteção de Dados com relação ao manejo de dados para fins exclusivos de segurança pública, defesa nacional e segurança do Estado, com vistas a garantir esses interesses públicos e combater infrações penais, o crime organizado, a fraude digital e o terrorismo.

Há que se ressaltar que, no que toca às demais operações de manipulação de dados desenvolvidas pelo Poder Público, a lei se aplicará integralmente, inclusive no âmbito da atividade fiscal quando o fisco, mediante combinação das informações do sistema integrado, descobrir a prática de crime tributário. No entanto, a partir do momento em que se identificar a prática de um crime, a operação de tratamento utilizada com a finalidade exclusiva de investigação não será mais tutelada, de forma plena, pela norma[112].

De qualquer maneira, o manejo de dados para fins de segurança pública, defesa nacional e segurança do Estado será submetido a legislação específica, como estabelecido na própria lei.

Joyceane Menezes recorda, aliás, que a Lei de Acesso à Informação (LAI) – Lei 12.527/2011 – e o respectivo regulamento, Decreto 7.724/2012, aplicam-se ao tratamento de dados pelo Poder Público quando age nas hipóteses aqui trabalhadas. "Apenas pelo teor do art. 31 da LAI já se estabelece o princípio da transparência e o respeito às liberdades e garantias individuais dos titulares dos dados objeto de tratamento, lançando balizas que limitarão eventuais abusos"[113].

Além disso, conforme lição de Renato Opice Blum,

> A Lei 12.737/2012 introduziu no Código Penal o tipo penal de *invasão de dispositivo informático alheio*, com a adição do artigo 154-A, na Seção dedicada aos *Crimes Contra a Inviolabilidade dos Segredos*. A aprovação de referida lei ocorreu *no contexto de aumento da insegurança no ambiente de Internet*[114].

---

109. MENEZES, Joyceane Bezerra de. Quando a Lei Geral de Proteção de Dados..., cit., p. 168.
110. MENEZES, Joyceane Bezerra de. Quando a Lei Geral de Proteção de Dados..., cit., p. 168-169.
111. TEPEDINO, Gustavo. Teoria da interpretação e relações privadas: a razoabilidade e o papel do juiz na promoção dos valores constitucionais. In: TEPEDINO, Gustavo; MENEZES, Joyceane Bezerra de (Coords.). *Autonomia privada, liberdade existencial e direitos fundamentais*. Belo Horizonte: Fórum, 2019, p. 285.
112. MENEZES, Joyceane Bezerra de. Quando a Lei Geral de Proteção de Dados..., cit., p. 187.
113. MENEZES, Joyceane Bezerra de. Quando a Lei Geral de Proteção de Dados..., cit., p. 188-189.
114. BLUM, Renato Opice. Op. cit., p. 246.

A partir de meados dos anos 90, com a popularização da Internet e a globalização da economia, surgiu uma nova modalidade de crimes, cometidos no espaço virtual da rede através de *e-mails, websites* ou ocorridos em comunidades de relacionamento na Internet: os *Crimes Eletrônicos* ou *Crimes Virtuais*. Para fazer frente à nova criminalidade, surgiram adaptações tecnológicas para assegurar a segurança das transações comerciais eletrônicas[115].

Nesse ínterim, aumentam os índices de roubo de dados pessoais na rede mundial de computadores. Através da instalação de programas de espionagem (Trojans, Cavalos de Troia, entre outros), os chamados "piratas virtuais" se infiltram nas máquinas com vistas a tomar posse de informações sigilosas de seus proprietários[116].

Surgem, também, outros crimes por meio da Web, como a pedofilia e a pornografia infantil. A partir daí, temos o advento (tardio) da Lei 13.441/2017, que trata da possiblidade de policiais trabalharem infiltrados na Internet.

De qualquer maneira, da mesma forma que a rede mundial de computadores pode ser usada para a prática de crimes, ela também pode ser usada, principalmente com o advento da IoT, para a investigação criminal.

Ora,

> A guarda de registros de comandos de voz, transações, fruições e o próprio conteúdo armazenado podem ser absolutamente esclarecedores para investigações criminais. Desta feita, a popularização da IoT dá a vida, indiretamente, a um exército de milhares e milhares de testemunhas eletrônicas: câmeras, TVs, geladeiras, fogões, óculos, carros... Objetivas, precisas, imparciais e, potencialmente a serviço da Justiça[117].

É o que aconteceu, por exemplo, nos Estados Unidos, em situação onde autoridades policiais requisitaram à *Amazon* o acesso ao sistema do dispositivo *Echo Amazon* (caixa de som com inteligência artificial), na esperança de que este tivesse gravado ruídos de um assassinato ocorrido em uma residência diversos equipamentos conectados. De toda forma, a empresa resistiu a fornecer as informações[118].

As razões da resistência da *Amazon* não são difíceis de serem compreendidas. Ora, seria uma clara violação à privacidade dos usuários. E, ainda que tal violação fosse com vistas a um suposto bem maior – a investigação criminal –, a privacidade hoje é uma prioridade de muitos consumidores. Será que as vendas do aparelho se manteriam as mesmas ou haveria um decréscimo que resultaria em prejuízo econômico para a organização?

Assim, se, até mesmo para fins de investigação criminal, o recurso à IoT é controvertido, quem dirá para ajudar as autoridades de saúde? Ademais, quem garante que não surgirão outros pretextos para o governo violar a privacidade das pessoas? Como ter a certeza de que o governo não se utilizará, posteriormente, desses mecanismos para fins

---

115. BARRETO JUNIOR, Irineu Francisco. Aspectos Sociológicos da Lei dos Delitos Informáticos na sociedade da informação. In: PAESANI, Liliana Minardi (Coord.). O Direito na Sociedade da Informação III. São Paulo: Atlas, 2013, p. 125-126.
116. BARRETO JUNIOR, Irineu Francisco. *Op. cit.*, p. 125-126.
117. BLUM, Renato Opice. *Op. cit.*, p. 249.
118. BLUM, Renato Opice. *Op. cit.*, p. 249.

de encontrar, por exemplo, devedores do fisco, em clara violação ao direito fundamental à autodeterminação informativa, a duras penas conquistado?

6. CONSIDERAÇÕES FINAIS

Introduzimos o trabalho mencionando clássico literário de George Orwell. Para concluí-lo, mencionaremos um ícone da cultura pop: os filmes da série Guerra nas Estrelas, ou *Star Wars*.

A história gira em torno de quem está governando a galáxia. Nos primeiros episódios, temos uma República, a qual, a partir do final do terceiro episódio, se transforma em um Império. E é a partir de tal fato que ilustraremos nossa conclusão.

Vejamos. No segundo filme[119], o chanceler da República, Sheev Palpatine, recebe, do Senado da República, "poderes emergenciais", aumentando seu poder para conter uma crise política que acontecia. No filme seguinte[120], ainda com tais poderes emergenciais, o chanceler transforma a República em um Império, no qual, obviamente, ele é o imperador.

É um exemplo aparentemente absurdo, talvez até extremista, mas que pode ser utilizado para ilustrar os riscos de se colocar poderes excessivos sob a égide do Estado. Nossa discussão gira em torno da possibilidade de o Estado violar o direito fundamental à autodeterminação informativa, corolário do livre desenvolvimento da personalidade e, por conseguinte, do valor máximo da nossa República: a dignidade humana.

Ora, por melhores que sejam as intenções do governo, ainda mais em tempos de crise sanitária, certo é que uma violação à dignidade da pessoa humana jamais deve ser vista com bons olhos.

Portanto, em que pese a necessidade de contenção da COVID-19, entendemos pela ilegalidade – e até inconstitucionalidade – da medida, não só para fins de enfrentamento da pandemia, mas em qualquer situação.

REFERÊNCIAS

ALIMONTI, Veridiana. O Fortalecimento da Proteção do Consumidor com o Marco Civil da Internet. *In*: ARTESE, Gustavo (Coord.). *Marco Civil da Internet*: análise jurídica sob uma perspectiva empresarial. São Paulo: Quartier Latin, 2015.

ALLPORT, Gordon Willard. *Structure et développement de la personnalité*. Neuchâtel: Delachaux, 1970.

AZEVEDO, Antônio Junqueira de. *Negócio jurídico*: existência, validade e eficácia. 4. ed. São Paulo: Saraiva, 2002.

AZEVEDO, Antônio Junqueira de. Relatório brasileiro sobre revisão contratual apresentado para as Jornadas Brasileiras da Associação Henri Capitant. *In: Novos estudos e pareceres de direito privado*. São Paulo: Saraiva, 2009.

---

119. STAR Wars: Episode II – Attack of the Clones. Direção de George Lucas. São Francisco: Lucasfilm, 2002. 1 DVD. 142 min.
120. STAR Wars: Episode III – Revenge of the Sith. Direção de George Lucas. São Francisco: Lucasfilm, 2005. 1 DVD. 140 min.

BARRETO JUNIOR, Irineu Francisco. Aspectos Sociológicos da Lei dos Delitos Informáticos na sociedade da informação. In: PAESANI, Liliana Minardi (Coord.). *O Direito na Sociedade da Informação III*. São Paulo: Atlas, 2013.

BASAN, Arthur Pinheiro. *Contratos existenciais*: hermenêutica à luz dos direitos fundamentais. Uberlândia: LAECC, 2020.

BENJAMIN, Antonio Herman V.; BESSA, Leonardo Roscoe; MARQUES, Claudia Lima. *Manual de Direito do Consumidor*. São Paulo: Revista dos Tribunais, 2007.

BENKLER, Yochai; FARIS, Robert; ROBERTS, Hal. *Network Propaganda*. Manipulation, Disinformation and Radicalization in Americam Politics. New York: Oxford University Press, 2018.

BIONI, Bruno Ricardo. *Proteção de dados pessoais*: a função e os limites do consentimento. Rio de Janeiro: Forense, 2019.

BLUM, Renato M. S. Opice. Internet das coisas: a inauguração do novo mundo e suas intercorrências jurídicas. In: MARTINS, Guilherme Magalhães LONGHI, João Victor Rozatti (Coords.). *Direito digital*: direito privado e internet. 2. ed. Indaiatuba: Foco, 2019.

BOBBIO, Norberto. *A era dos direitos*. Tradução de Carlos Nelson Coutinho. 7. ed. Rio de Janeiro: Elsevier, 2004.

BRASIL. *Mensagem n. 451, de 14/08/2018*. Diário Oficial da República Federativa do Brasil, Presidência da República. Brasília/DF.

BRASIL. Senado Federal. *PEC 19, de 2010*. Disponível em: https://www25.senado.leg.br/web/atividade/materias/-/materia/97622. Acesso em: 21 dez. 2019.

BRASIL. Supremo Tribunal Federal (STF). *Medida Cautelar na Ação Direta De Inconstitucionalidade 6.387 Distrito Federal*. Relatora: Min. Rosa Weber. DJ: 24/04/2020. Disponível em: http://www.stf.jus.br/arquivo/cms/noticiaNoticiaStf/anexo/ADI6387MC.pdf. Acesso em: 28 abr. 2020.

CANTO, Rodrigo Eidelvein do. *A vulnerabilidade dos consumidores no comércio eletrônico*: reconstrução da confiança na atualização do Código de Defesa do Consumidor. São Paulo: Revista dos Tribunais, 2015.

CAPELO DE SOUSA, Rabindranath Valentino Aleixo. *O direito geral de personalidade*. Coimbra: Coimbra, 1995.

CATALÀ, Pierre. Ebauche d'une théorie juridique de l'information. *Informatica e Diritto*, Nápoles, ano IX, jan./apr. 1983.

CHARLES, Patrick J. Restoring "life, liberty, and pursuit of happiness" in our constitutional jurisprudence: an exercise in legal history. *William & Mary Bill of Rights Journal*, Williamsburg, v. 20, n. 2, p. 457-532, 2011.

CRUVINEL, Guilherme Ferreira Araújo. A (hiper)vulnerabilidade do consumidor no tratamento de seus dados pessoais. In: LONGHI, João Victor Rozatti; FALEIROS JUNIOR, José Luiz de Moura (Coords.). *Estudos essenciais de direito digital*. Uberlândia: LAECC, 2019.

DELPIAZZO, Carlos. *A la búsqueda del equilibrio entre privacidad y acceso*. Montevidéu: Instituto de Derecho Informático, Facultad de Drecho, Universidad de la Republica, 2009.

DEUTSCHLAND. *Lei Fundamental da República Federal da Alemanha*. Tradução de Assis Mendonça. Disponível em: https://www.btg-bestellservice.de/pdf/80208000.pdf. Acesso em: 21 dez. 2019.

DINIZ, Maria Helena. *Curso de direito civil brasileiro*, v. 1. 18. ed. São Paulo: Saraiva, 2002.

DONEDA, Danilo. *Da privacidade à proteção de dados pessoais*: elementos da formação da Lei Geral de Proteção de Dados. 2. ed. São Paulo: Thomson Reuters Brasil, 2019.

ESPAÑA. *Constitución española*. Disponível em: https://www.tribunalconstitucional.es/es/tribunal/normativa/Normativa/CEportugu%C3%A9s.pdf. Acesso em: 21 dez. 2019.

FRAZÃO, Ana. Objetivos e alcance da Lei Geral de Proteção de Dados. *In:* TEPEDINO, Gustavo; FRAZÃO, Ana; OLIVA, Milena Donato (Coords.). *Lei Geral de Proteção de Dados Pessoais e suas repercussões no direito brasileiro*. São Paulo: Thomson Reuters Brasil, 2019.

FREUD, Sigmund. O ego e o id. *In:* FREUD, Sigmund. *Obras Psicológicas Completas de Sigmund Freud*. Tradução de Jayme Salomão. Rio de Janeiro: Imago, 1969.

GONÇALVES, Maria Eduarda. *Direito da informação*. Coimbra: Almedina, 1995.

ITALIA. Senatto della Repubblica. *Constituzione Italiana*. Edizione in lingua portoghese. Disponível em: https://www.senato.it/application/xmanager/projects/leg18/file/repository/relazioni/libreria/novita/XVII/COST_PORTOGHESE.pdf. Acesso em: 02 dez. 2019.

ITURRASPE, Jorge Mosset. *Contratos conexos*: grupos y redes de contratos. Santa Fe: Rubinzal-Culzoni, 1999.

JORNAL NACIONAL. Governo de São Paulo usa dados de celulares para localizar aglomerações. *Globo.com*, 08 de abril de 2020. Disponível em: https://g1.globo.com/jornal-nacional/noticia/2020/04/08/governo-de-sp-usa-dados-de-celulares-para-localizar-aglomeracoes.ghtml. Acesso em: 20 abr. 2020.

KANT, Immanuel. Principios metafisicos del derecho. Tradução do alemão para o espanhol de G. Lizarraga. Madri: Suarez, 1873.

LACE, Susanne. *The glass consumer*: life in a surveillance society. Bristol: Polity Press, 2005.

LARENZ, Karl. Derecho civil: parte general. Tradução do alemão para o espanhol de Miguel Izquierdo e Macias-Picavea. Madri: Revista de Derecho Privado, 1978.

LARENZ, Karl. *Derecho de Obligaciones*, t. I. Tradução do alemão para o espanhol de Jaime Santos Briz. Madri: Revista de Derecho Privado, 1958.

LORENZETTI, Ricardo Luís. *Teoría general del contrato y de los servicios*: uma teoria sistémica del contrato. Contratos de servicios a los consumidores. Santa Fe: Rubinzal-Culzoni, 2005.

LYON, David. *The information society*: issues and illusions. Cambridge: Polity Press, 1988.

MAGENTA, Matheus. Coronavírus: governo brasileiro vai monitorar celulares para conter pandemia. *BBC News Brasil*, Londres, 03 de abril de 2020. Disponível em: https://www.bbc.com/portuguese/brasil-52154128. Acesso em: 20 abr. 2020.

MALTA, Tatiana. *O direito à privacidade na sociedade da informação*: efetividade desse direito fundamental diante da tecnologia da informação. Porto Alegre: Sergio Antônio Fabris, 2007.

MARQUES, Claudia Lima. A chamada nova crise do contrato e o modelo de direito privado brasileiro: crise de confiança ou de crescimento do contrato? *In: A nova crise do contrato*: estudos sobre a nova teoria contratual. São Paulo: Revista dos Tribunais, 2007.

MARQUES, Claudia Lima. *Confiança no comércio eletrônico e a proteção do consumidor*. São Paulo: Revista dos Tribunais, 2004.

MARTINS, Fernando Rodrigues. Contratos existenciais e Intangibilidade da Pessoa Humana na Órbita Privada: Homenagem ao Pensamento Imortal de Antônio Junqueira de Azevedo. *In:* MARTINS, Fernando Rodrigues. *Direito privado e policontexturalidade*. Fontes, Fundamentos e Emancipação. Rio de Janeiro: Lumen Juris, 2018.

MARTINS, Fernando Rodrigues. Sociedade de informação e proteção à pessoa. *Revista de Direito do Consumidor*. São Paulo: Revista dos Tribunais, v. 96, p. 225-257, nov./dez. 2014.

MARTINS, Guilherme Magalhães. *Contratos eletrônicos de consumo*. 3. ed. São Paulo: Atlas, 2016.

MARTINS-COSTA, Judith. *A boa-fé no direito privado*: sistema e tópica no processo obrigacional. São Paulo: Revista dos Tribunais, 2000.

MASSENO, Manuel David. Protegendo os cidadãos-consumidores em tempos de *big data*: uma perspectiva desde o direito da União Europeia. In: MARTINS, Guilherme Magalhães; LONGHI, João Victor Rozatti (Coords.). *Direito Digital*: Direito Privado e Internet. 2. ed. Indaiatuba: Foco, 2019.

MENDES, Laura Schertel. A vulnerabilidade do consumidor quanto ao tratamento de dados pessoais. *Revista de Direito do Consumidor*, São Paulo: Revista dos Tribunais, v. 102, n. 24, p. 19-43, nov./dez. 2015.

MENDES, Laura Schertel. *Privacidade, proteção de dados e defesa do consumidor*: linhas gerais de um novo direito fundamental. São Paulo: Saraiva, 2014.

MENEZES, Joyceane Bezerra de; MARTINS, Rogério. O direito à busca da felicidade: filosofia, biologia e cultura. *Novos Estudos Jurídicos*, Itajaí, v. 18, n. 3, p. 474-491, set./dez. 2013.

MENEZES, Joyceane Bezerra de. Quando a Lei Geral de Proteção de Dados não se aplica? In: TEPEDINO, Gustavo; FRAZÃO, Ana; OLIVA, Milena Donato (Coords.). *Lei Geral de Proteção de Dados Pessoais e suas repercussões no direito brasileiro*. São Paulo: Thomson Reuters Brasil, 2019.

MERANI, Alberto. *Estrutura e dialética da personalidade*. Tradução de Seabra Dinis e Azevedo Mota. Lisboa: Seara Nova, 1976.

MOLINARO, Carlos Alberto; SARLET, Ingo Wolfgang. Sociedades em rede, internet e estado de vigilância: algumas aproximações. *Revista da AJURIS*, Porto Alegre, v. 40, n. 132, dez. 2013. Disponível em: http://www.ajuris.org.br/OJS2/index.php/REVAJURIS/article/viewFile/249/184. Acesso em: 15 abr. 2020.

MORAES, Maria Celina Bodin de. *Danos à pessoa humana*: uma leitura civil-constitucional dos danos morais. 2. ed. Rio de Janeiro: Processo, 2017.

MOREIRA, Rodrigo Pereira. *Direito ao livre desenvolvimento da personalidade: caminhos para a proteção e promoção da pessoa humana*. 2015. Dissertação (Mestrado em Direito Público) – Faculdade de Direito Prof. Jacy de Assis, Universidade Federal de Uberlândia, Uberlândia.

NORONHA, Fernando. *Direito das obrigações*, v. 1. São Paulo: Saraiva, 2003.

ORGANIZAÇÃO DAS NAÇÕES UNIDAS. *Declaração Universal dos Direitos Humanos*. Disponível em: https://www.unicef.org/brazil/pt/resources_10133.html. Acesso em: 02 dez 2019.

ORWELL, George. *1984*. Nova York: Harper Perennial, 2014.

OTERO, Paulo. *Direito constitucional português*, v. 1. Coimbra: Almedina, 2010.

PAESANI, Liliana Minardi. A Evolução do Direito Digital: Sistemas Inteligentes, a Lei 12.7372012 e a Privacidade. In: PAESANI, Liliana Minardi (Coord.). *O Direito na Sociedade da Informação III*. São Paulo: Atlas, 2013.

PERLINGIERI, Pietro. *Perfis de direito civil*: uma introdução ao direito civil constitucional. Tradução de Maria Cristina de Cicco. 3. ed. Rio de Janeiro: Renovar, 1997.

PERVIN, Lawrence A. *Theory, Assessment and Research*. Nova York: Wiley, [s.d.].

PIÑAR MAÑAS, José Luis. *Guía del derecho fundamental a la protección de datos de caracter personal*. Agencia Española de Protección de Datos, 2004.

SÃO PAULO. STJ nega pedido para interromper monitoramento por celular em SP. *Portal do Governo*, São Paulo, 17 de abril de 2020. Disponível em: https://www.saopaulo.sp.gov.br/noticias-coronavirus/stj-nega-pedido-para-interromper-monitoramento-por-celular-em-sp-2/. Acesso em: 20 abr. 2020.

SÃO PAULO. Tribunal de Justiça do Estado de São Paulo. *Mandado de Segurança 2.069.736-76.2020.8.26.0000*. Relator: Desembargador Evaristo dos Santos. DJ: 16/04/2020. ConJur, 2020. Disponível em: https://www.conjur.com.br/dl/liminar-exclusao-celular-monitoramento.pdf. Acesso em: 20 abr. 2020.

SANDEL, Michael J. *Justiça*. O que é fazer a coisa certa. Tradução de Heloisa Matias e Maria Alice Máximo. 21. ed. Rio de Janeiro: Civilização Brasileira, 2016.

SANTOS, Eduardo Rodrigues dos. *Direitos fundamentais atípicos*: uma análise da cláusula de abertura do §2º, do art. 5º, da CF/88. Salvador: Juspodivm, 2017.

SARLET, Ingo Wolfgang. *Dignidade da pessoa humana e direitos fundamentais na constituição federal de 1988*. 5. ed. Porto Alegre: Livraria do Advogado, 2005.

SCHREIBER, Anderson. *Novos paradigmas da responsabilidade civil*: da erosão dos filtros da reparação à diluição dos danos. 5. ed. São Paulo: Atlas, 2013.

SOUZA, Thiago Pinheiro Vieira de. A evolução da proteção de dados pessoais ao patamar de direito fundamental. *In*: LONGHI, João Victor Rozatti; FALEIROS JÚNIOR, José Luiz de Moura (Coords.). *Estudos essenciais de direito digital*. Uberlândia: LAECC, 2019.

RODOTÁ, Stefano. *A vida na sociedade da vigilância*. A privacidade hoje. Tradução de Danilo Doneda e Luciana Cabral Doneda. Rio de Janeiro: Renovar, 2008.

SOLOVE, Daniel J. *Understanding privacy*. Cambridge: Harvard University Press, 2008.

STAR Wars: Episode II – Attack of the Clones. Direção de George Lucas. São Francisco: Lucasfilm, 2002. 1 DVD. 142 min.

STAR Wars: Episode III – Revenge of the Sith. Direção de George Lucas. São Francisco: Lucasfilm, 2005. 1 DVD. 140 min.

STEIBEL, Fabro; VICENTE, Victor Freitas; JESUS, Diego Santos Vieira de. Possibilidades e potenciais da utilização da inteligência artificial. *In*: FRAZÃO, Ana; MULHOLLAND, Caitlin (Coords.). *Inteligência Artificial e Direito*. Ética, regulação e responsabilidade. São Paulo: Thomson Reuters Brasil, 2019.

TEPEDINO, Gustavo. Teoria da interpretação e relações privadas: a razoabilidade e o papel do juiz na promoção dos valores constitucionais. *In*: TEPEDINO, Gustavo; MENEZES, Joyceane Bezerra de (Coords.). *Autonomia privada, liberdade existencial e direitos fundamentais*. Belo Horizonte: Fórum, 2019.

UNITED STATES OF AMERICA. *A Declaração de Independência dos Estados Unidos da América*. Versão em português disponível em: https://bit.ly/3etSc3T. Acesso em: 21 dez. 2019.

WU, Tim. *The master switch*: the rise and fall of information empires. Nova York: Vintage, 2010.

9
RESPONSABILIDADE CIVIL DO ADMINISTRADOR DE GRUPOS DE *WHATSAPP*: AS CATEGORIAS CLÁSSICAS RESOLVEM A QUESTÃO?

José Fernando Simão

Sumário: 1. Introdução. O acovardamento teórico. Licença para falar o óbvio. 2. Os elementos da responsabilidade civil. Breves notas. 3. A figura do administrador do grupo. 4. A decisão do Tribunal de Justiça de São Paulo. 4.1. Resumo da decisão. 4.2. Os fundamentos da decisão e a suficiência das categorias clássicas do direito civil para a solução da demanda. 5. Notas conclusivas. Referências.

> "Se nós não estivermos lá, eles fazem uma República.
> Se quisermos que tudo fique como está é preciso que tudo mude"
> — Giuseppe Tomasi di Lampedusa
> *Il gattopardo.*

1. INTRODUÇÃO. O ACOVARDAMENTO TEÓRICO. LICENÇA PARA FALAR O ÓBVIO

Há no debate jurídico atual uma sensação de desconforto (normalmente atribuída aos tempos líquidos, segundo Bauman) decorrente da pós-modernidade. A sensação é de esfacelamento do sistema jurídico que se decompõe em tantos microssistemas que acaba pulverizado em termos categoriais.

É efeito dessa sensação apreendida (e mal), por muitos juristas, o relativismo de todas as coisas. Tempos em que a única resposta possível a qualquer questão jurídica é: depende!

Nesses tempos confusos, talvez mais confusos que os dias vividos pouco antes do ano 1.000, em que na Europa medieval se espalhou a crença de que o tempo acabaria, também mais confusos que no ano 2000, quando se acreditou que haveria um bug do milênio e seria o caos para a humanidade, a doutrina se acovarda e se demite de sua função de construção das categorias jurídicas. Invoca a necessidade de novas categorias (ainda não pensadas) para se resolverem as questões prementes decorrentes das "novas" tecnologias.

Esse acovardamento se deve, em grande parte, à falta de base teórica de muitos "juristas" que "estudam" o novo, sem terem aprendido o velho. É decorrência da rapidez que se faz necessária para sobreviver nesses tempos curiosos, em que a aprendizagem é como um capítulo de minha série predileta no Netflix: se demorar mais de 30 minutos já não se tem interesse.

Além do acovardamento e despreparo teórico, há uma outra questão. Dar novos nomes a velhos institutos passou a ser um *modus operandi* de autopromoção. Resulta em notoriedade. Aquele que dá um novo nome a uma velha e clássica (romana, com certeza) categoria jurídica colhe os louros em termos financeiros e atinge a fama. Razão tem Eça de Queiroz, quando em suas "Cartas de Inglaterra" afirmava que *"não há nada tão ilusório quanto a extensão de uma celebridade; parece às vezes que uma reputação chega até os confins de um reino, quando na realidade ela escassamente passa das últimas casas de um bairro"*.

Dito isso, cabe uma questão: a responsabilidade civil por força de danos causados em grupos de *Whatsapp* tem nas categorias clássicas do direito civil seu fundamento? Ou, em outras palavras, o Código Civil é suficiente para a disciplina da questão?

2. OS ELEMENTOS DA RESPONSABILIDADE CIVIL. BREVES NOTAS

O artigo 186 do Código Civil, assim como fazia o artigo 159 do CC/16, traz os elementos da responsabilidade civil. São elementos imprescindíveis para que surja o dever de indenizar.

São eles: a conduta (ação ou omissão), a culpa (que o Código Civil elenca as modalidades – negligência e imprudência), o dano (prejuízo) e o nexo de causalidade (relação entre a conduta que é a causa e o dano que é o efeito).

A doutrina assim resume a questão dos elementos da responsabilidade civil: "ato ilícito é o ato humano voluntário (ação ou omissão) que, violando a ordem jurídica, causa dano a outrem. O ato ilícito pode, assim, ser decomposto em três elementos, a saber: a) conduta culposa (culpa ou dolo) do agente; b) dano; e c) nexo de causalidade entre a conduta culposa e o dano"[1].

A conduta humana pode se dar por ação ou por omissão. A noção de omissão como pressuposto do dever de indenizar merece alguma reflexão. Omissão, como ensina Pontes de Miranda, é causa de responsabilização, pois "*a abstenção, omissão ou ato negativo, também pode ser causa de dano. Se o ato cuja prática teria impedido, ou, pelo menos, teria grande probabilidade de impedir o dano, foi omitido, responde o omitente. Por exemplo: a omissão de aviso ao que vai atravessar a ponte em que há perigo de vida, ou de que a casa alugada está em risco de incêndio. É preciso, porém, que haja dever de praticar o ato que se omite. Nos dois exemplos acima, o dever de aviso. Convém atender-se a que a omissão pode dar ensejo à responsabilidade pela indenização se é causa do dano, ou porque, de si só, infringe dever de atividade*"[2].

---

1. SCHREIBER, Anderson. *Código Civil comentado*: doutrina e jurisprudência. In: SCHREIBER, Anderson et. al. Rio de Janeiro: Forense, 2018, p. 113.
2. PONTES DE MIRANDA, Francisco. *Tratado de Direito Privado* – Parte Especial. 3. ed. T. XXII. Rio de Janeiro: Saraiva, 1971, p. 193.

Ainda, como ensina Cavalieri Filho, "*a omissão, forma menos comum de comportamento, caracteriza-se pela inatividade, abstenção de alguma conduta devida Vieira dizia, com absoluta propriedade, que omissão é aquilo que se faz não fazendo*"[3].

Por sua vez, o dano se faz imprescindível para que haja dever de indenizar, mesmo porque a indenização se mede pela extensão do dano (art. 944 do CC)[4]. Temos, portanto, dano, tradicionalmente, "*como a lesão a um interesse juridicamente protegido, a abranger tanto o dano patrimonial quanto o dano moral. Nem todo dano, contudo, é ressarcível. A doutrina afirma que somente se repara o dano que seja certo e atual. A exigência de que seja certo impede a reparação de danos meramente hipotéticos. Indenizam-se os lucros cessantes e até a perda da chance, mas o dano eventual, meramente hipotético, este permanece à margem do dano exige que já tenha se verificado ao tempo da responsabilização, impedindo, em regra, a indenização de danos futuros, o que não se confunde com os danos ainda não liquidados (isto é, danos tornados líquidos, quantificados)*"[5].

Já o nexo de casualidade, conforme lição de Anderson Schreiber, "*é o elemento que liga a conduta culposa do agente e o dano sofrido pela vítima. Para que surja o dever de indenizar, é preciso que o dano verificado consista em uma consequência da ação ou omissão do agente. O nexo causal (relação de causa e consequência) é originariamente um conceito lógico, e não jurídico*"[6]. Com o passar do tempo, o nexo acaba por assumir uma feição mais jurídica que naturalística. Há nexo de causalidade, em sentido jurídico, quando o direito (o ordenamento jurídico) o cria, ainda que, pela natureza (causalidade natural), nexo não houvesse.

Ausente um dos elementos, em regra, desaparece o dever de indenizar. Contudo, o sistema jurídico, com forte amparo na doutrina, vai flexibilizando os elementos da responsabilidade civil para fins de alargar as hipóteses de danos indenizáveis.

Nessa toada, já desde o Século XIX as hipóteses de responsabilidade objetiva têm se ampliado[7]. Há uma evolução lenta do papel da culpa: em um primeiro momento presumida de maneira relativa (*iuris tantum*), depois de maneira absoluta (*iuris et de iuris*) e por fim abandonada para se chegar à responsabilidade objetiva. Hoje, com a cláusula geral de responsabilidade objetiva, do parágrafo único do artigo 927 do Código Civil,

---

3. CAVALIERI FILHO, Sergio. *Programa de Responsabilidade Civil*. 7. ed. São Paulo: Atlas, 2007. p. 10-14, 17-18, 24-25.
4. É por isso que, em caso de grupos de *Whatsapp*, o TJ/SP já entendeu: "Responsabilidade civil – Indenização – Danos morais – Comentários relativos à administração do condomínio veiculados em grupo de Whatsapp com os moradores – Ofensa à honra ou imagem do autor não caracterizada – Ausência de conduta intencionalmente ofensiva apta a ensejar a reparação moral buscada – Sentença de improcedência mantida Recurso desprovido". AP 1022479-68.217.8.26.0100, São Paulo, 5ª Câmara de Direito Privado, Rel. Moreira Viegas, 10.10.2018.
5. SCHREIBER, Anderson. *Código Civil comentado*: doutrina e jurisprudência. In: SCHREIBER, Anderson et. al. Rio de Janeiro: Forense, 2018, p. 114.
6. SCHREIBER, Anderson. *Código Civil comentado*: doutrina e jurisprudência. In: SCHREIBER, Anderson et. al. Rio de Janeiro: Forense, 2018, p. 113.
7. Conforme leciona Sérgio Cavalieri filho, ". A culpa está ali inserida como um dos pressupostos da responsabilidade subjetiva. A culpa é, efetivamente, o fundamento básico da responsabilidade subjetiva, elemento nuclear do ato ilícito que lhe dá causa. Já na responsabilidade objetiva a culpa não indica apenas a ilicitude do ato, a conduta humana antijurídica, contrária ao direito, sem qualquer referência ao elemento subjetivo ou psicológico. Tal como o ato ilícito, é também uma manifestação de vontade, uma conduta humana voluntária, só que contrária à ordem jurídica" –

a doutrina tem ampliado as hipóteses de responsabilidade civil independentemente de culpa[8].

A noção de dano moral provado passa a ser lentamente substituída pela noção de dano presumido (*in re ipsa*). Se é verdade que o dano moral em sentido estrito (*pretium doloris*) nunca precisou de prova, o dano moral por violação a direito de personalidade, historicamente, tinha de ser provado pela vítima. Essa orientação foi sendo revista pelos Tribunais que admitem dano moral *in re ipsa* como regra[9].

A própria noção de nexo causal, que passa a ser o elemento fundamental para a confirmação da responsabilidade objetiva, quando a culpa é abolida, passa por uma releitura quando se trata da situação excepcionalíssima da responsabilidade por risco integral, como, no Brasil, se verifica nas hipóteses de danos ambientais.

3. A FIGURA DO ADMINISTRADOR DO GRUPO

O *Whatsapp*, como meio rápido e eficiente de comunicação, vem paulatinamente assumindo a importância que teve o e-mail na década passada[10].

Seu uso entre os brasileiros é assustadoramente alto. Segundo relata a imprensa "*98% dos usuários brasileiros de smartphones usam o WhatsApp diariamente. Os índices brasileiros superam, de longe, os da Argentina e México. No Brasil, indica-se que 77 milhões de pessoas usam Whatsapp, enquanto no México o número é de 49 milhões e na Argentina de 20 milhões*"[11].

O aplicativo, que pertence à *Facebook Inc.*, define o administrador[12] como aquele que cria um grupo e que tem as seguintes faculdades: convidar pessoas a integrarem esse grupo, remover pessoas (você precisa ser *admin* de um grupo para adicionar ou remover participantes. Cada grupo pode ter até 256 participantes); qualquer administrador de grupo pode promover outro participante a *admin*. Não há limites para a quantidade de administradores nos grupos; mas não é possível remover a pessoa que criou o grupo. Além disso, essa pessoa só deixará de ser administradora se sair do grupo.

Assim o administrador não tem possibilidade de apagar mensagens enviadas por pessoas do grupo. A faculdade de apagar uma mensagem (apenas para si ou para todos os destinatários) é apenas daquele que enviou a mensagem. É verdade que se houver

---

8. GODOY, Cláudio Luiz Bueno de. Responsabilidade civil pelo risco da atividade e o nexo de imputação da obrigação de indenizar: reflexões para um colóquio Brasil-Portugal. *Revista Jurídica Luso-Brasileira*, Lisboa, v. 01, p. 21-43, 2015.
9. É verdade que, em certos momentos, por questões de política judiciária, o STJ restringe o dano moral, como no caso da Súmula 385 do STJ: Da anotação irregular em cadastro de proteção ao crédito, não cabe indenização por dano moral, quando preexistente legítima inscrição, ressalvado o direito ao cancelamento.
10. Segundo a Revista Exame, "*O levantamento aponta, ainda, que o WhatsApp é usado no trabalho por 60% dos entrevistados. O número é três vezes maior do que o e-mail, 20%, segundo os resultados dessa pesquisa.*" Disponível em https://exame.abril.com.br/tecnologia/este-e-o-habito-mais-comum-dos-brasileiros-no-whatsapp/. Acesso em: 21 fev. 2020.
11. https://www.messengerpeople.com/pt-br/whatsapp-no-brasil/. Acesso em: 21 fev. 2020.
12. https://faq.whatsapp.com/pt_br/android/26000118/?category=5245251. Acesso em: 21 fev. 2020.

exclusão da pessoa (removida pelo administrador) suas mensagens persistem visíveis ao grupo. Apenas o emissor da mensagem poderia apagá-las[13].

Quem emite a mensagem e é removido do grupo, não consegue, após a remoção, apagar a mensagem do grupo (para todos), mas apenas para si. Só consegue apagar a mensagem para todos do grupo, se nele for reinserido.

Assim, ainda que no grupo surjam mensagens ofensivas, racistas, sexistas, homofóbicas, que resultem em crime (pedofilia, por exemplo), a única possibilidade que tem o administrador é excluir a pessoa que enviou a mensagem. Nada mais, pois a tecnologia não permite a exclusão da mensagem se não pelo próprio remetente.

Há lógica nisso. O *Whatsapp* é uma conversa por escrito. A palavra falada, assim como a flecha lançada, não tem volta. Não se apaga o que se diz. Pode haver retratação, pedido de desculpas, mas apenas pelo próprio emitente da mensagem.

4. A DECISÃO DO TRIBUNAL DE JUSTIÇA DE SÃO PAULO

4.1. Resumo da decisão

A decisão do TJ/SP que se comenta tem a seguinte ementa.

"Autores vítimas de ofensas graves via whatsapp. Prova incontroversa do ocorrido, por meio de ata notarial. Ré que, na qualidade de criadora do grupo, no qual ocorreram as ofensas, poderia ter removido os autores das ofensas, mas não o fez, mostrando ainda ter-se divertido com a situação por meio de emojis de sorrisos com os fatos. Situação narrada como bullying, mas que se resolve simplesmente pelo artigo 186 do Código Civil. Danos morais fixados em valor moderado, no total de R$ 3.000,00 (R$ 1.000,00 por autor), porque a ré tinha apenas 15 anos por ocasião dos fatos, servindo então a pena como advertência para o futuro e não como punição severa e desproporcional. Apelo provido".[14]

A questão enfrentada pelo TJ/SP cuidava de um grupo de *Whatsapp* administrado por uma adolescente (para organizar um encontro em sua casa quando dos jogos da copa da Alemanha de 2014) em que houve, por parte de um integrante do grupo (não a administradora) graves ofensas contra outros membros do grupo. A administradora (menor impúbere à época dos fatos) teve as seguintes condutas: (a) comissiva, pois por meio de emojis (com sorrisos) teria se divertido com a agressão; (b) omissiva, pois não removeu do grupo os autores da ofensa e (c) omissiva, pois após as agressões não encerrou o grupo.

A ação foi originalmente proposta contra o pai da menor e ela é quem apresenta a contestação, tendo o juízo retificado o polo passivo da ação.

Há um trecho da decisão que merece transcrição: *"Neste feito, efetivamente não há demonstração alguma de que a apelada tenha, ela própria, ofendido diretamente os apelantes; é inegável também que no aplicativo whatsapp o criador de um grupo em princípio não*

---

13. "As conversas individuais e atualizações de status serão apagadas da sua aba CONVERSAS. No entanto, as conversas em grupo ainda ficarão visíveis na aba CONVERSAS e você continuará como participante desses grupos até sair deles" https://faq.whatsapp.com/pt_br/android/26000118/?category=5245251. Acesso em: fev. 2020.
14. TJSP, AP 1004604-31.2016.8.26.0291, Jaboticabal, 34ª Câmara de Direito Privado, Rel. Soares Levada, 21.05.2018.

tem a função de moderador nem pode saber, com antecedência, o que será dito pelos demais integrantes que o compõe. No entanto, o criador do grupo é sempre denominado seu administrador por uma razão simples: pode adicionar e remover termos utilizados na rede quem bem quiser e à hora em que quiser. Ou seja, no caso dos autos, quando as ofensas, que são incontroversas, provadas via notarial, e são graves, começaram, a ré poderia simplesmente ter removido quem ofendia e/ou ter encerrado o grupo. Quando o encerrou, ao criar outro grupo o teor das conversas permaneceu o mesmo".

A agressão se deu quando um membro do grupo se dirige a outro como "vaca" e a administradora se diverte com a história colocando sorrisos por meio de emojis. Conclui então o TJ/SP que "*é corresponsável pelo acontecido, com ou sem lei de bullying, pois são injúrias às quais anuiu e colaborou, na pior das hipóteses por omissão, ao criar o grupo e deixar que as ofensas se desenvolvessem livremente*".

Essa é a síntese da decisão que condenou a ré, na qualidade de administradora do grupo de *Whatsapp*.

4.2. Os fundamentos da decisão e a suficiência das categorias clássicas do direito civil para a solução da demanda

A primeira nota que se deve fazer é que a administradora do grupo não foi responsabilizada civilmente por conduta alheia, mas sim por conduta própria. É por isso que lembra Sergio Cavalieri Filho que "*de regra, só responde pelo fato aquele que lhe dá causa, por conduta própria. É a responsabilidade direta, por fato próprio, cuja justificativa está no próprio princípio informador da teoria da reparação. A lei, todavia, algumas vezes faz emergir a responsabilidade do fato de outrem ou de terceiro, a quem o responsável está ligado, de algum modo, por um dever de guarda, vigilância e cuidado*"[15].

Assim, as agressões não foram a razão da condenação, mas sim a concordância com elas e o tom jocoso dos emojis de sorrisos. Aqui há, por parte da Ré, uma (a) ação (inserção de emoji jocoso na conversa) que indica concordância com a agressão. Há claramente dolo, ou seja, intenção de causar o dano por meio da ratificação da agressão "verbal". Há dano moral em razão da concordância com a ofensa escrita. E a concordância com a ofensa é a causa do dano, logo, é claro o nexo causal. Presentes os quatro elementos da responsabilidade civil subjetiva, efetivamente há ato ilícito e dever de indenizar.

Temos, ainda, duas condutas omissivas: (b) não remover do grupo os autores da ofensa e (c) não encerrar o grupo após as agressões. Há ato ilícito em não remover do grupo as pessoas que efetivaram as agressões? A questão é duvidosa, pois para se considerar a omissão passível de indenização, deve-se verificar o dever de agir que a administradora do grupo não desempenhou. Assim, qual seria a ação que se espera de um administrador do grupo após realizadas as ofensas? Há duas leituras possíveis.

A primeira é que todo e qualquer administrador de *Whatsapp* responde por agressões danos causados por meio de conversas, pois, como ele não pode apagar mensagens de terceiros, assume um risco ao convidar pessoas para fazerem parte desse grupo. Seria uma

---

15. CAVALIERI FILHO, Sergio. *Programa de Responsabilidade Civil*. 7. ed. São Paulo: Atlas, 2007, p. 25.

culpa *in elegendo*. Para fins de responsabilidade civil, é como se entre o administrador e os membros do grupo houvesse uma situação de comitente e preposto (art. 932, III do Código Civil).

A segunda questão é de minimização dos danos (um eventual *duty to mitigate the loss*?) que teria o administrador, seja por meio de exclusão dos agressores, seja por meio de extinção pura e simples do grupo de *Whatsapp*. Evitar o dano já ocorrido seria impossível. Extinguir o grupo para "apagar" os textos ofensivos seria cautela esperada do homem médio. Ainda que o texto ofensivo não deixe de existir quando da extinção do grupo, seus efeitos são mínimos, pois com a extinção do grupo e o não envio de novas mensagens, aquelas mensagens tendem ao esquecimento. O não encerramento conduz à culpa na modalidade negligência.

É nesse sentido, a ideia de omissão defendida por Cavalieri Filho:

"A omissão, todavia, como pura atitude negativa, a rigor não pode gerar física ou materialmente, o dano sofrido pelo lesado, porquanto do nada nada provém. Mas tem-se entendido que a omissão adquire relevância jurídica, e torna o omitente responsável, quando este tem dever jurídico de agir, de praticar um ato para impedir o resultado, dever esse, que pode advir da lei, do negócio jurídico ou de má conduta anterior do próprio omitente, criando o risco da ocorrência do resultado, devendo, por isso, agir para impedi-lo.[16]

É à segunda noção que nos filiamos. A omissão está quando o grupo não é extinto, encerrado pelo administrador, permitindo que o dano prossiga ou se agrave.

Parece-nos, contudo, que simples exclusão dos agressores do grupo apenas representaria a discordância da administradora com as mensagens ofensivas, mas não é uma atitude que se exigira da pessoa média. Serviria de cautela a evitar novos danos, mas quanto aos velhos é irrelevante a simples expulsão.

O valor de R$ 3.000,00 é fixado, segundo o julgado, pois *"a ré tinha apenas quinze anos à época dos fatos. Claro que entendia muito bem o significado dos xingamentos e as alusões à sexualidade do coautor Enzo, mas sua pouca idade deve ser levada em conta para que o valor fixado seja muito mais simbólico, muito mais de advertência para o futuro do que uma punição severa, com peso econômico desproporcional. Suficiente na hipótese, para coibir eventuais recidivas e compensar os autores, que seja apenada no montante de R$ 1.000,00 por autor, totalizando o valor de R$ 3.000,00, corrigidos desta data pelos índices da Tabela de Atualização deste TJ/SP e com juros moratórios de 1% ao mês também desta data (STJ, Súmula 362)"*.

Aplicado foi o artigo 928 do Código Civil, como se a indenização fosse fixada por equidade. É correta a decisão e segue o espírito das "indenizações" fixadas em virtude do ECA cujo caráter pedagógico supera o caráter indenizatório.

Na lei especial, o menor responde pessoal e diretamente dá-se nos termos do previsto no artigo 116 do Estatuto da Criança e do Adolescente (Lei n. 8.069/90). Prevê o dispositivo que em se tratando de ato infracional com reflexos patrimoniais, a autoridade

---

16. CAVALIERI FILHO, Sergio. *Programa de Responsabilidade Civil*. 7. ed. São Paulo: Atlas, 2007, p. 24.

poderá determinar, se for o caso, que o adolescente restitua a coisa, promova o ressarcimento do dano, ou, por outra forma, compense o prejuízo da vítima. A expressão "se for o caso" merece interpretação.

A regra deve ser aplicada à luz do interesse do menor, sempre se levando em conta não só a noção de que a reparação civil não pode significar sua ruína, mas também o caráter socioeducativo da medida.

No sistema do Estatuto da Criança e do Adolescente, o que se busca é a responsabilização com conscientização do infrator adolescente, que traz reflexos também de natureza civil, com possibilidade de reparação do dano material e até mesmo moral, primeiro, com o objetivo socioeducativo, como medida de ressocialização, e, em segundo plano, para satisfação de eventuais prejuízos havidos pela vítima do ato, que, no mesmo processo contraditório para apuração de ato infracional praticado por adolescente, pode ver seus danos, de qualquer ordem, recompostos ou indenizados[17].

Exatamente por isso, a medida deve ser aplicada de maneira comedida e o próprio Estatuto admite que, havendo manifesta impossibilidade, a medida pode ser substituída por outra adequada (ECA, art. 116, parágrafo único).

5. NOTAS CONCLUSIVAS

A responsabilidade civil do administrador dos grupos de *Whatsapp* não decorre da existência de mensagens ofensivas em si postadas por integrantes do grupo. Se assim fosse, estar-se-ia imputando a responsabilidade por ato de terceiro o que ofende a lógica do sistema jurídico brasileiro.

Há uma responsabilidade por omissão quando o grupo não é encerrado, extinto, o que permite sensível redução do dano, já que as mensagens ofensivas, se não desaparecem, deixam de produzir efeitos e, ainda, evita-se que novos prejuízos surjam. O grupo extinto cai no esquecimento. É isso que se espera do administrador ao atender o *standard* do homem médio.

As categorias tradicionais do direito civil, mormente os elementos da responsabilidade civil, conseguem resolver as questões dos danos causados por *Whatsapp* de maneira eficaz e adequada. Não é necessária a criação de novas categorias, mas simplesmente a correta aplicação das que já existem há muito, mas muito, tempo.

REFERÊNCIAS

AGRELA, Lucas. Este é o hábito mais comum dos Brasileiros no Whatsapp. *Exame*, 2019. Disponível em: https://exame.abril.com.br/tecnologia/este-e-o-habito-mais-comum-dos-brasileiros-no-whatsapp. Acesso em: 21 fev. 2020.

BUCHER, Birgit. 98% dos usuários brasileiros de smartphones usam o Whatsapp diariamente. *Messenger People*, 2019. Disponível em: https://www.messengerpeople.com/pt-br/whatsapp-no-brasil/. Acesso em: 21 fev. 2020.

---

17. MILANO FILHO, David Nazir; MILANO, Rodolfo César. *ECA comentado e interpretado de acordo com o novo Código Civil*. 2. ed. São Paulo: Livraria e Editora Universitária de Direito, 2004. p. 133.

CAVALIERI FILHO, Sergio. *Programa de Responsabilidade Civil.* 7. ed. São Paulo: Atlas, 2007.

GODOY, Cláudio Luiz Bueno de. Responsabilidade civil pelo risco da atividade e o nexo de imputação da obrigação de indenizar: reflexões para um colóquio Brasil-Portugal. *Revista Jurídica Luso-Brasileira*, Lisboa, v. 01, p. 21-43, 2015.

MILANO FILHO, David Nazir; MILANO, Rodolfo César. *ECA comentado e interpretado de acordo com o novo Código Civil.* 2. ed. São Paulo: Livraria e Editora Universitária de Direito, 2004.

PONTES DE MIRANDA, Francisco. *Tratado de Direito Privado – Parte Especial.* 3. ed. T. XXII. Rio de Janeiro: Saraiva, 1971.

SCHREIBER, Anderson. *Código Civil comentado: doutrina e jurisprudência.* Anderson Schreiber ... [et. al.]. Rio de Janeiro: Forense, 2018.

TJSP. *AP 1004604-31.2016.8.26.0291*, Jaboticabal, 34ª Câmara de Direito Privado, Rel. Soares Levada, 21.05.2018.

WHATSAPP. *FAQ do Whatsapp*. Disponível em: https://faq.whatsapp.com/pt_br/android/26000118/?-category=5245251. Acesso em: 21 fev. 2020.

10
OS PERFIS FALSOS EM REDES SOCIAIS E A RESPONSABILIDADE CIVIL DOS PROVEDORES DE APLICAÇÃO

João Victor Rozatti Longhi

Sumário: 1. Introdução. 2. A regulamentação da Internet no Brasil. 2.1. Espaço virtual e as estruturas da rede. 2.2. As redes sociais e os perfis dos usuários. 3. A atribuição de falsa identidade e seus desdobramentos. 4. O dano à honra na Internet. 5. Os limites da teoria do risco na responsabilização dos provedores de aplicação. 6. Conclusão. Referências.

1. INTRODUÇÃO

A consolidação de uma cultura de fomento à própria exibição, que mercantiliza a própria identidade, conferindo contornos diversos à subjetividade é uma realidade inegavelmente presente e propalada na hodierna sociedade da informação.

Para além dos marcos regulatórios – que procuram atribuir tutela jurídica a uma série de contingências sociais decorrentes de interesses envolvidos nas inter-relações virtuais e aos regimes de responsabilidade aplicáveis – enfrenta-se uma inquietante problemática concernente à responsabilidade civil por dano à honra nas redes sociais, particularmente quando danos são causados pela indevida utilização de bens jurídicos que a doutrina civil-constitucional nomeou de direitos da personalidade.

A honra, notadamente sob seu viés mais intimista, possui valor incalculável, e sua violação, a par da ação indevida de se atribuir falsa identidade no espaço virtual – que é alvo da tutela penal prevista no artigo 307 do Código Penal – se desdobra em consequências, também, na esfera civil.

Entretanto, os marcos regulatórios existentes no país, com destaque para a Lei nº 12.965/2014 (Marco Civil da Internet) e para a Lei 13.709/2018 (Lei Geral de Proteção de Dados), esta segunda ainda em período de *vacatio legis*, trabalham a responsabilidade civil dos provedores de aplicação a partir da origem do conteúdo causador do dano e, sendo um terceiro o praticante do ato danoso, cria-se verdadeiro limbo jurídico para a tutela de eventual imputação causal geradora do dever reparatório ao provedor.

Nessa seara, a pesquisa ora apresentada trabalha com a hipótese de ressignificação da teoria do risco para superar os entraves citados a partir da implementação da imputação objetiva como impostação teleonomológica à proteção da vítima de dano à honra na Internet.

Apresenta-se a referida problemática à luz da doutrina civil-constitucional para, sob tal prisma, analisar a problemática do dano à honra oriundo da criação e do manejo de perfis falsos em redes sociais, enfrentando-se, inicialmente, as peculiaridades da regulamentação da matéria no Brasil para, em seguida, traçar uma explicação esmiuçada do papel das redes sociais e do tratamento jurídico conferido aos provedores de aplicação no país, e, enfim, prosseguir ao delineamento dos objetivos específicos, entrelaçados à função dos mecanismos de imputação de responsabilidade com vistas à superação dos limites inerentes à teoria do risco.

Do ponto de vista científico, a pesquisa utilizará o método de abordagem histórico-sociológico, com implementação de substratos obtidos em pesquisa bibliográfico-doutrinária da interação entre a proteção conferida pela Constituição da República à honra, no afã de apresentar uma proposta de revisão dos limites da teoria do risco para a superação dos entraves da responsabilidade civil hodierna no que pertine ao objeto de estudo deste recorte metodológico.

Por derradeiro, serão tecidas considerações finais voltadas à explicitação de apontamentos que permitam uma compreensão mais assertiva acerca do tema, ponderando-se os resultados colhidos ao longo da investigação.

2. A REGULAMENTAÇÃO DA INTERNET NO BRASIL

Vivencia-se, hodiernamente, o surgimento de uma irrefreável gama de transformações. Segundo Alvin Toefler[1], trata-se de uma "terceira onda" que atinge os meios de comunicação, propiciando alterações substanciais no modo como a sociedade concebe suas inter-relações.

Ao tratar de uma possível nova infraestrutura social, já no início da década de 1990, Jan van Dijk[2] se questionou se o advento da Internet representaria uma Segunda Revolução nas Comunicações, à qual atribuiu a sugestiva denominação de "revolução digital", expondo suas antevisões acerca da influência desse processo de mutação comunicacional em relação aos interesses da sociedade quanto à economia, à política, ao direito, à estruturação social, à cultura e à psicologia.

Os estudos de van Dijk inspiraram, posteriormente, as reflexões de Manuel Castells[3], que concluiu que as redes seriam o marco inaugural de uma nova morfologia social das sociedades, conduzindo seu conceito de "sociedade em rede", que vai além da conhecida acepção de "sociedade da informação", porquanto a mera informação depende de sustentáculos que lhe são trazidos, por exemplo, pela religião, pela elevação cultural, pela organização política e por diversos outros fatores que moldam a sociedade de várias formas e com inúmeras consequências.

---

1. TOEFLER, Alvin. *The third wave*. Nova York: Banthan Books, 1980, *passim*.
2. VAN DIJK, Jan. The network society. 3. ed. Londres: Sage Publications, 2012, p. 6; 61-93; 95-125; 127-154; 156-188; 190-208.
3. CASTELLS, Manuel. *The rise of the network society*. The information age, v. 1. 2. ed. Oxford: Blackwell, 2010, p. 469 *et seq*.

A tudo isso se somam as concepções de Pierre Lévy[4], que entende a Internet como um fruto do complexo mosaico de ideias e representações, pessoas vivas e pensantes, entidades materiais naturais e artificiais, formando um conceito de cultura que Miguel Reale define como "o conjunto de tudo aquilo que, nos planos material e espiritual, o homem constrói sobre a base da natureza, quer para modificá-la, quer para modificar-se a si mesmo"[5].

Inegavelmente, a presença constante da tecnologia se revelou fenômeno crescente, balizado e propulsionado pela "Lei de Moore", de 1965, que herdou esta denominação em homenagem ao norte-americano Gordon E. Moore, que previu que, a cada 18 meses, a capacidade de processamento dos computadores dobraria, enquanto os custos permaneceriam constantes[6].

Esse fluxo constante impõe ao Direito um notável desafio, sendo-lhe imprescindível a necessidade de se reinventar para estar em sintonia com o avanço tecnológico, conforme destaca Ronaldo Lemos:

> Dessa forma, o emprego desse método acopla-se à premissa sociológica de crise de paradigmas antes descrita, bem como ao caminho intermediário proposto como forma de investigação. Ficam de fora esforços enciclopedísticos ou classificatórios de pouca relevância prática, já que estes têm valor somente para a dogmática. O objetivo é enfrentar as transformações do direito em face do desenvolvimento tecnológico dentro da teoria geral do direito, mas de uma perspectiva de resolução prática de problemas, e não de reorganização lógico-formal de conteúdos jurídicos de pouca ou nenhuma consequência prática. O critério para a realização da crítica proposta leva em consideração caracteres interdisciplinares como forma de analisar institutos jurídicos do ponto de vista dos interesses econômicos, políticos etc., congregados por ele. Também como exemplo, o próprio critério de aprofundamento dos temas mapeados é político, e não se deriva de qualquer preceito lógico-formal[7].

Muito antes que houvesse uma regulamentação aplicável às empresas que operam na Internet, autores como Marcel Leonardi já aduziam que "o provedor de serviços de *internet* é a pessoa natural ou jurídica que fornece serviços relacionados ao funcionamento da internet, ou por meio dela"[8]. O referido autor sugeria, ainda na primeira década do Século XXI, a seguinte classificação: provedores de *backbone*, provedores de acesso, provedores de correio eletrônico, provedores de hospedagem e provedores de conteúdo ou de informação. Entretanto, tamanha classificação foi se revelando cada vez mais inócua na medida em que algumas poucas empresas começaram a se consolidar na oferta de uma gama infindável de serviços, a ponto de se tornarem verdadeiros impérios da comunicação[9].

Enfim, a primeira iniciativa regulatória inteiramente voltada à Internet se deu, no Brasil, com o advento da Lei nº 12.965/2014, o chamado "Marco Civil da Internet", que

---

4. LÉVY, Pierre. *Cibercultura*. Tradução de Carlos Irineu da Costa. São Paulo: Editora 34, 1999, p. 21-22.
5. REALE, Miguel. *Lições preliminares de direito*. 27. ed. São Paulo: Saraiva, 2004. p. 24.
6. PINHEIRO, Patrícia Peck. *Direito digital*. 6. ed. São Paulo: Saraiva, 2016. p. 61.
7. LEMOS, Ronaldo. *Direito, tecnologia e cultura*. Rio de Janeiro: FGV, 2005. p. 11-12.
8. LEONARDI, Marcel. *Responsabilidade civil dos provedores de serviços de Internet*. São Paulo: Juarez de Oliveira, 2005. p. 22.
9. WU, Tim. *Impérios da comunicação*: do telefone à Internet, da AT&T ao Google. Tradução de Cláudio Carina. Rio de Janeiro: Zahar, 2012, *passim*.

tratou de distinguir os provedores de conexão dos provedores de aplicação. Estes últimos consubstanciam o objeto de estudo deste trabalho.

Não se pode olvidar do papel que será exercido pela Lei nº 13.709, de 14 de agosto de 2018, cujo período de *vacatio legis* (18 meses) ainda está em curso e que, ao entrar em vigor, tutelará de forma geral a proteção de dados, quiçá um dos grandes entraves à concretização do viés protetivo almejado na regulamentação do espaço virtual.

2.1. Espaço virtual e as estruturas da rede

Lawrence Lessig[10] classifica o espaço virtual como um âmbito de difícil regulamentação por qualquer meio externo à própria rede. Sua doutrina aponta para a necessidade de atuação estatal voltada à determinação da natureza jurídica de tal espaço de modo a permitir a criação de um ciberespaço com arquitetura própria, determinada pela tecnologia, ou seja, uma verdadeira *lex* informática[11].

A "crença irrealista" no papel democrático da tecnologia conduz a uma expectativa de que as novas mídias facilitem intrinsecamente a democracia ao mesmo tempo em que dão maiores poderes aos cidadãos ou planificam as estruturas burocráticas[12]. Mas, ao revés, vislumbra-se como *websites* de redes sociais e servidores de *e-mail* são ferramentas de provável utilização para o controle dos cidadãos e para o reforço da formalização e padronização das ações, o que, a depender dos atores centrais, pode fazer com que as novas mídias acarretem desigualdades e iniquidades.

Quando se averigua o pragmatismo na solução de conflitos no novo paradigma digital torna-se ainda mais marcante quando se considera que o avanço da Internet, que se iniciou no período posterior à Segunda Guerra Mundial, com o surgimento da ARPANET e da chamada "web 1.0"[13] não se encerra, tampouco, na "web 2.0" – desdobrada da criação da *World Wide Web* a partir dos estudos de Tim Berners-Lee, eis que há muitas outras mudanças sendo iniciadas nesse contexto virtual e que serão operacionalizadas a curto e médio prazo[14].

Não há dúvidas de que a massificação do acesso à rede, que se convencionou chamar de "web 3.0", marcada pela operabilidade em tempo real, pela interatividade das plataformas, pela tecnologia tridimensional e pela intensificação dos contatos virtuais, deu origem à "web semântica" que marcou o início de um processo de transição paulatino (embora célere) para a "web 4.0", em que a implementação de inteligências artificiais permitirá às máquinas o estudo do interminável acervo de dados (*big data*) disponíveis para cognição e análise[15].

---

10. LESSIG, Lawrence. *Code 2.0*. 2. ed. Nova York: Basic Books, 2006. p. IX.
11. REIDENBERG, Joel R. Lex informatica: the formulation of information policy rules through technology. *Texas Law Review*, Austin, v. 76, p. 584, 1998. p. 584.
12. VAN DIJK, Jan. *The network society*. 3. ed. Londres: Sage Publications, 2012. p. 111.
13. KANAAN, João Carlos. *Informática global*. 2. ed. São Paulo: Pioneira, 1998. p. 23-27.
14. LEONARDI, Marcel. *Responsabilidade civil dos provedores de serviços de Internet*. São Paulo: Juarez de Oliveira, 2005. p. 2.
15. KWANYA, Tom; STILWELL, Christine; UNDERWOOD, Peter G. *Library 3.0*: Intelligent Libraries and apomediation. Oxford: Chandos/Elsevier, 2015. p. 33-37.

2.2. As redes sociais e os perfis dos usuários

As fronteiras da tecnologia trouxeram novos conceitos, denotando um universo que se alastra exponencialmente a ponto de converter a internet em uma mescla de infraestruturas subsidiárias dedicadas às mais diversas atividades[16], configurando o chamado ciberespaço.

Sobre o tema, Lúcia Santaella pontua que:

> A chave para conectar a rede está no seu conjunto subjacente de regras de comunicação ou protocolos. Para o usuário, a execução dos protocolos da rede é até certo ponto fácil, na medida em que não é necessário saber o que está por baixo da interface na tela, muito menos como funcionam os programas computacionais e a máquina em que esses programas são processados. Se o usuário não tiver muitas pretensões exploratórias, basta memorizar um plano técnico de indicações sumárias para que ele possa entrar na rede[17].

A seu turno, João Victor Rozatti Longhi salienta que "a Internet surgiu como um meio de comunicação difuso, cujo princípio básico é o de que não importa por onde as informações trafeguem, mas sim de onde partem e para onde vão"[18]. Trabalha-se, essencialmente, com a coleta, o tratamento e o fluxo de informações, demandando especial proteção, conforme destaca Têmis Limberger para evitar que tais dados sirvam como instrumento apto a prejudicar pessoas[19].

Nesse contexto, ressalta-se a concepção de Guilherme Magalhães Martins[20], que considera os *sites* de relacionamento, efetivamente, provedores de hospedagem, assim como aqueles voltados à divulgação de vídeos ou imagens, porquanto o prestador atua como intermediador do criador de uma informação e o público em geral.

Nas chamadas redes sociais, portanto, o consumidor tem a prerrogativa de administrar as informações que por ele são inseridas e disponibilizadas de acordo com as regras de cada plataforma. E, com base nessa premissa, Danah Boyd e Nicole Ellison[21] apontam as seguintes características no que tange às permissões conferidas aos usuários: (i) a construção de um perfil público ou semipúblico em um sistema que os liga permanentemente de alguma maneira; (ii) a articulação com muitos usuários, possibilitando-se a comunicação entre eles; (iii) a visualização e o compartilhamento de listas de contatos e de outros usuários por meio do próprio sistema.

---

16. NORA, Dominique. *La conquista del ciberespacio*. Tradução de Carlos Gardini. Barcelona: Editorial Andrés-Bello, 1997. p. 77.
17. SANTAELLA, Lúcia. *Navegar no ciberespaço*: o perfil cognitivo do leitor imersivo. São Paulo: Paulus, 2004. p. 39.
18. LONGHI, João Victor Rozatti. Marco Civil da Internet no Brasil: breves considerações sobre fundamentos, princípios e análise crítica do regime de responsabilidade civil dos provedores. *In:* MARTINS, Guilherme Magalhães; LONGHI, João Victor Rozatti (Coords.). *Direito digital*: direito privado e Internet. Indaiatuba: Foco, 2020. p. 120.
19. LIMBERGER, Têmis. *O direito à intimidade na era da informática*: a necessidade de proteção dos dados pessoais. Porto Alegre: Livraria do Advogado, 2007. p. 62.
20. MARTINS, Guilherme Magalhães. *Formação dos contratos eletrônicos de consumo via internet*. 2. ed. Rio de Janeiro: Lumen Juris, 2010. p. 284.
21. BOYD, Danah M.; ELLISON, Nicole B. Social network sites: definition, history and scholarship. *Journal of Computer-mediated Communication*, Oxford, v. 12, n. 1, article 11, 2007. Disponível em: http://jcmc.indiana.edu/vol13/issue1/boyd.ellison.html. Acesso em: 14 jun. 2020.

Com isso, o valor patrimonial do *site*, em termos materiais e imateriais, costuma atingir alta monta na crescente proporção de sua popularidade. Noutros termos, a valorização dessas plataformas se dá na medida em que os usuários fiquem ligados ao *site*, propiciando o chamado *marketing* dirigido ou monitoramento comportamental[22].

É inegável que o provedor de hospedagem se vale de técnicas diversas, como o *profiling* e o *data mining*, que são meros exemplos de uma enorme gama de mecanismos de coleta de dados pessoais, para gerenciar conteúdos[23].

Para além disso, no caso específico das redes sociais, as informações inseridas pelos usuários e disponibilizadas a terceiros são, em sua ampla maioria, dados pessoais concernentes aos próprios consumidores, sendo papel do provedor a hospedagem de tais elementos e, à toda evidência, a exploração de tais informações com finalidades comerciais.

Em suas considerações sobre o impacto dessas novas mídias no Direito, van Dijk destaca que a presença da Internet propicia a facilitação da prática de infrações legais, embora as jurisdições específicas de cada país compliquem ou até inviabilizem investigações, processos e o julgamento dessas infrações[24].

O autor também analisa os impactos dessa reformulação social quanto ao direito à privacidade, destacando que não se leva em consideração, por exemplo, os desenvolvimentos tecnológicos, como as ferramentas de mineração de dados. Em última análise, posiciona-se no sentido de que os governos e a legislação aplicável a essas novas mídias não têm controle efetivo sobre o conteúdo da Internet, passando a depender da implementação, por parte das corporações, de políticas de Governança de Internet e controle de *software*[25].

Stefano Rodotà (2008, p. 93) afirma que, se antes a ordenação lógico-social se pautava no fluxo "pessoa-informação-sigilo", com a expansão da sociedade *cyber* mediante a inserção de ferramentas tecnológicas, passa-se a um arquétipo configurado sob o fluxo "pessoa-informação-circulação-controle-gestão", o que significa dizer que o indivíduo deixa de ter o direito apenas à interrupção da veiculação de informação de sua esfera privada, passando a controlar passiva e ativamente o que divulga, ainda que não lhe seja possível prever ou mensurar o próprio fluxo de circulação desta informação.

A despeito dessas distinções, é fato que "[a] forma mais eficiente de medir o comprometimento dos participantes da comunidade é por meio do cadastro"[26]. E, sendo de interesse dos provedores a facilitação do acesso de usuários à plataforma, o filtro que irá delimitar o acesso e prevenir responsabilidades passa a demandar do operador do Direito investigação mais detida a fim de se evitar danos pelo uso indevido da identidade, configurando-se o chamado perfil falso.

---

22. RECUERO, Raquel. *Redes sociais na internet*. Porto Alegre: Sulina, 2009. p. 115.
23. DONEDA, Danilo. *Da privacidade à proteção de dados pessoais*. Rio de Janeiro: Renovar, 2006. p. 180.
24. VAN DIJK, Jan. *The network society*, cit., p. 130 *et seq.*
25. VAN DIJK, Jan. *The network society*, cit., p. 141.
26. SPYER, Juliano. *Conectado*: o que a internet fez com você e o que você pode fazer com ela. 2. ed. Rio de Janeiro: Zahar, 2011. p. 77.

3. A ATRIBUIÇÃO DE FALSA IDENTIDADE E SEUS DESDOBRAMENTOS

O ato de atribuir-se falsa identidade constitui crime e está tipificado de forma clara no artigo 307 do Código Penal brasileiro, sendo punido com pena de prisão de três meses a um ano, ou multa, se não configurado crime mais severo. Porém, existem raízes mais profundas:

> Pode-se pensar o fenômeno dos *fake profiles* como uma assustadora anomalia na plataforma que promete promover o contato entre pessoas reais, vivas, maiores de 18 anos e correspondentes à descrição verbo-imagética disposta no perfil. Pode-se considerá-lo, também, uma verdadeira epidemia: a expansão do universo *fake* põe sob suspeita a quantificação exata dos membros ativos[27].

Nota-se o crescimento diuturno do número de adeptos de uma nova forma de cultura, que constitui a baliza mestra do que se convencionou chamar de cibercultura, dando azo à proliferação das redes sociais e, em igual medida, à multiplicação de perfis criados com informações adulteradas, cujo uso, por si só, pode acarretar danos à pessoa, usuária ou não dos respectivos serviços, independentemente de se tratar de um usuário novato, leigo ou experto, na medida em que um tipo predomina sobre o outro, sendo "a abdução no primeiro, a indução no segundo e a dedução no terceiro"[28], na medida em que todos os três constituem linhas de força atuantes de maneira indissolúvel.

Nos dizeres de Pierre Lévy[29], o virtual não se opõe diretamente ao real, mas ao atual, ou seja, a qualquer momento pode se dar a virtualização, o que implica considerar que, assim como a escrita, a pintura, a fotografia etc. são formas de virtualização, também a criação de uma nova conta de usuário em uma rede social poderá sê-lo.

As implicações dessa reflexão instam o indivíduo a narrar algo a outrem, com a possibilidade de que reflita a si mesmo seu suposto "verdadeiro eu" ou que simplesmente crie um personagem que o identifique[30]. Assim, indaga-se se qualquer dado falso seria apto a configurar a existência de um perfil *fake* ou se haveria graus de inverossimilhança mínimos para a caracterização de um perfil falso, pois, seguramente, uma resposta atenta às complexidades desta delicada realidade não deve se pautar por análises superficiais, genéricas e abstratas.

Ocorre que, em regra, a falsidade de um perfil e seu tratamento são estipuladas pelo provedor nos termos de uso do mesmo, ao qual o usuário manifesta consentimento ao se cadastrar na página e se utilizar dos serviços respectivos. Assim, a aparente rigidez das atécnicas disposições contratuais parece esmorecer quando contrastada com os fatos, pois o chamado roubo de identidade ou personificação configura uma inegável falha na prestação do serviço da parte do provedor.

Assim, evidenciado o conteúdo patrimonial da relação formatada no plano de uma rede social e, sendo certo que a coleta de dados atribui valor à primeira vista não pecuni-

---

27. DAL BELLO, Cintia. *Cultura e subjetividade*: uma investigação sobre a identidade nas plataformas virtuais de hiperespetacularização do eu. 2009. 130f. Dissertação (Mestrado em Comunicação e Semiótica). Pontifícia Universidade Católica de São Paulo, São Paulo, 2009. p. 103.
28. SANTAELLA, Lúcia. *Navegar no ciberespaço*, cit., p. 91.
29. LÉVY, Pierre. *O que é virtual?* Tradução de Paulo Neves. São Paulo: Editora 34, 1996. p. 5-12.
30. SIBILIA, Paula. *O show do Eu*: a intimidade como espetáculo. Rio de Janeiro: Nova Fronteira, 2008. p. 50-51.

ário ao negócio jurídico, impensável que o provedor se furte de responder por eventuais usos indevidos de dados pessoais de seus usuários para a prática da conduta descrita.

Nesse contexto, Cintia Dal Bello aponta que os casos de perfis falsos mais comumente encontrados são: (i) perfis de bebês e crianças; (ii) crianças e adolescentes menores de 18 anos; (iii) perfis de animais reais vivos, domésticos e de animais personagens; (iv) personagens fictícios; (v) empresas, marcas, produtos e mascotes; (vi) personalidades históricas, celebridades e pessoas comuns, acarretando o roubo de identidade; (vii) perfis de pessoas falecidas[31].

A partir dos exemplos apresentados, torna-se possível a identificação de três problemas relevantes: se os administradores dos perfis são ou não maiores de idade; se são personagens ou pessoas reais; e se estão ou não vivas tais pessoas, o que faz surgir a possibilidade de ofensa a direitos da personalidade e, ulteriormente, induz-se a discussão sobre possível dano à honra causado na internet.

4. O DANO À HONRA NA INTERNET

As rígidas categorias insculpidas nos artigos 3º e 4º do Código Civil brasileiro, por exemplo, são consideradas por muitos insuficientes quando procuram estabelecer limites para o exercício de situações jurídicas existenciais, havendo autores que destacam, como é o caso de Rose Meireles[32], que a disciplina legal da capacidade civil é movida por propósitos econômicos, sendo constante a preocupação em garantir a segurança na circulação de bens pecuniários, o que se coaduna com a leitura do direito civil constitucional.

Sobre este assunto, Pietro Perlingieri indica que "[o] estado pessoal patológico ainda que permanente da pessoa, que não seja absoluto ou total, mas graduado em parcial, não se pode traduzir em uma série estereotipada de limitações, proibições e exclusões"[33]. Porém, o Código Civil de 2002 também foi taxativo ao tratar dos Direitos da Personalidade. Assim fez o legislador na elaboração do artigo 11, por exemplo, ao determinar que, "com exceção dos casos previstos em lei, os direitos da personalidade são intransmissíveis e irrenunciáveis, não podendo o seu exercício sofrer limitação voluntária."

Anderson Schreiber[34] analisa inúmeros casos envolvendo responsabilidade civil por lesões à personalidade nos meios de comunicação. Por exemplo, o de uma atriz fotografada na rua sem roupas íntimas quando, acidentalmente, seu vestido fora levantado pelo vento. Ou o de uma modelo filmada mantendo relações sexuais com seu namorado em uma praia na Espanha, cujo vídeo fora mostrado por um canal de televisão e rapidamente divulgado pela Internet, no site Youtube.com. Conclui que a aplicação acrítica do Código Civil não leva a uma solução condizente com os princípios constitucionais.

---

31. DAL BELLO, Cintia. *Cultura e subjetividade*, cit., p. 103 et seq.
32. MEIRELES, Rose Melo Vencelau. *Autonomia privada e dignidade humana*. Rio de Janeiro: Renovar, 2009. p. 223.
33. PERLINGIERI, Pietro. *O direito civil na legalidade constitucional*. Tradução de Maria Cristina de Cicco. Rio de Janeiro: Renovar, 2008. p. 781.
34. SCHREIBER, Anderson. Os direitos da personalidade e o código civil de 2002. In: TEPEDINO, Gustavo; FACHIN, Luiz Edson. *Diálogos sobre Direito Civil*. V. II. Rio de Janeiro: Renovar, 2008. p. 236-237.

Ocorre que, em posição diametralmente oposta, parte significativa da doutrina aponta críticas às distinções entre responsabilidade civil contratual e extracontratual, incluindo-as dentre as inúmeras categorias dogmáticas que vêm sendo objeto de revisão, a exemplo de Luis Diez-Picazo:

> En nuestra opinión, la única manera correcta de resolver el problema de la concurrencia de las normas de la responsabilidad contractual y de la extracontractual, es considerar que siempre que entre las partes existe una relación contractual y el daño es consecuencia del cumplimiento defectuoso o del incumplimiento de cualquiera de los deberes contractuales que de dicha relación derivan, sean obligaciones expresamente pactadas o deberes accesorios de conducta nacidos de la buena fe, o de los usos de los negocios, la responsabilidad es de carácter contractual y los tribunales deben declararlo así haciendo uso en lo necesario de la regla jura novit curia una vez despejado el camino a través de la llamada tesis sustancialista en materia procesal[35].

Sobre a presença dos incapazes nessas relações, Guilherme Magalhães Martins explica que, em nome do princípio da confiança, amplamente reconhecido doutrinária e jurisprudencialmente, "os riscos de contratos eletrônicos com partes incapazes correm por conta do fornecedor."[36]

Noutro caminho, a concepção do roubo de identidade tem lastro mais aprofundado, pois a estrutura tecnológica da Rede, para muitos, aparenta propiciar o anonimato, mas o que se deve ter em mente, preliminarmente, é que posicionamentos extremos acerca do tema não trazem respostas atentas às complexidades dos problemas ocasionados por seu uso, inclusive na esfera criminal.

Dessa forma, Perlingieri apregoa a necessidade de um diálogo construtivo entre direito civil e direito penal. Isto porque, a estrutura do sistema penal, rígido e codificado, deve ser harmonizada com os valores contidos nas normas constitucionais. Ou seja, o autor considera "possível uma involução em geral da intervenção penal, a ser realizada por meio de uma substituição do controle penal por instrumentos alternativos de tutela, e de um abrandamento das respostas punitivas."[37]

No que concerne a personagens fictícios e outras criações intelectuais, chega-se a conclusão semelhante. Isto porque a própria estrutura dos *sites* de redes sociais, aliada à interatividade ínsita à *web 2.0*, propicia a fácil inserção de obras protegidas por direitos autorais, à míngua de autorização de seu titular. E, malgrado o rol de limitações e exceções da legislação autoral brasileira seja considerado insuficiente e anacrônico frente às transformações trazidas pela Internet, somente uma interpretação ampliativa, com recurso aos princípios constitucionais, é a solução que se impõe, sem prejuízo de outras formas de composição, até mesmo extrajudiciais.

Contudo, sabe-se que, para que seja responsabilizado civilmente o agente por danos morais, especificamente, deve ser constatado, dentre outros requisitos, que houve um dano ressarcível, sendo este compreendido como a lesão a um interesse merecedor de tutela. Explica Anderson Schreiber:

---

35. DIEZ-PICAZO, Luis. *Derecho de daños*. Madrid: Civitas, 1999. p. 238-239.
36. MARTINS, Guilherme Magalhães. Confiança e aparência nos contratos eletrônicos via internet. *Revista de Direito do Consumidor*, São Paulo: Revista dos Tribunais, ano 17, n. 64, set./dez., 2008. p. 58.
37. PERLINGIERI, Pietro. *O direito civil na legalidade constitucional*, cit., p. 163.

[...] a definição de dano aqui defendida, como lesão a um interesse concretamente merecedor de tutela, sempre se afastou de sua configuração como violação em abstrato, centrando-se sobre a sua concreta afetação. Assim como para haver um dano patrimonial não basta a vítima provar que o réu agiu de forma antijurídica, trazendo risco à propriedade alheia, cumprindo-lhe provar que o seu patrimônio foi concretamente afetado, para haver dano extrapatrimonial não é suficiente que a vítima prove ter o réu se conduzido de forma a causar dano à sua privacidade, imagem, integridade física etc. [...] Visto como lesão à personalidade humana, o dano moral exige, evidentemente, a prova da lesão da mesmíssima forma, aliás, que a exige o dano patrimonial, como lesão ao patrimônio[38].

Por último, destaca-se que os perfis falsos apresentados até agora ou dizem respeito a marcas registradas ou causam danos a pessoas humanas cuja própria imagem tem grande valor patrimonial. Em termos mais específicos, o corpo se virtualizou e com ele a imagem, a voz e outras percepções sensoriais. Explica Pierre Lévy que a reconstrução do corpo por meio das tecnologias virtuais lhe trouxe novas dimensões e desdobramentos. Pode-se estar "aqui e lá através das técnicas de autopresença."[39]

Lessig assevera que "*[c]yberspace is not one place. It is many places.*"[40] E, sem sombra de dúvidas, esta frase ilustra com propriedade as transformações ocasionadas pela popularização da Internet nos últimos tempos. Dada a pertinência dessas transformações e de seus desdobramentos, dessa forma, mister que se avance em rumo ao estudo dos danos morais, sua configuração e a quantificação da obrigação indenizar.

5. OS LIMITES DA TEORIA DO RISCO NA RESPONSABILIZAÇÃO DOS PROVEDORES DE APLICAÇÃO

Este trabalho não tem por escopo esmiuçar o mérito das inúmeras teorias do risco, conforme enumeradas a seguir: risco integral, em que qualquer atividade danosa gera o dever de indenizar, mesmo sem a existência de nexo de causalidade; risco profissional, no qual a obrigação de indenizar, surgida em decorrência de relação de trabalho, decore da profissão da vítima, prescindindo-se da culpa do empregador; risco excepcional, que advém de atividade de risco extremo, como por exemplo a manipulação de atividade nuclear, dentre outros; risco proveito, que obriga a indenizar, independente de culpa, todo aquele que causar dano no exercício de atividade da qual obtenha lucro; e risco criado, que obriga a indenizar todo aquele cuja atividade corriqueira apresentar perigo a outrem.

Entretanto, deve-se consignar que, por um lado, há aqueles que preconizam ser a responsabilidade por risco subsidiária à responsabilidade por culpa, conforme interpretação literal dos artigos 186 e 927 do Código Civil. Contudo, em posição diametralmente oposta, como reflexo da evolução do sistema jurídico nacional, recepcionando os valores constitucionais, mais condizente com a realidade hodierna aqueles que entendem

---
38. SCHREIBER, Anderson. *Os direitos da personalidade...*, cit., p. 194.
39. LÉVY, Pierre. *O que é virtual?*, cit., p. 13.
40. LESSIG, Lawrence. *Code 2.0*, cit., p. 84.

existirem dois sistemas autônomos de responsabilidade civil no Brasil, um subjetivo e outro objetivo[41].

Delimitando-se o tema, interessam majoritariamente à análise da compensação civil dos danos morais sofridos nos sites de redes sociais, especialmente aqueles oriundos do uso de perfis falsos, as duas primeiras linhas da responsabilidade civil atual.

Os chamados direitos da personalidade são definidos por Adriano De Cupis[42] como aqueles direitos subjetivos que constituem o mínimo necessário e imprescindível de conteúdo à personalidade humana. Por esta razão, são considerados direitos originários por sua própria natureza; essenciais; preeminentes à existência de outros; absolutos, oponíveis contra todos inclusive o Estado; gerais; pessoais ou extrapatrimoniais; intransmissíveis; imprescritíveis; vitalícios[43].

Maria Celina Bodin de Moraes, avançando nesse estudo, assim se posiciona:

> Nesse sentido, o dano moral não pode ser reduzido à "lesão a um direito da personalidade", nem tampouco ao "efeito extrapatrimonial da lesão a um direito subjetivo patrimonial ou extrapatrimonial". Tratar-se-á, sempre, de violação da cláusula geral de tutela da pessoa humana, seja causando-lhe um prejuízo material, seja violando direito (extrapatrimonial) seu, seja, enfim, praticando, em relação à sua dignidade qualquer "mal evidente" ou "perturbação" mesmo se ainda não reconhecido como parte de alguma categoria jurídica[44].

A partir desse conceito, mister trazer a tona a visão de Stefano Rodotà[45], para quem, na sociedade hodierna, "a constitucionalização da pessoa" revela-se não só pela proteção do "corpo físico" (direito à integridade da pessoa) mas principalmente, do "corpo eletrônico" (direito à proteção de dados pessoais), caracterizando "a soma de um conjunto de direitos que configuram a cidadania no novo milênio."

Com efeito, nas redes sociais, as pessoas deixam ali não somente seus dados pessoais, mas interagem umas com as outras por meio de perfis pessoais que configuram verdadeiras personalidades *online*.[46] E a popularização de seu uso exponenciou violações à honra e à intimidade, tornando-se ambiente fértil até mesmo ao fomento de práticas ilícitas como racismo, pedofilia, incitação ao suicídio etc.

A par dessas constatações, torna-se possível afirmar que o provedor de hospedagem administra o site em que se encontram dados sensíveis dos usuários, e, pelo exato fato de se utilizarem dessa maciça aglutinação de informações para obterem sua remuneração, principalmente com publicidade, nos casos em que informações são inseridas por

---

41. MORAES, Maria Celina Bodin de. Risco, solidariedade e responsabilidade objetiva. *In:* TEPEDINO, Gustavo; FACHIN, Luiz Edson (Coord.). *O direito e o tempo*: embates jurídicos e utopias contemporâneas – Estudos em homenagem ao Professor Ricardo Pereira Lira. Rio de Janeiro: Renovar, 2008. p. 851.
42. DE CUPIS, Adriano. *Os direitos da personalidade*. Tradução de Afonso Celso Furtado Rezende. Campinas: Romana, 2001. p. 27.
43. BITTAR, Carlos Alberto. *Os direitos da personalidade*. 7. ed. Rio de Janeiro: Forense, 2006. p. 11.
44. MORAES, Maria Celina Bodin de. Risco, solidariedade e responsabilidade objetiva, cit., p. 183-184.
45. RODOTÀ, Stefano. *A vida na sociedade da vigilância*: a privacidade hoje. Tradução de Danilo Doneda e Luciana Cabral Doneda. Rio de Janeiro: Renovar, 2008. p. 17.
46. ABRIL, Patricia Sánchez. Recasting privacy torts in a spaceless world. *Harvard Journal of Law & Technology*, Cambridge, v. 21. n. 1, fall 2007. Disponível em: https://ssrn.com/abstract=1392312. Acesso em: 21 jun. 2020. p. 2.

usuários anonimamente, os provedores são aqueles que detêm melhores meios técnicos para procederem à individualização dos reais causadores dos danos.

Por essa razão, a princípio, respondem objetivamente pelos fatos de serviço ocorridos em seu âmbito nos termos do artigo 14 do Código de Defesa do Consumidor, considerando-se consumidores *bystanders* as vítimas do evento danoso[47]. E, em que pesem os argumentos de impossibilidade técnica de manutenção de instrumentos aptos a se evitar tais danos, essa não parece ser a principal causa do problema, pois, em uma sociedade de massa, cujos prejuízos são distribuídos entre os agentes por meio da gestão do risco decorrente (*risk management*) de suas atividades profissionais, os eventuais custos atinentes a estes riscos são repassados no preço dos contratos de publicidade.

Em eventual disputa, leva-se à apreciação do Poder Judiciário a possível colisão, aplicando aos casos concretos, a partir de uma verdadeira metodologia jurídica pautada na casuística[48] os critérios de ponderação de interesses entre a liberdade de informação e a proteção da honra, da imagem e da vida privada da pessoa, além de outros valores da personalidade (artigo 5º, incisos XIV e X, da Constituição da República).

Por tal razão, a compensação aos danos morais sofridos nos sites de redes sociais evidencia ainda mais o princípio da responsabilidade solidária em matéria de direito do consumidor (artigo 7º, parágrafo único, CDC), merecendo destaque o fato de o princípio constitucional da solidariedade ser, antes de tudo, corolário da própria dignidade humana.

Entretanto, os marcos regulatórios existentes no pais, com destaque para a Lei nº 12.965/2014 (Marco Civil da Internet) e para a Lei nº 13.709/2018 (Lei Geral de Proteção de Dados), esta segunda ainda em período de *vacatio legis*, trabalham a responsabilidade civil dos provedores de aplicação a partir da origem do conteúdo causador do dano e, sendo um terceiro o praticante do ato danoso, cria-se verdadeiro limbo jurídico para a tutela de eventual imputação causal geradora do dever reparatório ao provedor.

Portanto, responsabilizado o provedor, nada obsta ao exercício posterior da ação de regresso contra o causador do dano.

6. CONCLUSÃO

Cogitar-se da existência de um "espaço virtual" alheio ao "real", ainda hoje, leva muitos a distorcerem as verdadeiras dimensões dos desdobramentos decorrentes da incorporação das tecnologias da informação e comunicação ao quotidiano. Muitos imaginam, apregoam e agem como se este novo "espaço" realmente existisse sem nenhuma regra e o desrespeito a padrões de conduta não tivesse consequência alguma.

O tema proposto foi o da responsabilidade civil por danos à pessoa humana pelo uso de perfis falsos em sites de redes sociais. E, nessa investigação, primeiramente, foram

---

47. MIRAGEM, Bruno. Responsabilidade por danos na sociedade da informação e proteção do consumidor: defesas atuais da regulação jurídica da Internet. *Revista de Direito do Consumidor*, São Paulo: Revista dos Tribunais, ano 18, n. 70, abr./jun. 2009. p. 62.
48. FRADA, Manuel A. Carneiro da. *Direito civil, responsabilidade civil*: o método do caso. Coimbra: Almedina, 2010, *passim*.

analisados alguns aspectos acerca da criação e estruturação do que hoje se conhece por Internet. Foi possível verificar que, ao longo de seu desenvolvimento, a chamada Rede das redes foi paulatinamente sendo vinculada a interesses privados.

Neste momento, a figura dos Provedores de Serviço de Internet ganhou relevância nuclear na estrutura e funcionamento da *web*, dando-lhe os contornos atuais. São eles os provedores de *backbone*, provedores de acesso, provedores de *e-mail*, provedores de conteúdo e informação e os provedores de hospedagem. A tipologia era baseada no serviço prestado predominantemente por cada um deles. Porém, salientou-se que o legislador pátrio atribuiu classificação mais concisa, distinguindo apenas provedores de conexão de provedores de aplicação – estes últimos os responsáveis por *sites* de redes sociais.

Foi mister ressalvar que a noção de "rede social" representa uma metáfora, ilustrando apenas o potencial de estruturas comunicativas dispostas em redes descentralizadas, na medida em que, embora seja de uso corrente, o conceito ordinário de "rede social" tem pouca relevância para a delimitação do objeto de estudo sob a ótica jurídica, malgrado tenha sido possível averiguar, também, que tal disposição fomente o fortalecimento do capital social. Logo, representa um grande elemento de alavancagem de modelos de negócio a serem utilizados pelos provedores.

Concluiu-se que, somente através desta restrição, seria possível uma adequada análise da problemática envolvendo os danos à pessoa ocorridos nos *sites* de redes sociais, pois a partir desta única via seria possível atribuir de maneira concreta responsabilidades pelas agressões à personalidade ocorridas em seu âmbito.

Posto isto, adentrou-se adentrar ao estudo da responsabilidade civil por danos à pessoa sofridos por meio destas páginas virtuais. E este recorte de pesquisa não somente direcionou o estudo para um tema específico, mas também pontuou o marco teórico desta pesquisa: o chamado direito civil constitucional, que vê no princípio da dignidade da pessoa humana o cerne do ordenamento jurídico brasileiro.

Com base nisso, apontaram-se algumas das atuais tendências na compreensão da responsabilidade civil como um todo, com destaque para o deslocamento da preocupação nuclear da necessidade de alusão a mecanismos de reparação civil fundados na sanção por culpa do agente para institutos que primem pela compensação do dano sofrido pela vítima, em especial a teoria do risco.

E, admitida esta premissa, conclui-se que o dano à pessoa humana corresponde um conceito próprio, que alinha o instituto do dano moral aos valores fundamentais da atual Constituição da República, porquanto sua configuração não se depreende da dor, do sofrimento e da humilhação da vítima, nem tampouco se restringe a uma violação de um dos direitos da personalidade a que alude o Código Civil em seus artigos 11 a 21.

Afinal, demonstrou-se que a tutela da pessoa humana sob a ótica do direito subjetivo, com regras rígidas como a do Código, não é adequada à complexidade do exercício de situações subjetivas de natureza existencial. Logo, a configuração do dano moral deve ser aferida pela análise do caso concreto.

Nesta linha, ainda, salientou-se que a proteção integral da vítima neste âmbito atende a particularidades especiais. Afinal, a possibilidade de manutenção do anonimato, de multiplicação das informações de conteúdo danoso, abrangência e velocidade de tráfego dos dados, dentre outros fatores, atraem a responsabilidade solidária dos provedores de aplicação pelos conteúdos gerados por seus usuários, e, nesse viés, em consonância com o marco teórico adotado, reiterou-se que os danos morais são compreendidos como danos à pessoa humana.

REFERÊNCIAS

ABRIL, Patricia Sánchez. Recasting privacy torts in a spaceless world. *Harvard Journal of Law & Technology*, Cambridge, v. 21. n. 1, fall 2007. Disponível em: https://ssrn.com/abstract=1392312. Acesso em: 21 jun. 2020.

BARBAGALO, Erika Brandini. Aspectos da responsabilidade civil dos provedores de serviços na Internet. In: LEMOS, Ronaldo; WAISBERG, Ivo (Orgs.). *Conflitos sobre nomes de domínio e outras questões jurídicas da Internet*. São Paulo: Revista dos Tribunais, 2003.

BITTAR, Carlos Alberto. *Os direitos da personalidade*. 7. ed. Rio de Janeiro: Forense, 2006.

BOYD, Danah M.; ELLISON, Nicole B. Social network sites: definition, history and scholarship. *Journal of Computer-mediated Communication*, Oxford, v. 12, n. 1, article 11, 2007. Disponível em: http://jcmc.indiana.edu/vol13/issue1/boyd.ellison.html. Acesso em: 14 jun. 2020.

CASTELLS, Manuel. *The rise of the network society*. The information age, v. 1. 2. ed. Oxford: Blackwell, 2010.

DAL BELLO, Cintia. *Cultura e subjetividade*: uma investigação sobre a identidade nas plataformas virtuais de hiperespetacularização do eu. 2009. 130f. Dissertação (Mestrado em Comunicação e Semiótica). Pontifícia Universidade Católica de São Paulo, São Paulo, 2009.

DE CUPIS, Adriano. *Os direitos da personalidade*. Tradução de Afonso Celso Furtado Rezende. Campinas: Romana, 2001.

DIEZ-PICAZO, Luis. *Derecho de daños*. Madrid: Civitas, 1999.

DONEDA, Danilo. *Da privacidade à proteção de dados pessoais*. Rio de Janeiro: Renovar, 2006.

FRADA, Manuel A. Carneiro da. *Direito civil, responsabilidade civil*: o método do caso. Coimbra: Almedina, 2010.

KANAAN, João Carlos. *Informática global*. 2. ed. São Paulo: Pioneira, 1998.

KWANYA, Tom; STILWELL, Christine; UNDERWOOD, Peter G. *Library 3.0*: Intelligent Libraries and apomediation. Oxford: Chandos/Elsevier, 2015.

LEMOS, Ronaldo. *Direito, tecnologia e cultura*. Rio de Janeiro: FGV, 2005.

LEONARDI, Marcel. *Responsabilidade civil dos provedores de serviços de Internet*. São Paulo: Juarez de Oliveira, 2005.

LESSIG, Lawrence. *Code 2.0*. 2. ed. Nova York: Basic Books, 2006.

LÉVY, Pierre. *Cibercultura*. Tradução de Carlos Irineu da Costa. São Paulo: Editora 34, 1999.

LÉVY, Pierre. *O que é virtual?* Tradução de Paulo Neves. São Paulo: Editora 34, 1996.

LIMBERGER, Têmis. *O direito à intimidade na era da informática*: a necessidade de proteção dos dados pessoais. Porto Alegre: Livraria do Advogado, 2007.

LONGHI, João Victor Rozatti. Marco Civil da Internet no Brasil: breves considerações sobre fundamentos, princípios e análise crítica do regime de responsabilidade civil dos provedores. In: MARTINS, Guilherme Magalhães; LONGHI, João Victor Rozatti (Coords.). *Direito digital*: direito privado e Internet. Indaiatuba: Foco, 2020.

MARTINS, Guilherme Magalhães. Confiança e aparência nos contratos eletrônicos via internet. *Revista de Direito do Consumidor*, São Paulo: Revista dos Tribunais, ano 17, n. 64, set./dez., 2008.

MARTINS, Guilherme Magalhães. *Formação dos contratos eletrônicos de consumo via internet*. 2. ed. Rio de Janeiro: Lumen Juris, 2010.

MEIRELES, Rose Melo Vencelau. *Autonomia privada e dignidade humana*. Rio de Janeiro: Renovar, 2009.

MIRAGEM, Bruno. Responsabilidade por danos na sociedade da informação e proteção do consumidor: defesas atuais da regulação jurídica da Internet. *Revista de Direito do Consumidor*, São Paulo: Revista dos Tribunais, ano 18, n. 70, abr./jun. 2009.

MORAES, Maria Celina Bodin de. Risco, solidariedade e responsabilidade objetiva. In: TEPEDINO, Gustavo; FACHIN, Luiz Edson (Coord.). *O direito e o tempo*: embates jurídicos e utopias contemporâneas – Estudos em homenagem ao Professor Ricardo Pereira Lira. Rio de Janeiro: Renovar, 2008.

NORA, Dominique. *La conquista del ciberespacio*. Tradução de Carlos Gardini. Barcelona: Editorial Andrés-Bello, 1997.

PERLINGIERI, Pietro. *O direito civil na legalidade constitucional*. Tradução de Maria Cristina de Cicco. Rio de Janeiro: Renovar, 2008.

PINHEIRO, Patrícia Peck. *Direito digital*. 6. ed. São Paulo: Saraiva, 2016.

REALE, Miguel. *Lições preliminares de direito*. 27. ed. São Paulo: Saraiva, 2004.

RECUERO, Raquel. *Redes sociais na internet*. Porto Alegre: Sulina, 2009.

REIDENBERG, Joel R. Lex informatica: the formulation of information policy rules through technology. *Texas Law Review*, Austin, v. 76, p. 584, 1998.

RODOTÀ, Stefano. *A vida na sociedade da vigilância*: a privacidade hoje. Tradução de Danilo Doneda e Luciana Cabral Doneda. Rio de Janeiro: Renovar, 2008.

SANTAELLA, Lúcia. *Navegar no ciberespaço:* o perfil cognitivo do leitor imersivo. São Paulo: Paulus, 2004.

SCHREIBER, Anderson. Os direitos da personalidade e o código civil de 2002. In: TEPEDINO, Gustavo; FACHIN, Luiz Edson. *Diálogos sobre Direito Civil*. V. II. Rio de Janeiro: Renovar, 2008.

SERRO, Bruna Manhago. Da responsabilidade civil dos provedores de aplicações frente à Lei 12.965/2014: análise doutrinária e jurisprudencial. *Revista Magister de Direito Empresarial*, Concorrencial e do Consumidor, São Paulo, v. 57, p. 65-79, 2014.

SIBILIA, Paula. *O show do Eu*: a intimidade como espetáculo. Rio de Janeiro: Nova Fronteira, 2008.

SPYER, Juliano. *Conectado*: o que a internet fez com você e o que você pode fazer com ela. 2. ed. Rio de Janeiro: Zahar, 2011.

TOEFLER, Alvin. *The third wave*. Nova York: Banthan Books, 1980.

VAN DIJK, Jan. *The network society*. 3. ed. Londres: Sage Publications, 2012.

WU, Tim. *Impérios da comunicação*: do telefone à Internet, da AT&T ao Google. Tradução de Cláudio Carina. Rio de Janeiro: Zahar, 2012.

11
A ALQUIMIA DO SÉCULO XXI: PIRÂMIDES DE CRIPTOMOEDAS

Mariella Pittari

Sumário: 1. Introdução. 2. O que é uma criptomoeda. 3. Personagens envolvidos nas pirâmides de criptomoedas. 4. O tratamento das criptomoedas e suas pirâmides em diferentes jurisdições. 5. O tratamento das pirâmides financeiras de criptomoedas no Brasil. 6. Conclusão. Referências.

> *"Governments of the Industrial World, you weary giants of flesh and steel, I come from Cyberspace, the new home of Mind. On behalf of the future, I ask you of the past to leave us alone. You are not welcome among us. You have no sovereignty where we gather."*[1]
>
> — John Perry Barlow

1. INTRODUÇÃO

Para um dos precursores da sociologia do dinheiro, Georg Simmel, o dinheiro está atrelado "uma reivindicação sobre a sociedade",[2] uma função da interação social portanto. O modo como as sociedades desenvolvem suas relações de troca e satisfação das obrigações é de tal modo arraigado que raramente são postos à prova, até que advenha um abalo de paradigmas a justificar a rediscussão do assunto. A emergência das criptomoedas encontra-se indubitavelmente dentre os casos que põem em discussão toda a dinâmica atinente à criação, controle e distribuição de dinheiro.

As características inovadoras das moedas digitais são atribuídas à presença de uma tecnologia verificável, automonitorada e autoexecutável, que prescindiria uma autoridade central ou partes terceiras. Através da diminuição dos custos de transação possibilitada pela tecnologia de autenticação e verificação ganha-se em eficiência ao atribuir a propriedade ainda que por frações mínimas de tempo. Não obstante o paradoxo, o dinheiro experimental transforma-se em realidade que passa a fazer parte da infraestrutura financeira. A China está lançando uma iniciativa sem precedentes, o *Blockchain Service Network*, que irá permitir a emissão de criptomoedas através do seu banco central.[3] A

---

1. BARLOW, John Perry. A Declaration of the Independence of Cyberspace. *Duke Law & Technology Review*, Durham, v. 18, n. 1, 2019, p. 5-7.
2. FRISBY, David. *George Simmel*: the philosophy of money. Londres: Routledge, 2004.
3. Sobre pioneirismo em lançar a primeira criptomoeda soberana ver BRAM, B. (2020). *Inside China's mission to create an all-powerful cryptocurrency*. Wired.co.uk. Disponível em: https://www.wired.co.uk/article/china-digital-currency-crypto, acesso 29 de abril de 2020. No cenário norte-Americano as coordenadas teóricas para a empreitada e a importância do seu uso para um propósito democrático podem ser encontradas em HOCKETT, Robert. The democratic digital dollar: A digital savings & payments platform for fully inclusive state, local, and national money

novidade implica em admitir, mais que um giro, uma verdadeira torção hermenêutica na compreensão do assunto.

No Brasil, o art. 164 da CF88 estabelece que a competência da União para emitir moeda é exercida exclusivamente pelo Banco Central, o que a princípio indicaria a existência de autorização constitucional ao banco central brasileiro em emitir criptomoeda, fosse o caso em seguir o modelo da China. Porém, tal asserção não supera o verdadeiro problema que se põe, ao se observar com maior atenção o que significa um sistema de DLT (*Distributed Ledger Technology*), a prescindir a presença de uma autoridade central tal qual um banco estatal. Assim, a ruptura de paradigmas do DLT (*Distributed ledger technology*) adviria da desnecessidade do controle central de uma Instituição Financeira, Estado, ou quaisquer organogramas que posicionam a autoridade como elemento central aglutinador de todos os dados atinentes à uma operação ou organização.

Formas emergentes de tratar os dados e preferências humanas na abordagem da vida ganham contornos até então inimagináveis. *Likes* e curtidas tornam-se variáveis intercambiáveis entre afinidades sociais e repercussões financeiras dos perfis mais seguidos. A dimensão do microgerenciamento de vidas humanas e a monetização de tais relações através de novos instrumentos escapa mesmo aos presságios mais radicais de 1984[4].

Paradoxalmente, ao mesmo tempo que a sociedade de controle se expande, assim o faz também o *Wild West* cibernético (*Wild West cyberspace*)[5]. De um lado sujeitos reduzidos a dados, de outro um ecossistema no qual inexiste ordem. Diante de tal cenário, há de reconhecer-se a dificuldade em articular um raciocínio consentâneo ao desafio que se está a enfrentar. Sofre-se da "síndrome das carroças sem cavalos" pois, não obstante a presença da linguagem algorítmica, faltam as estruturas que permitem à plena compreensão do alcance da novidade[6].

Quando a mudança de paradigma subverte as categorias criadas até então para alocar os fenômenos, impõe-se a criação de novas categorias e a revisita de todas as outras que existiam até então. A sociedade disciplinar é paulatinamente substituída pela sociedade de controle, porém não comandada por leis, mas por códigos, como já antevia Deleuze:

> A linguagem numérica de o controle é feito de códigos que marcam o acesso à informação ou a rejeitam. Não nos encontramos mais lidando com o par massa/indivíduo. Os indivíduos se tornaram 'divisos' e as massas, amostras, dados, mercados ou 'bancos'. Talvez seja o dinheiro que expressa a melhor distinção entre as duas sociedades, uma vez que a disciplina sempre remetido ao dinheiro cunhado que trava o

---

    & banking systems. *Harvard Business Law Review*, Cambridge, Online, v. 10, 2020. Disponível em: https://bit.ly/3992uFH. Acesso em: 25 abr. 2020.

4. ORWELL, George. *Nineteen Eighty-four*. Nova York: Houghton Mifflin Harcourt, 1983.
5. LOOK, Jeffrey J. The Virtual Wild, Wild West (www): Intellectual Property issues in cyberspace-trademarks, service marks, copyrights, and domain names. *University of Arkansas at Little Rock Law Review*, Little Rock, v. 22, n. 1, p. 49-89, 1999.
6. ZUBOFF, Shoshana. *The age of surveillance capitalism*: The fight for a human future at the new frontier of power. Nova York: Public Affairs, 2019, p. 20. A expressão *"horseless carriage syndrome"* faz expressa referência às dificuldades encontradas em conferir sentido à uma carroça movimentada a motor, ou seja, o que hoje absolutamente compreendemos quando falamos de carros. Ver também MURRAY, Turoff, and HILTZ, Roxanne Starr. "Superconnectivity." *Communications of the ACM* 41.7 (1998): 116-117.

ouro como padrão numérico, enquanto o controle se refere a taxas de câmbio flutuantes, moduladas de acordo com uma taxa estabelecida por um conjunto de moedas padrão.[7]

Explicar as novidades que a ciência contempla requer a capacidade de estabelecer um determinado liame entre o fenômeno precedente e o novo. O raciocínio analógico possibilita relacionar o evento apenas surgido à uma categoria jurídica preexistente, preenchendo as expectativas de segurança jurídica diante do sistema. Diante da própria dificuldade em regular fatos sociais em perspectiva, por vezes faz-se necessário estender institutos jurídicos não muito bem adaptados às novidades tecnológicas,[8] para que o legislador possa aguardar uma acomodação das novidades à classificação presente no sistema. A privacidade civilista orientou-se pelo Código Civil até tornar-se insustentável ignorar a existência cibernética como novo paradigma privatista, momento no qual veio à lume a Nova Lei de Proteção de Dados (lei nº 13.853/19).

Diversos institutos jurídicos são diretamente afetados pelo advento tecnológico: relações empregatícias através do recrutamento via aplicativo; relações locatícias em plataformas híbridas entre locações e contrato de hospedagem; a propriedade reconfigurada em seus atributos originais para fazer frente à aquisição momentânea e precária[9]. Entre os modelos predecessores que deram origem à economia compartilhada, na qual um provedor central concentra o controle das atividades, e o modelo de *blockchain*, encontra-se a ausência de uma autoridade gestora de todas as transações que ocorrem no âmbito da agregação de blocos e da validação das atividades por equações ou mosaicos matemáticos. É o exemplo do compartilhamento de transporte Commuterz[10], no qual o sistema P2P (*peer-to-peer*) usando blockchain, dispensa o repasse de considerável percentual ao gestor central.

Para compreensão do significado da contabilidade em cadeia, que traça o percurso de transações da moeda digital ao longo de diversas cadeias de transmissão a prescindir de uma autoridade central, oportuna é a remissão ao sistema rudimentar de inscrição e contabilização de trocas dos habitantes da ilha de Yap, na micronésia[11].

---

7. DELEUZE, Gilles. *Postscript in Control Societies*. Negotiations, 1972-1990. Nova York: Columbia University Press, 1995, p. 180, tradução da autora.
8. DELEUZE, Gilles. *Instincts et institutions*: textes choisis et présentés par Gilles Deleuze. Paris: Hachette, 1953, introduction: "*Que dans l'institution la tendance se satisfasse, n'est pas douteux : dans le mariage la sexualité, dans la propriété l'avidité.*" (Nas Instituições as tendências se satisfazem, não há dúvidas: no matrimônio a sexualidade, na propriedade a avidez, tradução própria). O significado de tal teoria é mais profundo do que um olhar superficial pode oferecer. Para além das leis, as instituições conferem um caráter positivo às ações humanas, criando um espaço de agir, ao contrário do espaço proibido da lei.
9. FAIRFIELD, Joshua A. T. *Owned*: Property, privacy, and the new digital serfdom. Cambridge: Cambridge University Press, 2017, p. 5.
10. *Commuterz.io*, disponível em https://www.commuterz.io/, acesso 25 de abril de 2020.
11. MORSE, Edward A. From Rai Stones to Blockchains: The transformation of payments. *Computer Law & Security Review*, Londres, v. 34, n. 4, p. 946-953, 2018. Ver também BERENTSEN, Aleksander; SCHÄR, Fabian. A short introduction to the world of cryptocurrencies. *Federal Reserve Bank of St. Louis Review*, St. Louis, p. 1-16, jan./abr. 2018. Para o primeiro registro de alguém que verificou a dinâmica do povo da ilha de Yap, conferir FURNESS, William Henry. *The island of stone money, Uap of the Carolines*. Philadelphia: JB Lippincott Company, 1910, p. 92-93: "Here then the simple hearted natives of Uap, who never heard of Adam Smith nor of Ricardo, or even if they should hear of them would care no more for them than for an English song from the phonograph, have solved the ultimate problem of Political Economy, and found that labour is the true medium of exchange and the true standard of value. But this medium must be tangible and enduring, and as their island yields no metal, they have had recourse to stone; stone on which labour in fetching and fashioning has been expended, and as truly a

Desde os anos 500 d.C., os Yap, conhecidos também como povo da "moeda de pedra", atribuíam valor a imensas pedras transportadas até a ilha, cuja negociação não exigia sequer a sua movimentação. Cada habitante da ilha possuía um registro exato de quais pedras eram atribuídas a cada um, e na ocasião de uma transição de propriedade da gigantesca pedra, todos os habitantes eram avisados sobre a mudança de titularidade.

A abstração alcançou tal ponto que uma moeda continuou a ser negociada não obstante seu naufrágio. Os Yap constituíam uma comunidade que operava através de estreitas relações de confiança entre os habitantes, bastando que todos os seus habitantes soubessem de antemão a quem pertenciam as diversas pedras dispersas pela Ilha. Caso alguém morresse ou esquecesse a quem era atribuída uma determinada pedra, bastava verificar através do registro de memória dos demais habitantes a quem a pedra pertencia.

A semelhança entre o *blockchain* cibernético e o mineral é facilmente detectável, guardado o diminuto alcance que o sistema primitivo possuía e a clara presença da chave pública cognitiva à qual todos os habitantes da ilha de Yap detinham acesso.[12] O que o *blockchain* realiza para o sistema financeiro, bem como para muitos outros que exigem centralização de informações, consiste na eliminação do aglutinador de informações. A memória artificial do blockchain permite que interações ao nível dos bilhões seja possível ainda que o rastro cognitivo humano de tais interações esteja perdido[13], o que seria inconcebível entre os Yap.

A ascensão dos Estados-nações fez concentrar no aparato estatal o poder de emitir moeda e regular sua movimentação. Também operacionalizou um regime que envolve a presença dos bancos centrais, a fixação de taxas de juros, ditar a pauta sobre a flutuação do câmbio, unir a arrecadação de tributos aos diversos outros mecanismos financeiros e legais, permitindo assim ao Estado orientar os rumos da iniciativa privada.

Diante do impasse gerado pela tecnologia *blockchain*, os Estados soberanos, praticamente provocados a tomar parte na disputa, ainda tergiversam entre regulamentar ou tornar ilícita certas atividades que dispensam a presença de uma autoridade central[14]. Ademais, não sendo o Estado vocacionado a agir na velocidade dos bits[15], surgem

---

representation of labour as the mined and minted coins of civilization. This medium of exchange they call *fei* and it consists of large solid thick stone wheels, ranging in diameter from a foot to twelve feet, having in the centre a hole varying in size with the diameter of the stone, wherein a pole may be inserted sufficiently large and strong to bear the weight and facilitate transportation."

12. WRIGHT, Aaron; DE FILIPPI, Primavera. Decentralized blockchain technology and the rise of lex cryptographia. SSRN, 10 mar. 2015. Disponível em: https://ssrn.com/abstract=2580664. Acesso em: 23 jun. 2020. Os autores, embasados em profundas pesquisas acerca do assunto, muito bem sintetizam o conceito entendendo que a cadeia de blocos não seria nada mais que uma base de dados cronologicamente gravados em rede de computadores: "A blockchain is simply a chronological database of transactions recorded by a network of computers".

13. ROSSI, Paolo. *Clavis universalis arti mnemoniche e logica combinatoria da Lullo a Leibniz*. Milano/Napoli: Riccardo Ricciardi Ed., 1960, p.150-151. O autor de maneira magnânima reconstrói o percurso da memória humana na história.

14. CASEY, Michael J.; VIGNA, Paul. *The Truth Machine*: The blockchain and the future of everything. Nova York: St. Martin's Publishing Group, 2018, p. 17

15. GUIZZO, Erico Marui. *The essential message*: Claude Shannon and the making of information theory. Diss. Massachusetts Institute of Technology, 2003. O Nascimento da teoria da informação é intrinsecamente ligado ao pesquisador Claude Shannon, que cunhou a expressão bits como unidade básica de informação (basic unit of communication).

outros comandos autorreplicáveis substitutivos da lei emanada do Estado: contratos autoexecutáveis (*smart contracts*); resolução alternativas de disputas online; *tokens* que desafiam a imprescindibilidade do Banco Central. As ideias de consenso, a dispensa de uma autoridade central ou câmara de compensação para autenticar a relação par a par, tornam a realidade da cyber-anarquia irrefutável.

O intuito do presente trabalho consiste em converter um emaranhado disperso de ideias, noções, fatos e tecnologias (inputs), em um sistema de pensamento coeso e apropriados aos desafios que surgem perante o Direito no que diz respeito à regulação das criptomoedas no cenário nacional (outputs)[16]. Tendo por objeto de análise a legislação e literatura no âmbito do Direito Comparado e as tendências no Direito Nacional, objetiva-se investigar o acerto das etapas percorridas na normatização do fenômeno digital. Inclusive, apropriando-se da própria tecnologia existente para os casos envolvendo pirâmides de criptomoedas, propõe-se o uso da tecnologia como instrumento para coibir a prática ilícita, através da criação de uma arquitetura algorítmica de detecção de esquemas piramidais.

2. O QUE É UMA CRIPTOMOEDA

A primeira resistência a ser vencida para a melhor compreensão do assunto consiste em definir uma criptomoeda. A origem etimológica do prefixo cripto advém do grego κρυστο (kruptos), a significar algo escondido[17]. Mensagens criptografadas são quase tão antigas quanto a própria escrita, pois sempre que se desejava transmitir segredos bélicos ou assuntos de Estado, utilizavam-se métodos para "embaralhar" a informação, fazendo com que apenas o emitente e o recipiente da mensagem possuíssem os códigos corretos para decifrar a mensagem.

O Direito codifica-se e rege-se pelas mesmas premissas criptográficas acima expostas, pois cria uma séria de códigos a serem decifrados apenas àqueles que acessam ao Oráculo:

> É claro que abandonamos o antigo cerimonial grego que marcou o tormento interior do oráculo de Delfos – a mastigação das folhas de louro, a inalação de vapores, os gritos e contorções selvagens e o frenesi crescente que precedeu a emissão da mensagem enigmática. Nos tempos antigos, as mensagens dos oráculos eram enigmáticas, de modo que os motivos dos deuses seriam um pouco disfarçados e os sacerdotes presentes teriam um trabalho útil como intérpretes. Depois que a função foi secularizada, os oráculos legais do passado raramente foram chamados para dar opiniões judiciais.[18]

A *Lex cryptographica*[19] se autorreplica sob linguagem algorítmica, criptografada para além da compreensão literata humana, dando vida a uma sequência de comandos

---

16. ASHLEY, Kevin D. *Artificial intelligence and legal analytics*: new tools for law practice in the digital age. Cambridge: Cambridge University Press, 2017, p. 38. Nos centros mais avançados de pesquisa jurídica e inteligência artificial já se trabalha com predições baseadas no raciocínio dedutivo de máquinas inteligentes, viabilizando o sistema de coleta de dados e leis para oferecer o *output* da resposta "razoável".
17. DENNING, Dorothy E. The future of cryptography. *In*: LUDLOW, Peter (Ed.). *Crypto anarchy, cyberstates, and pirate utopias*. Cambridge: The MIT Press, 2001, p. 85-101.
18. DAWSON, John P. *The Oracles of the Law*. Ann Arbor: University of Michigan Law School, 1986, p. xi-xii.
19. WRIGHT, Aaron; DE FILIPPI, Primavera. *Blockchain and the Law*: the rule of code. Londres/Cambridge: Harvard University Press, 2018, p. 5-6.

de código autoexecutáveis por elementos não humanos[20]. É o sistema de chave público/privada que permite acesso do elemento humano da porção de valor que lhe cabe. Apenas o portador da carteira (wallet) pode acessar seu código para ter acesso à criptomoeda. Portanto, o protocolo em cadeia que registra todas as operações em criptomoedas, salvo um ataque de muitos usuários, não é corrompível, não pode ser replicado para criar outras criptomoedas e permite que o engenhoso sistema de resolução de equações impede de qualquer um possa obter a moeda sem executar o protocolo de operações.

Após um brevíssimo esboço acerca do significado do prefixo *crypto*, dando continuidade ao desdobramento dos conceitos fundamentais em torno do tema, cabe uma incursão do que se entende por moeda. O dinheiro, contempla em si a ideia de um registro de memórias de operações precedentes. O Estado soberano não cria dinheiro, porém:

> O Estado, portanto, vem antes de tudo como a autoridade legal que impõe o pagamento da coisa que corresponde ao nome ou descrição do contrato. Entretanto, vem duplamente quando, além disso, reivindica o direito de determinar e declarar que coisa corresponde ao nome e variar sua declaração de tempos em tempos – quando, isto é, reivindica o direito de reeditar o dicionário. Este direito é reivindicado por todos os Estados modernos e foi reivindicado por cerca de quatro mil anos, pelo menos.[21]

A dinâmica do dinheiro foi refinada diversas vezes, evoluindo com o uso dos métodos das partidas dobradas no Renascimento, passando pelo surgimento da acepção moderna de bancos centrais, atingido seu ápice com o desprendimento do dinheiro de uma autoridade central.[22] Entretanto, não se pode inferir o conceito de criptomoeda a partir da mera análise da sua composição. Também não basta perquirir apenas por sua natureza jurídica, pois ainda que uma natureza lhe fosse conferida, não satisfaria a razão de sua existência fenomênica. O surgimento do *blockchain* e por conseguinte da criptomoeda *Bitcoin* deve-se à um grupo de cyberpunks, ou a um pseudônimo, conhecido por Satoshi Nakamoto[23].

Nas décadas de 80 e 90 os cyberpunks e cyberanarquistas lançavam efusivos manifestos de como iriam implodir as premissas da ordem preestabelecida para criar uma realidade na qual um espectro muito maior de indivíduos que seriam participantes e pro-

---

20. WRIGHT, Aaron; DE FILIPPI, Primavera. Decentralized blockchain technology and the rise of lex cryptographia. *SSRN*, 10 mar. 2015. Disponível em: https://ssrn.com/abstract=2580664. Acesso em: 23 jun. 2020. O sistema de blockchain permitiria uma autoexecução desprovida da interação humana na implementação do código algorítmico: The technology can be used to create new software-based organizations referred to as decentralized organizations (DOs) and decentralized autonomous organizations (DAOs). These organizations can re-implement certain aspects of traditional corporate governance using software, enabling parties to obtain the benefits of formal corporate structures, while at the same time maintaining the flexibility and scale of informal online groups. These organizations also can be operated autonomously, without any human involvement (tradução própria).
21. KEYNES, John M. A Treatise on Money: The pure theory of money. *In:* JOHNSON, Elizabeth; MOGGRIDGE, Donald (Eds.). *The Collected Writings of John Maynard Keynes*. Cambridge: Royal Economic Society, 1978, v. 5, p. 4, tradução pessoal.
22. FERGUSON, Niall. *The ascent of money*: A financial history of the world. Londres: Penguin Publishing Group, 2008, p. 44. Ver também GRAEBER, David. *Debt - Updated and Expanded*: The First 5,000 Years. Nova York: Melville House, 2014, p. 49. O Banco da Inglaterra é o primeiro banco central moderno, pois nasce de um empréstimo ao rei Henry por consórcio de bancos em 1694, empréstimo este nunca pago e que conferiu o direito ao banco de imprimir moedas e receber juros anuais da coroa.
23. NAKAMOTO, Satoshi, and A. Bitcoin. *A peer-to-peer electronic cash system*. Bitcoin, 2008. Disponível em: https://bitcoin.org/bitcoin.pdf. Acesso em: 10 jun. 2020.

tagonistas do sistema[24]. Cyberpunks e cyberanarquistas concebiam a internet como um ambiente onde prevalece a privacidade enquanto preceito máximo, livre da intervenção do Estado e das corporações. E qualquer tentativa de regular ou interferir na criação do código deveria ser peremptoriamente coibido:

> Os *cyberpunks* deploram os regulamentos sobre criptografia, pois a criptografia é fundamentalmente um ato privado. O ato de criptografia, de fato, remove as informações do domínio público. Até as leis contra a criptografia atingem apenas a fronteira de uma nação e o braço de sua violência. A criptografia se espalhará inelutavelmente por todo o mundo, e com ela os sistemas de transações anônimas que ela possibilitar.[25]

Enquanto os órgãos de repressão aumentam a vigilância e sua capacidade em rastrear o uso do protocolo de internet (IP) na navegação digital visando coibir o anonimato enquanto fomento na prática do crime, plataformas e softwares surgem para viabilizar comunicações anônimas[26]. Em razão do anonimato ter sido erguido enquanto corolário do ambiente virtual, a presença do Estado em controlar e traçar o percurso dos atores no espaço cibernético é visto com descrença, e a recíproca é verdadeira. Mesmo que mercados negros, como o da *Silk Road*[27], onde partes negociam livremente a prática de diversos crimes – como homicídios, tráfico de armas e drogas, exploração sexual, lavagem de dinheiro e movimentação de cassinos – tenham sido desbaratados através da ação do *Federal Bureau of Investigation* (FBI), a capacidade de aplicar a mesma engenharia em novos sites continua a se expandir a despeito de jurisdições e fronteiras.

Do que se conclui que a dificuldade do Estado em regular e delimitar as atividades no ciberespaço são resultado esperado pela empreitada cyberpunk. Pois, desde o início do movimento cyberpunk, construiu-se uma linguagem de regras e comandos algorítmicos a desafiar o esforço do Estado em delimitar as atividades no ciberespaço. Tal ressalva é de fundamental importância, pois muitos dos consistentes esforços legislativos em conter as irrefreáveis mudanças na forma de operar o mundo encontram óbice no suporte material que viabiliza o advento legislativo estatal.

A emergência dos códigos na Europa Ocidental foi incentivada por um mercado emergente que reclamava estabilização do ambiente Europeu para a crescente liberalização da circulação de bens entre Estados Nações, diferentemente do que ocorre agora. A transferência paulatina do exercício do poder da esfera geopolítica estatal à cibernética

---

24. LESSIG, Lawrence. *Code Version 2.0 [Code and Other Laws of Cyberspace]*. Nova York: Basic Books, 2006, p. 31-32.
25. HUGHES. Eric. A Cypherpunk's Manifesto, hughes@soda.berkeley.edu,9 March 1993 *Activism.net*, 2020. [online]. Disponível em: https://www.activism.net/cypherpunk/manifesto.html. Acesso em: 1º maio 2020.
26. A exemplo da onion router, disseminada plataforma TOR, que propugna por um direito humano a não censura. Conferir THE TOR PROJECT PRIVACY & FREEDOM ONLINE. *The Tor Project, Privacy & Freedom Online*. (2020). Torproject.org. Disponível em: https://www.torproject.org/. Acesso em: 26 abr. 2020.
27. TAPSCOTT, Don; TAPSCOTT, Alex. *Blockchain Revolution*: How the technology behind bitcoin is changing money, business, and the world. Nova York: Penguin Publishing Group, 2016, p. 8-9: "the first tale most people hear about digital currencies is the bankruptcy of the Mr. Gox Exchange or the conviction of Ross William Ulbricht, founder of the Silk Road Darknet Market. Seized by the Federal Bureau of Investigation for trafficking illegal drugs, child pornography, and weapons using the bitcoin blockchain as a payment system." Ver ainda LACSON, Wesley; JONES, Beata. The 21st Century DarkNet Market: Lessons from the Fall of Silk Road. *International Journal of Cyber Criminology*, Ahmedabad, v. 10, n. 1, p. 40-61, jan./jun. 2016.

demanda códigos que se autoexecutam, contratos inteligentes e esferas de decisão de conflitos em câmaras virtuais de resolução de disputas.

Categorias jurídicas que contemplassem a propriedade, as obrigações, os contratos e a organização das famílias, eram percebidas com entusiasmo dos que sabiam que pavimentar as vias jurídicas e edificar instituições simbolizavam o advento de uma nova era[28]. Diversamente é o cenário global do ambiente cibernético, que oferece demonstrações de hostilidade à presença do Estado como mediador das relações ali travadas, propugnando por uma agenda libertária em quaisquer tentativas legais de adequar os avanços tecnológicos às já existentes realidades legisladas.[29]

3. PERSONAGENS ENVOLVIDOS NAS PIRÂMIDES DE CRIPTOMOEDAS

Por alguns anos, as criptomoedas foram preponderantemente utilizadas para aquisição de insumos ilícitos e recompensa pela sua prática, além de ser objeto de fóruns de discussão dos cyberpunks em como promoveriam a mudança da geopolítica global através da cyberanarquia. Enquanto a primeira fase do contato com a criptomoeda é marcada por desdém, sob a crença de tratar-se a discussão como alheia ao desenrolar cotidiano de atividades econômicas, no segundo prevalece o ceticismo em relação ao fenômeno, como algo piramidal ou assemelhado à bolha holandesa das tulipas[30].

É na segunda fase de familiarização quanto à existência das criptomoedas que se situa a desconfiança de como a riqueza provinda do ciberespaço é gerada e multiplicada[31]. Por vezes, o ceticismo acerca da licitude quanto ao emprego da nova tecnologia coincide com a índole espúria de determinadas empreitadas e oportunidades de negócios. Pois, como a maior parte da população desconhece os mecanismos pelos quais as criptomoedas operam, acabam por serem vítimas de um velho esquema piramidal de engodo, porém agora com vestes apropriadas ao século XXI.

Os engendradores das pirâmides de criptomoedas prometem aplicar criptomoedas em operações que inexistem e chegam mesmo a oferecer ao mercado criptomoedas que valem tanto quanto um cupom de padaria. Entretanto, antes de adentrar-se à análise das

---

28. SCHIAVONE, Aldo. *Ius*: l'invenzione del diritto in Occidente. Torino: Einaudi, 2005.
29. CASEY, Michael J.; VIGNA, Paul. *The Truth Machine*: The blockchain and the future of everything. Nova York: St. Martin's Publishing Group, 2018, p.49. Conferir também PISTOR, Katharina. *The Code of Capital*: How the law creates wealth and inequality. Princeton: Princeton University Press, 2019, p. 132 e seguintes.
30. CASEY, Michael J.; VIGNA, Paul. *The age of cryptocurrency*: how bitcoin and the blockchain are challenging the global economic order. Nova York/Londres: Palgrave Macmillan, 2016, p. 12. (Os autores fazem uma previsão se estamos diante de uma nova era de bolhas de tulipas e esquemas Ponzi, ou inaugurando uma nova era). Dentre os mais variados gêneros de operações de índole duvidosa no mercado de Exchange vale conferir a natureza atribuída ao Bitcoin pelo Tribunal Supremo da Espanha em caso de *high trading frequency* em LONGHI, João Victor Rozatti; FALEIROS JÚNIOR, José Luiz de Moura. Comentário à "sentencia" n. 326/2019 do Tribunal Supremo da Espanha: o "bitcoin" e seu enquadramento como moeda. *Revista IBERC*, Belo Horizonte, v. 2, n. 2, p. 1-20, maio/ago. 2019.
31. NARAYANAN, Arvind; MILLER, Andrew; GOLDFEDER, Steven. FELTEN, Edward; BONNEAU, Joseph. *Bitcoin and cryptocurrency technologies*: A comprehensive introduction. United States: Princeton University Press, 2016, p. 89-90. Os autores traçam um comparativo entre o fenômeno de quebra de um banco causada pelo excesso de correntistas resgatando investimentos e a linha tênue uniu a quebra de Mr. Gox à um esquema Ponzi. É exatamente a carência de regulamentação que impede um regime de múltiplas operações confiáveis, já que os *tradings* e *exchanges* de criptomoedas não necessitam manter reservas obrigatórias como ocorre aos bancos de investimento.

pirâmides de criptomoedas, cabe incursionar de modo breve na distinção entre pirâmides e esquemas Ponzi.

Não obstante a semelhança, vez que ambos exigem para sua continuidade o recrutamento contínuo de novos investidores, a pirâmide é caracterizada pelas compensações recebidas àqueles que alargam a base da estrutura através dos novos recrutamentos[32]. O recém-ingresso investidor possuirá por incumbência multiplicar a base do negócio através da sua entrada, auferindo ganhos que serão aumentados a partir de tal ação. Por sua vez, no esquema Ponzi, a todos os investidores participantes promete-se um retorno de curto prazo desproporcional aos investimentos existentes no mercado. Apesar de falar-se indistintamente de ambos, pois seja a pirâmide seja o esquema Ponzi pressupõem algo ilícito, a distinção possui relevo ao analisar-se o papel do investidor. Enquanto no esquema Ponzi não é necessário que investidores guardem qualquer relação entre si, na pirâmide tal liame é comum, pois pressupõe-se o recrutamento de novos investidores para aumento dos ganhos de quem está acima na pirâmide. Assim, seja através de relações pessoais e familiares, seja através da internet, o investidor da pirâmide possui por incumbência a "prospecção" de novos "parceiros" para multiplicar seus ganhos no investimento efetuado.

Os mentores dos pichardismos[33], esquemas ponzi, pirâmides, cadeias e bolas de neve, trocam a indumentária dos preparados instantâneos de emagrecimento[34] pelo, mais "arrojado", investimento das criptomoedas. Entretanto, a nova fachada traz seu preço. A oferta ao público de investimentos de alto retorno atrai a atenção dos órgãos reguladores do mercado de valores mobiliários, para citar apenas um dos órgãos mais atuantes em fazer cessar a prática[35]. Enquanto a venda de produtos em marketing multinível simula em seu bojo a pirâmide, envolvendo a necessidade de provar-se o ardil, a pirâmide de criptomoeda é identificável a partir de algumas características acentuadas no negócio.

Com efeito, diversos grupos de investimento ofertantes de contratos de investimento coletivos (CIC) estão sendo objeto de investigações e processos judiciais por frustrarem as expectativas de enorme contingente de investidores. Tais investidores deparam-se com a má gestão dos fundos ou simplesmente a apropriação das somas investidas, sem que jamais consigam reaver os fundos depositados.

---

32. O Federal Trade Comission preparou uma apresentação no qual advertia aos consumidores acerca da distinção entre pirâmides e esquemas Ponzi. Conferir em *Pyramid Schemes*. (2013). *Federal Trade Commission*. Disponível em https://www.ftc.gov/public-statements/1998/05/pyramid-schemes, acesso 25 de abril de 2020. Vale conferir ainda documento preparado pelo Ministério Público Federal sobre o assunto. MINISTÉRIO PÚBLICO FEDERAL. *Guia Prático sobre Pirâmides Financeiras*. Disponível em: http://www.mpf.mp.br/atuacao-tematica/ccr2/publicacoes/cartilhas/guia-pratico-piramides-financeiras. Acesso em: 25 abr. 2020.
33. STOCO, Rui. Economia Popular e relações de consumo. *In: Leis Penais Especiais e sua aplicação jurisprudencial*. 7. ed. São Paulo: Revista dos Tribunais, v. 1, p. 1443, trazendo uma distinção da origem das denominações.
34. No limiar entre marketing multinível e pirâmide encontra-se a "oportunidade de negócio" da empresa Herbalife, recentemente alvo de acirrada disputa entre hedge funds administrados por Bill Ackman contra Carl Icahn. Apesar dos anos de êxito operando em marketing multinível distribuindo produtos de emagrecimentos preparados em pó, o disfarce de marketing torna-se a cada dia mais ambíguo. Conferir LA MONICA, Paul. Bill Ackman's Herbalife disaster is finally over. *CNNMoney*, mar. 2018. Disponível em: https://money.cnn.com/2018/03/01/investing/herbalife-bill-ackman-carl-icahn/index.html. Acesso em: 26 abr. 2020.
35. Conferir alerta da Comissão de valores mobiliários: *Investidor.gov.br*. Disponível em: https://www.investidor.gov.br/portaldoinvestidor/export/sites/portaldoinvestidor/publicacao/Alertas/alerta_CVM_CRIPTOATIVOS_10052018.pdf. Acesso em: 26 abr. 2020.

E, diversamente do que poder-se-ia imaginar acerca do perfil de investidor em criptomoedas, nem todos são detentores de largas quantias de capital a ser investido. Muitos dos investidores em pirâmides de criptomoedas são desesperados em obter ganhos rápidos, investem quantias pequenas e desconhecem os mecanismos a serem acionados diante de falhas e disfuncionalidades do sistema. Circulando no mercado das pirâmides de criptomoedas também estão indivíduos que promovem lavagem de capitais e procuram conferir uma aparência de idoneidade aos ganhos sem proveniência comprovada. Outro fator que confere idoneidade aos esquemas de pirâmide consiste no uso de celebridades e indivíduos que ostentam altíssimo padrão de vida como modelo a ser reproduzido através do investimento. Não por outra razão, ex-jogadores de futebol tornaram-se alvo de investigações envolvendo pirâmides financeiras de criptomoedas, inclusive merecendo menção expressa na tramitação legislativa dos projetos de lei a regular o tema, por representarem ídolos nacionais e símbolo de confiança a ser depositada em suas figuras[36].

Um aspecto diferenciador entre o investidor que opta por um *broker* e domina termos técnicos como *hedge funds*, derivativos e opções, daquele ludibriado em pirâmides financeiras de criptomoedas é o modo de recrutamento. A promessa atrativa das pirâmides de criptomoedas é de eliminar o intermediário, o que de fato corresponde a um aspecto da verificação par a par (*peer-to-peer review*), que tem por premissa do funcionamento descentralizado do *blockchain*, direcionando o excesso de ganhos obtidos com a eliminação do intermediário. Entretanto, a distinção entre eliminar o intermediário e angariar somas dos investidores com o intuito de redistribui-la é nítida, por faltar na modalidade piramidal a contrapartida dos ganhos em razão da criação de novas riquezas.

O investidor é compelido a acreditar no promissor retorno advindo da conversão de criptomoedas em ganhos, retorno a ser obtido após oferta inicial das moedas (*initial coin offering- ICO*)[37] ou através de futuras transações nos mercados secundários das exchanges (Initial Exchange offering – IEO), nos quais as consecutivas transferências de titularidade seriam as "reais" geradoras de ganhos[38].

Contudo, o que é anunciado como um promissor lançamento de uma nova criptomoeda, não passa de uma simples emissão de cupons, desprovidos de qualquer lastro a justificar ganhos tal como anunciado. Dada a sofisticação das plataformas em uso para ludibriar o investidor, poderá até ocorrer do titular das criptomoedas acessar sua

---

36. Requerimento de audiência pública na tramitação do PL 2303/2015, objetivando discutir indícios de pirâmide financeira envolvendo o nome do jogador Ronaldinho Gaúcho: "Em outubro de 2019, foi noticiado no site UOL que o Ministério Público Federal – MPF analisa duas representações contra a empresa 18kRonaldinho por indícios de aplicação do golpe conhecido como pirâmide financeira. De acordo com a mesma matéria jornalística, a 18kRonaldinho promete rendimento de até 2% ao dia a clientes que comprarem pacotes que vão de 30 até 12 mil dólares. Os rendimentos seriam supostamente fruto de operações de "trading e arbitragem" na criptomoeda bitcoin." Camara.leg.br. (2020). Disponível em: https://www.camara.leg.br/proposicoesWeb/prop_mostrarintegra?codteor=1831496&filename=Tramitacao-PL+2303/2015. Acesso ao dia 25 de Abril de 2020.
37. BENEDETTI, Hugo; KOSTOVETSKY, Leonard. *Digital tulips?* Returns to investors in initial coin offerings. Returns to Investors in Initial Coin Offerings, 2018. Disponível em: https://dx.doi.org/10.2139/ssrn.3182169. Acesso em: 10 abr. 2020.
38. BECKETT, Paul. *Ownership, Financial Accountability and the Law*: Transparency Strategies and Counter-initiatives. Londres: Routledge, 2019, p. 209-259. Em capítulo dedicado à transitoriedade da propriedade no mercado de criptomoedas o autor discorre acerca dos impasses na implementação de uma estruturação jurídica do fenômeno.

carteira e encontrar uma determinada quantidade de criptomoedas. Todavia, por faltarem os aspectos formadores de sua existência, uma tecnologia à qual se possa atribuir algum valor, ainda que o titular possua milhões de criptomoedas, sua conversibilidade por moedas de curso legal é equivalente a zero. Em algumas ocasiões, a criptomoeda não existe sequer na ficção do investidor, vez que os idealizadores da pirâmide podem entender tal etapa desnecessária ao processo de engodo. Tudo gravita em saber quanto ardil precisa ser empregado para ludibriar uma quantidade suficiente de indivíduos para formar a pirâmide. A criatividade do criador da pirâmide é inversamente proporcional à novidade da empreitada. À medida que mais esquemas são revelados e desmantelados, maior deverá ser a criatividade em construir novas técnicas para captar clientes/vítimas. Embutindo no jargão do investidor estão expressões tais quais *distributed ledger technology* (DLT) e *public/private Keys* servindo ao propósito de "blindar" a compreensão e dissuadir qualquer tipo de ação da vítima.

Por outro lado, há de se fazer menção a outra pirâmide de criptomoeda menos disseminada no Brasil, no qual coletam-se criptomoedas "autênticas" de partes terceiras para negociações que inexistem. Enquanto na primeira situação jamais terá existido qualquer criptomoeda, na segunda encontra-se o modelo de *trading* consistente em captar criptomoedas "autênticas" dos investidores, prometendo vultosos retornos financeiros, porém não empregando a criptomoeda para qualquer fim que não seja enriquecer o criador da pirâmide, como se verá adiante. Em verdade, em ambos os casos tratam-se apenas de meros disfarces para prática de atividades espúrias, pois o inevitável destino da pirâmide é o colapso.

Em razão da dimensão e da velocidade com que as pirâmides de criptomoedas multiplicam-se Brasil afora, tramitam perante a Câmara de Deputados dois projetos de lei para conferir um aumento substancial da pena nos crimes de pirâmide envolvendo criptomoedas. A dimensão e montante de recursos captados na perpetração da atividade ilícita impede que o legislativo brasileiro continue a maturar a matéria enquanto o volume e entrelaçamento com vários outros crimes se multiplica. Apenas para citar alguns dos ilícitos facilitados ou operados através de pirâmides vale mencionar: lavagem de capitais (Lei 9613/98), organização criminosa (Lei 12.850/13), evasão de divisas e demais crimes contra o sistema financeiro (Lei 7492/86), crimes contra o mercado mobiliário e de capitais (lei n° 6385) – apenas para citar os mais recorrentes.

A propósito, observa-se a dificuldade em criar um arcabouço jurídico para a matéria, não por consistir a emissão de moeda competência do ente soberano, no caso brasileiro da União (art. 21, VII, CF/88), mas ao simbolismo ao reconhecer-se uma moeda que tramita de forma paralela àquela emitida pelo Estado. Pois, a mesma analogia que serve à vedação de associação em caráter militar, por ser a violência monopólio do Estado, se estende ao admitir a emissão de moedas que desafiam o monopólio do próprio Estado.[39]

---

39. WEBER, Max. *Scritti politici*. Roma: Donzelli Editore, 1998, p. 116: "E il lato penoso consisterebbe nel fatto che mentre ora la burocrazia politica statale e quella economica privata (ì cartelli, le banche, le grandi imprese) stanno una accanto all'altra come corpi separati – e in questo modo è pur sempre possibile frenare la violenza economica con quella politica –, con l'altro sistema entrambe le burocrazie diverrebbero un corpo solo con interessi solidali e per nulla controllabili. In ogni caso però il profitto come indicatore della produzione non sarebbe messo da parte. Lo Stato però dovrebbe sopportare quell'odio che oggi i lavoratori rivolgono agli imprenditori."

É indubitável reconhecer que a emissão de moeda constitui um dos pilares nos quais o Estado se alicerça: no poder de tributar, de controlar divisas e o fluxo de trocas entre particulares. Feita a ressalva atinente ao real como moeda de curso legal e meio de pagamento no país (art. 315 e 318 CC/02 e art. 1º lei 9.069/95), torna-se possível prosseguir aos termos técnicos que permeiam a discussão das moedas digitais e suas variantes. Assim, a necessidade em oferecer uma solução jurídica a um assunto precede o aprofundamento que a sofisticação do tema requer, porém justifica-se diante da divergência de decisões judiciais tomadas ao desamparo de um lastro legislativo e dos indivíduos lesados por ausência de proteção jurídica às apenas emergentes situações.[40]

4. O TRATAMENTO DAS CRIPTOMOEDAS E SUAS PIRÂMIDES EM DIFERENTES JURISDIÇÕES

O intuito deste tópico é traçar um breve arcabouço acerca do tratamento das pirâmides financeiras nas mais diversas jurisdições, ressaltando especialmente a pirâmide financeira envolvendo criptomoedas por ser a modalidade que tem se multiplicado em velocidade impar nos mais diferentes ordenamentos jurídicos. Através do estudo comparado de jurisdições distintas, iniciar-se-á abordando casos paradigmáticos para, em seguida, apresentar um breve esboço de como diferentes autoridades examinam as criptomoedas como instrumentos financeiros. Tal se deve ao fato de o Judiciário estar compelido a pronunciar-se a despeito das lacunas presentes nas legislações de diferentes jurisdições. Independentemente do acerto ou erro alcançado na fundamentação das decisões judiciais, são as decisões judiciais que dão a tônica para futuras novidades legislativas. As pirâmides financeiras, também conhecidas como esquemas *Ponzi*, cuja distinção foi abordada no tópico precedente, consistem em investimentos fraudulentos envolvendo o pagamento de retornos dos investidores a partir dos fundos dos novos investidores.[41]

Em 1924, a Suprema Corte julgou o caso *Cunningham v. Brown et al.*[42], precursor do esquema Ponzi, que tratavam de ações movidas pelos administradores da falência de Charles Ponzi. Em dezembro de 1919, contando com um capital de apenas 150 dólares, Ponzi convencia seus investidores do êxito obtido ao comprar selos internacionais de outros países gerando um lucro de 100%. Contudo, as operações que produziriam os exorbitantes ganhos não ocorriam, fazendo colapsar o esquema de Ponzi. O que os investidores buscavam levando o caso até a Suprema Corte era assegurar-lhe uma regra

---

40. Atualmente tramitam três projetos de lei acerca da regulamentação da disciplina, Vale citar o projeto de lei 2060/2019, disponível em Camara.leg.br.: https://www.camara.leg.br/proposicoesWeb/prop_mostraintegra?-codteor=1728497&filename=Tramitacao-PL+2060/2019, Acesso em 26 de abril, 2020. Também o projeto de lei de iniciativa do senado Projeto de Lei 3825, de 2019 – Pesquisas – Senado Federal www25.senado.leg.br. (2020). *Projeto de Lei 3825, de 2019 – Pesquisas – Senado Federal*. Disponível em: https://www25.senado.leg.br/web/atividade/materias/-/materia/137512. Acesso em: 26 abr. 2020.
41. BRASIL. Ministério da Justiça. Secretaria Nacional do Consumidor. Departamento de Proteção e Defesa do Consumidor. Comissão de Valores Mobiliários. *Boletim de Proteção do Consumidor/Investidor*. Disponível em: https://www.justica.gov.br/seus-direitos/consumidor/educacao-para-o-consumo/boletim-consumidorinvestidor/anexos/boletim_cvm_senacon_6.pdf Acesso em: 28 abr. 2020.
42. ESTADOS UNIDOS DA AMÉRICA. United States Supreme Court. *Cunningham v. Brown*, 265 U.S. 1 (1924). Disponível em: https://supreme.justia.com/cases/federal/us/265/1/. Acesso em: 10 abr. 2020.

de rastreamento das vítimas mais recentes de maneira a ganhar prioridade sobre fundos indistinguíveis, o que foi denegado pela Suprema Corte.[43]

Desde *Cunningham v. Brown et al.* até o *leading case Securities Exchange Comission v. Shavers*[44], envolvendo *criptomoedas* em pirâmide financeira, transcorreu-se quase um século. Em *Shavers*, o Tribunal do Estado Norte-Americano de Texas reputou-se competente para julgar um caso movido pela *Securities and Exchange Comission* contra uma pirâmide financeira de *Bitcoins* online, operada pelo réu Trendon Shavers sob a insígnia BTCST (Bitcoin Savings e Trust).

Shavers captava clientes dispostos a ceder Bitcoins à sua carteira, oferecendo em contrapartida retornos semanais elevados. Após receber os Bitcoins em sua carteira, Shavers não efetuava quaisquer operações que gerariam ganhos aos seus investidores, apenas recompensando os investidores antigos com os Bitcoins depositados por investidores recentes. O Tribunal proferiu decisão apontando como razões de decidir a presença de contratos de investimento coletivo, e portanto valores mobiliários, não registrado perante à *Securities and Exchange Comission*, equivalente estadunidense à Comissão de Valores Mobiliários no Brasil. Através de sua conduta intencional de angariar investidores ao seu negócio, Shavers violou disposições *Securities Act de 1933 e 1934*, fazendo uso de transporte interestadual ou de comunicação[45].

O tratamento conferido ao tema pela *Securities and Exchange* Comission em muito se assemelha à posição adotada pela Comissão de Valores mobiliários no Brasil no que tange à classificação dos contratos coletivos de investimento. O entendimento da CVM advém do inciso IX, do artigo 2°, da Lei 6385/76, dispondo que são valores mobiliários, "quando ofertados publicamente, quaisquer outros títulos ou contratos de investimento coletivo, que gerem direito de participação, parceria ou remuneração, inclusive resultante da prestação de serviços, cujos rendimentos advêm do esforço do empreendedor ou de terceiros"[46]. Entretanto, tal posição não se sustenta sem que surjam algumas divergências.

Um outro escândalo que atingiu proporções globais, transformando-se na maior pirâmide financeira de criptomoedas da história encontra-se na saga da OneCoin[47].

---

43. ROSA, Claire Seaton. Should owners have to share? An examination of forced sharing in the name of fairness in recent multiple fraud victim cases. *Boston University Law Review*, Boston, v. 90, p. 1331-1364, 2010.
44. ESTADOS UNIDOS DA AMÉRICA. SEC v. Shavers, No. 4:13-CV-416, 2014 WL 4652121, at *13 (E.D. Tex. Sept. 18, 2014). Shavers, Securities Exchange Act Litigation Release No. 23090, 109 SEC Docket 17 (Sept. 22, 2014) O documento do julgamento da moção de julgamento sumário encontra-se disponível em Law.du.edu.: https://www.law.du.edu/documents/corporate-governance/securities-matters/shavers/SEC-v-Shavers-No-4-13-CV-416-E-D--Tex-Sept-18-2014.pdf. Acesso em: 28 abr. 2020.
45. A presença de uso de transporte interestadual atrai a competência do Congresso Nacional em disciplinar o assunto, consoante preconiza implicando na incidência a *commerce clause* da Constituição Norte-americana, que oferece poderes ao Congresso em legislar sobre a matéria a nível nacional. Artigo 1°, seção 8, cláusula 3 da Constituição Norte-americana. Disponível em: https://www.law.cornell.edu/constitution/articlei#section8. Acesso em: 28 abr. 2020. Para acesso ao *Securities Exchange Act* de 1934 conferir Legcounsel.house.gov: https://legcounsel.house.gov/Comps/Securities%20Exchange%20Act%20Of%201934.pdf, acesso ao dia 28 de abril de 2020. Conferir ainda Guerra-Pujol, F. E. "Bitcoin, the Commerce Clause, and Bayesian Stare Decisis." *Chap. L. Rev.* 22 (2019): 143.
46. BRASIL. *Lei n. 6.385/76*. Planalto.gov.br. Disponível em: http://www.planalto.gov.br/ccivil_03/leis/l6385.htm. Acesso em: 18 maio 2020.
47. O órgão de persecução penal de Manhattan denunciou o irmão da fundadora de OneCoin, após sua prisão quando transitava pelo aeroporto de Los Angeles. Conferir Manhattan U.S. Attorney Announces Charges Against Leaders Of "OneCoin," A Multibillion-Dollar Pyramid Scheme Involving The Sale Of A Fraudulent Cryptocurrency Justice.

Sem ter jamais desenvolvido a tecnologia *blockchain* ou movimentado criptomoedas, a OneCoin convertia os valores investidos nos "cupons" da empresa, transmitindo aos investidores a sensação que os cupons/tokens oscilavam conforme a demanda do mercado. Contudo, após o desaparecimento da fundadora e líder Ruja Ignatova, a OneCoin desmoronou, acarretando um prejuízo superior a 19 bilhões de dólares aos investidores.

O episódio da OneCoin é relevante pois, no Brasil, multiplicam-se pirâmides de criptomoedas que não existem, vez que desprovidas de qualquer suporte tecnológico para tanto. O golpe no Brasil consiste, preponderantemente, em usar o discurso de êxito e o vocabulário "digital" das criptomoedas para angariar investidores. Porém, afora o discurso superficial de participação nas mais elevadas rodas de discussão do mercado das criptomoedas, o esquema é uma mera repetição do tradicional esquema Ponzi.

Como se verá adiante em recente julgamento do Superior Tribunal de Justiça, acerca da natureza de contratos de investimento coletivo em pirâmide de criptomoedas, as conclusões de *Shavers* seguem a linha também adotada recentemente pelo STJ, reconhecendo-se que a prática resulta no abalo à higidez do mercado de capitais e do mercado financeiro como um todo. Através da viabilização de ações concatenadas por múltiplos órgãos de persecução e reguladores do mercado, garante-se o resgate dos valores apropriados dos investidores e a retomada da confiança perante o sistema financeiro.

O Superior Tribunal de Justiça confirma a tendência de reputar o esquema de pirâmides em criptomoedas como violadores de diversos sistemas relevantes à estabilidade financeira nacional, com repercussão nas esferas civis e penais. Reconheceu-se que ilícitos praticados no ambiente digital através de pirâmides de criptomoedas transcendem o mero ataque à economia popular. Do julgado, a ser adiante comentado, pode-se extrair o alinhamento do STJ aos mais avançados paradigmas de tratamento da matéria quando se vem a enfrentar a natureza jurídica atribuída às criptomoedas, não obstante o posicionamento do STJ ter sido adotado em via prematura na análise de um pedido de habeas corpus acerca da competência da Justiça Federal para julgar a matéria.

A multiplicidade de atores envolvidos na classificação do novo instituto consiste em outro aspecto que se põe enquanto desafio em regular a matéria (*regulatory overlap*)[48]. O cenário estadunidense, ainda não consolidado acerca da natureza jurídica a ser atribuída às moedas digitais, ainda tergiversa sobre quais agências ou órgãos atuam no controle e regulação das atividades envolvendo moedas digitais. A depender do departamento ou agência que publica relatórios, normativas e regulamentações, a classificação da moeda digital pode variar entre moeda (*money*), mercadorias (*commodities*), valores mobiliários (*securities*), ativos (*assets*) e propriedade pura e simples (*property*) ou ainda ganho passivo

---

gov. (2019). *Manhattan U.S. Attorney Announces Charges Against Leaders Of "OneCoin," A Multibillion-Dollar Pyramid Scheme Involving The Sale Of A Fraudulent Cryptocurrency*. Disponível em: https://www.justice.gov/usao-sdny/pr/manhattan-us-attorney-announces-charges-against-leaders-onecoin-multibillion-dollar. Acesso em: 1º maio 2020.

48. NEW YORK DEPARTMENT OF FINANCIAL SERVICES. Guidance Complicates a Crowded Virtual Currency Regulatory Landscape. *Casetext.com*. New York Department of Financial Services Guidance Complicates a Crowded Virtual Currency Regulatory Landscape, Casetext. Disponível em: https://bit.ly/3eImSi5. Acesso ao dia 27 de abril de 2020.

de tributação para efeitos fiscais.[49] Vale notar que tramita no congresso norte-americano um novo projeto de lei intitulado *Cryptocurrency Act*. O projeto de lei pretende estabelecer as definições de *crypto-commodity, crypto-currency e crypto-security*, a serem regulados respectivamente pelas *Commodity Futures Trading Commission, Financial Crimes Enforcement Network e Securities and Exchange Commission*. Por conseguinte, debelar-se-ia o problema de múltiplos órgãos discordando sobre o tema.

Ao nível regional da União Europeia, a Autoridade Bancária Europeia publicou um relatório dispondo sobre o estado da arte dos criptoativos perante o sistema monetário da União Europeia, sobretudo ressaltando a ausência de diretivas e regulamentos a conferir credibilidade no emprego e uso de dos criptovalores. O relatório buscou situar os criptoativos nas diferentes maneiras pelas quais as moedas digitais são apresentadas perante o sistema europeu, subdividindo-os em três categorias: *tokens* de pagamento ou câmbio, *tokens* de investimento e *tokens* de utilidade.[50] O aconselhamento da Autoridade Bancária Europeia vai na linha de clamar pela necessidade de edição de diretivas pelo Parlamento Europeu.

Seguindo a mesma direção, a *European Securities and Markets Authority*,[51] lançou recomendações aos membros da União Europeia sobre como tratar ofertas iniciais de moedas e criptoativos, sobretudo alertando para os riscos à integridade do mercado. Tendo considerado preliminarmente tratarem-se de ativos financeiros, devem forçosamente observar as diretivas da do Parlamento Europeu e do Conselho, tendo também sido recomendada a edição e reforma de diretivas que endereçem o problema. Um importante passo na direção de regular o fenômeno adveio com a diretiva (UE) 2018/843 do Parlamento Europeu e do seu Conselho[52], obrigando aos estados membros a promulgarem legislações no sentido de obrigar provedores de carteira digital e *exchanges* a atuar em conformidade com o sistema preventivo de lavagem de capitais ao nível da União Europeia, submetendo-se à sua supervisão e registro. Dentre os aspectos mais relevantes a serem considerados está o reconhecimento que, não obstante o status legal ambíguo que possuem os criptoativos, impõe-se a necessidade de regulá-los.

Para efeito de simplificação do tratamento da matéria, cumpre apenas concentrar-se no fenômeno das pirâmides envolvendo criptomoedas enquanto contratos de investimento coletivo que desafiam a autorização da Comissão de Valores Mobiliários, evitando-se assim adentrar na distinção entre *crowfunding*, ICO (*initial coin offering*) e outros institutos

---

49. Alerta da SECURITY EXCHANGE COMISSION. Sec.gov. Disponível em: https://www.sec.gov/investor/alerts/ia_virtualcurrencies.pdf, acesso 27 de abril de 2020. Conferir também THE FINANCIAL CRIMES ENFORCEMENT NETWORK (FinCEN) (2020). Fincen.gov. Disponível em https://www.fincen.gov/sites/default/files/2019-05/FinCEN%20Guidance%20CVC%20FINAL%20508.pdf. Acesso em: 25 abr. 2020.
50. Report European Bank Authority, de 09 de Janeiro de 2019. (2020). Eba.europa.eu. Retrieved 25 April 2020, from: https://eba.europa.eu/sites/default/documents/files/documents/10180/2545547/67493daa-85a8-4429-aa91-e9a-5ed880684/EBA%20Report%20on%20crypto%20assets.pdf
51. Crypto-assets need common EU-wide approach to ensure investor protection Esma.europa.eu. *Crypto-assets need common EU-wide approach to ensure investor protection*. Disponível em: https://www.esma.europa.eu/press-news/esma-news/crypto-assets-need-common-eu-wide-approach-ensure-investor-protection. Acesso em: 28 abr. 2020.
52. EUR-Lex – 32018L0843 – EN – EUR-Lex *EUR-Lex – 32018L0843 – EN – EUR-Lex*. (2020). Disponível em: *Eur-lex.europa.eu*. https://eur-lex.europa.eu/legal-content/EN/ALL/?uri=CELEX%3A32018L0843. Acesso em 25 de Abril de 2020.

igualmente complexos e ainda pouco discutidos[53]. Pois, como ambas são formas de captar recursos no mercado, outras premissas e conclusões decorrerão de tal análise[54].

O desdobramento de abstrações jurídicas em institutos estanques viabiliza a cessação de buscas ontológicas intermináveis e, a cada vez que abre-se um parêntese de novidades, corre-se o risco de jamais escapar das armadilhas fenomênicas apenas surgidas. O conceito mesmo de moeda, transações nas quais vem embutidas uma cadeia de obrigações, é passível de circulação apenas porque os indivíduos ostentam a confiança de não precisar perguntar-se a cada vez que entregam uma mercadoria ou serviço porque estão a receber em troca um pedaço de papel, ou uma promessa de pagamento inscrita num título de crédito, ou ainda agora, uma criptomoeda[55].

Tal se deve em razão de obter-se êxito em coibir atividades ilícitas a partir do angariamento de investidores através de promessas de lucros fictícios, seja anunciando-se ganhos através do lançamento de *tokens*, seja porque a suposta criptomoeda valorizar-se-á a índices que muitos superam os corriqueiros investimentos. Os dois últimos exemplos são apontados com maior destaque exatamente por serem os de maior apelo perante os organizadores de pirâmides e, portanto, mais suscetíveis à atuação da CVM.

5. O TRATAMENTO DAS PIRÂMIDES FINANCEIRAS DE CRIPTOMOEDAS NO BRASIL

A capitulação jurídica do crime de promover pirâmides consta da lei 1.521/51, art. 2º, cuja redação assim dispõe:

> Art. 1º Serão punidos, na forma desta Lei, os crimes e as contravenções contra a economia popular, Esta Lei regulará o seu julgamento.
>
> Art. 2º São crimes desta natureza:
>
> [...]
>
> IX – obter ou tentar obter ganhos ilícitos em detrimento do povo ou de número indeterminado de pessoas mediante especulações ou processos fraudulentos ("bola de neve", "cadeias", "pichardismo" e quaisquer outros equivalentes);

---

53. Para um maior aprofundamento acerca das distinções aqui mencionadas conferir COSTA. Isac. *Ei você aí, me dá um dinheiro aí?* Preocupações regulatórias envolvendo o financiamento via criptoativos. Disponível em: https://bit.ly/2OsV7PQ. Acesso em: 28 abr. 2020.
54. Durante a tramitação do PL 2303/2015 expôs-se como justificativa para convocação dos maiores especialistas na matéria as preocupações emergentes na criação de todo arcabouço jurídico no tratamento dos criptoativos e criptomoedas, afirmando-se o que segue: "Diferentemente das moedas eletrônicas definidas pela regulamentação bancária, por meio do § 1º do Art. 2º da circular do Banco Central 3.683 de 2013 – como recursos armazenados eletronicamente que podem ser utilizados para realização de transações em moeda nacional. As moedas virtuais não têm relação direta com qualquer autoridade central, tampouco ostentam a qualidade de moeda, tal como o real, o dólar, o euro etc. Porém a discussão deve ir além da questão bancária e se estender para os impactos mercado de capitais, uma vez que recentemente a moeda eletrônica criptográfica, materializada eletronicamente em um *token* criptográfico, também tem assumido o papel de valor mobiliário, dependendo da forma como é oferecido ou colocado à disposição para que as adquire." Disponível em Camara.leg.br, disponível em: https://www.camara.leg.br/proposicoesWeb/prop_mostrarintegra?codteor=1590078&filename=Tramitacao-PL+2303/2015, acesso 25 de abril de 2020.
55. BRUNTON, Finn. *Digital cash*: The unknown history of the anarchists, utopians, and technologists who created cryptocurrency. Princeton: Princeton University Press, 2019, p.118-119. Em capítulo intitulado "Hayek in Biostasis" o autor aborda devaneios geracionais acerca da criação de uma moeda que pudesse desafiar a ordem da moeda estatal.

Pena – detenção, de 6 (seis) meses a 2 (dois) anos, e multa, de dois mil a cinquenta mil cruzeiros.

Como há de se notar do preceito secundário do tipo penal, acaso seja cometido apenas o crime de pirâmide, tratar-se-ia de crime de menor potencial ofensivo, atraindo a competência ao juizado especial. Porém, como será analisado adiante, os crimes envolvendo pirâmides de moedas ofendem diversos bens jurídicos, justificando o concurso do crime a deslocar a competência para o juízo comum da Justiça Federal. Vale fazer a ressalva que na capitulação típica do crime não consta a expressão pirâmide ou esquema Ponzi, encaixando-se na expressão "e quaisquer outros equivalentes" para efeito de adequação típica.

Durante a ocasião da discussão dos projetos de Lei 588/1951 e 733/51, que posteriormente veio a se tornar a Lei 1.521/51, prevendo inclusive o julgamento por júri popular, restou consignado no relatório ao projeto:

> Os preceitos básicos, constantes da Constituição, relativamente a ordem econômica e social, significam – como o disse – o Ministro do Supremo Tribunal Federal, professor Nelson Hungria – que entre a ideia de que a existência do Estado, não deve ser, sequer, percebida na esfera econômica e o postulado de que as forças econômicas devem integrar-se totalmente na estrutura do Estado há um meio termo, uma justa medida; deve existir a liberdade das iniciativas particulares, mas sob a assistência ou controle do Estado, [...] As leis penais, por isso, consideram ilícito penal todo o fato que represente um dano efetivo ou potencial ao patrimônio de um indefinido número de pessoas.[56]

O momento de edição da lei de crimes contra a economia popular foi marcado pela proximidade do fim da Segunda Guerra mundial, a constante preocupação com períodos inflacionários e a constante ameaça de congelamento de preços. A morte de Charles Ponzi no Rio de Janeiro, em 17 de janeiro de 1949 era assunto ainda recente. Pobre, no hospital, em seu leito de morte, Ponzi fez uma confissão à jornalista que o entrevistava:

> Meu negócio era simples. Era o velho jogo de roubar de Peter para pagar Paul. Você iria me dar cem dólares por três meses. Em geral, eu iria resgatar minha nota em 45 dias. Minhas notas se tornaram mais valiosas que o dinheiro americano... aí surgiu o problema. A coisa toda estava quebrada.[57]

Logo, a despeito do tempo que separa a edição da lei dos crimes contra a economia popular e os danos emergentes do colapso das pirâmides de criptomoedas, percebe-se que os motivos que ensejaram a edição da lei dos crimes contra a economia popular persistem até o presente momento.

A importância em reconhecer-se o esquema de pirâmides financeiras de criptomoedas enquanto crime está em reputar-se o negócio jurídico a ela adjacente como ilícito em seu objeto e, portanto, nulo de pleno direito[58]. Por atingir o plano da validade dos

---

56. Relatório aos projetos de lei 588 e 733 de 1951 em tramitação perante a Câmara de Deputados constante do dossiê digital da tramitação completa do PL 588/1951, que viria a dar origem à lei 1.521/51. Disponível em: https://www.camara.leg.br/proposicoesWeb/prop_mostrarintegra?codteor=1221775&filename=Dossie+-PL+588/1951, acesso ao dia 25 de abril de 2020.
57. ZUCKOFF, Mitchell. *Ponzi's Scheme*: The true story of a financial legend. Nova York: Random House Publishing Group, 2005, p. 313, (tradução pessoal).
58. PONTES DE MIRANDA, Francisco Cavalcanti. *Tratado de direito privado*, t. IV. São Paulo: Revista dos Tribunais, 2012, p. 242 e seguintes.

negócios jurídicos, a produção de efeitos resta interrompida, obrigando o retorno das partes ao estado anterior.

Da nulidade do negócio subjacente firmado pelas partes, qual seja, o contrato de investimento coletivo em criptomoedas, em virtude da ilicitude do seu objeto, os efeitos jurídicos dele advindos devem ser também reputados como nulos, alocando as partes ao estado anterior, atendendo o princípio que veda o enriquecimento ilícito das partes em razão do superveniente reconhecimento da nulidade.

Por conseguinte, a vantagem em resgatar a sistemática de tratamento já existente na doutrina e jurisprudência atinente aos efeitos decorrentes do reconhecimento da pirâmide financeira é de relevo. Pois, do fato ilícito emanam consequências jurídicas que dispensam a incursão sobre o pantanoso terreno da responsabilidade civil emergente da DLT (Distributed Ledger Technology)[59]. Evita-se, portanto, a intricada atribuição de responsabilidade decorrente da (DLT) *distributed ledger technology*[60]. Através do emprego de mecanismos de compensação pelo ilícito já existentes na sistemática civilista e consumerista impede-se o enriquecimento ilícito de indivíduos que aproveitam o vácuo legislativo para operar esquemas colossais de ganhos espúrios.

No âmbito da responsabilidade civil presente na disciplina do Código Civil de 2002, servem de amparo às demandas ajuizadas com base na responsabilidade por ato ilícito – primeiramente o disposto nos artigos 104, 166 – para em seguida aplicarem-se os art. 186, 927 e 932. No necessário diálogo de fontes a ser empreendido entre a disciplina civilista e Código de Defesa do Consumidor[61], aplicando-se o contido no art. 14 do CDC[62], será o investidor lesado pelas perdas decorrentes do colapso da pirâmide de criptomoedas reconhecido como vítima da negociação fraudulenta.

No intuito de sanar o controverso tratamento a ser conferido ao fenômeno das criptomoedas e seus consectários, estão em tramitação projetos de lei, seja na Câmara dos Deputados, seja no Senado. O projeto de lei com maior possibilidade de êxito em ser promulgado lei trata-se do projeto 2060/19, em tramitação perante a Câmara dos Deputados. Um projeto anterior, o PL 2303/2015, de redação semelhante, também oriundo da Câmara de Deputados, aguarda por sua vez apensamento ao projeto mais recente. O Referido projeto 2060/19 em suma: i) oferece uma definição de criptoativos; ii) passaria a reconhecer um criptoativo enquanto valor mobiliário consoante a classificação a ser acrescida na lei 6385/76; iii) criaria uma previsão específica para o crime de pirâmide, bola de neve ou pichardismo, envolvendo criptoativos, conforme consta do 1521/51; iv) criaria um novo tipo penal para emissão de títulos ao portador em criptoativo.

---

59. BARBOSA, Mafalda Miranda. Blockchain e responsabilidade civil: inquietações em torno de uma realidade nova. *Revista de Direito da Responsabilidade*, Coimbra, ano 1, p. 206-244, 2019, 206-244.
60. Conferir ZETZSCHE, Dirk A.; BUCKLEY, Ross P.; ARNER, Douglas W. The distributed liability of distributed ledgers: Legal risks of blockchain. University of Illinois Law Review, Champaign, p. 1361-1409, 2017-2018, p. 1361.
61. MARQUES, Claudia Lima. Superação das antinomias pelo diálogo das fontes: o modelo brasileiro de coexistência entre o Código de Defesa do Consumidor e o Código Civil de 2002. *Revista da Escola Superior da Magistratura de Sergipe*, Aracajú, v. 7, p. 15-54, 2004.
62. Cuja redação dispõe: "Art. 14. O fornecedor de serviços responde, independentemente da existência de culpa, pela reparação dos danos causados aos consumidores por defeitos relativos à prestação dos serviços, bem como por informações insuficientes ou inadequadas sobre sua fruição e riscos".

Também no Senado tramitam dois projetos de lei para regular a matéria, n. 3825/2019 e 3949/2019, com ênfase especialmente nas "*exchanges* de criptoativos" e nas pirâmides. O projeto 3949/2019 confere especial atenção às "*exchanges* de criptoativos", submetendo seu funcionamento à prévia autorização do Banco Central.

A despeito da ausência uma clara definição legal acerca da natureza jurídica das criptomoedas no Brasil, em recente julgado a 6ª Turma do Superior Tribunal de Justiça decidiu por denegar ordem de *habeas corpus* por incompetência absoluta da Justiça Federal em julgar a matéria. Entendeu-se, em voto de lavra do Ministro Sebastião Reis Júnior, a partir da perfunctória análise, que dos contratos de investimento coletivo ofertado pelos pacientes ajustavam-se aos crimes contra o sistema financeiro nacional e contra o mercado de capitais:

> *Habeas corpus*. Operação Egypto. Suposta incompetência da justiça federal. Manifesta improcedência. Caso que ostenta contornos distintos do c.c. n. 161.123/SP (terceira seção). Denúncia ofertada, na qual é narrada a efetiva oferta de contrato coletivo de investimento atrelado à especulação no mercado de criptomoeda. Valor mobiliário (Art. 2º, IX, da Lei n. 6.385/1976). Incidência dos crimes previstos na Lei n. 7.492/1986. Competência da Justiça Federal (art. 26 da Lei n. 7.492/1986), inclusive para processar os delitos conexos (súmula 122/STJ). 1. A Terceira Seção desta Corte decidiu que a operação envolvendo compra ou venda de criptomoedas não encontra regulação no ordenamento jurídico pátrio, pois as moedas virtuais não são tidas pelo Banco Central do Brasil (BCB) como moeda, nem são consideradas como valor mobiliário pela Comissão de Valores Mobiliários (CVM), não caracterizando sua negociação, por si só, os crimes tipificados nos arts. 7º, II, e 11, ambos da Lei n. 7.492/1986, nem mesmo o delito previsto no art. 27-E da Lei n. 6.385/1976 (CC n. 161.123/SP, DJe 5/12/2018). 2. O incidente referenciado foi instaurado em inquérito (não havia denúncia formalizada) e a competência da Justiça estadual foi declarada exclusivamente considerando os indícios colhidos até a instauração do conflito, bem como o dissenso verificado entre os Juízes envolvidos, sendo que nenhum deles cogitou que o contrato celebrado entre o investigado e as vítimas consubstanciaria um contrato de investimento coletivo. 3. O caso dos autos não guarda similitude com o precedente, pois já há denúncia ofertada, na qual foi descrita e devidamente delineada a conduta do paciente e dos demais corréus no sentido de oferecer contrato de investimento coletivo, sem prévio registro de emissão na autoridade competente. 4. Se a denúncia imputa a efetiva oferta pública de contrato de investimento coletivo (sem prévio registro), não há dúvida de que incide as disposições contidas na Lei n. 7.492/1986, notadamente porque essa espécie de contrato consubstancia valor mobiliário, nos termos do art. 2º, IX, da Lei n. 6.385/1976. 5. Interpretação consentânea com o órgão regulador (CVM), que, em situações análogas, nas quais há oferta de contrato de investimento (sem registro prévio) vinculado à especulação no mercado de criptomoedas, tem alertado no sentido da irregularidade, por se tratar de espécie de contrato de investimento coletivo. 6. Considerando os fatos narrados na denúncia, especialmente os crimes tipificados nos arts. 4º, 5º, 7º, II, e 16, todos da Lei n. 7.492/1986, é competente o Juízo Federal para processar a ação penal (art. 26 da Lei n. 7.492/1986), inclusive no que se refere às infrações conexas, por força do entendimento firmado no Enunciado Sumular n. 122/STJ. 7. Ordem denegada. (HC 530.563/RS, Rel. Ministro SEBASTIÃO REIS JÚNIOR, SEXTA TURMA, julgado em 05/03/2020, DJe 12/03/2020).

Do julgado ressoa nítido, que não obstante a ausência de regulamentação das criptomoedas, nada impede a persecução penal nos diversos outros tipos penais aos quais se infringe. Partindo-se da premissa que a oferta pública de contratos coletivos sem o atendimento dos preceitos legais implica na violação de diversos diplomas jurídicos, a consequência advinda é o acerto da persecução penal baseada em tal conduta. A linha seguida no STJ se coaduna com o trâmite legislativo conferido ao PL 2060/19, no sentido de aplicar penas mais elevadas das então constantes ao crime de pirâmides de criptomoedas.

6. CONCLUSÃO

> *"If a covenant be made, wherein neither of the parties perform presently, but trust one another; in the condition of mere nature, which is a condition of war of every man against every man, upon any reasonable suspicion, it is void: but if there be a common power set over them both, with right and force sufficient to compel performance, it is not void."*[63]
>
> —Thomas Hobbes

Após o período de interação repulsiva entre o fenômeno jurídico e o advento tecnológico, propiciado pela dificuldade em alocar a novidade em compartimentos jurídicos, torna-se possível superar a resistência ao novo e aventurar-se em busca de soluções[64]. O delírio da *Lex Criptográfica* como instituidora de uma reconfiguração do estado de natureza aos moldes de código-fonte não resiste à uma análise mais atenta dos diplomas jurídicos existentes.[65] Passado o abalo diante do inédito, novas configurações propiciam a formação de um novo "pacto social", apto a permitir que seja o Estado a assegurar a existência de obrigações e contratos[66]. A descentralização advinda do *blockchain* talvez não assuma como fim último o poder de implodir a ordem estabelecida, passando a funcionar como um mecanismo lateral à validação do que já faz o Estado através de sua autoridade.

Em verdade, as pirâmides de criptomoedas são um pseudoproblema do advento tecnológico. Os inúmeros diplomas legislativos que punem os ilícitos que afetam o bom funcionamento do sistema financeiro e dos mercados, além da previsão específica do crime contra a economia popular (art. 2º, IX, lei 1.521/51) oferecem as vias e instrumentos para punir os perpetradores e restituir os lesados. Contudo, há de se admitir serem as penas insuficientes a inibir a conduta, prova disso é a proliferação em ritmo acelerados dos esquemas. Por sua vez, as vítimas lesadas dificilmente serão restituídas em suas perdas, pois os fundos arrecadados são transferidos aos que conceberam o esquema antes do êxito em seu bloqueio pelo judiciário.

---

63. HOBBES, Thomas, *et al. Leviathan*. Cambridge: Cambridge University Press, 1996, p. 96.
64. WERBACH, Kevin; CORNELL, Nicolas. Contracts ex machina. *Duke Law Journal*, Durham, v. 67, p. 313-382, 2017, p. 313. (O autor argumenta que a teoria dos contratos será desafiada pelas tecnologias emergentes do blockchain, porém tal não impedirá o desenvolvimento de uma teoria dos contratos consentânea à emergência da nova realidade). Propondo conclusão semelhante no que diz respeito à coalizão entre potências emergentes e as já existentes, conferir: COHEN, Julie E. *Between truth and power*: The legal constructions of informational capitalism. Oxford: Oxford University Press, 2019, p. 28: "According to some digital – economy pundits (and a number of self-styled crypto-anarchists), blockchain technologies promise the end of state monopolies over currency, with a wide and disorienting set of implications for everything from income tax reporting systems to state – centered governance. Yet the development of blockchain is beginning to follow a less apocalyptic and more predictable path: attracted to blockchain for its built- in security, finance capitalists are underwriting major new efforts to develop and leverage blockchain- based trading platforms. Understood simply as a new and more efficient way to authenticate transactions and move money across borders, blockchain also seems more likely to reinforce the dominance of finance capital than to disrupt it."
65. KRONMAN, Anthony T. Contract law and the state of nature. *Journal of Law, Economics, & Organization*, Oxford, v. 1, n. 1, p. 5-32, 1985. (O autor incursiona acerca da possibilidade da teoria dos contratos conviver apartada da teoria do Estado e sua organização). Conferir ainda Ripstein, Arthur. "Private order and public justice: Kant and Rawls." *Virginia Law Review* (2006): 1391-1438.
66. KRONMAN, Anthony T. Contract law and the state of nature. *Journal of Law, Economics, & Organization*, Oxford, v. 1, n. 1, p. 5-32, 1985.

Portanto, *de lege ferenda* propõe-se a criação e monitoramento de mecanismos algorítmicos para detecção de esquemas Ponzi e pirâmides.[67] A exemplo, um estudo pioneiro conduzido por pesquisadores da University of Cagliari, na Itália, conseguem identificar com precisão os esquemas Ponzi e pirâmides operadas através de criptomoedas, tais quais o Bitcoin. O método de detecção dos esquemas Ponzi consiste em rastrear sites que oferecem indicativos que o modelo de negócio é insustentável. A partir do "data mining" de tais informações, a tarefa de perseguir e derrubar tais sites resta facilitada. Em razão do modo de captação ser direcionado ao grande público do ciberespaço, a missão de identificar e neutralizar a ação dos golpistas resta facilitada.

REFERÊNCIAS

ASHLEY, Kevin D. *Artificial intelligence and legal analytics*: new tools for law practice in the digital age. Cambridge: Cambridge University Press, 2017.

BARBOSA, Mafalda Miranda. Blockchain e responsabilidade civil: inquietações em torno de uma realidade nova. *Revista de Direito da Responsabilidade*, Coimbra, ano 1, p. 206-244, 2019.

BARLOW, John Perry. A Declaration of the Independence of Cyberspace. *Duke Law & Technology Review*, Durham, v. 18, n. 1, 2019.

BARTOLETTI, Massimo. PES, Barbara; SERUSI, Sergio. Data Mining for Detecting Bitcoin Ponzi Schemes. *2018 Crypto Valley Conference on Blockchain Technology (CVCBT)*, Zug, pp. 75-84, 2018. Disponível em: https://doi.org/10.1109/CVCBT.2018.00014. Acesso em: 10 abr. 2020.

BECKETT, Paul. *Ownership, Financial Accountability and the Law:* Transparency Strategies and Counter-initiatives. Londres: Routledge, 2019.

BENEDETTI, Hugo; KOSTOVETSKY, Leonard. Digital tulips? Returns to investors in initial coin offerings. Returns to Investors in Initial Coin Offerings, 2018. Disponível em: https://dx.doi.org/10.2139/ssrn.3182169. Acesso em: 10 abr. 2020.

BERENTSEN, Aleksander; SCHÄR, Fabian. A short introduction to the world of cryptocurrencies. *Federal Reserve Bank of St. Louis Review*, St. Louis, p. 1-16, jan./abr. 2018.

BRAM, Barclay. Inside China's mission to create an all-powerful cryptocurrency. *Wired.co.uk*, 04 fev. 2020. Disponível em: https://www.wired.co.uk/article/china-digital-currency-crypto. Acesso em: 10 abr. 2020.

BRASIL. Câmara dos Deputados. *Projeto de Lei 2303/2015*. Camara.leg.br, 2020. Disponível em: https://www.camara.leg.br/proposicoesWeb/prop_mostrarintegra?codteor=1831496&filename=Tramitacao-PL+2303/2015. Acesso em: 25 abr. 2020.

BRASIL. Câmara dos Deputados. *Projeto de Lei 2060/2019*. Camara.leg.br, 2019. Disponível em: https://www.camara.leg.br/proposicoesWeb/prop_mostrarintegra?codteor=1728497&filename=Tramitacao-PL+2060/2019. Acesso em: 25 abr. 2020.

BRASIL. Câmara dos Deputados. *Relatório aos projetos de lei 588 e 733 de 1951 em tramitação perante a Câmara de Deputados constante do dossiê digital da tramitação completa do PL 588/1951, que viria a dar origem à lei 1.521/51*. Disponível em: https://www.camara.leg.br/proposicoesWeb/prop_mostrarintegra?codteor=1221775&filename=Dossie+-PL+588/1951. Acesso em: 25 abr. 2020.

---

67. BARTOLETTI, Massimo. PES, Barbara; SERUSI, Sergio. Data Mining for Detecting Bitcoin Ponzi Schemes. *2018 Crypto Valley Conference on Blockchain Technology* (CVCBT), Zug, p. 75-84, 2018.

BRASIL. Lei n. 6.385/76. Planalto.gov.br. Disponível em: http://www.planalto.gov.br/ccivil_03/leis/l6385.htm. Acesso em: 18 maio 2020.

BRASIL. Ministério da Justiça. Secretaria Nacional do Consumidor. Departamento de Proteção e Defesa do Consumidor. Comissão de Valores Mobiliários. *Boletim de Proteção do Consumidor/Investidor*. Disponível em: https://www.justica.gov.br/seus-direitos/consumidor/educacao-para-o-consumo/boletim-consumidorinvestidor/anexos/boletim_cvm_senacon_6.pdf Acesso em: 28 abr. 2020.

BRASIL. Senado Federal. *Projeto de Lei 3825, de 2019*. Disponível em: https://www25.senado.leg.br/web/atividade/materias/-/materia/137512. Acesso em: 25 abr. 2020.

BRUNTON, Finn. *Digital cash*: The unknown history of the anarchists, utopians, and technologists who created cryptocurrency. Princeton: Princeton University Press, 2019.

CASEY, Michael J.; VIGNA, Paul. *The age of cryptocurrency*: how bitcoin and the blockchain are challenging the global economic order. Nova York/Londres: Palgrave Macmillan, 2016.

CASEY, Michael J.; VIGNA, Paul. *The Truth Machine: The blockchain and the future of everything*. Nova York: St. Martin's Publishing Group, 2018.

COHEN, Julie E. *Between truth and power: The legal constructions of informational capitalism*. Oxford: Oxford University Press, 2019.

COMISSAO DE VALORES MOBILIÁRIOS. *Criptoativos*. Disponível em: Investidor.gov.br. Disponível em: https://www.investidor.gov.br/portaldoinvestidor/export/sites/portaldoinvestidor/publicacao/Alertas/alerta_CVM_CRIPTOATIVOS_10052018.pdf. Acesso em: 26 abr. 2020.

COMMUTERZ.io. Disponível em: https://www.commuterz.io/. Acesso em: 25 abr. 2020.

COSTA. Isac. *Ei você aí, me dá um dinheiro aí? Preocupações regulatórias envolvendo o financiamento via criptoativos*. Disponível em: https://bit.ly/2OsV7PQ. Acesso em: 28 abr. 2020.

DAWSON, John P. *The Oracles of the Law*. Ann Arbor: University of Michigan Law School, 1986.

DELEUZE, Gilles. *Postscript in Control Societies*. Negotiations, 1972-1990. Nova York: Columbia University Press, 1995.

DELEUZE, Gilles. *Instincts et institutions*: textes choisis et présentés par Gilles Deleuze. Paris: Hachette, 1953.

DENNING, Dorothy E. The future of cryptography. *In*: LUDLOW, Peter (Ed.). *Crypto anarchy, cyberstates, and pirate utopias*. Cambridge: The MIT Press, 2001.

ESTADOS UNIDOS DA AMÉRICA. United States Supreme Court. *Cunningham v. Brown, 265 U.S. 1 (1924)*. Disponível em: https://supreme.justia.com/cases/federal/us/265/1/. Acesso em: 10 abr. 2020.

ESTADOS UNIDOS DA AMÉRICA. *SEC v. Shavers, No. 4:13-CV-416, 2014 WL 4652121, at *13* (E.D. Tex. Sept. 18, 2014). Shavers, Securities Exchange Act Litigation Release No. 23090, 109 SEC Docket 17 (Sept. 22, 2014). Disponível em Law.du.edu.: https://www.law.du.edu/documents/corporate--governance/securities-matters/shavers/SEC-v-Shavers-No-4-13-CV-416-E-D-Tex-Sept-18-2014.pdf. Acesso em: 28 abr. 2020.

EUROPA. EU-Lex – 32018L0843 – EN – EUR-Lex EUR-Lex – 32018L0843 – EN – EUR-Lex. (2020). Disponível em: https://eur-lex.europa.eu/legal-content/EN/ALL/?uri=CELEX%3A32018L0843. Acesso em: 25 abr. 2020.

EUROPEAN BANK AUTHORITY. *Report*, de 09 de Janeiro de 2019. Eba.europa.eu. Disponível em: https://bit.ly/3991NMB. Acesso em: 25 abr. 2020.

EUROPEAN SECURITIES AND MARKETS AUTHORITY. *Crypto-asset need common EU-Wide approach to ensure investor protection*. Disponível em: https://www.esma.europa.eu/press-news/esma-news/crypto-assets-need-common-eu-wide-approach-ensure-investor-protection. Acesso em: 28 abr. 2020.

FAIRFIELD, Joshua A. T. *Owned: Property, privacy, and the new digital serfdom*. Cambridge: Cambridge University Press, 2017.

FEDERAL TRADE COMMISSION. *Pyramid Schemes*, 2013. Disponível em: https://www.ftc.gov/public-statements/1998/05/pyramid-schemes. Acesso em: 25 abr. 2020.

FERGUSON, Niall. *The ascent of money*: A financial history of the world. Londres: Penguin Publishing Group, 2008.

FRISBY, David. *George Simmel*: the philosophy of money. Londres: Routledge, 2004.

FURNESS, William Henry. *The island of stone money, Uap of the Carolines.* Philadelphia: JB Lippincott Company, 1910.

GRAEBER, David. *Debt – Updated and Expanded*: The First 5,000 Years. Nova York: Melville House, 2014.

GUIZZO, Erico Marui. *The essential message*: Claude Shannon and the making of information theory. Diss. Massachusetts Institute of Technology, 2003.

HOBBES, Thomas, et al. *Leviathan*. Cambridge: Cambridge University Press, 1996.

HOCKETT, Robert. The democratic digital dollar: A digital savings & payments platform for fully inclusive state, local, and national money & banking systems. Harvard Business Law Review, Cambridge, Online, v. 10, 2020. Disponível em: https://bit.ly/3992uFH. Acesso em: 25 abr. 2020.

HUGHES. Eric. A Cypherpunk's Manifesto, hughes@soda.berkeley.edu,9 March 1993 *Activism.net*, 2020. [online]. Disponível em: https://www.activism.net/cypherpunk/manifesto.html. Acesso em: 1º maio 2020.

KEYNES, John M. A Treatise on Money: The pure theory of money. *In*: JOHNSON, Elizabeth; MOGGRIDGE, Donald (Eds.). *The Collected Writings of John Maynard Keynes*. Cambridge: Royal Economic Society, 1978, v. 5. Disponível em: https://doi.org/10.1017/UPO9781139520645. Acesso em: 26 abr. 2020.

KRONMAN, Anthony T. Contract law and the state of nature. *Journal of Law, Economics, & Organization*, Oxford, v. 1, n. 1, p. 5-32, 1985.

LA MONICA, Paul. Bill Ackman's Herbalife disaster is finally over. *CNNMoney*, mar. 2018. Disponível em: https://money.cnn.com/2018/03/01/investing/herbalife-bill-ackman-carl-icahn/index.html. Acesso em: 26 abr. 2020.

LACSON, Wesley; JONES, Beata. The 21st Century DarkNet Market: Lessons from the Fall of Silk Road. *International Journal of Cyber Criminology*, Ahmedabad, v. 10, n. 1, p. 40-61, jan./jun. 2016.

LESSIG, Lawrence. *Code Version 2.0 [Code and Other Laws of Cyberspace]*. Nova York: Basic Books, 2006.

LONGHI, João Victor Rozatti; FALEIROS JÚNIOR, José Luiz de Moura. Comentário à "sentencia" n. 326/2019 do Tribunal Supremo da Espanha: o "bitcoin" e seu enquadramento como moeda. *Revista IBERC*, Belo Horizonte, v. 2, n. 2, p. 1-20, maio/ago. 2019.

LOOK, Jeffrey J. The Virtual Wild, Wild West (www): Intellectual Property issues in cyberspace-trademarks, service marks, copyrights, and domain names. *University of Arkansas at Little Rock Law Review*, Little Rock, v. 22, n. 1, p. 49-89, 1999.

MANHATTAN U.S. ATTORNEY. *Manhattan U.S. Attorney Announces Charges Against Leaders Of "OneCoin," A Multibillion-Dollar Pyramid Scheme Involving The Sale Of A Fraudulent Cryptocurrency Justice.gov.* (2019). Manhattan U.S. Attorney Announces Charges Against Leaders Of "OneCoin," A U.S. U.S. GOVERNMENT Multibillion-Dollar Pyramid Scheme Involving The Sale Of A Fraudulent Cryptocurrency. Disponível em: https://www.justice.gov/usao-sdny/pr/manhattan-us-attorney-announces-charges-against-leaders-onecoin-multibillion-dollar. Acesso em: 1º maio 2020.

MARQUES, Claudia Lima. Superação das antinomias pelo diálogo das fontes: o modelo brasileiro de coexistência entre o Código de Defesa do Consumidor e o Código Civil de 2002. *Revista da Escola Superior da Magistratura de Sergipe*, Aracajú, v. 7, p. 15-54, 2004.

MINISTÉRIO PÚBLICO FEDERAL. Guia Prático sobre Pirâmides Financeiras. Disponível em: http://www.mpf.mp.br/atuacao-tematica/ccr2/publicacoes/cartilhas/guia-pratico-piramides-financeiras. Acesso em: 25 abr. 2020.

MORSE, Edward A. From Rai Stones to Blockchains: The transformation of payments. *Computer Law & Security Review*, Londres, v. 34, n. 4, p. 946-953, 2018.

MURRAY, Turoff; HILTZ, Roxanne Starr. Superconnectivity. *Communications of the ACM*, Nova York, v. 41, n. 7, p. 116-177, 1998.

NAKAMOTO, Satoshi, and A. Bitcoin. *A peer-to-peer electronic cash system*. Bitcoin, 2008. Disponível em: https://bitcoin.org/bitcoin.pdf. Acesso em: 10 jun. 2020.

NARAYANAN, Arvind; MILLER, Andrew; GOLDFEDER, Steven. FELTEN, Edward; BONNEAU, Joseph. *Bitcoin and cryptocurrency technologies*: A comprehensive introduction. United States: Princeton University Press, 2016.

NEW YORK DEPARTMENT OF FINANCIAL SERVICES. *Guidance Complicates a Crowded Virtual Currency Regulatory Landscape*. Casetext.com. New York Department of Financial Services Guidance Complicates a Crowded Virtual Currency Regulatory Landscape, Casetext. Disponível em: https://bit.ly/3eImSi5. Acesso ao dia 27 de abril de 2020.

ORWELL, George. *Nineteen Eighty-four*. Nova York: Houghton Mifflin Harcourt, 1983.

PISTOR, Katharina. *The Code of Capital*: How the law creates wealth and inequality. Princeton: Princeton University Press, 2019.

PONTES DE MIRANDA, Francisco Cavalcanti. *Tratado de direito privado*, t. IV. São Paulo: Revista dos Tribunais, 2012

RIPSTEIN, Arthur. Private order and public justice: Kant and Rawls. *Virginia Law Review*, Charlottesville, v. 92, n. 7, p. 1391-1438, 2006.

ROSA, Claire Seaton. Should owners have to share? An examination of forced sharing in the name of fairness in recent multiple fraud victim cases. *Boston University Law Review*, Boston, v. 90, p. 1331-1364, 2010.

ROSSI, Paolo. *Clavis universalis arti mnemoniche e logica combinatoria da Lullo a Leibniz*. Milano/Napoli: Riccardo Ricciardi Ed., 1960.

SCHIAVONE, Aldo. *Ius*: l'invenzione del diritto in Occidente. Torino: Einaudi, 2005.

SECURITIES EXCHANGE ACT, 1934. Legcounsel.house.gov: https://legcounsel.house.gov/Comps/Securities%20Exchange%20Act%20Of%201934.pdf, acesso ao dia 28 de abril de 2020. Conferir ainda Guerra-Pujol, F. E. "Bitcoin, the Commerce Clause, and Bayesian Stare Decisis." Chap. L. Rev. 22 (2019): 143.

SECURITY EXCHANGE COMISSION. Sec.gov. Disponível em: https://www.sec.gov/investor/alerts/ia_virtualcurrencies.pdf. Acesso em: 27 abr. 2020.

STOCO, Rui. Economia Popular e relações de consumo. In: *Leis Penais Especiais e sua aplicação jurisprudencial*. 7. ed. São Paulo: Revista dos Tribunais, v. 1.

TAPSCOTTT, Don; TAPSCOTT, Alex. *Blockchain Revolution*: How the technology behind bitcoin is changing money, business, and the world. Nova York: Penguin Publishing Group, 2016.

THE FINANCIAL CRIMES ENFORCEMENT NETWORK (FinCEN) (2020). Fincen.gov. Disponível em https://www.fincen.gov/sites/default/files/2019-05/FinCEN%20Guidance%20CVC%20FINAL%20508.pdf. Acesso em: 25 abr. 2020.

THE TOR PROJECT PRIVACY & FREEDOM ONLINE. *The Tor Project, Privacy & Freedom Online*. (2020). Torproject.org. Disponível em: https://www.torproject.org/. Acesso em: 26 abr. 2020.

WEBER, Max. *Scritti politici*. Roma: Donzelli Editore, 1998.

WERBACH, Kevin; CORNELL, Nicolas. *Contracts ex machina*. Duke Law Journal, Durham, v. 67, p. 313-382, 2017.

WRIGHT, Aaron; DE FILIPPI, Primavera. *Blockchain and the Law*: the rule of code. Londres/Cambridge: Harvard University Press, 2018.

WRIGHT, Aaron; DE FILIPPI, Primavera. Decentralized blockchain technology and the rise of lex cryptographia. SSRN, 10 mar. 2015. Disponível em: https://ssrn.com/abstract=2580664. Acesso em: 23 jun. 2020.

ZETZSCHE, Dirk A.; BUCKLEY, Ross P.; ARNER, Douglas W. The distributed liability of distributed ledgers: Legal risks of blockchain. *University of Illinois Law Review*, Champaign, p. 1361-1409, 2017-2018.

ZUBOFF, Shoshana. *The age of surveillance capitalism: The fight for a human future at the new frontier of power*. Nova York: Public Affairs, 2019.

ZUCKOFF, Mitchell. *Ponzi's Scheme*: The true story of a financial legend. Nova York: Random House Publishing Group, 2005.

12
DANO MORAL PELA VIOLAÇÃO À LEGISLAÇÃO DE PROTEÇÃO DE DADOS: UM ESTUDO DE DIREITO COMPARADO ENTRE A LGPD E O RGPD

Cícero Dantas Bisneto

Sumário: 1. Introdução. 2. Legitimados. 3. Antijuridicidade. 4. Nexo de causalidade. 5. Culpa. 6. Dano extrapatrimonial. 7. Conclusão. Referências.

1. INTRODUÇÃO

A novel legislação sobre proteção de dados brasileira (Lei nº 13.709/2018), a par da discussão sobre a data de sua entrada em vigor[1], tem suscitado acalorados debates no seio da doutrina nacional, sendo farta a produção bibliográfica sobre o tema, motivada, em grande parte, pela ausência de tratamento legislativo adequado no que toca à coleta e ao processamento de dados em território pátrio. Dentre as numerosas problematizações de que têm se ocupado a literatura jurídica especializada, avulta de importância o estudo da responsabilidade civil pela infringência às normas que regem a proteção de dados, ante a escassez de decisões judiciais que até o momento enfrentaram o tema, bem assim em razão de não ter ainda a LGPD entrado em vigor.

Faz-se premente, neste ponto, o aprofundamento da análise das hipóteses ensejadoras da reparação por dano moral[2] pelo descumprimento da normatização de proteção de dados, seja sob o viés das atuais regras que regem a temática, seja, projetando-se para o futuro, sob a perspectiva da legislação já aprovada, mas ainda não vigente. A heterogeneidade e profusão de novas espécies de danos não patrimoniais, que tem culminado

---

1. O Projeto de Lei 5762/19, de autoria do Deputado Carlos Bezerra, prorroga por dois anos, de agosto de 2020 para 15 agosto de 2022, a vigência da maior parte da Lei Geral de Proteção de Dados Pessoais (LGPD). Os itens entrariam em vigor em janeiro, mas esse prazo já havia sido adiado pela Lei 13.853/19, oriunda da Medida Provisória 869/18. Outrossim, o Senado aprovou ainda, por meio do Projeto de Lei n. 1.179/2020, que a vigência da Lei Geral de Proteção de Dados (LGPD) seja postergada para janeiro de 2021, com as multas e sanções válidas a partir de 1º de agosto de 2021.
2. Em que pese o termo "dano moral" seja amplamente utilizado pela doutrina brasileira, tem-se preferido, ainda que em escala restrita, o emprego da expressão "danos à pessoa", como o faz Clóvis do Couto e Silva (SILVA, Clóvis V. do Couto e. O conceito de dano no direito brasileiro e comparado. *Revista de Direito Civil Contemporâneo*, São Paulo, v. 2, p. 333-348, jan./mar. 2015, p. 337) ou ainda do termo "dano não patrimonial", como optou Pontes de Miranda (MIRANDA, Francisco C. Pontes de. *Tratado de Direito Privado*, t. XXVI. 2. ed. Rio de Janeiro: Borsoi, 1966, p. 30-31), visto que a expressão tradicionalmente consagrada remete aos aspectos subjetivos da lesão, tais como a dor e o sofrimento, vinculação esta que reduz, ao menos nominalmente, o espectro de incidência da reparação.

no alargamento sem precedentes das funções atribuídas à responsabilidade civil, torna imperativo que as especificidades da configuração da lesão imaterial na seara da proteção de dados sejam escrutinadas com maior rigor científico.

Neste sentido, a experiência estrangeira[3], notadamente europeia, pode contribuir com soluções práticas e teóricas para o deslinde das intrincadas questões que certamente despontarão da aplicação das regras de proteção de dados, mormente em se considerando que, dentre as distintas influências à LGPD, destacam-se o Regulamento Geral de Proteção de Dados[4] (Regulamento 2016/679), que acabou por substituir a Diretiva 46/95/CE, sobre tratamento de dados pessoais, e a Convenção 108, do Conselho da Europa, que, desde 1981, buscou conferir tratamento adequado ao processamento automatizado de dados de caráter pessoal[5].

A fixação de balizas seguras para o reconhecimento do dano extrapatrimonial, quando violada a legislação de proteção de dados, apresenta-se imprescindível, a fim de evitar a proliferação de demandas ressarcitórias, ainda que ausentes os requisitos necessários à configuração da lesão não material. Ainda que a normatização do tratamento de dados tenha por escopo maior proteger a privacidade do indivíduo, certamente nem todas as violações às suas regras desembocarão em indenizações por dano moral, afigurando-se necessária a verificação dos pressupostos ensejadores da responsabilização.

Almeja-se, nesta toada, analisar, ainda que sucintamente, e com olhos também voltados ao direito estrangeiro, os requisitos exigidos pela legislação posta e pela LGPD para a caracterização do dano não patrimonial, bem assim fixar parâmetros para a sua quantificação, de modo a estabelecer balizas hermenêuticas que auxiliem o intérprete jurídico na dificultosa tarefa de identificar as hipóteses em que a indenização se mostra cabível.

---

3. A Alemanha, país pioneiro na proteção de dados pessoais, possui rica experiência legislativa neste campo, datando as primeiras legislações da década de 70. Com efeito, o *Hessiches Datenschutzgesetz (HDSG)* (Lei de Proteção de Dados de Hesse), considerado o primeiro conjunto normativo sobre o tema em solo alemão, restou aprovado 07 de outubro de 1970. A primeira Lei de Proteção de Dados (*Datenschutzgesetz*) nacional, no entanto, é datada de 1977, sete anos após, portanto, à entrada em vigor do HDSG, mas já seis anos antes do julgamento do conhecido caso do censo popular (*Volkszählungsurteil* – 1 BvR 209/83, de 15.12.1983) (GENZ, Alexander. *Datenschutz in Europa und in den USA*: Eine Rechtsvergleichende Untersuhung unter besonderer Berücksichtigung der Safe-Harbor-Lösung. Wiesbaden: Deutscher Universitäts-Verlag, 2004, p. 4). No julgamento sobre a constitucionalidade da Lei do Censo, que permitia a coleta e tratamento de dados para fins estatísticos, bem como a transmissão anônima destas informações para a execução de atividades públicas, entendeu-se que a permissão para o tratamento de dados seria constitucional, ainda que ausente o consentimento do cidadão, sendo suficiente a autorização legal. No entanto, o permissivo para a comparação e intercâmbio de dados entre órgãos públicos foi considerado inconstitucional (BRENNEISEN, Harmut; BRENNEISEN, Julia (Orgs.). *Rechtsprechung des BVerfG*. Berlin: Lit, 2009, p. 24-35).
4. Embora consagrado o uso do vocábulo em diversos trabalhos acadêmicos, Leonardo Martins adverte que o DS-GVO, abreviatura em alemão, aproxima-se muito mais da espécie normativa prevista no art. 59, VI, da CF, de forma que "os autores brasileiros traduzem-no a partir do (falso) cognato anglófono 'regulamento'" (MARTINS, Leonardo. Interpretação e controle judicial de violação da Lei de Proteção de Dados e de sua constitucionalidade: possibilidades normativas e limites de um novo ramo jurídico-objetivo. Revista de Direito Civil Contemporâneo, São Paulo, v. 21, ano 6, p. 57-116, out./dez. 2019, p. 61, nota 8).
5. MIRAGEM, Bruno. A Lei Geral de Proteção de Dados (Lei 13.709/2018) e o Direito do Consumidor. *Revista dos Tribunais*, São Paulo, v. 1009, ano 108, p. 173-222, nov. 2019, p. 175. No mesmo sentido: MENDES, Laura Schertel; DONEDA, Danilo. Reflexões iniciais sobre a nova Lei Geral de Proteção de Dados. *Revista de Direito do Consumidor*, São Paulo, v. 120, p. 469-483, nov./dez. 2018, p. 469-483.

2. LEGITIMADOS

A primeira questão que se coloca é saber quais sujeitos de direito podem ter acolhida uma pretensão de danos extrapatrimoniais por violação à legislação de proteção de dados.

A LGPD, em seu art. 5°, I, preceitua ser dado pessoal toda informação relacionada a pessoa natural identificada ou identificável, de modo que os titulares do direito à proteção de dados seriam apenas as pessoas físicas[6]. No mesmo sentido, o artigo de abertura do indicado corpo normativo destaca que o desiderato da proteção legal é o de proteger os direitos fundamentais de liberdade e de privacidade e o livre desenvolvimento da personalidade da pessoa natural.

As pessoas jurídicas, destarte, estariam excluídas do âmbito de proteção da norma, ainda que em razão do ilegal tratamento de dados resulte determinado dano não patrimonial[7]. Não obstante afirme o art. 42, da referida normatização, que trata da responsabilidade e ressarcimento de danos, a obrigação de reparação do controlador ou operador que cause dano a "outrem", o dispositivo legal deve ser lido em consonância com o que dispõe os arts. 1° e 5°, I, da LGPD.

Não se apresenta possível, à revelia da legislação aplicável, que expressamente limita o âmbito de aplicação da proteção de dados a pessoas naturais, postular-se uma interpretação ampliativa com supedâneo no art. 52 do Código Civil de 2002, que permite sejam aplicadas à pessoa jurídica, no que couber, a proteção dos direitos da personalidade. A aplicação da teoria do diálogo das fontes[8], neste caso, visa conferir ao magistrado uma elasticidade hermenêutica que desconsidera as peculiaridades que motivaram a edição de uma lei específica de proteção de dados, possibilitando-se que, a seu bel-prazer, os direitos encartados na LGPD sejam estendidos a outros sujeitos não contemplados pelo aludido diploma normativo. No caso das pessoas jurídicas, a pretensão à reparação do dano moral deve guiar-se pelas regras gerais do CC/2002.

No âmbito europeu, questiona-se se o art. 82 (1), do RPGD, ao conferir a possibilidade de se indenizar qualquer pessoa pelos danos sofridos em virtude do processamento

---

6. MARTINS, Leonardo. Interpretação e controle judicial de violação da Lei de Proteção de Dados e de sua constitucionalidade: possibilidades normativas e limites de um novo ramo jurídico-objetivo. Revista de Direito Civil Contemporâneo, São Paulo, v. 21, ano 6, p. 57-116, out./dez. 2019, p. 62.
7. Parte da doutrina defende não serem as pessoas jurídicas titulares de direitos da personalidade, nos mesmos moldes preconizados relativamente à pessoa natural, visto que as lesões atinentes aos entes ideais, de algum modo, geram, como consequência inafastável, certa repercussão em sua capacidade de produzir riqueza. Assim, em verdade, a cláusula geral estampada no art. 52 do Código Civil de 2002 teria apenas por pretensão permitir a aplicação das técnicas da tutela da personalidade também à proteção da pessoa jurídica, ante a dificuldade de se aferir, em alguns casos, o montante preciso do prejuízo, razão pela qual o método de arbitramento se mostraria mais adequado (TEPEDINO, Gustavo. A tutela da Personalidade no ordenamento civil-constitucional brasileiro. In: TEPEDINO, Gustavo. Temas de Direito Civil. 3. ed. Rio de Janeiro: Renovar, 2003, p. 55-56). No mesmo sentido, tratando de caso em que se pretendia a responsabilização de rede de rádio e televisão local por informações veiculadas em sua programação, as quais teriam atingido a honra e a imagem de determinado Município, decidiu o Superior Tribunal de Justiça, cf.: Superior Tribunal de Justiça. Recurso Especial n. 1.258.389/PB, rel. Min. Luis Felipe Salomão, Quarta Turma, j. 17-12-2013, DJe 15-04-2014.
8. Para uma crítica sobre a aplicação do método, cf.: SOUZA, Fernando Speck de. Diálogo das fontes: fundamentos, experiência jurisprudencial e crítica metodológica. 2019. Universidade de São Paulo, São Paulo, 2019.

de dados realizado de forma irregular, abarcaria também as pessoas jurídicas[9]. Afinal, não se faz menção expressa aos titulares de dados, como, por exemplo, nos arts. 77 e 79[10].

Discute-se ainda se apenas os titulares de dados poderiam figurar como lesados ou se seria facultado a qualquer pessoa natural ingressar com uma demanda ressarcitória. Esta última hipótese elevaria ainda mais a efetividade da proteção de dados, concretizando, portanto, o mandamento da eficácia útil (*effet utile*[11]), em consonância com o art. 4º, (3), do Tratado da União Europeia. Outro ponto positivo, segundo seus defensores, seria o efeito dissuasivo desta interpretação, à medida que o número de potenciais demandantes aumentaria[12]. Esta é a posição defendida, no direito português, por Antônio Barreto Menezes Cordeiro[13], para quem os propósitos do RGPD não se circunscrevem à proteção dos dados pessoais dos titulares[14].

Tem prevalecido, no entanto, a posição mais restritiva, no sentido de que apenas os titulares de dados poderiam demandar judicialmente no caso da ocorrência de dano por descumprimento da legislação de dados. Os corifeus desta tese sustentam que o Considerando 146, p. 6, menciona única e exclusivamente os titulares de dados, no que diz respeito à exigência de reparação efetiva, bem assim que o art. 82, (2), do RGPD, indica apenas a possibilidade de ressarcimento nos casos de tratamento de dados, o que excluiria a legitimação dos demais indivíduos, ainda que afetados indiretamente[15].

---

9. Antônio Barreto Menezes Cordeiro menciona não ter encontrado qualquer autor defendendo esta posição (CORDEIRO, A. Barreto Menezes. Repercussões do RGPD sobre a responsabilidade civil. *In*: TEPEDINO, Gustavo; FRAZÃO, Ana; OLIVA, Milena Donato (Coords.). *Lei Geral de Proteção de Dados e suas repercussões no direito brasileiro*. São Paulo: Thomson Reuters Brasil, 2019, p. 785). Leonardo Martins, referenciado os autores alemães Manuel Klar e Jürgen Kühling, afirma que "o direito fundamental de proteção de dados reconhecido em nível europeu (art. 8 da CEDF) tem uma área de proteção pessoal que vai além do âmbito de aplicação do DS-VGO". Neste sentido, continua o autor, "também grupos e 'pessoas coletivas' podem ser beneficiados se a partir de informações a respeito deles atingir-se 'um membro identificado ou identificável', caso em que o dado, antes relacionado à pessoa artificial, passa a ser 'pessoal'. É o caso por eles referido de informações financeiras sobre uma sociedade de responsabilidade limitada ou de sócio único" (MARTINS, Leonardo. Interpretação e controle judicial de violação da Lei de Proteção de Dados e de sua constitucionalidade: possibilidades normativas e limites de um novo ramo jurídico-objetivo. *Revista de Direito Civil Contemporâneo*, São Paulo, v. 21, ano 6, p. 57-116, out./dez. 2019, p. 62).
10. RATAJ, Diane. *Einfluss des Allgemeinen Persönlichkeit auf den eifachgesetzlichen Datenschutz*: Eine Analyse am Beispiel des virtuellen Speichers. Wiesbaden: Springer, 2017, p. 231.
11. "*The effectiveness of EU law, often even in other language versions referred to as "effet utile", has become of paramount importance in the case-law of the CJEU. In essence, it states that the provisions of EU law must be interpreted and applied in such a way that they fulfil their practical purpose and have practical effect. On this basis, the requirement of the practical effectiveness of EU law serves the CJEU as an explanatory element with regard to practically all institutes of EU law and in this respect runs like a red thread through the case-law of the Court. In this case-law, the key interpretative approach of the Court is the outcome, the assertion of EU law. Although, this 'effet utile' approach finds its limitations, as there has to be an "appropriate balance between Member State autonomy and the 'effet utile' of EU law*" (FRISCHHUT, Markus. *The ethical spirit of EU Law*. Innsbruck: Springer, 2019, p. 94).
12. WESSELS, M. Schmerzensgeld bei Verstö en gegen die DSGVO. *Datenschutz Datensicht*, v 43, p. 781-785, 2019, p. 782.
13. CORDEIRO, A. Barreto Menezes. Repercussões do RGPD sobre a responsabilidade civil. *In*: TEPEDINO, Gustavo; FRAZÃO, Ana; OLIVA, Milena Donato (Coords.). *Lei Geral de Proteção de Dados e suas repercussões no direito brasileiro*. São Paulo: Thomson Reuters Brasil, 2019, p. 784-786.
14. No direito alemão, sustentando semelhante posição: BERGT, Mathias. Anotação ao art. 82 do RGPD. *In*: KÜHLING, Buchner. *Datenschutz-Grundverordnung, Bundesdatenschutzgesetz Kommentar*. 2. ed. München: Beck, 2018, Rn. 13-15.
15. KREBE, Bernhard. Anotação ao art. 82 do RGPD. *In*: SYDOW, Gernot. *Europäische Datenschutzgrundverordnung*. 2. ed. Baden-Baden: Nomos, 2018, Rn. 9-11.

Não se vislumbra razão naqueles que apoiam uma interpretação restritiva do art. 42 da LGPD e do art. 82 do RGPD. Não parece adequado sustentar-se que apenas os titulares de dados podem ser sujeitos ativos de ação judicial que vise a reparação de danos. Com efeito, o descumprimento de normas de proteção de dados pode afetar, e é bem provável que tal ocorra, interesses materiais ou imateriais de terceiros, que não faziam parte da relação originária de tratamento de dados. Certo é que, quando o legislador pretendeu restringir a aplicação de certos dispositivos normativos aos titulares de dados, assim o fez expressamente[16]. Na hipótese de reparação de danos, não sem razão, optou-se por um modelo mais amplo, a contemplar todas as pessoas físicas que sofreram uma lesão em razão do descumprimento das regras de proteção.

Relativamente aos sujeitos passivos do dever de indenizar, a redação do art. 42 da LGPD não deixa maiores dúvidas. Apenas os controladores e os operadores, quando no exercício do tratamento de dados, deverão ser responsabilizados civilmente. Para este fim, o art. 42, §1°, preceitua que o operador somente responderá solidariamente quando descumprir as obrigações da legislação de proteção de dados ou quando não tiver seguido as instruções lícitas do controlador, enquanto que este será responsável, também de forma solidária, na hipótese de envolvimento direto no tratamento de dados. No RGPD, por sua vez, a matéria vem tratada no art. 82, (2), diferenciando o comando normativo as figuras do responsável pelo tratamento e do subcontratante.

3. ANTIJURIDICIDADE

A análise da antijuridicidade pressupõe sejam assentadas certas bases dogmáticas alusivas ao instituto, ainda que de forma breve, visto que foge ao escopo do presente trabalho o aprofundamento da problemática.

Por força da influência do direito francês, que se utilizou do conceito de *faute*[17] no art. 1.382 do Código Civil de Napoleão, ao estabelecer uma cláusula geral de responsabilidade subjetiva, os pressupostos da culpa, da ilicitude e da antijuridicidade, no direito brasileiro, não raras vezes, são utilizados de forma assistemática, e tomados mesmo como sinônimos. No direito italiano, a ilicitude e a antijuridicidade acabaram por ser deslocadas para a figura do dano, dando ensejo ao que se convencionou chamar de *dano ingiusto*[18].

---

16. "Em caso de dúvida, como manifestamente parece ser o caso, cabe aos tribunais assumir a solução que melhor acautele os direitos das pessoas singulares. Naturalmente, como já se referiu, que o preenchimento dos elementos do art. 82, em especial o nexo de causalidade, são, em relação a terceiros, de mais difícil preenchimento" (CORDEIRO, A. Barreto Menezes. Repercussões do RGPD sobre a responsabilidade civil. *In:* TEPEDINO, Gustavo; FRAZÃO, Ana; OLIVA, Milena Donato (Coords.). *Lei Geral de Proteção de Dados e suas repercussões no direito brasileiro.* São Paulo: Thomson Reuters Brasil, 2019, p. 786).

17. Sobre a dificuldade da tradução desta locução francesa: *"Over time, the notions of faute, dommage, and lien de causalité have caused controversy and contradiction in the ways they have been interpreted by the doctrine and the courts. In 1948, Rabut distinguished 23 definitions of faute in the legal literature. In this sense, the liberté provided by the legislator has not contributed to much égalité and fraternité in either the courts or the doctrine"* (DAM, Cees Van. *European tort law.* 2. ed. Oxford: Oxford University Press, 2013, p. 58). Relatando a complexidade do termo *faute,* assim se manifesta Antônio Menezes Cordeiro: "Procurando, com toda a reserva que tal procedimento implica – exprimir o conteúdo de *faute,* podemos considerar que ela abrange, no seu funcionamento, a ilicitude, a culpa e o nexo causal" (CORDEIRO, António Menezes. *Tratado de direito civil português,* v. II, t. III. Coimbra: Almedina, 2010., p. 324).

18. A doutrina italiana, ancorada no art. 2.043 do *Codice Civile,* faz uso corriqueiro da expressão. Cf., por todos: FRANZONI, Massimo. *Trattato della responsabilità civile*: il danno risarcibile. Milão: Giuffrè, 2010, p. 860. No direito

A ilicitude, por consequência, segundo seu uso no direito brasileiro, acaba por admitir uma bipartição. Diz-se ser subjetiva a ilicitude quando a imputação seja balizada pela culpa *lato sensu*, mostrando-se necessária a aferição da negligência ou imprudência, ou mesmo do dolo. Por outro lado, considera-se objetiva a ilicitude que prescinde da averiguação de elementos anímicos[19], sendo suficiente a contrariedade à norma imposta pelo ordenamento[20]. Neste último sentido, é correto afirmar que a ilicitude objetiva, despida de quaisquer considerações subjetivas, corresponde ao conceito de antijuridicidade, figurando esta como elemento autônomo da responsabilização[21].

Fixadas estas premissas, a análise do art. 42 da LGPD permite concluir que a violação à legislação de proteção de dados pessoais é exigida para fins de reparação civil. Não basta, portanto, que a contrariedade ao ordenamento jurídico, considerado em seu conjunto, seja verificada. É imprescindível que a normatização de proteção de dados tenha sido infringida.

O art. 82, (1), do RGPD, por seu turno, permite a propositura de demandas de responsabilidade civil em caso de qualquer "violação do presente regulamento". A solução adotada encontra paralelo no art. 23, I, da Diretiva 46/95/CE, que "admitia ações de responsabilidade civil fundadas em tratamentos ilícitos de dados, mas também em quaisquer outros atos violadores dos diplomas nacionais que transpusessem a Diretriz".[22] Pode-se concluir, destarte, que não apenas os processamentos ilícitos realizados pelos

---

brasileiro, não é incomum a sua utilização, sem maiores considerações críticas: "Por fim, a importação, por vezes, acrítica da figura italiana do *danno ingiusto* acaba por dar ares novidadeiros a soluções já solidificadas em nossa tradição jurídica, que se utiliza dos múltiplos desdobramentos da antijuridicidade" (PETEFFI DA SILVA, Rafael. Antijuridicidade como requisito da responsabilidade civil extracontratual: amplitude conceitual e mecanismos de aferição. *Revista de Direito Civil Contemporâneo*, São Paulo, v. 18, p. 169-214, jan./mar. 2019.).

19. Esta é a lição de Eduardo Nunes de Souza: "Nesse sentido, embora a doutrina sempre tenha tratado da culpa, do dano e do nexo como figuras autônomas e imprescindíveis à configuração do ilícito, tornaram-se frequentes definições tautológicas dessas figuras: a culpa como a violação de um dever (a rigor, o ilícito); o ilícito como a produção culposa do dano; o dano como a violação culposa do dever; e assim por diante. (...) A rigor, ilícita é a conduta contrária à legalidade no direito privado, isto é, a conduta antijurídica; a produção de dano e a existência de culpa são relevantes para o surgimento do dever de indenizar, mas não para a configuração da ilicitude em sentido amplo" (NUNES DE SOUZA, Eduardo. Em defesa do nexo causal: culpa, imputação e causalidade na responsabilidade civil. *In*: NUNES DE SOUZA, Eduardo; GUIA, Rodrigo da (Coords.). *Controvérsias atuais em responsabilidade civil*: estudos de direito civil-constitucional. São Paulo: Almedina, 2018, p. 46).
20. MARTINS-COSTA, Judith. Os avatares do abuso do direito e o rumo indicado pela boa-fé. *In*: DELGADO, Mário Luiz; ALVES, Jones Figueirêdo (Coords.). *Novo Código Civil*: Questões controvertidas, parte geral do Código Civil, v. 6. São Paulo: Método, 2007, p. 520.
21. Não se há de confundir, segundo este raciocínio, antijuridicidade, ilicitude e culpa. Pontes de Miranda, embora se utilizando dos termos antijuridicidade e ilicitude como sinônimos, sustenta que "a contrariedade a direito, o ir contra o conteúdo da regra jurídica, não é elemento da culpa. É elemento da ilicitude do ato: contrariedade a direito mais culpa igual a ilícito. Tal o suporte fático" (PONTES DE MIRANDA, Francisco Cavalcanti. *Direito das obrigações*: fatos ilícitos absolutos. Coleção Tratado de Direito Privado: parte especial. Atualização de Rui Stoco. São Paulo: Revista dos Tribunais, 2012. t. 53, p. 92).
22. Menezes Cordeiro leciona que o texto da Diretriz restou aproveitado pela Comissão Europeia, na proposta original do RGPD, tendo esta primeira versão passado incólume às observações promovidas pelo Parlamento Europeu e pelas Comissões Parlamentares. A unanimidade teria sido quebrada pela Comissão, ao propor a limitação da responsabilização civil às hipóteses de tratamento de dados que violassem o RGPD. Ocorre que, segundo o autor, "durante as negociações tripartidas e por insistência do Parlamento Europeu, a versão final viria assumir, em consonância com D 46/95/CE e com a Proposta, um alcance mais vasto, extensível a toda e qualquer violação do RGPD" (CORDEIRO, A. Barreto Menezes. Repercussões do RGPD sobre a responsabilidade civil. *In*: TEPEDINO, Gustavo; FRAZÃO, Ana; OLIVA, Milena Donato (Coords.). *Lei Geral de Proteção de Dados e suas repercussões no direito brasileiro*. São Paulo: Thomson Reuters Brasil, 2019, p. 779-780).

responsáveis pelo tratamento e pelos operadores, mas também qualquer outro ato que viole o RGPD, podem justificar a propositura de demanda indenizatória.

Ressalte-se ainda que o objeto da violação não consiste apenas na infração aos comandos trazidos pelo regulamento, mas também a outros atos delegados e de execução, bem assim aos atos emanados dos Estados-Membros que concretizem e efetivem o RGPD. O Considerando 146, p. 5, esclarece, neste sentido, que a violação causadora de danos não deve estar diretamente relacionada aos regulamentos do RGPD, mas também pode se referir a atos delegados, bem como a atos de execução e disposições legais dos Estados que visem esclarecer o regulamento[23].

Relativamente à LGPD, não se duvida que a mesma solução deva ser adotada. Como o art. 42 expressamente se refere à violação da legislação de proteção de dados, em sentido amplo, também os atos executórios expedidos podem servir de fundamento à demanda ressarcitória. O emprego de uma interpretação restritiva ofenderia os propósitos da normatização aludida, que tem por escopo a proteção dos titulares de dados e de terceiros que sejam vítimas do tratamento ilícito de dados ou de outros atos a este relacionados. O art. 30 da LGPD, por exemplo, registra que a autoridade nacional poderá estabelecer normas complementares para as atividades de comunicação e de uso compartilhado de dados pessoais. O desrespeito a tais regras logicamente proporcionará ao ofendido a possibilidade de demandar em juízo.

4. NEXO DE CAUSALIDADE

O art. 42 da LGPD trata de forma bastante vaga os critérios causais utilizados pelo corpo normativo a fim de identificar o liame entre a conduta do ofensor e a lesão sofrida pela vítima. Dispõe apenas que aquele que causar a outrem dano patrimonial, moral, individual ou coletivo, em violação à legislação de proteção de dados pessoais, é obrigado a repará-lo. Deixou o legislador, neste ponto, de tratar de relevantes questões relacionadas aos critérios de imputação do dano.

O nexo de causalidade constitui um dos temas mais áridos da seara da responsabilidade civil, memorando a doutrina a miríade de teorias que logram explicar este pressuposto jurídico[24] do dever de indenizar. Teresa Ancona Lopez[25], citando Jiménez Asúa, indica a existência de ao menos catorze correntes principais e muitas intermediárias que visam elucidar a problemática da causalidade, o grande protagonista da responsabilidade civil atual[26]. Esta profusão de teses pode ser imputada ao esforço realizado pelas escolas de

---

23. WESSELS, M. Schmerzensgeld bei Verstö en gegen die DSGVO. *Datenschutz Datensicht*, v 43, p. 781-785, 2019, p. 782. No mesmo sentido: RAITH, Nina. *Das vernetzte Automobil*: Im Konflikt zwischen Datenschutz und Beweisführung. Stuttgart: Springer Vieweg, 2018, p. 59.
24. MARTINS-COSTA, Judith. Ação indenizatória. Dever de informar do fabricante sobre os riscos do tabagismo. *Revista dos Tribunais*, São Paulo, n. 812, p. 75-99, jun. 2003, p. 94. Acerca da discussão da natureza jurídica da causalidade, cf.: DAVID, Tiago Bitencourt. Da culpa ao nexo causal: o caráter valorativo do juízo de causalidade e as (de)limitações da responsabilidade objetiva. *Revista de Direito Civil Contemporâneo*, São Paulo, v. 17, ano 5, p. 87-104, out./dez. 2018.
25. LOPEZ, Teresa Ancona. *Nexo causal e produtos potencialmente nocivos*: a experiência brasileira do tabaco. São Paulo: Quartier Latin, 2008, p. 24.
26. MIRAGEM, Bruno. *Direito civil*: responsabilidade civil. São Paulo: Saraiva, 2015, p. 219.

interpretação do século XIX para o estabelecimento de regras gerais, a partir do estudo da casuística do Direito Romano, particularmente na Alemanha[27]. Diante das dificuldades de se alcançar uma definição de causalidade jurídica, certos autores chegaram mesmo a questionar a utilidade de uma busca sistemática pelo estabelecimento de um conceito[28].

Amparado em invocações genéricas e vagas de princípios constitucionais, como o banalizado postulado da dignidade da pessoa humana[29] e o axioma da reparação integral, e em nome da constitucionalização do direito civil, segmento da doutrina tem advogado a tese da ampla flexibilização do nexo de causalidade, seja por meio da utilização de presunções não autorizadas por lei, ou até mesmo pela mera dispensa do requisito causal na aferição do dever de indenizar.

De fato, aproveitando-se da ausência de consenso doutrinário sobre a tese adotada pelo legislador nacional, tem a jurisprudência se valido, a seu gosto, e sem maiores apuros técnicos, da construção que melhor atenda à solução de antemão já fixada pelo julgador, de forma intuitiva[30]. Sob o pretexto de proteção da vítima, e evitando a prolação de decisões que particularmente lhes pareçam injustas, tendem os tribunais a manipular, consciente ou inconscientemente, os requisitos de aplicação da responsabilidade civil[31].

No Brasil, a teoria do dano direto e imediato, também conhecida como teoria da interrupção do nexo causal, que deita suas raízes no direito francês, alcançou grande prestígio na doutrina[32] e jurisprudência brasileiras, tendo sido mencionada no paradigmático acórdão de 1992 (RE 130.764), que tratou sobre a responsabilidade civil do Estado no caso de crime praticado por fugitivo.

Em território pátrio, deve-se a Agostinho Alvim[33] a sua principal formulação, tomando como base o disposto no art. 1060 do Código Civil de 1916, atualmente reproduzido no art. 403 do CC/2002. O legislador brasileiro, segundo o autor indicado, teria adotado a subteoria da necessariedade, sendo considerada causa direta e imediata aquela que necessariamente ensejou o dano. Trata-se, em verdade, de construção teórica que não oferece critérios seguros e objetivos de aplicação, permitindo a utilização, pelo magistrado, da tese que, escolhida previamente, melhor se adeque à solução já definida[34].

---

27. QUÉZEL-AMBRUMAZ, Cristophe. *Essai sur la causalité en droit de la responsabilité civile*. Paris: Dalloz, 2010, p. 22.
28. VINEY, Geneviève; JOURDAIN, Patrice. *Les conditions de la responsabilité*. 4. ed. Paris: LGDJ, 2013, p. 239-240.
29. Sobre a vulgarização do aludido princípio no direito brasileiro, cf.: RODRIGUES JÚNIOR, Otávio Luiz. *Direito civil contemporâneo*: estatuto epistemológico, Constituição e direitos fundamentais. Rio de Janeiro: Forense Universitária, 2019, p. 173-177.
30. "¿Cuáles son las conclusiones que se pueden extraer de esta larga excursión através de una serie de sentencias recientes de nuestro Tribunal Supremo? Creo que se puede ratificar la inicial afirmación de que existe una buena dosis de indefinición en la jurisprudencia. A través de ella, resulta imposible el hallazgo de criterios que permitan determinar que suerte correrán, en el futuro, los casos que ante el Tribunal lleguen. Algo hace pensar que el Tribunal sigue criterios de justicia intuitiva, que resultan difícilmente formalizables en argumentos de técnica jurídica" (DÍEZ-PICAZO, Luís. *Derecho de daños*. Madrid: Civitas, 1999, p. 37).
31. KOZIOL, Helmut. *Basic Questions of Tort Law from a Germanic Perspective*. Wien: Jan Sramek Verlag, 2009, p. 13
32. Cf., por todos: TEPEDINO, Gustavo. Notas sobre o nexo de causalidade. *In:* TEPEDINO, Gustavo. *Temas de direito civil*. Rio de Janeiro: Renovar, 2006. t. 2.
33. ALVIM, Agostinho. *Da inexecução das obrigações e suas consequências*. 4. ed. São Paulo: Saraiva, 1972.
34. REINIG, Guilherme Henrique Lima. A teoria do dano direto e imediato no Direito Civil brasileiro: análise crítica da doutrina e comentários à jurisprudência do STF sobre a responsabilidade civil do Estado por crime praticado por fugitivo. *Revista de Direito Civil Contemporâneo*, São Paulo, v. 12, ano 4, p. 109-163, jul./set. 2017.

A teoria da causalidade adequada[35], embora também passível de críticas[36], é preferível do ponto de vista técnico, por consistir em verdadeira teoria da imputação[37] (*Zurechnung Theorie*). Ainda que alguns autores[38] apontem a sua origem na obra de von Bar[39], é ao fisiologista de Baden, Johannes von Kries[40], que se atribui a autoria da teoria, tendo sido posteriormente desenvolvida por Max Friedrich Gustav von Rümelin a doutrina da prognose retrospectiva de caráter objetivo[41]. Merece destaque ainda o trabalho de Ludwig Traeger, ao estabelecer o conceito de "circunstância genericamente favorável"[42]. A teoria da causalidade adequada restou rapidamente agasalhada pelo Tribunal Federal Alemão (*Bundesgerichtshof*) e, embora em alguns casos sofra os temperamentos da teoria do escopo da norma, mormente em hipóteses de responsabilidade objetiva[43], continua sendo adotada pelos tribunais alemães[44].

A LGPD, assim como o Código Civil de 2002, restou omissa no que toca à teoria da causalidade adotada. Certo é que a teoria do dano direto e imediato, seja em sua vertente direta, seja sob os auspícios de subteoria da necessariedade, não se mostra eficiente na resolução dos problemas práticos judiciais, ante a ausência de parâmetros claros de aplicação. Preferível o emprego, portanto, em nome da segurança jurídica, de critérios objetivos de imputação, mais especificamente a tese da causalidade adequada, de tradicional e larga aplicação na jurisprudência nacional, embora nem sempre utilizada de forma criteriosa e técnica.

Assim é que os danos ocasionados a terceiros, que não os titulares de dados, deverão se submeter ao crivo da teoria da causalidade adequada, fixando a jurisprudência critérios de limitação da imputação, evitando-se o alargamento desmedido da responsabilização

---

35. Não existe 'uma' teoria da causalidade adequada. Essa circunstância tem provocado diversos problemas na doutrina brasileira que a importou do Direito alemão sem considerar suas diferenciações internas" (RODRIGUES JÚNIOR, Otávio Luiz. Nexo causal probabilístico: elementos para a crítica de um conceito. *Revista de Direito Civil Contemporâneo*, São Paulo, v. 8. ano 3. p. 115-137, jul./set. 2016, p. 130).
36. A teoria da causalidade adequada tem sofrido críticas em razão de sua excessiva abertura, rivalizando, no direito alemão, com o emprego da teoria do escopo de proteção da norma, ora sendo esta última aplicada isoladamente, ora em conjunto com a tese da causa adequada (DEUTSCH, Erwin; AHRENS, Hans-Jürgen. *Deliksrecht*. 6. Auflage. München: Franz Vahlen, 2014, p. 26). Sobre a teoria do escopo de proteção da norma, cf.: REINIG, Guilherme Henrique Lima. *O problema da causalidade na responsabilidade civil*: a teoria do escopo da de proteção da norma (Schutzzwecktheorie) e a sua aplicabilidade no direito civil brasileiro. 293p. Tese (doutorado) – Faculdade de Direito, Universidade de São Paulo, São Paulo, 2015.
37. LARENZ, Karl. *Lehrbuch des Schuldrechts*: allgemeiner Teil. 14. Auflage. München: Beck, 1987, v. 1, p. 435.
38. MELO DA SILVA, Wilson. *Responsabilidade sem culpa e socialização do risco*. Belo Horizonte: Bernardo Alvares, 1962, p. 214.
39. BAR, Ludwig von. *Die Lehre vom Kausalzusammenhang im recht, besonders im Srtafrecht*. Leipzig: Verlag von Bernhard lauchnitz, 1871, p. 1 s.
40. KRIES, Johannes von. Über den begriff der objectiven Möglichkeit und einige Anwendung desselben. *Vierteljahrsschrift für wissenschaftlich Philosophie*, v. 12, p. 180-239, 1888.
41. RÜMELIN, Max Friedrich Gustav von. Die Verwendung der Causalbegriffe in Straf- und Civilrecht. *Archiv für die civilistische Praxis*. v. 90. fascículo 2, p. 171-344, 1900.
42. TRAEGER, Ludwig. *Kausalbegriff im Straf- und Zivilrecht. Zugleich ein Beitrag zur Auslegung des BGB*. Marburg: Elwert, 1904, p. 116-117.
43. DAM, Cees Van. *European tort law*. 2. ed. Oxford: Oxford University Press, 2013, p. 314.
44. "Todas essas inovações não conseguiram superar a teoria da causalidade adequada. E ainda que se chegue a um novo modelo teórico para a responsabilidade civil, não se encontram no Direito alemão parâmetros para se admitir a flexibilização do nexo de causalidade" (RODRIGUES JÚNIOR, Otávio Luiz. Nexo causal probabilístico: elementos para a crítica de um conceito. *Revista de Direito Civil Contemporâneo*, São Paulo, v. 8, ano 3, p. 115-137, jul.-set. 2016, p. 132).

pelo descumprimento das normas de proteção de dados. Nem todas as lesões originadas do tratamento de dados ou atividades correlatas deverão ser indenizadas, mas somente aquelas que, à luz da experiência ordinária, eram capazes de produzir os danos suportados.

Problema que certamente virá a ser enfrentado pela tribunais pátrios é a questão da causalidade alternativa[45]. Considerando-se que nem sempre será possível identificar o controlador ou operador de dados que causou a lesão[46], visto que na vida cotidiana atual o tratamento de dados constitui atividade corriqueira, questiona-se se seria viável a responsabilização solidária de todos os operadores com quem o titular de dados travou relações. A resposta parece ser negativa. Enquanto que a questão encontra solução explícita no §830 do BGB[47] que, em sua primeira parte, afirma que, se mais de uma pessoa tiver causado danos por um ilícito perpetrado em conjunto, cada uma delas será responsável pelo dano, não se preocupou o legislador brasileiro em dar tratamento adequado ao tema. Assim sendo, ausente previsão expressa neste sentido, não é possível falar-se, neste caso, em responsabilidade solidária.

Outro ponto relevante diz respeito às excludentes previstas no art. 43 da LGPD. A primeira hipótese, tracejada no inciso I, predica que o agente não será responsabilizado quando provar que não realizou o tratamento de dados que lhe é atribuído. Trata-se, sem dúvida, de caso de afastamento de nexo causal entre o dano e a conduta do agente[48]. O inciso III, por sua vez, aduz que a responsabilidade será afastada quando ficar comprovado que o dano é decorrente de culpa exclusiva do titular dos dados ou de terceiros[49]. A

---

45. A teoria da causalidade alternativa desenvolveu-se na Áustria. Passaram-se quase 150 anos da publicação do ABGB para que a questão fosse solucionada no direito austríaco, quando Franz Bydlinski, professor catedrático na Universidade de Viena, começou a publicar importantes trabalhos sobre a matéria, como *Haftung bei alternativer Kausalität* (1959) e *Probleme der Schadensverursachung nach deutschem und österreichischem Recht* (1964). Bydlinski desenvolveu sua teoria com base na seguinte hipótese: *"Twenty cows escaping from a meadow trample over a neighboring piece of land and destroy the lawn. It is certain that at least one cow is from X's herd and another one from Y's, with the remaining eighteen cows belonging to either X or Y. There conclusions can be drawn from this scenario qt this point: (1) One twentieth of the loss each is indisputably attributable to either X and another one to Y (each for their first cow). 2) Another twentieth was therefore with equal certainty not caused by one of Y's or X's cows respectively – the necessary mirror image of (1). (3) For the remaining eighteen twentieth of the loss, it cannot be clarified whether and to what extent this segment was caused by cows owned by either X and-or Y"* (KOCH, Bernhard A. Proportional liability for causal uncertainty: How it works on the basis of a 200-year-old code. In: PAPAYANNIS, Diego M.; MARTÍN-CASALS, Miquel (Eds.). *Uncertain causation in tort law*. Cambridge: Cambridge University Press, 2016, p. 71-72).
46. Não se trata daqui da hipótese de diversos controladores operando numa mesma cadeia de tratamento de dados. Neste caso, a LGPD é clara em afirmar, em seu art. 42, §1º, a responsabilidade solidária dos agentes.
47. Segundo Ignacio de Cuevillas Matozzi, não apenas a norma geral do §830 prevê a hipótese de causalidade alternativa. Outros dispositivos da legislação extravagante alemã se referem à responsabilidade coletiva. A título exemplificativo, citem-se a Lei Federal de Pensões de 1950 e a Lei de Nivelação de Cargas, que fixam responsabilidade coletiva pelos danos derivados de perturbações civis e pelas lesões sofridas por pessoas e coisas em consequência de guerras (MATOZZI, Ignacio de Cuevillas. *La relación de causalidad en la órbita del derecho de daños*. Valencia: Tirant Lo Blanch, 2000, p. 245).
48. CRUZ, Gisela Sampaio da Cruz; MEIRELES, Rose Melo Vencelau. Término do tratamento de dados. In: TEPEDINO, Gustavo; FRAZÃO, Ana; OLIVA, Milena Donato (Coords.). *Lei Geral de Proteção de Dados e suas repercussões no direito brasileiro*. São Paulo: Thomson Reuters Brasil, 2019.
49. "Nessa hipótese, abre-se uma interessante discussão, se a invasão de um sistema que armazena dados pessoais por um agente mal intencionado e não autorizado, e a posterior utilização danosa desses dados pessoais, seria culpa de terceiro. (...) Nesse sentido, a partir do momento em que o controlador ou o operador adotam as melhores técnicas de proteção do seu ambiente, caso a invasão resulte de técnicas inovadoras, comprovada a adoção de medidas de segurança eficientes e razoáveis, admite-se a excludente de responsabilidade por fato de terceiro, que pode exonerar integralmente a responsabilidade ou mesmo mitigá-la (...)" (MALDONADO, Viviane Nóbrega; BLUM, Renato Opice. *LGPD – Lei Geral de Proteção de Dados – Comentada*. São Paulo: Revista dos Tribunais, 2019).

doutrina majoritária, no entanto, entende que a "culpa da vítima" constitui uma questão meramente causal[50] e que pode exonerar a responsabilidade ou apenas mitigá-la.

A LGPD não alude às circunstâncias de caso fortuito e força maior como hipóteses de exclusão da responsabilidade. Razão não há, entretanto, para não considerar estes acontecimentos como fatores que afastam o nexo de causalidade, gerando a não responsabilização do agente de tratamento de dados. O dispositivo possui, assim, caráter meramente exemplificativo. Ressalta-se ainda que o fortuito interno, no entanto, na formulação clássica de Agostinho Alvim, não tem o condão de afastar o liame causal. Trata-se de exame a ser realizado na verificação do nexo de causalidade, e não no pressuposto da culpa, como não raras vezes se vê acontecer.

No RGPD, o art. 82, (3), dispõe que "o responsável pelo tratamento ou o subcontratante fica isento de responsabilidade nos termos do n. 2, se provar que não é de modo algum responsável pelo evento que deu origem aos danos". Segundo Antônio Menezes Barreto Cordeiro, não haverá responsabilização sempre que os agentes de tratamento consigam afastar a ilicitude e a culpa dos seus atos ou omissões, ou ainda quando demonstrarem a ausência de nexo causal[51].

5. CULPA

Uma das discussões mais relevantes no campo da aplicação da LGPD e do RGPD diz respeito ao modelo de responsabilidade civil adotado pelo legislador. Debate-se, nesta seara, se a lei de proteção de dados brasileira e o regulamento europeu teriam agasalhado um regime objetivo de responsabilização dos agentes de tratamento. Fato é que ambos os corpos normativos restaram omissos no que tange à escolha da espécie de responsabilidade adotada, relegando à doutrina e à jurisprudência o estabelecimento do modelo a ser aplicado.

Parcela doutrinária, ancorada na circunstância de que as regras que permeiam a LGPD em muito se assemelham àquelas tracejadas no CDC, especialmente em seu art. 12, defendem a tese de que a legislação de proteção de dados acolheu um sistema objetivo de responsabilidade[52]. Argumenta-se ainda que o dever indenizatório surge do risco atrelado à própria atividade, nos moldes do art. 927, parágrafo único, do Código Civil de 2002[53]. Desnecessária, para essa corrente da doutrina, a comprovação da culpa para

---

50. Neste sentido o enunciado 630 do CJF. Em sentido contrário, posicionando-se no sentido de que a análise da mencionada norma não envolve apenas um problema causal, devendo ser levado também em conta a culpa do ofendido, cf.: DIAS, Daniel. A chamada "culpa da vítima" é mesmo um problema apenas de causalidade? *Revista Consultor Jurídico*. Disponível em: https://www.conjur.com.br/2020-jan-20/direito-civil-atual-culpa-vitima-mesmo-problema-apenas-causalidade. Acesso em: 05 abr. 2020.
51. CORDEIRO, A. Barreto Menezes. Repercussões do RGPD sobre a responsabilidade civil. In: TEPEDINO, Gustavo; FRAZÃO, Ana; OLIVA, Milena Donato (Coords.). *Lei Geral de Proteção de Dados e suas repercussões no direito brasileiro*. São Paulo: Thomson Reuters Brasil, 2019, p. 790-791.
52. Ainda que se filiem à tese da responsabilidade subjetiva, Gisela Sampaio da Cruz e Rose Melo Vencelau mencionam o entendimento doutrinário ora exposto: CRUZ, Gisela Sampaio da Cruz; MEIRELES, Rose Melo Vencelau. Término do tratamento de dados. In: TEPEDINO, Gustavo; FRAZÃO, Ana; OLIVA, Milena Donato (Coords.). *Lei Geral de Proteção de Dados e suas repercussões no direito brasileiro*. São Paulo: Thomson Reuters Brasil, 2019, p. 230.
53. "Não há, no artigo 42 da lei, nenhuma menção à necessidade de demonstração da culpa dos agentes de tratamento por eventuais danos de qualquer natureza causados aos titulares dos dados tratados. A natureza objetiva do regime

fins de responsabilização, visto que a legislação de proteção de dados teria como um de seus escopos conter o processamento de informações pessoais, apenas o permitindo nas hipóteses estritamente úteis e necessárias[54].

Maria Celina Bodin de Moraes, por seu turno, sustenta uma espécie de responsabilização *sui generis*, nomeada de "proativa", em que a ênfase é conferida à prevenção de danos. Segundo a autora, a figura da prestação de contas, prevista no art. 6º, X, da LGPD, originou um novo sistema de responsabilidade ativa, secundando o regulamento europeu[55].

A tese da responsabilidade objetiva, contudo, não merece vingar[56]. De fato, a análise sistemática e histórica da LGPD não permite inferir tenha o legislador pretendido instituir uma exceção ao regime geral de responsabilidade subjetiva[57]. Da leitura dos artigos 42 a 45 da lei de proteção de dados não se verifica a adoção expressa de um sistema de responsabilização objetiva. É certo que o Código Civil de 2002 estatuiu, como regra, a responsabilidade civil fundada no elemento culpa em sentido lato. A aplicação da responsabilidade pelo risco deriva única e exclusivamente de previsão legal explícita ou da incidência do parágrafo único do art. 927 da codificação civil[58].

---

de responsabilidade civil é trivialmente regida na espécie pela noção de risco – desdobramento essencial da regra contida no art. 927 do Código Civil" (DRESCH, Rafael de Freitas Valle; FALEIROS JÚNIOR, José Luiz de Moura. Reflexões sobre a responsabilidade civil na lei geral de proteção de dados (Lei n. 13.709/2018). In: ROSENVALD, Nelson; DRESCH, Rafael de Freitas Valle; WESENDOCK, Tula (Coords.). *Responsabilidade Civil*: novos riscos. Indaiatuba: Foco, 2019, p. 80).

54. MENDES, Laura Schertel; DONEDA, Danilo. Reflexões iniciais sobre a nova Lei Geral de Proteção de Dados. *Revista de Direito do Consumidor*, São Paulo, v. 120, p. 469-483, nov./dez. 2018, p. 473.
55. "A nova lei, porém, introduz, secundando o regulamento europeu, uma mudança profunda em termos de responsabilização. Trata-se da sua união ao conceito de 'prestação de contas'. Esse novo sistema de responsabilidade, que vem sendo chamado de 'responsabilidade ativa' ou 'responsabilidade proativa' encontra-se indicada no inciso X do art. 6º, que determina às empresas que não é suficiente cumprir os artigos da lei; será necessário também 'demonstrar a adoção de medidas eficazes e capazes de comprovar a observância e o cumprimento das normas de proteção de dados pessoais e, inclusive, a eficácia dessas medidas'" (BODIN DE MORAES, Maria Celina; QUEIROZ, João Quinelato de. Autodeterminação informativa e responsabilização proativa. In: Proteção de dados pessoais: Privacidade versus avanço tecnológico. *Cadernos Adenauer*, Rio de Janeiro, ano XX, p. 113-135, n. 3, 2019, p. 129-134).
56. Em sentido análogo: BRUNO, Marcos Gomes Da Silva. Da Responsabilidade e do Ressarcimento De Danos. In: MALDONADO, Viviane Nóbrega; BLUM, Renato Opice (Orgs.). *LGPD – Lei Geral de Proteção de Dados – Comentada*. São Paulo: Revista dos Tribunais, 2019, p. 323. Parecem também aderir a este entendimento Márcio Cots e Ricardo Oliveira, visto que, ao tratarem do regime de responsabilização civil na LGPD, indicam que este deverá seguir a regra geral estabelecida pelos arts. 186, 187 e 927, *caput*, do CC/2002 (COTS, Márcio; OLIVEIRA, Ricardo. *Lei Geral de Proteção de Dados Comentada*. 3. ed., rev. atual. e ampl. São Paulo: Revista dos Tribunais, 2020, p. 180). Tarcisio Teixeira e Ruth Maria Guerreiro, embora não mencionem o sistema adotado pela LGPD, afirmam que o agente de tratamento poderá restar isento de responsabilidade se provar que tomou todas as medidas de segurança possíveis e que cumpriu todas as determinações da lei (TEIXEIRA, Tarcisio; ARMELIN, Ruth Maria Guerreiro da Fonseca. *Lei Geral de Proteção de Dados Pessoais*: comentada artigo por artigo. Salvador: JusPodivm, 2019, p. 122).
57. Dispõe, entretanto, o art. 42, §2º, da LGPD, que o "juiz, no processo civil, poderá inverter o ônus da prova a favor do titular dos dados quando, a seu juízo, for verossímil a alegação, houver hipossuficiência para fins de produção de prova ou quando a produção de prova pelo titular resultar-lhe excessivamente onerosa".
58. Como bem adverte Humberto Theodoro Júnior, não se pode "dar uma aplicação à regra de exceção do Código um cunho de generalidade que faça simplesmente desaparecer a responsabilidade com culpa em nosso sistema" (THEODORO JÚNIOR. Responsabilidade civil: noções gerais. Responsabilidade Objetiva e subjetiva. In: RODRIGUES JÚNIOR, Otávio Luiz; MAMEDE, Gladston; VITAL DA ROCHA, Maria (Coords.). *Responsabilidade civil contemporânea*: em homenagem a Sílvio de Salvo Venosa. São Paulo: Atlas, 2011, p. 36. Em igual sentido, Sílvio Venosa afirma que "a teoria da responsabilidade objetiva não pode, portanto, ser admitida como regra geral, mas somente nos casos contemplados em lei ou sob o novo aspecto enfocado pelo novo Código" (VENOSA, Sílvio de Salvo. *Direito Civil*: responsabilidade civil. 2. ed. São Paulo: Atlas, 2002, v. IV, n.1.1, p. 15).

Não parece tecnicamente correta a posição de que a coleta e tratamento de dados constitui atividade de risco[59], sob pena de subversão da regra geral do sistema, culminando na utilização abusiva da cláusula geral estampada no parágrafo único do art. 927 do Código Civil de 2002. O estabelecimento de cláusulas gerais não confere ao intérprete uma discricionariedade sem limites, como se a generalidade do dispositivo normativo concedesse ao aplicar do direito os meios para se atingir qualquer fim pretendido, ainda que sob a justificativa de uma suposta equidade[60].

Há de se ressaltar que o art. 45 da LGPD predica que "as hipóteses de violação do direito do titular no âmbito das relações de consumo permanecem sujeitas às regras de responsabilidade previstas na legislação pertinente". Ora, a alusão às regras do CDC reforça a tese de que, em geral, o sistema de responsabilidade civil permanece subjetivo, pois não faria sentido a ressalva efetivada pelo preceito indicado se a regra da legislação de proteção de dados fosse a de responsabilização objetiva.

Outrossim, como bem observaram Gisela Sampaio da Cruz e Rose Mero Vencelau[61], a LGPD previu uma série de *standards* de conduta, fixando ainda, no art. 6º, o dever de prestação de contas, levando a crer que apenas quando o agente de tratamento não agir com a diligência que dele se espera, responderá este pelos danos infligidos ao titular de dados ou a terceiros. Neste sentido, o art. 43, II, da aludida normatização, isenta de responsabilidade o agente de tratamento que não houver violado a legislação de proteção de dados. Em sentido análogo, o art. 44 dispõe que o tratamento de dados somente será considerado irregular quando não observar a legislação ou não fornecer a segurança que o titular deles pode esperar.

Por fim, sob uma perspectiva histórica, deve-se mencionar que o Projeto de Lei n. 5.276/2016, que deu origem à LGPD, previa expressamente, em seu art. 35, ao tratar da transferência internacional de dados, a responsabilidade objetiva e solidária do cedente e do cessionário pelo tratamento de dados. Posteriormente, entretanto, este dispositivo acabou sendo alterado, não mais prevendo a responsabilização sem culpa. O PL n. 330, que também cuidava da proteção de dados, dispunha, em seu art. 14, § 1º, que "a responsabilidade do proprietário, do usuário, do gestor e do gestor aparente de banco de dados, quando houver, independe da verificação de culpa". O legislador, ao afastar tais regras, claramente optou pelo modelo de responsabilidade subjetiva.

---

59. O enunciado n. 38 da I Jornada de Direito Civil do CJF preceitua que "a responsabilidade fundada no risco da atividade, como prevista na segunda parte do parágrafo único do art. 927 do novo Código Civil, configura-se quando a atividade normalmente desenvolvida pelo autor do dano causar a pessoa determinada um ônus maior do que aos demais membros da coletividade".
60. Sobre o tema, embora tratando da cláusula geral de boa-fé, prevista no art. 422 do CC/2002, cf.: (SCHMIDT, Jan Peter. Zehn Jahre Art. 422 Código Civil – Licht und Schatten bei der Anwendung des Grundsatzes von Treu und Glauben in der brasilianischen Gerichtspraxis. *Mitteilungen der Deutsch-Brasilianischen Juristenvereinigung*, v. 32, n 2, Max Planck Private Law Research Paper n. 15/5, pp. 34-47, 2014, p. 42). Acerca dos limites do emprego das cláusulas gerais, cf.: AGUIAR JÚNIOR, Ruy Rosado de. O Poder Judiciário e a Concretização das Cláusulas Gerais: Limites e Responsabilidade. *Revista da Faculdade de Direito da UFRGS*, Porto Alegre, v. 18, p. 221-228, 2000, p. 221-228.
61. CRUZ, Gisela Sampaio da Cruz; MEIRELES, Rose Melo Vencelau. Término do tratamento de dados. *In*: TEPEDINO, Gustavo; FRAZÃO, Ana; OLIVA, Milena Donato (Coords.). *Lei Geral de Proteção de Dados e suas repercussões no direito brasileiro*. São Paulo: Thomson Reuters Brasil, 2019, p. 232-233.

No plano do RGPD, o art. 82, (3), registra que "o responsável pelo tratamento ou o subcontratante fica isento de responsabilidade nos termos do n. 2, se provar que não é de modo algum responsável pelo evento que deu origem aos danos". A Proposta da Comissão previa, originalmente, a possibilidade de exoneração parcial, mas esta primeira versão acabou sofrendo alterações no curso do processo legislativo[62].

Na doutrina portuguesa, prevalece o entendimento de que não há que falar em responsabilização quando o agente de tratamento conseguir demonstrar que não agiu com culpa, ou que o ato por si perpetrado não é ilícito, bem assim quando comprovar a ausência de nexo causal[63]. Mafalda Miranda Barbosa defende que o art. 82, (3), do RGPD estabeleceu verdadeira regra de inversão do ônus da prova da imputação[64].

Alguns autores alemães vislumbram também uma hipótese de presunção de culpa, enquanto outros agasalham o entendimento de que se trata de responsabilidade de risco com a possibilidade de exculpação[65]. Flemming Moss, Jens Schfzig e Marian Arnig sustentam que o art. 82, (3), do RGPD, prevê o postulado da responsabilidade subjetiva, com inversão do ônus da prova em relação a todos os processadores. Destarte, presume-se a culpa de todos aqueles que não lograrem êxito em demonstrar que não são responsáveis pelas circunstâncias que causaram os danos[66]. Em sentido análogo, Paul Voigt argumenta no sentido de que o desiderato do dispositivo legal consiste em isentar apenas as empresas que cumprirem integralmente com suas obrigações, nos termos da legislação de proteção de dados[67]. A discussão parece estéril, pois, na prática, a responsabilidade civil não restará caracterizada se o réu puder provar que não é de forma alguma responsável pela ocorrência do dano[68].

6. DANO EXTRAPATRIMONIAL

Como último pressuposto de dever de indenizar, avulta de importância a definição do dano extrapatrimonial, nos termos da legislação de proteção de dados. A conceituação do dano moral, mediante a exposição analítica de seus elementos, constitui tarefa deveras tormentosa, a qual tem bravamente se debruçado a doutrina pelo menos há três séculos, sem que se tenha logrado êxito, de forma definitiva, no intento de harmonizar os variegados debates que tem florescido ao longo deste período. O enfrentamento desta

---

62. CORDEIRO, A. Barreto Menezes. *Direito da proteção de dados à luz do RGPD e da Lei n. 58/2019*. Coimbra: Almedina, 2020, p. 393.
63. CORDEIRO, A. Barreto Menezes. Repercussões do RGPD sobre a responsabilidade civil. *In:* TEPEDINO, Gustavo; FRAZÃO, Ana; OLIVA, Milena Donato (Coords.). *Lei Geral de Proteção de Dados e suas repercussões no direito brasileiro*. São Paulo: Thomson Reuters Brasil, 2019, p. 790-791.
64. BARBOSA, Mafalda Miranda. Data controllers e data processors: da responsabilidade pelo tratamento de dados à responsabilidade civil. *Revista de Direito Comercial*, p. 416-486, 2018, p. 456).
65. WESSELS, M. Schmerzensgeld bei Verstö en gegen die DSGVO. Datenschutz Datensicht, v 43, p. 781-785, 2019., p. 783-784.
66. MOSS, Flemming; SCHEFZIG, Jens; ARNING, Marian. *Die neue Datenschutz-Grundverordnung*: Mit Bundesdatenschutzgesetz. Berlin/Boston: De Gruyter, 2018, p. 261.
67. VOIGT, Paul; BUSSCHE, Axel von dem. *EU-Datenschutz-Grundverordnung (DSGVO)*: Praktikerhandbuch. Berlin: Springer, 2018, p. 274.
68. MOSS, Flemming; SCHEFZIG, Jens; ARNING, Marian. *Die neue Datenschutz-Grundverordnung*: Mit Bundesdatenschutzgesetz. Berlin/Boston: De Gruyter, 2018, p. 261.

árida matéria, quiçá a mais controvertida no âmbito da responsabilidade civil, tem dividido gerações de juristas, na sequiosa busca pela determinação precisa de seus lindes jurídicos, cizânia esta que, ainda que enriquecida pela farta produção literária acerca do tema, permanece atual ainda nos dias hodiernos[69].

Neste sentido, antes de se adentrar o exame propriamente dito dos contornos jurídicos do dano extrapatrimonial à luz da LGPD, mister se faz analisar como se tem procurado solucionar a problemática da delimitação precisa da lesão não material, se é que tal intento pode ser considerado exequível. Certo é que, ora associado a critérios eminentemente subjetivos, outras vezes atrelado a parâmetros objetivos de incidência, o dano extrapatrimonial parece abarcar um vasto e heterogêneo grupo de situações[70], carecendo, entretanto, de aplicação harmônica.

Tem prevalecido na jurisprudência brasileira, amparada por certa doutrina, uma concepção que busca atrelar a noção de dano moral a estados subjetivos do ser, tais como dor, sofrimento, angustia, amargura, vexame, tristeza e humilhação, dentre diversos outros sentimentos negativos, de modo que a configuração deste dependeria da efetiva modificação do *status* psicológico[71] ou espiritual da pessoa[72]. Nesta linha de pensamento, ainda que violado determinado direito da personalidade, não haver-se-ia de falar na necessidade de reparação, uma vez não experimentada alteração no estado anímico da vítima, de modo que e sensato afirmar, ante o que propõe esta teoria, que um mesmo fato da vida cotidiana teria o condão de causar dano a uma dada pessoa, de sensibilidade aguçada, e mostrar-se indiferente a outra.

A alusão a ideia de dor e outros suplícios de cunho subjetivo, entretanto, não conduz a uma aplicação escorreita do instituto reparatório, eis que o pressuposto anímico não constitui, em realidade, elemento ontológico do dano dito moral, mas, ao revés, mero reflexo consequencialístico daquele, de modo que a sua manifestação não se apresenta imprescindível à caracterização da lesão imaterial. A existência de sentimentos ou sensações desagradáveis, ainda que frequentes em tais casos, não deve servir de fundamento à caracterização do dano extrapatrimonial[73], mesmo porque insuscetíveis de verificação por meio de parâmetros objetivos[74], desbordando da área de abrangência da norma, uma

---

69. DOMÍNGUEZ, Carmen Hidalgo. *El daño moral*, t. I. Santiago: Editorial Jurídica de Chile, 2000, p. 43.
70. BRIZ, Jaime Santos. *Derecho de daños*. Madrid: Revista de Derecho Privado, 1963, p. 121.
71. A associação do dano extrapatrimonial a fatores subjetivos, construída a partir da influência do direito comum germânico, mediante a consagração das tradicionais expressões *pretium doloris* e *Schmerzensgeld* (DE CUPIS, Adriano. *Il danno*: teoria generale della responsabilitá civile. Milano: Giuffrè, 1946, p. 31), esteve sempre relacionada a obstáculos e barreiras interpostas ao reconhecimento daquele como figura autônoma, sob o frágil argumento de existir certa imoralidade na sua reparação. Neste sentido: *"Los términos 'daño moral', que designan este tipo de perjuicio extrapatrimonial en su acepción más extendida, tendrían su origen en una interpretación latina, y gracias a la influencia del Derecho canónico, de la institución del Derecho germánico antiguo 'Wergeld' o 'rescate de la sangre' o 'dinero del dolor'. Esta acepción, desde la cual nació el concepto moderno del Derecho alemán 'Schmerzensgeld', también fue utilizada y aplicada en la península itálica, como asimismo en los antiguos territorios francos"* (ZAMORANO, Marcelo Barrientos. Del daño moral al daño extrapatrimonial: la superación del pretium doloris. *Revista Chilena de Derecho*, Santiago, v. 35, n. 1, p. 85-106, 2008, p. 86).
72. ANDRADE, André Gustavo Côrrea de. A evolução do conceito de dano moral. *Revista da EMERJ*, Rio de Janeiro, v. 6, n. 24, p. 143-175, 2003, p. 145.
73. Enunciado 444 do Conselho de Justiça Federal da V Jornada de Direito Civil: "O dano moral indenizável não pressupõe necessariamente a verificação de sentimentos humanos desagradáveis como dor ou sofrimento".
74. Tratando acerca do direito alemão, e, especificamente, das lesões incapacitantes, nas quais as pessoas se tornam insuscetíveis de qualquer percepção ou sensação, assim discorrem Nils Jansen e Lukas Rademacher: *"Yet, despite the prima facie plausibility of this compensatory explication of damages for pain and suffering, it faced severe problems during*

vez que consistentes em fatores metajurídicos. Ainda que muitas vezes se apresentem imbricados, não se podem baralhar os conceitos de dano e dor[75], este consistindo em nada mais que mera manifestação daquele.

Parte da doutrina, por outro lado, tem preferido conceituar o dano moral como a lesão ao postulado da dignidade da pessoa humana[76]. Em que pesem os inegáveis avanços alcançados pela adoção de critério objetivo desvinculado de estados anímicos subjetivos, não se deve concluir, de forma definitiva, que a noção porosa de dignidade da pessoa humana[77] deve ser guindada ao pedestal de parâmetro de seleção de interesses merecedores de tutela. Ainda que imbuída do espírito de amplo amparo do indivíduo, segundo ditames constitucionalmente especificados, peca a tese nominada por sua excessiva indeterminação, revelando sua limitada praticidade na determinação dos danos morais passíveis de reparação. Prova desta circunstância é a sua indiscriminada utilização no meio jurisprudencial[78], como acima referenciado, servindo para justificar posições completamente antagônicas, tanto em prol da ampliação do conceito de dano ressarcável, quanto como panegírico a adequação do instituto a realidade social, de modo a evitar a proliferação de demandas indenizatórias.

Em contraposição à elevada discricionariedade oportunizada pelas teses acima analisadas, avulta a concepção do dano extrapatrimonial como lesão a direitos da personalidade como solução mais idônea à resolução da problemática, pugnando esta tese pela incidência de parâmetros mais objetivos, ao tencionar romper com o paradigma do

---

the 20th century. First, it is difficult to assess such compensation adequately because there is no objective measure of pain and no one can feel someone else's pain (...). In fact, in a decision of 1975, the BGH held that a 'genuine' Schmerzensgeld was impossible in such cases: instead the victim was awarded a comparatively little 'symbolic' payment. Yet this was generally regarded as outrageous and since the 1990s therefore, the courts have assessed the victim's damage from an objective point of view. Accordingly, the loss of personality is regarded as an immaterial damage in itself, requiring compensation regardless of whether or not the victim is aware of the impairment" (JANSEN, Nils; RADEMACHER, Lukas. Punitive damages in Germany. In: KOZIOL, Helmut; WILCOX, Vanessa. (Ed.). *Punitive damages:* common law and civil law perspectives. Mörlenbach: Springer Wien/New York, 2009, p. 78-79).

75. ZANNONI, Eduardo Antonio. *El daño en la responsabilidad civil.* 3. ed. Buenos Aires: Astrea, 2005, p. 153.
76. MORAES, Maria Celina Bodin de. *Danos à pessoa humana:* uma leitura civil-constitucional dos danos morais. 2. ed., Rio de Janeiro: Processo, 2017, p. 184.
77. "Dignidade da pessoa humana acabou por ganhar, assim, a propriedade de servir a tudo. De ser usado onde cabe com acerto pleno, onde convém com adequação discutível e onde definitivamente não é o seu lugar. Empobreceu-se. Esvaziou-se. Tornou-se um tropo oratório que tende à flacidez absoluta. Alguém acha que deve ter melhores salários? Pois que se elevem: uma simples questão de dignidade da pessoa humana. Faltam às estradas condições ideais de tráfego? É a própria dignidade da pessoa humana que exige sua melhoria. O semáforo desregulou-se em consequência de chuvas inesperadas? Ora, substituam-no imediatamente" (VILLELA, João Baptista. Variações impopulares sobre a dignidade da pessoa humana. In: *Superior Tribunal de Justiça:* doutrina. Edição comemorativa, 20 anos, Distrito Federal, p. 559-581, 2009, p. 562).
78. "Se tudo é fundado na dignidade humana, nada, afinal, o será. Para não se esquecer que ela serve de fundamento dos discursos daqueles que defendem e dos que atacam o direito ao aborto e à eutanásia" (RODRIGUES JÚNIOR, Otávio Luiz. Estatuto epistemológico do Direito civil contemporâneo na tradição de civil law. *Meritum,* Belo Horizonte, v. 5, n. 2, p. 13-52, jul./dez. 2010, p. 42). Pontua ainda o indicado autor: "Na jurisprudência, o acórdão mais importante sobre os excessos argumentativos quanto à dignidade humana foi julgado pelo STF, com relatoria do min. Dias Toffoli, em cuja fundamentação ele deixou assentado que 'é necessário salvaguardar a dignidade da pessoa humana de si mesma, se é possível fazer essa anotação um tanto irônica sobre os excessos cometidos em seu nome, sob pena de condená-la a ser, como adverte o autor citado, um 'tropo oratório que tende à flacidez absoluta'. E parece ser esse o caminho a que chegaremos, se prosseguirmos nessa principiolatria sem grandes freios'" (RODRIGUES JÚNIOR, Otávio Luiz. *Direito civil contemporâneo:* estatuto epistemológico, Constituição e direitos fundamentais. Rio de Janeiro: Forense Universitária, 2019, p. 174).

uso dilargado do instituto, conferindo balizas mais seguras de aplicação a figura jurídica. Brebbia[79], seguindo a doutrina de Chironi[80], preceitua ser o dano moral a espécie, compreendida dentro do conceito genérico de dano, caracterizada pela violação de um ou vários dos direitos inerentes a personalidade de um sujeito de direito. No Brasil esta posição é abraçada por Paulo Luiz Neto Lôbo[81].

Estabelecidas estas premissas, cumpre averiguar se o descumprimento da legislação de proteção de dados, em qualquer hipótese, ensejará a reparação por danos extrapatrimoniais. Assim como a LGPD, o RGPD deixou de traçar parâmetros para a definição de dano moral. No âmbito europeu, discute-se se caberia aos próprios Estados determinar os critérios para a definição de dano, visto que o art. 82, (6), do RGPD, confere competência jurisdicional aos tribunais dos Estados-Membros para dirimir este tipo de litígio, ou se esta atribuição seria do TJUE. A atividade dos tribunais europeus, no entanto, não pode ser considerada totalmente livre. O RGPD estabelece, ao revés, que o conceito de dano deve ser analisado à luz da jurisprudência do TJUE, além de que os objetivos da legislação de proteção de dados devem ser de todo observados. Outrossim, assim como a LGPD, o RGPD adverte que não apenas os danos materiais devem ser ressarcidos, mas também as lesões não patrimoniais[82].

No direito alemão, alguns tribunais já chegaram a se manifestar acerca da configuração de danos extrapatrimoniais, nos termos do art. 82 do RGPD. No primeiro julgamento conhecido, datado de 07 de novembro de 2018, o demandante noticiou o fato de ter recebido um e-mail do réu, com o uso de seus dados pessoais, sem prévio consentimento daquele, solicitando a sua autorização para recebimento de um boletim informativo. Neste caso, o *Amstgericht* de Diez[83] quantificou os danos morais em cinquenta euros, considerando infundada a pretensão de reconhecimento de outros danos.

Afirmou-se, neste julgamento, que nem toda violação do RGPD conduz necessariamente à reparação de danos. A infração, segundo o tribunal, por si só, não foi suficiente para elevar o valor da condenação já reconhecida. Embora uma grave violação do direito de personalidade não seja mais necessária, os danos morais não podem ser reconhecidos em caso de violações menores, sem graves prejuízos, ou por cada inconveniente individual sofrido. Ao contrário, a pessoa afetada deve ter suportado uma desvantagem perceptível e a violação dos direitos pessoais deve ser objetivamente compreensível e de um certo peso. O *Amstgericht* de Diez ressaltou, neste caso, que o demandante recebeu um único e-mail da ré, de modo que uma compensação complementar não seria apropriada.

---

79. BREBBIA, Roberto H. *El daño moral:* doctrina, legislación y jurisprudencia. Buenos Aires: Editorial Bibliográfica Argentina, 1950, p. 84.
80. CHIRONI, Gian Pietro. *La colpa nel diritto civile odierno:* colpa extra-contrattuale. 2. ed., t. II. Torino: Fratelli Boca Editori, 1906, p. 320.
81. LÔBO, Paulo Luiz Netto. Danos morais e direitos da personalidade. *Revista Trimestral de Direito Civil*, Rio de Janeiro, n. 6, p. 79-97, abr./jun., 2001, p. 95.
82. CORDEIRO, A. Barreto Menezes. Repercussões do RGPD sobre a responsabilidade civil. *In:* TEPEDINO, Gustavo; FRAZÃO, Ana; OLIVA, Milena Donato (Coords.). *Lei Geral de Proteção de Dados e suas repercussões no direito brasileiro*. São Paulo: Thomson Reuters Brasil, 2019, p. 784-785.
83. AG Diez, 07.11.2018 – 8 C 130/18.

No mesmo sentido, o OLG Dresden[84], que teve que decidir sobre um dano imaterial - estimado pelo demandante em 150 euros – em razão de uma postagem excluída de uma rede social e um bloqueio temporário da conta do usuário. O tribunal também se posicionou contra a extensão da compensação por danos morais relativamente a lesões consideradas menores, apontando ainda o risco considerável de abuso. Decidiu o tribunal que a exclusão de uma postagem publicada em rede social e o bloqueio da conta do usuário não são, em princípio, uma violação grave de seu direito geral de personalidade que possa justificar uma compensação monetária. O direito à compensação financeira por dano moral não se afiguraria possível em todas as violações ao direito geral de personalidade[85] e em todas as hipóteses de quebra de contrato. Pelo contrário, pressuporia uma séria infringência ao direito de personalidade.

No afã de evitar a proliferação em massa de demandas ressarcitórias, tem a jurisprudência europeia se inclinado em prol da adoção do critério da gravidade da ofensa como fator de delimitação daquele. Cada vez mais numerosas são as vozes a entoar a conclusão dos juristas ingleses segundo a qual *"trivial damage is to be disregarded"*, expressão que vem explicitamente adotada em esboços preliminares para o projeto de código civil europeu[86], não se desconhecendo que este critério é albergado textualmente por diversas codificações na Europa[87], e utilizado pela doutrina alienígena como solução para excluir pretensões indenizatórias de caráter bagatelar (*Bagattelschäden*)[88].

Pode-se concluir, destarte, que nem todas as violações à legislação de proteção de dados devem ensejar a reparação por danos morais, em virtude da necessidade de restar devidamente comprovada a lesão a direito da personalidade da vítima. O fato que servirá de fundamento à pretensão ressarcitória deverá ser grave o suficiente a ponto de macular atributo personalíssimo do ofendido, de forma que, ainda que infringida norma da LGPD ou do RGPD, deve-se perquirir se a conduta ilícita efetivamente acarretou uma lesão de caráter imaterial[89].

---

84. OLG Dresden, 11.06.2019 – 4 U 760/19.
85. Em que pese o direito alemão restrinja, no §823 do BGB, as hipóteses de ressarcimento, trazendo um rol de direito absolutos que deveriam ser violados, o BGH acabou por alargar, em razão da interpretação elástica da expressão "outros direitos" (*sonstiges Recht*), os casos de violação a direitos absolutos. A propósito: "A jurisprudência posterior do BGH esforçou-se pelo alargamento e delimitação do direito geral da personalidade, tendo, no entanto, mostrado que, com o decurso do tempo, seria indispensável uma ulterior regulamentação" (WIEACKER, Franz. *História do Direito Privado Moderno*. 5. ed., Tradução de A.M Botelho Hespanha. Lisboa: Fundação Calouste Gulbenkian, 2015, p. 607). No mesmo sentido: CARRÁ, Bruno Leonardo Câmara. Todo dano é dano indenizável? *In*: ROSENVALD, Nelson; MILAGRES, Marcelo (Coords.) *Responsabilidade civil*: novas tendências. Indaiatuba: Foco, 2017, p. 134-135).
86. SCHREIBER, Anderson. *Novos paradigmas da responsabilidade civil*: da erosão dos filtros da reparação à diluição dos danos. 5. ed. São Paulo: Atlas, 2013, p. 129.
87. Adotam a gravidade da ofensa como requisito à configuração do dano extrapatrimonial, a título de exemplo, o art. 496 do Código Civil português e o art. 49 do Código Suíço das Obrigações, assim como foi agasalhado, na Espanha, pela *Ley Orgánica de protección civil del derecho al honor, a la intimidad personal y familiar y a la propia imagen* (Lei n. 1/1982, de 5 de maio), em seu art. 9º, 3º, nos seguintes termos: "*La existencia de perjuicio se presumirá siempre que se acredite la intromisión ilegítima. La indemnización se extenderá al daño moral, que se valorará atendiendo a las circunstancias del caso y a la gravedad de la lesión efectivamente producida, para lo que se tendrá en cuenta, en su caso, la difusión o audiencia del medio a través del que se haya producido*".
88. PEREIRA, Rui Soares. *A responsabilidade por danos não patrimoniais*: do incumprimento das obrigações no direito civil português. Coimbra: Coimbra, 2009, p. 133.
89. "Quanto aos danos imateriais (morais) mais comuns, são idênticos aos conhecidos do universo do direito à intimidade da vida privada: a exposição pública não pretendida, a ansiedade e a discriminação daí decorrentes, a objetivação do ser humano, enquanto mero dado, ou a inibição do desenvolvimento da personalidade" (CORDEIRO,

Relativamente à quantificação monetária da indenização, tem-se por importante destacar que não há, no ordenamento civil brasileiro, autorização explícita para a utilização da indenização punitiva. Com efeito, em se tratando de pena, e não de mera compensação, à semelhança do que ocorre no Direito Penal, exige-se, à luz do quanto estatuído no art. 5º, XXXIX, da CF/88, a prévia cominação legal, em atenção ao adagio *nulla poena sine lege*[90]. Malgrado a tentativa de se inserir o instituto no ordenamento nacional, por meio da alteração do art. 16 do Código de Defesa do Consumidor e a inclusão de parágrafo ao art. 944 do Código Civil, restou fracassado o intuito de adoção explícita da teoria em âmbito nacional[91].

O alteamento da quantia indenizatória também não colhe fundamento numa pretensa função preventiva a ser exercida pela responsabilidade civil. Não obstante os avanços que uma visão prospectiva da responsabilidade civil possa proporcionar à efetiva precaução de danos, não se há de identificar, por certo, a missão preventiva como função precípua do secular ramo do Direito Civil[92]. Deveras, o escopo normativo da responsabilidade civil reside na concreta reparação dos danos causados, não se desconsiderando, entretanto, que o ressarcimento da lesão possa provocar, como efeito meramente secundário (*Nebenzweck*)[93], por mais que desejável, o acautelamento de direitos e bens, evitando que novas lesões sejam perpetradas, bem assim que danos se perpetuem no tempo e espaço[94].

Com o fim de punir e prevenir a ocorrência de ilícitos, a LGPD, em seu art. 52, previu uma série de sanções que, bem aplicadas pelo órgão competente, têm aptidão de inibir a prática de novos comportamentos antijurídicos. A prevenção e a punição devem ficar a cargo das instâncias talhadas a este desiderato, mediante o fortalecimento dos sistemas de controle administrativo e a utilização de técnicas processuais inibitórias e coletivas adequadas. A mensuração do valor indenizatório, portanto, deve levar em consideração a extensão do dano imaterial suportado, averiguando-se o grau de comprometimento do bem jurídico lesado.

7. CONCLUSÃO

Buscou-se, através do presente trabalho, analisar a caracterização do dano moral nas hipóteses de violação à legislação de proteção de dados. Considerando-se as seme-

---

A. Barreto Menezes. Repercussões do RGPD sobre a responsabilidade civil. In: TEPEDINO, Gustavo; FRAZÃO, Ana; OLIVA, Milena Donato (Coords.). *Lei Geral de Proteção de Dados e suas repercussões no direito brasileiro*. São Paulo: Thomson Reuters Brasil, 2019, p. 782.

90. ROCHA, Maria Vital da; MENDES, Davi Guimarães. Da indenização punitiva: análise de sua aplicabilidade na ordem jurídica brasileira. *Revista de Direito Civil Contemporâneo*, São Paulo, v. 12, ano 4, p. 211-252, jul./set. 2017.

91. SANSEVERINO, Paulo de Tarso Vieira. *Princípio da reparação integral – indenização no Código Civil*. São Paulo: Saraiva, 2010, p. 74.

92. "Pero – repetimos – tiene que despreciarlo, y dejar la labor preventiva a los especializado derechos penal y administrativo sancionador, cuando su aprovechamiento sea incompatible con las exigencias compensatorias de la justicia conmutativa. Por eso sostenemos que la función indemnizatoria es la función normativa de la responsabilidad extracontractual; y la prevención, un deseable, aunque poco frecuente en la realidad, subproducto fáctico de la compensación. Y así debe sensatamente seguir siendo" (PANTALÉON PRIETO, Ángel Fernando. Cómo repensar la responsabilidad civil extracontractual (también la de las Administraciones públicas). *AFDUAM*, n. 4, p. 167-192, 2000, p. 173).

93. LARENZ, Karl. *Lehrbuch des Schuldrechts*: Allgemeiner Teil, v., I. München: Beck, 1987, p. 423-424.

94. CODERCH, Pablo Salvador; PALOU, María Teresa Castiñeira. *Prevenir y castigar*: libertad de información y expresión, tutela del honor y funciones del derecho de daños. Madrid: Marcial Pons, 1997, p. 118.

lhanças entre as normatizações brasileira e europeia, recaiu o foco do estudo na verificação das semelhanças e dessemelhanças entre os referidos corpos normativos. A análise por meio do direito comparado teve por desiderato aproveitar as soluções do RGPD às problemáticas que certamente surgirão da aplicação da legislação brasileira, sem que se pretenda, com tal fato, a importação descontextualizada e acrítica das normas europeias de proteção de dados.

Verificou-se, inicialmente, que as pessoas jurídicas não possuem legitimidade para demandar reparações por dano moral, com fundamento na LGPD, como lesados, uma vez que a legislação expressamente limita o âmbito de aplicação da proteção de dados às pessoas naturais. De outro lado, contudo, não se vislumbra motivo razoável para restringir o escopo protetivo da lei apenas aos titulares de dados, de modo que também terceiros, afetados pelo tratamento ilícito de dados, podem ingressar em Juízo pleiteando o ressarcimento monetário.

No que toca à antijuridicidade, concluiu-se que não apenas os atos contrários à LGPD podem servir de fundamento à demanda de reparação de danos, mas também aqueles que infrinjam atos complementares ou executórios. Relativamente ao nexo causal, sustentou-se que a teoria da causalidade adequada se mostra, como critério objetivo de imputação, mais idôneo a solucionar os diversos litígios que podem advir da aplicação da lei, bem assim que a aplicação da causalidade alternativa não encontra guarida no ordenamento civil brasileiro. Por fim, asseverou-se que, além das excludentes previstas na legislação de proteção de dados, também o fortuito externo e a força maior podem afastar a responsabilização.

Intentou-se demonstrar ainda que a LGPD deixou de prever um sistema de responsabilidade objetiva, eis que não há previsão expressa na legislação, bem como o tratamento de dados não se enquadra na cláusula geral estampada no parágrafo único do art. 927 do Código Civil de 2002. Importa ressaltar, entretanto, que o magistrado pode, à luz do caso concreto, inverter o ônus da prova, quando, a seu juízo, for verossímil a alegação, houver hipossuficiência para fins de produção de prova ou quando a produção de prova pelo titular resultar-lhe excessivamente onerosa.

Em conclusão, defendeu-se que a mera violação da legislação de proteção de dados não gera, automaticamente, o dever de reparar. Faz-se necessário que se comprove a existência de lesão a interesse existencial juridicamente tutelado, bem assim que na quantificação do *quantum* indenizatório deve ser tomado em consideração a extensão do dano, não devendo o montante monetário ser elevado com o fim de punir o infrator ou prevenir novas violações.

REFERÊNCIAS

AGUIAR JÚNIOR, Ruy Rosado de. O Poder Judiciário e a Concretização das Cláusulas Gerais: Limites e Responsabilidade. *Revista da Faculdade de Direito da UFRGS*, Porto Alegre, v. 18, p. 221-228, 2000.

ALVIM, Agostinho. *Da inexecução das obrigações e suas consequências*. 4. ed. São Paulo: Saraiva, 1972.

ANDRADE, André Gustavo Côrrea de. A evolução do conceito de dano moral. *Revista da EMERJ*, Rio de Janeiro, v. 6, n. 24, p. 143-175, 2003.

BAR, Ludwig von. *Die Lehre vom Kausalzusammenhang im recht, besonders im Srtafrecht*. Leipzig: Verlag von Bernhard lauchnitz, 1871.

BARBOSA, Mafalda Miranda. Data controllers e data processors: da responsabilidade pelo tratamento de dados à responsabilidade civil. *Revista de Direito Comercial*, São Paulo, p. 416-486, 2018.

BERGT, Mathias. Anotação ao art. 82 do RGPD. In: KÜHLING, Buchner. *Datenschutz-Grundverordnung, Bundesdatenschutzgesetz Kommentar*. 2. ed. München: Beck, 2018.

BODIN DE MORAES, Maria Celina; QUEIROZ, João Quinelato de. Autodeterminação informativa e responsabilização proativa. In: *Proteção de dados pessoais*: Privacidade versus avanço tecnológico. *Cadernos Adenauer*, Rio de Janeiro, ano XX, p. 113-135, n. 3, 2019.

BODIN DE MORAES, Maria Celina. *Danos à pessoa humana*: uma leitura civil-constitucional dos danos morais. 2. ed., rev. Rio de Janeiro: Processo, 2017.

BREBBIA, Roberto H. *El daño moral*: doctrina, legislación y jurisprudencia. Buenos Aires: Editorial Bibliográfica Argentina, 1950.

BRENNEISEN, Harmut; BRENNEISEN, Julia (Orgs.). *Rechtsprechung des BVerfG*. Berlin: Lit, 2009.

BRIZ, Jaime Santos. *Derecho de daños*. Madrid: Revista de Derecho Privado, 1963.

BRUNO, Marcos Gomes Da Silva. Da Responsabilidade e do Ressarcimento De Danos. In: MALDONADO, Viviane Nóbrega; BLUM, Renato Opice (Orgs.). *LGPD – Lei Geral de Proteção de Dados – Comentada*. São Paulo: Revista dos Tribunais, 2019.

CARRÁ, Bruno Leonardo Câmara. Todo dano é dano indenizável? In: ROSENVALD, Nelson; MILAGRES, Marcelo (Coord.) *Responsabilidade civil*: novas tendências. Indaiatuba: Foco, 2017.

CHIRONI, Gian Pietro. *La colpa nel diritto civile odierno*: colpa extra-contrattuale. 2. ed., t. II. Torino: Fratelli Boca Editori, 1906.

CODERCH, Pablo Salvador; PALOU, María Teresa Castiñeira. *Prevenir y castigar*: libertad de información y expresión, tutela del honor y funciones del derecho de daños. Madrid: Marcial Pons, 1997.

CORDEIRO, A. Barreto Menezes. *Direito da proteção de dados à luz do RGPD e da Lei n. 58/2019*. Coimbra: Almedina, 2020.

CORDEIRO, A. Barreto Menezes. Repercussões do RGPD sobre a responsabilidade civil. In: TEPEDINO, Gustavo; FRAZÃO, Ana; OLIVA, Milena Donato (Coords.). *Lei Geral de Proteção de Dados e suas repercussões no direito brasileiro*. São Paulo: Thomson Reuters Brasil, 2019.

CORDEIRO, António Menezes. *Tratado de direito civil português*, v. II, t. III. Coimbra: Almedina, 2010.

COTS, Márcio; OLIVEIRA, Ricardo. *Lei Geral de Proteção de Dados Comentada*. 3. ed., rev. atual. e ampl. São Paulo: Revista dos Tribunais, 2020.

CRUZ, Gisela Sampaio da Cruz; MEIRELES, Rose Melo Vencelau. Término do tratamento de dados. In: TEPEDINO, Gustavo; FRAZÃO, Ana; OLIVA, Milena Donato (Coords.). *Lei Geral de Proteção de Dados e suas repercussões no direito brasileiro*. 1. ed. São Paulo: Thomson Reuters Brasil, 2019.

DAM, Cees Van. *European tort law*. 2. ed. Oxford: Oxford University Press, 2013.

DAVID, Tiago Bitencourt. Da culpa ao nexo causal: o caráter valorativo do juízo de causalidade e as (de) limitações da responsabilidade objetiva. *Revista de Direito Civil Contemporâneo*, São Paulo, v. 17, ano 5, p. 87-104, out./dez. 2018.

DE CUPIS, Adriano. *Il danno*: teoria generale dela responsabilitá civile. Milano: Giuffrè, 1946.

DEUTSCH, Erwin; AHRENS, Hans-Jürgen. *Deliksrecht*. 6. Auflage. München: Franz Vahlen, 2014.

DIAS, Daniel. A chamada "culpa da vítima" é mesmo um problema apenas de causalidade? *Revista Consultor Jurídico*. Disponível em: https://www.conjur.com.br/2020-jan-20/direito-civil-atual-culpa-vitima-mesmo-problema-apenas-causalidade. Acesso em: 05 abr. 2020.

DÍEZ-PICAZO, Luís. *Derecho de daños*. Madrid: Civitas, 1999.

DOMÍNGUEZ, Carmen Hidalgo. *El daño moral*, t. I. Santiago: Editorial Jurídica de Chile, 2000.

DRESCH, Rafael de Freitas Valle; FALEIROS JÚNIOR, José Luiz de Moura. Reflexões sobre a responsabilidade civil na Lei Geral de Proteção de Dados (Lei n. 13.709/2018). *In:* ROSENVALD, Nelson; DRESCH, Rafael de Freitas Valle; WESENDOCK, Tula (Coords.). *Responsabilidade Civil*: novos riscos. Indaiatuba: Foco, 2019.

FRANZONI, Massimo. *Trattato della responsabilità civile*: il danno risarcibile. Milão: Giuffrè, 2010.

FRISCHHUT, Markus. *The ethical spirit of EU Law*. Innsbruck: Springer, 2019.

GENZ, Alexander. *Datenschutz in Europa und in den USA*: Eine Rechtsvergleichende Untersuhung unter besonderer Berücksichtigung der Safe-Harbor-Lösung. Wiesbaden: Deutscher Universitäts-Verlag, 2004.

JANSEN, Nils; RADEMACHER, Lukas. Punitive damages in Germany. *In:* KOZIOL, Helmut; WILCOX, Vanessa. (Ed.). *Punitive damages:* common law and civil law perspectives. Mörlenbach: Springer Wien/New York, 2009, p. 78-79.

KOCH, Bernhard A. Proportional liability for causal uncertainty: How it works on the basis of a 200-year-old code. *In:* PAPAYANNIS, Diego M.; MARTÍN-CASALS, Miquel (Eds.). *Uncertain causation in tort law*. Cambridge: Cambridge University Press, 2016.

KOZIOL, Helmut. *Basic Questions of Tort Law from a Germanic Perspective*. Wien: Jan Sramek Verlag, 2009.

KREBE, Bernhard. Anotação ao art. 82 do RGPD. *In:* SYDOW, Gernot. *Europäische Datenschutzgrundverordnung*. 2. ed. Baden-Baden: Nomos, 2018.

KRIES, Johannes von. Über den begriff der objectiven Möglichkeit und einige Anwendung desselben. *Vierteljarhsschrift für wissenschaftlich Philosophie*, v. 12, p. 180-239, 1888.

LARENZ, Karl. *Lehrbuch des Schuldrechts*: allgemeiner Teil. 14. Auflage. München: Beck, 1987, v. 1.

LÔBO, Paulo Luiz Netto. Danos morais e direitos da personalidade. *Revista Trimestral de Direito Civil*, Rio de Janeiro, n. 6, p. 79-97, abr./jun., 2001.

LOPEZ, Teresa Ancona. *Nexo causal e produtos potencialmente nocivos*: a experiência brasileira do tabaco. São Paulo: Quartier Latin, 2008.

MALDONADO, Viviane Nóbrega; BLUM, Renato Opice. *LGPD – Lei Geral de Proteção de Dados – Comentada*. São Paulo: Revista dos Tribunais, 2019.

MARTINS, Leonardo. Interpretação e controle judicial de violação da Lei de Proteção de Dados e de sua constitucionalidade: possibilidades normativas e limites de um novo ramo jurídico-objetivo. *Revista de Direito Civil Contemporâneo*, São Paulo, v. 21, ano 6, p. 57-116, out./dez. 2019.

MARTINS-COSTA, Judith. Ação indenizatória. Dever de informar do fabricante sobre os riscos do tabagismo. *Revista dos Tribunais*, São Paulo, n. 812, p. 75-99, jun. 2003.

MARTINS-COSTA, Judith. Os avatares do abuso do direito e o rumo indicado pela boa-fé. *In:* DELGADO, Mário Luiz; ALVES, Jones Figueirêdo (Coords.). *Novo Código Civil*: Questões controvertidas, parte geral do Código Civil, v. 6. São Paulo: Método, 2007.

MATOZZI, Ignacio de Cuevillas. *La relación de causalidad en la órbita del derecho de daños*. Valencia: Tirant Lo Blanch, 2000.

MELO DA SILVA, Wilson. *Responsabilidade sem culpa e socialização do risco*. Belo Horizonte: Bernardo Alvares, 1962.

MENDES, Laura Schertel; DONEDA, Danilo. Reflexões iniciais sobre a nova Lei Geral de Proteção de Dados. *Revista de Direito do Consumidor*, São Paulo, v. 120, p. 469-483, nov./dez. 2018.

MIRAGEM, Bruno. A Lei Geral de Proteção de Dados (Lei 13.709/2018) e o Direito do Consumidor. *Revista dos Tribunais*, São Paulo, v. 1009, ano 108, p. 173-222, nov. 2019.

MIRAGEM, Bruno. *Direito civil*: responsabilidade civil. São Paulo: Saraiva, 2015.

MIRANDA, Francisco C. Pontes de. *Tratado de Direito Privado*, t. XXVI. 2. ed. Rio de Janeiro: Borsoi, 1966.

MOSS, Flemming; SCHEFZIG, Jens; ARNING, Marian. *Die neue Datenschutz-Grundverordnung*: Mit Bundesdatenschutzgesetz. Berlin/Boston: De Gruyter, 2018.

NUNES DE SOUZA, Eduardo. Em defesa do nexo causal: culpa, imputação e causalidade na responsabilidade civil. In: NUNES DE SOUZA, Eduardo; GUIA, Rodrigo da (Coords.). *Controvérsias atuais em responsabilidade civil*: estudos de direito civil-constitucional. São Paulo: Almedina, 2018.

PANTALÉON PRIETO, Ángel Fernando. Cómo repensar la responsabilidad civil extracontractual (también la de las Administraciones públicas). *AFDUAM*, n. 4, p. 167-192, 2000.

PEREIRA, Rui Soares. *A responsabilidade por danos não patrimoniais*: do incumprimento das obrigações no direito civil português. Coimbra: Coimbra, 2009.

PETEFFI DA SILVA, Rafael. Antijuridicidade como requisito da responsabilidade civil extracontratual: amplitude conceitual e mecanismos de aferição. *Revista de Direito Civil Contemporâneo*, São Paulo, v. 18, p. 169-214, jan./mar. 2019.

PONTES DE MIRANDA, Francisco Cavalcanti. *Direito das obrigações*: fatos ilícitos absolutos. Coleção Tratado de Direito Privado: parte especial. Atualização de Rui Stoco. São Paulo: Revista dos Tribunais, 2012. t. 53.

QUÉZEL-AMBRUMAZ, Cristophe. *Essai sur la causalitè en droit de la responsabilité civile*. Paris: Dalloz, 2010.

RAITH, Nina. *Das vernetzte Automobil*: Im Konflikt zwischen Datenschutz und Beweisführung. Stuttgart: Springer Vieweg, 2018.

RATAJ, Diane. *Einfluss des Allgemeinen Persönlichkeit auf den eifachgesetzlichen Datenschutz*: Eine Analyse am Beispiel des virtuellen Speichers. Wiesbaden: Springer, 2017.

REINIG, Guilherme Henrique Lima. A teoria do dano direto e imediato no Direito Civil brasileiro: análise crítica da doutrina e comentários à jurisprudência do STF sobre a responsabilidade civil do Estado por crime praticado por fugitivo. *Revista de Direito Civil Contemporâneo*, São Paulo, v. 12, ano 4, p. 109-163, jul./set. 2017.

REINIG, Guilherme Henrique Lima. *O problema da causalidade na responsabilidade civil*: a teoria do escopo da de proteção da norma (Schutzzwecktheorie) e a sua aplicabilidade no direito civil brasileiro. 293p. Tese (doutorado) – Faculdade de Direito, Universidade de São Paulo, São Paulo, 2015.

ROCHA, Maria Vital da; MENDES, Davi Guimarães. Da indenização punitiva: análise de sua aplicabilidade na ordem jurídica brasileira. *Revista de Direito Civil Contemporâneo*, São Paulo, v. 12, ano 4, p. 211-252, jul./set. 2017.

RODRIGUES JÚNIOR, Otávio Luiz. *Direito civil contemporâneo*: estatuto epistemológico, Constituição e direitos fundamentais. 1. ed. Rio de Janeiro: Forense Universitária, 2019.

RODRIGUES JÚNIOR, Otávio Luiz. Estatuto epistemológico do Direito civil contemporâneo na tradição de civil law. *Meritum*, Belo Horizonte, v. 5, n. 2, p. 13-52, jul./dez. 2010.

RODRIGUES JÚNIOR, Otávio Luiz. Nexo causal probabilístico: elementos para a crítica de um conceito. *Revista de Direito Civil Contemporâneo*, São Paulo, v. 8. ano 3. p. 115-137, jul./set. 2016.

RÜMELIN, Max Friedrich Gustav von. Die Verwendung der Causalbegriffe in Straf- und Civilrecht. *Archiv für die civilistische Praxis*, v. 90, fascículo 2, p. 171-344, 1900.

SANSEVERINO, Paulo de Tarso Vieira. *Princípio da reparação integral – indenização no Código Civil*. São Paulo: Saraiva, 2010.

SCHMIDT, Jan Peter. Zehn Jahre Art. 422 Código Civil – Licht und Schatten bei der Anwendung des Grundsatzes von Treu und Glauben in der brasilianischen Gerichtspraxis. *Mitteilungen der Deutsch-Brasilianischen Juristenvereinigung*, v. 32, n. 2, Max Planck Private Law Research Paper n. 15/5, pp. 34-47, 2014.

SCHREIBER, Anderson. *Novos paradigmas da responsabilidade civil*: da erosão dos filtros da reparação à diluição dos danos. 5. ed. São Paulo: Atlas, 2013.

SILVA, Clóvis V. do Couto e. O conceito de dano no direito brasileiro e comparado. *Revista de Direito Civil Contemporâneo*, São Paulo, v. 2, p. 333-348, jan./mar. 2015.

SOUZA, Fernando Speck de. *Diálogo das fontes*: fundamentos, experiência jurisprudencial e crítica metodológica. 2019. Universidade de São Paulo, São Paulo, 2019.

TEIXEIRA, Tarcisio; ARMELIN, Ruth Maria Guerreiro da Fonseca. *Lei Geral de Proteção de Dados Pessoais*: comentada artigo por artigo. Salvador: JusPodivm, 2019.

TEPEDINO, Gustavo. A tutela da Personalidade no ordenamento civil-constitucional brasileiro. *In*: TEPEDINO, Gustavo. *Temas de Direito Civil*. 3. ed. Rio de Janeiro: Renovar, 2003.

TEPEDINO, Gustavo. Notas sobre o nexo de causalidade. *In*: TEPEDINO, Gustavo. *Temas de direito civil*. Rio de Janeiro: Renovar, 2006. t. 2.

THEODORO JÚNIOR. Responsabilidade civil: noções gerais. Responsabilidade Objetiva e subjetiva. *In*: RODRIGUES JÚNIOR, Otávio Luiz; MAMEDE, Gladston; VITAL DA ROCHA, Maria (Coords.). *Responsabilidade civil contemporânea*: em homenagem a Sílvio de Salvo Venosa. São Paulo: Atlas, 2011.

TRAEGER, Ludwig. *Kausalbegriff im Straf- und Zivilrecht. Zugleich ein Beitrag zur Auslegung des BGB*. Marburg: Elwert, 1904.

VENOSA, Sílvio de Salvo. *Direito Civil*: responsabilidade civil. 2. ed. São Paulo: Atlas, 2002, v. IV, n.1.1.

VILLELA, João Baptista. Variações impopulares sobre a dignidade da pessoa humana. *In: Superior Tribunal de Justiça*: doutrina. Edição comemorativa, 20 anos, Distrito Federal, p. 559-581, 2009.

VINEY, Geneviève; JOURDAIN, Patrice. *Les conditions de la responsabilité*. 4. ed. Paris: LGDJ, 2013.

VOIGT, Paul; BUSSCHE, Axel von dem. *EU-Datenschutz-Grundverordnung (DSGVO)*: Praktikerhandbuch. Berlin: Springer, 2018.

WESSELS, M. Schmerzensgeld bei Verstö en gegen die DSGVO. *Datenschutz Datensicht*, v 43, p. 781-785, 2019.

WIEACKER, Franz. *História do Direito Privado Moderno*. 5. ed. Tradução de A. M Botelho Hespanha. Lisboa: Fundação Calouste Gulbenkian, 2015.

ZAMORANO, Marcelo Barrientos. Del daño moral al daño extrapatrimonial: la superación del pretium doloris. *Revista Chilena de Derecho*, Santiago, v. 35, n. 1, p. 85-106, 2008.

ZANNONI, Eduardo Antonio. *El daño en la responsabilidad civil*. 3. ed. Buenos Aires: Astrea, 2005.

13
COMPLIANCE COM A LEI GERAL DE PROTEÇÃO DE DADOS COMO FORMA DE EVITAR A RESPONSABILIZAÇÃO CIVIL[1]

Aristides Tranquillini Neto

Sumário: 1. Introdução. 2. Breve histórico. 3. Esclarecimentos preliminares. 3.1. Aplicabilidade. 3.2. Principais definições. 4. Conformidade. 4.1. Princípios. 4.2. Consentimento e execução de contrato. 4.2.1. Demais bases legais. 4.3. Direitos do titular sobre os dados. 4.4. Transferência internacional dos dados. 4.5. Obrigações adicionais da entidade. 4.6. Responsabilidades e penalidades. 5. Conclusão. Referências.

1. INTRODUÇÃO

A proteção de dados é assunto cuja relevância vem aumentando consideravelmente nos últimos anos, principalmente em decorrência das notícias cada vez mais recorrentes sobre o assunto, abordando questões polêmicas como vazamentos de dados de milhões de pessoas e "escândalos", tais como a descoberta de que determinada empresa utilizava os dados para finalidades indevidas (sem o consentimento do titular) ou que não adotava práticas e metodologias adequadas no tratamento e compartilhamento de dados.

Como resultado, legislações e regulamentos surgiram ou foram atualizados, passando a estipular medidas e procedimentos a serem adotados por entidades públicas e privadas, com o intuito de garantir maior segurança e direitos aos titulares dos dados. Dessa forma, o presente artigo tem como objetivo auxiliar na compreensão da Lei Geral de Proteção de Dados – LGPD, apontando os principais fatores que entidades privadas precisam observar para estarem em conformidade com a legislação[2].

Ressaltamos que o artigo não tem como intuito ser um "texto definitivo" sobre a LGPD, analisando em detalhe cada artigo existente e suas possíveis ramificações, mas sim uma abordagem mais simples e didática sobre os principais pontos de atenção, evitando o uso de termos jurídicos ou técnicos para permitir que qualquer pessoa interessada possa compreender a matéria, ao mesmo tempo em que fornece os subsídios para que leitores interessados possam se aprofundar no assunto.

Como será abordado no decorrer do artigo, a conformidade com a legislação é processo contínuo de acompanhamento e revisão. Especialmente por se tratar de

---
1. Esse artigo não reflete, necessariamente, a opinião do Grupo UOL.
2. Ressaltamos que o foco do artigo é a LGPD em si, não sendo abordadas eventuais outras regulamentações a que a entidade possa estar sujeita, especialmente dependendo de seu ramo de atuação.

assunto novo e que gera interesse, diversas questões ainda estão abrangentes, as quais devem se consolidar conforme regulamentos, jurisprudência e doutrina forem evoluindo, sendo papel das entidades responsáveis acompanharem e se adaptarem conforme necessário.

Tal adaptação envolve mais do que simplesmente publicar política de privacidade que esteja em conformidade com a LGPD, cabendo também às entidades revisarem suas metodologias, políticas e procedimentos internos para garantir conformidade com a legislação, especialmente para poder atender a eventuais solicitações e exigências dos titulares e da Agência Nacional de Proteção de Dados.

2. BREVE HISTÓRICO

Em maio de 2018 usuários ao redor do mundo receberam número significativo de e-mails relacionados a atualizações de políticas de privacidade de produtos e serviços online – talvez até de alguns produtos e serviços que não se lembravam de possuir conta ou ter sequer se cadastrado.

Esses e-mails nada mais eram do que uma das diversas etapas necessárias para que empresas entrassem em conformidade com a *General Data Protection Regulation* – GDPR[3], legislação europeia de proteção de dados, a qual foi inicialmente publicada em 2016 e entrou efetivamente em vigor no dia 25 de maio de 2018.

A GDPR foi uma das mais significativas respostas legislativas[4] a um movimento que vem ocorrendo de forma gradual nos últimos anos, no qual governos e pessoas como um todo passaram a tomar ciência de algo que diversas entidades privadas já haviam compreendido: dados são um ativo valioso.

Essa percepção se deve em boa parte ao sucesso empresarial e financeiro que empresas ofertando serviços e produtos aparentemente gratuitos (sem exigir nenhuma contrapartida financeira direta, mas apenas os dados de seus usuários) e aos diversos incidentes relacionados a dados que ocorreram nos últimos anos, os quais incluem – dentre outros – vazamento de dados do Yahoo! envolvendo 3 bilhões de contas[5] e da Target envolvendo 110 milhões de clientes[6], os diversos eventos em que o Uber esteve envol-

---

3. Versões em diversas línguas (inclusive Português) da GDPR podem ser encontrados em https://eur-lex.europa.eu/legal-content/EN/TXT/?toc=OJ:L:2016:119:TOC&uri=uriserv:OJ.L_.2016.119.01.0001.01.ENG
4. Importante ressaltar que a GDPR substituiu a Diretiva 95/46/EC, também conhecida como *Data Protection Directive*, a qual foi adotada em 1995, quando a Internet ainda estava em seu início.
5. A notoriedade desse caso decorre não apenas do número de contas comprometidas, mas também pela forma como o Yahoo! lidou com a situação. Apesar de os incidentes terem ocorrido em 2013 e 2014, eles só se tornaram públicos em 2016, quando iniciaram-se as negociações de aquisição da Yahoo! pela Verizon. Em um primeiro momento teria sido constatado que os incidentes afetaram 1,5 bilhão de contas, porém posteriormente as investigações demonstraram que todas as 3 bilhões de contas do Yahoo! haviam sido de alguma forma comprometidas. Dentre os dados dos usuários a que hackers tiveram acesso incluem-se nomes, datas de nascimento, números de telefone, senhas, perguntas de segurança e e-mails de backup (utilizados para resetar senhas perdidas/esquecidas).
6. Em dezembro de 2013 a Target confirmou que informações de cartões de crédito e débito de aproximadamente 110 milhões de clientes haviam sido roubadas. Após avaliação interna, a Target admitiu não ter reconhecido sinais que indicavam a ocorrência de violação dos dados. Esse incidente fez com que o CEO e CIO renunciassem de seus cargos.

vido (valendo destaque para a descoberta da ferramenta *God View*[7] e o acesso indevido a dados pessoais de 57 milhões de usuários[8]) e o caso Facebook/Cambridge Analytica[9].

A GDPR foi marco legislativo mundial, estabelecendo como regras medidas que até então não eram adotadas ou eram consideradas apenas como "boas práticas" de mercado e cuja aplicação no máximo envidava "melhores esforços", sem uma efetiva obrigação de comprometimento. Todas essas medidas tinham como intuito conceder ao titular dos dados – que é o seu efetivo proprietário – maior controle e proteção.

No Brasil, a discussão sobre proteção de dados vem ocorrendo de forma intermitente há alguns anos, tendo o assunto sido parcialmente abordado no Marco Civil da Internet (Lei 12.965/2014), especialmente nos incisos de seu artigo 7º, que asseguram, dentre outros:

> (i) o dever de fornecer ao usuário informações claras e completas sobre a coleta, uso, armazenamento, tratamento e proteção de seus dados pessoais;
>
> (ii) necessidade de finalidade específica para a coleta e tratamento dos dados, e não apenas coletá-los por coletá-los;
>
> (iii) que exista documento próprio especificando essas condições aos usuários (geralmente na forma de políticas de privacidade);
>
> (iv) a necessidade de o usuário dar seu consentimento expresso para a coleta, uso, compartilhamento, armazenamento e tratamento de dados pessoais; e
>
> (v) possibilidade de o usuário solicitar a exclusão definitiva de seus dados pessoais (ressalvadas as hipóteses de guarda obrigatória).

Apesar de o foco do Marco Civil da Internet não ser a proteção de dados, essas disposições foram passo importante ao delimitar condições mínimas que provedores de conteúdo deveriam passar a adotar, especialmente ao garantir maior clareza aos usuários e delimitar a coleta de dados apenas àqueles essenciais à finalidade para a qual serão utilizados.

Todavia, o Marco Civil da Internet poderia ser considerado apenas como solução paliativa, já que – conforme mencionado – seu foco não é a proteção de dados, mas estabelecer princípios, garantias, direitos e deveres para o uso da Internet. Por conta disso, sua proteção de dados fica limitada apenas a relações que ocorressem pela Internet, além de não abordar de forma profunda outros assuntos relacionados à proteção de dados, como o compartilhamento entre empresas (apenas prevendo ser necessário

---

7. Tornado público em novembro de 2014, tal ferramenta permitiria aos funcionários do Uber acompanhar em tempo real a localização de passageiros (especialmente políticos, celebridades ou até pessoas conhecidas, como ex-namoradas/os). O Uber entrou em acordos com a promotoria de Nova York e com a *Federal Trade Comission* para melhorar a segurança da ferramenta, bem como contratar auditorias externas por 20 anos para auditar o uso correto da ferramenta.
8. Dois hackers teriam acessado os dados pessoais de 57 milhões de usuários, incluindo nomes, e-mails, números de telefone e os números das habilitações de 600.000 motoristas do Uber. O Uber teria pagado aos hackers US$ 100.000,00 para destruir os dados, o qual o Uber publicamente descreveu como referente à descoberta de um bug. Não obstante o vazamento dos dados ter ocorrido em outubro de 2016, o Uber só o tornou público em novembro de 2017.
9. A Cambridge Analytica adquiriu dados de milhões de usuários do Facebook sem o seu consentimento com o intuito de criar perfis psicológicos, os quais foram utilizados na campanha presidencial de 2016 dos Estados Unidos. O assunto somente ganhou repercussão em 2018, após denúncias por um ex-funcionário da Cambridge Analytica.

consentimento expresso do usuário nesse sentido) ou como as empresas devem tratar e armazenar esses dados internamente.

Por conta disso, aguardou-se surgir solução mais definitiva em meio a tramitação de diversos projetos e anteprojetos cujo escopo fosse a proteção de dados em si, o que acabou ganhando mais velocidade e urgência com a entrada em vigor da GDPR e conforme o assunto "proteção de dados" ganhava importância frente às cada vez mais frequentes notícias relacionadas com o valor que os dados possuíam e eventuais "escândalos" relacionados a seus vazamentos.

O projeto a prevalecer acabou sendo o PL 4060/2012, que se transformou no PLC 53/2018 e, após ser parcialmente sancionada em 14.8.2018, se transformou na Lei 13.709/2018, a Lei Geral de Proteção de Dados, ou LGPD.

Antes de adentrarmos nos principais pontos a serem observados pelas entidades que buscam conformidade com a LGPD, vale destacar que a LGPD e a GDPR são bastante parecidas – conforme apontado em maiores detalhes no decorrer dos próximos itens, quando aplicável –, o que é importante não apenas por "facilitar" a conformidade com ambas as lei, mas também por ser possível fator favorável para que o Brasil venha futuramente a integrar a lista de países que a União Europeia considera possuírem nível de proteção de dados adequado, o que simplificaria negociações com empresas atuantes ou sediadas na União Europeia e conforme abordado em maiores detalhes no item 4.4. do presente artigo.

3. ESCLARECIMENTOS PRELIMINARES

3.1. Aplicabilidade

Primeiramente é necessário averiguar os casos em que a LGPD se aplica. Assim como a GDPR, a aplicabilidade da LGPD é determinada territorialmente[10], ou seja:

(i) se os bens/serviços são ofertados no Brasil;

(ii) se os dados processados pertencem a titulares localizados no Brasil;

(iii) se os dados foram coletados no Brasil; ou

(iv) se o tratamento é realizado no Brasil.

Há exceções para essa regra, que também são compartilhadas em parte pela GDPR[11]:

(i) para pessoas naturais que utilizam os dados para fins particulares e não econômicos;

(ii) para fins exclusivamente jornalísticos, artísticos e acadêmicos;

(iii) para pessoas públicas (ou mediante procedimento sob tutela de pessoa pública) para fins de segurança pública, defesa e segurança nacional;

(iv) para investigação e repressão de infrações penais; ou

(v) dados em trânsito (no qual apenas passam pelo Brasil).

---

10. Artigo 3º da LGPD e Article 3 da GDPR.
11. Artigo 4º da LGPD e Article 2 da GDPR. A GDPR também não se aplica no exercício de atividades que não estejam sujeitas à legislação da União Europeia, Estados Membros no exercício de atividades específicas previstas no Tratado da União Europeia, pessoas naturais que utilizam os dados para finalidades particulares e não econômicas, e pelas autoridades para prevenção, investigação, detecção e repressão de infrações penais.

Ou seja, salvo o disposto acima, grande parte das pessoas jurídicas de direito privado que possuam alguma finalidade comercial estão sujeitas à LGPD, devendo adotar as medidas previstas em lei para garantir sua conformidade.

3.2. Principais definições

Tendo sido determinada sua aplicabilidade, para melhor compreensão da LGPD é necessário esclarecer alguns termos trazidos pela lei, sejam termos novos (inclusive, por vezes, emprestados da GDPR) ou definições específicas de termos já existentes. Para os propósitos do presente artigo, destacamos os termos a seguir:

(i) *dado pessoal (ou apenas "dado" no decorrer do artigo)*[12]: qualquer informação relacionada a pessoa natural identificada ou identificável. Em outras palavras, qualquer dado que permita, direta ou indiretamente, identificar a pessoa. Isso inclui, mas não se limita a, nome, número de identificação (como RG ou CPF), identificador online (como e-mail ou login) ou dados de localização (como endereço ou geolocalização).

(ii) *controlador (definido como "Controller" na GDPR)*[13]: entidade responsável por delimitar quais dados serão coletados dos titulares, para qual finalidade serão utilizados, com quem serão compartilhados e como serão tratados. A título exemplificativo, se o usuário entrar em site de compras e realizar a aquisição de determinado produto, a entidade responsável pelo site será o controlador e determinará quais dados irá coletar e como irá utilizá-los. É possível que esse site utilize dados de navegação para oferecer produtos que se encaixem no perfil do usuário e solicite dados adicionais para efetuar seu cadastro, cobrar o valor devido e providenciar a entrega do produto adquirido. Além disso, tais dados podem ser compartilhados com outras empresas, como uma transportadora (para a entrega do produto) ou a bandeira do cartão (no caso de compra utilizando cartão de crédito).

(iii) *operador (definido como "Processor" na GDPR)*[14]: entidade responsável por processar os dados pessoais em nome do controlador. Utilizando o exemplo anterior, a transportadora seria o operador do site de compras, pois processam os dados do usuário obedecendo instruções específicas do controlador (efetuar a entrega do produto). Outro exemplo seria se o site de compras possuísse *call center* terceirizado para atender eventuais demandas dos usuários, nesse caso o *call center* atuaria como operador do site de compras.

(iv) *encarregado (definido como "Data Protection Officer" ou "DPO" na GDPR)*[15]: para a LGPD é a pessoa que atua como canal de comunicação entre o controlador, os titulares dos dados e a Autoridade Nacional de Proteção de Dados – ANPD, além de ser responsável por orientar os funcionários e contratados da entidade a respeito das práticas de proteção de dados, enquanto que para a GDPR é a pessoa indicada em determinados casos, como quando a entidade faz processamento de dados em larga escala.

---

12. Artigo 5º, I da LGPD e Article 4 (1) da GDPR.
13. Artigo 5º, VI da LGPD e Article 4 (7) da GDPR.
14. Artigo 5º, VII da LGPD e Article 4, (8) da GDPR.
15. Artigo 5º, VIII e 41 da LGPD e Article 37 da GDPR.

(v) *tratamento*[16]: toda e qualquer operação realizada com dados pessoais, o que inclui, mas não se limita a, coleta, recepção, classificação, estruturação, alteração, recuperação, consulta, acesso, utilização, divulgação, processamento, armazenamento, compartilhamento ou eliminação. Ou seja, qualquer ato efetuado aos dados pessoais é considerado tratamento.

(vi) *consentimento*[17]: manifestação de vontade **livre**, **informada** e **inequívoca** pela qual o titular dos dados concorda com o tratamento dos dados pessoais **para finalidade determinada**. É uma das 10 bases legais previstas no artigo 7º da LGPD e, juntamente com a "execução de contrato", é uma das principais formas de autorização para tratamento de dados pessoais. O consentimento e a execução de contrato são extremamente importantes para garantir a conformidade com a LGPD e serão abordados em maiores detalhes no item 4.2. do presente artigo, enquanto que as demais bases legais serão abordadas no item 4.2.1.

4. CONFORMIDADE

Estando esclarecidos esses pontos preliminares a respeito da LGPD, passamos a abordar as principais medidas a serem observadas para garantir conformidade com a lei.

É importante destacar que a conformidade com a LGPD não é a simples adoção de determinadas medidas previstas em uma lista, que fará com que a entidade passe a estar em conformidade quando o último item for cumprido. A adequação à LGPD é processo contínuo de acompanhamento e revisão da lei, jurisprudência, doutrina e, principalmente, das políticas e procedimentos internos da entidade[18].

Utilizando a Europa como exemplo, mesmo com a publicação da GDPR ocorrendo em 2016 e a entrada em vigor apenas em maio de 2018, muitas entidades ainda assim não estavam completamente preparadas, tendo sido autuadas em 2018 e 2019[19]. Isso demonstra que o procedimento de adaptação exige constante atenção por parte das entidades, não apenas para corrigir eventuais irregularidades apontadas em autuações, como

---

16. Artigo 5º, X da LGPD e Article 4 (2) da GDPR.
17. Artigo 5º, XII da LGPD e Article 4, (11) da GDPR.
18. A título de referência, a FIESP e o CIESP, em sua Cartilha de Proteção de Dados Pessoais (https://www.fiesp.com.br/indices-pesquisas-e-publicacoes/lei-geral-de-protecao/) estimam que a adequação inicial pode levar de 4 (quatro) a 14 (quatorze) meses, dependendo do nível de maturidade da entidade, as regras e procedimentos já existentes, a quantidade de áreas e projetos que tratam dados pessoais, o nível de sensibilidade dos dados e o orçamento previsto para a adequação. Destacamos que alguns itens da cartilha estão desatualizados, tendo em vista que a LGPD foi atualizada pela Lei 13.853/2019, alterando, por exemplo, o prazo de adequação para agosto de 2020.
19. A título exemplificativo, o Google foi multado em 50 milhões pela *Comission Nationale Informatique & Libertés* – CNIL (órgão regulador administrativo francês) por suposta falta de transparência, informações inadequadas e falta de consentimento no que diz respeito à coleta e uso de dados dos usuários ao configurar dispositivo móvel utilizando Android (https://www.cnil.fr/en/cnils-restricted-committee-imposes-financial-penalty-50-million-euros-against-google-llc). No mesmo sentido, a Comissão Nacional de Proteção de Dados – CNPD (entidade administrativa independente de Portugal) multou o Centro Hospitalar Barreiro-Montijo em 400 mil pela suposta violação dos princípios da minimização dos dados e da integração da confidencialidade, bem como da obrigação de aplicação de medidas técnicas e organizacionais adequadas para garantir nível adequado de segurança, em descumprimento ao Article 5 (1) (c) (f), Article 32 (1) (b) (d), Article 83 (4) (a) e Article 83 (3). (https://www.cnpd.pt/bin/decisoes/Delib/20_984_2018.pdf). O Centro Hospitalar está contestando judicialmente a multa.

também acompanhar os processos, jurisprudência, doutrina e autuações que vierem a ocorrer, regularmente revisitando suas políticas e procedimentos internos.

Por se tratar de assunto relativamente novo e que atrai grande interesse, é natural que ainda não existam entendimentos pacificados e surjam dúvidas sobre a melhor forma de agir em determinados casos. Quando isso ocorrer, é importante que a entidade tenha como norte os princípios que a LGPD traz e são abordados em maiores detalhes no item 4.1. a seguir, adotando ações que melhor reflitam o disposto nesses princípios.

4.1. Princípios

O artigo 6º da LGPD[20] traz os princípios a serem observados no tratamento de dados. Conforme mencionado anteriormente, esses princípios são a base estrutural da LGPD e devem ser utilizados como norte na tomada de qualquer decisão pelas entidades, especialmente quando houver dúvidas ou ausência de clareza no curso de ação a ser adotado.

Os princípios consistem em:

(i) *finalidade e adequação*: o tratamento dos dados deve ser feito para propósitos específicos e informados ao titular, sem a possibilidade de finalidades genéricas ou indeterminadas, ou tratamento posterior que seja incompatível com as finalidades originalmente informadas. Por exemplo, se a entidade solicita o e-mail do usuário apenas para login, não pode automaticamente utilizar esse e-mail para o envio de publicidades ou ofertas.

(ii) *necessidade*: limitar o tratamento dos dados ao mínimo necessário para alcançar as finalidades informadas ao titular. Por exemplo, se a entidade oferece site de compras e vendas, não há motivo para solicitar dados de saúde do titular, ou se a entidade oferece aplicativo de calculadora para dispositivos móveis não é necessário solicitar acesso à câmera do dispositivo do titular.

(iii) *livre acesso e qualidade dos dados*: o titular tem o direito de a qualquer momento consultar fácil e gratuitamente os seus dados que estejam em poder da entidade, dúvidas sobre como os dados são tratados e tempo de duração do tratamento, bem como solicitar sua atualização ou correção.

(iv) *transparência*: a entidade deve fornecer ao titular informações claras, precisas e facilmente acessíveis sobre a coleta, tratamento e compartilhamento dos dados.

(v) *segurança, prevenção, responsabilização e prestação de contas*: a entidade deve adotar e ser capaz de evidenciar que adotou procedimentos e medidas eficazes para garantir a proteção dos dados pessoais contra acessos indevidos, perdas, destruição ou alteração, além de medidas visando prevenir a ocorrência de danos em virtude do tratamento dos dados[21].

(vi) *não discriminação*: não realizar tratamento de dados para fins discriminatórios ou promover abusos contra seus titulares.

---

20. E Articles 5 e 12 da GDPR.
21. A LGPD aborda o assunto em maiores detalhes nos artigos 46 a 49, porém estipula que caberá à autoridade nacional dispor sobre os padrões técnicos mínimos necessários.

4.2. Consentimento e execução de contrato

Conforme mencionado no item 3.2. (vi) anteriormente, apesar de existirem outras bases legais, o consentimento e a execução de contrato são a forma mais comum de autorização no tratamento de dados pessoais para a grande maioria das entidades na relação com seus usuários, especialmente as privadas que possuam finalidades comerciais.

Consentimento e execução de contrato muitas vezes andam em conjunto e podem se sobrepor, uma vez que a execução de contrato ocorre quando o titular dos dados, por vontade própria, firma contrato com a entidade privada visando usufruir de um produto ou serviço, e a entidade realiza o tratamento dos dados para garantir a execução desse contrato. Vale destacar que os Termos de Uso e a Política de Privacidade são considerados uma modalidade de contrato, regendo a relação entre titular e entidade, sendo que o aceite dos titulares a esses documentos é considerado não apenas um consentimento, mas sua assinatura a esses contratos.

A maior diferença entre o consentimento e a execução do contrato é que o titular não pode revogar seu consentimento enquanto referido contrato estiver ativo, sendo necessário primeiramente rescindir o contrato.

A título exemplificativo, suponha que ao criar uma conta em determinado site o titular marcou dois "checkboxes", um para concordância com os Termos de Uso e a Política de Privacidade, e outro em que concorda em receber e-mail marketing e informações sobre os produtos/serviços da entidade onde criou a conta.

No primeiro checkbox o usuário assinou contrato com a entidade e consentiu com o tratamento de seus dados para que possa usufruir dos produtos/serviços – desde que a coleta e tratamento desses dados atendam aos princípios elencados no item 4.1. acima, especialmente a finalidade e adequação –, portanto para retirar esse consentimento seria também necessário rescindir o contrato e cessar a utilização dos produtos/serviços.

Contudo, o titular pode retirar seu consentimento quanto ao recebimento de e-mail marketing e informações – geralmente mediante a opção de "descadastro" presente no rodapé de e-mails dessa natureza – e continuar com a utilização dos produtos/serviços.

Por esse motivo, o consentimento e a execução de contratos são aspectos de suma importância quando se fala em tratamento de dados, consistindo na ponte que liga o titular dos dados e a entidade que deseja coletá-los e tratá-los. Devido à sua importância, a LGPD[22] elenca diversos requisitos que devem ser observados na obtenção do consentimento (e que podem se aplicar na execução do contrato, especialmente os de caráter unilateral, como Termos de Uso e contratos de adesão), tanto para garantir que o titular seja devidamente informado de como seus dados serão utilizados, quanto para assegurar que o ato de consentir seja dado de forma expressa e não tácita, e que o titular possa revogá-lo e atualizá-lo a qualquer momento.

Elencamos a seguir os principais pontos a serem observados na obtenção e manutenção do consentimento (inclusive quando baseado em execução de contrato) com base na LGPD:

---

22. Artigos 7º, 8º, 9º e 14 da LGPD e Articles 6, 7, 8 e 13 da GDPR.

(i) o consentimento deverá ser fornecido por escrito (*a cláusula de consentimento deve estar destacada das demais*) ou algum outro meio que demonstre inequivocamente a manifestação de vontade do titular[23] – se, por exemplo, o consentimento for dado de forma verbal, necessário que a entidade possua gravação do titular expressamente o fornecendo.

(ii) a entidade deverá fornecer ao titular a possibilidade de revogar o consentimento a qualquer momento, por procedimento fácil e gratuito[24].

(iii) o consentimento deverá abranger finalidades determinadas, descritas de forma clara e transparente ao titular, sendo que *autorizações genéricas são consideradas nulas e inexistentes*. Dentre as informações que devem constar no consentimento estão incluídas, mas não se limitam:

a) finalidade específica do tratamento;

b) forma como o tratamento ocorrerá;

c) duração do tratamento;

d) identificação e informações de contato da entidade;

e) como e com quem os dados serão compartilhados e para quais finalidades;

f) responsabilidades de quem realizará o tratamento;

g) os direitos que o titular possui (abordados em maiores detalhes no item 4.3. a seguir); e

h) se haverá a transferência internacional dos dados.

(iv) no caso de alteração de qualquer informação do consentimento (como por exemplo, alteração da finalidade, quais dados são coletados ou com quem serão compartilhados) caberá à entidade informar o titular, destacando especificamente o que foi alterado, podendo o titular revogar seu consentimento caso discorde da alteração.

(v) o consentimento será considerado inválido (não sendo permitido o tratamento dos dados) se:

a) houver qualquer tipo de vício no consentimento;

b) as informações do consentimento tenham conteúdo enganoso, abusivo ou não condigam com a realidade de como o tratamento é efetuado; ou

c) as informações não foram apresentadas com transparência, de forma clara e inequívoca.

---

23. A título exemplificativo, se o consentimento está sendo obtido por escrito e eletronicamente não é possível a adoção de "checkboxes" pré-selecionados, sendo necessária manifestação ativa por parte do titular de clicar no "checkbox" não selecionado e posteriormente avançar para a próxima etapa. Essa, inclusive, é boa prática recomendada pela Associação Brasileira de Anunciantes – ABA em seu manual para adequação à LGPD (http://www.aba.com.br/wp-content/uploads/2019/06/ebook-aba-compliance-lgpd.pdf), no capítulo "Princípios gerais e melhores práticas". A União Europeia já possui entendimento nesse sentido, tendo o Tribunal de Justiça da União Europeia decidido em 1º de outubro de 2019 no *Case C-673/17*, trazido pela Federação Alemã de Organizações de Consumidores contra a empresa Planet 49 pelo uso de "checkboxes" pré-selecionados para obtenção do consentimento para uso de cookies. O Tribunal decidiu que os "checkboxes" não podem vir pré-selecionados, uma vez que isso não caracterizaria consentimento ativo (http://curia.europa.eu/juris/document/document.jsf;jsessionid=3EDBE651AEBB5C9928F817683A403398?text=&docid=218462&pageIndex=0&doclang=en&mode=lst&dir=&occ=first&part=1&cid=7360812).

24. Nesse caso seria possível traçar paralelo com o artigo 5º, § 1º do Decreto 7.962/2013 (contratação no comércio eletrônico), que permite ao consumidor exercer o direito de arrependimento pela mesma ferramenta utilizada para a contratação. Ou seja, na mesma ferramenta que o titular tenha concedido seu consentimento, ele poderá revogá-lo.

(vi) se o tratamento de dados for condição para o fornecimento de produto ou serviço (como por exemplo, em uma compra online o titular precisar fornecer o endereço, que será compartilhado com a transportadora), o titular deve ser informado dessa condição com destaque.

(vii) no tratamento de dados de crianças e adolescentes, é necessário consentimento específico e em destaque dado por pelo menos um dos pais ou responsável legal[25].

(viii) o ônus da prova é invertido[26], ou seja, não cabe ao titular provar que deu o consentimento, mas à entidade provar que o consentimento foi obtido em conformidade com a lei. Por esse motivo é importante não apenas demonstrar que o consentimento foi inequívoco e fornecido pelo titular com pleno conhecimento de quais dados seriam coletados e para qual finalidade seriam utilizados, como também que esse consentimento seja armazenado de forma correta e segura, de forma a não comprometer sua integridade.

4.2.1. Demais bases legais

Além do consentimento e execução de contrato mencionados no item anterior, a LGPD aborda nos incisos de seu artigo 7º outras oito possíveis bases legais, as quais, importante destacar, não são necessariamente excludentes, podendo mais de uma base legal se aplicar a determinado tratamento:

(i) *cumprimento de obrigação legal ou regulatória*: essa base legal existe como forma de evitar conflitos com legislações e regulamentos já existentes. Por exemplo, o RH de uma empresa precisa transmitir dados para o Governo para cumprir com suas obrigações legais, por esse motivo os funcionários não poderiam se opor a esse compartilhamento com base na LGPD. Outro exemplo seria o compartilhamento de dados com a prefeitura para a emissão de Nota Fiscal, o titular não poderia se opor a esse tratamento de dados, tendo em vista visar cumprir obrigações legais e regulatórias. Um último exemplo, e que também se relaciona com a base legal descrita no item (iv) abaixo, seria se a entidade oferece a possibilidade de criação e-mails e o titular utiliza dessa funcionalidade para finalidades ilícitas, posteriormente solicitando à entidade a exclusão de seus dados, como forma de não deixar evidências de sua atividade. A entidade somente poderá apagar os dados após decorrido o prazo legal para tanto, caso contrário assume para si a responsabilidade de não ter mantido esses dados pelo prazo necessário.

(ii) *pela administração pública, para o tratamento e uso compartilhado de dados necessários à execução de políticas públicas*: este caso não se aplica a entidade privadas, sendo reservado apenas ao poder público a possibilidade de tratar dados desde que obedecendo a políticas públicas que estejam previstas em leis, regulamentos ou respaldadas em contratos, convênios ou similares, e contanto que sejam obedecidas as regras que a LGPD estipulou em seu capítulo IV para o tratamento de dados pessoais pelo poder público.

---

25. Nesses casos, para obter o consentimento é permitido o uso de recursos audiovisuais, levando em consideração a idade do público-alvo. Ademais, o consentimento pode ser dispensado quando a finalidade for contatar os pais ou responsável legal, ou para a proteção do menor, devendo nesses casos ser usado uma única vez e sem armazenamento, não podendo ser compartilhado.
26. Não apenas para o consentimento, mas para o tratamento de dados como um todo (Artigo 42, § 2º).

(iii) *realização de estudo por órgão de pesquisa, garantida, sempre que possível a anonimização dos dados*: para que órgãos de pesquisa consigam realizar estudos (como pesquisa de intenção de voto durante as eleições), desde que, sempre que possível, mantenham-se os dados anonimizados, de forma a não ser possível identificar individualmente os titulares dos dados. Por exemplo, dados como gênero, idade e região geográfica descritas em estudo ou pesquisa dificilmente permitiriam a individualização dos titulares, todavia dados como e-mail, IP, nome e CPF permitiriam a sua individualização e não seriam, portanto, anonimizados.

(iv) *exercício regular de direito em processo judicial, administrativo ou arbitral*: assim como o cumprimento de obrigação legal ou regulatória, essa base legal garante que a entidade não seja obrigada a deixar de tratar ou excluir dados que sejam ou venham a ser relacionados a processos por solicitação do titular, que poderia utilizar desse subterfúgio para limar a empresa de evidências, o que caracterizaria violação ao direito de defesa e do contraditório.

(v) *proteção da vida ou incolumidade física do titular ou terceiros*: essa base legal permite o tratamento de dados (inclusive sensíveis) se tiver como objetivo garantir a proteção da vida e da incolumidade física do titular ou de terceiros. Um exemplo seria pessoa que se acidenta e é encaminhada ao hospital mais próximo, que colherá seus dados para avisar aos familiares e buscar histórico médico, de forma a poder tratá-la.

(vi) *tutela da saúde, exclusivamente em procedimento realizado por profissionais da saúde, serviços de saúde ou autoridade sanitária*: segue o mesmo raciocínio da base legal anterior. Nesse caso, o tratamento é permitido apenas para profissionais de saúde, serviços de saúde ou autoridade sanitária, como, por exemplo, no tratamento de prontuários médicos ou o controle de postos de saúde em campanhas de vacinação.

(vii) *legítimo interesse do Controlador ou terceiro, exceto no caso de prevalecerem direitos e liberdades do titular*[27]: trata-se de base legal bastante propagada, porém é potencialmente problemática pela nebulosidade que a envolve e a dificuldade de definição do quanto o tratamento dos dados configuraria "legítimo interesse", sendo recomendado utilizá-lo somente quando não houver outra base legal aplicável ao caso. O legítimo interesse se aplicaria em dois casos (i) apoio e promoção das atividades da entidade; e (ii) proteção do titular em relação ao exercício regular de seus direitos ou prestação de serviços que o beneficiem, respeitadas suas expectativas e direitos. A título exemplificativo, a entidade poderia adotar medidas que impeçam a fraude da conta do titular (como bloqueio preventivo de senha devido a acesso não usual ou pelo vazamento de dados de terceiros que impacte a conta do titular na entidade – como a conta comprometida usar a mesma senha que a conta do titular na entidade) mesmo sem outra base legal aplicável, com base no legítimo interesse do titular

(viii) *proteção do crédito*: assim como o cumprimento de obrigação legal ou regulatória, essa base legal garante que a entidade não seja obrigada a excluir dados relacionados à proteção do crédito. A título exemplificativo, o titular não pode solicitar a exclusão dos

---

27. As condições para se caracterizar o legítimo interesse bem como as medidas a serem tomadas estão previstas em maiores detalhes no artigo 10 da LGPD.

seus dados de órgãos de proteção do crédito utilizando a LGPD como argumentação, alegando que não autorizou referido tratamento.

4.3. Direitos do titular sobre os dados

Tendo em vista o sucesso do modelo de negócio no qual serviços e produtos são oferecidos de forma aparentemente gratuita, exigindo os dados dos usuários ao invés de contrapartida financeira direta, os dados passaram a cada vez mais a serem vistos como não pertencentes a ninguém, podendo ser utilizados de forma livre pelas entidades que os coletassem.

Todavia, esse não é o caso. É importante lembrar que não obstante terceiros poderem utilizar os dados para diversas finalidades mediante consentimento, eles ainda assim continuam pertencendo ao titular, que possui direitos sobre esses dados, garantidos pela LGPD[28].

Dessa forma, destacamos a seguir os principais direitos do titular, de forma que a entidade deve tomar as providências necessárias para garantir-lhe a possibilidade de exercê-los, sempre de forma gratuita:

(i) *acesso aos seus dados*: o titular pode solicitar acesso a todos os seus dados que a entidade possui – o que inclui dados que não tenham sido fornecidos diretamente pelo titular, mas que a entidade venha a armazenar, como endereço IP e histórico de navegação. Tal acesso deve ser providenciado imediatamente se em formato simplificado ou em até 15 (quinze) dias contados da solicitação se fornecido na forma de declaração (que indique a origem dos dados, critérios utilizados e finalidade do tratamento).

(ii) *informações sobre o tratamento de seus dados*: o titular pode solicitar à entidade que esclareça a que tipo de tratamento seus dados estão sendo submetidos.

(iii) *correção de dados*: o titular pode solicitar à entidade que corrija ou atualize eventuais dados que constatar estarem incompletos, inexatos ou desatualizados. Nesse caso, cabe à entidade informar a todas as outras entidades com quem tenha compartilhado os dados, para que também providenciem sua correção.

(iv) *anonimização, bloqueio ou eliminação de dados desnecessários*: o titular pode solicitar que a entidade anonimize, bloqueie ou apague dados desnecessários, excessivos ou tratados em desconformidade com a lei ou a finalidade para a qual foram coletados. Nesse caso, cabe à entidade informar a todas as outras entidades com quem tenha compartilhado os dados, para que também providenciem sua anonimização, bloqueio ou eliminação.

(v) *portabilidade*: o titular pode solicitar a portabilidade dos dados, de forma a facilmente transferi-los de uma entidade a outra.

(vi) *eliminação ou revogação do consentimento*: o titular pode revogar seu consentimento e solicitar a eliminação dos dados, observado o disposto na LGPD[29]. Nesse caso,

---

28. Artigos 9, 17, 18 e 19 da LGPD e Articles 15 a 22 da GPDR.
29. Nos termos do artigo 16 da LGPD, os dados devem ser eliminados após o término do tratamento, salvo para: (i) cumprimento de obrigação legal ou regulatória; (ii) estudo por órgão de pesquisa (garantida a anonimização, sempre que possível); (iii) transferência a terceiros (respeitado o disposto na lei); e (iv) uso exclusivo do controlador, desde que anonimizados e vedado o acesso por terceiros.

cabe à entidade informar a todas as outras entidades com quem tenha compartilhado os dados, para que também providenciem sua eliminação.

(vii) *informações sobre compartilhamento*: o titular pode solicitar que a entidade esclareça com quem compartilhou seus dados.

(viii) *esclarecimentos sobre o não fornecimento de dados*: o titular pode solicitar que a entidade esclareça quais seriam as consequências de negar seu consentimento. Por exemplo, se um aplicativo de mapas não puder ter acesso à localização do usuário determinadas funcionalidades podem não funcionar corretamente, como utilizar a localização atual para traçar uma rota e atualizá-la em tempo real.

(ix) *fornecimento dos dados*: o titular pode escolher se deseja receber os dados que solicitar de forma eletrônica ou impressa.

(x) *revisão de decisões automatizadas*: o titular pode solicitar a revisão de decisões que sejam tomadas de forma automatizada – como por exemplo, se foi criado seu perfil automatizado e isso o tornou inelegível para determinado serviço ou produto. Nesses casos, a entidade deverá fornecer informações claras a respeito dos critérios e procedimentos para a decisão automatizada.

(xi) *peticionar perante a ANPD ou órgão de defesa do consumidor*: o titular pode peticionar sobre assuntos relacionados aos seus dados perante a ANPD ou órgão de defesa do consumidor.

4.4. Transferência internacional dos dados

Com a natureza incorpórea dos dados e a facilidade com que informações podem ser transmitidas via internet, compartilhar dados através de fronteiras se tornou algo casual. Contudo, com a entrada em vigor da LGPD, as entidades que tiverem essa prática terão de adotar determinadas medidas para garantir sua conformidade.

Nesse caso, o Brasil adotou solução semelhante à da União Europeia. Com base no Article 45 da GDPR, a Comissão Europeia tem o poder de determinar se um país oferece nível adequado de proteção de dados, consoante com as regras da União Europeia. Países que integram essa lista podem receber dados de entidades sujeitas à GDPR sem que seja necessária nenhuma medida adicional ou proteção. Em outras palavras, as transferências para países que integram a lista são equiparadas a transferências entre países membros da União Europeia[30].

Para países que não façam parte dessa lista, a União Europeia possui outras alternativas[31], como cláusulas padrão para determinados cenários (as "*Standard Contractual Clauses*"/"*Model Clauses*"[32]), Binding Corporate Rules[33], códigos de conduta (juntamente

---

30. A lista pode ser localizada em https://ec.europa.eu/info/law/law-topic/data-protection/international-dimension-data-protection/adequacy-decisions_en e atualmente os únicos países da América do Sul que a integram são Argentina e Uruguai.
31. Articles 44 a 50 da GDPR
32. Podem ser localizadas em https://ec.europa.eu/info/law/law-topic/data-protection/international-dimension-data-protection/standard-contractual-clauses-scc_en.
33. Ou "Regras Vinculativas das Empresas", foram criadas pela GDPR para permitir que empresas multinacionais, organizações internacionais e grupos de empresas façam transferências intraorganizacionais de dados para fora

com compromissos da entidade localizada fora da União Europeia de aplicar as salvaguardas apropriadas) ou mediante certificações.

Na LGPD[34], salvo exceções específicas, as principais formas de transferência internacional de dados também são para países que proporcionem grau de proteção de dados pessoais adequados ao previsto na LGPD ou mediante cláusulas contratuais (que podem ser padrão ou específicas para determinada transferência), além da possibilidade de normas corporativas globais em conformidade com a LGPD ou mediante a obtenção de selos, certificados e códigos de conduta regularmente emitidos.

Todavia, diferentemente da GDPR, nenhuma dessas medidas está de fato consolidada. A LGPD determina que caberá à Autoridade Nacional adotar as providências necessárias, apenas fornecendo diretrizes a serem seguidas para determinar quais países possuiriam o nível de proteção adequado e deixando os demais aspectos relacionados a cláusulas contratuais, normas corporativas, certificados e códigos de conduta para critério único e exclusivo da autoridade nacional.

Portanto, podemos esperar que após a entrada em vigor da LGPD, a autoridade nacional venha a:

(i) publicar e constantemente atualizar lista com países autorizados a transferir dados com o Brasil sem a necessidade de nenhuma cláusula adicional, assim como atualmente ocorre na União Europeia;

(ii) sejam estabelecidas cláusulas-padrão contratuais, que se aplicam de forma geral a transferências de dados internacionais, assim como as "*Standard Contractual Clauses*"/"*Model Clauses*" adotadas pela União Europeia;

(iii) criar cláusulas contratuais específicas para determinados tipos de transferência, provavelmente voltados tanto para transferências mais simples – tais como de dados anonimizados – como transferências mais complexas, que demandem maior grau de especialidade – como dados de saúde ou financeiros;

(iv) aprovar normas corporativas globais de multinacionais para garantir que o fluxo interno de dados de tais entidades esteja em conformidade com a LGPD, de forma semelhante às Binding Corporate Rules atualmente aplicadas pela GDPR; e

(v) como já ocorre com diversos setores regulados, criar selos, certificados e códigos de conduta, os quais as entidades interessadas podem obter para demonstrar estarem em conformidade com a LGPD.

Ressaltamos que não obstante as medidas previstas acima, o consentimento do titular também é necessário, conforme previsto no item 4.2. (iii) h).

---

da União Europeia, em conformidade com a GDPR (https://ec.europa.eu/info/law/law-topic/data-protection/international-dimension-data-protection/binding-corporate-rules-bcr_en).

34. Artigos 33 a 36 da LGPD.

4.5. Obrigações adicionais da entidade

Além do disposto nos itens anteriores, a LGPD[35] traz algumas obrigações adicionais a serem cumpridas pela entidade, as quais consistem em:

(i) manter registro de todas as operações de tratamento de dados, especialmente quando baseado no legítimo interesse. Não há maiores detalhes sobre quais informações esses registros devem conter ou como devem ser armazenados – o que pode vir a ser futuramente regulado pela ANPD –, todavia, conforme informado no item 4.2. (viii), considerando que o ônus da prova é invertido nesses casos, as entidades devem estar preparadas para manter registros com informações suficientes para provar em âmbito judicial não apenas o consentimento, mas que o tratamento de dados está sendo realizado conforme o disposto na LGPD.

(ii) tendo em vista que a autoridade nacional pode a qualquer momento solicitar relatório sobre o tratamento dos dados, é recomendado que a entidade possua políticas internas que determinem claramente as metodologias, procedimentos e etapas sobre como o tratamento deve ser realizado, preferencialmente já abordando as informações que devem constar no relatório[36].

(iii) indicar encarregado[37], devendo suas informações de contato serem divulgadas pública e objetivamente, preferencialmente no site da entidade.

(iv) ao criar e lançar novo produto ou serviço, a entidade deve fazê-lo levando em consideração medidas de segurança para proteger os dados de acessos não autorizados e tratamentos acidentais, inadequados ou ilícitos, tais como perda, destruição ou alteração[38].

(v) havendo qualquer incidente de segurança que possa acarretar risco ou danos aos titulares, a entidade deve comunicar a autoridade nacional (que inclusive poderá determinar que a entidade faça ampla divulgação pública do incidente), incluindo:

a) natureza dos dados afetados;

b) titulares envolvidos;

c) medidas utilizadas para a proteção dos dados e para reverter ou mitigar o prejuízo;

d) riscos relacionados ao incidente; e

e) motivo da demora, caso a comunicação não tenha sido imediata.

---

35. Artigos 37 a 41 e 46 a 51 da LGPD e Articles 24 a 43 da GDPR.
36. O relatório deve conter, ao menos, a descrição dos tipos de dados coletados, metodologia utilizada para coletar dados e garantir sua segurança, e a análise da entidade com relação às medidas de mitigação de riscos que adota.
37. Importante destacar que o encarregado não precisa ser necessariamente pessoa física, podendo ser inclusive pessoa jurídica ou até terceirizado.
38. A GDPR assume posicionamento semelhante e entra em maiores detalhes a esse respeito em seu Article 25, utilizando os termos *"by design"* e *"by default"* para estabelecer os novos princípios que as entidades devem adotar. Em resumo, na criação e execução de novo produto ou serviço, a entidade deve verificar quais dados são de fato essenciais e limitar-se a eles, revisitando esse procedimento frequentemente e melhorando-o sempre que possível. Por exemplo, se surge nova tecnologia que permite anonimizar ou eliminar determinados dados e isso não impacta de forma negativa o produto ou serviço, a entidade deverá adotá-los, passando a garantir a mesma qualidade de produto ou serviço, porém utilizando menos dados do titular.

(vi) se a entidade for um operador, deve tratar os dados única e exclusivamente seguindo as instruções do controlador.

(vii) apesar de não ser uma obrigação, a entidade poderá implementar programa de governança em privacidade, abordando os princípios e obrigações trazidos pela LGPD e apresentados no presente artigo. Tais regras deverão ser publicadas e atualizadas periodicamente e inclusive poderão ser reconhecidas e divulgadas pela autoridade nacional.

4.6. Responsabilidades e penalidades

Abordados os principais pontos que as entidades devem se atentar para ficar em conformidade com a LGPD, resta apontar as possíveis penalidades a que a entidade estará sujeita caso não adote essas medidas.

Contudo, primeiramente é importante ressaltar dois aspectos a que a entidade deve se atentar:

(i) todas as entidades na cadeia de tratamento respondem solidariamente[39]. Dessa forma, se o controlador possui operadores que processam os dados, ou o controlador compartilha esses dados com outros controladores, caso qualquer entidade nessa cadeia de tratamento não esteja em conformidade com a legislação, todas respondem solidariamente, cabendo apenas direito de regresso contra a entidade infratora. Dessa forma, é de suma importância que a entidade aja com zelo na escolha de controladores ou operadores parceiros, adotando cláusulas contratuais que lhe sejam protetivas (estipulando de forma clara como o tratamento dos dados deve ser feito e a obrigação de cumprir com a legislação, por exemplo) e que tais parceiros possuam capacidade de arcar com eventuais ações de regresso, caso necessário.

(ii) conforme informado no item 4.2. (viii), o ônus da prova pode ser invertido, por esse motivo a entidade deve estar preparada para provar que agiu em conformidade com a LGPD na coleta e tratamento dos dados.

Destacados esses pontos, tratamos a seguir as eventuais penalidades a que a entidade

5. CONCLUSÃO

Conforme demonstrado no decorrer do artigo, a LGPD não tem como intuito apenas garantir a proteção dos dados pessoais, mas também estabelecer meios para que os titulares dos dados tenham relação mais transparente e direta com os controladores, concedendo aos titulares as ferramentas necessárias para que possam exercer seus direitos.

Tendo esse intuito da LGPD em consideração, encerramos o presente artigo trazendo resumo dos pontos que consideramos essenciais as entidades estarem cientes e terem como referência:

(i) dados são ativos valiosos e pertencem única e exclusivamente ao titular, que meramente os empresta temporariamente à entidade;

---

[39]. Artigo 42 da LGPD e Article 82 da GDPR. Tais penalidades não substituem a aplicação de demais sanções previstas em outras leis.

(ii) sendo o titular o dono dos dados, ele pode solicitar sua visualização, correção e exclusão a qualquer momento;

(iii) sempre que possível e aplicável obter o consentimento ou anuência expressa do titular, de forma clara e objetiva;

(iv) transparência máxima ao titular;

(v) ter claras as finalidades para as quais os dados serão utilizados;

(vi) ter mapeado e controlado quais outras entidades terão acesso a esses dados; e

(vi) a entidade pode estar sujeita a demais regulamentos e legislações (especialmente dependendo do seu ramo de atuação), contudo é sempre importante ter também como parâmetros os princípios do Código de Defesa do Consumidor e da Constituição Federal.

REFERÊNCIAS

ASSOCIAÇÃO BRASILEIRA DE ANUNCIANTES. *Manual de adequação à LGPD: Orientações e boas práticas de governança de dados para Publicitários*. Disponível em: http://www.aba.com.br/wp-content/uploads/2019/06/ebook-aba-compliance-lgpd.pdf. Acesso em: 12 jun. 2020.

CNIL. *The CNIL's restricted committee imposes a financial penalty of 50 Million euros against GOOGLE LLC*. Disponível em: https://www.cnil.fr/en/cnils-restricted-committee-imposes-financial-penalty-50-million-euros-against-google-llc. Acesso em: 12 jun. 2020.

COMISSÃO NACIONAL DE PROTEÇÃO DE DADOS. *Deliberação 984/2018*. Disponível em: https://www.cnpd.pt/bin/decisoes/Delib/20_984_2018.pdf. Acesso em: 12 jun. 2020.

DEPARTAMENTO DE DEFESA E SEGURANÇA. Fiesp. *Cartilha de Proteção de Dados Pessoais - FIESP*. Disponível em: https://www.fiesp.com.br/indices-pesquisas-e-publicacoes/lei-geral-de-protecao/. Acesso em: 12 jun. 2020.

EU. Court of Justice of the European Union (Grand Chamber). *Case C-673/17*. Bundesverband der Verbraucherzentralen und Verbraucherverbände — Verbraucherzentrale Bundesverband vs Planet49 GmbH. 21/03/2013. Disponível em: http://curia.europa.eu/juris/document/document.jsf;jsessionid=3EDBE651AEBB5C9928F817683A403398?text=&docid=218462&pageIndex=0&doclang=en&mode=lst&dir=&occ=first&part=1&cid=7360812. Acesso em: 12 jun. 2020.

EU, *General Data Protection Regulation*. Disponível em: https://eur-lex.europa.eu/legal-content/EN/TXT/?toc=OJ:L:2016:119:TOC&uri=uriserv:OJ.L_.2016.119.01.0001.01.ENG. Acesso em: 12 jun. 2020.

EUROPEAN COMMISSION. *Adequacy Decisions: How the EU determines if a non-EU country has na adequate level of data protection*. Disponível em: https://ec.europa.eu/info/law/law-topic/data-protection/international-dimension-data-protection/adequacy-decisions_en. Acesso em: 12 jun. 2020.

EUROPEAN COMMISSION. *Standard Contractual Clauses (SCC)*. Disponível em: https://ec.europa.eu/info/law/law-topic/data-protection/international-dimension-data-protection/standard-contractual-clauses-scc_en. Acesso em: 12 jun. 2020.

EUROPEAN COMMISSION. *Binding Corporate Rules (BCR)*. Disponível em: https://ec.europa.eu/info/law/law-topic/data-protection/international-dimension-data-protection/binding-corporate-rules-bcr_en. Acesso em: 12 jun. 2020.

14
DANOS MORAIS COLETIVOS E VAZAMENTOS DE DADOS PESSOAIS

Pietra Daneluzzi Quinelato

Sumário: 1. Introdução. 2. O instituto do dano moral coletivo. 3. A indenização por dano moral coletivo em casos de vazamentos de dados. 4. Considerações finais. Referências.

1. INTRODUÇÃO

Em poucas décadas, vivenciamos uma transformação exponencial nas formas de comunicação e consumo, que, sob um de seus aspectos, pode ser representada pela instantaneidade na transmissão de informações e na ausência de fronteiras territoriais propiciadas com a internet, culminando em uma nova dinâmica empresarial.

Ao navegarmos em websites e redes sociais buscando nossas preferências, deixamos pegadas digitais que, se tratadas pelas empresas, podem ser convertidas em um desenho de nossas predileções. Podemos dizer que a informação não é só direcionada ao indivíduo, mas por nós refletida[1].

Os bancos de dados, apesar de existirem há muito tempo, se aperfeiçoam tecnologicamente a ponto de reunir informações que, de forma organizada, podem representar preferências e características de milhares de indivíduos. Conforme Danilo Doneda[2] afirma, a administração de tais bancos de dados se torna cada vez mais fácil com o advento de tecnologias, possibilitando a extração de informações pessoais em um conjunto que representará valor àquele que as trata.

Surge o conceito de *Big Data*, correlacionando diversas bases de dados e extraindo informações de forma organizada, transformando-as em ativos para as empresas. Com esse novo paradigma de tratamento dos dados, volumes consideráveis de informações podem ser organizados de diversas maneiras, em velocidades antes inexistente e com a veracidade dos dados obtidos garantida. Bagnoli[3], de forma didática, caracteriza o Big Data sob uma perspectiva não apenas econômica, mas jurídica, com a identificação dos

---
1. PINHEIRO, Patricia Peck. *Direito Digital*. 3. ed. São Paulo: Saraiva, 2009, p. 28.
2. DONEDA, Danilo. *Da privacidade à proteção de dados pessoais*: elementos da formação da Lei geral de proteção de dados. 2. ed. São Paulo: Thomson Reuters Brasil, 2019, p. 39.
3. BAGNOLI, Vicente. A definição do mercado relevante, verticalização e abuso de posição dominante na era do Big Data. In: DOMINGUES, Juliana; GABAN, Eduardo Molan; MIELE, Aluisio de Freitas, SILVA, Breno Fraga Miranda (Orgs.). *Direito Antitruste 4.0*. São Paulo: Singular, 2019.

6V's, sendo eles: (i) volume, (ii) velocidade, (iii) variedade, (iv) valor, (v) veracidade e da possibilidade de (vi) validação (p. 47)[4].

Nessa era digital do *Big Data*, como uma das consequências da inovadora forma de tratamento de dados, assistimos na mídia nacional ou internacional centenas de casos envolvendo vazamentos de informações dos consumidores, resultando na exposição de milhares de dados em diversas categorias[5].

Esses vazamentos de dados podem expor perfis de consumo, interesses pessoais, dados bancários e financeiros, informações sensíveis, como preferências religiosas, políticas ou sexuais de uma grande parcela de consumidores. Há, portanto, uma afronta aos princípios da privacidade, intimidade e da dignidade da pessoa humana, não apenas em face do próprio indivíduo, mas da coletividade de forma geral.

Como consequência direta do advento de novas tecnologias e o aumento do uso de dados pessoais pelas empresas, algumas regulamentações se fortificaram e outras foram criadas visando à proteção aos dados pessoais por meio do estabelecimento de direitos dos seus titulares e deveres dos agentes de tratamento[6], como é o caso do Regulamento Geral de Proteção aos Dados Pessoais (GDPR), europeu, e a Lei Geral de Proteção de Dados, nacional (LGPD).

O GDPR, em seu artigo 83[7], dispõe que as violações das disposições do regulamento ficam sujeitas à imposição de multas administrativas de até vinte milhões de euros

---

4. Pfeiffer, de forma cristalina, define que "A característica mais conhecida é volume, devido à alta quantidade de dados que podem ser coletados e processados. (...) a tecnologia facilitou não apenas o armazenamento de dados, mas a sua transmissão. A variedade dos dados é muito importante porque permite que empresas explorem publicidades e desenvolvam novos produtos e serviços. Outro aspecto importante é a verificabilidade: a capacidade de verificar a veracidade e precisão dos dados coletados. Isso é de grande importância para evitar desenhar conclusões erradas dos dados coletados. A rapidez da coleta, armazenamento, análise e transmissão dos dados é também de vital importância. Consequentemente, a velocidade é outra característica que melhora a função dos dados na economia digital. Finalmente, a característica que efetivamente melhora a função dos dados na economia digital é o enorme e crescente valor". (tradução nossa). PFEIFFER, Roberto A. C. Digital Economy, Big Data and Competition Law. *Market and Competition Law Review*, v. III, n. 1. p. 53-89, abr. 2019, p. 55-56.
5. Adobe, Uber, Ashley Madison, Target, Playstation Network, Yahoo, Steam, Banco Inter, Facebook são empresas que nos últimos anos tiveram seus nomes estampados na mídia pelos maiores vazamentos de dados ocorridos no mundo, conforme matéria disponível na Value Host afirma. Disponível em: https://www.valuehost.com.br/blog/vazamento-de-dados/. Acesso em: 23.01.2020.
6. Pela Lei Geral de Proteção de Dados, como agentes de tratamento de dados pessoais temos o controlador e o processador (artigo 5°, inciso IX).
7. Artigo 83° Condições gerais para a aplicação de coimas (texto em português de Portugal)
   1. Cada autoridade de controlo assegura que a aplicação de coimas nos termos do presente artigo relativamente a violações do presente regulamento a que se referem os ns. 4, 5 e 6 é, em cada caso individual, efetiva, proporcionada e dissuasiva.
   2. Consoante as circunstâncias de cada caso, as coimas são aplicadas para além ou em vez das medidas referidas no artigo 58, n. 2, alíneas a) a h) e j). Ao decidir sobre a aplicação de uma coima e sobre o montante da coima em cada caso individual, é tido em devida consideração o seguinte:
   a) A natureza, a gravidade e a duração da infração tendo em conta a natureza, o âmbito ou o objetivo do tratamento de dados em causa, bem como o número de titulares de dados afetados e o nível de danos por eles sofridos; b) O caráter intencional ou negligente da infração; c) A iniciativa tomada pelo responsável pelo tratamento ou pelo subcontratante para atenuar os danos sofridos pelos titulares; d) O grau de responsabilidade do responsável pelo tratamento ou do subcontratante tendo em conta as medidas técnicas ou organizativas por eles implementadas nos termos dos artigos 25 e 32; e) Quaisquer infrações pertinentes anteriormente cometidas pelo responsável pelo tratamento ou pelo subcontratante;) O grau de cooperação com a autoridade de controlo, a fim de sanar a infração e atenuar os seus eventuais efeitos negativos; g) As categorias específicas de dados pessoais afetadas pela infração;

ou até quatro por cento do volume de negócios anual mundial do exercício anterior da empresa. Já a nossa legislação nacional, que entrará em vigor em agosto de 2020, prevê, em seu artigo 52[8], sanções em âmbito administrativo que podem chegar à imposição de multa simples de até dois por cento do faturamento da pessoa jurídica de direito privado,

---

h) A forma como a autoridade de controlo tomou conhecimento da infração, em especial se o responsável pelo tratamento ou o subcontratante a notificaram, e em caso afirmativo, em que medida o fizeram; i) O cumprimento das medidas a que se refere o artigo 58, n. 2, caso as mesmas tenham sido previamente impostas ao responsável pelo tratamento ou ao subcontratante em causa relativamente à mesma matéria; j) O cumprimento de códigos de conduta aprovados nos termos do artigo 40.o ou de procedimento de certificação aprovados nos termos do artigo 42; e k) Qualquer outro fator agravante ou atenuante aplicável às circunstâncias do caso, como os benefícios financeiros obtidos ou as perdas evitadas, direta ou indiretamente, por intermédio da infração.

3. Se o responsável pelo tratamento ou subcontratante violar, intencionalmente ou por negligência, no âmbito das mesmas operações de tratamento ou de operações ligadas entre si, várias disposições do presente regulamento, o montante total da coima não pode exceder o montante especificado para a violação mais grave.

4. A violação das disposições a seguir enumeradas está sujeita, em conformidade com o n. 2, a coimas até 10 000 000 EUR ou, no caso de uma empresa, até 2% do seu volume de negócios anual a nível mundial correspondente ao exercício financeiro anterior, consoante o montante que for mais elevado:

a) As obrigações do responsável pelo tratamento e do subcontratante nos termos dos artigos 8º, 11, 25 a 39 e 42 e 43; b) As obrigações do organismo de certificação nos termos dos artigos 42.o e 43.o; c) As obrigações do organismo de supervisão nos termos do artigo 41.o, n. 4; 5. A violação das disposições a seguir enumeradas está sujeita, em conformidade com o n. 2, a coimas até 20 000 000 EUR ou, no caso de uma empresa, até 4% do seu volume de negócios anual a nível mundial correspondente ao exercício financeiro anterior, consoante o montante que for mais elevado: a) Os princípios básicos do tratamento, incluindo as condições de consentimento, nos termos dos artigos 5º, 6º, 7º e 9º; b) Os direitos dos titulares dos dados nos termos dos artigos 12 a 22; c) As transferências de dados pessoais para um destinatário num país terceiro ou uma organização internacional nos termos dos artigos 44 a 49; d) As obrigações nos termos do direito do Estado-Membro adotado ao abrigo do capítulo IX; e) O incumprimento de uma ordem de limitação, temporária ou definitiva, relativa ao tratamento ou à suspensão de fluxos de dados, emitida pela autoridade de controlo nos termos do artigo 58, n. 2, ou o facto de não facultar acesso, em violação do artigo 58, n. 1. 6. O incumprimento de uma ordem emitida pela autoridade de controlo a que se refere o artigo 58, n. 2, está sujeito, em conformidade com o n. 2 do presente artigo, a coimas até 20 000 000 EUR ou, no caso de uma empresa, até 4 % do seu volume de negócios anual a nível mundial correspondente ao exercício financeiro anterior, consoante o montante mais elevado. 7. Sem prejuízo dos poderes de correção das autoridades de controlo nos termos do artigo 58, n. 2, os Estados-Membros podem prever normas que permitam determinar se e em que medida as coimas podem ser aplicadas às autoridades e organismos públicos estabelecidos no seu território. 8. O exercício das competências que lhe são atribuídas pelo presente artigo por parte da autoridade de controlo fica sujeito às garantias processuais adequadas nos termos do direito da União e dos Estados-Membros, incluindo o direito à ação judicial e a um processo equitativo. 9. Quando o sistema jurídico dos Estados-Membros não preveja coimas, pode aplicar-se o presente artigo de modo a que a coima seja proposta pela autoridade de controlo competente e imposta pelos tribunais nacionais competentes, garantindo ao mesmo tempo que estas medidas jurídicas corretivas são eficazes e têm um efeito equivalente às coimas impostas pelas autoridades de controlo. Em todo o caso, as coimas impostas devem ser efetivas, proporcionadas e dissuasivas. Os referidos Estados-Membros notificam a Comissão das disposições de direito interno que adotarem nos termos do presente número até 25 de maio de 2018 e, sem demora, de qualquer alteração subsequente das mesmas

8. Art. 52. Os agentes de tratamento de dados, em razão das infrações cometidas às normas previstas nesta Lei, ficam sujeitos às seguintes sanções administrativas aplicáveis pela autoridade nacional:
I – advertência, com indicação de prazo para adoção de medidas corretivas; II – multa simples, de até 2% (dois por cento) do faturamento da pessoa jurídica de direito privado, grupo ou conglomerado no Brasil no seu último exercício, excluídos os tributos, limitada, no total, a R$ 50.000.000,00 (cinquenta milhões de reais) por infração; III – multa diária, observado o limite total a que se refere o inciso II; IV – publicização da infração após devidamente apurada e confirmada a sua ocorrência; V – bloqueio dos dados pessoais a que se refere a infração até a sua regularização; VI – eliminação dos dados pessoais a que se refere a infração; VII – (VETADO); VIII – (VETADO); IX – (VETADO). X – suspensão parcial do funcionamento do banco de dados a que se refere a infração pelo período máximo de 6 (seis) meses, prorrogável por igual período, até a regularização da atividade de tratamento pelo controlador; XI – suspensão do exercício da atividade de tratamento dos dados pessoais a que se refere a infração pelo período máximo de 6 (seis) meses, prorrogável por igual período; XII – proibição parcial ou total do exercício de atividades relacionadas a tratamento de dados.

grupo ou conglomerado no Brasil em seu último exercício, limitando-a a R$ 50 milhões por infração. Vemos a imposição de valores altíssimos visando à coibição da afronta à proteção aos dados pessoais.

No âmbito do GDPR já ocorreram casos de condenação pelo vazamento de dados pessoais, como a multa de £183,39 milhões imposta pelo ICO (Information Commissioner's Office) à companhia aérea British Airways: houve vazamento de dados pessoais e financeiros de 500 mil clientes em julho de 2019[9]. Outro exemplo é a imposição de multa também pelo ICO à empresa hoteleira Marriott, que sofreu um ataque cibernético expondo aproximadamente 339 milhões de registros de hóspedes[10].

Porém, apesar de elevados os valores, as sanções previstas nas legislações, seja GDPR ou LGPD, podem se mostrar insuficientes no que tange à reparação dos danos causados, que, muitas vezes, ultrapassam o indivíduo e se mostram indivisíveis e transindividuais. Felizmente, a nossa legislação não é omissa a essa questão.

De acordo com o artigo 22[11] da LGPD, a defesa dos interesses e direitos de titulares de dados poderá ser exercida em juízo de forma individual e coletiva. O artigo 42,

---

§ 1º As sanções serão aplicadas após procedimento administrativo que possibilite a oportunidade da ampla defesa, de forma gradativa, isolada ou cumulativa, de acordo com as peculiaridades do caso concreto e considerados os seguintes parâmetros e critérios:
I – a gravidade e a natureza das infrações e dos direitos pessoais afetados; II – a boa-fé do infrator; III – a vantagem auferida ou pretendida pelo infrator; IV – a condição econômica do infrator; V – a reincidência; VI – o grau do dano; VII – a cooperação do infrator; VIII – a adoção reiterada e demonstrada de mecanismos e procedimentos internos capazes de minimizar o dano, voltados ao tratamento seguro e adequado de dados, em consonância com o disposto no inciso II do § 2º do art. 48 desta Lei; IX – a adoção de política de boas práticas e governança; X – a pronta adoção de medidas corretivas; e XI – a proporcionalidade entre a gravidade da falta e a intensidade da sanção.
§ 2º O disposto neste artigo não substitui a aplicação de sanções administrativas, civis ou penais definidas na Lei 8.078, de 11 de setembro de 1990, e em legislação específica.
§ 3º O disposto nos incisos I, IV, V, VI, X, XI e XII do caput deste artigo poderá ser aplicado às entidades e aos órgãos públicos, sem prejuízo do disposto na Lei 8.112, de 11 de dezembro de 1990, na Lei 8.429, de 2 de junho de 1992, e na Lei 12.527, de 18 de novembro de 2011.
§ 4º No cálculo do valor da multa de que trata o inciso II do *caput* deste artigo, a autoridade nacional poderá considerar o faturamento total da empresa ou grupo de empresas, quando não dispuser do valor do faturamento no ramo de atividade empresarial em que ocorreu a infração, definido pela autoridade nacional, ou quando o valor for apresentado de forma incompleta ou não for demonstrado de forma inequívoca e idônea.
§ 5º O produto da arrecadação das multas aplicadas pela ANPD, inscritas ou não em dívida ativa, será destinado ao Fundo de Defesa de Direitos Difusos de que tratam o art. 13 da Lei 7.347, de 24 de julho de 1985, e a Lei 9.008, de 21 de março de 1995.
§ 6º As sanções previstas nos incisos X, XI e XII do caput deste artigo serão aplicadas:
I – somente após já ter sido imposta ao menos 1 (uma) das sanções de que tratam os incisos II, III, IV, V e VI do caput deste artigo para o mesmo caso concreto; e II – em caso de controladores submetidos a outros órgãos e entidades com competências sancionatórias, ouvidos esses órgãos.
§ 7º Os vazamentos individuais ou os acessos não autorizados de que trata o *caput* do art. 46 desta Lei poderão ser objeto de conciliação direta entre controlador e titular e, caso não haja acordo, o controlador estará sujeito à aplicação das penalidades de que trata este artigo.

9. Disponível em: https://cio.com.br/british-airways-recebe-multa-recorde-por-vazamento-de-dados/. Acesso em: 21 jan. 2020.
10. Disponível em: https://cio.com.br/marriott-deve-encarar-multa-de-us1237-milhoes-por-vazamento-de-dados/. Acesso em: 21 jan. 2020.
11. Art. 22. A defesa dos interesses e dos direitos dos titulares de dados poderá ser exercida em juízo, individual ou coletivamente, na forma do disposto na legislação pertinente, acerca dos instrumentos de tutela individual e coletiva.

caput[12] do referido diploma legal esclarece que a violação das disposições mencionadas pode acarretar danos morais e materiais, individuais ou coletivos. Por fim, o parágrafo 3º do mesmo artigo estabelece que as ações de reparação por danos coletivos advindos da violação aos interesses e direitos dos titulares podem ser exercidas coletivamente em juízo[13].

É de extrema relevância a análise de qual categoria a tutela coletiva dos dados pessoais irá se encontrar, tendo em vista os regimes jurídicos distintos em casos de direitos coletivos difusos, coletivos em sentido estrito e direitos individuais homogêneos. Baptista, Rocha e Roque[14] exemplificam mencionando que a tutela coletiva dos dados pessoais é suscetível de envolver direitos difusos quando há a pretensão de correção de algum tratamento inadequado de dados pessoais, realizado por autoridade pública, relativamente àqueles que vivem em determinado local; direitos coletivos em sentido estrito na hipótese em que há requerimento da adequação do tratamento de dados pessoais realizado por uma empresa, relativamente a seus consumidores; individuais homogêneos quando há solicitação de indenização por danos morais e materiais contra certa empresa pelo vazamento de dados de um grupo de pessoas.

Apesar dos exemplos acima mencionados, a categorização de um direito coletivo em caso de vazamento de dados, objeto deste estudo, dependerá da análise da causa de pedir e do pedido de tutela jurisdicional concretamente formulado. Nesse cenário, o presente artigo irá se ater à possibilidade de indenização pelo instituto do dano moral coletivo em casos de vazamentos de dados pessoais que prejudicam a sociedade como um todo.

2. O INSTITUTO DO DANO MORAL COLETIVO

O nascimento dos direitos difusos e coletivos, na seara dos consumidores, é entendido como um elemento de identificação das sociedades modernas que se caracterizam pela produção e consumo em massa, além de aumentar a potencialidade das ações dos indivíduos e empresas, podendo atingir muitas pessoas. Nessas sociedades, os novos direitos e interesses constituem um novo tipo de propriedade em que o domínio é coletivo e difuso, conforme explicam Souza e Zanatta[15].

---

12. Art. 42. O controlador ou o operador que, em razão do exercício de atividade de tratamento de dados pessoais, causar a outrem dano patrimonial, moral, individual ou coletivo, em violação à legislação de proteção de dados pessoais, é obrigado a repará-lo. (...) § 3º As ações de reparação por danos coletivos que tenham por objeto a responsabilização nos termos do caput deste artigo podem ser exercidas coletivamente em juízo, observado o disposto na legislação pertinente.
13. BAPTISTA, Bernardo Barreto; ROCHA, Henrique de Morais Fleury da; ROQUE, Andre Vasconcelos. A Tutela Processual dos dados pessoais na LGPD. *In:* TEPEDINO, Gustavo; FRAZÃO, Ana; OLIVA, Milena Donato (Coords.). *Lei Geral de Proteção de Dados Pessoais e suas repercussões no Direito Brasileiro.* São Paulo: Thomson Reuters Brasil, 2019, p. 757.
14. BAPTISTA, Bernardo Barreto; ROCHA, Henrique de Morais Fleury da; ROQUE, Andre Vasconcelos. A Tutela Processual dos dados pessoais na LGPD. *In:* TEPEDINO, Gustavo; FRAZÃO, Ana; OLIVA, Milena Donato (Coords.). *Lei Geral de Proteção de Dados Pessoais e suas repercussões no Direito Brasileiro.* São Paulo: Thomson Reuters Brasil, 2019, p. 764.
15. SOUZA, Michel R. O.; ZANATTA, Rafael A. F. A tutela coletiva em proteção de dados pessoais: tendências e decisões. *In:* DE LUCCA, Newton; SIMÃO FILHO, Adalberto; LIMA, Cíntia R. P.; MACIEL, Renata M. (Coord.). *Direito e Internet IV*: Sistema de Proteção de dados Pessoais. São Paulo: Quartier Latin, 2019, p. 395.

Ao passo em que se reconhecem direitos coletivos, há um dano derivado da lesão desse bem, com titularidade da pretensão ressarcitória grupal[16]. Isso porque apesar de a coletividade ser composta por um conjunto de seres, com eles não se confunde, sendo um sujeito ativo de indenização.

O conceito de dano traz dois elementos, um de fato – o prejuízo, e outro de direito – a lesão jurídica. A partir disso, o instituto do dano moral coletivo se desenvolve para representar a lesão a direitos ou interesses da coletividade[17]. Percebe-se a correlação entre o caráter essencialmente axiológico da lesão e a sua reparabilidade categorizada dentro de uma noção ampla de patrimônio material[18].

Diante do exposto, depreende-se que dano moral coletivo decorre de uma lesão a um interesse de natureza transindividual titulado por um grupo indeterminado de pessoas ligadas por relação jurídica base (acepção coletiva estrita) ou por meras circunstâncias de fato (acepção difusa) que, sem apresentar consequência de ordem econômica, tenha gravidade suficiente a comprometer, de qualquer forma, o fim justificador da proteção jurídica conferida ao bem difuso indivisível correspondente, no caso, à promoção da dignidade da pessoa humana[19]. Já Antônio Junqueira de Azevedo[20] (p. 215) refere-se ao dano moral como um dano social, ou seja, como um ato que atinge a toda a sociedade num rebaixamento imediato do nível da população.

Ocorrido o dano moral coletivo, surge uma relação jurídica obrigacional composta pelos seguintes elementos: a) sujeito ativo: a coletividade lesada (detentora do direito à reparação); b) sujeito passivo: o causador do dano (pessoa física, ou jurídica, ou então coletividade outra, que tem o dever de reparação); c) objeto: a reparação – que pode ser tanto pecuniária quanto não pecuniária. Sobre essa relação incide a teoria da responsabilidade civil[21].

Sabemos que a responsabilidade civil age como um mecanismo jurídico de sanções a condutas lesivas. A evolução do seu instituto permitiu que outros interesses fossem reconhecidos pelo ordenamento jurídico, como os casos de agressão a interesses transindividuais, o que possibilitou a assimilação do conceito do dano moral coletivo como uma forma autônoma de dano, tutelando interesses extrapatrimoniais coletivos[22].

---

16. BARBOSA, Fernanda Nunes; MULTEDO, Renata Vilela. Reflexões Sobre os Chamados Danos Morais Coletivos. In: ROSENVALD, Nelson; TEIXEIRA NETO, Felipe (Coords.). *Dano moral coletivo*. Indaiatuba: Foco, 2018, p. 132.
17. LEAL, Adisson. A legitimidade para Postular a Reparação do Dano Moral Coletivo. In: ROSENVALD, Nelson; TEIXEIRA NETO, Felipe (Coords.). *Dano moral coletivo*. Indaiatuba: Foco, 2018, p. 358.
18. CARRÁ, Bruno Leonardo Câmara. A (In)viabilidade Jurídica do Dano Moral Coletivo. In: ROSENVALD, Nelson; TEIXEIRA NETO, Felipe (Coords.). *Dano moral coletivo*. Indaiatuba: Foco, 2018, p. 61.
19. TEIXEIRA NETO, Felipe. *Dano moral coletivo*: a configuração e a reparação dano extrapatrimonial por lesão aos interesses difusos. Curitiba: Juruá, 2014, p. 179.
20. AZEVEDO, Antônio Junqueira de. Por uma nova categoria de dano na responsabilidade civil: o dano social. *Revista Trimestral de Direito Civil*, Rio de Janeiro, v. 19, jul./set. 2004, p. 215.
21. BITTAR FILHO, Carlos Alberto. *Do dano moral coletivo no atual contexto jurídico brasileiro*. Disponível em: https://bit.ly/30lW16e. Acesso em: 17 jan. 2020, p. 10.
22. CARRÁ, Bruno Leonardo Câmara. A (In)viabilidade Jurídica do Dano Moral Coletivo. In: ROSENVALD, Nelson; TEIXEIRA NETO, Felipe (Coords.). *Dano moral coletivo*. Indaiatuba: Foco, 2018, p. 70.

Em relação a esses interesses extrapatrimoniais coletivos, nosso ordenamento pátrio é visto como um dos mais vanguardistas, pois inovamos na legislação possibilitando a reparação pelo instituto do dano moral coletivo, o que a maioria dos sistemas jurídicos estrangeiros construiu por meio de doutrina e jurisprudência[23].

O nosso Código de Defesa do Consumidor (CDC) permitiu o reconhecimento do dano moral coletivo em sentido amplo, ao prever a existência de direitos e interesses difusos ou coletivos em seu artigo 81[24], que positivou as três formas conhecidas de interesses coletivos[25]. Nele, há a previsão de que tais direitos são transindividuais, indivisíveis e de titularidade de um grupo, classe ou categoria de pessoas ligadas entre si ou ligadas com a parte contrária por uma relação jurídica base. Para a defesa desses interesses e direitos, o artigo 83[26] do CDC determina que são admissíveis todas as espécies de ações capazes de propiciar sua adequada e efetiva tutela.

Diante disso, o artigo 1º[27] da Lei da Ação Civil Pública dispõe que, além da ação popular, serão regidos pela lei as ações de responsabilidade por danos morais e patrimoniais, causados, entre outros incisos, a qualquer interesse difuso ou coletivo. Então, o instrumento processual que se presta por excelência à defesa dos valores coletivos em geral, na hipótese de dano, é a ação civil pública, em virtude da regra aberta acolhida pelo artigo 1º, IV, da Lei 7.347/85[28], sem prejuízo da ação popular[29].

---

23. Na matéria Dano moral coletivo avança e inova na jurisprudência do STJ, o Superior Tribunal de Justiça divulgou que a matéria está avançando na jurisprudência da Corte, de forma que os Ministros analisam a existência da violação de dano moral coletivo independentemente de os atos causarem efetiva perturbação física ou mental nos membros da coletividade. Disponível em http://www.stj.jus.br/portal_stj/publicacao/engine.wsp?tmp.area=398&tmp.texto=106083. Acesso em: 18 jan. 2020.
24. Art. 81. A defesa dos interesses e direitos dos consumidores e das vítimas poderá ser exercida em juízo individualmente, ou a título coletivo. Parágrafo único. A defesa coletiva será exercida quando se tratar de: I – interesses ou direitos difusos, assim entendidos, para efeitos deste código, os transindividuais, de natureza indivisível, de que sejam titulares pessoas indeterminadas e ligadas por circunstâncias de fato; II – interesses ou direitos coletivos, assim entendidos, para efeitos deste código, os transindividuais, de natureza indivisível de que seja titular grupo, categoria ou classe de pessoas ligadas entre si ou com a parte contrária por uma relação jurídica base; III – interesses ou direitos individuais homogêneos, assim entendidos os decorrentes de origem comum.
25. CARRÁ, Bruno Leonardo Câmara. A (In)viabilidade Jurídica do Dano Moral Coletivo. In: ROSENVALD, Nelson; TEIXEIRA NETO, Felipe (Coords.). Dano moral coletivo. Indaiatuba: Foco, 2018, p. 60.
26. Art. 83. Para a defesa dos direitos e interesses protegidos por este código são admissíveis todas as espécies de ações capazes de propiciar sua adequada e efetiva tutela.
27. Art. 1º Regem-se pelas disposições desta Lei, sem prejuízo da ação popular, as ações de responsabilidade por danos morais e patrimoniais causados: I – ao meio ambiente. II – ao consumidor. III – a bens e direitos de valor artístico, estético, histórico, turístico e paisagístico. IV – a qualquer outro interesse difuso ou coletivo. V – por infração da ordem econômica. VI – à ordem urbanística. VII – à honra e à dignidade de grupos raciais, étnicos ou religiosos. VIII – ao patrimônio público e social. Parágrafo único. Não será cabível ação civil pública para veicular pretensões que envolvam tributos, contribuições previdenciárias, o Fundo de Garantia do Tempo de Serviço – FGTS ou outros fundos de natureza institucional cujos beneficiários podem ser individualmente determinados.
28. BITTAR FILHO, Carlos Alberto. Do dano moral coletivo no atual contexto jurídico brasileiro. Disponível em: https://bit.ly/30lW16e. Acesso em: 17 jan. 2020.
29. Hely Lopes Meirelles leciona que a própria Constituição Federal de 1988 reza que "qualquer cidadão é parte legítima para propor ação popular que vise a anular ato lesivo ao patrimônio público ou de entidade de que o Estado participe, à moralidade administrativa, ao meio ambiente e ao patrimônio histórico e cultural, ficando o autor, salvo comprovada má-fé, isento de custas judiciais e do ônus da sucumbência" (art. 5º, LXXII). (MEIRELLES, Hely Lopes. Mandado de segurança, ação popular, ação civil pública, mandado de injunção, 'habeas data'. São Paulo: Malheiros, 1994, p. 89).

No âmbito do Poder Judiciário, o instituto do dano moral coletivo vem gozando de ampla aceitação[30], principalmente pelo Superior Tribunal de Justiça (STJ) e pelo Tribunal Superior do Trabalho.

O STJ, em recurso especial julgado em 2018[31], estabeleceu que o dano moral coletivo tem a função de proporcionar uma reparação indireta à lesão de um direito extrapatrimonial da coletividade, sancionar o ofensor e inibir condutas ofensivas a esses direitos transindividuais. Ainda, conceitua o instituto como uma categoria autônoma de dano que não se identifica com os tradicionais atributos da pessoa humana (dor, sofrimento ou abalo psíquico), mas com a violação injusta e intolerável de valores fundamentais titularizados pela coletividade (grupos, classes ou categorias de pessoas). Corrobora com isso o fato de que a aplicação de referido instituto pelo STJ tem sido *in re ipsa*, prescindindo de comprovação de dor, sofrimento e de abalo psicológico[32] dos indivíduos.

Ainda nas diretrizes do STJ, não é qualquer atentado aos interesses do consumidor que configura dano moral coletivo, pois "é preciso que o fato transgressor seja de razoável significância e ultrapasse dos limites da tolerabilidade. Ele deve ser grave o suficiente para produzir verdadeiros sofrimentos, intranquilidade social e alterações relevantes na ordem extrapatrimonial coletiva"[33].

No mesmo sentido, a Terceira Turma do STJ afirmou[34], em setembro de 2018, que apesar de dispensar a demonstração de prejuízos concretos ou de efetivo abalo moral, o dano moral coletivo somente é configurado nas hipóteses em que há lesão injusta e intolerável de valores fundamentais da sociedade, não bastando a mera infringência a disposições de lei ou contrato. Conforme o voto acompanhado pela maioria do colegiado, a Min. Nancy Andrighi afirmou que "a integridade psicofísica da coletividade vincula-se a seus valores fundamentais, que refletem, no horizonte social, o largo alcance da dignidade de seus membros e o padrão ético dos indivíduos que a compõem, que têm natureza extrapatrimonial, pois seu valor econômico não é mensurável".

Portanto, na análise da jurisprudência nacional, encontramos inúmeros julgados em que houve a menção ao instituto do dano moral coletivo.

Após a condenação, o valor a ser recebido não se destinará ao autor da ação[35]. Sendo um saldo não reclamado[36], a quantia será convertida em benefício da própria

---

30. Como exemplo, REsp 1197654/MG da 2ª Turma, Min. Rel. Herman Benjamin, julgado em março de 2012; AgREsp 1003126/PB da 1ª Turma, Min. Rel. Benedito Gonçalves, julgado em maio de 2011; REsp 1517 da 4ª Turma, Min. Rel. Luis Felipe Salomão, julgado em novembro de 2017; Recurso de Revista 64100-69.2009.5.05.0038 da 5ª Turma do Tribunal Superior do Trabalho, Min. Rel. Antônio Levenhagen, julgado em março de 2017.
31. BRASIL, Superior Tribunal de Justiça. Recurso Especial 1643365 da 3ª Turma, Min. Rel. Nancy Andrighi, Dje. 07.06.2018.
32. REsp 1410698/MG, Rel. Min. Humberto Martins, 2a Turma, julgado em junho de 2015 e REsp 1057274/RS, Min. Rel. Eliana Calmon, 2ª Turma, julgado em fevereiro de 2010.
33. REsp 1.221.756/RJ. Min. Rel. Massami Uyeda. Dje. 10.02.2012.
34. REsp 1.502.967/RS. Terceira Turma do Superior Tribunal de Justiça. Min. Rel. Nancy Andrighi. Dj. 07.08.2018. Disponível em: https://ww2.stj.jus.br/processo/revista/documento/mediado/?componente=ITA&sequencial=1731400&num_registro=201403034024&data=20180814&formato=PDF. Acesso em: 20 jan. 2018.
35. Seja o autor o Ministério Público, Defensoria Pública, União, os estados, municípios, autarquias, empresas públicas, fundações, sociedades de economia mista e associações interessadas etc.
36. O ordenamento pátrio permite ao lesado manejar sua ação individual para liquidação e execução dos valores devidos (LONGHI, João Victor Rozatti; FALEIROS JÚNIOR, José Luiz de Moura. O dano moral coletivo e a reparação fluida

comunidade, visando a uma recomposição em prol do bem jurídico que interessa a todos, destinado ao fundo criado pelo artigo 13[37] da Lei 7.347/85, regulamentado pela Lei 9.008/95[38].

Tais fundos destinam-se a receber as receitas decorrentes de lesões a interesses indivisíveis, pois as indenizações decorrentes de lesões a direitos individuais divisíveis ou homogêneos somente serão destinadas aos fundos nos casos do artigo 100[39] do CDC, ou seja, em recuperação fluida aplicada subsidiariamente e quanto ao saldo não reclamado.[40]

Portanto, a função reparatória propriamente dita será efetivamente materializada em momento posterior ao pagamento, a partir da reversão ao grupo de prestação não equivalente – nem sempre alcançada diretamente pelo lesante – mas destinada a trazer vantagens comunitárias que compensem a coletividade pelos prejuízos extrapatrimoniais sofridos[41].

Diante do exposto, elencamos a possibilidade de indenização por danos morais coletivos causados em vazamentos de dados pessoais, nos quais pode ocorrer a lesão a direitos da personalidade, sobre a própria dignidade da pessoa humana.

3. A INDENIZAÇÃO POR DANO MORAL COLETIVO EM CASOS DE VAZAMENTOS DE DADOS

O conceito de privacidade do grupo não é novo: há quarenta anos, Edward Blounstein o discutia como uma proteção dos interesses individuais de pessoas associadas para o compartilhamento de ideias e subjetividades[42].

(fluid recovery). *In*: ROSENVALD, Nelson; TEIXEIRA NETO, Felipe (Coords.). *Dano moral coletivo*. Indaiatuba: Foco, 2018, p. 386).

37. Art. 13. Havendo condenação em dinheiro, a indenização pelo dano causado reverterá a um fundo gerido por um Conselho Federal ou por Conselhos Estaduais de que participarão necessariamente o Ministério Público e representantes da comunidade, sendo seus recursos destinados à reconstituição dos bens lesados. § 1º Enquanto o fundo não for regulamentado, o dinheiro ficará depositado em estabelecimento oficial de crédito, em conta com correção monetária. § 2º Havendo acordo ou condenação com fundamento em dano causado por ato de discriminação étnica nos termos do disposto no art. 1o desta Lei, a prestação em dinheiro reverterá diretamente ao fundo de que trata o caput e será utilizada para ações de promoção da igualdade étnica, conforme definição do Conselho Nacional de Promoção da Igualdade Racial, na hipótese de extensão nacional, ou dos Conselhos de Promoção de Igualdade Racial estaduais ou locais, nas hipóteses de danos com extensão regional ou local, respectivamente.
38. BARBOSA, Fernanda Nunes; MULTEDO, Renata Vilela. Reflexões Sobre os Chamados Danos Morais Coletivos. *In*: ROSENVALD, Nelson; TEIXEIRA NETO, Felipe (Coords.). *Dano moral coletivo*. Indaiatuba: Foco, 2018, p. 143.
39. Art. 100. Decorrido o prazo de um ano sem habilitação de interessados em número compatível com a gravidade do dano, poderão os legitimados do art. 82 promover a liquidação e execução da indenização devida. Parágrafo único. O produto da indenização devida reverterá para o fundo criado pela Lei 7.347, de 24 de julho de 1985.
40. LONGHI, João Victor Rozatti; FALEIROS JÚNIOR, José Luiz de Moura. O dano moral coletivo e a reparação fluida (*fluid recovery*). *In*: ROSENVALD, Nelson; TEIXEIRA NETO, Felipe (Coords.). *Dano moral coletivo*. Indaiatuba: Foco, 2018, p. 390.
41. TEIXEIRA NETO, Felipe. Dano Moral Coletivo: a configuração e a reparação dano extrapatrimonial por lesão aos interesses difusos. Curitiba: Juruá, 2014. p. 201.
42. BLOUNSTEIN, Edward J. *apud* SOUZA, Michel R. O.; ZANATTA, Rafael A. F. A tutela coletiva em proteção de dados pessoais: tendências e decisões. *In*: DE LUCCA, Newton; SIMAO FILHO, Adalberto; LIMA, Cintia Rosa (Coords.). *Direito e Internet III – Tomo I*. São Paulo: Quartier Latin. 2015. p. 389.

A tutela coletiva da proteção de dados já é uma realidade. Como afirmam Souza e Zanatta[43], o nosso país possui uma tradição arraigada na doutrina e na prática das entidades do sistema de justiça, principalmente o Ministério Público, a Defensoria Pública, diversas associações e os órgãos do Sistema Nacional de Defesa do Consumidor.

A Secretaria Nacional do Consumidor (Senacon) é o órgão administrativo de cúpula para a aplicação da Política Nacional de Defesa do Consumidor com fundamento no CDC, podendo, a partir do Decreto n. 7.738/2012, fiscalizar as relações de consumo e funcionar como instância administrativa de instrução e julgamento. Na reforma de 2012, foi instituída a Coordenação de Consumo e Sociedade da Informação, tendo como objetivo a realização de estudos e análises técnicas relacionados ao comércio eletrônico, proteção de dados e privacidade do consumidor. Com isso, houve a pretensão de propositura de medidas repressivas e preventivas.

Como exemplo de grande relevância no tema, as investigações da Senacon no caso "OI/PHORM"[44] culminaram em multa de R$ 3,5 milhões pelo desenvolvimento do software "Navegador", que mapeava o tráfego de dados do consumidor na internet, construindo um perfil de navegação, que eram comercializados com anunciantes, agências de publicidade e portais da web, para ofertar publicidade e conteúdo personalizados.

Podemos dizer que a atuação da Senacon em assuntos relacionados a proteção de dados reflete-se, ainda, no importante papel que desempenhou na estruturação da consulta pública ao Anteprojeto de Lei de Proteção de Dados[45].

Em paralelo, o Ministério Público do Distrito Federal e Territórios, por meio da sua Comissão de Proteção de Dados Pessoais criada pela Portaria Normativa n. 539 de 2018, já propôs inquéritos civis públicos, requisição de informações e ações civis públicas solicitando a indenização por danos morais coletivos em casos de uso indevido ou vazamento de dados pessoais de consumidores. A Comissão, por meio de sete pilares, tem desempenhado uma função opinativa, informativa, educativa, cooperativa internacional, comunicativa e investigativa[46]. Os casos abrangem diversas situações, como o vazamento de dados de 19,9 mil correntistas do Banco Inter, culminando com a assinatura de um acordo com o Ministério Público do Distrito Federal e Territórios em que se comprometeu a pagar R$ 1,5 milhão pelos danos morais coletivos causados; o vazamento de dados pessoais de quase dois milhões de consumidores da empresa Net-

---

43. SOUZA, Michel R. O.; ZANATTA, Rafael A. F. A tutela coletiva em proteção de dados pessoais: tendências e decisões. In: DE LUCCA, Newton; SIMÃO FILHO, Adalberto; LIMA, Cíntia R. P.; MACIEL, Renata M. (Coord.). *Direito e Internet IV*: Sistema de Proteção de dados Pessoais. São Paulo: Quartier Latin, 2019, p. 399.
44. OI e empresa britânica PHORM violam privacidade do consumidor pelo VELOX. Disponível em: https://oglobo.globo.com/economia/defesa-do-consumidor/oi-multada-em-35-milhoes-por-invasao-de-privacidade-feita-por-velox-13348505. Acesso em: 21 jan. 2020.
45. SOUZA, Michel R. O.; ZANATTA, Rafael A. F. A tutela coletiva em proteção de dados pessoais: tendências e decisões. In: DE LUCCA, Newton; SIMÃO FILHO, Adalberto; LIMA, Cíntia R. P.; MACIEL, Renata M. (Coord.). *Direito e Internet IV*: Sistema de Proteção de dados Pessoais. São Paulo: Quartier Latin, 2019, p. 402.
46. SOUZA, Michel R. O.; ZANATTA, Rafael A. F. A tutela coletiva em proteção de dados pessoais: tendências e decisões. In: DE LUCCA, Newton; SIMÃO FILHO, Adalberto; LIMA, Cíntia R. P.; MACIEL, Renata M. (Coord.). *Direito e Internet IV*: Sistema de Proteção de dados Pessoais. São Paulo: Quartier Latin, 2019. p. 405.

shoes (Ns2.com Internet S.A.)[47] em 2018, que, conforme acordo, pagará o valor de R$ 500 mil pelos danos morais coletivos ocasionados, destinados posteriormente ao Fundo de Defesa de Direitos Difusos.

Não apenas o Ministério Público do Distrito Federal e Territórios, mas outros Ministérios Públicos estaduais e o Ministério Público Federal[48] têm atuado visando à reparação dos atos danosos das empresas relacionados a dados pessoais.

No mais, Organizações não Governamentais têm tido importante função, propondo ações civis públicas visando à reparação de danos causados por vazamento de dados. Como exemplo, podemos citar a conhecida ação ajuizada pelo Instituto Brasileiro de Defesa do Consumidor[49] contra a Via Quatro. No caso, houve instalação de um sistema de identificação de emoções a partir das reações dos passageiros da linha 4, amarela, do metrô da cidade de São Paulo para fins publicitários, levantando a questão do reconhecimento facial. A problemática se agravou quando ocorreu o vazamento de dados pessoais de 10.720 usuários, como RG, CPF, e-mail, data de nascimento, número do telefone e até endereço completo com CEP expostos[50].

Os casos de vazamentos de dados provavelmente se multiplicarão, sendo uma consequência relacionada ao uso crescente do Big Data pelas empresas. Os danos causados na coletividade, no aspecto moral, dependerão da análise de cada situação que envolverá determinada quantidade de indivíduos expostos e certa sensibilidade no conteúdo da informação divulgada. Felizmente, vimos que já temos agente engajados no tema, pleiteando a reparação pelos danos morais a ser posteriormente retornada à coletividade. A existência da LGPD não só fundamenta uma reparação de danos morais coletivos, como incentiva empresas a investirem em segurança da informação evitando sanções administrativas e judiciais.

4. CONSIDERAÇÕES FINAIS

Com o avanço da tecnologia, nossos sistemas passaram a processar quantidades imensas de dados em pouco tempo, tendo como eixo central o indivíduo, do qual as informações são provenientes e serão posteriormente direcionadas. Ao utilizar as redes sociais e navegar pelo comércio eletrônico, deixamos preferências que, tratadas pelas empresas, podem representar nossos perfis de consumo, informações sensíveis, dados bancários, entre inúmeros outros itens. É com a reunião dessas informações pessoais que muitas empresas trabalham, tratando-as para consolidar

---

47. Disponível em: https://www.mpdft.mp.br/portal/index.php/comunicacao-menu/sala-de-imprensa/noticias/noticias-2019/10570-mpdft-e-netshoes-firmam-acordo-para-pagamento-de-danos-morais-coletivos-apos-vazamento-de-dados. Acesso em 20 jan. 2020.
48. Ação Civil Pública contra a Microsoft para impedir que o Windows 10 continuasse coletando dados pessoais sem o expresso consentimento dos usuários. Inquérito Civil n. 1.34.001.004824/2016-81.
49. Instituto Brasileiro de Defesa do Consumidor é uma organização não governamental brasileira e sem vínculos governamentais ou empresariais, fundada em 1987 que visa promover a educação, a defesa dos direitos do consumidor e a ética nas relações de consumo.
50. Disponível em: https://computerworld.com.br/2019/11/27/viaquatro-deixa-expostos-dados-de-usuarios-da-linha-4-do-metro-de-sp/; https://tecfront.blogosfera.uol.com.br/2018/04/18/a-privacidade-saiu-dos-trilhos-no-metro-de-sao-paulo/. Acesso em: 24 jan. 2020.

suas bases de dados, que poderão ser destinadas a diversas finalidades, como a própria publicidade dirigida.

Nessa dinâmica do mercado, em que se utiliza dados pessoais de forma massificada para o oferecimento de produtos e serviços, ocorrem inúmeros casos de vazamentos de informações, conhecidos como *data breach*. Como uma das consequências, há ofensa a princípios constitucionais do titular dos dados, como a intimidade e a privacidade, até mesmo a dignidade da pessoa humana. Porém, esses vazamentos causam não apenas abalo moral ao indivíduo, mas afrontam princípios inerentes à coletividade como um todo, sendo necessária a reparação do dano causado em âmbito grupal.

Neste trabalho, deu-se enfoque ao instituto do dano moral coletivo. A tutela coletiva em caso de vazamentos de dados, além de ter respaldo pela Lei 7.347/1985 (Lei da Ação Civil Pública) e pelos artigos 81 e 104 do CDC, encontra respaldo na LGPD, conforme se depreende dos artigos 22, 42, *caput* e em seu parágrafo 3º. Vemos o Ministério Público atuando em diversos casos, assim como ONGs e a Senacon. Além disso, nos últimos anos, nota-se um claro avanço no reconhecimento do dano moral coletivo, principalmente pelo STJ.

Acreditamos que em casos de vazamentos de dados pessoais, a indenização das empresas por dano moral coletivo será um dos caminhos frequentes no Poder Judiciário, com amparo na LGPD, visando uma tutela coletiva inibitória[51]. Esse futuro cenário poderá em breve ser vivenciado, pelo uso crescente do Big Data pelas empresas e pela entrada em vigor da LGPD. Por enquanto, já podemos afirmar que há a preocupação de vários atores da sociedade em garantir a tutela coletiva a um dano causado e, o mais importante, o *enforcement* na proteção aos dados pessoais.

REFERÊNCIAS

AZEVEDO, Antônio Junqueira de. Por uma nova categoria de dano na responsabilidade civil: o dano social. *Revista Trimestral de Direito Civil*, Rio de Janeiro, v. 19, jul./set. 2004.

BAGNOLI, Vicente. A definição do mercado relevante, verticalização e abuso de posição dominante na era do Big Data. In: DOMINGUES, Juliana; GABAN, Eduardo Molan; MIELE, Aluisio de Freitas, SILVA, Breno Fraga Miranda (Orgs.). *Direito Antitruste 4.0*. São Paulo: Singular, 2019.

BAPTISTA, Bernardo Barreto; ROCHA, Henrique de Morais Fleury da; ROQUE, Andre Vasconcelos. A Tutela Processual dos dados pessoais na LGPD. In: TEPEDINO, Gustavo; FRAZÃO, Ana; OLIVA, Milena Donato (Coords.). *Lei Geral de Proteção de Dados Pessoais e suas repercussões no Direito Brasileiro*. São Paulo: Thomson Reuters Brasil, 2019.

BARBOSA, Fernanda Nunes; MULTEDO, Renata Vilela. Reflexões Sobre os Chamados Danos Morais Coletivos. In: ROSENVALD, Nelson; TEIXEIRA NETO, Felipe (Coords.). *Dano moral coletivo*. Indaiatuba: Foco, 2018.

BIONI, Bruno Ricardo. *Proteção de Dados Pessoais*: a função e os limites do consentimento. Rio de Janeiro: Forense. 2019.

---

51. SOUZA, Michel R. O.; ZANATTA, Rafael A. F. A tutela coletiva em proteção de dados pessoais: tendências e decisões. In: DE LUCCA, Newton; SIMÃO FILHO, Adalberto; LIMA, Cíntia R. P.; MACIEL, Renata M. (Coord.). *Direito e Internet IV*: Sistema de Proteção de dados Pessoais. São Paulo: Quartier Latin, 2019. p. 411.

BITTAR FILHO, Carlos Alberto. *Do dano moral coletivo no atual contexto jurídico brasileiro*. Disponível em: https://bit.ly/30lW16e. Acesso em: 17 jan. 2020.

BUNDESKARTELLAMT. *Facebook, Exploitative business terms pursuant to Section 19(1) GWB for inadequate data processing: B6-22/16, case summary*. Disponível em: https://bit.ly/2KMHHxY. Acesso em: 29 jun. 2019.

BUNDESKARTELLAMT. *The Decision of the Higher Regional Court of Düsseldorf (Oberlandesgericht Düsseldorf) in interim proceedings, 26 August 2019, Case VI-Kart 1/19 (V)*. Disponível em: https://bit.ly/3eNloDf. Acesso em: 01 dez. 2019.

CARRÁ, Bruno Leonardo Câmara. A (In)viabilidade Jurídica do Dano Moral Coletivo. *In*: ROSENVALD, Nelson; TEIXEIRA NETO, Felipe (Coords.). *Dano moral coletivo*. Indaiatuba: Foco, 2018.

DE LUCCA, Newton; SIMÃO FILHO, Adalberto; LIMA, Cíntia R. P.; MACIEL, Renata M. (Coord.) *Direito e Internet IV*: Sistema de Proteção de dados Pessoais. São Paulo: Quartier Latin, 2019.

DE LUCCA, Newton; SIMAO FILHO, Adalberto; LIMA, Cintia Rosa (Coord.). *Direito e Internet III – Tomo I*. São Paulo: Quartier Latin. 2015.

DONEDA, Danilo. *Da privacidade à proteção de dados pessoais*: elementos da formação da Lei geral de proteção de dados. 2. ed. São Paulo: Thomson Reuters Brasil, 2019.

FOX NEWS. *DATA Breach affeects 80000 uc berkeley faculty students and alumni*. Disponível em: https://fxn.ws/32BUzPA. Acesso em: 15 mar. 2019.

FRAZÃO, Ana. Fundamentos da proteção dos dados pessoais – noções introdutórias para a compreensão da importância da Lei Geral de Proteção de Dados. *In*: TEPEDINO, Gustavo; FRAZÃO, Ana; OLIVA, Milena Donato (Coords.). *Lei Geral de Proteção de Dados Pessoais e suas repercussões no Direito Brasileiro*. São Paulo: Thomson Reuters Brasil, 2019.

LEAL, Adisson. A legitimidade para Postular a Reparação do Dano Moral Coletivo. *In*: ROSENVALD, Nelson; TEIXEIRA NETO, Felipe (Coords.). *Dano moral coletivo*. Indaiatuba: Foco, 2018.

LIMA, Cintia R. P.; PEROLI, Kelvin. Desafios para a atuação independente da Autoridade Nacional de Proteção de Dados. DE LUCCA, Newton; SIMÃO FILHO, Adalberto; LIMA, Cíntia R. P.; MACIEL, Renata M. (Coord.) *Direito e Internet IV*: Sistema de Proteção de dados Pessoais. São Paulo: Quartier Latin, 2019.

LONGHI, João Victor Rozatti; FALEIROS JÚNIOR, José Luiz de Moura. O dano moral coletivo e a reparação fluida (fluid recovery). *In*: ROSENVALD, Nelson; TEIXEIRA NETO, Felipe (Coords.). *Dano moral coletivo*. Indaiatuba: Foco, 2018.

MANTELERO, Alessandro. Personal data for decision purposes in the age of analytics: From an individual to a collective dimension of data protection. *Computer Law & Security Review*, Londres, v. 32, n. 2, p. 238-255, 2016.

MEIRELLES, Hely Lopes. *Mandado de segurança, ação popular, ação civil pública, mandado de injunção, 'habeas data'*. São Paulo: Malheiros, 1994.

PFEIFFER, Roberto A. C. A saga da Autoridade Nacional de Proteção de Dados – do veto à Lei 13.853/2019. *In*: DE LUCCA, Newton; SIMAO FILHO, Adalberto; LIMA, Cintia Rosa (Coord.). *Direito e Internet III – Tomo I*. São Paulo: Quartier Latin. 2015.

PFEIFFER, Roberto A. C. Digital Economy, Big Data and Competition Law. *Market and Competition Law Review*, v. III, n. 1. p. 53-89, abr. 2019.

PINHEIRO, Patricia Peck. *Direito Digital*. 3. ed. São Paulo: Saraiva, 2009.

RODOTÁ, Stéfano. *Elaboratori elettronici e controlo sociale*. Bologna: Il Mulino, 1973.

SOLOVE, Daniel. *The digital person*: technology and privacy in the information age. New York: New York University, 2004.

SOUZA, Michel R. O.; ZANATTA, Rafael A. F. A tutela coletiva em proteção de dados pessoais: tendências e decisões. DE LUCCA, Newton; SIMÃO FILHO, Adalberto; LIMA, Cíntia R. P.; MACIEL, Renata M. (Coord.) *Direito e Internet IV*: Sistema de Proteção de dados Pessoais. São Paulo: Quartier Latin, 2019.

TAUFICK, Roberto D. *Over-The-Top Content and Content Regulation*. Disponível em: http://ssrn.com/abstract=2708278. Acesso em: 20 jun. 2019.

TEIXEIRA NETO, Felipe. Ainda sobre o Conceito de Dano Moral Coletivo. *In*: ROSENVALD, Nelson; TEIXEIRA NETO, Felipe (Coords.). *Dano moral coletivo*. Indaiatuba: Foco, 2018.

TEIXEIRA NETO, Felipe. *Dano moral coletivo*: a configuração e a reparação dano extrapatrimonial por lesão aos interesses difusos. Curitiba: Juruá, 2014.

THE GUARDIAN. *Facebook says nearly 50m users compromised in huge security breach*. Disponível em: https://bit.ly/2DMQihY. Acesso em: 15 mar. 2019.

15
CIBERESPAÇO E COMUNIDADE ESCOLAR: RISCOS EM MATÉRIA DE PROTEÇÃO DE DADOS PESSOAIS E IMPLEMENTAÇÃO DE NOVAS PRÁTICAS PELAS INSTITUIÇÕES EDUCACIONAIS

Cláudia Bressler

Cristiano Colombo

Sumário: 1. Introdução. 2. *Ciberespaço* e comunidade escolar. 2.1. *Ciberespaço*. 2.2. Comunidade escolar. 2.2.1. Instituições de ensino. 2.2.2. Professores. 2.2.3. Alunos e responsáveis (pais ou tutores). 3. Riscos em matéria de proteção de dados pessoais e implementação de novas práticas pelas instituições educacionais. 3.1. Riscos em matéria de proteção de dados pessoais. 3.2. Implementação de novas práticas pelas instituições educacionais. 4. Considerações finais. Referências.

1. INTRODUÇÃO

O presente artigo tem por escopo refletir sobre os novos limites do espaço escolar nas instituições de ensino de educação básica, em face do incremento de interações entre seus atores, nas infovias do ciberespaço. Os alunos, que já vinham em crescente utilização de equipamentos eletrônicos pessoais, no ambiente físico de aprendizagem, tanto para acessar conteúdos supervisionados, como para o uso individual e não supervisionado, abruptamente, foram introjetados em uma sequência de atividades remotas, propostas por seus professores. Plataformas educacionais e a presença síncrona em salas de aulas virtuais são os novos lugares de aprendizagem, premidos pela pandemia da COVID-19. Janelas que conectam diretamente os lares das crianças e dos educadores, sem necessariamente transitar pelo espaço físico colegial, promovidas pelo distanciamento social. Essa realidade acaba gerando intenso fluxo de dados pessoais, tais como nomes, endereços eletrônicos, *logs* de acesso, dados de geolocalização, registro de imagens, vozes, sons domésticos, fotografias ou vídeos das crianças e de seu núcleo familiar, que revelam hábitos, gostos e preferências, cujo tratamento inadequado pode gerar danos aos atores da comunidade escolar, mais especificadamente, às crianças e aos adolescentes.

No primeiro capítulo, apresentar-se-ão o ciberespaço e os atores da comunidade escolar, abordando-se, em sua primeira parte, a nova dimensão do ciberespaço, diante de uma escola que opera simultaneamente em sua sede física e, diante da conjectura da pandemia, se projeta nas casas de estudantes e professores; na segunda parte, a necessidade de identificar e compreender quem são os atores que integram a comunidade escolar e como eles se comportam no ambiente digital.

No segundo capítulo, voltar-se-á para o estudo dos riscos em matéria de proteção de dados pessoais, no âmbito do processo educacional, sendo que, ao final, serão apresentadas recomendações, no sentido de que sejam implementadas novas práticas pelas instituições educacionais, no ciberespaço escolar. O estudo se cinge à realidade do ensino privado. Quanto à metodologia, a abordagem da pesquisa é substancialmente teórica, exploratória e descritiva. Os procedimentos técnicos utilizados são bibliográficos, envolvendo estudos de casos.

2. *CIBERESPAÇO* E COMUNIDADE ESCOLAR

2.1. *Ciberespaço*

As relações sociais, em sua gênese histórica, decorriam preponderantemente do contato físico entre os seres humanos, que se ligavam a uma determinada área, no globo terrestre. Na aurora da humanidade, a vida dependia, quase inteiramente dos determinismos genético e geográfico.[1] Os conceitos de "tempo" e "espaço" estavam diretamente vinculados entre si, porquanto o "espaço era o que se podia percorrer em certo tempo".[2] No período do pós-guerra, operou-se uma transformação, na busca de uma paradoxal liberdade com segurança, nas mais diversas áreas da pesquisa e do conhecimento.[3] Com o surgimento da Internet, como nova tecnologia, a comunicação se tornou mais eficaz.[4] Esse ambiente, leciona Pierre Lévy, ampliou sobremaneira as possibilidades para as relações sociais, criando um novo espaço de comunicação, sociabilidade, organização e transação, como também novo mercado de informação e conhecimento.[5] É o ciberespaço, que "parece liberar-nos das amarras territoriais, das jurisdições normativas ou políticas e da finitude de um lugar"[6]. Natalino Irti ressalta que o "espaço telemático se estende pela Terra, como um sobremundo, uma epiderme, povoada de seres intangíveis, perceptíveis pelo nosso olho e ouvido. O navegante não se move de um lugar a outro, não deixa uma terra por outra, mas se move em um indefinido campo de energia."[7] Aliás, nesta nova ambiência, o termo "lugar" merece ser visto em uma interpretação evolutiva, na medida em que não pode estar restrito a um território delimitado.[8]

---

1. COMPARATO, Fábio Konder. *Ética:* direito, moral e religião no mundo moderno. São Paulo: Companhia das Letras, 2006, p. 21.
2. BAUMAN, Zigmunt. *Modernidade líquida.* Tradução de Plínio Dentzien. Rio de Janeiro: Zahar, 2001, p. 128 e p. 131.
3. BAUMAN, Zigmunt. *Modernidade líquida.* Tradução de Plínio Dentzien. Rio de Janeiro: Zahar, 2001, p. 23.
4. GIOVA, Giuliano. Educação e cidadania digital: nascer, morrer e renascer no mundo digital, onde deixaram o manual? *In:* ABRUSIO, Juliana (Coord.). *Educação Digital.* São Paulo: Revista dos Tribunais, 2015, p. 35.
5. LÉVY, Pierre. *Cibercultura.* Tradução de Carlos Irineu da Costa. São Paulo: Editora 34, 2014, p. 32.
6. FERRAZ JUNIOR, Tercio Sampaio. *O direito entre o futuro e o passado.* São Paulo: Noeses, 2014, p. 91.
7. IRTI, Natalino. *Norma e luoghi:* problemi di geo-diritto. Bari: Laterza, 2006, p. 61. Tradução livre do autor.
8. COLOMBO, Cristiano; FACCHINI NETO, Eugênio. Violação dos direitos de personalidade no meio ambiente digital: a influência da jurisprudência europeia na fixação da jurisdição/competência dos tribunais brasileiros.

O ciberespaço conquistou o mundo dos adultos, no sentido da migração das situações profissionais e negociais para o *online*, conhecidas como "coisas de gente grande", alargando-se imediatamente à vida dos infantes. Segundo levantamento realizado pelo Comitê Gestor da Internet no Brasil, o número de crianças e adolescentes que acessam conteúdos por meio da internet é crescente, especialmente por meio de dispositivos móveis.[9] Dada a conjuntura, a escola, lugar de integração, congregando relações intergeracionais, de aprendizagem mútua, também é destinatária destas urgentes novidades, como preconiza Pierre Lévy:

> Qualquer reflexão sobre o futuro dos sistemas de educação e de formação na cibercultura deve ser fundada em uma análise prévia da mutação contemporânea da relação com o saber. [...] Pela primeira vez na história da humanidade a maioria das competências adquiridas por uma pessoa no início do seu percurso profissional estarão obsoletas no fim de sua carreira, os conhecimentos não param de crescer e o ciberespaço suporta tecnologias intelectuais que amplificam, exteriorizam e modificam numerosas funções cognitivas humanas. [10]

Assim, floresce um novo ambiente de convivência e troca pela comunidade escolar. Com a COVID-19, tal situação se intensificou, como se verifica da Medida Provisória 934, de 1º de abril de 2020, que flexibilizou o "efetivo trabalho escolar", quanto ao número de dias letivos, com a possibilidade de utilização das ferramentas virtuais.[11] O que era preponderantemente físico passa a ser exclusivamente virtual. As instituições de ensino voltadas à Educação Básica e que, tradicionalmente estavam restritas a endereços com delimitações no tempo e no espaço, valendo-se de aplicativos, equipamentos e demais atividades desenvolvidas por meio do ciberespaço em caráter complementar, foram compelidas à imediata e integral migração de suas rotinas para o ambiente digital, vinculadas ao ciberespaço. A interação por meio do ciberespaço passa a ser a condição de funcionamento e continuidade das atividades letivas e de vínculo emocional entre docentes e estudantes.

Tal circunstância exigiu uma série de adaptações abruptas quanto ao acompanhamento familiar das demandas encaminhadas por professores e instituições de ensino, na mesma intensidade com que foram exigidas instalações de novos aplicativos, cadastro em plataformas e adoção de ferramentas de aprendizagem. Com relevante contribuição para o tema, a organização não governamental, "Todos pela Educação", em documento intitulado "Ensino à distância na Educação Básica frente à Pandemia da COVID-19", refere a urgência nas discussões sobre normatização da equivalência das atividades realizadas à distância, revelando-se a necessidade de contínuos e refletidos ajustes sobre parâmetros a serem adotados nos sistemas de ensino, inclusive, da necessidade de recuperação das aulas, após a volta da normalidade[12]. A seu turno, Tadeu da Ponte, em entrevista,

---

Civilistica.com, Rio de Janeiro, v. 8, n. 1, 2019. Disponível em http://civilistica.com/violacao-dos-direitos-de-personalidade/. Acesso em: 15 out. 2019.

9. CETIC.br. *36ª Conferência Geral da Unesco aprova o Cetic.br como Centro Categoria II*: modelo multissetorial de governança da internet. Disponível em: https://www.cetic.br/media/analises/tic_kids_online_brasil_2018_coletiva_de_imprensa.pdf. Acesso em: 2020.
10. LÉVY, Pierre. *Cibercultura*. Tradução de Carlos Irineu da Costa. São Paulo: Editora 34, 2014, p. 152.
11. BRASIL. *Medida Provisória n. 934, de 1º de abril de 2020*. Disponível em: http://www.planalto.gov.br/ccivil_03/_ato2019-2022/2020/mpv/mpv934.htm. Acesso em: jun. 2020.
12. ENSINO a distância na educação básica frente à pandemia de da COVID-19. Disponível em: https://www.todospelaeducacao.org.br/_uploads/_posts/425.pdf. Acesso em: jun. 2020.

salientou que "uma vez que passamos a utilizar ferramentas e tecnologias para ensinar, não voltamos ao estado anterior", operando-se "disrupção na aprendizagem."[13]

Nessa linha, a pandemia da COVID-19 traz intensa e irreversível alteração na forma como se dá o processo de ensino e aprendizagem, com o necessário planejamento e adaptação decorrentes da realidade de cada instituição de ensino, de modo que não se pode mais desconsiderar a integração de todos os atores, como partícipes desta comunidade que pode ser denominada "ciberescolar". No entanto, as relações virtuais surgidas e que daí decorrerão demandam a percepção de novos riscos sobre os dados pessoais dos indivíduos envolvidos[14].

2.2. Comunidade escolar

Diante do cenário da ciberescola, cumpre analisar o papel de cada um de seus atores: instituições de ensino, professores, bem com os alunos, que estão inseridos em um contexto familiar.

2.2.1. *Instituições de Ensino*

As instituições de educação básica, no ensino privado, constituem-se em sociedades empresárias, associações e fundações, com as suas instâncias de tomadas de decisão estabelecidas em uma formatação jurídica particular de cada tipo de entidade.[15] São pessoas jurídicas de direito privado, regidas pela regulamentação específica, que parte das disposições da Constituição Federal (artigos 205 a 209), passando pelo cenário infraconstitucional, como a Lei de Diretrizes e Bases da Educação (Lei 9.394/96), Lei n. 9.870/99, inseridas em um contexto de regulação.

Diante da necessidade de que as atividades pedagógicas tivessem seu regular prosseguimento, mesmo em um contexto de pandemia, ferramentas outrora utilizadas para algumas atividades à distância, passaram a ocupar o centro da ação pedagógica. É verdade que, nas primeiras semanas de distanciamento social, a comunidade escolar foi estimulada, até de forma corajosa, diante das adversidades sofridas, a se valer das múltiplas possibilidades ofertadas pelo mundo virtual, inclusive, em softwares disponibilizados de forma gratuita, inserindo seus alunos em ambientes até então desconhecidos, em tratamentos variados e não harmônicos, se observadas as práticas implementadas por todo o corpo docente.

Pensava-se que ao cabo de poucas semanas tudo voltaria ao estado anterior. No entanto, a continuidade da situação, fez que muitas instituições saíssem deste cenário multiforme e livre, passando a contratar serviços que, originariamente, eram voltados

---

13. RIBAS, Marina. Quais são os impactos e os benefícios do ensino a distância. *Jota*, São Paulo, 05 jun. 2020. Disponível em: https://www.jota.info/jota-insper/quais-sao-os-impactos-e-os-beneficios-do-ensino-a-distancia-05062020. Acesso em: 2020.
14. LIMBERGER, Têmis. *O direito à intimidade na era da informática*: a necessidade de proteção dos dados pessoais. Porto Alegre: Livraria do Advogado, 2007, p. 51.
15. A educação básica está delimitada no art. 4º, I da Lei 9.394/96, caracterizando-se pela obrigatoriedade e que se ocupa da formação de crianças e adolescentes a partir dos 4 anos até os 17 anos. Destaca-se que a educação infantil se dá até os cinco (5) anos, iniciando-se o ensino fundamental aos seis (6) anos.

a reuniões, e, aos poucos, os próprios prestadores transformaram em salas de aulas virtuais. Plataformas como "Google Meet", "Zoom", "Whereby", desenvolveram-se, e, buscaram oferecer mais alternativas, recebendo em suas "instalações" usuários ainda não familiarizados com as suas funcionalidades. Além disso, atendimentos relacionados à supervisão e orientação educacional oferecidos pelas instituições, tratativas junto ao setor financeiro e as mais variadas interações que até então eram exclusivamente desenvolvidas de forma física, também passaram a ser realizadas por plataformas ou por canais digitais disponibilizados pelas empresas do setor de tecnologia.

2.2.2. Professores

Inúmeras são as interfaces a serem enfrentadas a partir do uso de ferramentas digitais e de integração ao ciberespaço, o que exige atenção de todos os integrantes da comunidade escolar, com destaque para a presença e manejo do docente, que é o elo entre a instituição de ensino e os alunos. Os professores são os profissionais contratados pelas instituições de ensino, os quais colocam em prática o projeto político-pedagógico pela implementação das atividades letivas que tratam da formação curricular e das competências socioemocionais. Ser professor é assumir tarefa complexa, especialmente porque, em um número ainda significativo de instituições, muitos desconhecem ferramentas que podem ampliar sua ação didática[16], tendo que buscar a qualificação, em meio ao distanciamento social.

O professor, diante da modificação na rotina promovida pelas decorrências da Pandemia, desvela-se como importante instrumento para esclarecer valores e modos de uso dos equipamentos que conectam ao ciberespaço.[17] Não se pode ignorar que é a pessoa que tem o maior contato com os alunos e, tanto pode propor atividades que envolvam o ciberespaço nas atividades pedagógicas, como também identifica as dificuldades decorrentes do uso e abuso dos instrumentos eletrônicos. Seja no período anterior à Pandemia, seja após sua confirmação, inúmeras situações têm sido enfrentadas pelos docentes em razão do uso dos equipamentos eletrônicos pelos estudantes: captação de dados pessoais através das filmagens e fotografias realizadas de colegas ou educadores; gravação de aulas sem autorização do docente; criação de grupos de "Whatsapp" entre estudantes, alguns com a inclusão de professores. Também é pertinente trazer exposição do docente quando da utilização de ferramentas disponíveis para a interação, divulgação de conteúdo e ideias, como os canais que permitem a postagem de vídeos, notadamente o "Youtube". A disponibilização de aulas, materiais e demais interações por meio de aplicações abertas ao público, sem a ingerência da instituição de ensino ou a proteção de filtros de acesso, também se revela aspecto sensível, seja na derrama de dados no ambiente virtual, como, de igual maneira, violações à propriedade intelectual e à própria identidade visual da instituição de ensino, pela veiculação de sua marca. Trata-se de exemplificação não exaustiva das demandas que envolvem o docente, com consequências para as instituições de

---

16. ROCHA, Elisabeth Matos; JOYE, Cassandra Ribeiro. Uso das tecnologias digitais em contexto educacional: modalidades, limites e potencialidades. In: ALMEIDA, Marcus Garcia de; FREITA, Maria do Carmo Duarte (Org.). *Virtualização das relações*: um desafio da gestão escolar. Rio de Janeiro: Brasport, 2013. (A escola do século XXI, v. 3), p. 20.
17. SIBILIA, Paula. *Redes ou paredes*: a escola em tempos de dispersão. Rio de Janeiro: Contraponto, 2012, p. 182.

ensino, que necessitam de olhar atento, tanto no aspecto educativo e de conduta como para as consequências jurídicas que podem advir. Se o planejamento de outrora estava direcionado quase que exclusivamente para as interações no ambiente escolar delimitado no tempo e no espaço, agora se faz necessário que o professor tenha o domínio da sala virtual, do ciberespaço escolar e estar habilitado para construir reflexão que permite a criação de novos interesses, de novos sentidos[18].

2.2.3. Alunos e responsáveis (pais ou tutores)

Os alunos são os sujeitos em formação, cujo contrato com as instituições de ensino de Educação Básica usualmente é firmado por meio de seus responsáveis (pais ou tutores), inclusive, diante de sua incapacidade absoluta ou relativa.[19] Em um primeiro momento, o acesso dos educandos no ambiente escolar se dava somente a partir dos laboratórios das instituições de ensino, mediante o uso de sua rede de integração de pacotes de dados, estabelecendo-se o bloqueio de determinados acessos e conteúdo. Os equipamentos eletrônicos individuais trazidos pelos alunos não podiam ser utilizados nos espaços escolares, existindo vedação contratual expressa acerca de seu uso, especialmente em razão do valor elevado de tais aparelhos e dos riscos decorrentes de eventual desaparecimento.[20] Entretanto, essa realidade vem sendo modificada, na medida em que as instituições de ensino não só passaram a tolerar o uso dos celulares e aparelhos eletrônicos, como têm considerado a possibilidade de sua utilização supervisionada em atividades letivas, conjugando-se o seu espaço físico ao ciberespaço.[21]

Outrossim, novas variáveis se apresentam, no contexto do distanciamento social, pois, o que até então se limitava à combinação da presença dos alunos no tempo e no espaço (dentro da escola), bem como no ciberespaço (conectados por equipamentos

---

18. TAILLE, Yves de la. *Formação ética*: do tédio ao respeito de si. Porto Alegre: Artmed, 2009, p. 137.
19. BRASIL. *Lei 10.406/2002, Código Civil*. Disponível em: http://www.planalto.gov.br/ccivil_03/leis/2002/l10406.htm. Acesso em: 2020, artigos 3º, 4º, I e Lei 13.105/15, art. 71.
20. Com relação a essa proibição de uso dos equipamentos individuais, nas hipóteses de descumprimento e busca de responsabilização objetiva das instituições de ensino, houve o pronunciamento majoritário dos Tribunais, indicando a ausência de dever de indenizar, tanto pelo teor das disposições contratuais, como pelo elevado valor de aquisição, o que pode ser exemplificado por decisão das Turmas Recursais do Estado do Rio Grande do Sul, cuja ementa traz o seguinte teor: Recurso inominado. Ação de reparação de danos. Furto de aparelho celular em dependências de escola particular. Inexistência do dever de guarda e segurança. Dano material não configurado. Narra a parte autora que sua filha menor de idade, estudante da escola demandada, deixou sua mochila na sala de aula aos cuidados de uma colega. Ocorre que, no momento em que a colega foi ao banheiro, a mochila foi aberta, tendo sido furtado o iPhone 4 da filha da requerente. As alegações da parte ré são de que o bem estava sob a guarda de uma colega e não sob a responsabilidade da escola. Ressalvada expresso ajuste, não se insere, dentre as responsabilidades da instituição particular de ensino, o dever de guarda e segurança de objetos de valor dos alunos, como é um aparelho celular No caso, há inclusive recomendação da Escola para que os alunos se abstenham da utilização de tais aparelhos em suas dependências, Não há, assim, como responsabilizar a ré pela subtração do aparelho celular levado para o Colégio pela filha da autora. Sentença confirmada por seus próprios fundamentos. Recurso improvido. (Rio Grande do Sul. Tribunal de Justiça. *Recurso Cível 71004708434*. Primeira Turma Recursal Cível, Turmas Recursais. Relator: Roberto José Ludwig. Julgado em: 18 fev. 2014. Disponível em: https://tj-rs.jusbrasil.com.br/jurisprudencia/113677046/recurso-civel-71004708434-rs?ref=serp. Acesso em 2020). Na hipótese, ficou demonstrada a recomendação da instituição de ensino para que os alunos se abstivessem de trazer consigo telefones celulares, afastando o dever de indenizar.
21. A redação dos contratos de algumas instituições de ensino privado tem contado com a seguinte previsão: "Os aparelhos celulares deverão permanecer desligados nos ambientes de sala de aula quando não tiverem uso pedagógico ou forem solicitados o uso pelo professor".

tecnológicos), passa a contar com a participação da família nessa interação, que, em casa, contrata o pacote de dados, disponibiliza celulares ou computadores, utilizando a plataforma a escola, havendo simbiose no ferramental para a consecução do processo educativo.

Em suma, haverá: a) aquele aluno que está em sala de aula física, utilizando equipamentos e pacote de dados da instituição; b) aquela aluna que está em sala de aula física, acessando parcialmente os meios oferecidos pela instituição: ou utiliza o seu equipamento ou o seu pacote de dados; c) aquele que está em sua casa, estudando em plataforma virtual contratada pela instituição, valendo-se de computadores e pacotes de dados oferecidos pela sua família; d) aquele que está em sua casa, conectando-se à plataforma livre, sugerida pela instituição ou pelo professor, por meio de seus equipamentos e seu pacote de dados. A casuística é importante para que possamos compreender as diferentes situações, bem como os riscos que são identificados a partir dessa nova forma de interação no espaço ciberescolar.

3. RISCOS EM MATÉRIA DE PROTEÇÃO DE DADOS PESSOAIS E IMPLEMENTAÇÃO DE NOVAS PRÁTICAS PELAS INSTITUIÇÕES EDUCACIONAIS

3.1. Riscos em matéria de proteção de dados pessoais

Atentando-se às múltiplas conexões que se estabelecem entre seus atores, é inequívoco que o ambiente escolar passa a ser terreno fértil tanto na produção, como no fluxo de dados pessoais. Nos termos do artigo 5º, da Lei Geral de Proteção de Dados Pessoais, sob o n. 13.709 de 2018, os dados pessoais se referem à "informação relacionada a pessoa natural identificada ou identificável;". Nos cadastros de uma instituição, estão o nome do aluno, o seu endereço físico e eletrônico, telefones fixos e móveis, inclusive, hábitos, preferências e seus resultados avaliativos são dados pessoais, inclusive, em vista da possibilidade de formação de perfis comportamentais.[22] No espaço escolar virtual estendido pelas novas tecnologias, além destes já mencionados, outros fluem, como os decorrentes de: atendimentos dos serviços de orientação educacional ou supervisão, que podem envolver questões de saúde mental; compartilhamento de situações de dificuldade financeira ou emocional do grupo familiar; temas ligados à alimentação dos alunos, como na aula de culinária, muitas vezes transmitidas simultaneamente em redes sociais, em que estudantes alérgicos, diabéticos ou celíacos, recebem recomendações específicas; questões de ordem religiosa, na medida da participação ou não do estudante, em determinada disciplina ou celebração, que se liga a uma crença.[23] Nas salas virtuais escolares, portanto, trafegam os denominados dados sensíveis, como dispõe o artigo 5º, inciso II, que se ligam à "origem racial ou étnica, convicção religiosa, opinião política, filiação a sindicato ou a organização de caráter religioso, filosófico ou político, dado referente à saúde ou à vida sexual, dado genético ou biométrico, quando vinculado a uma pessoa

---

22. HERNANDO, Javier Alvarez. *Practicum protectión de datos*. Navarra: Aranzadi, 2018, p. 1012.
23. HERNANDO, Javier Alvarez. *Practicum protectión de datos*. Navarra: Aranzadi, 2018, p. 1014.

natural;". Durante os encontros telemáticos, opiniões podem ser reveladas, situações familiares e de fé serem descritas, inclusive, depoimentos e debates sobre comportamentos sexuais ou comportamentos de exposição e risco frente ao ambiente tecnológico. A situação merece maior cuidado, como é o caso, quando, nas infovias do campus virtual, trafegam dados de crianças e adolescentes, atraindo a aplicação do artigo 14, da Lei Geral de Proteção de Dados Pessoais, que eleva o princípio de seu melhor interesse. O Parecer 2/2009 sobre a protecção dos dados pessoais das crianças (Orientações gerais e a situação especial das escolas) do Grupo de Trabalho do Artigo 29.º para a Protecção dos Dados, atualmente, Comité Europeu de Protecção de Dados, em suas "Orientações gerais e a situação especial das escolas", assim dispõe:

> Deve reconhecer-se que, a fim de se prestar um nível de cuidados adequado às crianças, os seus dados pessoais devem por vezes ser amplamente tratados e por diversas partes. Tal ocorre principalmente nos domínios relativos ao bem-estar como a educação, a segurança social, a saúde etc. Mas tal não é incompatível com a protecção adequada e reforçada dos dados por parte destes sectores sociais, embora haja que tomar precauções quando os dados relativos a crianças estejam a ser partilhados. Esta partilha pode afectar o princípio da finalidade (limitação de finalidade) e criar um risco de que os perfis sejam construídos sem respeitar o princípio da proporcionalidade.[24]

Ademais, neste mesmo parecer, o hoje Comité Europeu de Protecção de Dados, assim refere, apontado dois aspectos importantes, inclusive, sobre os interesses superiores da criança:

> A protecção dos dados das crianças deve ter em conta dois aspectos importantes: em primeiro lugar, a evolução dos níveis de maturidade que determinam o momento em que as crianças podem começar a tratar dos seus próprios dados e, em segundo lugar, a delimitação dos poderes dos representantes nos casos em que divulgação dos dados pessoais poderia prejudicar os interesses superiores da criança.[25]

Para dar melhor tratamento esta matéria, a Agência Espanhola de Proteção de Dados Pessoais, em 2019, lançou o "Guía para Centros Educativos", em que foram destacadas inadequações, que podem gerar riscos aos dados pessoais dos titulares. Entre elas, depreende-se a conduta dos profissionais das instituições de ensino ou vinculados a elas, que podem ferir a privacidade de professores, alunos e seus familiares. Pode decorrer do amplo acesso por todos os seus colaboradores, sem o estabelecimento de critérios, questões hierárquicas de senhas e camadas de acesso. Outro ponto, é inércia em implementar políticas de dados pessoais, bem como a ausência de treinamento de seus professores. Pode-se alertar que o risco intrínseco à exposição de imagem, conteúdo e marcas institucionais em canais que viabilizam o acesso de vídeos ou imagens, especialmente por estarem disponíveis a público indeterminado e externo à comunidade escolar, revela a necessidade de reflexão sobre possíveis consequências do uso inadequado ou ilegal do referido conteúdo. Foram apontadas situações de violações geradas pelas trocas de mensagens de professores com os pais de alunos ou com os próprios estudantes, sem a

---

24. UNIÃO EUROPEIA. Comité Europeu de Protecção de Dados. *Parecer 2/2009 sobre a protecção dos dados pessoais das crianças*: orientações gerais e a situação especial das escolas. Disponível em: https://www.gpdp.gov.mo/uploadfile/others/wp160_pt.pdf. Acesso em: jun. 2020.
25. UNIÃO EUROPEIA. Comité Europeu de Protecção de Dados. *Parecer 2/2009 sobre a protecção dos dados pessoais das crianças*: orientações gerais e a situação especial das escolas. Disponível em: https://www.gpdp.gov.mo/uploadfile/others/wp160_pt.pdf. Acesso em: jun. 2020.

utilização dos canais institucionais. Outra situação que deve ser considerada é a inobservância de obter autorização para a publicação de imagens de alunos e pais, nos sítios institucionais, em eventos comemorativos, em que são feitos registros, como fotografias e vídeos, explorando a imagem de determinado sujeito, em detrimento da coletividade.[26]

No que toca às plataformas gratuitas indicadas ou contratadas utilizadas pela instituição de ensino, cumpre verificar se essas são utilizadas por orientação da escola ou de modo independente por seus professores. A falta de cuidado ou compreensão acerca da política de uso de dados pessoais, ou, nos termos contratuais, poderá gerar inúmeros riscos, que trarão danos aos titulares, tais como: coleta excessiva de dados dos alunos e profissionais da instituição de ensino, muito além do necessário para o desenvolvimento da plataforma; destinação dos dados pessoais para finalidade diversa, estranha aos limites educacionais, como por exemplo, oferta ulterior de bens e serviços; a obtenção de dados sensíveis, como mineração de dados sobre doenças, para fins de venda de dados a empresas do setor de seguros de saúde; coleta indevida para formação de perfis comportamentais ou de consumo; recolhimento de dados biométricos, como íris, reconhecimento facial, para fins de vigilância ou de transferência a terceiros. Portanto, a facilidade da utilização de algumas plataformas *freemium* ou desprovida de fiabilidade, que inicialmente seduzem pela sua disponibilidade e compreensível resultado pedagógico, podem trazer consequências e ônus às pessoas que tem seus dados pessoais violados.

Além do tráfego dos dados lançados em plataformas e sistemas, em seu aspecto objetivo, há de ser ter presente que o comportamento, em alguns casos, inconsequente de crianças e adolescentes, que pode trazer prejuízos e danos severos a instituições de ensino, professores e para as próprias famílias. Como exemplo, pode-se citar a apropriação de imagens captadas em aulas realizadas por meio de plataformas, em que são realizadas montagens, registradas frases, o acesso a terceiros por meio de fragilidades apontadas em plataformas ou sítios disponíveis na rede, dentre tantas outras ações que, sob o argumento de servirem para o lúdico ou diversão, podem atingir e ofender direitos de imagem ou de autor.

E, na casuística, o inadequado tratamento dos dados, com atingimento do *profiling*, gera o dano estético digital:

> [...] o dano estético digital estará configurado quando for atingido o *profiling* da pessoa natural, em razão de uma decisão automatizada, seja em razão de erro estatístico, de equívoco de correlação, de fato inverídico, ou, ainda, da utilização ilícita de dados sensíveis, quando essas circunstâncias impliquem um ranqueamento desfavorável ao usuário, prejudicando e comprometendo sua aparência virtual.[27]

Ora, a construção de um *framework*, em matéria de responsabilidade civil, no que toca à proteção de dados pessoais, implica compreender que a doutrina e a legislação imputam à instituição educacional o dever de dar o adequado tratamento aos dados pes-

---

26. AGENCIA ESPAÑOLA DE PROTECCIÓN DE DATOS. *Guía para centros educativos*. Disponível em: http://tudecideseninternet.es/aepd/images/guias/GuiaCentros/GuiaCentrosEducativos.pdf. Acesso em: 2020, p. 7-8.
27. COLOMBO, Cristiano; FACCHINI NETO, Eugênio. Decisões automatizadas em matéria de perfis e riscos algorítmicos: Diálogos entre Brasil e Europa acerca dos direitos das vítimas de dano estético digital. *In*: MARTINS, Guilherme; ROSENVALD, Nelson (Coords.). *Responsabilidade civil e novas tecnologias*. Indaiatuba: Foco, 2020, p. 163-183.

soais. É o que se depreende do "Guía para Centros Educativos", da Agência Espanhola de Proteção de Dados Pessoais, que assim descreve tarefa de cada educandário:

> Los centros educativos, en su tarea de hacer efectivo el derecho fundamental a la educación que constituye su razón de ser, también han de observar el derecho fundamental a la protección de los datos de carácter personal que, al no constituir su actividad principal, en ocasiones genera dudas sobre la interpretación y aplicación de su regulación.[28]

E complementa o estudo, referindo que "Cuando se trata de centros concertados y privados los responsables del tratamiento de los datos serán los propios centros."[29] Dessa forma, a partir dos dispositivos da Lei Geral de Proteção de Dados Pessoais, Lei 13.709 de 2018, em que pese ainda não esteja neste ponto vigente, bem como não se tenha convicção sobre o tratamento que a jurisprudência irá conferir à matéria, é possível verificar que os dispositivos encaminham para a responsabilidade objetiva, em caso de violação a dados pessoais, como ora se transcreve, em seu artigo 42 e 43:

> Art. 42. O controlador ou o operador que, em razão do exercício de atividade de tratamento de dados pessoais, causar a outrem dano patrimonial, moral, individual ou coletivo, em violação à legislação de proteção de dados pessoais, é obrigado a repará-lo.

Destaque-se, nos termos do artigo 5º, VI e VII da LGPD, que o controlador é aquele que toma as decisões quanto aos dados a serem recolhidos, bem como aponta o tratamento a ser feito, enquanto o operador realiza o tratamento em nome do operador. No caso concreto, a instituição educacional ao estabelecer e delimitar os dados que serão recolhidos e tratados é considerada "controladora". As plataformas seriam operadoras, na medida em que coletam os dados segundo determinado pelo controlador. No entanto, em alguns casos, se as plataformas também estabelecem políticas de tratamento de dados, coletando além do determinado pela instituição, em face da relação estabelecida com o usuário, a partir da aceitação dos termos de uso, cumulariam a condição de controladora e operadora.

Na sequência, dispõe o artigo 43 da LGPD:

> Art. 43. Os agentes de tratamento só não serão responsabilizados quando provarem: I – que não realizaram o tratamento de dados pessoais que lhes é atribuído; II – que, embora tenham realizado o tratamento de dados pessoais que lhes é atribuído, não houve violação à legislação de proteção de dados; ou III – que o dano é decorrente de culpa exclusiva do titular dos dados ou de terceiro.

Nesse sentido, colaciona-se entendimento sobre a matéria, em estudo realizado conjuntamente com Eugênio Facchini Neto:

> Ao não fazer menção a culpa, em sentido lato ou estrito, a moderna técnica legislativa está apontando para a responsabilidade objetiva (...) Ora, se os agentes só não serão responsabilizados nestas hipóteses, significa que poderão afastar sua responsabilidade simplesmente alegando e provando não terem agido com culpa. Trata-se da mesma técnica adotada, por exemplo, pelo legislador do CDC, ao disciplinar a

---

28. AGENCIA ESPAÑOLA DE PROTECCIÓN DE DATOS. *Guía para centros educativos*. Disponível em: http://tudecideseninternet.es/aepd/images/guias/GuiaCentros/GuiaCentrosEducativos.pdf. Acesso em: 2020, p. 4
29. AGENCIA ESPAÑOLA DE PROTECCIÓN DE DATOS. *Guía para centros educativos*. Disponível em: http://tudecideseninternet.es/aepd/images/guias/GuiaCentros/GuiaCentrosEducativos.pdf. Acesso em: 2020, p. 12.

responsabilidade do fabricante e do fornecedor de serviços pelo fato do produto ou do serviço (artigos 12, §3º e 14, §3º), sendo inequívoco que referidos dispositivos adotam a responsabilidade objetiva.[30]

Cumpre colacionar importante contribuição de Rafael de Freitas Dresch, que eleva a importância de compreender a responsabilidade civil, de forma objetiva, vinculada a um dever geral de segurança:

> Assim, ainda que se reconheça que a falta ao dever de segurança se aproxima da análise da culpa em sentido estrito – entendida como falta ao dever de cuidado – é necessário concluir que o regime de responsabilidade civil centrado no ilícito geral decorrente de um tratamento irregular define uma responsabilidade objetiva especial. A avaliação do cumprimento ao dever geral de segurança conforme o que legitimamente é possível esperar do agente na realização do tratamento dos dados pessoais, acaba por exigir uma análise objetiva que parta de padrões –*standards* – de conduta como critério para se avaliar objetivamente se o tratamento forneceu a segurança esperada ou foi irregular (defeituoso) pela falta ao dever de segurança. Também a análise da boa-fé objetiva, nessa linha, se mostra relevante na comparação objetiva dos padrões de segurança com as condutas de tratamento realizadas por controlador e operador.[31]

Nesse sentido, a importância das reflexões ora trazidas cresce enormemente dada a necessidade de implementações de práticas. A urgência com que foram realizadas adaptações para fazer frente às necessidades pedagógicas para que os estudantes pudessem dar continuidade às atividades letivas traz a preocupação de que, tanto os contratos existentes, como os ajustes pontuais que foram implementados, não são suficientes para prevenir o uso inadequado de plataformas que viabilizam o acesso ao ciberespaço, o que pode trazer consequências no âmbito da responsabilidade civil. A excepcionalidade vivenciada quando do advento da Pandemia não poderá mais ser utilizada como hipótese excludente em eventos futuros, razão pela qual a revisão minuciosa dos contratos existentes se revela imperativa, primando pela clareza e transparência de direitos e obrigações, em manifesta proteção à toda comunidade escolar, especialmente aos infantes e suas famílias.

É, pois, oportuno destacar que, na hipótese em que a vítima da violação de dados pessoais tenha agido com culpa exclusiva, como, por exemplo, ter deixado seu computador com acesso livre, sem qualquer senha que bloqueasse a utilização, sem antivírus, permitindo que pessoa no âmbito de sua residência, como uma visita, por exemplo, fizesse indevidamente backup de seus dados, não haveria dever de indenizar do controlador dos dados. Nessa hipótese, há de se observar e considerar as peculiaridades do caso, investigando a causa da violação, ou seja, buscar evidências técnicas de que esta se operou pelo recolhimento indevido na plataforma ou se foi exclusivamente em razão de vulnerabilidade na rede doméstica do aluno. Situações como fato de terceiro e culpa exclusiva da vítima afastam o dever de indenizar do controlador, no caso, da instituição de ensino.

---

30. COLOMBO, Cristiano; FACCHINI NETO, Eugênio. "Corpo Elettronico" como vítima de ofensas em matéria de tratamento de dados pessoais: reflexões acerca da responsabilidade por danos à luz da Lei Geral de Proteção de Dados Pessoais Brasileira e viabilidade da aplicação do dano estético ao mundo digital *In*: ROSENVALD, Nelson; DRESCH, Rafael de Freitas Dresch; WESENDONCK, Tula. (Coords.). *Responsabilidade civil*: novos riscos. Indaiatuba: Foco, 2019. p. 45-64.
31. DRESCH, Rafael. A especial responsabilidade civil na Lei Geral de Proteção de Dados. *Migalhas*, 02 jul. 2020. Disponível em: https://www.migalhas.com.br/coluna/migalhas-de-responsabilidade-civil/330019/a-especial-responsabilidade-civil-na-lei-geral-de-protecao-de-dados. Acesso em: jun. 2020.

Nesse sentido, as instituições de ensino devem tomar medidas, a fim de evitar ou minorar os riscos que geram danos aos titulares de dados pessoais, não somente pela revisão de seus instrumentos contratuais e normativos, mas também pela educação de digital, dentre outras práticas cuja implementação se recomenda a seguir.

3.2. Implementação de novas práticas pelas instituições educacionais

Verificados os riscos e os danos que poderão vitimar os titulares de dados pessoais, no ambiente escolar, potencializados pelo ciberespaço, importa traçar diretrizes para a implementação de novas práticas pelas instituições educacionais. Importante destacar que, na construção de suas novas práticas, que serão concretizadas em contratos e políticas, devem as instituições educacionais serem conduzidas pelos princípios de tratamento de dados pessoais, que repousam no artigo 6º, da Lei Geral de Proteção de Dados Pessoais (LGPD).

O princípio da finalidade está disposto no artigo 6º, I, da LGPD, que assim é definido: "realização do tratamento para propósitos legítimos, específicos, explícitos e informados ao titular, sem possibilidade de tratamento posterior de forma incompatível com essas finalidades;". Ou seja, a coleta e o tratamento dos dados pessoais devem ser utilizados especificamente para o propósito do serviço que, no ambiente estudantil, obrigando as instituições e plataformas a agirem em prol da educação, não a outros fins. O Parecer 3/2013 do Grupo de Trabalho de Protecção de Dados do Artigo 29º, hoje, o European Data Protection Board, aponta que, em termos práticos, o princípio da finalidade significa que: "O responsável pelo tratamento só pode recolher dados para finalidades determinadas, explícitas e legítimas", bem como "Uma vez recolhidos os dados, estes não podem ser posteriormente utilizados de forma incompatível com aquelas finalidades".[32]

O princípio da necessidade, conforme o artigo 6º, III, da LGDP, determina a "limitação do tratamento ao mínimo necessário para a realização de suas finalidades, com abrangência dos dados pertinentes, proporcionais e não excessivos em relação às finalidades do tratamento de dados;". As instituições, ao coletarem os dados e ao oferecerem aos alunos e famílias serviços de plataforma, devem garantir que não haja excesso na referida coleta.

Dados como hábitos de viagens e de consumo são necessários para o oferecimento de um melhor serviço educacional? Este questionamento deve ser feito por aquele que vai coletar os dados, e, portanto, será responsável por seu tratamento.

Nas palavras de Voigt e Bussche:

> *Personal data shall be adequate, relevant and limited to what is necessary in relation to the purposes for which they are processed. It is not a obligation to minimize data processing to na absolute minimum but rather na obligation to minimize data collection to na adequate level regarding the purposes of processing.*[33]

---

[32]. UNIÃO EUROPEIA. Grupo de Trabalho de Protecção de Dados do Artigo 29. *Parecer 2/2013 sobre limitação da finalidade*. 02 abr. 2013. Disponível em: https://www.gpdp.gov.mo/uploadfile/2017/0127/20170127113320522.pdf. Acesso em: 2020.

[33]. VOIGT, Paul; BUSSCHE, Axel von dem. *The EU General Data Protection Regulation (GDPR)*. Cham: Springer, 2017, p. 90.

Na medida em que os dados pessoais devem ser necessários sempre levando em conta os seus propósitos. De igual forma, devem primar pela "utilização de medidas técnicas e administrativas aptas a proteger os dados pessoais de acessos não autorizados e de situações acidentais ou ilícitas de destruição, perda, alteração, comunicação ou difusão;", ou seja:

> *Personal data shall be processed in a manner that ensures appropriate security of the personal data, including protection against unauthorised or unlawful processing and against acidental loss, destruction or damage, using appropriate technical and organisational measures.* [34]

Também há de se ter presente a necessidade de realizar estudo aprofundado acerca das aplicações e serviços vinculados ao ciberespaço que são apresentadas pelos docentes aos estudantes, caso não estejam vinculadas a plataformas contratadas ou homologadas pela instituição de ensino, a bem de compreender os termos de uso necessários para a prática pedagógica e a solicitação de dados que respeitem os limites estabelecidos para a proteção de dados dos estudantes e suas famílias.

Recomenda-se, portanto, às instituições de ensino que implementem as seguintes medidas:

a) utilizem aplicações e plataformas cujos termos de uso sejam claros no que diz respeito ao uso e tratamento de dados realizado, para a delimitação e definição de aplicações educativas que sejam efetivamente úteis do ponto de vista pedagógico e validadas pelas instituições de ensino. Tal medida atenderá, de forma simultânea, o princípio da finalidade, ou seja, o recolhimento e tratamento de dados pessoais se voltem ao fim a que propõe, no caso a educação, bem como o princípio da transparência, artigo 6º, VI, da LGPD, na medida em que as informações sejam claras, bem como o princípio da finalidade, ou seja, a coleta e tratamento de dados pessoais se voltem ao fim a que propõe, no caso a educação;

b) com relação às famílias, a instituição de ensino deve estabelecer não só deveres e obrigações delimitados em contrato, como também ofertar meios para a educação digital em sentido amplo, primando pela comunicação concisa, transparente, de fácil compreensão e acesso, especialmente quando se dirige a crianças[35]. Como bem constata Solange Palma Barros[36], o comportamento agressivo das crianças e adolescentes reflete os dias que a sociedade vive, devendo a família, com o auxílio da instituição de ensino, conduzir o uso refletido dos conteúdos e usos proporcionados pela internet, observando o pontual alerta de Yves de la Taille[37], sobre a necessária prudência e busca da segurança. Saliente-se, ainda, que a legislação determinou que a criança seja também informada sobre o uso de seus dados, respeitada a sua condição intelectiva: "§ 6º As informações

---

34. VOIGT, Paul; BUSSCHE, Axel von dem. *The EU General Data Protection Regulation (GDPR)*. Cham: Springer, 2017, p. 92.
35. AGENCIA ESPAÑOLA DE PROTECCIÓN DE DATOS. *Informe sobre la utilización por parte de profesores y alumnos de aplicaciones que almacenan datos em nube com sistemas ajenos a las plataformas educativas.* Disponível em: https://www.aepd.es/sites/default/files/2019-09/guia-orientaciones-apps-datos-alumnos.pdf. Acesso em: jun. 2020.
36. BARROS, Solange Palma. O comportamento da geração Z na internet: os reflexos no ambiente escolar *In:* ABRUSIO, Juliana (Coord.) *Educação digital.* São Paulo: Revista dos Tribunais, 2015, p. 74-75.
37. TAILLE, Yves de la. *Formação ética:* do tédio ao respeito de si. Porto Alegre: Artmed, 2009, p. 95.

sobre o tratamento de dados referidas neste artigo deverão ser fornecidas de maneira simples, clara e acessível, consideradas as características físico-motoras, perceptivas, sensoriais, intelectuais e mentais do usuário, com uso de recursos audiovisuais quando adequado, de forma a proporcionar a informação necessária aos pais ou ao responsável legal e adequada ao entendimento da criança.". Esse conjunto de dispositivos legais, faz com que haja a necessidade da obtenção de consentimento específico e destacado por parte das instituições educacionais, com participação do responsável, no tratamento de dados pessoais dos alunos;

c) a formação de docentes[38], não somente para o uso pedagógico das ferramentas e aplicações que acessam o ciberespaço, mas também para a reflexão acerca da necessidade de zelo para com os dados pessoais próprios, de alunos, famílias e demais integrantes da comunidade escolar, restringindo, ainda, a comunicação e compartilhamento de arquivos às plataformas contratadas ou aferidas pela instituição de ensino, segundo o princípio da prevenção, nos termos do artigo 6º, VIII, da LGDP;

d) a revisão dos termos dos contratos de prestação de serviços em educação celebrados com alunos e seus responsáveis. Nesse contexto, cumpre salientar que, por parte das instituições, além da escolha da plataforma contratada, há a necessidade de observar o consentimento expresso, nos termos do artigo 7º, I, e, quando o tratamento é ligado a um dado sensível, segundo o artigo 11, I, deve se dar de forma específica e destacada. Ademais, convém colacionar que, em se tratando de dado pessoal de criança e adolescente, deve ser observado o que dispõe o artigo 14, quanto à forma do consentimento: "§ 1º O tratamento de dados pessoais de crianças deverá ser realizado com o consentimento específico e em destaque dado por pelo menos um dos pais ou pelo responsável legal.";

e) a revisão de contratos de trabalho de docentes e demais profissionais, estabelecendo autorizações e limites para o manejo de estratégias pedagógicas por meio do ciberespaço, atentando-se para inúmeros direitos e deveres correlatos, tais como o direito de autor, o direito de imagem, da marca da instituição de ensino, a vedação ao uso de ferramentas não autorizadas para a comunicação com discentes e famílias, dentre outros tantos desdobramentos da proteção de dados próprios e de terceiros;

f) o mapeamento de todas as interfaces existentes no tráfego de dados, apurando as fragilidades que podem ocorrer, com implementação de medidas de segurança da informação, por meio de senhas, filtros e demais mecanismos de proteção de dados. Tal medida é corolário do princípio da segurança, que, nos termos do artigo 6º, VII, da LGPD, que determina: "VII – segurança: utilização de medidas técnicas e administrativas aptas a proteger os dados pessoais de acessos não autorizados e de situações acidentais ou ilícitas de destruição, perda, alteração, comunicação ou difusão";

g) o acompanhamento zeloso de todas as ações pedagógicas que se dão no ciberespaço e chamar para a reflexão individual ou coletiva, sempre que houver ameaça ou lesão a direito, uma vez que esta é a responsabilidade que decorre tanto do papel de autoridade que ocupa, como do posto que a lei lhe confere.

---

38. AGENCIA ESPAÑOLA DE PROTECCIÓN DE DATOS. *Guía para centros educativos*. Disponível em: http://tudecideseninternet.es/aepd/images/guias/GuiaCentros/GuiaCentrosEducativos.pdf. Acesso em: 2020.

4. CONSIDERAÇÕES FINAIS

A partir do estudo realizado, são apresentadas algumas considerações finais, com o intuito sugerir a adoção de práticas para as instituições de ensino na administração das interações que se dão por meio do ciberespaço: A uma, utilizem aplicações e plataformas cujos termos de uso sejam claros no que diz respeito ao uso e tratamento de dados implementado; A duas, ofertem meios para a educação digital em sentido amplo, primando pela comunicação concisa, transparente, de fácil compreensão e acesso, especialmente quando se dirige a crianças; A três, a formação de docentes[39], não somente para o uso pedagógico das ferramentas e aplicações que acessam o ciberespaço, mas também para a reflexão acerca da necessidade de zelo para com os dados pessoais próprios, de alunos, famílias e demais integrantes da comunidade escolar; A quatro, a revisão dos termos dos contratos de prestação de serviços em educação celebrados com alunos e seus responsáveis; A cinco, a revisão de contratos de trabalho de docentes e demais profissionais, estabelecendo autorizações e limites para o manejo de estratégias pedagógicas por meio do ciberespaço; A seis, o mapeamento de todas as interfaces existentes no tráfego de dados, apurando as fragilidades que podem ocorrer, com implementação de medidas de segurança da informação, por meio de senhas, filtros e demais mecanismos de proteção de dados; A sete, o acompanhamento zeloso de todas as ações pedagógicas que se dão no ciberespaço e chamar para a reflexão individual ou coletiva, sempre que houver ameaça ou lesão a direito, uma vez que esta é a responsabilidade que decorre tanto do papel de autoridade que ocupa, como do posto que a lei lhe confere.

REFERÊNCIAS

AGENCIA ESPAÑOLA DE PROTECCIÓN DE DATOS. *Guía para centros educativos*. Disponível em: http://tudecideseninternet.es/aepd/images/guias/GuiaCentros/GuiaCentrosEducativos.pdf. Acesso em: jun. 2020.

AGENCIA ESPAÑOLA DE PROTECCIÓN DE DATOS. *Informe sobre la utilización por parte de profesores y alumnos de aplicaciones que almacenan datos em nube com sistemas ajenos a las plataformas educativas*. Disponível em: https://www.aepd.es/sites/default/files/2019-09/guia-orientaciones-apps-datos--alumnos.pdf. Acesso em: jun. 2020.

ALMEIDA, Marcus Garcia de; FREITA, Maria do Carmo Duarte (Org.). *Virtualização das relações*: um desafio da gestão escolar. Rio de Janeiro: Brasport, 2013. (A escola do século XXI, v. 3).

BARROS, Solange Palma. O comportamento da geração Z na internet: os reflexos no ambiente escolar In: ABRUSIO, Juliana (Coord.). *Educação digital*. São Paulo: Revista dos Tribunais, 2015.

BAUMAN, Zigmunt. *Modernidade líquida*. Tradução de Plínio Dentzien. Rio de Janeiro: Zahar, 2001.

BRASIL. *Lei 10.406/2002, Código Civil*. Disponível em: http://www.planalto.gov.br/ccivil_03/leis/2002/l10406.htm. Acesso em: 2020.

BRASIL. *Medida Provisória n. 934, de 1º de abril de 2020*. Disponível em: http://www.planalto.gov.br/ccivil_03/_ato2019-2022/2020/mpv/mpv934.htm. Acesso em: jun. 2020.

---

39. AGENCIA ESPAÑOLA DE PROTECCIÓN DE DATOS. *Guía para centros educativos*. Disponível em: http://tudecideseninternet.es/aepd/images/guias/GuiaCentros/GuiaCentrosEducativos.pdf. Acesso em: 2020.

CETIC.br. *36ª Conferência Geral da Unesco aprova o Cetic.br como Centro Categoria II*: modelo multissetorial de governança da internet. Disponível em: https://www.cetic.br/media/analises/tic_kids_online_brasil_2018_coletiva_de_imprensa.pdf. Acesso em: 2020.

COLOMBO, Cristiano; FACCHINI NETO, Eugênio. "Corpo Elettronico" como vítima de ofensas em matéria de tratamento de dados pessoais: reflexões acerca da responsabilidade por danos à luz da Lei Geral de Proteção de Dados Pessoais Brasileira e viabilidade da aplicação do dano estético ao mundo digital *In*: ROSENVALD, Nelson; DRESCH, Rafael de Freitas Dresch; WESENDONCK, Tula. (Coords.). *Responsabilidade civil*: novos riscos. Indaiatuba: Foco, 2019.

COLOMBO, Cristiano; FACCHINI NETO, Eugênio. Ciberespaço e conteúdo ofensivo gerado por terceiros: a proteção dos direitos de personalidade e a responsabilização civil dos provedores de aplicação, à luz da jurisprudência do Superior Tribunal de Justiça. *Revista Brasileira de Políticas Públicas, Direito e Mundo Digital*, Brasília, v. 7, n. 3, dez. 2017.

COLOMBO, Cristiano; FACCHINI NETO, Eugênio. Decisões automatizadas em matéria de perfis e riscos algorítmicos: Diálogos entre Brasil e Europa acerca dos direitos das vítimas de dano estético digital. *In*: MARTINS, Guilherme; ROSENVALD, Nelson (Coords.). *Responsabilidade civil e novas tecnologias*. Indaiatuba: Foco, 2020.

COLOMBO, Cristiano; FACCHINI NETO, Eugênio. Violação dos direitos de personalidade no meio ambiente digital: a influência da jurisprudência europeia na fixação da jurisdição/competência dos tribunais brasileiros. *Civilistica.com*, Rio de Janeiro, v. 8, n. 1, 2019. Disponível em http://civilistica.com/violacao-dos-direitos-de-personalidade/. Acesso em: 15 out. 2019.

COMPARATO, Fábio Konder. *Ética*: direito, moral e religião no mundo moderno. São Paulo: Companhia das Letras, 2006.

DRESCH, Rafael. A especial responsabilidade civil na Lei Geral de Proteção de Dados. *Migalhas*, 02 jul. 2020. Disponível em: https://www.migalhas.com.br/coluna/migalhas-de-responsabilidade-civil/330019/a-especial-responsabilidade-civil-na-lei-geral-de-protecao-de-dados. Acesso em: jun. 2020.

ENSINO a distância na educação básica frente à pandemia de da COVID-19. Disponível em: https://www.todospelaeducacao.org.br/_uploads/_posts/425.pdf. Acesso em: jun. 2020.

FERRAZ JUNIOR, Tercio Sampaio. *O direito entre o futuro e o passado*. São Paulo: Noeses, 2014.

GIOVA, Giuliano. Educação e cidadania digital: nascer, morrer e renascer no mundo digital, onde deixaram o manual? *In*: ABRUSIO, Juliana (Coord.). *Educação Digital*. São Paulo: Revista dos Tribunais, 2015.

HERNANDO, Javier Alvarez. *Practicum protectión de datos*. Navarra: Aranzadi, 2018.

IRTI, Natalino. *Norma e luoghi*: problemi di geo-diritto. Bari: Laterza, 2006.

LÉVY, Pierre. *Cibercultura*. Tradução de Carlos Irineu da Costa. São Paulo: Editora 34, 2014.

LIMBERGER, Têmis. *O direito à intimidade na era da informática*: a necessidade de proteção dos dados pessoais. Porto Alegre: Livraria do Advogado, 2007.

RIBAS, Marina. Quais são os impactos e os benefícios do ensino a distância. *Jota*, São Paulo, 05 jun. 2020. Disponível em: https://www.jota.info/jota-insper/quais-sao-os-impactos-e-os-beneficios-do-ensino-a-distancia-05062020. Acesso em: 2020.

RIO GRANDE DO SUL. Tribunal de Justiça. *Recurso Cível, 71004708434*. Primeira Turma Recursal Cível, Turmas Recursais. Relator: Roberto José Ludwig. Julgado em: 18 fev. 2014. Disponível em: https://tj-rs.jusbrasil.com.br/jurisprudencia/113677046/recurso-civel-71004708434-rs?ref=serp. Acesso em 2020.

ROCHA, Elisabeth Matos; JOYE, Cassandra Ribeiro. Uso das tecnologias digitais em contexto educacional: modalidades, limites e potencialidades. *In:* ALMEIDA, Marcus Garcia de; FREITA, Maria do Carmo Duarte (Org.). *Virtualização das relações:* um desafio da gestão escolar. Rio de Janeiro: Brasport, 2013. (A escola do século XXI, v. 3).

SIBILIA, Paula. *Redes ou paredes:* a escola em tempos de dispersão. Rio de Janeiro: Contraponto, 2012.

TAILLE, Yves de la. *Formação ética:* do tédio ao respeito de si. Porto Alegre: Artmed, 2009.

UNIÃO EUROPEIA. Comité Europeu de Protecção de Dados. *Parecer 2/2009 sobre a protecção dos dados pessoais das crianças:* orientações gerais e a situação especial das escolas. Disponível em: https://www.gpdp.gov.mo/uploadfile/others/wp160_pt.pdf. Acesso em: jun. 2020.

UNIÃO EUROPEIA. Grupo de Trabalho de Protecção de Dados do Artigo 29. *Parecer 2/2013 sobre limitação da finalidade.* 02 abr. 2013. Disponível em: https://www.gpdp.gov.mo/uploadfile/2017/0127/20170127113320522.pdf. Acesso em: jun. 2020.

VOIGT, Paul; BUSSCHE, Axel von dem. *The EU General Data Protection Regulation (GDPR).* Cham: Springer, 2017.

16
CYBERBULLYING – ENTRE ESTATÍSTICAS E DANOS: A VULNERABILIDADE DE ADOLESCENTES NA INTERNET

Ana Cristina de Melo Silveira

Sumário: 1. Introdução. 2. O *Cyberbullying* – estatísticas e danos. 2.1. Para além dos dados. 3. Esfera cível e respostas jurídicas possíveis ao *cyberbullying*. 3.1. Legislação específica voltada ao *bullying* e *cyberbullying*. 3.2. Contenção do ilícito. 3.3. A compensação pecuniária e a limitação intrínseca aos danos de natureza extrapatrimonial. 4. Notas conclusivas. Referências.

1. INTRODUÇÃO

A sociedade contemporânea é permeada pela *Internet* e seus recursos interativos e socializadores. Nesse contexto, as crianças e os adolescentes estão cada vez mais integrados no mundo digital, fazendo dele um espaço de aprendizagem, lazer e interação social. Se por um lado é possível reconhecer diversos benefícios da evolução tecnológica, por outro é preciso atentar para o fato de que ela também expõe esse grupo a novos riscos de danos. A situação é ainda mais séria quando as consequências atingem a esfera existencial dessas pessoas que estão em desenvolvimento, podendo acarretar-lhes consequências que serão carregadas ao longo de toda a vida.

Alguns riscos já ganharam notoriedade. A pedofilia se estendeu para o mundo digital, podendo partir tanto do vizinho como de um agente do outro lado do mundo. Imagens íntimas de menores sem o respectivo consentimento são veiculadas nas redes sociais também em decorrência de relações sociais entre adolescentes na fase de iniciação sexual, o que acontece em alguns casos de pornografia de vingança, que também é denominado de *revenge porn*. Discursos de ódio, comumente inseridos por meio das mídias sociais, também têm tido potencialidade para atingir a identidade e a liberdade de crianças e adolescentes, cujo alvo de ataques, dentre outras situações, é a etnia, o modelo familiar, a opção sexual e a religião da vítima. Além disso, no contexto desse modelo social, grupos terroristas aproveitam-se para cooptar integrantes ao redor do planeta, tendo como seus principais alvos crianças e adolescentes, justamente por serem seres em desenvolvimento.

Em março de 2019, o *Youtube* infantil sofreu ataques de hackers, passando a exibir, enquanto crianças ou adolescentes assistiam a vídeos voltados para a faixa etária de até

13 anos, a boneca Momo que os induzia a praticar automutilação, suicídio ou violência contra familiares.[1]

O vício em redes sociais e *Internet* é cada vez maior sido cada vez mais, o que tem levado a debates mais profundos por especialistas da área de saúde, de forma que, recentemente, a Organização Mundial da Saúde (OMS) reconheceu como distúrbio mental a dependência de games em algumas situações.[2]

Nesse contexto, o *bullying* tradicional também invadiu o mundo digital, sendo hoje, conhecido como *cyberbullying*.

Todos esses riscos de danos podem atingir diversas esferas da personalidade, tais como a honra, a imagem e a integridade física, psíquica e emocional do menor de maneira irreversível. Este trabalho se propõe a analisar, especificamente, o *cyberbullying*, modalidade de violência contemporânea capaz de gerar violar profundamente a esfera existencial de adolescentes. Nesse caso, os danos tendem a ser extensos, profundos e, muitas vezes, irreversíveis. Dentre eles, verifica-se insônia, perda do rendimento escolar, isolamento social, automutilação e, em casos extremos, suicídio, chamado de "bullycídio".

Adentrando mais afundo no tema, destaca-se a especial vulnerabilidade a que as adolescentes estão submetidas. Pesquisas têm mostrado, como será demonstrado no desenvolvimento deste trabalho, que, entre adolescentes, as meninas têm sido vítimas de *cyberbullying* em maior proporção, o que indica uma vulnerabilidade ainda maior se comparadas a dos meninos.

Dentre as respostas jurídicas, há medidas preventivas, inibitórias e ressarcitórias do dano sofrido pela vítima. Nesse aspecto, o problema que se coloca neste trabalho é se há adequação do regramento jurídico no que diz respeito à prevenção e à contenção de danos à esfera existencial nas relações humanas no mundo digital, com especial enfoque ao grupo feminino de adolescentes. A hipótese que se apresenta é que no âmbito jurídico, não se tem dedicado especial atenção à função preventiva da responsabilidade civil, relevando-se à resposta jurídica com maior ênfase à função reparatória.

Ressalta-se que este estudo tem relevância não apenas para os interessados na área jurídica, mas também para pais, educadores e cuidadores, pois quanto mais esforços envidados à prevenção e quanto antes os atos de *cyberbullying* forem identificados, assim como as medidas possíveis para a tentativa de reversão ou minimização dos danos, maior a chance de reduzir os impactos sobre a vítima.

Esta pesquisa se deu pela vertente jurídico-sociológica, desenvolvendo-se pelo método hipotético-dedutivo. Para tanto, primeiramente, buscar-se-á apresentar a compreensão do que é *cyberbullying* na legislação e na doutrina brasileira. Em segui-

---

1. OLIVEIRA, Cinthya; INÁCIO, Bruno. Reapariação da boneca Momo em vídeo acende alerta sobre controle do que as crianças veem na web. *Hoje em Dia*, Belo Horizonte, 19 mar. 2019. Disponível em: https://www.hojeemdia.com.br/horizontes/reaparia%C3%A7%C3%A3o-da-boneca-momo-em-v%C3%ADdeo-acende-alerta-sobre-controle-do-que-as-crian%C3%A7as-veem-na-web-1.701774. Acesso em: 20 mar. 2019; O'MALLEY, Katie. Desafio que induz jovens à automutilação se esconde em vídeos infantis, alertam escolas inglesas. *O Globo*, Rio de Janeiro, 27 fev. 2019. Disponível em: https://oglobo.globo.com/sociedade/desafio-que-induz-jovens-automutilacao-se-esconde-em-videos-infantis-alertam-escolas-inglesas-23486125. Acesso em: 20 mar. 2019.
2. WORLD HEALTH ORGANIZATION. *Gaming disorder*. Genebra, 14 Sept. 2018. Disponível em: https://www.who.int/features/qa/gaming-disorder/en/. Acesso em: 14 out. 2019.

da, no trabalho, expor-se-á uma compreensão do tema-problema a partir de dados estatísticos sobre o envolvimento de adolescentes no mundo digital, destacando-se a maior incidência de casos dentre as meninas. Na sequência serão apresentadas algumas situações reais envolvendo vítimas adolescentes do sexo feminino. Após, serão analisadas, sem pretensão de esgotar a extensão e a profundidade do assunto, as respostas jurídicas possíveis às situações de *cyberbullying*. Nas notas conclusivas, serão feitos apontamentos sobre a relevância de se ampliar e aprofundar a função preventiva da responsabilidade civil, utilizando-se de abordagem multidisciplinar e agregadora de diversos atores sociais.

2. O *CYBERBULLYING* – ESTATÍSTICAS E DANOS

O *bullying* transcende em muito a ideia de brincadeira ou mero aborrecimento da vida em sociedade, caracterizando-se como uma forma de violência grave que deve ser prevenida e repreendida. Trata-se de ações reiteradas e sistematizadas, dolosamente praticadas para intimidar, humilhar e causar dor à vítima.

Nesse sentido, a Lei 13.185/2015[3] (Lei Antibullying), instituiu o Programa Nacional de Combate ao *Bullying*. O art. 1º, § 1º, dessa Lei conceitua *bullying* como todo ato de violência física ou psicológica, intencional e repetitivo, independente de motivação evidente, praticado por indivíduo ou grupo, com a finalidade de intimida ou agredir, causando dor e angústia à vítima. O conceito legal ainda destaca a relação de desequilíbrio de poder entre as partes envolvidas. Além disso, refere-se ao ilícito como "intimidação sistemática". Nos termos do parágrafo único do art. 2º da Lei, quando a intimidação sistemática ocorre pelo uso dos instrumentos próprio da rede mundial de computadores, ocorre o *cyberbullying*.

É importante ressaltar que a Lei reconhece, expressamente, que o *bullying* virtual trata-se de uma violência, dispondo o art. 2º que a violência pode ser física ou psicológica.

O art. 3º apresenta, em rol exemplificativo, algumas classificações da intimação sistemática: verbal, moral, sexual, social, psicológica, física, material e virtual.

Tendo em vista o recorte metodológico deste trabalho, destaca-se o conteúdo do inciso VIII do art. 3º, que ao classificar o *bullying* virtual o define como "depreciar, enviar mensagens intrusivas da intimidade, enviar ou adulterar fotos e dados pessoais que resultem em sofrimento ou com o intuito de criar meios de constrangimento psicológico e social".

A doutrina, por sua vez, conceitua o *cyberbullying* como a forma de amedrontamento via comportamento, repetida ou com potencial de repetição, indesejado e agressivo – havida entre crianças e adolescentes – geralmente envolvendo desigualdade de poder, seja real ou percebida. O *Cyberbullying*, por sua vez, se manifesta pelo uso da tecnologia digital como meio de perpetração de tal esforço de amedrontamento, como, por exemplo,

---

3. BRASIL. Lei nº 13.185, de 06 de novembro de 2015. Institui o Programa de Combate à Intimidação Sistemática (*Bullying*). *Diário Oficial da União*, Brasília, 09 nov. 2015. Disponível em: http://www.planalto.gov.br/ccivil _03/_ato2015-2018/2015/lei/l13185.htm. Acesso em: 20 mar. 2019.

uso de telefones celulares, smartphones computadores, mídias sociais, mensagens de texto, *chats*, e sítios na *Internet*.[4]

Nota-se, pelo âmbito legal e doutrinário, que a intimidação sistemática, no seu formato tradicional ou digital, é sempre dolosa. O agressor sempre tem a intenção de causar dor ou constrangimento à vítima. Em outras palavras, não existe *cyberbullying* culposo. Além disso, é necessária, ainda, a reiteração dos atos no tempo, mesmo que se repita ora verbalmente, ora fisicamente ou por exclusão de grupo de *WhatsApp*, por exemplo.

O *cyberbullying* é o formato digital do *bullying*, quando esta forma de violência ocorre por meio das diversas possibilidades ofertadas pela *Internet*. Entretanto, trata-se de uma violência ainda mais perversa em decorrência das próprias características da *Internet* e das mídias sociais. Os danos acarretados à pessoa tendem a ser mais graves e, até irreversíveis.

Entre as características destacadas do *cyberbullying* está o anonimato, pois o agressor pode, utilizando-se de meio tecnológico, valer-se de apelidos ou *nicknames*, nomes falsos ou perfis falsos. Diferentemente do *bullying* tradicional, no qual a vítima identifica claramente seus ofensores, no *cyberbullying* a identificação é mais complexa, comprometendo a própria possibilidade de reação da vítima. A intimidação sistemática no meio digital é indelével, pois qualquer pessoa do convívio social da vítima pode, a qualquer momento, encontrar os registros da prática na *Internet*. Consequentemente, o *cyberbullying* acaba por não ter fronteiras espaciais, atingindo um número potencialmente maior de espectadores.[5]

Nota-se, então, que as peculiaridades do *cyberbullying* faz com que ele represente uma violência mais danosa e grave do que o *bullying* tradicional. A prática torna-se mais confortável, pela possibilidade de ser anônima e poder ser realizada em qualquer lugar e a qualquer momento. O controle de tais atos escapa dos esquemas sociais de repreensão a que estavam acostumadas as gerações passadas. Enquanto o *bullying* ocorria em ambientes sob domínio de um agente social, como a escola, por exemplo, o *cyberbullying* se dá em um ambiente cujo domínio tende a estar disperso entre diversos agentes, como *Facebook*, *sites*, grupos de *WhatsApp*, dentre outras possibilidades. A ingerência desses agentes nos atos de intimidação sistemática encontra obstáculo tanto no direito de liberdade, limitando-os a controlar o próprio conteúdo que é veiculado em seus domínios quanto, a princípio, pela própria finalidade de suas atividades.

Nesse sentido, até mesmo a responsabilização civil das entidades educacionais, como será tratado no tópico subsequente, resta comprometida. Muitas vezes, há incapacidade de ingerência dessas entidades nas ações e ambientes nos quais atuam os agressores, assim como a ausência de correlação direta entre elas e a violência praticada, fragilizando ou rompendo o nexo causal necessário para a responsabilização civil.

---

4. SYDOW, Spencer Toth; CASTRO, Ana Lara Camargo de. *Exposição pornográfica não consentida na internet*. Da pornografia de vingança ao lucro. Belo Horizonte: D´Plácido, 2019. p. 32.
5. SCHREIBER, Anderson. *Cyberbullying*: responsabilidade civil e efeitos na família. Carta Forense, São Paulo, 04 out. 2018. Disponível em: http://www.cartaforense.com.br/m/conteudo/colunas/cyberbullying-responsabilidade-civil-e-efeitos-na-familia/18295. Acesso em: 09 set. 2019.

Os danos causados pelo *cyberbullying* são extensos e profundos, englobando, mau rendimento e fobia escolar, alterações do sono, cefaleia, irritabilidade e isolamento social.[6] Em casos mais sérios, o suicídio, ou "bullycídio", pode ser o ato final da vítima, como vem sendo alertado por especialistas.[7]

A importância do tema deste trabalho, ainda, ganha notoriedade quando se verifica o crescimento do uso da *Internet* pelas crianças e adolescentes.

O "Relatório Mensurando o Desenvolvimento Digital: Fatos e Números"[8] da Organização das Nações Unidas (ONU), realizado em 2019, indica que mais da metade da população mundial, 53,6% (cinquenta e três vírgula seis por cento)[9], ou 4,1 bilhões de pessoas usam a *Internet*.[10] O estudo estimou que até o final do ano de 2019, 57% (cinquenta e sete por cento) das famílias em todo o mundo teriam acesso à internet em casa.

No caso do Brasil, o percentual de pessoas que usa a *Internet* também é expressivo. A pesquisa TIC Domicílios, publicada em 2019[11] e realizada pelo Comitê Gestor da Internet no Brasil, indica que em 2018 70% (setenta por cento) dos brasileiros usaram a *Internet* nos três meses que antecederam a pesquisa. Quanto às crianças e adolescentes,[12] a pesquisa TIC Kids, desenvolvida em 2017[13], estimou que um número bastante expressivo de crianças e adolescente entre 9 e 17 anos, 85% (oitenta e cinco por cento) era usuário

---

6. FERREIRA, Mysia; ROCHA, Valéria Loureiro; IBIAPINA, Cássio da Cunha. Por que precisamos falar sobre *bullying* e *cyberbullying*. *Revista Médica de Minas Gerais*, Belo Horizonte, v. 27, n. 3, p. S73-S76, 2017. Disponível em: http://rmmg.org/artigo/detalhes/ 2108. Acesso em: 13 set. 2019.
7. PORTELA, Graça. Cyberbullying e casos de suicídio aumentam entre jovens. *Agência Fiocruz de Notícias*, Rio de Janeiro, 24 fev. 2014. Disponível em: https://agencia.fiocruz.br/cyberbullying-e-casos-de-suic%C3%A Ddio-aumentam-entre-jovens. Acesso em: 10 out. 2019.
8. ESTUDO da ONU revela que mundo tem abismo digital de gênero. *ONU News*, 06 nov. 2019. Disponível em: https://news.un.org/pt/story/2019/11/1693711. Acesso em: 06 mar. 2020.
9. INTERNATIONAL TELECOMMUNICATION UNION. *Internet usage keeps growing, but barriers lie ahead*. 2019. Disponível em: https://itu.foleon.com/itu/measuring-digital-development/internet-use/. Acesso em: 10 mar. 2020. A União Internacional de Telecomunicações (UIT) é a agência da ONU especializada em tecnologias de informação e comunicação.
10. O relatório aponta desigualdades de uso da internet por gênero e região do mundo. O estudo indica que na maioria dos países do mundo, os homens têm mais acesso do que as mulheres às tecnologias digitais. Mais da metade da população feminina global, 52%, ainda não está usando a Internet, em comparação com 42% dos homens. Essa diferença de acesso por gênero foi identificada em todas as regiões do mundo, exceto nas Américas, que têm quase paridade. Quanto às diferenças regiões, observou-se que maioria dos desconectados vive nos países menos desenvolvidos, onde apenas 20% estão conectados à internet (ESTUDO da ONU revela que mundo tem abismo digital de gênero. *ONU News*, 06 nov. 2019. Disponível em: https://news.un.org/pt/story/2019/11/1693711. Acesso em: 06 mar. 2020). O relatório integral está disponível em: https://itu.foleon.com/itu/measuring-digital-development/offline-population/.
11. COMITÊ GESTOR DA INTERNET NO BRASIL. *TIC domicílios 2018 revela que 40,8 milhões de usuários de Internet utilizam aplicativos de táxi ou transporte*. São Paulo, 28 ago. 2019. Disponível em: https://cetic.br/noticia/tic-domicilios-2018-revela-que-40-8-milhoes-de-usuarios-de-internet-utilizam-aplicativos-de-taxi-ou-transporte/. Acesso em: 03 fev. 2020.
12. Segundo o relatório da pesquisa, "São considerados usuários de Internet as crianças e adolescentes de 9 a 17 anos que acessaram a rede ao menos uma vez nos três meses anteriores à realização da pesquisa" (COMITÊ GESTOR DA INTERNET NO BRASIL. *TIC domicílios 2018 revela que 40,8 milhões de usuários de Internet utilizam aplicativos de táxi ou transporte*. São Paulo, 28 ago. 2019. Disponível em: https://cetic.br/noticia/tic-domicilios-2018-revela-que-40-8-milhoes-de-usuarios-de-internet-utilizam-aplicativos-de-taxi-ou-transporte/. Acesso em: 03 fev. 2020. p. 123).
13. Segundo o relatório da pesquisa, "São considerados usuários de Internet as crianças e adolescentes de 9 a 17 anos que acessaram a rede ao menos uma vez nos três meses anteriores à realização da pesquisa" (COMITÊ GESTOR DA INTERNET NO BRASIL. *TIC domicílios 2018 revela que 40,8 milhões de usuários de Internet utilizam aplicativos de táxi ou transporte*. São Paulo, 28 ago. 2019. Disponível em: https://cetic.br/noticia/tic-domicilios-2018-revela-que-40-8-milhoes-de-usuarios-de-internet-utilizam-aplicativos-de-taxi-ou-transporte/. Acesso em: 03 fev. 2020. p. 69).

da *Internet* no País, representando, em números absolutos, 24,7 (vinte e quatro vírgula sete) milhões de indivíduos conectados.

Embora essa pesquisa tenha relatado disparidades regionais e socioeconômicas dos menores que são usuários da *Internet*, nota-se que o acesso e a interação das crianças e adolescentes de todas as classes sociais e regionais são significativos em todo o País. Em todos os grupos, o percentual de acesso é bem maior do que o percentual de não acesso.

Pesquisa realizada pelo Instituto IPSOS[14] em 2018, indica que o Brasil ficou em segundo lugar no ranking dos países com maior número de casos de *cyberbullying*, logo atrás da Índia, que teve índice de 37% (trinta e sete por cento) em 2018.

Todos esses dados espelham uma realidade que tende a crescer, pois a inserção do ser humano no mundo digital é um caminho certo e, ao que se pode sentir, irreversível, o que evidencia a relevância do tema discutido neste trabalho. A não ser que o Direito e a sociedade se sensibilizem para a importância de se adotarem medidas preventivas e para o caráter essencialmente multidisciplinar do assunto, os casos de *cyberbullying* poderão aumentar vertiginosamente e serem cada vez mais graves.

Especificamente quanto a meninas, os dados também mostram maior vulnerabilidade. A pesquisa TIC Kids 2017, já mencionada, aponta, dentre as experiências de discriminação testemunhadas por crianças e adolescentes na *Internet*, que 45% (quarenta e cinco por cento) das meninas relataram percepção nesse sentido, frente a 37% (trinta e sete por cento) dos meninos. Dentre os tipos de discriminação, aponta-se o fato de ser mulher, tendo a pesquisa, inclusive, indicado tendência de aumento nesse tipo de discriminação entre os anos de 2015 e 2016. A própria pesquisa destaca que, "em risco de contato, as meninas mostram maior preocupação do que foi estatisticamente esperado, dado encontrado em todos os anos e que não foi encontrado entre os meninos. Nota-se, ainda, que essa tendência aumenta a cada ano [...]"[15].

No site Safernet, a suscetibilidade das meninas na rede fica ainda mais evidente. As informações referentes aos anos de 2018 e 2019 quanto "ao número de atendimento por tópico da conversa" indicam que o grupo recorreu à Instituição por causa de *cyberbullying* em percentual maior do que o dos meninos. Em 2018, foram 276 casos envolvendo meninas e 131 envolvendo meninos; e em 2019, 210 a 131 casos. O tema de maior procura por ajuda da ONG foi a exposição de imagens íntimas, sendo, em 2018, 440 casos envolvendo meninas e 229, envolvendo meninos, e em 2019, 255 e 211, respectivamente.[16]

---

14. NEWALL, Mallory. *Cyberbullying*: a global advisor survey. Paris: IPSOS, 2018. Apresentação de pesquisa. Disponível em: https://www.ipsos.com/sites/default/files/ct/news/documents/2018-06/cyberbullying_june2018.pdf. Acesso em: 09 mar. 2020.
15. Segundo o relatório da pesquisa, "São considerados usuários de Internet as crianças e adolescentes de 9 a 17 anos que acessaram a rede ao menos uma vez nos três meses anteriores à realização da pesquisa" (COMITÊ GESTOR DA INTERNET NO BRASIL. *TIC domicílios 2018 revela que 40,8 milhões de usuários de Internet utilizam aplicativos de táxi ou transporte*. São Paulo, 28 ago. 2019. Disponível em: https://cetic.br/noticia/tic-domicilios-2018-revela-que-40-8-milhoes-de-usuarios-de-internet-utilizam-aplicativos-de-taxi-ou-transporte/. Acesso em: 03 fev. 2020. p. 88).
16. SAFERNET. *Indicadores helpline*. 2019. Disponível em: https://helpline.org.br/indicadores/. Acesso em: 03 fev. 2020.

Ainda que se possam questionar os fatores aptos a interferir na percepção da violência e na disposição para denunciá-la, sabe-se que no Brasil ainda se vive em um País sexista e com altos índices de violência contra a mulher, o que não tem escapado ao mundo virtual. Neste sentido, dois tipos penais foram inseridos na legislação brasileira em 2018. A Lei n.º 13.772, buscando reconhecer que a violação da intimidade da mulher por meio da *Internet* configura violência doméstica e familiar, criminalizou o registro não autorizado de conteúdo com cena de nudez ou ato sexual ou libidinoso de caráter íntimo e privado[17].

Por sua vez, a Lei n.º 13.718 de 2018[18] passou a punir a divulgação de cena de estupro ou (a divulgação de cena) de estupro de vulnerável, que faça apologia ou induza à sua prática, sem o consentimento da vítima, (a divulgação de cena) de sexo, nudez ou pornografia, por meio de qualquer meio eletrônico.

Pesquisas têm apontado para a seriedade do tema envolvendo mulheres e meninas. Segundo o Instituto Europeu para Igualdade de Gênero, estima-se que uma em cada dez mulheres já sofreu algum tipo de *cyber violence* desde os 15 anos. Assim, ao mesmo tempo em que a Internet rapidamente se tornou uma necessidade econômica e de bem estar, é preciso assegurar que esse espaço público digital seja seguro e de empoderamento, inclusive para mulheres e meninas.[19]

A doutrina já vem ressaltando a maior vulnerabilidade das mulheres no meio digital. Em casos de exposição pornográfica não consentida, por exemplo, a estigmatização feminina tem maior proporção, sendo as mulheres o maior alvo desse tipo de ilicitude, o que mostra que o mundo digital em tem revelado às mulheres como um meio adicional de prática de violências, inclusive com sérias ressonâncias na vida real.[20]

Já se afirmou também que

a violência de gênero *on-line* é simbólica, uma vez que é expressa por meio de linguagem, e sistêmica, por reproduzir relações de poder enraizadas na estrutura machista e patriarcal da sociedade. A violência simbólica sedimenta estereótipos e preconceitos, agindo como instrumento de dominação.[21]

---

17. BRASIL. Lei nº 13.772, de 19 de dezembro de 2018. Altera a Lei nº 11.340, de 7 de agosto de 2006 (Lei Maria da Penha), e o Decreto-Lei nº 2.848, de 7 de dezembro de 1940 (Código Penal), para reconhecer que a violação da intimidade da mulher configura violência doméstica e familiar e para criminalizar o registro não autorizado de conteúdo com cena de nudez ou ato sexual ou libidinoso de caráter íntimo e privado. *Diário Oficial da União*, Brasília, 20 dez. 2018. Disponível em: http://www.planalto.gov.br/ccivil_03/_Ato2015-2018/2018/Lei/L13772.htm. Acesso em: 03 jun. 2020.
18. BRASIL. Lei nº 13.718 de 24 de setembro de 2018. Altera o Decreto-Lei nº 2.848, de 7 de dezembro de 1940 (Código Penal), para tipificar os crimes de importunação sexual e de divulgação de cena de estupro, tornar pública incondicionada a natureza da ação penal dos crimes contra a liberdade sexual e dos crimes sexuais contra vulnerável, estabelecer causas de aumento de pena para esses crimes e definir como causas de aumento de pena o estupro coletivo e o estupro corretivo; e revoga dispositivo do Decreto-Lei nº 3.688, de 3 de outubro de 1941 (Lei das Contravenções Penais). *Diário Oficial da União*, Brasília, 25 set. 2018. Disponível em: http://www.planalto.gov.br/ccivil_03/_Ato2015-2018/2018/Lei/L13718.htm. Acesso em: 03 jun. 2020.
19. EUROPEAN INSTITUTE FOR GENDER EQUALITY. *Cyber violence against women and girls*. 2017. Disponível em: https://eige.europa.eu/publications/cyber-violence-against-women-and-girls. Acesso em: 03 maio 2020.
20. SYDOW, Spencer Toth; CASTRO, Ana Lara Camargo de. *Exposição pornográfica não consentida na internet*. Da pornografia de vingança ao lucro. Belo Horizonte: D'Plácido, 2019, p. 83-84.
21. MONTENEGRO, Luísa Martins Barros; ALVES, Luana Ferreira; SILVA, Amanda Calixto; SILVA, Larissa Gonçalves Mangabeira da. Meninas na rede: as percepções de meninas sobre a violência *on-line* de gênero. In: COMITÊ GESTOR DA INTERNET NO BRASIL. *Pesquisa sobre o uso da internet por crianças e adolescentes no Brasil*: TIC kids online Brasil 2017. São Paulo: Comitê Gestor da Internet no Brasil, 2018. p. 75.

A situação, portanto, é ainda mais grave quando o *cyberbullying* envolve meninas, notadamente, quando se trata de formas de explorar a sexualidade. Os casos verídicos relatados no tópico seguinte demonstram como as adolescentes podem ser atingidas de forma nefasta.

2.1. Para além dos dados

As relações sociais e afetivas percorrem novos modos. É comum entre os jovens a captação e o envio de *nudes*, que são imagens de pessoa nuas ou parcialmente nuas. Observa-se que "a exposição de corpos e a expressão da sexualidade por meio de vídeos e fotos produzidos de forma caseira vêm compondo as novas manifestações do ser humano e sendo incrementadas pela facilidade do acesso a câmeras e redes de internet"[22]. Essas manifestações não são restritas aos adolescentes, ocorrendo também entre adultos. Considerando-se o especial estágio da vida em que crianças e adolescentes, se encontram, pode-se cogitar que há uma maior gravidade consequencial quando essas situações escapam aos limites de consentimento delas.

Mesmo que se possa afirmar que essa prática compõe a autonomia privada de adolescentes e representa uma nova forma de manifestação sexual, é preciso se atentar para os riscos aos direitos da personalidade desses indivíduos. Muitas vezes, situações que se iniciam com o consentimento de adolescentes, acabam com a divulgação não autorizada de imagens íntimas, as quais acabam viralizando na *Internet*. Algumas tragédias reais podem, para além dos dados estatísticos apontados no tópico anterior, ilustrar a gravidade do que está sendo destacado neste trabalho.

Em 2013, três casos no Brasil, com o mesmo formato inicial de ilícito, a divulgação não consentida de imagens íntimas, e o mesmo desfecho trágico, o suicídio, ganharam repercussão nacional.

Em outubro daquele ano, uma jovem de 19 anos, em Goiânia, teve fotos e vídeos íntimos divulgados pelo ex-namorado nas redes sociais, cujas imagens viralizaram na rede. A vítima passou a ser recriminada virtualmente, por meio de comentários agressivos, deixou o emprego, mudou a aparência na tentativa de se livrar da exposição, entretanto acabou por tirar a própria vida. Em novembro do mesmo ano, o fato se repetiu com duas jovens de 16 e 17 anos, em Piauí e no Rio Grande do Sul.[23] Em 2017 uma jovem que já sofria *bullying* na escola, em Mato Grosso do Sul, cometeu suicídio após ser ameaçada de ter suas imagens íntimas divulgadas por um jovem com o qual havia se relacionado sexualmente. No caso, as imagens do suicídio também viralizaram nas redes.[24]

---

22. TEFFÉ, Chiara Spadaccini de. Exposição não consentida de imagens íntimas: como o direito pode proteger as mulheres? In: ROSENVALD, Nelson; DRESH, Rafael de Freitas Valle; WESENDONCK, Tula (Coords.). *Responsabilidade civil*: novos riscos. Indaiatuba: Foco, 2019. p. 92.
23. PORTELA, Graça. *Cyberbullying* e casos de suicídio aumentam entre jovens. *Agência Fiocruz de Notícias*, Rio de Janeiro, 24 fev. 2014. Disponível em: https://agencia.fiocruz.br/cyberbullying-e-casos-de-suic%C3%ADdio-aumentam-entre-jovens. Acesso em: 10 out. 2019.
24. ADOLESCENTE se mata após ameaça de publicação de fotos íntimas e imagens do suicídio são vazadas. *BOL Notícias*, São Paulo, 17 nov. 2017. Disponível em: https://www.bol.uol.com.br/noticias/2017/11/17/adolescente-se-mata-apos-ameaca-de-publicacao-de-fotos-intimas-e-imagens-do-suicidio-sao-vazadas.htm. Acesso em: 08 jun. 2020.

No relatório intitulado *The State of the World´s Children* 2017 – *Children in a Digital World*, da UNICEF, a Instituição apresenta preocupação com os casos envolvendo situações semelhantes. Como exemplo, relata-se a triste história de uma adolescente canadense de 13 anos que também retirou a própria vida após sofrer *cyberbullying*.

Amanda conheceu um homem pela *Internet* que a convenceu de fazer imagens sensuais por vídeos. As imagens foram gravadas e, após não ceder a chantagens, o homem as encaminhou por meio digital aos amigos da garota. Nos dois anos seguintes, ela foi alvo de *bullying* e *cyberbullying* pelos amigos e colegas, sendo assediada psicológica e, até, fisicamente. Ela se mudou de escola e cidades várias vezes, mas não conseguiu se livrar do tormento, pois a perseguição sistemática continuou por meio das redes digitais. Após, um quadro depressivo, uso de drogas e álcool, começou a se isolar e se automutilar. Dois anos depois, cometeu suicídio.[25]

Os relatos acima pretendem reforçam a gravidade do tema. Pelo modo em que os todos os fatos ocorreram, envolvendo jovens, sexualidade feminina e uso da Internet, é intuitivo pensar que a tendência é que se repliquem cada vez mais já que a socialização pelas redes digitais é cada vez maior.

Este trabalho não pretende recriminar os formatos e modos de relações que envolvem jovens e até adultos no mundo digital. Ao contrário, busca-se perquirir quais as respostas jurídicas na esfera cível são apresentadas para as situações que escapam aos limites autorizados pelas partes. Busca-se também verificar se essas ações são suficientes para responder a uma violação tão grave a direitos existenciais, especialmente, por envolver seres em peculiar situação de desenvolvimento, como o são as crianças e adolescentes.

É importante esclarecer ao leitor que há diferenças importantes entre o *cyberbullying* e a exposição não consentida de imagens íntimas. Esta não tem, necessariamente, o objetivo específico de humilhar, intimidar ou discriminar, nem tem como característica a repetição. O *cyberbullying* além de acontecer de forma sistemática e reiterada, pode se desenvolver de diversas formas, sem que envolva atos direcionados à sexualidade da vítima. No caso de meninas, recorte deste estudo, por exemplo, pode haver intimidação em razão da religião ou de caraterísticas físicas. A divulgação não consentida de imagens íntimas tem motivação evidente, diferentemente do *cyberbullying*, que pode ocorrer por razões de vingança, o que é conhecido como *revenge porn*, ou até como forma de extorsão para obter vantagens indevidas da vítima.

A relação que ora se faz entre a exposição não consentida de imagens íntimas e o *cyberbullying* está no fato de que, em geral, divulgados ilicitamente fotos ou vídeos íntimos sem consentimento, inicia-se a intimidação sistemática. A vítima, inicialmente de exposição íntima, torna-se novamente vítima de um grupo que passa a reiteradamente, exercer violência psíquica ou física sobre ela, em decorrência do primeiro ilícito. Em grande parte dos casos, a vítima é do sexo feminino, frise-se.

---

25. UNICEF. *The state of the world´s children 2017*: children in a digital world. New York: UNICEF, 2017. p. 74-76. Disponível em: https://read.un-ilibrary.org/children-and-youth/the-state-of-the-world-s-children-2017_d2148af5-en#page82. Acesso em: 10 mar. 2020.

Em recente decisão, o Superior Tribunal de Justiça entendeu que a exposição pornográfica não consentida "constitui uma grave lesão aos direitos da personalidade da pessoa exposta indevidamente, além de configurar uma grave forma de violência de gênero que deve ser combatida de forma contundente pelos meios jurídicos disponíveis"[26].

Assim, devidamente esclarecida a atualidade e gravidade do *cyberbullying* envolvendo meninas, passa-se a perquirir as possibilidades de proteção jurídica no âmbito do Direito Civil.

3. ESFERA CÍVEL E RESPOSTAS JURÍDICAS POSSÍVEIS AO *CYBERBULLYING*

Observam-se no Direito brasileiro disposições que buscam especificamente prevenção do *bullying* e, consequentemente, do *cyberbullying*. Quando o ilícito já se instalou, algumas medidas previstas no Marco Civil da *Internet* podem contribuir para contenção do ato e minimizar os danos. Somada a elas, a responsabilidade civil também pode ser utilizada para compensar os danos experimentados pela vítima.

3.1. Legislação específica voltada ao *bullying* e *cyberbullying*

Recentemente, algumas leis brasileiras trataram especificamente o tema.

Em 2015, conforme mencionado, foi publicada a Lei n.º 13.185, Lei Antibullying, que instituiu o Programa Nacional de Combate ao *Bullying*. Além de estabelecer o conceito e as diretrizes para a caracterização do *bullying* e do *cyberbullying*, o que mais se destaca nela é o caráter preventivo. O art. 5º dispõe que "é dever do estabelecimento de ensino, dos clubes e das agremiações recreativas assegurar medidas de conscientização, prevenção, diagnose e combate à violência e à intimidação sistemática (*bullying*)". O art. 6º determina que "serão produzidos e publicados relatórios bimestrais das ocorrências de intimidação sistemática (*bullying*) nos Estados e Municípios para planejamento das ações".

Essa Lei tem o mérito de estabelecer a prevenção como medida de combate à violência. Nota-se que é estabelecida uma diretriz para as instituições que, por suas finalidades, agregam crianças e adolescentes a qual seja consistente na elaboração de medidas preventivas e combate ao *bullying*. Entretanto, por estar desprovida de uma sanção para a não observação da diretriz, a observação da Lei dependerá exclusivamente de motivações internas da instituição para o cumprimento.

Em 2016, a Lei n.º 13.277/2016 instituiu o dia 7 de abril como Dia Nacional de Combate ao *Bullying* e à Violência na Escola. A motivação da Lei foi a forte repercussão do conhecido Massacre de Realengo, no Rio de Janeiro. No triste episódio, 12 crianças foram assassinadas a tiros por um ex-aluno de 23 anos, havendo fortes indícios de que a motivação do crime tinha conexão com o enfrentamento na infância de situações de

---

26. BRASIL. Superior Tribunal de Justiça. Recurso Especial nº 1.735.712/SP. 3. T. Relª. Minª. Nancy Andrighi, j. 19/05/2020. *Diário de Justiça Eletrônico*, Brasília, 27 maio 2020. Disponível em: https://ww2.stj.jus.br/proc esso/revista/documento/mediado/?componente=ITA&sequencial=1905903&num_registro=201800428994&data=20200527&formato=PDF. Acesso em: 09 jun. 2020.

bullying pelo atirador.[27] A instituição da data fomenta a concentração de esforços pelo Estado e pela sociedade para o debate sobre essa violência e o combate a ela.

Na mesma linha que a Lei de Antibullying, em 2018, foi publicada a Lei n.º 13.663, que acrescentou os incisos IX e X ao art. 12 da Lei n.º 9.394 de 1996 (Lei de Diretrizes e Bases da Educação Nacional). Inseriu-se, dentre as incumbências das instituições de ensino a promoção de medidas de conscientização, prevenção e combate de todas as formas de intimidação sistemática, assim como o estabelecimento de ações destinadas a promover a cultura de paz nas escolas.

Certamente, a prevenção é a medida que deve ser priorizada, pois, uma vez efetivado o dano de caráter existencial, é impossível a efetivação ao *status quo ante*, perdendo-se completamente as possibilidades jurídicas em prol da vítima quando o fato culmina no suicídio. Entretanto, não se olvida que, iniciado o ato de *cyberbullying* e efetivado qualquer dano à vítima, as medidas repressivas são importantes instrumentos na proteção da dignidade da vítima.

3.2. Contenção do ilícito

Identificados atos de *cyberbullying*, é importante que medidas jurídicas sejam rapidamente efetivadas para minimizar os danos. Como ressaltado, dificilmente será possível paralisar definitivamente os atos, uma vez que a fluidez e a dispersão do ambiente virtual possibilitam que os atos e imagens sejam registrados por qualquer espectador, podendo ressurgir a qualquer momento na vida da vítima.

Neste sentido, o Marco Civil da Internet, Lei n.º 12.965 de 2014, contém importante instrumento que permite a remoção do conteúdo ilícito da *Internet*. Nota-se que essa Lei buscou trazer disposições que equilibrassem, na medida do possível, o direito à liberdade de expressão e a contenção de danos individuais, preocupando-se, ainda, com o impedimento da censura.

Se o ato de *cyberbullying* envolver a postagem de mensagens ou imagens, poderá a vítima, com fundamento no art. 19 do Marco Civil da *Internet*, ajuizar ação em face do provedor de *Internet* para que lhe seja determinado, no âmbito e nos limites técnicos do seu serviço e dentro do prazo fixado, tornar indisponível o conteúdo danoso. Para tanto, o demandante deve, nos termos do §1º daquele artigo, identificar, de forma clara e específica, o conteúdo apontado como infringente, de maneira a permitir por parte do provedor de Internet a localização inequívoca do material.

Depreende-se do *caput* do art. 19 que o provedor de Internet somente será responsabilizado civilmente pelo conteúdo danoso se, primeiramente, a vítima indicar inequivocamente o conteúdo, listando, assim, os URLs. Em segundo lugar, se a determinação judicial para a retirada do conteúdo não for realizada no prazo determinado.

No caso de atos de *cyberbullying* que envolva a sexualidade da vítima, importante medida está contida no art. 21 do Marco Civil da *Internet*. Quando o ato envolver a

---

27. CRIADO por lei o Dia Nacional de Combate ao Bullying. *Agência Senado*, Brasília, 02 maio 2016. Disponível em: https://www12.senado.leg.br/noticias/materias/2016/05/02/criado-por-lei-o-dia-nacional-de-combate-ao-*bullying*. Acesso em: 03 fev. 2020.

divulgação de imagens ou outros materiais contendo cenas de nudez ou de atos sexuais de caráter privado, sem o consentimento da vítima, o ofendido poderá buscar a solução diretamente e com mais celeridade junto ao provedor de *Internet*. Nessa hipótese, este poderá ser acionado por notificação extrajudicial para que retire o conteúdo danoso. Da mesma forma, deverá a vítima indicar de maneira específica o material apontado como violador da intimidade, possibilitando ao provedor a identificação da legitimidade tanto para a apresentação do pedido quanto para proceder à retirada do conteúdo.

A determinação legal para que sejam indicados os URLs, embora seja justificável pela necessidade de possibilidade de localização inequívoca do material, acaba por não oferecer uma proteção efetiva à vítima. Geralmente, as informações se multiplicam rapidamente, sendo inseridas em URLs diversos dos que se encontravam na rede mundial de computadores no momento do pedido de retirada do conteúdo.[28]

A possibilidade de apresentar o pedido de retirada das imagens de cunho íntimo diretamente ao provedor reflete o reconhecimento do legislador da gravidade da violação, o que demanda a adoção de medidas mais céleres por parte do provedor. Dessa forma, nos termos do *caput* do art. 21, o provedor será responsabilizado subsidiariamente pela violação se não promover, de forma diligente, de acordo com seus limites técnicos, a indisponibilidade do conteúdo.

Interessante decisão do Superior Tribunal de Justiça[29] ilustra a saga com a qual uma vítima pode se deparar para expurgar do mundo virtual imagens íntimas divulgadas sem seu consentimento.

Uma adolescente teve o celular furtado por uma colega de escola que divulgou um vídeo de conteúdo íntimo de caráter sexual que estava armazenado no aparelho. O representante do Ministério Público ajuizou ação de obrigação de fazer com pedido de tutela antecipada para a defesa da adolescente visando que o site hospedeiro providenciasse a imediata exclusão do vídeo e para que a Google retirasse dos resultados de busca o localizador URL.

Deferida a tutela antecipada, a ordem judicial foi cumprida. Entretanto, o vídeo foi, posteriormente, republicado sob um localizador URL diferente do indicado na inicial. A instância ordinária entendeu que a ordem teria sido descumprida pelo provedor e pela Google. Entretanto, o Superior Tribunal de Justiça reformou a decisão sob o entendimento de que, por se tratar de URL diverso do indicado no primeiro pedido de tutela antecipada, não houve descumprimento da ordem judicial. Ressaltou-se, quanto à Google, que "a recorrente não pode ser obrigada a monitorar previamente o resultado das pesquisas, de forma a bloquear de modo prévio os *links* que conduzam ao conteúdo infringente".[30]

---

28. LONGHI, João Victor Rozatti. Marco Civil da Internet no Brasil: breves considerações sobre seus fundamentos, princípios e análise crítica do regime de responsabilidade civil dos provedores. *In*: MARTINS, Guilherme Magalhães; LONGHI, João Victor Rozatti (Coords.). *Direito digital*: direito privado e internet. 2. ed. Indaiatuba: Foco, 2019, p. 138.
29. BRASIL. Superior Tribunal de Justiça. Recurso Especial nº 1.679.465/SP. 3. T. Relª. Minª. Nancy Andrighi, j. 13/03/2018. *Diário de Justiça Eletrônico*, Brasília, 19 mar. 2018. Disponível em: https://ww2.stj.jus.br/processo/revista/documento/mediado/?componente=IT A&sequencial=1685789&num_registro=201602042165&data=20180319&formato=PDF. Acesso em: 09 jun. 2020.
30. BRASIL. Superior Tribunal de Justiça. Recurso Especial nº 1.679.465/SP. 3. T. Relª. Minª. Nancy Andrighi, j. 13/03/2018. *Diário de Justiça Eletrônico*, Brasília, 19 mar. 2018. Disponível em: https://ww2.stj.

Além da possibilidade de o conteúdo ser reinserido na *Internet*, por um novo URL, após a ordem judicial, o caso ainda destaca a dificuldade que a vítima pode encontrar quando o *site*, no qual o conteúdo é armazenado foi mantido por empresa sediada no estrangeiro, fazendo-se necessária a expedição de carta rogatória para a intimação para o cumprimento da ordem judicial.

O caso denota questão relevante que envolve a ponderação do exercício da liberdade na *Internet* e os direitos individuais. Foge ao escopo deste trabalho esse importante debate, mas o ponto é ora aludido para se reiterar como o dano no caso do *cyberbullying* tende a ser indelével e como se trata de uma violência ainda mais nefasta do que o *bullying* tradicional. Muitas vezes, as medidas jurídicas disponíveis e o próprio estágio de desenvolvimento tecnológico ainda não oferecem medidas eficazes. Enfim, infelizmente, o controle da reinserção das imagens íntimas na *Internet* se encerra nas mãos de quem divulga e recebe o conteúdo e não nas mãos das empresas responsáveis pelas redes sociais ou aplicativos. Assim, é urgente a conscientização das pessoas para que não divulguem nem compartilhem conteúdos íntimos de terceiros na *Internet*.[31]

Chiara de Teffé apresenta advertência quanto às medidas a serem tomadas pela vítima. É importante que esta preserve todas as imagens e publicações recebidas, inclusive por meio de *"prints"*, de tudo que foi divulgado, registrando cada URL específico e a data de acesso ao conteúdo. Recomenda-se, ainda, que seja lavrado um Boletim de Ocorrência na Delegacia de Polícia e a lavratura de ata notarial por instrumento público pela qual o tabelião constate fielmente os fatos, pessoas e situações para comprovar a sua existência e estado.[32]

A análise dos arts. 20 e 21 do Marco Civil da *Internet* demonstra que o Direito brasileiro está buscando se adequar às novas possibilidades de danos na era digital. Entretanto, a prática indica que o caminho para a proteção dos direitos da personalidade ainda é árduo e tortuoso.

É importante destacar que a referida Lei tem o mérito de reconhecer, expressamente, no art. 26 a relevância da capacitação e práticas educacionais voltadas para o uso seguro, consciente e responsável da *Internet*.

3.3. A compensação pecuniária e a limitação intrínseca aos danos de natureza extrapatrimonial

A violação aos direitos da personalidade por atos de *cyberbullying* acarreta o dever de indenizar. Trata-se de um momento pós dano, ou seja, não sendo efetiva a etapa preventiva

---

jus.br/processo/revista/documento/mediado/?componente=IT A&sequencial=1685789&num_registro=201602042165&data=20180319&formato=PDF. Acesso em: 09 jun. 2020.

31. TEFFÉ, Chiara Spadaccini de. Exposição não consentida de imagens íntimas: como o direito pode proteger as mulheres? In: ROSENVALD, Nelson; DRESH, Rafael de Freitas Valle; WESENDONCK, Tula (Coords.). *Responsabilidade civil*: novos riscos. Indaiatuba: Foco, 2019, p. 108.
32. TEFFÉ, Chiara Spadaccini de. Exposição não consentida de imagens íntimas: como o direito pode proteger as mulheres? In: ROSENVALD, Nelson; DRESH, Rafael de Freitas Valle; WESENDONCK, Tula (Coords.). *Responsabilidade civil*: novos riscos. Indaiatuba: Foco, 2019, p. 100.

e implementada a agressão ao plano existencial da pessoa, a principal resposta jurídica cabível é encontrada na responsabilidade civil, especificamente, na função compensatória.

Considerando os atos de *cyberbullying* que envolvem crianças e adolescentes, nos termos do art. 927, inciso I, do Código Civil, são responsáveis pela reparação os pais pelos atos dos filhos menores que estiverem sob sua autoridade. Observa-se, com arrimo na doutrina, que a reponsabilidade do menor é subsidiária a dos pais, estando condicionada à ausência de condições econômicas de seu responsável em arcar com o dano.[33]

Outra solução frequentemente buscada é a responsabilização da instituição de ensino. Na hipótese do *bullying* tradicional que ocorre dentro dos muros da escola, o nexo causal entre a atividade desempenhada pela instituição de ensino e as condutas caracterizadas como intimidação sistemática é facilmente visualizado.

As escolas são responsáveis por coibir tais práticas, tendo o dever de observação e zelo que não se limita à sala de aula, englobando cuidados com os intervalos.[34] Assim, com base no dever de guarda das instituições de ensino estabelecido no inciso IV do art. 932 do Código Civil e no art. 14 do Código de Defesa do Consumidor, que impõe a Teoria Objetiva a prestadores de serviços, doutrina e tribunais convergem para a responsabilização das instituições de ensino.

Entretanto, quando se trata de danos decorrentes de *cyberbullying*, a possibilidade de responsabilizar uma instituição de ensino é fortemente fragilizada pelo próprio ambiente em que os atos são perpetrados, redes sociais, páginas, grupos de *WhatsApp*. A socialização ou veiculação de atos nesses ambientes virtuais, não apresenta conexão necessária com ações ou omissões da instituição de ensino. Muitas vezes, nem mesmo é possível identificar se o ambiente virtual foi acessado nas dependências da instituição, o que, por si só, já não configuraria omissão da escola.

Situação diferente ocorre quando a própria instituição ou um de seus professores propõe a criação de um grupo de *WhatsApp* ou outra forma de interação dos alunos por redes sociais em função de atividades escolares, por exemplo. Nesse caso, a iniciativa acaba atraindo para a instituição o dever de zelar pela integridade psíquica e emocional dos participantes, pois se terá uma extensão da instituição educacional no ambiente digital. Ademais, geralmente, nessas situações, um membro da instituição participa da socialização como moderador.

Reflexão válida sobre a responsabilização das instituições de ensino por atos de *bullying* ou *cyberbullying*, é apresentada por Anderson Schreiber. Nas palavras do autor, "condenar a escola ao pagamento de uma soma de dinheiro pode privá-la de recursos que poderiam ser empregados de outra forma, até mais eficiente, como em campanhas de educação sobre a atuação dos alunos no ambiente virtual"[35].

---

33. FARIAS, Cristiano; BRAGA NETTO, Felipe Peixoto; ROSENVALD, Nelson. *Novo tratado de responsabilidade civil*. 2. ed. São Paulo: Saraiva, 2017. p. 614.
34. FARIAS, Cristiano; BRAGA NETTO, Felipe Peixoto; ROSENVALD, Nelson. *Op. cit.*, p. 632.
35. SCHREIBER, Anderson. *Cyberbullying*: responsabilidade civil e efeitos na família. Carta Forense, São Paulo, 04 out. 2018. Disponível em: http://www.cartaforense.com.br/m/conteudo/colunas/cyberbullying-responsabilidade-civil-e-efeitos-na-familia/18295. Acesso em: 09 set. 2019.

De toda forma, sem desmerecer a importância da reparação civil dos danos causados por *cyberbullying*, não se pode olvidar de que, a violência praticada por meio da exposição não consentida de imagens de adolescentes é tão nefasta que qualquer quantia pecuniária não será capaz de reverter o dano. É possível afirmar, com reforço da doutrina, que certas consequências lesivas não admitem plena reconstituição, como nas hipóteses de danos morais, estéticos e psíquicos, mediante afrontas tão graves à dignidade, que não permitirão à vítima retornar ao estado em que se achava antes de sofrê-lo.[36]

A responsabilidade civil tem papel valioso na proteção de crianças e adolescentes em suas interações com o mundo virtual. Pode-se pensar, ainda, na possibilidade de condenar o ofensor a arcar com as despesas médicas, como, por exemplo, com o tratamento dos danos psíquicos causados pelo *cyberbullying*. Mas não pode se limitar à impossível missão de compensar os danos da vítima.

De fato, os danos extrapatrimoniais causados por *cyberbullying* não podem ser integralmente reparados. Com acerto, já se afirmou que a reparação *in natura* ganha importante destaque em caso de danos extrapatrimoniais. Embora não tenha por objetivo restaurar absolutamente o bem violado, reintegrando o patrimônio moral do sujeito às condições anteriores à lesão, o intermédio de técnicas outras que não a solução pecuniária busca recompor o bem jurídico lesado, até onde as circunstâncias concretas o permitam. Possibilita, ainda, mitigar os efeitos danosos da prática ilícita sobre o direito da personalidade lesionado.[37]

Entretanto, a responsabilidade civil é muito mais ampla do que sua função reparatória, que se concentra, como já mencionado, no momento pós-dano. Nesse sentido, Nelson Rosenvald afirma que todas as perspectivas de proteção efetiva de direitos merecem destaque, em um sincretismo jurídico capaz de combinar as funções basilares da responsabilidade civil, a punição, a precaução e a compensação. Por isso, o autor defende que não se pode reduzir a complexidade do modelo aquiliano a uma função exclusiva e unitária. Assim

> cada uma das funções da responsabilidade civil persegue uma necessidade de segurança. Pode-se dizer que a função reparatória objetiva uma segurança nos termos tradicionais de 'certeza' do direito como um importante garantia de uma compensação. A outro turno, a segurança que se prende às funções preventiva e punitiva é uma segurança social, na linha do princípio da solidariedade, objetivando a transformação social pela via constitucional da remoção de obstáculos de ordem econômica e social que limitam de fato a liberdade e a igualdade dos cidadãos, impedindo o pleno desenvolvimento da pessoa humana.[38]

---

36. GODINHO, Adriano Marteleto; DRUMOND, Marcela Maia de Andrade. Autoridade parental: a autonomia dos filhos menores e a responsabilidade dos pais pela prática de *cyberbullying*. In: TEIXEIRA, Ana Carolina Brochado; DADALTO, Luciana (Orgs.). *Autoridade parental*: dilemas e desafios contemporâneos. Indaiatuba: Foco, 2019. p. 181.
37. DANTAS BISNETO, Cícero. *A reparação adequada de danos extrapatrimoniais individuais*: alcance e limites das formas não pecuniárias de reparação. 2018. Dissertação (Mestrado em Direito) – Universidade Federal da Bahia, Salvador, 2018. p. 129. Disponível em: https://repositorio.ufba.br/ri/bitstream/ri/28690/1/C%c3%8dCERO%20DANTAS%20BISNETO.pdf. Acesso em: 20 mar. 2020.
38. ROSENVALD, Nelson. *As funções da responsabilidade civil*: a reparação e a pena civil. 3. ed. São Paulo: Saraiva, 2017. Ainda na doutrina nacional, Thaís Goveia Pascoaloto Venturi também advoga a tese da refundação da responsabilidade civil para destacar sua função preventiva: VENTURI, Thaís Goveia Pascoaloto. *A função preventiva da responsabilidade civil*. São Paulo: Malheiros, 2014.

Por essa razão, Rosenvald defende que não se pode amesquinhar o Direito Civil ao escopo reintegratório, sem capacidade de atuar no ponto de vista preventivo, o que implicaria renúncia à efetividade, sobremaneira no que diz respeito à violação a direitos da personalidade e a atentados a direitos difusos e coletivos.[39]

Nessa linha de intelecção, para a proteção dos direitos da personalidade de crianças e adolescentes em suas interações por meio da *Internet*, especialmente, no que concerne a risco de danos decorrentes de *cyberbullying*, é preciso urgentemente que a doutrina amplie o debate sobre responsabilidade civil para incluir nele, de forma mais efetiva, a função preventiva.

Este trabalho busca ressaltar a função preventiva da responsabilidade, entretanto, propõe que o debate não se restrinja apenas às concepções de sanção e pena civil. É importante esclarecer que, não se coaduna com a utilização furtiva dos *punitive damages* na quantificação do dano moral decorrente de atos de *cyberbullying*. É imprescindível reconhecer a necessidade de legislação específica para se cogitar a aplicação de indenização punitiva. Caso contrário, com as lições de Antônio Junqueira de Azevedo, tal situação representa, na verdade, um mau Direito.[40]

É indispensável que se cogite agregar à função preventiva da responsabilidade civil concepções dissuasoras que também passem pela conscientização, educação digital, o que certamente exige uma abordagem multidisciplinar. A situação de vulnerabilidade digital do grupo feminino de adolescentes destacado neste trabalho ainda demonstra a importância de se reforçarem as medidas anti-sexistas, seja no âmbito legal, seja no âmbito educacional.

Felizmente, já se avista o despertar doutrinário para uma perspectiva multidisciplinar tendo em vista a realização de um verdadeiro combate à prática do *bullying* e do *cyberbullying*. Nesse sentido, os métodos não adversariais de solução de conflitos aparecem como uma opção eficiente, possibilitando, por meio de um real envolvimento da família, da escola e de toda a sociedade civil uma efetiva e sustentável solução do problema.[41]

No Direito estrangeiro é possível encontrar enfoques que passam pelo combate do *bullying* por meio de programas educacionais inseridos nas escolas, como vem ocorrendo com sucesso na Finlândia. O programa chamado *Kiva* baseia-se na conscientização dos alunos, utiliza meios educativos e didáticos, inserindo ainda uma espécie de disque denúncia, que, possibilita abordar os casos de *bullying* tão logo iniciem os atos de violência.[42]

É possível, assim, reafirmar a importância da responsabilidade civil no amparo às vítimas de *cyberbullying*, mas é preciso ampliar as perspectivas e possibilidades no que

---

39. ROSENVALD, Nelson. *As funções da responsabilidade civil*: a reparação e a pena civil. 3. ed. São Paulo: Saraiva, 2017. p. 46.
40. AZEVEDO, Antônio Junqueira de. *Por uma nova categoria de danos na responsabilidade civil*: o dano social. Novos estudos e pareceres de direito privado. São Paulo: Saraiva, 2009. p. 378.
41. MULTEDO, Renata Vilela. Desafios da responsabilidade civil nas relações familiares: redes sociais e os métodos adequados de solução de conflitos. *Revista IBERC*, Belo Horizonte, v. 2, n. 2, p. 1-35, maio/ago. 2019. p. 25.
42. CARVALHO, Lélia Júlia; MOREIRA, Denise Bastos; TELES, Claudia Alves. Políticas Públicas de combate ao *bullying* no âmbito escolar: estratégias de enfrentamento no Brasil, Estados Unidos, Finlândia, Espanha e Portugal. *Revista Projeção, Direito e Sociedade*, Brasília, v. 8, n. 2, p. 34-45, 2017. p. 41. Disponível em: http://revista.faculdadeprojecao.edu.br/index.php/Projecao2/article/view/932. Acesso em: 10 out. 2019.

diz respeito à essa responsabilidade, ainda mais quando se verifica a situação peculiar de vulnerabilidade de meninas no mundo digital. Para tanto, não se pode descurar do diálogo com outras disciplinas, como com a Psicologia, a Pedagogia, ganhando, ainda, importante destaque a implementação de programas de educação digital e metodologias de governança ética.[43] É imprescindível, ainda, o envolvimento do Estado, sociedade, família e dos diversos agentes digitais no combate à violência contra o sexo feminino que, hoje se estende para a esfera digital.

4. NOTAS CONCLUSIVAS

A sociedade contemporânea está cada vez mais inserida no mundo digital, sendo a interação social, pelos diversos formatos digitais disponíveis, uma tendência, em princípio, sem retorno. Crianças e adolescentes, como demonstram dados estatísticos, também participam ativamente desse mundo digital, para atividades escolares, lazer ou convívio social. Mas, paralelamente aos benefícios ofertados pela *Internet*, vislumbram-se riscos de danos graves aos direitos da personalidade desse grupo, destacadamente, o *cyberbullying*. Nesse contexto, o grupo feminino apresenta maior vulnerabilidade quando a intimidação sistemática passa pela manipulação de imagens íntimas, demonstrando que a violência de gênero se estendeu para além do mundo físico, como indicam os dados estatísticos.

O Sistema Jurídico brasileiro dispõe de medidas preventivas, inibitórias e ressarcitórias para a proteção das adolescentes nos casos de *cyberbullying*. Apesar da relevância da função reparatória, por se tratar de uma atuação jurídica pós-dano, é preciso agregar maior enfoque e efetividade à esfera preventiva. Entretanto, as medidas preventivas ainda são tímidas e incipientes. Faz-se urgente que a função preventiva da responsabilidade civil ganhe a devida atenção dos estudiosos do Direito e do legislador.

A função preventiva deve ser analisada para além da concepção sancionatória, buscando-se explorar possibilidades que passem pela educação digital e políticas de governança digital. O tema impõe enfoque multidisciplinar e envolvimento de diversos atores. Devem ser incluídos, no debate e na atuação, a família, as instituições de ensino, o Estado e os diversos agentes digitais, tais como, empresas responsáveis por plataformas e aplicativos digitas, não se podendo descurar do importante debate sobre a violência de gênero, que fica clara nos casos de *cyberbullying* envolvendo adolescentes do sexo feminino.

REFERÊNCIAS

ADOLESCENTE se mata após ameaça de publicação de fotos íntimas e imagens do suicídio são vazadas. *BOL Notícias*, São Paulo, 17 nov. 2017. Disponível em: https://www.bol.uol.co m.br/noticias/2017/11/17/adolescente-se-mata-apos-ameaca-de-publicacao-de-fotos-intimas-e-imagens-do--suicidio-sao-vazadas.htm. Acesso em: 08 jun. 2020.

---

43. É nesta linha de pensamento que a autora espera, em breve, apresentar uma proposta estrutura para proteção contra danos decorrentes de *cyberbullying* de crianças e adolescentes no mundo digital, como resultado de sua pesquisa de doutoramento.

AZEVEDO, Antônio Junqueira de. *Por uma nova categoria de danos na responsabilidade civil*: o dano social. Novos estudos e pareceres de direito privado. São Paulo: Saraiva, 2009.

BRASIL. Lei nº 13.185, de 06 de novembro de 2015. Institui o Programa de Combate à Intimidação Sistemática (*Bullying*). *Diário Oficial da União*, Brasília, 09 nov. 2015. Disponível em: http://www.planalto.gov.br/ccivil_03/_ato2015-2018/2015/lei/l13185.htm. Acesso em: 20 mar. 2019.

BRASIL. Lei nº 13.718 de 24 de setembro de 2018. Altera o Decreto-Lei nº 2.848, de 7 de dezembro de 1940 (Código Penal), para tipificar os crimes de importunação sexual e de divulgação de cena de estupro, tornar pública incondicionada a natureza da ação penal dos crimes contra a liberdade sexual e dos crimes sexuais contra vulnerável, estabelecer causas de aumento de pena para esses crimes e definir como causas de aumento de pena o estupro coletivo e o estupro corretivo; e revoga dispositivo do Decreto-Lei nº 3.688, de 3 de outubro de 1941 (Lei das Contravenções Penais). *Diário Oficial da União*, Brasília, 25 set. 2018. Disponível em: http://www.planalto.gov.br/ccivil_03/_Ato2015-2018/2018/Lei/L13718.htm. Acesso em: 03 jun. 2020.

BRASIL. Lei nº 13.772, de 19 de dezembro de 2018. Altera a Lei nº 11.340, de 7 de agosto de 2006 (Lei Maria da Penha), e o Decreto-Lei nº 2.848, de 7 de dezembro de 1940 (Código Penal), para reconhecer que a violação da intimidade da mulher configura violência doméstica e familiar e para criminalizar o registro não autorizado de conteúdo com cena de nudez ou ato sexual ou libidinoso de caráter íntimo e privado. *Diário Oficial da União*, Brasília, 20 dez. 2018. Disponível em: http://www.planalto.gov.br/ccivil_03/_Ato2015-2018/2018/Lei/L13772.htm. Acesso em: 03 jun. 2020.

BRASIL. Superior Tribunal de Justiça. Recurso Especial nº 1.679.465/SP. 3. T. Relª. Minª. Nancy Andrighi, j. 13/03/2018. *Diário de Justiça Eletrônico*, Brasília, 19 mar. 2018. Disponível em: https://ww2.stj.jus.br/processo/revista/documento/mediado/?componente=IT A&sequencial=1685789&num_registro=201602042165&data=20180319&formato=PDF. Acesso em: 09 jun. 2020.

BRASIL. Superior Tribunal de Justiça. Recurso Especial nº 1.735.712/SP. 3. T. Relª. Minª. Nancy Andrighi, j. 19/05/2020. *Diário de Justiça Eletrônico*, Brasília, 27 maio 2020. Disponível em: https://ww2.stj.jus.br/processo/revista/documento/mediado/?componente=IT A&sequencial=1905903&num_registro=201800428994&data=20200527&formato=PDF. Acesso em: 09 jun. 2020.

CARVALHO, Lélia Júlia; MOREIRA, Denise Bastos; TELES, Claudia Alves. Políticas Públicas de combate ao *bullying* no âmbito escolar: estratégias de enfrentamento no Brasil, Estados Unidos, Finlândia, Espanha e Portugal. *Revista Projeção, Direito e Sociedade*, Brasília, v. 8, n. 2, p. 34-45, 2017. Disponível em: http://revista.faculdadeprojecao.edu.br/in dex.php/Projecao2/article/view/932. Acesso em: 10 out. 2019.

COMITÊ GESTOR DA INTERNET NO BRASIL. *TIC domicílios 2018 revela que 40,8 milhões de usuários de Internet utilizam aplicativos de táxi ou transporte*. São Paulo, 28 ago. 2019. Disponível em: https://cetic.br/noticia/tic-domicilios-2018-revela-que-40-8-milhoes-de-usuarios-de-internet-utilizam--aplicativos-de-taxi-ou-transporte/. Acesso em: 03 fev. 2020.

CRIADO por lei o Dia Nacional de Combate ao Bullying. *Agência Senado*, Brasília, 02 maio 2016. Disponível em: https://www12.senado.leg.br/noticias/materias/2016/05/02/criado-por-lei-o-dia-nacional-de--combate-ao-*bullying*. Acesso em: 03 fev. 2020.

DANTAS BISNETO, Cícero. *A reparação adequada de danos extrapatrimoniais individuais*: alcance e limites das formas não pecuniárias de reparação. 2018. Dissertação (Mestrado em Direito) – Universidade Federal da Bahia, Salvador, 2018. Disponível em: https://repositorio.ufba.br/ri/bitstream/ri/28690/1/C%c3%8dCERO%20DANTAS%20BISNETO.pdf. Acesso em: 20 mar. 2020.

ESTUDO da ONU revela que mundo tem abismo digital de gênero. **ONU News**, 06 nov. 2019. Disponível em: https://news.un.org/pt/story/2019/11/1693711. Acesso em: 06 mar. 2020.

EUROPEAN INSTITUTE FOR GENDER EQUALITY. *Cyber violence against women and girls*. 2017. Disponível em: https://eige.europa.eu/publications/cyber-violence-against-women-and-girls. Acesso em: 03 maio 2020.

FARIAS, Cristiano; BRAGA NETTO, Felipe Peixoto; ROSENVALD, Nelson. *Novo tratado de responsabilidade civil*. 2. ed. São Paulo: Saraiva, 2017.

FERREIRA, Mysia; ROCHA, Valéria Loureiro; IBIAPINA, Cássio da Cunha. Por que precisamos falar sobre *bullying* e *cyberbullying*. *Revista Médica de Minas Gerais*, Belo Horizonte, v. 27, n. 3, p. S73-S76, 2017. Disponível em: http://rmmg.org/artigo/detalhes/ 2108. Acesso em: 13 set. 2019.

GODINHO, Adriano Marteleto; DRUMOND, Marcela Maia de Andrade. Autoridade parental: a autonomia dos filhos menores e a responsabilidade dos pais pela prática de *cyberbullying*. *In*: TEIXEIRA, Ana Carolina Brochado; DADALTO, Luciana (Orgs.). *Autoridade parental*: dilemas e desafios contemporâneos. Indaiatuba: Foco, 2019.

INTERNATIONAL TELECOMMUNICATION UNION. *Internet usage keeps growing, but barriers lie ahead*. 2019. Disponível em: https://itu.foleon.com/itu/measuring-digital-development/internet-use/. Acesso em: 10 mar. 2020.

LONGHI, João Victor Rozatti. Marco Civil da Internet no Brasil: breves considerações sobre seus fundamentos, princípios e análise crítica do regime de responsabilidade civil dos provedores. *In*: MARTINS, Guilherme Magalhães; LONGHI, João Victor Rozatti (Coords.). *Direito digital*: direito privado e internet. 2. ed. Indaiatuba: Foco, 2019.

MONTENEGRO, Luísa Martins Barros; ALVES, Luana Ferreira; SILVA, Amanda Calixto; SILVA, Larissa Gonçalves Mangabeira da. Meninas na rede: as percepções de meninas sobre a violência *on-line* de gênero. *In*: COMITÊ GESTOR DA INTERNET NO BRASIL. *Pesquisa sobre o uso da internet por crianças e adolescentes no Brasil*: TIC kids online Brasil 2017. São Paulo: Comitê Gestor da Internet no Brasil, 2018. p. 75-82.

MULTEDO, Renata Vilela. Desafios da responsabilidade civil nas relações familiares: redes sociais e os métodos adequados de solução de conflitos. *Revista IBERC*, Belo Horizonte, v. 2, n. 2, p. 1-35, maio/ago. 2019.

NEWALL, Mallory. *Cyberbullying*: a global advisor survey. Paris: IPSOS, 2018. Apresentação de pesquisa. Disponível em: https://www.ipsos.com/sites/default/files/ct/news/d ocuments/2018-06/cyberbullying_june2018.pdf. Acesso em: 09 mar. 2020.

OLIVEIRA, Cinthya; INÁCIO, Bruno. Reaparição da boneca Momo em vídeo acende alerta sobre controle do que as crianças veem na web. *Hoje em Dia*, Belo Horizonte, 19 mar. 2019. Disponível em: https://www.hojeemdia.com.br/horizontes/reaparia%C3%A7%C3%A3o-da-boneca-momo-em-v%-C3%ADdeo-acende-alerta-sobre-controle-do-que-as-crian%C3%A7as-veem-na-web-1.701774. Acesso em: 20 mar. 2019.

O'MALLEY, Katie. Desafio que induz jovens à automutilação se esconde em vídeos infantis, alertam escolas inglesas. *O Globo*, Rio de Janeiro, 27 fev. 2019. Disponível em: https://oglobo.globo.com/sociedade/desafio-que-induz-jovens-automutilacao-se-esconde-em-videos-infantis-alertam-escolas-inglesas-23486125. Acesso em: 20 mar. 2019.

PORTELA, Graça. *Cyberbullying* e casos de suicídio aumentam entre jovens. *Agência Fiocruz de Notícias*, Rio de Janeiro, 24 fev. 2014. Disponível em: https://agencia.fiocruz.br/cyberbullying-e-casos-de--suic%C3%ADdio-aumentam-entre-jovens. Acesso em: 10 out. 2019.

ROSENVALD, Nelson. *As funções da responsabilidade civil*: a reparação e a pena civil. 3. ed. São Paulo: Saraiva, 2017.

SAFERNET. *Indicadores helpline*. 2019. Disponível em: https://helpline.org.br/indicadores/. Acesso em: 03 fev. 2020.

SCHREIBER, Anderson. *Cyberbullying*: responsabilidade civil e efeitos na família. *Carta Forense*, São Paulo, 04 out. 2018. Disponível em: http://www.cartaforense.com.br/m/conteudo/colunas/cyber-bullying-responsabilidade-civil-e-efeitos-na-familia/18295. Acesso em: 09 set. 2019.

SYDOW, Spencer Toth; CASTRO, Ana Lara Camargo de. *Exposição pornográfica não consentida na internet*. Da pornografia de vingança ao lucro. Belo Horizonte: D´Plácido, 2019.

TEFFÉ, Chiara Spadaccini de. Exposição não consentida de imagens íntimas: como o direito pode proteger as mulheres? *In*: ROSENVALD, Nelson; DRESH, Rafael de Freitas Valle; WESENDONCK, Tula (Coords.). *Responsabilidade civil*: novos riscos. Indaiatuba: Foco, 2019.

UNICEF. *The state of the world´s children 2017*: children in a digital world. New York: UNICEF, 2017. p. 74-76. Disponível em: https://read.un-ilibrary.org/children-and-youth/the-state-of-the-world-s--children-2017_d2148af5-en#page82. Acesso em: 10 mar. 2020.

VENTURI, Thaís Goveia Pascoaloto. *A função preventiva da responsabilidade civil*. São Paulo: Malheiros, 2014.

WORLD HEALTH ORGANIZATION. *Gaming disorder*. Genebra, 14 Sept. 2018. Disponível em: https://www.who.int/features/qa/gaming-disorder/en/. Acesso em: 14 out. 2019.

17
A RESPONSABILIDADE CIVIL DOS INFLUENCIADORES DIGITAIS EM TEMPOS DE CORONAVÍRUS

Caio César do Nascimento Barbosa

Glayder Daywerth Pereira Guimarães

Michael César Silva

Sumário: 1. Introdução. 2. O impacto do coronavírus em uma sociedade hiperconectada. 2.1. A "era das lives" e os recursos de transmissão em tempo real. 3. Influenciadores digitais e a responsabilidade civil pela publicidade ilícita de que participam. 4. A responsabilidade civil dos influenciadores digitais em tempos de coronavírus. 5. Conclusão. Referências.

1. INTRODUÇÃO

A sociedade contemporânea, marcada, sobretudo, pelo alto desenvolvimento tecnológico, apresenta inúmeras facilidades quando comparada com os modelos de sociedade predecessores. A comunicação assume novos contornos, tornando-se transfronteiriça e adquirindo uma velocidade de transmissão ímpar. Nesse contexto, a publicidade perpassa por um processo de remodelação, de profunda transformação, se inserindo intensamente na vida das pessoas. Tal processo, acentua-se significativamente em tempos de Coronavírus, pois a utilização da internet sofreu aumento expressivo devido a necessidade de imposição de quarentenas e *lockdowns*, emergindo a necessidade de se utilizar a internet para o lazer e, sobretudo, para o trabalho em sistema de home office.

As plataformas digitais, notadamente, o *Instagram* e o *Youtube*, hodiernamente, conectam milhões de pessoas, possibilitando a transmissão de conteúdos de forma célere. Diante de tal conjuntura, os fornecedores perceberam uma oportunidade de maximizar os efeitos de suas publicidades, atrelando-as a figuras de renome da internet, os denominados *Digital Influencers,* que se apresentam como indivíduos que possuem a capacidade de influir na vida de seus seguidores, especialmente, em relação a seus hábitos de consumo.

A temática da responsabilidade civil dos *Digital Influencers* se encontra, intimamente, correlacionada a observância dos preceitos normativos norteadores do *princípio da boa-fé objetiva* e da *função social dos contratos,* reconhecidos como *norma de ordem pública e de interesse social*, de modo que, respondem *objetiva e solidariamente* com o fornecedor de produtos e serviços, pela difusão de publicidade ilícita no mercado de consumo digital.

Compreende-se, ainda, que em determinadas situações envolvendo a veiculação de publicidade em plataformas digitais, os influenciadores ignoram a *responsabilidade social* – no exercício de sua atividade – de modo que, sua atuação, dentro das redes sociais, deve ser avaliada sob um prisma ético comportamental derivado dos preceitos ético-jurídicos da boa-fé objetiva.

Nessa linha de intelecção, depreende-se, também, ser possível vislumbrar a existência de responsabilidade civil dos influenciadores digitais por *danos sociais*, na hipótese em que, por meio de suas plataformas digitais, atuam de modo a causarem prejuízos à transindividualidade, impactando de modo prejudicial os valores éticos estabelecidos em sociedade.

Em vista da consecução do estudo, utiliza-se o modelo metodológico proposto por Jorge Witker[1], bem como por Miracy Barbosa de Sousa Gustin e Maria Tereza Fonseca Dias,[2] de modo que, se efetiva uma pesquisa sob a vertente metodológica jurídico-projetiva. Afirma-se, ainda, que a pesquisa possui caráter eminentemente teórico, se mostrando exequível mediante o estudo doutrinário, jurisprudencial e da legislação pertinente.

Logo, a atuação dos *digital influencers* na promoção de publicidade, deve ser compatibilizada com os preceitos normativos do princípio da boa-fé objetiva e da função social dos contratos, visando a coibir abusos perpetrados pela liberdade contratual nas relações de consumo virtuais.

Por fim, o estudo pretende, ainda, lançar luzes sobre a temática, com a finalidade de se estabelecer os limites e contornos da atuação dos influenciadores nas redes sociais, tendo como padrões éticos juridicamente estabelecidos pela boa-fé objetiva, a probidade, honestidade, retidão, lealdade e a confiança, objetivamente considerados no âmbito da relação jurídica, em atenção aos ditames estabelecidos pelo Código de Defesa do Consumidor (CDC) e pelo Conselho Nacional de Autorregulação Publicitária (CONAR), em seu Código Brasileiro de Autorregulamentação Publicitária (CBAP), para permitir contratações equilibradas, conforme as diretrizes preconizadas no Estado Democrático de Direito.

2. O IMPACTO DO CORONAVÍRUS EM UMA SOCIEDADE HIPERCONECTADA

Em 11 de março de 2020, a Organização Mundial da Saúde (OMS)[3] declarou oficialmente a pandemia de Coronavírus, em meio a nações já severamente impactadas pela chegada do referido vírus, que abala sistemas de saúde ao redor do mundo.

---

1. WITKER, Jorge. *Como elaborar una tesis en derecho*: pautas metodológicas y técnicas para el estudiante o investigador del derecho. Madrid: Civitas, 1985.
2. GUSTIN, Miracy Barbosa de Sousa; DIAS, Maria Tereza Fonseca. *(Re)pensando a pesquisa jurídica*: teoria e prática. 3. ed. Belo Horizonte: Del Rey, 2010.
3. WHO, World health organization. *Rolling updates on coronavirus disease (COVID-19)*. Disponível em: https://www.who.int/emergencies/diseases/novel-coronavirus-2019/events-as-they-happen. Acesso em: 18 maio 2020.

Ante ao cenário antes inimaginável, governos de praticamente todos os países do planeta levaram a aterrorizante situação a sério e começaram a decretar – alguns em caráter preventivo, outros em caráter mitigatório – medidas de imposição de distanciamento social para conter a propagação do vírus. Em nações, em que tais medidas se demonstravam tardias, implementar-se-ia o denominado *lockdown*, isto é, a paralisação de todas as atividades.

Como bem expõem Joyceane Bezerra de Menezes e Ana Mônica Anselmo de Amorim, "embora o COVID-19 não seja a primeira pandemia a assolar a humanidade, provocou uma reação mundial de proporções nunca vista. Nem as grandes guerras do Século XX impuseram a necessidade de fechamento das escolas e das igrejas, por exemplo".[4]

Serviços não essenciais logo foram impedidos de manter seu funcionamento, como meio de impedir a circulação de pessoas e, consequentemente, o mercado precisou rapidamente se adaptar para encarar a premente crise econômica que advirá da crise na saúde. Afinal, "obviamente, pandemias influenciam não só a saúde das pessoas, como também a saúde dos mercados".[5]

Em meio as medidas contempladas pelos governos alinhados com a realidade, a necessidade de distanciamento social – mesmo que significasse isolar-se de entes queridos – encontrou-se amenizada pelo contexto da hiperconectividade que permeia a atual sociedade.

Neste contexto, recursos tecnológicos como as *chamadas de vídeo* permitem que indivíduos isolados se comuniquem em tempo real, sendo a necessária realidade em um momento em que a pandemia do Coronavírus não permite contatos próximos. É, deste modo, que os profissionais de saúde, conseguem manter o mais possível contato real com seus entes, bem como, várias casas de repouso para idosos passaram a disponibilizar estes recursos para que estes se comuniquem com seus familiares, que não podem mais visitá-los.

Não apenas as chamadas de vídeo tornaram-se recurso essencial na presente pandemia, como outros meios digitais, permitiram amenizar o impacto crescente ocasionado pela crise. O mercado de consumo, por exemplo, passou a contar com a utilização massiva das plataformas digitais para incremento de seus negócios.

Além da urgente e forçosa necessidade de migrar para aplicativos de *delivery*, fornecedores encontraram nas redes sociais incentivos para continuar seus negócios, a exemplo do *Instagram*, que disponibilizou funções como figurinhas de ajuda a pequenas empresas como modo de impulsionar a visibilidade destas, ampliando assim seu alcance e suas conexões.[6]

---

4. MENEZES, Joyceane Bezerra de; AMORIM, Ana Mônica Anselmo de. Os impactos do COVID-19 no direito de família e a fratura do diálogo e da empatia. *Civilistica.com*, Rio de Janeiro, v. 9, n.1, p. 1-38, 9 maio 2020, p. 2.
5. MUCELIN, Guilherme. DÁQUINO, Lucia Souza. O papel do direito do consumidor para o bem-estar da população brasileira e o enfrentamento à pandemia de Covid-19. *Revista de Direito do Consumidor*, São Paulo, v. 129, p. 1-30, maio/jun. 2020, p. 2.
6. JORNAL DO COMÉRCIO. *Instagram lança recurso para ajudar pequenas empresas*. Disponível em: https://www.jornaldocomercio.com/_conteudo/ge2/noticias/2020/05/738215-instagram-lanca-recurso-para-apoiar-pequenas-empresas.html. Acesso em: 10 jun. 2020.

Levando-se em conta pandemias já presenciadas pela humanidade – a exemplo da gripe espanhola no século passado –, estes recursos demonstram-se como uma verdadeira evolução (impulsionada pela constante revolução tecnológica do século XXI) para o estilo de vida dos indivíduos, bem como são capazes de moldar seu *modus operandi* para situações adversas em que não estão acostumados.

Destarte, durante o mais difícil cenário já presenciado desde a Segunda Guerra Mundial, a humanidade encontra meios para superar a assoladora situação gerada pela pandemia. Em atenção as recomendações da Organização Mundial da Saúde acerca do isolamento social, os indivíduos, por intermédio dos instrumentos tecnológicos, buscam encontrar soluções para se manter conectados e, em proximidade com os demais indivíduos, por intermédio dos meios sociais digitais.

2.1. A "era das lives" e os recursos de transmissão em tempo real

Ante a necessidade de se respeitar as medidas impostas de distanciamento social, com a consequente permanência das pessoas em suas casas, foram impulsionadas formas de entretenimento, que objetivam promover diversão, conteúdos educativos e descontração aos indivíduos durante o tempo em que as medidas vigoram.

Nesse cenário, as transmissões ao vivo – denominadas de *"lives"* – se intensificaram significativamente no período pandêmico. O fenômeno das transmissões ao vivo não é inédito, sendo que, em verdade, estava em franca ascensão nos últimos anos. Contudo, com a premente necessidade de distanciamento social como instrumento de combate a pandemia, as transmissões ao vivo impulsionaram um sucesso de enormes proporções, denominado de *"era das lives"*, para descrever estas manifestações em tempos de Coronavírus.

No Brasil, patrocinadores vislumbraram as *lives* de artistas como meio altamente rentável de promover seus produtos e serviços. Enquanto, a plataforma do *Instagram* conta com o recurso para promoção de aulas, lançamento de livros, bate-papos descontraídos ou explicativos, exercícios de ginástica, etc., o *YouTube* se tornou uma ferramenta com escopo de proporcionar a realização de "shows em casa" por artistas, que se encontram impedidos de realizar suas apresentações devido ao Coronavírus, com a indústria do entretenimento sendo o setor que mais passou a utilizar o referido recurso.

Segundo a revista EXAME, as buscas pelas *lives* na plataforma do *YouTube* cresceram 4.900% no Brasil durante a quarentena[7], as quais se converteram em eventos diários, em que as pessoas passaram a acompanhar de forma pontual as transmissões ao vivo dos artistas, popularizando-as. O *YouTube,* inclusive, criou a campanha "#Fique em Casa e Cante Comigo", proporcionando uma coletânea de shows exibidos em tempo real, com diversos artistas.

A "Live Gusttavo Lima – Buteco em Casa", inclusive, é considerada como o marco para a significativa expansão deste formato, sendo que "em 28 de março, o cantor ser-

---

7. EXAME. *Na quarentena, o mundo virou uma live.* Disponível em: https://exame.abril.com.br/revista-exame/o-mundo-e-uma-live/. Acesso em: 2 maio 2020.

tanejo Gusttavo Lima migrou o movimento das transmissões de *lives* para o Youtube e superou a marca da cantora Beyoncé."[8]

Os brasileiros acolheram expressivamente este formato, dominando o *ranking* das dez maiores audiências de *lives* no *YouTube*, alcançando sete de dez posições.[9] Tantas são as transmissões ao vivo, na mencionada plataforma aos finais de semana, que o público por vezes é obrigado a optar, dentre numerosas opções, qual será merecedora de sua visualização.

Tal fenômeno se demonstra favorável aos artistas participantes, vez que este modelo lhes promove mais visibilidade, nesse período, e, consequentemente, aumenta significativamente sua fama e o número de seus seguidores em suas redes sociais.

> Os reflexos das lives também foram identificados na mídia social Instagram. O cantor Gusttavo Lima viu aumentar o seu número de seguidores depois da transmissão do seu "Buteco em casa", conquistando 28,5 milhões de seguidores no Instagram e tornando-se o cantor brasileiro mais seguido nesta mídia social.[10]

Além de promover, entretenimento e descontração ao público em geral, muitos artistas promovem em suas *lives* arrecadação de doações para serem destinados à parcela da população que se encontra em situação vulnerável com o impacto da pandemia.

As *lives*, também, representam um modo que alguns artistas encontraram para sobreviver financeiramente, haja vista não ser mais possível a realização de shows e espetáculos. Inclusive, as recentes *lives* corporativas[11] – transmissões ao vivo fechadas e privativas contratadas por fornecedores – passaram a igualar o cachê que o cantor usualmente receberia em um show ao vivo, demonstrando a rentabilidade deste formato exclusivo, bem como traça contornos acerca de novos parâmetros a serem utilizados no futuro.

Ademais, o referido modelo atraiu expressivamente a atenção de patrocinadores que perceberam a rentabilidade de promoção de bens e serviços, durante as transmissões ao vivo, perante a elevados números de visualização.[12] Assim, inúmeras marcas vislumbraram a oportunidade de investimento nesse formato, de modo a patrocinar artistas e promover anúncios durante as transmissões, gerando retorno financeiro e movimentando um enorme e rentável mercado de consumo.

As *lives* no *Instagram*, a seu turno, tendem a ser cotidianas. Profissionais de diversas áreas e atividades econômicas, bem como, influenciadores digitais de variados nichos passaram a utilizar o formato diariamente para conectarem-se aos seus seguidores, le-

---

8. SOUSA JÚNIOR, João Henrique. RIBEIRO, Letícia Virgínia Henriques Alves de Sousa; SANTOS, Weverson Soares; SOARES, João Coelho; RAASCH, Michele. '#fiqueemcasa e cante comigo': estratégia de entretenimento musical durante a pandemia de covid-19 no Brasil. *Revista Boca Boletim de Conjuntura*, Boa Vista, ano II, v. 2, n. 4, 2020.
9. O GLOBO. *Lives de 2020 são dominadas por brasileiros, com sete das 10 maiores audiências do mundo*. Disponível em: https://oglobo.globo.com/cultura/lives-de-2020-sao-dominadas-por-brasileiros-com-sete-das-10-maiores-audiencias-no-mundo-24430222. Acesso em: 16 maio 2020.
10. SOUSA JÚNIOR, João Henrique. RIBEIRO, Letícia Virgínia Henriques Alves de Sousa; SANTOS, Weverson Soares; SOARES, João Coelho; RAASCH, Michele. '#fiqueemcasa e cante comigo': estratégia de entretenimento musical durante a pandemia de covid-19 no Brasil. *Revista Boca Boletim de Conjuntura*, Boa Vista, ano II, v. 2, n. 4, 2020.
11. G1. *Lives corporativas reforçam agenda vazia de artistas com cachê igual ao de show normal*. Disponível em: https://g1.globo.com/pop-arte/lives/noticia/2020/05/26/lives-corporativas-reforcam-agenda-vazia-de-artistas-com-cache-igual-ao-de-show-normal.ghtml. Acesso em: 23 maio 2020
12. VALOR ECONÔMICO. *'Lives' atraem patrocínio de marcas*. Disponível em: https://valor.globo.com/empresas/noticia/2020/04/22/lives-atraem-patrocinio-de-marcas.ghtml. Acesso em: 15 abr. 2020.

vando conteúdo profissional, informativo ou descontraído aos mesmos. Ainda que não contem – como regra – com patrocinadores, muitos se utilizam das *lives* para realizar publicidade de produtos e serviços, haja vista a capacidade do modelo de alcançar considerável público.

Tanto para patrocinadores, quanto para artistas e *influencers*, as *lives* tendem a continuar vigorando mesmo após a pandemia, vez que contam com aceitação massiva dos seguidores durante este período. Para os patrocinadores, continuará sendo um atrativo e duradouro modo capaz de impulsionar vendas de bens e serviços. Para artistas e *influencers*, continuará como conveniente e expressivo modelo capaz de atrair a atenção do público, aumentando sua fama e interação com fãs.

Desde de que sejam seguidos os padrões impostos legalmente e sempre observando a ética, os bons costumes e a responsabilidade social, as *lives* merecem prosperar, vez que demonstram ser recurso acessível ao público, notabilizando a constante revolução tecnológica vivenciada no presente século.

3. INFLUENCIADORES DIGITAIS E A RESPONSABILIDADE CIVIL PELA PUBLICIDADE ILÍCITA DE QUE PARTICIPAM

Ainda que a promoção à internet – considerada como um direito humano fundamental – a todos os indivíduos do mundo seja um enorme desafio destes últimos anos, inegável é o fato de grande parcela da sociedade contemporânea encontrar-se inserida no contexto da hiperconectividade nas redes.[13] Os números de usuários em redes sociais intensificam-se exponencialmente e as conexões geradas demonstram-se cada vez mais expressivas. Neste contexto, surgem nas plataformas digitais personalidades intituladas de *influenciadores digitais* (ou *digital influencers*).

> Os *digital influencers* são indivíduos que exercem demasiada influência sobre um determinado público, possuindo a habilidade de criar e influenciar a mudança de opiniões e comportamentos, podendo conceber padrões por meio de diálogos diretos com seus seguidores. Sendo por muitas vezes criadores de conteúdo, por meio das mídias sociais, em especial, nas plataformas do *Instagram* e do *Youtube*, com conteúdo muitas vezes exclusivos, geram uma conexão com seu público em diversas áreas de atuação, como cultura e entretenimento, moda, cuidados com a saúde e corpo, gastronomia, dentre outros.[14]

Contudo, para que seja o indivíduo caracterizado como influenciador digital, deverá ele observar alguns critérios, para além da falsa noção, de que quantidade de seguidores *per si* seria suficiente para tal designação.

Neste aspecto, devem ser observados os seguintes aspectos para uma justa e eficaz caracterização: i) relação "quantidade de seguidores versus alcance/engajamento real"; ii) grau de influência sob o comportamento das pessoas que o seguem; iii) utilização

---

13. G1. *Mais da metade da população mundial usa internet, aponta ONU*. Disponível em: https://g1.globo.com/economia/tecnologia/noticia/2018/12/07/mais-da-metade-da-populacao-mundial-usa-internet-aponta-onu.ghtml. Acesso em: 10 maio 2020.
14. BARBOSA, Caio César do Nascimento; BRITTO, Priscila Alves de; SILVA, Michael César. Publicidade Ilícita e Influenciadores Digitais: Novas Tendências da Responsabilidade Civil. *Revista IBERC*, Belo Horizonte, v. 2, n. 2, p. 01-21, maio-ago. 2019, p. 9.

de meios informais para alcançar o público-alvo; iv) contato "direto" (pessoal) com o público.

Nesse giro, por meio da fama obtida nas redes sociais, tais celebridades digitais são hodiernamente capazes de ditar padrões de comportamento para milhares – e por vezes milhões – de indivíduos conectados nas plataformas digitais. A influência gerada por tais personalidades é inegável, sendo que a relação e a identificação do público comum para com aquelas "as tornam potencializadoras de um discurso consumista, uma vez que instigam, nas seguidoras, o desejo de adquirir o mesmo status de pertencimento". [15]

Os anúncios publicitários não mais dominam os comerciais de televisão, sendo que ocorreu uma migração para o meio digital, especificamente, as plataformas de redes sociais, em que o alcance ao público se demonstra significativo e eficiente.

Segundo Ana Paula Gilio Gasparatto, Cinthia Obladen de Almendra Freitas e Antônio Carlos Efing, "é nesse cenário que os influenciadores digitais se tornam grandes aliados na divulgação e indicação de produtos e serviços, visto que eles conseguem impactar a vida dos seus seguidores, moldar comportamentos e motivar escolhas de consumo". [16]

Sob este viés, fornecedores de produtos e serviços, encontraram nos *influencers* a possibilidade de performarem uma alta rentabilidade e retorno na divulgação de seus bens e serviço. Nessa linha de raciocínio, vários influenciadores promovem interações com seus seguidores e, assim, aumentam suas taxas de engajamento, alcançando o devido retorno.

> Esta visibilidade atraiu o mercado de bens e serviços e os influencers digitais passaram a ser a voz e o rosto de grandes marcas, o que tem sido muito lucrativo para ambas as partes, pois, a criação dos conteúdos das redes sociais são livres e conduzida integralmente pelas crenças e percepções daquele influencer, o que gera maior sensação de segurança para o consumidor, sobretudo por que para o seguidor a opinião emitida soa-lhe autêntica e livre de compromissos com o ofertante. [17]

Deste modo, cria-se uma relação de confiança preestabelecida entre influenciador e seguidor, em que este último passa a ser influenciado pelas ações do primeiro, no sentido de impulsionar determinados comportamentos no mercado de consumo.

> Apesar de muitas marcas ainda manterem seu prestígio no mercado, os influenciadores digitais, também encabeçam uma importante posição diante da relação próxima que guardam com seus seguidores, como explicitado alhures. A soma desses fatores se revelou uma forma de publicidade altamente rentável e eficaz, pois através desses perfis que exercem grande influência nos gostos e escolhas dos seguidores há uma relação de intimidade, que é o que as marcas mais desejam para envolver e encorajar o seguidor a consumir. É justamente esse o poder do *Instagram*: oferece naturalidade e espontaneidade que acentuam o efeito persuasivo em virtude da sutileza do anúncio. [18]

---

15. LIMA, Cláudia Borges de; COUTO, Kioko Nakayama Nenoki do; LUIZ, Michelly Jacinto Lima. O mito diretivo das digitais influencers como potencializador do discurso consumerista. *Revista Travessias*, Cascavel, v. 14, n. 1, p. 218-234, jan./abr. 2020.
16. GASPARATTO, Ana Paula Gilio; FREITAS, Cinthia Obladen de Almendra; EFING, Antônio Carlos. Responsabilidade civil dos influenciadores digitais. *Revista Jurídica Cesumar*, Maringá, v. 19, n.1, p. 65-87, jan./abr. 2019, p. 77
17. SIMAS, Danielle Costa de Souza; SOUZA JÚNIOR, Albefredo Melo de. Sociedade em rede: os influencers digitais e a publicidade oculta nas redes sociais. *Revista de Direito, Governança e Novas Tecnologias*, Salvador, v. 4, n. 1, p. 17-32, jan./jun. 2018, p. 29.
18. MOREIRA, Diogo Rais Rodrigues; BARBOSA, Nathalia Sartarello. O reflexo da sociedade do hiperconsumo no instagram e a responsabilidade civil dos influenciadores. *Revista Direitos Culturais*, Santo Ângelo, n. 30, p. 73-88,

Logo, os fornecedores começaram a observar atentamente esta taxa de engajamento e retorno para assim investir na publicidade digital por intermédio dessas personalidades. Contudo, muitas são as vezes em que ocorrem contratempos nas publicidades realizadas nas redes sociais.

Nesse giro, *a publicidade ilícita* – seja ela enganosa ou abusiva – é tema recorrente em ações publicitárias veiculadas por influenciadores digitais. Entretanto, a espécie de publicidade que domina as representações no CONAR é a denominada *publicidade velada ou clandestina*, que contraria o *artigo 36 do CDC*, o qual determina que "a publicidade deve ser veiculada de tal forma que o consumidor, fácil e imediatamente, a identifique como tal". [19]

> Há, nas mensagens publicitárias, evidente – e legítimo – interesse em vender o produto ou serviço. São, por isso mesmo, informações encharcadas de parcialidade. O consumidor tem o direito subjetivo de identificar que a mensagem que vê, lê ou ouve é publicitária. [20]

Segundo Antônio Herman V. Benjamin, Claudia Lima Marques e Leonardo Bessa a "publicidade que não quer assumir a sua qualidade é atividade que, de uma forma ou de outra, tenta enganar o consumidor. E o engano, mesmo o inocente, é repudiado pelo Código de Defesa do Consumidor." [21]

Nessa linha de intelecção, Lucia Ancona Lopez de Magalhães Dias preleciona que:

> [...] o princípio da identificação da mensagem publicitária decorre do próprio dever de transparência e lealdade nas relações de consumo, já que o ocultamento do caráter publicitário pode induzir o consumidor em erro quanto à natureza da mensagem, na hipótese, de fins comerciais, não meramente informativa e desinteressada.[22]

Recentes dados disponibilizados pelo CONAR[23] apontam que, no ano de 2019, cerca de 69,5% das representações contaram com publicidade veiculada na internet, sendo este um recorde que reflete os comportamentos do consumidor moderno e da veiculação da publicidade. Outro relevante dado prospectado na pesquisa, informa que, em 2018 e 2019, grande parte das representações do CONAR[24] envolviam influenciadores digitais.

Sob este viés, vislumbra-se como imperiosa, atual e relevante a discussão doutrinária e jurisprudencial, sobre a (im)possibilidade de imputação da responsabilidade civil, na ocorrência de danos oriundos pela veiculação de publicidade ilícita no mercado de consumo digital, sendo necessário caracterizar a atuação dos influenciadores digitais e

---

2018, p. 79.
19. BRASIL. *Código de Defesa do Consumidor*. Lei 8.078, de 11 de setembro de 1990. Disponível em: http://www.planalto.gov.br/ccivil_03/LEIS/L8078.htm. Acesso em: 12 maio 2020.
20. BRAGA NETTO, Felipe Peixoto. *Manual de direito do consumidor*: à luz da jurisprudência do STJ. 8. ed. Salvador: Juspodivm, 2013, p. 281.
21. BENJAMIN, Antônio Herman V.; MARQUES, Claudia Lima; BESSA, Leonardo Roscoe. *Manual de direito do consumidor*. 7. ed. São Paulo: Revista dos Tribunais, 2016, p. 288.
22. DIAS, Lucia Ancona Lopez de Magalhaes. *Publicidade e direito*. 2. ed. São Paulo: Revista dos Tribunais, 2013, p. 65.
23. CONAR, Conselho Nacional de autorregulamentação publicitária. *Um balanço da autorregulamentação publicitária em 2019*. Disponível em: http://www.conar.org.br/pdf/conar220.pdf. Acesso em: 18 maio 2020.
24. CONAR, Conselho Nacional de autorregulamentação publicitária. *Um balanço da autorregulamentação publicitária em 2019*. Disponível em: http://www.conar.org.br/pdf/conar220.pdf. Acesso em: 18 maio 2020.

analisar a possibilidade ou não de responsabilizá-los civilmente por sua atuação publicitária indevida.

Nesse contexto, verifica-se dissenso doutrinário sobre qual espécie de imputação de responsabilidade civil – subjetiva ou objetiva – deveria ser atribuída aos influenciadores digitais, no exercício de sua atividade profissional.

A vertente objetiva apoia-se, principalmente, em argumentos pautados na ofensa aos princípios da *boa-fé objetiva e da função social dos contratos*.

Nesse giro, constata-se existir um caráter facultativo de vinculação de imagem, fama e influência por parte do *digital influencer* a determinado produto ou serviço, devendo, portanto, observar os preceitos normativos da *boa-fé objetiva e da função social*. Afinal, o influenciador não é obrigado a se vincular, mas na hipótese de aceitar a vinculação publicitária com contrapartidas – remuneração direta ou indireta – impõem-se a responsabilidade civil, por seus atos, com esteio na teoria do risco da atividade econômica desenvolvida e na ofensa aos princípios em comento.

Segundo Judith Martins-Costa:

> [...] em razão da própria racionalidade do Direito do Consumidor, nessa seara a intensidade jurisgênica da boa-fé será conformada conjugadamente ao postulado fático-normativo da vulnerabilidade do consumidor, impondo deveres que acrescem (ou otimizam) os deveres de fonte legal de equilíbrio e de transparência.[25]

Em se tratando da indispensabilidade de observância da boa-fé objetiva e da função social dos contratos, deve atentar-se que os referidos princípios se perfectibilizam como um reflexo constitucional da solidariedade, consagrado no artigo 3º, I, da Constituição Federal de 1988, o qual direciona luzes a todo ordenamento jurídico.

> Ademais, é imprescindível a observância na relação jurídica de consumo dos princípios da boa-fé objetiva (preceitos ético-jurídicos de comportamento), da informação (informação necessária e suficiente de todo conteúdo contratual pertinente), da confiança (preservar as legítimas expectativas despertadas) e da transparência (a qualificação da informação fornecida que deve ser clara, correta, ostensiva e adequada). A incidência de tais princípios visa a garantir a futura expectativa do consumidor (padrão ou equiparado), que se encontra em posição de vulnerabilidade (econômica, técnica, e, principalmente, informativa) perante aos anunciantes, fornecedores, celebridades ou influenciadores digitais, notadamente, pela patente assimetria de informação existente na relação de consumo virtual.[26]

Sob este contexto, ensinam Diogo Rais Rodrigues Moreira e Nathalia Sartarello Barbosa que "todos aqueles que participam de uma publicidade têm a obrigação legal de prestar a informação de forma completa, respeitando os princípios de boa-fé e transparência em prol dos consumidores".[27]

---

25. MARTINS-COSTA, Judith. *A boa-fé no direito privado*: critérios para sua aplicação. 2. ed. São Paulo: Saraiva Educação, 2018, p. 328.
26. BARBOSA, Caio César do Nascimento; BRITTO, Priscila Alves de; SILVA, Michael César. Publicidade Ilícita e Influenciadores Digitais: Novas Tendências da Responsabilidade Civil. Revista IBERC, Belo Horizonte, v. 2, n. 2, p. 1-21, set. 2019, p. 8.
27. MOREIRA, Diogo Rais Rodrigues; BARBOSA, Nathalia Sartarello. O reflexo da sociedade do hiperconsumo no instagram e a responsabilidade civil dos influenciadores. *Revista Direitos Culturais*, Santo Ângelo, n. 30, p. 73-88, 2018, p. 86.

Logo, em função do fato do *influencer* possuir *liberdade de criação de conteúdo*, caberia ao mesmo se atentar aos preceitos impostos pela boa-fé objetiva, com necessária e redobrada atenção aos princípios da confiança – fator fundamental, considerando que os influenciadores são capazes de passar imagem de confiança aos seus seguidores, dando a ideia de credibilidade –, informação e transparência. Devem, assim, procurar postar conteúdos adequados, com respaldo nos preceitos éticos e legais vigentes no ordenamento jurídico.

Nesse contexto, enfatiza-se, inclusive, o caráter de *norma de ordem pública* que a boa-fé objetiva, como pode ser observado pelo Enunciado de 363 do CJF/STJ, que explicita que "os princípios da probidade e da confiança são de ordem pública, sendo obrigação da parte lesada apenas demonstrar a existência da violação".[28]

Insta salientar que, divergindo do caráter "roteirizado" das celebridades – em que recebem um *script ou briefing* do produto ou serviço, que emprestam sua imagem ou fama para "atuarem" em relação a estes –, os influenciadores digitais costumam possuir *liberdade criativa para desenvolver a publicidade, em suas redes sociais*, devendo na ocorrência de tal liberalidade atentarem-se aos preceitos legais e éticos, sob pena de imputação de responsabilidade civil pelos danos causados.

Em consonância com exposto, o digital influencer, também, deverá observar nessas relações jurídicas e, em sua atuação no mercado de consumo digital, os preceitos normativos da *função social dos contratos* – consagrada no artigo 421 do Código Civil – sendo igualmente reconhecida como norma de ordem pública e de interesse social.

Destarte, as relações jurídicas e socioeconômicas necessitam, de modo imperioso, atentarem-se ao interesse coletivo como forma de preservar o contexto social que priorize a sociedade como um todo e não apenas os interesses meramente individualistas. Nesse giro, os efeitos sociais decorrentes da relação entre anunciante e fornecedor devem ser compatibilizados aos seus interesses exclusivos, resguardando-se a coletividade de eventuais condutas inadequadas que porventura possam vir a causar danos.

Portanto, toda e qualquer publicidade veiculada no mercado de consumo pelos influenciadores digitais, deverá considerar os princípios da boa-fé objetiva e da função social dos contratos, sob pena de imputação de responsabilidade civil.

Para além deste ponto, deve ser levado em conta sempre a relação que os *digital influencers* possuem com seus seguidores, devendo protegê-los ante as *legítimas expectativas criadas pelas informações veiculadas*.

> Contudo, de uma forma geral, para a adequação dessa complexa ponderação que envolve três centros de interesses, creio que a melhor solução de compromisso entre a ordem econômica, a tutela dos consumidores e a proteção das próprias celebridades, demanda um ônus de informar qualificado a quem contrata a celebridade; um "dever de se informar" por parte de quem empresta a sua fama a uma publicidade respeitante às qualidades e riscos daquilo que comercializará (principalmente em produtos conexos a sua área de atuação, v.g. famoso cabeleireiro ao aderir a produto de beleza) e, uma percepção mínima por parte do público do que objetivamente consiste em uma "expectativa" e o que

---

28. CJF (Conselho de Justiça Federal). *IV Jornada de Direito Civil – Enunciado 363*. Disponível em: https://www.cjf.jus.br/enunciados/enunciado/476. Acesso em: 20 maio 2020.

de fato aquele produto possa lhe proporcionar e, além disso, se efetivamente vale a pena se vincular com aquele fornecedor.[29]

Ainda neste viés, é importante ressaltar que estes influenciadores "a) fazem parte da cadeia de consumo, respondendo solidariamente pelos danos causados, b) recebem vantagem econômica e c) se relacionam diretamente com seus seguidores que são consumidores". [30]

Considerando a relação de credibilidade preexistente com seus seguidores e a liberdade que possuem para se comunicarem com estes, tais padrões devem ser reforçados, por meio do fornecimento de *informações qualificadas* (corretas, claras, adequadas e ostensivas) ao veicularem peças publicitárias que se atrelem a sua imagem ou boa fama.

Ademais, tem-se como possível vislumbrar o influenciador como um *fornecedor por equiparação*, sendo um intermediário que atua perante o potencial consumidor como se *fornecedor fosse*. Há, ainda, de se pontuar que a responsabilidade civil será, inegavelmente, solidária para com o fornecedor.

Noutro giro, os adeptos da responsabilidade civil subjetiva, a seu turno, asseveram que o *digital influencer* atuaria como *mero representante do fornecedor*, anunciando produtos sem o devido conhecimento técnico, afirmando, ainda, *a inexistência de fundamentação legal* para configuração da responsabilidade objetiva.

A discussão prospera em paralelo, com a divergência relacionada a imputação de responsabilidade civil das celebridades, que participam de publicidades, em que parte da doutrina acolhe o entendimento de qualificar-se como subjetiva. Sob esta perspectiva, aponta Lucia Ancona Lopez de Magalhães Dias que as celebridades "não podem assumir responsabilidade idêntica à do fornecedor, notadamente porque em muitas situações atuam como mero 'porta-voz' do anunciante".[31]

A experiência com os influenciadores digitais, contudo, demonstra-se diferente, haja vista muitos deles assumirem posição de *criadores de conteúdo,* possuindo, desta forma, de liberdade de produção e criação do conteúdo veiculado em suas redes sociais. Ainda que atuem como "meros representantes", os influenciadores digitais "devem cumprir seu dever jurídico originário, agindo de forma prudente, colocando acima dos seus interesses econômicos a preocupação em não enganar ou não permitir que se enganem os consumidores".[32]

Em síntese, a tese da *responsabilidade civil objetiva* deve prosperar com esteio na inobservância dos preceitos éticos-jurídicos da boa-fé objetiva e da função social dos contratos, em consonância com a necessidade de informação, transparência e confiança na relação jurídica preestabelecida com seus seguidores, notadamente, na hipótese em que atuam na produção de conteúdo, veiculado nas plataformas digitais por meio de

---

29. ROSENVALD, Nelson. *O direito civil em movimento*: desafios contemporâneos. 2. ed. Salvador: Juspodivm, 2018, p. 212.
30. GASPARATTO, Ana Paula Gilio; FREITAS, Cinthia Obladen de Almendra; EFING, Antônio Carlos. Responsabilidade civil dos influenciadores digitais. *Revista Jurídica Cesumar*, Maringá, v. 19, n.1, p. 65-87, jan./abr. 2019, p. 84.
31. DIAS, Lucia Ancona Lopez de Magalhães. *Publicidade e direito*. São Paulo: Revista dos Tribunais, 2010, p. 306.
32. GUIMARÃES, Paulo Jorge Scartezzini. *A publicidade ilícita e a responsabilidade civil das celebridades que dela participam*. 2. ed. São Paulo: Revista dos Tribunais, 2007, p. 223.

publicidade clandestina, o que deve ser rechaçado pela ordem jurídica, com fundamento nos preceitos legais estatuídos pelo Código de defesa do Consumidor (CDC) e normas éticas estabelecidas pelo CONAR, por meio do Código Brasileiro de Autorregulamentação Publicitária (CBAP).

4. A RESPONSABILIDADE CIVIL DOS INFLUENCIADORES DIGITAIS EM TEMPOS DE CORONAVÍRUS

O fenômeno das *lives* na plataforma do *Youtube,* em tempos de Coronavírus, ficou marcado por episódio envolvendo o cantor sertanejo Gusttavo Lima, logo nas primeiras semanas da pandemia. Após a realização das *lives* do cantor intituladas de "Live Gusttavo Lima – Buteco em Casa" e "Buteco Bohemia em Casa", o Conselho Nacional de Autorregulamentação Publicitária (CONAR) abriu Representação Ética para análise das ações publicitárias envolvidas nas transmissões ao vivo.

O episódio gerou entendimentos errôneos e inadequados sobre o exercício da atuação do CONAR. Nesse sentido, diversas *fakes news* foram espalhadas por redes sociais, desinformando o público leigo sobre as atividades do referido Conselho.

Salienta-se que, apesar do cantor Gusttavo Lima ser caracterizado como uma "celebridade", a situação demonstrou que o mesmo agiu com espontaneidade e liberalidade em sua *live,* produzindo *conteúdo e relacionando sua imagem e fama ao anúncio publicitário.* Por este motivo, fora entendido pelo CONAR na referida Representação, que o cantor atuou em posição de *influenciador digital* durante as *lives.*

Contudo, o motivo pelo qual se mostrou necessária a abertura da referida Representação contra as *lives* do cantor pautou-se em dois fatores: i) a falta de identificação clara do público-alvo, vez que não possuía restrições a menores de idade; ii) a influência do consumo exagerado e irresponsável de bebidas alcoólicas, vedada pelo anexo "P" do Código Brasileiro de Autorregulamentação Publicitária[33], que preleciona a necessidade do anúncio publicitário atentar-se à responsabilidade social, não devendo de qualquer forma induzir o exagerado ou irresponsável consumo de bebidas alcoólicas.

Considerando o delicado momento vivenciado pela sociedade na pandemia, no qual aumentam, exponencialmente, os casos de violência doméstica e de consumo exagerado de bebidas alcoólicas, faz-se, ainda, mais necessária a atenção ao promover anúncios publicitários, que envolvam em seu conteúdo bebidas alcoólicas, sendo que o consumo de bebidas de modo desenfreado deve ser desestimulado pelas celebridades (artistas), influenciadores digitais e pelos fornecedores.

A partir do referido episódio, o *YouTube* discutiu e reforçou suas políticas de uso referentes às *lives,* atentando-se desta maneira à sua responsabilidade civil, como *provedor de conteúdo,* sob o viés do Marco Civil da Internet – lei 12.965/2014 –, atuando com esteio no *elemento preventivo* da responsabilidade civil, com a finalidade de mitigar eventuais ocorrências.

---

33. CONAR. *Código Brasileiro de Autorregulamentação Publicitária.* Disponível em: http://www.conar.org.br/codigo/codigo.php. Acesso em: 20 maio 2020.

Segundo Nelson Rosenvald, o elemento preventivo, inclusive, se traduz como a mais importante faceta de responsabilidade civil contemporânea, sendo que "o que se deu à reparação de danos em termos de protagonismo nos últimos dois séculos, necessariamente se concederá a prevenção daqui em diante."[34] Nessa linha de raciocínio, "o elemento preventivo confere às funções da Responsabilidade Civil a característica de uma tutela ampliativa, que pretende evitar que os danos se apresentem na sociedade".[35]

Também, neste sentido, aponta Felipe Peixoto Braga Netto que:

> O direito do século XXI não se satisfaz apenas com a reparação dos danos. Mais importante do que tentar reparar – sempre imperfeitamente, como se sabe – os danos sofridos, a tutela mais adequada, e mais conforme à Constituição, é a tutela preventiva, que busca evitar que os danos ocorram ou que continuem a ocorrer. A função preventiva assume, portanto, neste século, fundamental importância.[36]

O CONAR, após *dezenas de denúncias de consumidores*, optou por instaurar a abertura da Representação de 078/20, em face de Gusttavo Lima e da patrocinadora AMBEV. Em nota, a referida empresa afirmou que constantemente orienta os artistas acerca dos cuidados a serem tomados ao veicular os produtos, mas como este formato é pautado pela "espontaneidade" dos artistas, algumas coisas podem sair fora do planejado.[37] Assim sendo, imperiosa deverá ser a atuação do influenciador, nestas situações, uma vez que atua com patente posição de credibilidade (confiança) perante seus seguidores.

Algumas semanas após a instauração do procedimento ético contra Gusttavo Lima, o CONAR instaurou a Representação Ética 81/20, em face da dupla sertaneja Bruno e Marrone, em relação a "Live Bruno & Marrone Oficial (B&M)", pelo motivo de *potencial influência ao consumo exagerado e irresponsável de bebidas alcoólicas*.

Ainda que o CONAR, atue em cunho ético e administrativo, as nuances expostas demonstram-se de incrível relevância no atual momento, possuindo o condão de ditar o futuro das *lives* patrocinadas. As referidas transmissões ao vivo, inclusive, se apresentam como promissor modelo publicitário a vigorar com ainda mais força no futuro. Se utilizadas de forma correta, deverão continuar como prática bem-vista, mesmo após esta crise, servindo de estímulo para ampliar os modelos publicitários já existentes.

Em maio de 2020, a 2ª Câmara do CONAR, em relação à Representação 078/20,[38] decidiu, por unanimidade, impor sanção de advertência ao cantor Gusttavo Lima por sua conduta nas mencionadas transmissões ao vivo. De mesmo modo, o organismo,

---

34. ROSENVALD, Nelson. *As funções da responsabilidade civil*: a reparação e a pena civil. 3. ed. São Paulo: Saraiva, 2017, p. 96.
35. BARBOSA, Caio César do Nascimento; GUIMARÃES, Glayder Daywerth Pereira; SILVA, Michael César. A eficácia do disgorgement of profits na contenção de ilícitos. In: BRAGA NETTO, Felipe Peixoto; SILVA, Michael César (Orgs.). *Direito privado e contemporaneidade*: desafios e perspectivas do direito privado no século XXI, v. 3. Indaiatuba: Foco, 2020, p. 131.
36. BRAGA NETTO, Felipe Peixoto. A dimensão preventiva da responsabilidade civil. In: BRAGA NETTO, Felipe Peixoto; SILVA, Michael César (Orgs.). *Direito privado e contemporaneidade*: desafios e perspectivas do direito privado no século XXI. Belo Horizonte: D'Plácido, 2014, p. 86.
37. G1. *Conar abre representação contra live de Gusttavo Lima por propaganda irregular de bebida*. 2020. Disponível em: https://g1.globo.com/pop-arte/musica/noticia/2020/04/15/conar-abre-representacao-contra-live-de-gusttavo-lima-por-propaganda-irregular-de-bebida.ghtml. Acesso em: 20 abr. 2020.
38. CONAR (Conselho Nacional de Autorregulamentação Publicitária). Representação 078/20. Julg. Maio 2020. Disponível em: http://www.conar.org.br. Acesso em: 26 maio 2020.

também, decidiu pela advertência para a dupla Bruno e Marrone na Representação Ética 81/20. Em ambos os casos, a AMBEV fora absolvida. Em razão dos eventos ocorridos, outros cantores redobraram a atenção necessária em relação a realização de novas *lives*.

A advertência soa como sinal de aviso para que, influenciadores e seus patrocinadores, não mais atuem de modo inadequado nas publicidades veiculadas em redes sociais, pois caso reiterem essas situações, poderão sofrer pela alteração ou sustação recomendada pelo CONAR. Em caráter mitigatório, muitas destas *lives* com Representações instauradas estão sendo alteradas por iniciativa dos próprios patrocinadores ou produtoras.

Para além do desrespeito aos preceitos éticos estabelecidos pelo Código Brasileiro de Autorregulamentação Publicitária[39], sob o viés da publicidade ilícita, ressalta-se a falta de responsabilidade social dos cantores em suas *lives*. Nesse giro, não apenas induziram potencialmente ao inadequado e exagerado consumo de bebidas, bem como, as *lives* não continham as devidas restrições etárias, acabando por afetar os "hipervulneráveis", vez que as restrições de idades não demonstram ser atrativas, haja vista, o potencial de diminuir potenciais visualizações, gerando menor audiência.

Constata-se, ainda, que a atuação dos referidos cantores/influenciadores se apresenta nos termos do *artigo 37, §2º, do CDC*, como *publicidade ilícita*, especificamente, na espécie *"abusiva"*, pois os mesmo produzem conteúdos nas *lives*, que podem induzir o público a *se comportar de forma prejudicial ou perigosa à sua saúde ou segurança* (pelo incentivo ao consumo imoderado de bebidas alcoólicas), bem como, ainda, atingir ao público *hipervulnerável* (crianças e adolescentes), em função da sua deficiência de julgamento e experiência.

Nessa perspectiva, vislumbra-se uma violação ao *princípio do consumo com responsabilidade social*, por parte dos influenciadores digitais, que determina que a publicidade não deverá induzir, de qualquer forma, ao consumo exagerado ou irresponsável. Ademais, não há, de igual maneira, atenção à *cláusula de advertência*, a qual preceitua que todo anúncio, deverá conter a referida cláusula, à qual refletirá a responsabilidade social da publicidade e a consideração de Anunciantes, Agências de Publicidade e Veículos de Comunicação para com o público em geral.

Nesta linha de intelecção, a temática dos danos sociais pode ser vislumbrada diante da conduta exemplarmente negativa, a qual termina por rebaixar o nível de qualidade de vida de toda a sociedade, com esteio na deliberada ação de beber imoderadamente e no estímulo ao uso de bebidas alcoólicas, com possível intuito de autopromoção e vendas dos produtos.

Certamente, o mais notório acontecimento envolvendo influenciadores digitais nas primeiras semanas de distanciamento social, refere-se ao "episódio Gabriela Pugliesi", uma das mais famosas influenciadoras do Brasil.

Em abril de 2020, ao realizar festa privada com amigos em sua casa, Pugliesi desrespeitou as recomendações da OMS e do Ministério da Saúde, em relação ao isolamento social, para se evitar a propagação do vírus. Após o fato, vários condomínios em São

---

39. CONAR. *Código Brasileiro de Autorregulamentação Publicitária*. Disponível em: http://www.conar.org.br/codigo/codigo.php. Acesso em: 20 maio 2020.

Paulo proibiram visitas e festas privadas em apartamentos para evitar o denominado "efeito Pugliesi".[40]

O episódio repercutiu, significativamente, sendo que o nome da influenciadora, um dia após o ocorrido, "foi o quarto termo mais buscado do Google no Brasil, à frente do astro Luan Santana, que fez um aguardado show via streaming na data (o Google não divulga números, mas informou que ambos tiveram mais de 200.000 buscas no dia)".[41]

A festa particular promovida por Pugliesi fora transmitida por *Stories* no *Instagram* e tornou-se o símbolo de desrespeito à pandemia no Brasil. Em um de seus *Stories*, a influenciadora aparece com um copo em suas mãos e, para câmera, diz "f***-se a vida".[42] Logo após o ocorrido, a mesma percebeu expressiva queda no número de seus seguidores.

Em meio ao seu inevitável "cancelamento" – termo utilizado na internet ao se referir a pessoa que, de certo modo, não merece mais relevância nas redes sociais –, Pugliesi resolveu suspender sua conta no *Instagram*.

Em um dos raros acontecimentos de "consciência de consumo" no mercado brasileiro, os consumidores questionavam as marcas que possuíam parcerias com a influenciadora, indagando-lhes se a atitude de Pugliesi refletia nos ideais que as empresas queriam transparecer aos seus consumidores e ao mercado de consumo. Logicamente, a resposta veio como uma negativa e a maioria das marcas romperam as parcerias e patrocínios, que possuíam com a influenciadora, estimando-se que a mesma pode ter tido prejuízo de aproximadamente *três milhões de reais* pela perda de suas parcerias, segundo a revista Forbes.[43]

Uma vez concebidas as principais características da sociedade contemporânea, bem como os impactos do Coronavírus nesse cenário, avançando posteriormente sobre a questão dos *digital influencers*, é fundamental que a temática dos danos sociais seja discutida.

> Um ato se doloso ou gravemente culposo, ou se negativamente exemplar, não é lesivo somente ao patrimônio material ou moral da vítima, mas sim, atinge a toda a sociedade, num rebaixamento imediato do nível de vida da população. Causa dano social. Isto é particularmente evidente quando se trate da segurança, que traz diminuição da tranquilidade social, ou de quebra da confiança, em situações contratuais ou paracontratuais, que acarreta redução da qualidade coletiva de vida.[44]

---

40. G1. *Para evitar 'efeito Pugliesi', edifícios de SP proíbem visitas, corretores e festas privadas em apartamentos na quarentena*. 2020. Disponível em: https://g1.globo.com/sp/sao-paulo/noticia/2020/05/01/para-evitar-efeito-pugliesi-edificios-de-sp-proibem-visitas-corretores-e-festas-privadas-em-apartamentos-durante-quarentena.ghtml. Acesso em: 23 maio 2020.
41. VEJA. *Por trás do linchamento virtual de Pugliesi: ódio, likes e algoritmo*. 2020. Disponível em: https://veja.abril.com.br/blog/veja-gente/por-tras-do-linchamento-virtual-de-pugliesi-odio-likes-e-algoritmo/. Acesso em: 30 abr. 2020.
42. G1. *Caso Pugliesi escancara crise dos influenciadores, que foram do fascínio à rejeição na pandemia*. 2020. Disponível em: https://g1.globo.com/pop-arte/noticia/2020/05/05/caso-pugliesi-escancara-crise-dos-influenciadores-que-foram-do-fascinio-a-rejeicao-na-pandemia.ghtml. Acesso em: 23 maio 2020.
43. FORBES. *Festa durante isolamento pode ter causado prejuízo de R$ 3 milhões a Gabriela Pugliesi*. 2020. Disponível em: https://forbes.com.br/colunas/2020/05/festa-durante-isolamento-pode-ter-causado-prejuizos-de-r-3-milhoes-a-gabriela-pugliesi/. Acesso em: 2 maio 2020.
44. AZEVEDO, Antônio Junqueira de. *Novos Estudos e Pareceres de Direito Privado*. São Paulo: Saraiva, 2009, p. 377-378.

Nota-se, que o dano social é decorrente de uma lesão dirigida à sociedade, ocasionando um rebaixamento na qualidade de vida da coletividade.

> Tem-se que a diferenciação nuclear entre o dano social e o dano individual reside nos sujeitos lesionados por determinada conduta. Enquanto, o dano individual apresenta uma violação ao aspecto do direito individual, sendo a vítima determinada, o dano social apresenta uma violação ao aspecto do direito difuso, sendo as vítimas indeterminadas ou indetermináveis
>
> [...]
>
> Desse modo, depreende-se que o dano social é aquele que atinge a sociedade como um todo ou em parte, rebaixando a qualidade da vida dos indivíduos enquanto integrantes desta sociedade. Há de se dizer que o rebaixamento da qualidade de vida não se refere a aspectos meramente ligados à subsistência do indivíduo, pois, em consonância com a interpretação do Supremo Tribunal Federal, a vida deve ser analisada sobre o prisma de vida digna, ampliando-se o conceito de vida e, consequentemente, dos possíveis danos direcionados a mesma. [45]

Nesse sentido, é perceptível a distinção entre as figuras dos danos individuais e dos danos sociais, precipuamente, em relação as vítimas do evento danoso, sendo o primeiro direcionado a um sujeito determinável e o segundo a um grupo indeterminado de pessoas. Ademais, verifica-se que o dano social é competente para propiciar uma degradação, próprio aviltamento, da vida em seu sentido mais amplo.

A atuação dos *digital influencers* repercute significativamente na vida de todos os indivíduos, sejam por hábitos, expressões na forma de se comunicar, gestos, gostos, hábitos de consumo, ou outras atividades, por meio das mídias sociais, de modo que, estas personalidades possuem significativo papel no cotidiano de milhares de usuários.

As pessoas passam a se relacionar com uma pessoa antes inalcançável, a observar seu cotidiano e, sobretudo, se sentir parte da vida do *digital influencer*, razão pela qual estes possuem *alto poder persuasivo* frente aos indivíduos que os seguem.

Inegável é que as mídias sociais apresentam muitos conteúdos extremamente qualificados, como canais que disponibilizam o conhecimento científico, lições, conhecimentos diversos sobre o mundo, dentre outras coisas. Entretanto, cotidianamente, novos canais, páginas e perfis que disseminam conteúdos inverídicos ou de qualidade duvidosa, também, surgem promovendo comportamentos por vezes nocivos, aviltantes e, até mesmo, discriminatórios.

Os *digital influencers,* enquanto produtores de conteúdo e formadores de opinião, possuem um papel social profundamente relevante na contemporaneidade, devendo, portanto, agir em consonância com a responsabilidade social e sua posição de proeminência nas redes sociais, haja vista, atingirem uma transindividualidade de indivíduos no ambiente digital, sendo que a conduta exemplarmente negativa dos *digital influencers*, não afeta tão somente uma pessoa que sofre um dano direito, mas, em verdade, repercute sobre toda uma gama de indivíduos expostos as práticas do mesmo.

---

45. GUIMARÃES, Glayder Daywerth Pereira; SILVA, Michael César. Fake News à luz da responsabilidade civil digital: o surgimento de um novo dano social. *Revista Jurídica da FA7*, Fortaleza, v. 16, n. 2, p. 99-114, jul./dez. 2019, p. 108.

Nessa toada, vislumbra-se a possibilidade de imputação de danos sociais ao *digital influencer*, na hipótese em que sua conduta exemplarmente negativa, for propagada e disseminada pelas redes sociais, em medidas significativas, reduzindo a qualidade de vida da coletividade pelo potencial gravoso de sua conduta e, sobretudo, pela publicação destas. Entende-se, portanto, que *a busca pela fama* não pode se sobrepor as questões legais, éticas e aos princípios e valores sociais delineados pela Constituição da República de 1988.

Casos como os retromencionados ao longo da pesquisa, possibilitam verificar atos perpetrados por *digital influencers* que, por meio de suas plataformas digitais, podem causar danos sociais, que reverberam por toda a sociedade e reduzem a qualidade de vida da transindividualidade.

Afinal, ainda se questiona o grau lesivo oriundo da má conduta dos mencionados influenciadores e a dimensão dos danos deles decorrentes. A conduta de Gusttavo Lima – e de outros sertanejos em suas *lives* – decerto influenciou indivíduos a consumirem bebidas alcoólicas de modo irresponsável (na própria plataforma do *Instagram*, viralizaram "desafios" envolvendo bebidas por indivíduos que assistiam às transmissões), podendo este consumo exagerado gerar severos problemas de saúde futuramente, como bem assevera a OMS.[46]

> Assim sendo, é possível afirmar que a publicidade em meio digital das bebidas alcoólicas deve obedecer todas as regras ora mencionadas, demonstrando o caráter de ilegalidade das "lives" especialmente por deixar de observar o princípio da responsabilidade social. Ainda que a inserção das marcas sejam permitidas durante a programação (product placement), mesmo que desacompanhadas da advertência, jamais poderia haver a sugestão de consumo por parte dos apresentadores. O desrespeito a esses preceitos coloca em maior vulnerabilidade os adolescentes expostos ao conteúdo publicitário, considerando que os aplicativos tem classificação indicativa de 13 (treze) anos, podendo ser discutida, em ação coletiva a possibilidade de compensação por dano moral coletivo.[47]

Nesse viés, a lei 9.294/1996 prevê várias recomendações que os anunciantes devem seguir na veiculação de publicidade que se refira a bebidas alcoólicas, por meio de *merchandising*, *product placement* ou outras táticas publicitárias. Ainda, que, à época de promulgação da lei, não existissem as mídias sociais – tampouco, o expressivo apelo contemporâneo – devem seus dispositivos serem hermeneuticamente interpretados no atual contexto, em que as mencionadas mídias possuem significativo apelo aos "hipervulneráveis".

Na hipótese dos legitimados para propositura da ação – neste caso, o Ministério Público, a Defensoria Pública, os entes federados e associações que cumpram os requisitos legais – entenderem pela possibilidade de indenização dos influenciadores, considerando as "lesões à sociedade, no seu nível de vida, tanto por rebaixamento de seu patrimônio

---

46. ESTADO DE MINAS. *OMS sugere limitar venda de bebida alcoólica durante a pandemia.* Disponível em: https://www.em.com.br/app/noticia/internacional/2020/04/15/interna_internacional,1138953/oms-sugere-limitar-venda-de-bebida-alcoolica-durante-a-pandemia.shtml. Acesso em: 25 maio 2020.
47. DENSA, Roberta. A regulamentação da publicidade das bebidas alcoólicas e a proteção do adolescente no Instagram e Facebook. *Migalhas da Responsabilidade Civil*. Disponível em: https://www.migalhas.com.br/coluna/migalhas-de-responsabilidade-civil/327626/a-regulamentacao-da-publicidade-das-bebidas-alcoolicas-e-a-protecao-do-adolescente-no-instagram-e-facebook. Acesso em: 26 maio 2020

moral – principalmente a respeito da segurança – quanto por diminuição na qualidade de vida"[48] oriundo do negativo comportamento, o que for auferido pela eventual indenização dever-se-ia ser destinado a fundos de combate ao Coronavírus. Afinal, as referidas condutas possuem como escopo a gravidade da situação causada pela pandemia.

As considerações suscitadas merecem severa análise e são dignas da atual relevância, uma vez que os influenciadores encontram cada vez mais espaço de ascensão no corpo social existente, devendo, deste modo, atuarem em conformidades com os preceitos legais, éticos e sociais, estabelecidos para fins de veiculação de publicidade, desenvolvendo conteúdo adequado, para seus seguidores e para a sociedade, em suas redes sociais.

5. CONCLUSÃO

Ante ao delicado momento oriundo da pandemia ocasionada pelo Coronavírus, as constantes revoluções mercadológicas adentram o território digital com imperiosa celeridade e urgência, antecipando em anos uma inevitável migração. Fatores como a pandemia se demonstram objetivos para caracterização de bruscas – ainda que necessárias – mudanças no estilo de vida da sociedade contemporânea.

O mercado de consumo digital, nessa perspectiva, se remodela diariamente na tentativa de se adaptar aos novos hábitos e necessidades dos indivíduos. Da mesma forma, o fenômeno das *lives* assevera a receptividade dos consumidores a este inovador formato que certamente continuará a vigorar na "nova normalidade".

As cotidianas alterações presenciadas se tornam possível pelo fator da hiperconectividade, característica quase essencial para o estilo de vida contemporâneo nos corpos sociais modernos. Os influenciadores digitais assumem posição importante nas redes sociais, em especial, em uma época onde muitos querem ser considerados como *influencers*, ao ditar padrões de comportamento, expor multíplices conteúdos, bem como, optarem por exibir a vida íntima para outras pessoas.

Considerando que os influenciadores se encontram inseridos no contexto de sociedade hiperconectada, como também caracterizarem-se como notórias figuras na conjuntura do mercado de consumo digital, estes, mais do que nunca, demonstram significativo e considerável papel na rotina de incontáveis pessoas ao redor do mundo.

Ante a incansável corrida por visualizações, são inúmeros os episódios em que influenciadores apostam no vale-tudo em busca da fama e autopromoção, como em casos de notáveis desperdícios de comida em vídeo, brincadeiras duvidosas recorrentes e de *posts* de conteúdo ofensivo na esperança de ganharem os holofotes (fama), alcançarem a esperada atenção que tanto anseiam, e, sobretudo, aumentarem seu número de seguidores nas redes sociais.

---

48. AZEVEDO, Antônio Junqueira de. Por uma nova categoria de dano na responsabilidade civil: o dano social. *In*: FILOMENO, José Geraldo Brito; WAGNER JÚNIOR, Luiz Guilherme da Costa; GONÇALVES, Renato Afonso (Coord.). *O Código civil e sua interdisciplinaridade*. Belo Horizonte: Del Rey, 2004, p. 376.

No contexto de uma sociedade hiperconectada, evidenciada pela *era das lives*, a atuação dos influenciadores digitais deve ser pautada pelo dever de *responsabilidade social*, sendo que, a prática de condutas exemplarmente negativas deve ser desestimulada.

Os influenciadores, ao promoverem comportamentos voltados a indução a bebidas alcoólicas de forma imoderada, sem restrição a menores de idade, devem assumir responsabilidade social, devendo promover conteúdos que não sejam considerados como capazes de rebaixar a qualidade de vida do público, vez que possuem expressivo e inegável potencial de induzimento a estas condutas. Logo, os recentes acontecimentos, reforçam que estes influenciadores devem agir de maneira, ética e socialmente responsável, sob pena de serem responsabilizados pelos prejuízos advindos de sua conduta.

Nessa linha de intelecção, vislumbra-se a possibilidade de responsabilidade por *danos sociais*, na hipótese na qual, os *digital influencers* utilizando-se de sua visibilidade nas plataformas digitais, atuam mediante a inobservância da *responsabilidade social*, de modo a estabelecer uma redução na qualidade de vida da sociedade, por intermédio de práticas exemplarmente negativas, as quais devem ser rechaçadas pela ordem jurídica.

A responsabilidade civil atribuída aos influenciadores demonstra-se como *objetiva*, fundamentada nos preceitos normativos norteadores da *boa-fé objetiva e da função social dos contratos*, tal como pela veiculação e promoção de publicidade ilícita com poderio de indução de comportamento ao seu público, relacionando-se a preexistência de confiança. Destarte, os *influencers*, os patrocinadores, os anunciantes e os provedores de conteúdo devem se atentar ao *elemento preventivo* da responsabilidade civil, de forma a evitar a ocorrência de danos.

A controvérsia em estudo, se demonstra atual e necessária de análise, sendo, ainda, construídos os critérios objetivos para caracterização das condutas consideradas como reprováveis por parte de tais personalidades digitais, mas o horizonte indica haver a possibilidade de que ações de influenciadores sejam passiveis de responsabilização civil.

REFERÊNCIAS

AZEVEDO, Antônio Junqueira de. *Novos estudos e pareceres de direito privado*. São Paulo: Saraiva, 2009.

AZEVEDO, Antônio Junqueira de. Por uma nova categoria de dano na responsabilidade civil: o dano social. In: FILOMENO, José Geraldo Brito; WAGNER JÚNIOR, Luiz Guilherme da Costa; GONÇALVES, Renato Afonso (Coord.). *O Código civil e sua interdisciplinaridade*: os reflexos do código civil nos demais ramos do direito. Belo Horizonte: Del Rey, 2004.

BARBOSA, Caio César do Nascimento; BRITTO, Priscila Alves de; SILVA, Michael César. Publicidade Ilícita e Influenciadores Digitais: Novas Tendências da Responsabilidade Civil. *Revista IBERC*, Belo Horizonte, v. 2, n. 2, p. 1-21, set. 2019.

BARBOSA, Caio César do Nascimento; GUIMARÃES, Glayder Daywerth Pereira; SILVA, Michael César. A eficácia do disgorgement of profits na contenção de ilícitos. In: BRAGA NETTO, Felipe Peixoto; SILVA, Michael César (Orgs.). *Direito privado e contemporaneidade*: desafios e perspectivas do direito privado no século XXI, v. 3. Indaiatuba: Foco, 2020.

BENJAMIN, Antônio Herman V.; MARQUES, Claudia Lima; BESSA, Leonardo Roscoe. *Manual de direito do consumidor*. 7. ed. São Paulo: Revista dos Tribunais, 2016.

BRAGA NETTO, Felipe Peixoto. A dimensão preventiva da responsabilidade civil. *In:* BRAGA NETTO, Felipe Peixoto; SILVA, Michael César (Orgs.). *Direito privado e contemporaneidade:* desafios e perspectivas do direito privado no século XXI. Belo Horizonte: D'Plácido, 2014.

BRAGA NETTO, Felipe Peixoto. *Manual de direito do consumidor: à luz da jurisprudência do STJ.* 8. ed. Salvador: Juspodivm, 2013.

BRASIL. *Código de Defesa do Consumidor.* Lei 8.078, de 11 de setembro de 1990. Disponível em: http://www.planalto.gov.br/ccivil_03/LEIS/L8078.htm. Acesso em: 12 maio 2020.

CJF (Conselho de Justiça Federal). IV Jornada de Direito Civil – *Enunciado 363*. Disponível em: https://www.cjf.jus.br/enunciados/enunciado/476. Acesso em: 20 maio 2020.

CONAR (Conselho Nacional de Autorregulamentação Publicitária). *Representação 078/20.* Julg. maio 2020. Disponível em: http://www.conar.org.br. Acesso em: 26 maio 2020.

CONAR, Conselho Nacional de autorregulamentação publicitária. *Um balanço da autorregulamentação publicitária em 2019*. Disponível em: http://www.conar.org.br/pdf/conar220.pdf. Acesso em: 18 maio 2020.

CONAR. *Código Brasileiro de Autorregulamentação Publicitária.* Disponível em: http://www.conar.org.br/codigo/codigo.php. Acesso em: 20 maio 2020.

DENSA, Roberta. A regulamentação da publicidade das bebidas alcoólicas e a proteção do adolescente no Instagram e Facebook. *Migalhas da Responsabilidade Civil.* Disponível em: https://www.migalhas.com.br/coluna/migalhas-de-responsabilidade-civil/327626/a-regulamentacao-da-publicidade-das-bebidas-alcoolicas-e-a-protecao-do-adolescente-no-instagram-e-facebook. Acesso em: 26 maio 2020.

DIAS, Lucia Ancona Lopez de Magalhaes. *Publicidade e direito.* 2. ed. São Paulo: Revista dos Tribunais, 2013.

ESTADO DE MINAS. *OMS sugere limitar venda de bebida alcoólica durante a pandemia.* Disponível em: https://www.em.com.br/app/noticia/internacional/2020/04/15/interna_internacional,1138953/oms-sugere-limitar-venda-de-bebida-alcoolica-durante-a-pandemia.shtml. Acesso em: 25 maio 2020.

EXAME. *Na quarentena, o mundo virou uma live.* Disponível em: https://exame.abril.com.br/revista-exame/o-mundo-e-uma-live/. Acesso em: 2 maio 2020.

FORBES. *Festa durante isolamento pode ter causado prejuízo de R$ 3 milhões a Gabriela Pugliesi.* 2020. Disponível em: https://forbes.com.br/colunas/2020/05/festa-durante-isolamento-pode-ter-causado-prejuizos-de-r-3-milhoes-a-gabriela-pugliesi/. Acesso em: 2 maio 2020.

G1. *Caso Pugliesi escancara crise dos influenciadores, que foram do fascínio à rejeição na pandemia.* 2020. Disponível em: https://g1.globo.com/pop-arte/noticia/2020/05/05/caso-pugliesi-escancara-crise-dos-influenciadores-que-foram-do-fascinio-a-rejeicao-na-pandemia.ghtml. Acesso em: 23 maio 2020.

G1. *Conar abre representação contra live de Gusttavo Lima por propaganda irregular de bebida.* 2020. Disponível em: https://g1.globo.com/pop-arte/musica/noticia/2020/04/15/conar-abre-representacao-contra-live-de-gusttavo-lima-por-propaganda-irregular-de-bebida.ghtml. Acesso em: 20 abr. 2020.

G1. *Lives corporativas reforçam agenda vazia de artistas com cachê igual ao de show normal.* Disponível em: https://g1.globo.com/pop-arte/lives/noticia/2020/05/26/lives-corporativas-reforcam-agenda-vazia-de-artistas-com-cache-igual-ao-de-show-normal.ghtml. Acesso em: 24 maio 2020

G1. *Para evitar 'efeito Pugliesi', edifícios de SP proíbem visitas, corretores e festas privadas em apartamentos na quarentena.* 2020. Disponível em: https://g1.globo.com/sp/sao-paulo/noticia/2020/05/01/para-evitar-efeito-pugliesi-edificios-de-sp-proibem-visitas-corretores-e-festas-privadas-em-apartamentos-durante-quarentena.ghtml. Acesso em: 23 maio 2020.

GASPARATTO, Ana Paula Gilio; FREITAS, Cinthia Obladen de Almendra; EFING, Antônio Carlos. Responsabilidade civil dos influenciadores digitais. *Revista Jurídica Cesumar*, Maringá, v. 19, n. 1, p. 65-87, jan./abr. 2019.

GUIMARÃES, Glayder Daywerth Pereira; SILVA, Michael César. Fake News à luz da responsabilidade civil digital: o surgimento de um novo dano social. *Revista Jurídica da FA7*, Fortaleza, v. 16, n. 2, p. 99-114, jul./dez. 2019.

GUIMARÃES, Paulo Jorge Scartezzini. *A publicidade ilícita e a responsabilidade civil das celebridades que dela participam*. 2. ed. São Paulo: Revista dos Tribunais, 2007.

GUSTIN, Miracy Barbosa de Sousa; DIAS, Maria Tereza Fonseca. *(Re)pensando a pesquisa jurídica*: teoria e prática. 3. ed. Belo Horizonte: Del Rey, 2010.

JORNAL DO COMÉRCIO. *Instagram lança recurso para ajudar pequenas empresas*. Disponível em: https://www.jornaldocomercio.com/_conteudo/ge2/noticias/2020/05/738215-instagram-lanca-recurso-para-apoiar-pequenas-empresas.html. Acesso em: 10 jun. 2020.

LIMA, Cláudia Borges de; COUTO, Kioko Nakayama Nenoki do; LUIZ, Michelly Jacinto Lima. O mito diretivo das digitais influencers como potencializador do discurso consumerista. *Revista Travessias*, Cascavel, v. 14, n. 1, p. 218-234, jan./abr. 2020.

MARTINS-COSTA, Judith. *A boa-fé no direito privado*: critérios para sua aplicação. 2. ed. São Paulo: Saraiva Educação, 2018.

MENEZES, Joyceane Bezerra de; AMORIM, Ana Mônica Anselmo de. Os impactos do COVID-19 no direito de família e a fratura do diálogo e da empatia. *Civilistica.com*, Rio de Janeiro, v. 9, n.1, p. 1-38, 9 maio 2020.

MOREIRA, Diogo Rais Rodrigues; BARBOSA, Nathalia Sartarello. O reflexo da sociedade do hiperconsumo no instagram e a responsabilidade civil dos influenciadores. *Revista Direitos Culturais*, Santo Ângelo, n. 30, p. 73-88, 2018.

MUCELIN, Guilherme. DÁQUINO, Lucia Souza. O papel do direito do consumidor para o bem-estar da população brasileira e o enfrentamento à pandemia de Covid-19. *Revista de Direito do Consumidor*, São Paulo, v. 129, p. 1-30, maio/jun. 2020.

O GLOBO. *Lives de 2020 são dominadas por brasileiros, com sete das 10 maiores audiências do mundo*. Disponível em: https://oglobo.globo.com/cultura/lives-de-2020-sao-dominadas-por-brasileiros-com-sete-das-10-maiores-audiencias-no-mundo-24430222. Acesso em: 16 maio 2020.

ROSENVALD, Nelson. *As funções da responsabilidade civil*: a reparação e a pena civil. 3. ed. São Paulo: Saraiva, 2017.

ROSENVALD, Nelson. *O direito civil em movimento*: desafios contemporâneos. 2. ed. Salvador: Juspodivm, 2018.

SIMAS, Danielle Costa de Souza; SOUZA JÚNIOR, Albefredo Melo de. Sociedade em rede: os influencers digitais e a publicidade oculta nas redes sociais. *Revista de Direito, Governança e Novas Tecnologias*, Salvador, v. 4, n. 1, p. 17-32, jan./jun. 2018.

SOUSA JÚNIOR, João Henrique. RIBEIRO, Letícia Virgínia Henriques Alves de Sousa; SANTOS, Weverson Soares; SOARES, João Coelho; RAASCH, Michele. '#fiqueemcasa e cante comigo': estratégia de entretenimento musical durante a pandemia de covid-19 no Brasil. *Revista Boca Boletim de Conjuntura*, Boa Vista, ano II, v. 2, n. 4, 2020.

VALOR ECONÔMICO. *'Lives' atraem patrocínio de marcas*. Disponível em: https://valor.globo.com/empresas/noticia/2020/04/22/lives-atraem-patrocinio-de-marcas.ghtml. Acesso em: 15 abr. 2020.

VEJA. *Por trás do linchamento virtual de Pugliesi: ódio, likes e algoritmo*. 2020. Disponível em: https://veja.abril.com.br/blog/veja-gente/por-tras-do-linchamento-virtual-de-pugliesi-odio-likes-e-algoritmo/. Acesso em: 30 abr. 2020.

WHO, World health organization. *Rolling updates on coronavirus disease (COVID-19)*. Disponível em: https://www.who.int/emergencies/diseases/novel-coronavirus-2019/events-as-they-happen. Acesso em: 18 maio 2020.

WITKER, Jorge. *Como elaborar una tesis en derecho*: pautas metodológicas y técnicas para el estudiante o investigador del derecho. Madrid: Civitas, 1985.

18
PARA ALÉM DAS *LOOT BOXES*: RESPONSABILIDADE CIVIL E NOVAS PRÁTICAS ABUSIVAS NO MERCADO DE *GAMES*

José Luiz de Moura Faleiros Júnior

Roberta Densa

Sumário: 1. Introdução. 2. *Games* e a gamificação das relações de consumo. 3. Para além das *loot boxes*: novas práticas abusivas a partir dos *nudges*. 3.1. As *loot boxes* os *gacha games*. 3.2. *Framing*. 3.3. *Anchoring*. 3.4. Microtransações. 3.5. *Bundling*. 4. Notas conclusivas. Referências.

> "O divertimento, assim como o trabalho e o sono, constitui, irrevogavelmente, parte do processo vital biológico. E a vida biológica constitui sempre, seja trabalhando ou em repouso, seja empenhada no consumo ou na recepção passiva do divertimento, um metabolismo que se alimenta de coisas devorando-as. As mercadorias que a indústria de divertimento proporciona não são "coisas", objetos culturais cuja excelência é medida por sua capacidade de suportar o processo vital e se tornarem pertencentes do mundo, e não deveriam ser julgadas em conformidade com tais padrões; elas tampouco são valores que existem para serem usados e trocados; são bens de consumo destinados a se consumirem no uso, exatamente como quaisquer outros bens de consumo. *Panis et circenses* realmente pertencem a uma mesma categoria; ambos são necessários à vida, para sua preservação e recuperação, e tampouco desaparecem no decurso do processo vital."
>
> Hannah Arendt

1. INTRODUÇÃO

A presença e a importância dos videogames na cultura contemporânea é algo que não se pode negar. Não apenas o contexto tecnológico sofre mutações constantes a partir dos algoritmos – mais sofisticados e adaptados à evolução dos microprocessadores e das técnicas de edição e programação –, mas também as práticas direcionadas ao mercado explorado pelos participantes da cadeia de consumo de jogos eletrônicos.

Nesse ambiente, o direito do consumidor deve estar em constante aprimoramento, se tornando apto a tutelar as diversas novas estratégias de *marketing* que, embora sofisticadas, não podem se tornar abusivas e, muito menos, passar ao largo do regime de proteção instaurado a partir do Código de Defesa do Consumidor.

Entretanto, a Internet apresenta peculiaridades que a distinguem das habituais e antigas relações de consumo dos jogos eletrônicos e já se caminha para a institucionalização de um modelo de negócio dos 'games' como serviços, tal como já ocorre com serviços de *streaming* de músicas, filmes e séries, e, se não há mais a compra e venda da tradicional mídia física, largo campo se inaugura para a exploração comercial com alto potencial lucrativo.

O início desse fenômeno é fruto das chamadas *loot boxes*, ou 'caixas de recompensa', que, tal e qual ocorre nos videogames, indica a oferta de itens virtuais consumíveis que podem ser resgatados para que o usuário receba uma seleção aleatória de outros itens virtuais, que vão desde simples opções de personalização para o avatar ou personagem de um jogador, até equipamentos que mudam o jogo.

Esse modelo de negócio, também chamado no Japão de *gacha gaming*, baseado em *nudges*[1], tem o potencial de literalmente viciar o jogador, haja vista a sequência crescente e estruturada a partir de algoritmos que estimulam o consumo por meio de pagamentos que tornam a rotina insaciável, especialmente para crianças e adolescentes.

E, pensando nisso, a presente pesquisa se debruçará sobre esta e algumas outras práticas abusivas já existentes e até recorrentes no mercado de jogos eletrônicos, a saber: *framing*, *anchoring*, microtransações e *bundling*.

As peculiaridades são muitas, mas, o que se procurará estabelecer é a necessidade de atualização constante dos critérios de proteção às relações de consumo e aos consumidores, mediante análise dedutiva e contextual, lastreada em pesquisa bibliográfica.

2. GAMES E A GAMIFICAÇÃO DAS RELAÇÕES DE CONSUMO

Falar em gamificação já se tornou uma tendência inescapável: até o ensino vem sendo repensado a partir de modelos 'gamificados'[2], que exploram a atenção e o desejo humano pela superação de desafios para promover motivação, interesse e despertar curiosidade e memorização.

Na perspectiva do *homo ludens*, o jogo é, na linha do que sempre afirmou Johan Huizinga, uma força atávica definidora da própria cultura, o que o torna um fenômeno metamórfico, transformador e transdisciplinar[3], afetando, por esse exato motivo, as relações jurídicas.

O mesmo autor afirmou que o jogo é mais antigo que o seu desenvolvimento pela cultura, explicando que os jogos estão presentes entre os animais, identificados

---

1. *Nudge* é uma palavra da língua inglesa que significa empurrar ou cutucar alguém levemente com o intuito de chamar sua atenção. Significa, portanto, persuadir ou encorajar de forma sutil. Richard H. Thaler e Cass Sustein definem o termo como uma intervenção que preserva a liberdade de escolha, ainda que possa influenciar a tomada de decisão. Em outras palavras, a ideia por trás dos *nudges* não é coagir, mas induzir.
2. O tema é profundamente explorado em obra de referência sobre o assunto, de autoria de Karl Kapp, que explora técnicas de treinamento e ensino a partir da gamificação: KAPP, Karl M. *The gamification of learning and instruction*: game-based methods and strategies for training and education. São Francisco: Pfeiffer, 2012. Ademais, analisando as possíveis aplicações desta tendência no ensino brasileiro, com análise casuística, confira-se: LEMES, David de Oliveira; SANCHES, Murilo Henrique Barbosa. Gamificação e educação: estudo de caso. *In:* SANTAELLA, Lucia; NESTERIUK, Sérgio; FAVA, Fabrício (Orgs.). *Gamificação em debate*. São Paulo: Blucher, 2018, p. 187-198. ARAÚJO, Inês; CARVALHO, Ana Amélia. Gamificação no ensino: casos bem sucedidos. *Revista Observatório*, Palmas, v. 4, n. 4, p. 246-283, jul./set. 2018.
3. HUIZINGA, Johan. *Homo ludens*: o jogo como elemento da cultura. Tradução de João Paulo Monteiro. 8. ed. São Paulo: Perspectiva, 2014, p. 6-7.

nas brincadeiras entre os filhotes e nas competições mais complexas entre os animais adultos.

Assim, para Huizinga, mesmo em suas formas mais simples, o jogo é quase um fenômeno fisiológico com reflexo psicológico, que ultrapassa os limites da física ou biologia[4]:

> No jogo existe alguma coisa "em jogo" que transcende as necessidades imediatas da vida e confere um sentido à ação. Todo jogo significa alguma coisa. Não se explica nada chamando "instinto" ao princípio ativo que constitui a essência do jogo; chamar-lhe "espírito" ou "vontade" seria dizer-lhe demasiado. Seja qual for a maneira como o considerem, o simples fato de o jogo encerrar um sentido implica a presença de um elemento não material em sua própria essência.

Como diz McLuhan, "os jogos [...] são contrairritantes ou meios de ajustamento às pressões e tensões do trabalho, os jogos são modelos fiéis de uma cultura."[5] Exatamente por isso, suas implicações transcendem o próprio aspecto lúdico extraído do *game* em si mesmo, ou da diversão episódica, momentânea, efêmera; transita-se, como analisa Fabrício Fava, por uma onipresença da lógica que rege os *games*:

> A onipresença dos *games* pode ser verificada na aplicação de sua lógica e suas mecânicas nos mais diversos contextos. Isto é, os jogos são vistos como um complexo fenômeno cultural, não apenas como validação do entretenimento, mas especialmente no que diz respeito à promoção de mudanças e engajamento para o bem social.[6]

É pelos *games* que se pode, por exemplo, transcender a idealização, dando cores e formas à imaginação. Por meio dos videogames, certas experiências passivas (como as dos filmes e séries televisivas) são transformadas em imersões, colocando o jogador em uma posição ativa[7], na qual suas interações e decisões repercutem no progresso da trama. Criam-se verdadeiros avatares virtuais, com experiências complexas e empolgantes, que ultrapassam o mero caráter lúdico. Por isso, os *games* atraem tanta atenção (e investimentos!).

Exatamente por isso, os mercados passaram a se moldar a essa nova realidade, atraindo investidores e se tornando cada vez mais lucrativos: para 2020, as projeções são

---

4. HUIZINGA, Johan. *Homo ludens*: o jogo como elemento da cultura. Tradução de João Paulo Monteiro. 8. ed. São Paulo: Perspectiva, 2014. p. 4.
5. McLUHAN, H. Marshall. *Os meios de comunicação como extensões do homem*. Tradução de Décio Pignatari. São Paulo: Cultrix, 2007, p. 264.
6. FAVA, Fabrício. A emergência da gamificação na cultura do jogo. In: SANTAELLA, Lucia; NESTERIUK, Sérgio; FAVA, Fabrício (Orgs.). *Gamificação em debate*. São Paulo: Blucher, 2018, p. 52.
7. Veja-se o exemplo narrado por Karl Kapp: "When you play the James Bond 007 NightFire game on the PlayStation 2, you don't tell James Bond what to shoot, you don't direct him where to go, and you don't give him commands to follow. No, you don't control James Bond because you are James Bond. The first-person viewpoint puts you neatly into Bond's tuxedo. It is as if you were in a Bond movie drinking the martini yourself. You learn as James Bond how to approach a potential enemy, which gun has the most firepower, and which button activates the car's missile defense system. (Trust me, that comes in handy when you are being chased by heavily armed jeeps.) You learn more than you would if you were merely controlling some external character's movements. You wince when you are shot; your stomach drops when you fall off a cliff. You understand the implicit rules of the world in which you are operating as Bond. Parameters are revealed to you as you play. Some are obvious and predictable, like gravity. Some are not so obvious, like detecting enemies by using the "Bond Focus" power." (KAPP, Karl M. *Gadgets, games, and gizmos for learning*: tools and techniques for transferring know-how from boomers to gamers. São Francisco: Pfeiffer, 2007, p. 75.)

de que US$ 159,3 bilhões circulem pelo mercado de *games*, e, em 2023, a expectativa é de que se ultrapasse os US$ 200 bilhões![8]

Há muito dinheiro circulando por essa longa cadeia de consumo, que envolve desenvolvedoras, estúdios de jogos, programadores, *designers*, plataformas comerciais, plataformas de *marketing*, atores, músicos, produtores, diretores de arte, agências de publicidade, redes sociais... e, na ponta, consumidores.

Essa dinâmica torna o universo dos *games* extremamente atrativo para que novas aplicações sejam desenvolvidas e testadas, sob diversas frentes e com variados fins. A primeira potencialidade, como alude Fabrício Fava, decorre dos próprios jogos eletrônicos:

> 1. *Nos jogos propriamente ditos* (sejam eles com objetivo de entretenimento ou nos chamados *serious games* [aplicados a treinamentos, por exemplo, militar médico etc.]) [...]. Muitas ações também têm utilizado os videogames no contexto de ensino e aprendizagem buscando o envolvimento e a motivação dos alunos a partir de uma experiência lúdica. Essas soluções têm adotado os jogos como ferramentas de ensino e os resultados parecem bastante promissores, como o caso de *Minecraft*, que possui uma comunidade online na qual os professores podem trocar experiências, ideias e inspirações sobre o uso do jogo em suas escolas. [...] São inúmeros os aplicativos e as plataformas projetados com fins de aprendizagem, como o é o caso de *Duolingo*, para aprendizagem de idiomas; *Udemy*, com cursos diversos, como programação, culinária ou comunicação oral; e *Instinct*, para o ensino de música.[9]

Nos dizeres de Andrew Ervin, "o fato de os videogames serem divertidos não significa, necessariamente, que sejam frívolos"[10] e essa a razão pela qual suas potencialidades transcendem o aspecto lúdico e passam a gerar impactos sobre a cultura e, por conseguinte, também sobre a economia. E este não é, por si só, um fenômeno novo: a cultura televisiva, especialmente a partir das telenovelas (geradoras de uma "apatia política" ou "catarse coletiva"[11]), já era é estudada há anos e reflexe uma tendência à massificação cultural e à disseminação de uma concepção lúdica da vida.[12]

O impacto primordial da gamificação sobre essa tendência advém, naturalmente, da inexorável utilização de um ferramental que produz entrelaçamentos transfronteiriços e de impactos globalizatórios: a Internet.[13]

Tem-se, com isso, não apenas a difusão de uma nova estrutura de cultura massificada, que se propaga por todo o planeta; tem-se, efetivamente, uma cibercultura instantânea[14],

---

8. WIJMAN, Tom. The World's 2.7 Billion Gamers Will Spend $159.3 Billion on Games in 2020; The Market Will Surpass $200 Billion by 2023. *NewZoo*, 8 maio 2020. Disponível em: https://bit.ly/2Da48dU. Acesso em: 20 jul. 2020.
9. FAVA, Fabrício. A emergência da gamificação na cultura do jogo, cit., p. 52.
10. ERVIN, Andrew. *Bit by bit*: how video games transformed our world. Nova York: Basic Books, 2017, p. 7, tradução livre. No original: "[b]ecause video games are intended to be fun, it does not necessarily follow that they are frivolous."
11. MELO, José Marques de. *Os caminhos cruzados da comunicação*: política, economia e cultura. São Paulo: Paulus, 2020, p. 166-167.
12. Cf. MORIN, Edgar. *Cultura de massas no século XX*: o espírito do tempo. Neurose e necrose. Rio de Janeiro: Forense Universitária, 2018.
13. LIPOVETSKY, Gilles; SERROY, Jean. *A cultura-mundo*: resposta a uma sociedade desorientada. Tradução de Maria Lúcia Machado. 3. reimpr. São Paulo: Cia. das Letras, 2011, p. 42. Os autores anotam: "Agora, a técnica invadiu todo o planeta e estende-se a todos os domínios da vida, atinge tanto o infinitamente grande como o infinitamente pequeno, não produz apenas máquinas; apodera-se do ser vivo que é capaz de modificar bem como da informação que ela trata e difunde na instantaneidade das redes eletrônicas."
14. LÉVY, Pierre. *Cibercultura*. Tradução de Carlos Irineu da Costa. 3. ed. São Paulo: Editora 34, 2010, p. 130-132.

cujo motor é a Internet e que não apenas tem o poder de se propagar com rapidez absoluta, mas consegue, ademais, se introjetar nos interesses cotidianos de qualquer cidadão, eis que calibrada a partir da potencialização dos interesses do *homo ludens*.

A sociologia tem se dedicado ao tema, como é possível deduzir pelo que se apresentou até agora, mas a transversalidade dos impactos culturais dos jogos vai muito além: até mesmo aspectos criminológicos podem ser analisados à luz desse hodierno fenômeno! É o que faz, por exemplo, Salah Khaled Júnior, ao se debruçar os impactos culturais de alguns *games* e de seus impactos, como *Custer's Revenge* e *Chiller*, nos quais se observa a propagação de discurso de ódio (*hate speech*)[15-16] ou *Wolfenstein 3D*, *Grand Theft Auto* e *Doom*, marcos do que o autor chama de "simuladores de assassinato"[17], dentre outros.

A propósito dos simuladores, aliás, anota Fabrício Fava:

> 2. *Nos simuladores*: embora alguns simuladores sejam comercializados como jogos, eles essencialmente não são considerados como tal. O uso dos simuladores é normalmente adotado para fins de aprendizagem, principalmente em atividades que envolvem um alto valor financeiro ou oferecem risco de vida às pessoas. As principais delas são o treinamento de pilotos, médicos ou similares, como é o caso de *VirtSim*.[18]

Este segundo contexto de uso dos *games* a partir do fenômeno da gamificação é representativo de um modelo que apresenta vantagens para o aprimoramento humano a partir de realidades simuladas. Isso vale, como diz o próprio autor, para o treinamento de pilotos e médicos, mas também é possível citar o treinamento de policiais para ações de campo, ou mesmo o treinamento de cidadãos para a obtenção de habilitações para dirigir.

Fato é que o mercado dos simuladores é vasto e potencializado pelas tecnologias de realidade virtual (*virtual reality*, ou VR) e de realidade aumentada (*augmented reality*, ou AR), que podem ser exploradas com *gadgets* específicos como óculos de imersão, sensores de captura de movimentos e luvas de detecção táctil.[19] É um mercado ainda emergente, mas com grande potencial, e que certamente trará implicações na seara da responsabilidade civil.[20]

Pode-se indicar, por fim, o terceiro modal de influência dos *games* na cultura hodierna, listado por Fabrício Fava:

---

15. KHALED JÚNIOR, Salah H. *Videogame e violência*: cruzadas morais contra os jogos eletrônicos no Brasil e no mundo. Rio de Janeiro: Civilização Brasileira, 2018, p. 40-69.
16. Para uma profunda compreensão do tema, leia-se: LONGHI, João Victor Rozatti. #ÓDIO: responsabilidade civil nas redes sociais e a questão do *hate speech*. In: MARTINS, Guilherme Magalhães; ROSENVALD, Nelson (Coords.). *Responsabilidade civil e novas tecnologias*. Indaiatuba: Foco, 2020, p. 299-330.
17. KHALED JÚNIOR, Salah H. *Videogame e violência*, cit., p. 102-107.
18. FAVA, Fabrício. A emergência da gamificação na cultura do jogo, cit., p. 54.
19. FAIRFIELD, Josh A.T. Mixed reality: How the laws of virtual worlds govern everyday life. In: BARFIELD, Woodrow; BLITZ, Marc Jonathan (Eds.). *Research Handbook on the Law of Virtual and Augmented Reality*. Cheltenham: Edward Elgar: 2018, p. 108 *et seq.*
20. LEMLEY, Mark A.; VOLOKH, Eugene. Law, virtual reality, and augmented reality. *University of Pennsylvania Law Review*, Filadélfia, v. 166, n. 5, p. 1051-1138, abr. 2018, p. 1138. Anotam: "The fact that VR occurs on private, proprietary systems subject to terms of use and that people are disinclined to treat it as real means that the law is likely to be reluctant to intervene in a number of cases. And the ability to define the terms of your interaction within the world in software may change the prospects for self-protection."

3. *No design inspirado nos jogos*: isso refere-se à busca por recursos e soluções de design inspirados na lógica dos *games*, no sentido de provocar, de alguma maneira, experiências de envolvimento e diversão, mas que não são caracterizados efetivamente como jogos. O caso mais conhecido certamente é o projeto *The Fun Theory*, de iniciativa da Volkswagen, dedicado a trabalhar o pensamento de que a diversão é uma maneira importante de influenciar a mudança de comportamento das pessoas para melhor. Outro exemplo interessante ocorreu em uma estação de metrô em Moscou, onde, com o intuito de promover os Jogos de Inverno de Sochi e levar o esporte à vida cotidiana, encorajando as pessoas a terem uma vida mais saudável, o Comitê Olímpico Russo instalou um terminal de autoatendimento que liberava um passe de transporte caso o usuário realizasse 30 movimentos de agachamento em menos de dois minutos. Mais recentemente, uma plataforma denominada PRAMA chamou a atenção ao favorecer a prática de exercícios físicos baseada em jogos na academia *Asphalt Green*, sediada e, Nova York. Auxiliada por sensores que respondem à pressão e ao toque e marcações espaciais, numéricas e luminosas dispostas nas paredes e no solo, a solução permite a realização de diversas atividades e contribui para a perda de peso e o desenvolvimento de habilidades de velocidade, força e equilíbrio, entre outras.[21]

É nesse contexto que se nota o impacto mais sonoro e de efeitos mais profundos da gamificação: há aspectos positivos, como o estímulo ao aprendizado, à prática de atividades físicas, ou mesmo à formação de uma personalidade motivada e disciplinada que se rende aos hábitos gamificados[22] a partir da delimitação de prêmios.[23] É o agir/fazer em busca do ganho, do êxito, do 'subir de nível' (*level up*), ou, como nos exemplos citados no excerto acima, é a atividade física praticada pela chance de se obter um *ticket* como prêmio ou o aprimoramento do rendimento atlético pela estatística.

As perspectivas são, sem dúvidas, empolgantes, mas há um outro lado a se considerar. É sobre ele que trataremos no tópico seguinte.

3. PARA ALÉM DAS LOOT BOXES: NOVAS PRÁTICAS ABUSIVAS A PARTIR DOS *NUDGES*

As chamadas "*loot boxes*", que podem ser traduzidas como 'caixas de recompensas' designam um item virtual consumível que pode ser resgatado para receber uma seleção aleatória de itens virtuais adicionais, variando desde opções de personalização simples ao avatar ou personagem de um jogador, até um *upgrade* em equipamentos, que garantem vantagens no progresso do jogo eletrônico.

A grande polêmica envolvendo esses itens está na natureza exploratória de sua aplicação. Isso porque são aplicados, usualmente, algoritmos complexos que podem tornar os jogos de entretenimento eletrônicos em jogos de azar – e esse tem sido o intuito de alguns países que buscam regulamentar tais práticas (como se verá no próximo tópico) –, mas, em linhas gerais, a mercadoria que se explora é a atenção, estimulada a partir de sutilezas de *design* ou mecânicas dos próprios jogos.

---

21. FAVA, Fabrício. A emergência da gamificação na cultura do jogo, cit., p. 54.
22. ČADEŽ, Janes. Gamify your habits. *Medium*, 4 ago. 2019. Disponível em: https://bit.ly/2OXzjMn. Acesso em: 26 jul. 2020.
23. Sobre o tema, confira-se: McGONIGAL, Kelly. *The willpower instinct*: how self-control works, why it matters, and what you can do to get more of it. Nova York: Avery, 2012; DUHIGG, Charles. *The power of habit*: why we do what we do in life and business. Nova York: Random House, 2014.

Assim, o tema deve ser interpretado de forma cuidadosa, sob pena de se fazer confusão entre *jogos de entretenimento* e *jogos de azar*, de modo a proibir o que não deve ser proibido e permitir o que não pode ser permitido.

De fato, os *jogos de azar* são de discutível legalidade[24] e hoje estão proibidos entre adultos e crianças. É a Lei de Contravenções Penais (Decreto-Lei n. 3.688/1941) que tipifica a conduta[25] na forma em seu art. 50 e seguintes, sob o título: "Das Contravenções Relativas à Polícia de Costumes".

Em relação aos adultos, há muito o que se repensar a respeito da proibição dos jogos de azar e da "polícia de costumes". Há que se discutir se liberdade e vontade do indivíduo devem ser dirigidas pelo Estado para proteção "dele mesmo", sob pena de cerceamento do direito de Ser[26].

Fazendo breve leitura da Lei de Contravenções Penais, parece que a preocupação do legislador está muito mais ligada à questão da fiscalização dos jogos (em razão da destreza de uma das partes e da possibilidade de adulteração dos resultados) que à própria questão da moralidade ou imoralidade da "jogatina".

Vale lembrar, outrossim, que é muito comum a ligação entre os jogos de azar e a prática de outros crimes, especialmente a lavagem de dinheiro, sendo mais cômodo ao Estado proibir os jogos, ainda que sob o dogma da moralidade, que trabalhar para a efetiva fiscalização e lisura dos jogos[27].

No entanto, a par da necessidade de se discutir os fundamentos das proibições dos jogos de azar pelo legislador brasileiro, é essencial que, caso o jogo tenha características de jogos de azar, seja apresentado como tal ao consumidor.

A questão fica ainda mais delicada quando se trata de aplicativos e jogos eletrônicos, aumentando significativamente os riscos de que os conteúdos sejam ilegais em território brasileiro, e, pior, sem que o consumidor perceba que está diante de um jogo de azar.

---

24. "A estigma em que eram tidos ainda no século XVII os jogos de azar nos permite avaliar a extensão da antiga atitude de indiferença moral. Hoje consideramos os jogos de azar como suspeitos e perigosos, e o dinheiro ganho no jogo como a menos moral e a menos confessável das rendas. Continuamos a jogar esses jogos de azar, mas com a consciência pesada. Ainda não era assim no século XVII: a consciência pesada moderna resultou do processo de moralização em profundidade que fez da sociedade do século XIX uma sociedade de conservadores" (ARIÈS, Philippe. *História social da criança e da família*. Tradução de Dora Flaksman. 2. ed. Rio de Janeiro: Livros Técnicos e Científicos Editora, 1981, p. 59).
25. Art. 50. "Estabelecer ou explorar jogo de azar em lugar público ou acessível ao público, mediante o pagamento de entrada ou sem ele. Pena – prisão simples, de três meses a um ano, e multa, de dois a quinze contos de réis, estendendo-se os efeitos da condenação à perda dos móveis e objetos de decoração do local. § 1º A pena é aumentada de um terço, se existe entre os empregados ou participa do jogo pessoa menor de dezoito anos. § 2º Incorre na pena de multa, de duzentos mil réis a dois contos de réis, quem é encontrado a participar do jogo, como ponteiro ou apostador."
26. Philippe Ariès explica que os jogos (de todos os tipos) eram admitidos sem reserva nem discriminação pela maioria, mas uma minoria "culta de moralistas rigorosos" condenava quase todos os jogos e "ao longo dos séculos XVII e XVIII, porém, estabelece-se um compromisso que anunciava a atitude moderna com relação aos jogos, fundamentalmente diferente da atitude antiga. Esse compromisso nos interessa aqui porque é também um testemunho de um novo sentimento da infância: uma preocupação, antes desconhecida, de preservar a sua moralidade e também educá-la, proibindo-se os jogos então classificados como maus, e recomendando-lhes os jogos então reconhecidos como bons" (ARIÈS, Philippe. *História social da criança e da família*. Tradução de Dora Flaksman. 2. ed. Rio de Janeiro: Livros Técnicos e Científicos Editora, 1981, p. 59).
27. Mostrando a força da internet e a dificuldade da regulação Estatal, encontramos alguns sites que permitem jogos *on-line*, podendo ter aposta: http://www.jogosbingo.com.br/caca-niquel/. Acesso em: 28 jul. 2020.

Verifica-se, da leitura da alínea "a" do § 3º da Lei de Contravenções, que são considerados "jogos de azar" os jogos em que "o ganho e a perda dependem exclusiva ou principalmente da sorte".

Há que se diferenciar os jogos que dependem *exclusiva* ou *principalmente* da *sorte* e jogos que dependem de *destreza* e *habilidade* do seu jogador. Quase todas as brincadeiras e os jogos, especialmente os infantis, trabalham, tal como os acontecimentos da vida, com a destreza e habilidades dos jogadores, mas também contam com a sorte.

Em um jogo de tabuleiro em que se utilizam dados para saber qual dos jogadores vai dar início à partida, contar-se-á, incialmente, com a sorte do jogador. No entanto, as demais jogadas dependerão da habilidade e concentração do jogador, além da sorte no lance dos dados.

Essa "brincadeira" que mistura a destreza e a sorte é importante para o desenvolvimento infantil: muitas vezes, em nossas vidas, devemos lidar com situações que dependem exclusivamente do nosso esforço, em outras, dependerão do esforço e da sorte. Aprender a lidar com frustrações em jogos é um bom treino para lidar com as frustrações do "jogo da vida". Classificamos esses jogos como *jogos de entretenimento*.

Falando sobre os *jogos de azar* e os *jogos de entretenimento* que envolvem a destreza, explica Philippe Ariès[28]:

> Do século XVII até nossos dias, a atitude moral em relação aos jogos de azar evoluiu de maneira complexa: à medida que se difundia o sentimento de que o jogo de azar era uma paixão perigosa, um vício grave, a prática tendeu a modificar alguns desses jogos, reduzindo o papel do azar – que no entanto ainda subsiste – em benefício do cálculo e do esforço intelectual do jogador: dessa forma, certos jogos de carta ou de xadrez tornaram-se cada vez menos sujeitos à condenação que atingia o princípio do jogo de azar. Outro divertimento sofreu uma evolução diferente: a dança. Vimos que a dança, comum às crianças e aos adultos, ocupava um lugar importante na vida cotidiana. Nosso senso moral de hoje deveria ficar menos chocado com isso que com a prática generalizada dos jogos de azar. Sabemos que os próprios religiosos dançavam ocasionalmente, sem que a opinião pública se escandalizasse, ao menos antes do movimento de reforma das comunidades do século XVII.

Verifica-se, portanto, que os jogos de azar estão, justificadamente, proibidos aos menores de 18 anos, mas os *jogos de entretenimento* que envolvem destreza e sorte podem (e devem) ser jogados por eles. Vale lembrar, em se tratando de pessoas menores, que não têm plena capacidade civil e são mais propensas a desenvolver vícios, a discussão torna-se menos interessante e, talvez, mais óbvia. Não se trata, portanto, de mera discussão moral: o menor não exerce sua liberdade de forma plena e não é capaz de entender todas as consequências do vício em jogos de azar. Essa é, a nosso ver, a razão da proibição[29].

---

28. ARIÈS, Philippe. *História social da criança e da família*. Tradução de Dora Flaksman. 2. ed. Rio de Janeiro: Livros Técnicos e Científicos Editora, 1981, p. 61.
29. "Assim, o legislador estatutário, ciente do quanto crianças e adolescentes são vulneráveis, pela sua própria condição de pessoas em formação, objetivando evitar qualquer risco de sedução, proibiu no art. 80 do ECA a entrada e permanência de infantes e jovens, acompanhados ou não de seus pais ou responsáveis, em estabelecimentos que explorem comercialmente bilhar, sinuca ou congênere ou em casas de jogos, assim entendidas as que realizem apostas". MACIEL, Kátia Regina Ferreira Lobo Andrade *et al. Direito da criança e do adolescente*: aspectos teóricos e práticos. 7. ed. São Paulo: Saraiva, 2014, p. 364.

Outro ponto essencial a ser discutido: como pode ser medida a destreza e a sorte dos participantes quando se joga com uma máquina projetada com algoritmos que desafiam o jogador a receber "recompensas" mas que nunca estão efetivamente claras as regras do jogo? Ou seja, o jogador certamente não tem ideia da dimensão e das probabilidades trazidas pelos complexos algoritmos de atingir a pontuação esperada e receber a esperada recompensa. Assim, é provável que o jogo deixe de ser um jogo de destreza para ser um jogo de azar.

3.1. As *loot boxes* os *gacha games*

Essa modelagem de negócios, que acabou recebendo o apelido de *lootboxing*, tem vários desdobramentos. Em suma, várias são as práticas mais específicas – e potencialmente abusivas – desdobradas da exploração da atenção na Internet.

O esforço regulatório em torno disso teve grande repercussão no Japão, onde a prática é designada como コンプガチャ (*"kompu gacha"*, ou *gacha* completo, na transliteração do Katakana), modelo de monetização popular em jogos para celular japoneses até 2012, quando foi considerado ilegal através da edição do primeiro marco a tratar do tema, vedando os *gacha games* por equipará-los aos jogos de azar.[30]

Basicamente, sob as regras do *gacha* completo, os jogadores tentam 'completar' um conjunto de itens comuns pertencentes à uma seleção específica de espólios para combiná-los em um item de maior raridade. E, à medida em que expandem o número de itens, aqueles remanescentes vão se tornando algoritmicamente mais difíceis de se obter. Imagine-se um álbum de cromos colecionáveis, em que se investe muito dinheiro para buscar a completude, com a diferença de que, à época, não era possível trocar itens repetidos com outras pessoas e a interferência de algoritmos elevava a raridade de determinado item, ferindo a aleatoriedade da proposta.[31]

No final da primeira década do século XXI, esse modelo de exploração do mercado de *games* passou a ser desejado pelas desenvolvedoras de jogos do Ocidente[32], desafiando algumas barreiras regulatórias e instigando países a buscar uma equiparação desses modelos aos jogos de azar, como fez o Japão.

Houve reações, especialmente da *Entertainment Software Association* ("ESA"), maior agrupamento de desenvolveras de jogos eletrônicos do planeta, que insistia em dizer que os itens recebidos em modelos algorítmicos de *loot boxes* não possuem, em si, valor econômico, não podendo ser equiparados às apostas.[33] A justificativa, convenientemente, se baseava no fato de o acesso a essas *loot boxes* realmente não ser pago, mas limitado em relação ao número de tentativas gratuitas (por exemplo, 1 *loot box* por dia), e exigindo, aí sim, pagamento para novas tentativas.

---

30. AKIMOTO, Akky. Japan's social-gaming industry hindered by government's anti-gambling move. *The Japan Times*, 16 maio 2012. Disponível em: https://bit.ly/2BBQArq. Acesso em: 26 jul. 2020.
31. LUTON, Will. *Free 2 play*: making money from games you give away. Indianapolis: New Riders, 2013, p. 88.
32. HEINZE, Johannes. How gacha can benefit Western game developers. *GameIndustry.biz*, 18 jul. 2017. Disponível em: https://bit.ly/3f58nEU. Acesso em: 26 jul. 2020.
33. WRIGHT, Dickinson. Video Game Industry Responds to Regulation of Pay-To-Win Microtransactions and Loot Boxes. *Lexology*, 4 set. 2019. Disponível em: https://bit.ly/3hzBUYY. Acesso em: 26 jul. 2020.

Não obstante, a pressão pela expedição de regulamentos surtiu efeitos: cronometrada para coincidir com um grande *workshop* em setembro de 2019, a ESA divulgou um comunicado à imprensa, declarando que os principais editores de jogos e operadores de plataformas – todos membros da própria entidade –, Sony PlayStation, Microsoft Xbox/Windows e Nintendo, em 2020, divulgarão voluntariamente informações sobre a relativa raridade ou probabilidade de obter itens virtuais aleatórios em seus jogos.[34]

A triste constatação que se extrai desses eventos é a de que grandes empresas, de fato, operam nas zonas cinzentas e de obscuridade regulatória, e empreendem esforços para driblar qualquer intuito regulatório. Modelos negociais são desenvolvidos e explorados nesses mercados, e o universo dos videogames, como mencionado anteriormente, é uma enorme fonte de lucro em todo o globo.

As dificuldades do Estado de se preparar para regular e coibir abusos dessa estirpe revela a premência de um debate em torno da necessidade de aprimoramento da legislação consumerista – tema amplo o suficiente para outro estudo –, mas, no intuito de ilustrar os desdobramentos práticos disso, serão apresentados alguns exemplos de práticas que, *a priori*, são lícitas, mas que podem se convolar em abusividades.

Nessa seara, imprescindível reconhecer que a oferta de tais jogos pode afrontar não só a legislação penal acima mencionada sobre os jogos de azar, como também o Código de Defesa do Consumidor. Ora, com fundamento no art. 6º, inciso III, da lei consumerista, é direito básico do consumidor o direito à informação quanto ao produto e serviço colocado no mercado de consumo, com a sua respectiva descrição para que o consumidor tenha plena ciência do conteúdo que está adquirindo.

A prática também é contrária os artigos 30 e 31 do Código de Defesa do Consumidor relativos à oferta de produtos e serviços no mercado de consumo. Para a lei consumerista, a oferta é declaração unilateral de vontade e caracteriza obrigação pré-contratual, gerando vínculo com o fornecedor e automaticamente proporcionando ao consumidor a possibilidade de exigência daquilo que foi ofertado.

A oferta é assim conceituada no art. 30 do Código de Defesa do Consumidor:

> Art. 30. Toda informação ou publicidade, suficientemente precisa, veiculada por qualquer forma ou meio de comunicação com relação a produtos e serviços oferecidos ou apresentados, obriga o fornecedor que a fizer veicular ou dela se utilizar e integra o contrato que vier a ser celebrado.

Da leitura do dispositivo legal verificamos a necessidade de dois requisitos básicos que devem estar presentes para que a oferta vincule o fornecedor: a *veiculação* e a *precisão da informação*[35].

---

34. THIER, Dave. Under threat of legislation, Sony, Microsoft and Nintendo agree to force loot box odds disclosure. *Forbes*, 7 ago. 2019. Disponível em: https://bit.ly/39ygbxK. Acesso em: 26 jul. 2020.
35. "O art. 30 traduz a preeminência do princípio da boa-fé, notadamente na fase pré-contratual. Ao fornecedor não é permitido cativar a adesão volitiva do consumidor às suas proposições negociais senão através de expedientes pautados pela objetividade e lealdade. Tudo o que expuser com o intuito de cooptar o consumidor tem caráter vinculativo ainda antes da consumação do negócio jurídico, podendo ser manejados os instrumentos processuais hábeis à implementação das proposições realizadas, inclusive com o apoio da tutela cominatória, consoante inteligência dos arts. 35 e 84 do CDC" (OLIVEIRA, James Eduardo. *Código de Defesa do Consumidor*. 5. ed. São Paulo: Atlas, 2011, p. 381).

O art. 30 do Código de Defesa do Consumidor modifica e amplia consideravelmente a noção de oferta se comparada com a oferta no direito civil. As informações dadas integram o contrato (art. 48 do CDC), e será considerada uma oferta vinculante, faltando apenas a aceitação do consumidor.

Além disso, exige o art. 31 do Código de Defesa do Consumidor que a oferta contenha informações corretas, claras, precisas, ostensivas e em língua portuguesa sobre as características, qualidades, quantidade, composição, preço, garantia, prazos de validade e origem, entre outros dados, bem como sobre os riscos que os produtos e serviços apresentem à saúde e à segurança dos consumidores.

O princípio que rege a oferta é o da *veracidade*. As informações devem ser verdadeiras, corretas e claras para o consumidor. Os anúncios, no rádio, na televisão, nos *outdoors*, nas revistas, nos jornais e em outros meios de comunicação, têm por objeto alcançar o público-alvo e estimulá-lo ao consumo de produtos e serviços, que devem corresponder às legítimas e normais expectativas dos consumidores, tal como veiculados. Fica reconhecida, mais uma vez, a situação de vulnerabilidade do consumidor (art. 4º, III) e respeito ao princípio da boa-fé.

Na seara do entretenimento, é fundamental que os requisitos da oferta sejam cumpridos a fim de esclarecer aos consumidores, a clareza dessas informações é que demonstrará a lisura e transparência do fornecedor ao colocar o entretenimento no mercado de consumo.

Tais informações devem constar da *rotulagem* do entretenimento, tal como o biscoito recheado e a massa de tomate vendida no supermercado. Somente mediante o conjunto de claras informações apresentadas pelo fornecedor é que os consumidores (ou seus pais, caso os jogos sejam voltados para crianças) poderão escolher de forma adequada, conforme suas vontades e preferências pessoais, de forma livre e espontânea.

A ausência dessas informações pode gerar o dever de indenizar os consumidores[36], com aplicação da pena privada prevista no art. 35 do Código de Defesa do Consumidor. É possível, ainda, a aplicação de penalidades administrativas previstas nos arts. 55 e 56 do mesmo diploma legal, lembrando, ainda, a possibilidade de aplicar as sanções administrativas previstas do Estatuto da Criança e do Adolescente se o caso.

Ademais, conforme o Código de Defesa do Consumidor, a ausência ou as informações insuficientes pode caracterizar *vício do produto* conforme o art. 18 da lei consumerista. O vício do produto o torna impróprio ao consumo, produz a desvalia, a diminuição do valor e frustra a expectativa do consumidor. Caso o produto inserido no mercado de consumo apresente vícios, deve o fornecedor ressarcir o consumidor pelos prejuízos causados, lembrando que o Código de Defesa do Consumidor adotou a teoria

---

36. "Dessa forma, mesmo que o produto não apresente defeito, a falha na transmissão de informação poderá ser penalizada, pois a informação não corresponde ao produto vendido ou serviço prestado, não sendo, portanto, o que o consumidor se propôs a contratar. Em acréscimo, a informação, por tutelar outros bens jurídicos, não pode ser simplesmente repassada, deve ser compreendida" (AZEVEDO, Marta Britto de. O consumidor consciente: liberdade de escolha e segurança. *Revista de Direito do Consumidor*, São Paulo, v. 67, p. 197, jul. 2008).

da responsabilidade objetiva, razão pela qual o consumidor não precisa provar a culpa do fornecedor para o recebimento da indenização.

3.2. *Framing*

O chamado *framing* pode ser traduzido como 'enquadramento do preço', ou seja, a partir de uma ideia de invariância, os consumidores podem ser influenciados pelas maneiras pelas quais o preço é estruturado e apresentado.

Na prática, estudos já mostraram impactos no aumento de vendas de produtos listados com precificação centesimal (por exemplo, R$ 14,99 ao invés de R$15).[37] Igualmente, o *framing* pode advir da fragmentação do produto ou serviço em outros, menores e independentes[38] e, naturalmente, com preços individuais menores que podem ser apresentados de forma condensada em *bundles* (mais detalhes sobre o *bundling* no tópico adiante).

Estudo recente, conduzido na Holanda por Willem Van Boom, Jean-Pierre Van der Rest, Kees Van de Bos e Mark Dechesne, indica os riscos dessa prática:

> Nossas descobertas indicam que, chamar a atenção [do consumidor] para um mecanismo discriminatório-comportamental de preços (por meio da divulgação), por si só, tem um efeito ascendente na intenção de compra. A partir da literatura sobre pesquisa de preço de referência, pode-se deduzir que esse efeito de alta também pode estar relacionado à quantidade de compras, às categorias de compra, ao momento da compra e à escolha da loja.[39]

Basicamente, a plataforma define um preço de referência e, depois, um sutil desconto é aplicado para gerar valor ou o produto é apresentado em fragmentos. Tudo é direcionado à atenção do consumidor, que passa a ser mais ou menos influenciável pela percepção de estar obtendo alguma vantagem ao aderir à oferta.[40]

Em tempos nos quais a economia comportamental tem gerado intensos debates na Ciência Jurídica, a atenção passou a ser um substrato essencial, eis que mapeado e trabalhado a partir de algoritmos para, em verdade, induzir comportamentos a partir de manipulações. São as figuras que Tim Wu classifica como "mercadores da atenção"[41],

---

37. VAN BOOM, Willem H. Price intransparency, consumer decision making and European consumer law. *Journal of Consumer Policy*, Berlim/Heidelberg, v. 34, p. 359-376, 2011, p. 363.
38. BERTINI, Marco; WATHIEU, Luc. The framing effect of price format. *Harvard Business School Working Papers*, Cambridge, Paper n. 06-055, p. 1-26, 2006. Disponível em: https://www.hbs.edu/faculty/Publication%20Files/06-055.pdf. Acesso em: 26 jul. 2020.
39. VAN BOOM, Willem H.; VAN DER REST, Jean-Pierre I.; VAN DE BOS, Kees; DECHESNE, Mark. Consumers beware: online personalized pricing in action! How the framing of a mandated discriminatory pricing disclosure influences intention to purchase. *Social Justice Research*, Cham, v. 33, p. 331-351, 2020, p. 346, tradução livre. No original: "Our findings indicate that by drawing attention to a discriminatory behavioral pricing mechanism (through the disclosure), this in itself has an upward effect on intention to purchase. From the literature on reference price research, it can be derived that this upward effect may also relate to purchase quantity, category purchase, purchase-timing and store choice."
40. VAN BOOM, Willem H. Price intransparency, consumer decision making and European consumer law, cit., p. 363.
41. WU, Tim. *The attention merchants*: the epic scramble to get inside our heads. Nova York: Vintage, 2016, p. 5. Comenta o autor: "Since its inception, the attention industry, in its many forms, has asked and gained more and more of our waking moments, albeit always, in exchange for new conveniences and diversions, creating a grand bargain that has transformed our lives."

que atuam ofuscadas por complexos algoritmos de processamento de dados, capazes de elidir fiscalizações e produzir lucros a partir de discriminações não evidentes.[42-43]

No mercado de *games*, isso é recorrente, seja pela adesão das desenvolvedoras a modelagens de produtos seriados (jogos subdivididos em episódios ou séries, e vendidos separadamente), seja pela entrega de *games* que se apresentam incompletos ao usuário final, com conteúdos complementares que são disponibilizados *a posteriori*: as chamadas 'expansões' e os populares DLCs (*downloadable contents*).

Quanto às expansões e DLCs, exemplo recente é o do jogo eletrônico *The Sims 4*, da desenvolvedora Electronic Arts, lançado em 2014 com uma edição simples (que custava US$59.99) e uma edição *deluxe* (pelo preço de US$69.99), e que, em 5 anos, recebeu sete expansões (custando US$ 39.99 cada), oito DLCs de jogo (cada qual pelo valor de US$ 19.99) e, ainda, quinze DLCs de objetos (cada uma por US$ 9.99). Com isso, para manter-se em dia com o jogo e ter uma experiência completa, o jogador é estimulado, ao longo de anos, a um consumo perene. Por outro lado, o interessado em adquirir a experiência completa do *game*, em 2020, precisaria desembolsar a bagatela de US$ 659.69 para ter acesso a todos os itens mencionados. A clara abusividade levou ao lançamento de uma campanha virtual, com *hashtags* e manifestações em redes sociais, clamando pelo fim dessa prática abusiva.[44]

Tais condutas não são, por si, ilegais. Porém, se abusivas, seja em relação à exploração abusiva de preços ou à estruturação de um modelo exploratório de negócio na plataforma do jogo eletrônico, os rigores do CDC serão aplicáveis a partir da própria violação à base principiológica da norma, a permitir uma leitura ampliativa do conceito de 'vício' do produto.[45]

3.3. *Anchoring*

O chamado *anchoring*, que pode ser traduzido como 'ancoragem', nada mais é do que a prática de anunciar o preço real da oferta (também conhecido como preço de referência anunciado, ou *advertised referenced price*, ARP) em comparação com outro preço, geralmente o de venda anterior, o recomendado para o varejo (*recommended retail*

---

42. Para mais detalhes sobre a estruturação técnica do *framing*, consulte-se: SHIRAI, Miyuri. Framing Price Promotion: The Effects of the Price Frame and the Saving Frame. *Journal of Global Business Management and Economics*, [S.l.], v. 1, n. 1, p. 67-76, 2018.
43. DUFWENBERG, Martin; GÄCHTER, Simon; HENNIG-SCHMIDT, Heike. The framing of games and the psychology of play. *Games and Economic Behavior*, Londres, v. 73, n. 2, p. 459-478, nov. 2011.
44. SYLVIA, Mason. #StopEAAbuse – The Movement Calling for Change in The Sims. *NerdBite*, 3 out. 2019. Disponível em: https://bit.ly/301ksXo. Acesso em: 26 jul. 2020. Diz a reportagem: "When The Sims 4 launched in 2014, it was priced at USD $59.99 for the limited edition and $69.99 for the deluxe edition. As it currently stands, there are seven expansion packs ($39.99 each), eight game packs ($19.99 each) and a whopping fifteen stuff packs ($9.99 each), which adds up to a current count of thirty pieces of post-release DLC for the game. With that being said, if you were to purchase the top-tier version of The Sims 4 and all of its respective post-launch content, you're looking at a total cost of $659.69 before any applicable taxes, and that is nothing to sneeze at. We're talking about nearly $700 for all of the content and features that the game offers and still being plagued with bugs and issues for five years after launch and without any long-term resolution in sight."
45. Comentando as propostas de atualização do Código de Defesa do Consumidor e da necessária tutela do comércio eletrônico, confira-se: MARTINS, Guilherme Magalhães. *Responsabilidade civil por acidente de consumo na Internet*. 2. ed. São Paulo: Revista dos Tribunais, 2014, p. 180 *et seq*.

price, RRP), ou, ainda, o preço do concorrente, fazendo-o para promover o produto e o próprio anúncio.[46]

Basicamente, ao inserir um preço de varejo (potencialmente fictício) como uma 'âncora' e, lateralmente, adicionar o ARP como preço reduzido, o vendedor pode aumentar artificialmente a demanda e produzir vendas.[47] Se a comparação for factualmente incorreta ou exagerada, isso inflará o valor percebido da barganha, influenciando o consumidor, o que poderá ter implicações adversas para fins concorrenciais. Segundo Andreas Krämer, isso acarreta no consumidor a sensação de estar sendo agraciado pela benevolência do fornecedor (*endowment effect*).[48]

Nos dizeres de Simonson e Drolet:

> O preço que os consumidores estão dispostos a pagar reflete tanto o valor percebido do produto (ou serviço) quanto o sacrifício envolvido em adquiri-lo. A pesquisa sugere que os consumidores primeiro julgam o valor de uma oferta e depois decidem se vão comprar o item. A avaliação do valor consiste nos benefícios percebidos no produto (...)[49]

A proibição do uso de indicações fictícias ou irrelevantes para evitar âncoras de engodo parece uma ferramenta simples para prevenir tais ocorrências, e, na Internet, não seria difícil a comparação de preços entre plataformas.

Porém, a prática é recorrente e, no mundo dos *games*, o exemplo mais simbólico envolveu o *game Rocket League*, sua desenvolvedora – a empresa norte-americana Psyonix – e a Epic Games, responsável pela plataforma de vendas: em 2019, a Psyonix encerrou o sistema de vendas de itens no referido jogo e implementou um novo modelo, reduzindo os preços de muitos de seus itens "em resposta direta ao feedback do público". A justificativa para a redução dos preços foi interpretada como um movimento calculado para que a Psyonix e a Epic Games pudessem justificar a medida como resposta ao clamor do público. Como os preços do modelo anterior eram significativamente maiores[50], a medida levou a um aumento substancial de vendas – e muito lucro –, deixando frustrados os consumidores que pagaram valores mais altos por terem investido antes da mudança.[51]

Para melhor explicar a abusividade da prática que ora se expõe, é essencial trazer recentes discussões da economia comportamental que contraria a denominada economia tradicional. De fato, a economia tradicional fundamenta-se na concepção do *homo*

---

46. VAN BOOM, Willem H. Price intransparency, consumer decision making and European consumer law, cit., p. 362.
47. Para maiores detalhamentos, conferir: KRISTENSEN, Henrik; GÄRLING, Tommy. Anchoring Induced Biases in Consumer Price Negotiations. *Journal of Consumer Policy*, Berlin/Heidelberg, v. 23, p. 445-460, 2000.
48. KRÄMER, Andreas. Robustness of price perception: how strong are anchoring, left-digit and framing-effects when promoting sales offers? *Business and Management Studies*, Beaverton, v. 2, n. 1, p. 35-43, mar. 2016, p. 41.
49. SIMONSON, Itamar; DROLET, Aimee. Anchoring Effects on Consumers' Willingness to Pay and Willingness to Accept. *Journal of Consumer Research*, Oxford, v. 31, n. 3, p. 681-690, dez. 2004, p. 681, tradução livre. No original: "The price that consumers are willing to pay reflects both the perceived value of the product (or service) and the sacrifice involved in acquiring it. Research suggests that consumers first judge the value of an offer and then decide wether to purchase the item. The assessment of value consists of the product's perceived benefits (...)"
50. Para entender melhor as interferências dessas práticas no comportamento do consumidor que se sente tentado a investir na "barganha" que o sistema apresenta, confira-se: ZEILER, Kathryn; PLOTT, Charles R. The willingness to pay-willingness to accept gap, the "endowment effect," subject misconceptions, and experimental procedures for eliciting valuations. *American Economic Review*, Nashville, v. 95, n. 3, p. 530-545, jun. 2005.
51. MILLER, Chris. Rocket League gives consumers an example of price anchoring with recent price drop. *HappyGamer.com*, 11 dez. 2019. Disponível em: https://bit.ly/3g3dxCX. Acesso em: 26 jul. 2020.

economicus, ou seja, do indivíduo que vive em sociedade de consumo e que é um agente racional e que otimiza suas escolhas sempre em seu próprio benefício.

A Economia Comportamental, decorrente da incorporação, pela economia, de desenvolvimentos teóricos e descobertas empíricas no campo da psicologia e da neurociência, busca compreender as decisões dos indivíduos de maneira mais realista. Ou seja, esse ramo da economia, rebate a ideia da economia tradicional que considera que o mercado ou o próprio processo de evolução são capazes de solucionar erros de decisão provenientes de uma racionalidade limitada. Para os economistas seguidores dessa corrente, as pessoas no mercado de consumo decidem com base em hábitos, experiências pessoais, práticas simplificadas que induzem a decisão.

A principal obra sobre a economia comportamental é do autor Daniel Kahneman, ganhador do prêmio Nobel de economia. Na obra intitulada "Rápido e Devagar", o autor divide o pensamento em cinco partes: 1. Apresentação dos dois sistemas da mente; 2. Dificuldade de se pensar estatisticamente; 3. Confiança excessiva no que se acredita saber; 4. Tomada de decisões; 5. Dois eus.

O autor parte do pressuposto de que o ser humano tem duas formas e pensar: a maneira rápida, reativa, intuitiva, que ele denomina de sistema 1, e a forma devagar, racional e de pensamento elaborado, que ele denomina de sistema 2.

Utilizamos, segundo o autor, as duas formas de pensar para a nossa sobrevivência, e ambos os sistemas são essenciais para a tomada de decisões, no entanto são essencialmente diferentes. Pensar lento afeta nossos corpos (pupilas dilatadas), atenção (observação limitada) e energia (recursos esgotados). Por pensar lento exigir esforço, estamos propensos a pensar rápido, o caminho de menor trabalho. Nós pensamos rápido para realizar tarefas de rotina e precisamos pensar devagar para tarefas complicadas. Uma das principais funções do Sistema 2 é monitorar e controlar pensamentos e ações "sugeridos" pelo Sistema 1, permitindo que parte deles sejam expressos diretamente no comportamento e suprimindo ou modificando outros.

Questão importante colocada pelo autor é a noção de heurísticas e vieses diretamente relacionada à ancoragem que hora se discute nos jogos eletrônicos. O autor define a heurística de disponibilidade "como o processo de julgar a frequência segundo a facilidade com que as ocorrências vêm à mente"[52].

Para entender melhor o conceito, o autor exemplifica trazendo a dificuldade de o nosso cérebro de ler dados e estatísticas. É sabido que pequenas amostras são mais propensas a resultados extremos do que grandes amostras, mas tendemos a empregar mais crédito aos resultados de pequenas amostras do que às justificativas estatísticas, ou seja, tomamos decisões sobre dados insuficientes.

No entanto, suscitar dúvidas sobre as estatísticas exige muito trabalho e, por isso, às vezes, o sistema 2 não consegue fazer seu trabalho aprofundando os dados e acabamos por chegar a conclusões falsas sobre o tema abordado. Nas palavras do autor: "quando

---

52. KAHNEMAN, Daniel. *Rápido e devagar*. Tradução de Cássio de Arantes Leite. Rio de Janeiro: Objetiva, 2012. E-book Kindle.

detectamos o que parece ser uma regra, rejeitamos rapidamente a ideia de que o processo é verdadeiramente aleatório"[53].

Assim, por regra, utilizamos a *ancoragem*, que é o fenômeno subconsciente de fazer estimativas incorretas devido a números previamente ouvidos.

Ora, o fornecedor de jogos eletrônicos que se utiliza da *ancoragem* para aumentar os preços faz uso de ferramenta sutil que passa despercebida pelo consumidor, já que o nosso cérebro é, por assim dizer, programado para o efeito da *ancoragem*.

Ademais, a flutuação de preço e a possibilidade de alteração da oferta incialmente feita, pode levar ao entendimento de que o fornecedor desrespeita a regra da publicidade inserida no art. 36 e 37 do Código de Defesa do Consumidor, podendo tal publicidade comparativa ser considerada abusiva, nos termos do art. 32 do Código de Ética Publicitário:

> Artigo 32. Tendo em vista as modernas tendências mundiais – e atendidas as normas pertinentes do Código da Propriedade Industrial, a publicidade comparativa será aceita, contanto que respeite os seguintes princípios e limites:
> a. seu objetivo maior seja o esclarecimento, se não mesmo a defesa do consumidor;
> b. tenha por princípio básico a objetividade na comparação, posto que dados subjetivos, de fundo psicológico ou emocional, não constituem uma base válida de comparação perante o Consumidor;
> c. a comparação alegada ou realizada seja passível de comprovação;
> d. *em se tratando de bens de consumo a comparação seja feita com modelos fabricados no mesmo ano, sendo condenável o confronto entre produtos de épocas diferentes, a menos que se trate de referência para demonstrar evolução, o que, nesse caso, deve ser caracterizado;*
> e. não se estabeleça confusão entre produtos e marcas concorrentes;
> f. não se caracterize concorrência desleal, denegrimento à imagem do produto ou à marca de outra empresa; g. não se utilize injustificadamente a imagem corporativa ou o prestígio de terceiros;
> g. não se utilize injustificadamente a imagem corporativa ou o prestígio de terceiros;
> h. quando se fizer uma comparação entre produtos cujo preço não é de igual nível, tal circunstância deve ser claramente indicada pelo anúncio" (grifo dos autores)

Na hipótese, mais do que uma violação às relações de consumo, a manipulação de mercado pode representar um desbalanceamento de mercado. Não foi exatamente este o caso do exemplo acima, mas repercussões variadas nas esferas consumerista e concorrencial desafiam a regulação e o controle estatal.

3.4. Microtransações

Outro modelo de negócio recorrente no mercado de *games* é o das estruturas *free-to-play*, em que não se cobra para que o consumidor-jogador tenha acesso ao *software*, mas lhe apresenta barreiras ao progresso no jogo em razão de uma descalibragem do nível de dificuldade dos desafios apresentados; por outro lado, é oferecida ao jogador a possibilidade de percorrer 'atalhos' no progresso mediante microtransações pagas.

---

53. . KAHNEMAN, Daniel. *Rápido e devagar*. Tradução de Cássio de Arantes Leite. Rio de Janeiro: Objetiva, 2012. E-book Kindle.

Essa modelagem é recorrentemente denominada de '*pay to win*' (pague para vencer), pois o estímulo às microtransações parte da sensação de incompletude que a alta dificuldade impõe ao atingimento do êxito no jogo eletrônico e, essencialmente, representa um modelo manipulativo, decorrente dos *nudges*, que, para esta prática comercial, já estão até mesmo patenteados! [54]

Nesse contexto, os jogos usualmente envolvem a participação comunitária (*online*) de outros jogadores. O espírito competitivo entre pares é um dos fatores de estímulo ao investimento de dinheiro nas microtransações que viabilizam a um determinado consumidor a sensação de êxito e saciedade pela superação dos demais.[55] Por essa razão, isto se tornou comum dentro de redes sociais, especialmente entre os anos de 2007 e 2014, com a ofertas de jogos eletrônicos em ambientes como Orkut (com exemplos como os jogos *Colheita Feliz, Mini Fazenda, CaféMania e Minha Música*)[56] e Facebook (com *FarmVille e Candy Crush Saga*)[57], favorecendo a interconectividade de 'amigos' que se seguem nessas redes sociais.

Porém, jogos mais contemporâneos passaram a se basear na estrutura de microtransações para potencializar seus lucros (uma vez que o *software* base, diferentemente dos exemplos anteriores, não é gratuito). Volta à tona, nas microtransações, o problema das "*loot boxes*" descrito anteriormente: em 2019, enquanto tentavam a 'sorte' com microtransações no jogo eletrônico de futebol FIFA 2019, da Electronic Arts, quatro crianças britânicas esvaziaram as contas bancárias de seus pais comprando pacotes de cartas virtuais colecionáveis em busca da mais valiosa delas, uma carta do jogador Lionel

---

54. Confira-se o seguinte estudo compreensivo de 13 patentes pertencentes à Google, Inc. sobre algoritmos de monetização em videogames, a partir de microtransações, com impactos psicológicos que geram dependência (vício) e conduzem a uma condição que a Psicologia tem denominado de '*gaming disorder*': KING, Daniel L.; DELFABBRO, Paul H.; GAINSBURY, Sally M.; DREIER, Michael; GREER, Nancy; BILLIEUX, Joël. Unfair play? Video games as exploitative monetized services: An examination of game patents from a consumer protection perspective. *Computers in Human Behavior*, Londres: Elsevier, v. 101, p. 131-143, dez. 2019, p. 131. Os autores descrevem, no resumo: "Video games as a consumer product have changed significantly with the advent of in-game purchasing systems (e.g., microtransactions, 'loot boxes'). This review examines consumer protections related to in-game purchasing by anticipating some of the potential design strategies that might contribute to higher risk consumer behavior. Attention was directed towards the analysis of patents for potential in-game purchasing systems, with 13 identified on Google Patents. The design features were analysed in relation to the consumer rights and guarantees described in the terms of use agreements of the patent assignees. The analysis revealed that some in-game purchasing systems could be characterized as unfair or exploitative. These systems describe tactics that capitalize on informational advantages (e.g., behavioral tracking) and data manipulation (e.g., price manipulation) to optimize offers to incentivize continuous spending, while offering limited or no guarantees or protections (e.g., refund entitlement), with the potential to exploit vulnerable players (e.g., adolescents, problematic gamers). These findings are critically discussed in relation to behavioral economics, addiction psychology, and the clinical conceptualization of gaming disorder. Appropriate policy and consumer protection measures, psychologically informed interventions, and ethical game design guidelines are needed in order to protect the interests and wellbeing of consumers."
55. LUZ, Alan Richard. Gamificação, motivação e a essência do jogo. In: SANTAELLA, Lucia; NESTERIUK, Sérgio; FAVA, Fabrício (Orgs.). *Gamificação em debate*. São Paulo: Blucher, 2018, p. 49. Comenta: "Abordar apenas as recompensas de um sistema é como tratar uma doença apenas pelos seus sintomas: o paciente melhora, mas a doença continua lá. Pensar na teoria da autodeterminação pode ser um bom ponto de partida, e verificar se você tras em seu processo as três necessidades básicas humanas gera plataformas gamificadas mais duradouras."
56. FRAGA, Renê. Os 5 aplicativos mais populares do Orkut. *Google Discovery*, 15 nov. 2010. Disponível em: https://bit.ly/2WYo76B. Acesso em: 26 jul. 2020.
57. FELDMAN, Brian. Congress seeks answers following report on Facebook's predatory micro-transactions. *Intelligencer*, 29 jan. 2019. Disponível em: https://nym.ag/3f2vAYC. Acesso em: 26 jul. 2020.

Messi. Uma das crianças chegou a gastar £550 (cerca de R$ 3.700,00, em valores de julho de 2020) em operações de débito que deixaram seus pais sem fundos – e, mesmo assim, a carta almejada não foi obtida![58]

Há, naturalmente, um desafio regulatório a ser enfrentado[59], mas que, certamente, não se esgotará com a edição de uma legislação definitiva para coibir tais práticas, uma vez que estão sempre sendo recicladas e reformuladas.

3.5. Bundling

Prática usual no mercado de *games* é o chamado *bundling*, que, em simples tradução, refletiria a prática de 'agrupar' produtos para vendagem em 'pacotes digitais', com descontos. Noutros termos, ao agrupar dois ou mais itens em um pacote (*bundle*), um vendedor os oferece a um preço diferente do preço total que o consumidor pagaria ao comprar mesmos produtos separadamente.[60]

Em uma primeira leitura, a prática se parecerá bastante assemelhada à malfadada 'venda casada' (*tying*, em inglês), que é vedada pelo artigo 39, inciso I, do Código de Defesa do Consumidor.[61] A prática, porém, é pouco estudada na literatura jurídica brasileira, embora se tenha estudos interessantes nas Ciências Econômicas apontando vantagens do implemento desta técnica a partir de algoritmos correlacionais e não correlacionais, que propiciam a distinção entre *bundling* puro e *bundling* misto.[62]

Nos Estados Unidos da América, onde algumas práticas de 'venda casada' (*tying*) são consideradas abusivas pelo *Sherman Antitrust Act* e pela Sec. 3 do *Clayton Act*, prevalece uma visão doutrinária que distingue as duas práticas, identificando o *bundling* como uma prática legal:

> *Bundling* significa simplesmente que o preço dos dois produtos, quando comprados juntos, não é igual ao preço pago quando são vendidos separadamente. Nesse sentido, um *bundle* é uma prática mais leve do que um modelo tradicional de 'venda casada', segundo o qual o indivíduo que deseja comprar um produto, o produto 'desejado' (*tying product*), deve concordar em comprar o produto 'vinculado' (*tied product*) apenas do vendedor do produto primeiro produto.[63]

---

58. YEOH, Angelin. UK dad slams 'FIFA 19' loot boxes after children spend over RM2,800 trying to get Lionel Messi. *The Star*, 10 jul. 2019. Disponível em: https://bit.ly/3fb8Dm9. Acesso em: 26 jul. 2020.
59. McCAFFREY, Matthew. The Macro Problem of Microtransactions: The Self-Regulatory Challenges of Video Game Loot Boxes. *Business Horizons*, Bloomington, Ahead of Print, p. 1-28, 2019. Disponível em: https://ssrn.com/abstract=3309612. Acesso em: 26 jul. 2020.
60. VAN BOOM, Willem H. Price intransparency, consumer decision making and European consumer law, cit., p. 363.
61. "Art. 39. É vedado ao fornecedor de produtos ou serviços, dentre outras práticas abusivas: I - condicionar o fornecimento de produto ou de serviço ao fornecimento de outro produto ou serviço, bem como, sem justa causa, a limites quantitativos."
62. TABOADA, Bruno Valladares Guimarães. *Apreçamento em bundling e decisão dos consumidores*: uma análise a partir de experimentos. 2019. 172f. Dissertação (Mestrado em Finanças e Economia Empresarial) – Escola de Pós-Graduação em Economia, Fundação Getúlio Vargas, Rio de Janeiro, 2019, p. 12 *et seq*.
63. EPSTEIN, Richard A. Behavioral economics: Human errors and market corrections. *The University of Chicago Law Review*, Chicago, v. 73, n. 1, p. 111-132, 2006, p. 119, tradução livre. No original: "Bundling simply means that the price of the two products when purchased together is not equal to the price that is paid when they are sold separately. In this sense, a bundle is weaker than a traditional tie-in arrangement under which the individual who wants to purchase one product, the "tying" product, must agree to purchase the "tied" product only from the seller of the tying product."

Essencialmente, a proposta dos *bundles* é desviar a atenção dos consumidores quanto aos preços unitários praticados. Se os consumidores tiverem preços de reserva heterogêneos para produtos individuais, o agrupamento de produtos poderá aumentar a homogeneidade dos preços de reserva e, assim, aumentar a lucratividade. Em termos simples, como indicam Rebecca Hamilton e Joydeep Srivastava, o implemento dessa prática pode fazer com que o resultado de "2+2" seja diferente de "1+3" e transforme em uma anomalia matemática na qual "1+1=3"[64], se considerado o efeito da variação de preços e atratividade do alegado desconto global aplicado ao *bundle*.

A partir de políticas de integridade, a fiscalização de eventuais abusos deve ser uma prática constante, e há exemplo disso. Em novembro de 2019, a Valve, Inc., controladora da plataforma de *games* Steam, que comercializa jogos diretamente e ainda oferece uma plataforma de *marketplace* para que terceiros comercializem conteúdo complementar de jogos (*skins, add-ons* etc.) removeu mais de 1 mil itens vinculados por terceiros que "costumavam abusar das ferramentas Steamworks para vender *bundles* aos clientes".[65]

Por outro lado, há práticas positivas e dignas de nota, como as realizadas pela empresa californiana Humble Bundle, do grupo IGN Entertainment, que oferece chaves de ativação de jogos (*keys*) em pacotes (*bundles*) promocionais nos quais há um preço mínimo e o comprador pode oferecer uma quantia à maior, definindo se sua destinação será a(s) desenvolvedora(s) dos jogos do pacote ou programas de caridade.[66]

Fato é que as técnicas de vendas aplicáveis ao mercado de *games* em plataformas, como as já citadas Steam, Epic e UPlay, permitem que os vendedores componham perfis pessoais de clientes recorrentes com relativa facilidade, pois há mapeamento de todo o histórico de tempo de jogo, estilo preferido, conquistas alcançadas, frequência de compras, e, eventualmente, esses dados podem servir para estruturar perfis moldados ao aumento de vendas, em verdadeira discriminação algorítmica.[67]

No Brasil, com a vigência da Lei Geral de Proteção de Dados, essa prática – identificada como *profiling* (perfilhamento, em tradução que se tornou usual) – será vedada se, quando realizada, desvirtuar a base principiológica e os requisitos formais para o tratamento de dados pessoais, porquanto sujeita aos rigores da referida norma. Eis o que prevê o artigo 12, §2º, da LGPD:

> Art. 12. [...]
>
> § 2º Poderão ser igualmente considerados como dados pessoais, para os fins desta Lei, aqueles utilizados para formação do perfil comportamental de determinada pessoa natural, se identificada.

---

64. Confira-se: HAMILTON, Rebecca W.; SRIVASTAVA, Joydeep. When 2+2 is not the same as 1+3: Variations in price sensitivity across components of partitioned prices. *Journal of Marketing Research*, Londres, v. 45, n. 4, 2008.
65. GRAYSON, Nathan. Valve removes 1,000 games from Steam as punishment for abusing tools. *Kotaku*, 26 nov. 2019. Disponível em: https://bit.ly/301TMpB. Acesso em: 25 jul. 2020.
66. KERR, Chris. Humble has raised $150M for charity through bundles and storefront. *Gamasutra*, 25 jun. 2019. Disponível em: https://bit.ly/39zcCHY. Acesso em: 25 jul. 2020.
67. Para um estudo analítico-experimental do exposto, consulte-se: YANG, Tzyy-Ching; LAI, Hsiangchu. Comparison of product bundling strategies on different online shopping behaviors. *Electronic Commerce Research and Applications*, Londres: Elsevier, v. 5, p. 295-304, 2006.

A lei não veda o *profiling*, mas por considerar equiparados a dados pessoais, no sentido literal descrito pelo artigo 5º, I, da LGPD, os dados utilizados para traçar perfis, esses mesmos dados passam a demandar finalidade lícita, quando tratados, sob pena de se ter tratamento irregular (artigo 44 da LGPD) e consequente responsabilização que, a despeito do fato de ser submetida aos rigores do CDC (artigo 45 da LGPD), deve ser mapeada a partir do diálogo de fontes entre as duas normas.[68]

Nesse contexto, em leitura conjunta do CDC e da LGPD, é possível asseverar a ilicitude do *bundling*, quando proveniente de práticas de discriminação algorítmica voltadas à exploração do consumidor-jogador.

4. NOTAS CONCLUSIVAS

À guisa de conclusão, o que se nota em breve percurso exploratório sobre a dinâmica do mercado de *games* e as relações de consumo é a premência da busca por aprimoramento legislativo que consiga trazer mais clareza aos modos pelos quais se pode (ou não) operar nesses mercados.

Danos são causados a todo momento e o ponto mais sensível da cadeia de consumo é ocupado, infelizmente, mas não surpreendentemente, pelo consumidor-jogador.

O modelo das *loot boxes* e dos *gacha games* japoneses teve seu apogeu na primeira metade do século XXI e, embora somente um país – o próprio Japão – tenha coibido expressamente seu implemento, equiparando tais práticas aos jogos de azar, o que se notou desde então – o interregno é de apenas oito anos – foi uma grande metamorfose das práticas comerciais aplicáveis aos *games*, muitas delas desdobradas das primeiras, mas com novas nomenclaturas, sutilezas e peculiaridades próprias que lhe atribuem licitude contextual capaz de elidir os rigores da legislação consumerista.

A Internet é ambiente naturalmente difícil de se regular e fiscalizar, mas isso não pode se convolar em uma carta branca às desenvolvedoras de jogos. É preciso que práticas de autorregulação sejam exigidas para que efetivo *compliance*, em coalizão internacional – por ser o mercado dos jogos, realmente, um mercado que tem penetração em quase todos os países – voltada ao rigor fiscalizatório de plataformas, programas e desenvolvedoras.

As práticas selecionadas para estudo nesta breve pesquisa (*framing, anchoring*, microtransações e *bundling*) são todas baseadas em *nudges*, e, a despeito dos anglicismos, revelam modelos plenamente tuteláveis pelo Código de Defesa do Consumidor brasileiro, especialmente se combinado transversalmente, em diálogo de fontes, com a Lei Geral de Proteção de Dados que está prestes a entrar em vigor.

Com isso, o que se conclui é que não há qualquer lacuna regulatória que impeça a responsabilização civil de abusadores. As normas citadas, particularmente o art. 12 do CDC e os arts. 42 e 44 da LGPD, permitem a reestruturação do conceito de 'defeito' para tutelar abusos advindos desses modelos de negócios direcionados à exploração da atenção.

---

68. Acerca do diálogo de fontes, leia-se: MARQUES, Cláudia Lima. Superação das antinomias pelo diálogo das fontes. *Revista de Direito do Consumidor*, São Paulo, v. 51, p. 34-67, jul./set. 2004.

REFERÊNCIAS

AKIMOTO, Akky. Japan's social-gaming industry hindered by government's anti-gambling move. *The Japan Times*, 16 maio 2012. Disponível em: https://bit.ly/2BBQArq. Acesso em: 26 jul. 2020.

ARAÚJO, Inês; CARVALHO, Ana Amélia. Gamificação no ensino: casos bem sucedidos. *Revista Observatório*, Palmas, v. 4, n. 4, p. 246-283, jul./set. 2018.

ARIÈS, Philippe. *História social da criança e da família*. Tradução de Dora Flaksman. 2. ed. Rio de Janeiro: Livros Técnicos e Científicos Editora, 1981.

AZEVEDO, Marta Britto de. O consumidor consciente: liberdade de escolha e segurança. *Revista de Direito do Consumidor*, São Paulo, v. 67, p. 197, jul. 2008.

BERTINI, Marco; WATHIEU, Luc. The framing effect of price format. *Harvard Business School Working Papers*, Cambridge, Paper n. 06-055, p. 1-26, 2006. Disponível em: https://www.hbs.edu/faculty/Publication%20Files/06-055.pdf. Acesso em: 26 jul. 2020.

ČADEŽ, Janes. Gamify your habits. *Medium*, 4 ago. 2019. Disponível em: https://bit.ly/2OXzjMn. Acesso em: 26 jul. 2020.

DUFWENBERG, Martin; GÄCHTER, Simon; HENNIG-SCHMIDT, Heike. The framing of games and the psychology of play. *Games and Economic Behavior*, Londres, v. 73, n. 2, p. 459-478, nov. 2011.

DUHIGG, Charles. *The power of habit*: why we do what we do in life and business. Nova York: Random House, 2014.

EPSTEIN, Richard A. Behavioral economics: Human errors and market corrections. *The University of Chicago Law Review*, Chicago, v. 73, n. 1, p. 111-132, 2006.

ERVIN, Andrew. *Bit by bit*: how video games transformed our world. Nova York: Basic Books, 2017.

FAIRFIELD, Josh A.T. Mixed reality: How the laws of virtual worlds govern everyday life. In: BARFIELD, Woodrow; BLITZ, Marc Jonathan (Eds.). *Research Handbook on the Law of Virtual and Augmented Reality*. Cheltenham: Edward Elgar: 2018.

FAVA, Fabrício. A emergência da gamificação na cultura do jogo. In: SANTAELLA, Lucia; NESTERIUK, Sérgio; FAVA, Fabrício (Orgs.). *Gamificação em debate*. São Paulo: Blucher, 2018.

FELDMAN, Brian. Congress seeks answers following report on Facebook's predatory micro-transactions. *Intelligencer*, 29 jan. 2019. Disponível em: https://nym.ag/3f2vAYC. Acesso em: 26 jul. 2020.

FRAGA, Renê. Os 5 aplicativos mais populares do Orkut. *Google Discovery*, 15 nov. 2010. Disponível em: https://bit.ly/2WYo76B. Acesso em: 26 jul. 2020.

GRAYSON, Nathan. Valve removes 1,000 games from Steam as punishment for abusing tools. *Kotaku*, 26 nov. 2019. Disponível em: https://bit.ly/301TMpB. Acesso em: 25 jul. 2020.

HAMILTON, Rebecca W.; SRIVASTAVA, Joydeep. When 2+2 is not the same as 1+3: Variations in price sensitivity across components of partitioned prices. *Journal of Marketing Research*, Londres, v. 45, n. 4, 2008.

HEINZE, Johannes. How gacha can benefit Western game developers. *GameIndustry.biz*, 18 jul. 2017. Disponível em: https://bit.ly/3f58nEU. Acesso em: 26 jul. 2020.

HUIZINGA, Johan. *Homo ludens*: o jogo como elemento da cultura. Tradução de João Paulo Monteiro. 8. ed. São Paulo: Perspectiva, 2014.

KAHNEMAN, Daniel. *Rápido e devagar*. Tradução de Cássio de Arantes Leite. Rio de Janeiro: Objetiva, 2012. E-book Kindle.

KAPP, Karl M. *Gadgets, games, and gizmos for learning*: tools and techniques for transferring know-how from boomers to gamers. São Francisco: Pfeiffer, 2007.

KAPP, Karl M. *The gamification of learning and instruction*: game-based methods and strategies for training and education. São Francisco: Pfeiffer, 2012.

KERR, Chris. Humble has raised $150M for charity through bundles and storefront. *Gamasutra*, 25 jun. 2019. Disponível em: https://bit.ly/39zcCHY. Acesso em: 25 jul. 2020.

KHALED JÚNIOR, Salah H. *Videogame e violência*: cruzadas morais contra os jogos eletrônicos no Brasil e no mundo. Rio de Janeiro: Civilização Brasileira, 2018.

KING, Daniel L.; DELFABBRO, Paul H.; GAINSBURY, Sally M.; DREIER, Michael; GREER, Nancy; BILLIEUX, Joël. Unfair play? Video games as exploitative monetized services: An examination of game patents from a consumer protection perspective. *Computers in Human Behavior*, Londres: Elsevier, v. 101, p. 131-143, dez. 2019.

KRÄMER, Andreas. Robustness of price perception: how strong are anchoring, left-digit and framing-effects when promoting sales offers? *Business and Management Studies*, Beaverton, v. 2, n. 1, p. 35-43, mar. 2016.

KRISTENSEN, Henrik; GÄRLING, Tommy. Anchoring Induced Biases in Consumer Price Negotiations. *Journal of Consumer Policy*, Berlim/Heidelberg, v. 23, p. 445-460, 2000.

LEMES, David de Oliveira; SANCHES, Murilo Henrique Barbosa. Gamificação e educação: estudo de caso. In: SANTAELLA, Lucia; NESTERIUK, Sérgio; FAVA, Fabrício (Orgs.). *Gamificação em debate*. São Paulo: Blucher, 2018.

LEMLEY, Mark A.; VOLOKH, Eugene. Law, virtual reality, and augmented reality. *University of Pennsylvania Law Review*, Philadelphia, v. 166, n. 5, p. 1051-1138, abr. 2018.

LÉVY, Pierre. *Cibercultura*. Tradução de Carlos Irineu da Costa. 3. ed. São Paulo: Editora 34, 2010.

LIPOVETSKY, Gilles; SERROY, Jean. *A cultura-mundo*: resposta a uma sociedade desorientada. Tradução de Maria Lúcia Machado. 3. reimpr. São Paulo: Cia. das Letras, 2011.

LONGHI, João Victor Rozatti. #ÓDIO: responsabilidade civil nas redes sociais e a questão do *hate speech*. In: MARTINS, Guilherme Magalhães; ROSENVALD, Nelson (Coords.). *Responsabilidade civil e novas tecnologias*. Indaiatuba: Foco, 2020.

LUTON, Will. *Free 2 play*: making money from games you give away. Indianapolis: New Riders, 2013.

LUZ, Alan Richard. Gamificação, motivação e a essência do jogo. In: SANTAELLA, Lucia; NESTERIUK, Sérgio; FAVA, Fabrício (Orgs.). *Gamificação em debate*. São Paulo: Blucher, 2018.

MACIEL, Kátia Regina Ferreira Lobo Andrade *et al*. *Direito da criança e do adolescente*: aspectos teóricos e práticos. 7. ed. São Paulo: Saraiva, 2014.

MARQUES, Claudia Lima. Superação das antinomias pelo diálogo das fontes. *Revista de Direito do Consumidor*, São Paulo, v. 51, p. 34-67, jul./set. 2004.

MARTINS, Guilherme Magalhães. *Responsabilidade civil por acidente de consumo na Internet*. 2. ed. São Paulo: Revista dos Tribunais, 2014.

McCAFFREY, Matthew. The Macro Problem of Microtransactions: The Self-Regulatory Challenges of Video Game Loot Boxes. *Business Horizons*, Bloomington, Ahead of Print, p. 1-28, 2019. Disponível em: https://ssrn.com/abstract=3309612. Acesso em: 26 jul. 2020.

McGONIGAL, Kelly. *The willpower instinct*: how self-control works, why it matters, and what you can do to get more of it. Nova York: Avery, 2012.

McLUHAN, H. Marshall. *Os meios de comunicação como extensões do homem*. Tradução de Décio Pignatari. São Paulo: Cultrix, 2007.

MELO, José Marques de. *Os caminhos cruzados da comunicação*: política, economia e cultura. São Paulo: Paulus, 2020.

MILLER, Chris. Rocket League gives consumers an example of price anchoring with recent price drop. *HappyGamer.com*, 11 dez. 2019. Disponível em: https://bit.ly/3g3dxCX. Acesso em: 26 jul. 2020.

MORIN, Edgar. *Cultura de massas no século XX*: o espírito do tempo. Neurose e necrose. Rio de Janeiro: Forense Universitária, 2018.

OLIVEIRA, James Eduardo. *Código de Defesa do Consumidor*. 5. ed. São Paulo: Atlas, 2011.

SHIRAI, Miyuri. Framing Price Promotion: The Effects of the Price Frame and the Saving Frame. *Journal of Global Business Management and Economics*, [S.l.], v. 1, n. 1, p. 67-76, 2018.

SIMONSON, Itamar; DROLET, Aimee. Anchoring Effects on Consumers' Willingness to Pay and Willingness-to-Accept. *Journal of Consumer Research*, Oxford, v. 31, n. 3, p. 681-690, dez. 2004.

SYLVIA, Mason. #StopEAAbuse — The Movement Calling for Change in The Sims. *NerdBite*, 3 out. 2019. Disponível em: https://bit.ly/301ksXo. Acesso em: 26 jul. 2020.

TABOADA, Bruno Valladares Guimarães. *Apreçamento em bundling e decisão dos consumidores*: uma análise a partir de experimentos. 2019. 172f. Dissertação (Mestrado em Finanças e Economia Empresarial) – Escola de Pós-Graduação em Economia, Fundação Getúlio Vargas, Rio de Janeiro, 2019.

THIER, Dave. Under threat of legislation, Sony, Microsoft and Nintendo agree to force loot box odds disclosure. *Forbes*, 7 ago. 2019. Disponível em: https://bit.ly/39ygbxK. Acesso em: 26 jul. 2020.

VAN BOOM, Willem H. Price intransparency, consumer decision making and European consumer law. *Journal of Consumer Policy*, Berlim/Heidelberg, v. 34, p. 359-376, 2011.

VAN BOOM, Willem H.; VAN DER REST, Jean-Pierre I.; VAN DE BOS, Kees; DECHESNE, Mark. Consumers beware: online personalized pricing in action! How the framing of a mandated discriminatory pricing disclosure influences intention to purchase. *Social Justice Research*, Cham, v. 33, p. 331-351, 2020.

WIJMAN, Tom. The World's 2.7 Billion Gamers Will Spend $159.3 Billion on Games in 2020; The Market Will Surpass $200 Billion by 2023. *NewZoo*, 8 maio 2020. Disponível em: https://bit.ly/2Da48dU. Acesso em: 20 jul. 2020.

WRIGHT, Dickinson. Video Game Industry Responds to Regulation of Pay-To-Win Microtransactions and Loot Boxes. *Lexology*, 4 set. 2019. Disponível em: https://bit.ly/3hzBUYY. Acesso em: 26 jul. 2020.

WU, Tim. *The attention merchants*: the epic scramble to get inside our heads. Nova York: Vintage, 2016.

YANG, Tzyy-Ching; LAI, Hsiangchu. Comparison of product bundling strategies on different online shopping behaviors. *Electronic Commerce Research and Applications*, Londres: Elsevier, v. 5, p. 295-304, 2006.

YEOH, Angelin. UK dad slams 'FIFA 19' loot boxes after children spend over RM2,800 trying to get Lionel Messi. *The Star*, 10 jul. 2019. Disponível em: https://bit.ly/3fb8Dm9. Acesso em: 26 jul. 2020.

ZEILER, Kathryn; PLOTT, Charles R. The willingness to pay-willingness to accept gap, the "endowment effect," subject misconceptions, and experimental procedures for eliciting valuations. *American Economic Review*, Nashville, v. 95, n. 3, p. 530-545, jun. 2005.

19
INTELIGÊNCIA ARTIFICIAL E *BIG DATA* NO DIAGNÓSTICO E TRATAMENTO DE DOENÇAS: NOVOS DESAFIOS AO DEVER DE INFORMAÇÃO E À PROTEÇÃO DE DADOS SENSÍVEIS

Rodrigo da Guia Silva

Rafaella Nogaroli

> **Sumário:** 1. Notas introdutórias: a revolução digital no setor da saúde e o implemento da inteligência artificial na medicina contemporânea. 2. Benefícios e riscos dos algoritmos de inteligência artificial para auxiliar o diagnóstico e a escolha de tratamento médico. 3. Ressignificação do dever de informar o paciente no contexto da inteligência artificial. 4. Aspectos ético-jurídicos no tratamento de dados pessoais sensíveis do paciente por algoritmos de inteligência artificial. 5. Conclusão. 6. Referências.

1. NOTAS INTRODUTÓRIAS: A REVOLUÇÃO DIGITAL NO SETOR DA SAÚDE E O IMPLEMENTO DA INTELIGÊNCIA ARTIFICIAL NA MEDICINA CONTEMPORÂNEA

As novas tecnologias têm alterado profundamente a relação médico-paciente. Do diagnóstico médico ao cuidado holístico do paciente, a inteligência artificial[1] está transformando mundialmente todo o setor da saúde.[2] Há diversos estudos que revelam o grande potencial dessa tecnologia no aprimoramento de diagnósticos e cuidados médicos.[3] A medicina, como muitos outros campos, está passando por uma confluência de

---

1. Para uma análise do conceito e da evolução da inteligência artificial, com destaque para a centralidade assumida na matéria pelos algoritmos, v., por todos, FLASISKI, Mariusz. *Introduction to Artificial Intelligence*. Cham: Springer, 2016, *passim*; TEGMARK, Max. *Life 3.0*: Ser-se Humano na Era da Inteligência Artificial. Trad. João Van Zeller. Alfragide: Dom Quixote, 2019, *passim*; LEE, Kai-Fu. *As Superpotências da Inteligência Artificial*: a China, Silicon Valley e a Nova Ordem Mundial. Trad. Maria Eduarda Cardoso. Lisboa: Relógio D'Água Editores, 2018, *passim*; e TURNER, Jacob. *Robot Rules*: Regulating Artificial Intelligence. Cham: Palgrave Macmillan, 2019, *passim*.
2. Ao propósito, no que diz respeito à transformação da área da saúde com a nova era de informação tecnológica e de inteligência artificial, v. GARCIA, Christine; UZBELGER, Georges. Artificial Intelligence to Help the Practitioner Choose the Right Treatment: Watson for Oncology. *In*: NORDLINGER, Bernard; VILLANI, Cédric; RUS, Daniela (Coords.). *Healthcare and Artificial Intelligence*. Cham: Springer, 2020, p. 81.
3. Nesse sentido, v. SHABAN-NEJAD, Arash; MICHALOWSKI, Martin. *Precision Health and Medicine*. A Digital Revolution in Healthcare. Cham: Springer, 2020, p. V; DANIEL, Christel; SALAMANCA, Elisa. Hospital Databases.

dois desenvolvimentos recentes: a ascensão do *Big Data*[4] e o crescimento de sofisticados sistemas de inteligência artificial, que podem ser usados para encontrar padrões complexos nesses dados.[5]

O surgimento do *Big Data* é um fenômeno caracterizado, segundo Nicholson Price, pelos "três V's": volume (grandes quantidades de dados), variedade (heterogeneidade dos dados) e velocidade (acesso rápido aos dados).[6] Esses dados vêm de várias fontes: registros eletrônicos de saúde, literatura médica, ensaios clínicos, dados de solicitações de seguros, registros de farmácia e até mesmo os dados inseridos pelos pacientes em seus *smartphones* ou gravados em aplicativos de *fitness*. Diante dessa vasta quantidade de dados, os algoritmos de inteligência artificial ganham espaço para prover, por exemplo, diagnósticos e alternativas de tratamento de algumas doenças, por meio de referência cruzada dos dados da saúde de um paciente específico com toda a sua base de dados.[7]

Jacob Turner, no livro "Robot Rules: Regulating Artificial Inteligence" (2019), define inteligência artificial (IA) como "a capacidade de uma entidade não humana de fazer escolhas por um processo avaliativo".[8] De acordo com a Comissão da União Europeia, a inteligência artificial refere-se a "sistemas que revelam comportamento inteligente, analisando seu ambiente e realizando ações – com algum grau de autonomia – para atingir objetivos específicos. Os sistemas baseados em IA podem ser puramente baseados em *software*, agindo no mundo virtual (por exemplo, assistentes de voz, *software* de análise de imagem, mecanismos de busca, sistemas de reconhecimento de voz e expressão) ou podem ser incorporados em dispositivos de *hardware* (por exemplo, robôs avançados, carros autônomos, drones ou aplicações de Internet das coisas)".[9]

Para funcionamento da inteligência artificial são utilizados algoritmos, que representam um conjunto de instruções ou sequência de regras que, aplicando-se a um número de dados, permitem solucionar classes semelhantes de problemas. Na essência, os algoritmos são as diretrizes seguidas por uma máquina.[10] Um algoritmo de inteligência artificial funciona com base no cálculo de uma probabilidade, sendo esta o resultado da

---

AP-HP Clinical Data Warehouse. *In*: NORDLINGER, Bernard; VILLANI, Cédric; RUS, Daniela (Coords.). *Healthcare and Artificial Intelligence*. Cham: Springer, 2020, p. 65.

4. V., por todos, GOMES, Rodrigo Dias de Pinho. *Big Data*: desafios à tutela da pessoa humana na sociedade da informação. Rio de Janeiro: Lumen Juris, 2017, *passim*.
5. PRICE, William Nicholson. Artificial Intelligence in Health Care: Applications and Legal Issues. *University of Michigan Public Law Research Paper*, n. 599, 2017. Disponível em: https://papers.ssrn.com/sol3/papers.cfm?abstract_id=3078704. Acesso em: 20 jun. 2020.
6. PRICE, William Nicholson. Artificial Intelligence in Health Care, cit.
7. Em 2015, um grupo de cientistas no Mount Sinai Hospital (Nova Iorque – EUA) desenvolveu o *Deep Patient*, *software* inteligente que prevê futuras doenças dos pacientes, a partir de uma base de dados composta por cerca de setecentos mil prontuários eletrônicos. Para o desenvolvimento da análise acerca do Deep Patient, remete-se a MIOTTO, Riccardo; LI, L.; KIDD, Brian A.; DUDLEY, Joel T. Deep Patient: An Unsupervised Representation to Predict the Future of Patients from the Electronic Health Records. *Nature Scientific Reports*, v. 6, maio 2016.
8. TURNER, Jacob. *Robot Rules*, cit., p. 16.
9. Communication from the Commission to the European Parliament, the European Council, the Council, the European Economic and Social Committee and the Committee of the Regions on Artificial Intelligence for Europe, Brussels, 25.4.2018 COM (2018) 237 final.
10. FLASIŃSKI, Mariusz. *Introduction to Artificial Intelligence*. Cham: Springer, 2016, p. 16.

multiplicação de um vetor de entrada com inúmeros parâmetros, cujos valores foram encontrados a partir do treinamento.[11]

A proliferação do recurso de algoritmos de inteligência artificial (sobretudo os sistemas mais sofisticados dotados de *machine learning* e *deep learning*)[12-13] na prática médica impulsionou o amplo fenômeno de mudança da *medicina convencional* para a *medicina dos 4 Ps* (preventiva, preditiva, personalizada e proativa).[14] Nesse novo cenário, os cuidados da saúde deixam de estar essencialmente limitados ao tratamento das patologias (tarefa jamais abandonada, por certo) e passam a ter como foco a adoção de medidas destinadas a prevenir doenças (*medicina preventiva*)[15] ou possibilitar a antecipação do seu diagnóstico (*medicina preditiva*). No que tange ao trato pessoal, o paciente é atendido de maneira tendencialmente mais individualizada (e menos padronizada, portanto), com base nos seus dados genéticos e de saúde (*medicina personalizada*)[16]. Por fim, a relação médico-paciente deixa de ser algo pontual e passa a se desenvolver de maneira contínua (*medicina proativa*),[17] o que é sobremaneira facilitado pelo implemento de algoritmos de inteligência artificial, pois o paciente tende a procurar ajuda médica não mais apenas

---

11. FLASIŃSKI, Mariusz. *Introduction to Artificial Intelligence*. Cham: Springer, 2016, cit.
12. A técnica de *machine learning* é "fortemente baseada na análise de volumes maciços de dados, originários de várias fontes e em grande velocidade, um conjunto de características que se convencionou chamar de *big data*. Em resumo, o papel do computador nesta técnica é encontrar padrões estatísticos, dentro de um universo de informações, capazes de apresentar soluções para problemas bem claros" (GOETTENAUER, Carlos Eduardo. Algoritmos, inteligência artificial, mercados. Desafios em arcabouço jurídico. In: FRAZÃO, Ana; CARVALHO, Angelo Gamba Prata de Carvalho (Coords.). *Empresa, mercado e tecnologia*. Belo Horizonte: Fórum, 2019, p. 273). Sobre o conceito de *machine learning*, v., ainda, WISCHMEYER, Thomas; RADEMACHER, Timo (Coords.). *Regulating Artificial Intelligence*. Cham: Springer, 2020, p. 3.
13. O *deep learning* "permite o processamento de grande quantidade de dados para encontrar relacionamentos e padrões que os humanos geralmente não conseguem detectar. A palavra 'profundo' refere-se ao número de camadas ocultas na rede neural, que fornecem grande parte do poder de aprendizado" (FLASI SKI, Mariusz. Introduction to Artificial Intelligence, cit., p. 157-174. Tradução livre do original). V., ainda, TAULLI, Ton. *Artificial Intelligence Basics*. Nova York: Springer, 2019, p. 71.
14. "O aumento da expectativa de vida das pessoas, juntamente com a crescente complexidade dos serviços médicos e da saúde aumentam drasticamente os custos de saúde em todo o mundo. Por isso, os avanços em aplicativos da computação, combinados com o uso de redes sofisticadas de sensores inteligentes, servem como uma importante solução a esse cenário. Enquanto o conceito de *smart health* (saúde inteligente) sustenta o conceito de medicina dos 4 Ps (preventiva, preditiva, personalizada e proativa), essa tecnologia também produz grandes quantidades de dados e informações. Todas essas abordagens tecnológicas, juntamente com o 'big data', estão mudando as ciências médicas em uma ciência intensiva apoiada em dados" (HOLZINGER, Andreas; RÖCKER, Carsten; ZIEFLE, Martina. From Smart Health to Smart Hospitals. In: *Smart Health*: Open Problems and Future Challenges. Cham: Springer, 2015, p. 1-20. Tradução livre do original).
15. Ao propósito da denominada medicina preventiva, v. BALICER, Ran D.; COHEN-STAVI, Chandra. Advancing Healthcare Through Data-Driven Medicine and Artificial Intelligence. In: NORDLINGER, Bernard; VILLANI, Cédric; RUS, Daniela (Coord.). *Healthcare and Artificial Intelligence*. Cham: Springer, 2020, p. 9-15.
16. A medicina personalizada ("*precision medicine*" ou "*personalized medicine*") é definida como "uma abordagem inovadora que leva em conta as diferenças individuais nos genes de cada pessoa, ambientes e estilos de vida das pessoas, ao diagnosticar doenças e tomar decisões sobre diferentes opções de tratamento em tempo hábil. Ao contrário das abordagens e tratamentos mais tradicionais, 'one-size-fits-all', a medicina de precisão (personalizada) pretende projetar intervenções e tratamentos personalizados, considerando as diferenças entre os pacientes e suas doenças. A medicina de precisão pode facilitar o desenvolvimento e a descoberta de novos medicamentos, fornecendo melhor compreensão da interação entre genômica, resposta aos medicamentos e possíveis opções de tratamento da doença ou da condição de um paciente específico" (SHABAN-NEJAD, Arash; MICHALOWSKI, Martin. Precision Health and Medicine, cit., p. V. Tradução livre do original).
17. Para uma análise dos benefícios da denominada medicina proativa ("*proactive medicine*"), v. BALICER, Ran D.; COHEN-STAVI, Chandra. Advancing Healthcare Through Data-Driven Medicine and Artificial Intelligence, cit., p. 9-15.

quando adoece, tendo em vista que suas informações vitais são constantemente capturadas por aparelhos e monitores *vestíveis* (*"wearable devices"*).[18]

A transformação do atendimento médico nesse modelo mais proativo, preventivo, preciso e centrado na individualidade de cada paciente tornou-se possível, nos últimos anos, a partir da combinação de grande volume de dados de saúde e *softwares* de inteligência artificial.[19] A Era Digital da assistência médica permitiu que os dados físicos dos pacientes fossem transferidos de pastas de papel para registros eletrônicos de saúde. Com isso, após décadas de digitalização de registros médicos (com o crescente armazenamento em nuvem), o setor de saúde criou um conjunto enorme (e continuamente crescente) de dados.

Vários tipos de bancos de dados de saúde foram estabelecidos desde o início da revolução digital (o que se conjuga à consequente multiplicação do poder de análise computacional), valendo destacar: prontuários médicos eletrônicos, dados administrativos digitais, dados coletados de equipamentos médicos conectados à internet ("Internet das Coisas" na medicina), dados de pesquisas clínicas e farmacêuticas, dados genômicos etc.[20] Afirma-se que os prontuários médicos eletrônicos representam a maior fonte de dados da saúde, pois neles está contida a soma da generalidade das informações a respeito do paciente, no objetivo de organizar todas as etapas da intervenção médica, desde a anamnese e procedimentos médicos relativos à terapia, até a evolução do tratamento.[21] A ilustrar o cenário contemporâneo, pode-se destacar que, em 2017, 80% dos prontuários médicos e 100% dos registros hospitalares de pacientes nos Estados Unidos foram digitalizados, facilitando a troca de informações como resultado desses arquivos digitalizados, que são denominados "registros eletrônicos de saúde" (*"electronic health records"* – EHRs, na abreviação em inglês).[22]

Recentemente, alguns países começaram a incentivar a criação de grandes bancos de dados de saúde para aprimorar as pesquisas científicas. Na Europa, observa-se o investimento massivo de recursos para a criação um banco de dados de saúde, a partir da utilização de informações colhidas de vários hospitais e dezenas de parceiros, como institutos e centros de pesquisas em saúde e indústrias farmacêuticas.[23] A recente iniciativa de estabelecer uma plataforma de dados de saúde para pesquisa almeja a coleta de grande número de casos clínicos, registros de dispositivos médicos e dados de doenças raras.[24] Para além das políticas internas de cada país para estas questões, cumpre registrar a existência de cooperações internacionais, como a Aliança Global para Genômica

---

18. NORDLINGER, Bernard; VILLANI, Cédric; RUS, Daniela (Coords.). *Healthcare and Artificial Intelligence*. Cham: Springer, 2020, *passim*.
19. NORDLINGER, Bernard; VILLANI, Cédric; RUS, Daniela (Coords.). *Healthcare and Artificial Intelligence*, cit., p. 10.
20. DEGOS, Laurent. International Vision of Big Data. *In*: NORDLINGER, Bernard; VILLANI, Cédric; RUS, Daniela (Coords.). *Healthcare and Artificial Intelligence*. Cham: Springer, 2020, p. 242. GRALL, Matthieu. CNIL (Commission Nationale de l'Informatique et des Libertés) and Analysis of Big Data Projects in the Health Sector. *In*: NORDLINGER, Bernard; VILLANI, Cédric; RUS, Daniela (Coord.). *Healthcare and Artificial Intelligence*. Cham: Springer, 2020, p. 236.
21. DEGOS, Laurent. International Vision of Big Data, cit., p. 242.
22. Assim relata DEGOS, Laurent. International Vision of Big Data, cit., p. 245.
23. Disponível em: https://imi-paradigm.eu/about-imi/. Acesso em 02 jul. 2020.
24. Veja-se, uma vez mais, o relato fornecido por DEGOS, Laurent. International Vision of Big Data, cit., p. 246.

e Saúde (GA4GH), criada para acelerar o potencial da medicina genômica na promoção da saúde humana. Reúnem-se bancos de dados de mais de 400 instituições líderes na área da saúde e tecnologia da informação.[25]

No que importa mais diretamente ao presente estudo, pode-se notar que essa *digitalização* do setor da saúde foi um fator determinante para se tornar possível a implementação da inteligência artificial na eficiência dos diagnósticos médicos, sobretudo na detecção precoce de doenças.[26] Em emblemático exemplo do desenvolvimento da inteligência artificial aplicada à seara de diagnósticos médicos, pesquisadores da Universidade de Oxford (Inglaterra) desenvolveram, no Hospital John Radcliffe, o chamado *EchoGo Core*, um aparelho inteligente, que, por meio de *machine learning*, propõe o diagnóstico precoce de doenças cardíacas.[27] Esse *software* de ecocardiografia costuma ser apontado como o mais preciso do mundo e, para isso ser possível, programaram-se os algoritmos com bancos de dados contendo milhões de imagens de ecocardiografia, estando estas vinculadas às informações sobre questões particulares de cada pessoa examinada e o seu quadro clínico ao longo do tempo. O *software* atingiu a precisão diagnóstica de doenças cardíacas coronarianas em taxa de aproximadamente 90%, o que representa um melhor resultado do que o acerto médio de 80% alcançado por médicos.[28]

Atualmente, a IBM é uma das empresas, em escala global, que mais cria soluções tecnológicas para a área de saúde. Desde outubro de 2015, a multinacional possui uma unidade focada exclusivamente em inteligência artificial para a saúde – a "Watson Health".[29] Dentre os produtos inteligentes já disponíveis no mercado, destaca-se o "*Watson for Oncology*", "uma solução alimentada por informações obtidas de diretrizes relevantes, melhores práticas, periódicos médicos e livros didáticos".[30] Essa tecnologia cognitiva avalia as informações do prontuário de um paciente, juntamente com as evidências

---

25. DEGOS, Laurent. International Vision of Big Data, *cit*.
26. Há diversas empresas no mundo (como Cerner, Aldoc e Arterys) que utilizam a plataforma de serviços de computação em nuvem *Amazon Web Services (AWS)* para armazenar e processar grande volume de dados de saúde em alta velocidade, possibilitando, assim, a criação de novas ferramentas digitais inteligentes. Ao propósito, v. LANDI, Heather. Cerner taps Amazon Web Services to ramp up healthcare AI capabilities, predictive technology. *FierceHealthCare*, 3.12.2019. Disponível em: https://www.fiercehealthcare.com/tech/cerner-taps-amazon-web-services-to-ramp-up-healthcare-ai-capabilities-predictive-technology. Acesso em 2 jul. 2020.
27. GILLESPIE, Stuart. The Oxford spinout company using AI to diagnose heart disease. *University of Oxford*, 15/10/2018. Disponível em: https://www.research.ox.ac.uk/Article/2018-10-15-the-oxford-spinout-company-usingai-to-diagnose-heart-disease. Acesso em 2 jul. 2020. Para maiores informações: https://ultromics.com/echogo/. Acesso em 2 jul. 2020.
28. Assim relata GILLESPIE, Stuart. The Oxford spinout company using AI to diagnose heart disease, *cit*. Os desenvolvedores desse dispositivo inteligente fundaram a empresa Ultromics e, recentemente, ganharam aprovação da *Food and Drug Administration* (FDA) para comercializar o EchoGo, que utiliza inteligência artificial para automatizar a análise e a quantificação de exames cardíacos baseados em ultrassom e, além disso, possui a capacidade de detecção precoce de doenças cardiovasculares. A propósito, v. PENNIC, Fred. FDA Clears AI-Powered EchoGo Core for Early Detection of Cardiovascular Disease. *Hit Consultant*, 15/11/2019. Disponível em: https://hitconsultant.net/2019/11/15/fda-clears-ai-powered-echogo-core-for-early-detection-of-cardiovascular-disease/#.XkBLijJKiUk. Acesso em 24 abr. 2020.
29. Remeta-se, por oportuno, ao portal em língua portuguesa disponibilizado pela própria empresa: IBM Watson Health - Cognitive Healthcare Solutions. Disponível em: https://www.ibm.com/watson/br-pt/health/. Acesso em 2 jul. 2020.
30. IBM Watson for Oncology. Disponível em: https://www.ibm.com/products/clinical-decision-support-oncology. Acesso em 02 jul. 2020.

médicas (artigos científicos e estudos clínicos), exibindo, assim, possíveis opções de tratamento para pacientes oncológicos, classificadas por nível de confiança. Ao final, caberá ao médico analisar as conclusões trazidas pela inteligência artificial e decidir qual a melhor opção de tratamento para aquele paciente específico.

A breve enunciação desses exemplos da incorporação da inteligência artificial à prática médica serve para ilustrar alguns dos diversos benefícios que a referida tecnologia pode propiciar ao setor da saúde. Tais potenciais benefícios são acompanhados, contudo, por importantes questionamentos ético-jurídicos a serem enfrentados pela civilística, com particular destaque para a proteção e a forma de tratamento de dados sensíveis, além do alcance do dever de informação e o modelo de consentimento do paciente. Eis, em síntese essencial, o propósito norteador do presente estudo, a que se dedicam os itens subsequentes.

2. BENEFÍCIOS E RISCOS DOS ALGORITMOS DE INTELIGÊNCIA ARTIFICIAL PARA AUXILIAR O DIAGNÓSTICO E A ESCOLHA DE TRATAMENTO MÉDICO

Os programas de inteligência artificial na área da saúde fornecem importante suporte à decisão clínica, como previamente exposto, tendo em vista a sua capacidade de processar e analisar rapidamente – e, tendencialmente, de maneira eficiente – grande quantidade de dados. A combinação da inteligência artificial com a expertise e o conhecimento médicos tem, portanto, o potencial de reduzir consideravelmente as taxas de erro. Não se trata de pugnar por uma substituição dos profissionais da saúde por sistema de IA, mas tão somente de reconhecer os potenciais benefícios dessa nova tecnologia no que tange, sobretudo, ao auxílio dos profissionais na tomada de decisão. Entre outros possíveis benefícios, pode-se reconhecer que o fornecimento de um diagnóstico rápido por um *software* com inteligência artificial pode ser, muitas vezes, fator crucial para o imediato início do tratamento e a subsequente recuperação do paciente, especialmente em doenças de evolução rápida ou em situações de urgência e emergência.

Pense-se, por exemplo, no salto qualitativo que se poderia ter experimentado no enfrentamento à pandemia da Covid-19 caso já se dispusesse, desde o início do surto da doença, de *softwares* avançados em matéria de diagnóstico em nível macro. Na China, desenvolveu-se, cerca de dois meses após o primeiro caso de contágio pelo novo coronavírus, um *software* com IA, utilizado em milhares de pacientes (e disponibilizado gratuitamente para centenas de instituições médicas ao redor do mundo), que foi capaz de diagnosticar a Covid-19 a partir da análise da tomografia de tórax.[31] O *software* inteligente realizou, com taxa de precisão de aproximadamente 90%, a análise de uma imagem tomográfica em quinze segundos; com isso, conseguiu, quase instantaneamente, distinguir entre pacientes infectados com o novo coronavírus e aqueles com pneumonia comum ou outra doença.

---

31. Veja-se o relato fornecido por Ping An Launches COVID-19 Smart Image-Reading System to Help Control the Epidemic. *Cision PR Newswire*, 28/02/2020. Disponível em: https://www.prnewswire.com/news-releases/ping-an-launches-covid-19-smart-image-reading-system-to-help-control-the-epidemic-301013282.html. Acesso em 2 jul. 2020.

Tratou-se de uma grande vantagem no enfrentamento da pandemia, em diversos países, sobretudo diante da falta de medicamentos ou vacinas terapêuticas específicas para o novo coronavírus. A inteligência artificial foi muito importante para diagnosticar a doença, o mais rápido possível, ainda em um estágio inicial – inclusive para isolar o infectado do convívio com o restante da população saudável. Além disso, destaque-se que os radiologistas geralmente precisavam de cerca de quinze minutos para ler essas imagens de pacientes com suspeita de Covid-19, tempo este expressivamente superior aos quinze segundos utilizados pelo *software* inteligente.[32] No Brasil, não tardou para que se noticiasse que estaria em fase de desenvolvimento, pelo Hospital das Clínicas em São Paulo, um algoritmo similar, com a capacidade de identificar a Covid-19 em tomografia de pacientes. O Ministério da Ciência, Tecnologia, Inovação e Comunicações (MCTIC) acompanhou de perto o projeto, a fim de implementar a IA em hospitais de todo o país.[33]

Como se sabe, os dados são o *combustível* da IA; afinal de contas, é justamente a partir do *input* dos dados que funcionam os algoritmos regentes dos *softwares* em comento, tal como no caso dos sistemas capazes de diagnosticar pacientes com Covid-19. No referido exemplo da experiência chinesa, para se programar o algoritmo, foram inseridos dados de milhares de pacientes contaminados e suas respectivas tomografias de tórax. Assim, o sistema inteligente foi capaz de ler a imagem da tomografia, e distinguir, em quinze segundos, entre pacientes infectados com o novo coronavírus e aqueles com outras doenças pulmonares. É preciso compreender que a qualidade dos dados para programação dos algoritmos é fundamental para o bom desempenho dos sistemas inteligentes, pois essa espécie de algoritmo – pautada em juízo de probabilidade – elabora conclusões a partir do conhecimento armazenado em suas bases e dos dados de cada paciente que lhe são fornecidos.

Há de se destacar, ainda, o enorme potencial do já referido *Watson for Oncology*, que utiliza um banco de dados em nuvem, por meio do qual é capaz de fazer referência cruzada e analisar dados de 20 milhões de trabalhos científicos de oncologia de institutos de pesquisa em todo o mundo.[34] Em janeiro de 2015, uma mulher de 60 anos foi internada em um hospital afiliado ao Instituto de Ciências Médicas da Universidade de Tóquio, no Japão. Os médicos inicialmente a diagnosticaram com leucemia mieloide aguda, um tipo de câncer no sangue.[35] No entanto, após uma rodada bem-sucedida de

---

32. Ping An Launches COVID-19 Smart Image-Reading System to Help Control the Epidemic, *cit*.
33. GOMES, Helton Simões. HC corre para ter inteligência artificial que ache Covid-19 em tomografia. *UOL*, 25.03.2020. Disponível em: https://www.uol.com.br/tilt/noticias/redacao/2020/03/25/hc-corre-para-ter-inteligencia-artificial-que-acha-covid-19-em-tomografia.htm. Acesso em 2 jul. 2020. Vale destacar, ademais, que pesquisadores da Universidade Federal Rural do Rio de Janeiro (UFRRJ) desenvolveram um sistema chamado XrayCovid-19, que utiliza inteligência artificial para auxiliar a área de saúde no diagnóstico da Covid-19. A ferramenta está em fase experimental no OpenLab do Programa de Pós-Graduação em Humanidades Digitais (XrayCovid-19: Inteligência Artificial para diagnosticar o novo coronavírus. *Medicina S/A*, 21.05.2020. Disponível em: https://medicinasa.com.br/xraycovid-ufrrj/. Acesso em 2 jul. 2020).
34. DAVID, Eric. Watson correctly diagnoses woman after doctors were stumped. *Silicon Angle*, 05/08/2016. Disponível em: https://siliconangle.com/2016/08/05/watson-correctly-diagnoses-woman-after-doctors-were-stumped/. Acesso em 20jul. 2020.
'35. NG, Alfred. IBM's Watson gives proper diagnosis for Japanese leukemia patient after doctors were stumped for months. *New York Daily News*, 07/08/2016. Disponível em: https://www.nydailynews.com/news/world/ibm-watson-proper-diagnosis-doctors-stumped-article-1.2741857. Acesso em 2 jul. 2020.

sessões de quimioterapia, os médicos observaram que sua recuperação da terapia pós-remissão era extraordinariamente lenta, levando-os a acreditar que estavam diante de um tipo diferente de leucemia.

Diante disso, a equipe de pesquisas do hospital socorreu-se do dispositivo inteligente de diagnóstico da IBM. Surpreendendo a comunidade médica, o *Watson for Oncology* realizou o diagnóstico da paciente em apenas dez minutos, ao passo que seres humanos levariam em média duas semanas. Por meio do rápido diagnóstico do *Watson*, descobriu-se que a paciente japonesa tinha uma rara leucemia secundária causada por síndromes mielodisplásicas, um grupo de doenças nas quais a medula óssea produz pouquíssimas células sanguíneas saudáveis.[36] De imediato, iniciou-se o tratamento adequado a esse tipo de leucemia que acometia a paciente.

O desfecho positivo do diagnóstico apoiado na IA não impede, contudo, que se enunciem riscos: por mais notável que o *Watson* seja na análise de números e no processamento de dados, ele possui o expressivo grau de imprecisão de 10%, ou seja, há considerável possibilidade de alguma falha nessa conclusão diagnóstica, o que pode conduzir à produção de danos ao paciente após o tratamento inapropriado. Justamente por conta disso, em 2017 o *Watson for Oncology* foi muito criticado por profissionais da saúde, sob a alegação de que não atenderia às expectativas ou até mesmo ofereceria diagnósticos imprecisos aos usuários médicos.[37]

Emblemática, a esse respeito, a pesquisa conduzida por uma equipe de quinze pesquisadores no *Manipal Hospitals*, na Índia, ao longo de três anos, com mil pacientes diagnosticados com câncer, no intuito de avaliar a precisão dos resultados do *Watson for Oncology*.[38] Ao final, os pesquisadores identificaram 90% de acerto dos diagnósticos pelo sistema de inteligência artificial. Nos casos em que ocorreu discordância entre o *software* e os médicos, estes últimos alteraram, em 63% dos casos, os seus próprios diagnósticos para seguir aquele dado pelo *Watson*.[39] Aqui está um ponto central para a presente reflexão: a inteligência artificial conduziu à alteração da decisão final dos oncologistas em diversos casos. De qualquer modo, a referida pesquisa revelou que em 37% dos casos o profissional não mudou seu diagnóstico em discordância com o resultado obtido pela inteligência artificial. Justifica-se, então, a enunciação de alguns questionamentos: na hipótese de superveniência de um resultado danoso que, em tese, poderia ser evitado caso se houvesse seguido o diagnóstico proposto pela inteligência artificial, deveria o médico ser responsabilizado? Se, ao revés, o médico segue o diagnóstico equivocado proposto pela inteligência artificial, pode o profissional ser isento de responsabilidade pelos danos porventura sofridos pelo paciente?[40] Para além da análise da responsabilidade

---

36. DAVID, Eric. Watson correctly diagnoses woman after doctors were stumped, *cit*.
37. IBM's Watson supercomputer recommended 'unsafe and incorrect' cancer treatments, internal documents show. Disponível em: https://www.statnews.com/2018/07/25/ibm-watson-recommended-unsafe-incorrect-treatments/. Acesso em 2 jul. 2020.
38. BICUDO, Lucas. Inteligência Artificial descobre 1.000 casos de câncer com precisão de 90%. *StartSe*, 29/05/2017. Disponível em: https://www.startse.com/noticia/nova-economia/tecnologia-inovacao/inteligencia-artificial-descobre-1-000-casos-de-cancer-com-precisao-de-90. Acesso em 2 jul. 2020.
39. BICUDO, Lucas. Inteligência Artificial descobre 1.000 casos de câncer com precisão de 90%, *cit*.
40. Para um desenvolvimento da análise acerca da utilização da inteligência artificial na análise diagnóstica da COVID-19 e suas repercussões sobre a responsabilidade médica, seja consentido remeter a SILVA, Rodrigo da Guia;

civil médica no caso de erro de diagnóstico, deve ser destacada a existência destes riscos de danos ao paciente, em decorrência de resultados imprecisos ou imprevistos que são próprios da inteligência artificial.

Vale mencionar, ainda, que os resultados desastrosos dos famosos acidentes com carros autônomos[41] serve de alerta para a possibilidade de a IA causar danos imprevisíveis,[42] sobretudo pela capacidade de autoaprendizagem da IA e pela possibilidade de ela evoluir de forma a gerar algum resultado indesejado (e, quiçá, jamais previsto). A aptidão dos algoritmos a produzir resultados que não poderiam ser efetivamente previstos pelos seus programadores – e tampouco pelos usuários diretos – é amplamente discutida na doutrina,[43] sobretudo por suas implicações ético-jurídicas na área da saúde.[44] Nos processos decisórios dos sistemas inteligentes há o chamado "problema da caixa preta" ("*black box problem*", em inglês),[45] isto é, os algoritmos executam determinadas ações para chegar a um resultado específico, mas nem sempre são capazes de realmente explicar ao homem como essa decisão foi tomada.[46]

Há dois casos emblemáticos que ilustram a problemática sobre as condutas imprevisíveis decorrentes da autoaprendizagem da IA e a falta de confiabilidade nos resultados trazidos pelos algoritmos. Durante experimento realizado em 2002, por cientistas do Magna Science Center, na Inglaterra, ocorreu um evento imprevisto: dois robôs inteligentes foram colocados em uma arena para simular um cenário de "predadores" e "presas", a fim de constatar se os robôs seriam capazes de se beneficiar da experiência adquirida com o *machine learning* para desenvolverem novas técnicas de caça e autodefesa. Sucedeu,

---

NOGAROLI, Rafaella. Inteligência artificial na análise diagnóstica da COVID-19: possíveis repercussões sobre a responsabilidade civil do médico. *In:* ROSENVALD, Nelson; MONTEIRO FILHO, Carlos Edison do Rêgo; DENSA, Roberta (Coords.). *Coronavírus e responsabilidade civil:* impactos contratuais e extracontratuais. Indaiatuba: Foco, 2020, p. 293-300.

41. Em 2017, um modelo do carro autônomo Tesla S, dirigindo no piloto automático na China, chocou-se contra um caminhão, matando seu passageiro (Tesla Model 3: Autopilot engaged during fatal crash. Disponível em: https://www.bbc.com/news/technology-48308852. Acesso em 2 jul. 2020). Em 2018, um carro autônomo da Uber atropelou um pedestre no estado do Arizona, nos Estados Unidos (Self-driving Uber kills Arizona woman in first fatal crash involving pedestrian. Disponível em: https://www.theguardian.com/technology/2018/mar/19/uber-self-driving-car-kills-woman-arizona-tempe. Acesso em 2 jul. 2020).
42. Sobre as condutas imprevisíveis decorrentes do aprendizado de máquina, v., por todos, MATTHIAS, Andreas. The responsibility gap: ascribing responsibility for the actions of learning automata. *Ethics and Information Technology*, v. 6, issue 3, set. 2004, p. 175-183; e MITTELSTADT, Brent Daniel; ALLO, Patrick; TADDEO, Mariarosaria; WACHTER, Sandra; FLORIDI, Luciano. The ethics of algorithms: mapping the debate. *Big Data & Society*, v. 3, issue 2, dez. 2016. p. 3 e ss.
43. MITTELSTADT, Brent Daniel; ALLO, Patrick; TADDEO, Mariarosaria; WACHTER, Sandra; FLORIDI, Luciano. The ethics of algorithms, cit., p. 5-7.
44. Trust problem with AI needs to be addressed, says US-based Indian scientist. Disponível em: https://www.outlookindia.com/newsscroll/trust-problem-with-ai-needs-to-be-addressed-says-usbased-indian-scientist/1684755. Acesso em 2 jul. 2020.
45. Sobre o tema, imperiosa a remissão à já clássica lição de PASQUALE, Frank. *The black box society:* the secret algorithms that control money and information. Cambridge: Harvard University Press, 2015, *passim*.
46. Por isso, ao implantar sistemas algorítmicos, mostra-se essencial "conhecer suas limitações e o que é efetivamente levado em conta para a tomada de decisões. Entender os limites dos algoritmos ajudará o agente a melhor julgar suas decisões e propostas, evitando, assim, visões simplistas e reducionistas, sob pena de tornar as pessoas, em certa medida, reféns de decisões tomadas na 'caixa-preta' dos algoritmos" (TEFFÉ, Chiara Spadaccini de; MEDON, Filipe. Responsabilidade civil e regulação de novas tecnologias: questões acerca da utilização de inteligência artificial na tomada de decisões empresariais. *Revista Estudos Institucionais*, Rio de Janeiro, v. 6, n. 1, jan./abr. 2020, p. 325).

contudo, que o Gaak, um dos robôs, adotou uma conduta imprevisível, encontrou uma saída através do muro da arena e foi para a rua, onde acabou atingido por um carro.[47]

Destaque-se, ainda, a situação na qual Sameer Singh, professor assistente no Departamento de Ciência da Computação da Universidade da Califórnia (UCI), nos Estados Unidos, relata que um aluno criou um algoritmo para categorizar fotos de huskies e lobos.[48] Inicialmente, parecia que o algoritmo era capaz de classificar quase perfeitamente os dois animais. No entanto, após inúmeras análises cruzadas posteriores, Singh descobriu que o algoritmo estava identificando lobos com base apenas na neve no fundo da imagem, e não próprias características do animal. Agora, imagine-se, por exemplo, um algoritmo mal programado, ou com algum grau de falibilidade, na já mencionada tecnologia cognitiva que foi utilizada em alguns países para diagnosticar pacientes infectados pelo novo coronavírus. Caso fossem introduzidos dados errados de pacientes contaminados ou o algoritmo fosse mal programado, os danos, obviamente, poderiam alcançar patamares imensuráveis.

Não por acaso, Nicholson Price explica que um dos maiores receios para o setor de saúde em tempos de inteligência artificial decorre justamente dos eventos imprevisíveis resultantes do aprendizado de máquina e da chamada *black box medicine* ("medicina de caixa-preta"), diante da obscuridade no modo de processamento das informações pelos algoritmos.[49] O autor também aponta sua preocupação no que se refere à privacidade, pois uma quantidade imensa de informações sensíveis é coletada por tais sistemas e, ainda, podem ser compartilhadas com outras entidades, o que aumenta o potencial de vazamentos de dados e de danos mediatos e imediatos aos seus titulares.[50]

Sobre o tema, Frank Pasquale relata evento ocorrido em 2008, nos Estados Unidos, em que os dados de prescrição médica estavam sendo utilizados no mercado de seguros individuais, pois as farmácias repassavam a relação de compras de remédios às seguradoras.[51] Com a coleta de milhões de informações de pedidos, as empresas readequavam suas políticas, a fim de excluir da cobertura algumas doenças e impor cobranças mais altas do prêmio a determinadas pessoas. Aproximadamente uma década após referido

---

47. CERKA, Paulius; GRIGIEN, Jurgita; SIRBIKYT, Gintar. Liability for damages caused by artificial intelligence. *Computer Law & Security Review*, v. 31, n. 3, jun. 2015, p. 376-389.
48. Husky or Wolf? Using a Black Box Learning Model to Avoid Adoption Errors. Disponível em: http://innovation.uci.edu/2017/08/husky-or-wolf-using-a-black-box-learning-model-to-avoid-adoption-errors/. Acesso em 26 mar. 2020.
49. Por outro lado, Price indica vantagens associadas à *black box medicine*: "a 'medicina caixa preta' tem o poder de auxiliar na resolução de problemas médicos complexos, a partir do poder do *big data*. Usando algoritmos de aprendizado de máquina para analisar grandes quantidades de dados médicos individuais – *medical big data* – os pesquisadores podem descobrir conexões entre atributos particulares do paciente com sintomas, doenças ou tratamentos específicos. A promessa da 'medicina caixa-preta', então, é que as decisões médicas podem se tornar personalizadas, prevendo doenças e adaptando diagnósticos e tratamentos para cada paciente individualmente considerado (...) O *black-box algorithm* pode orientar as decisões de tratamento, prevendo que um medicamento pode funcionar melhor que outro para um paciente específico, ou ter menos efeitos colaterais, ou que o paciente provavelmente responderá melhor a uma dose específica em um horário específico. Tais algoritmos podem eliminar a necessidade de os médicos experimentarem medicamentos diferentes, economizando tempo e dinheiro significativos" (FORD, Roger Allan; PRICE, W. Nicholson. Privacy and Accountability in Black-Box Medicine, *Michigan Telecommunications & Technology Law Review*, v. 23, 2016, p. 5. Tradução livre do original).
50. PRICE, William Nicholson. Artificial Intelligence in Health Care, *cit.* p. 6.
51. PASQUALE, Frank. *The black box society*, *cit.* 26-30.

episódio, na era do *Big Data*, o risco à privacidade inevitavelmente demonstra-se acentuado. Isso porque, segundo Pasquale, "as empresas nem precisam consultar os registros médicos para atribuir-nos condições médicas e agir de acordo. Faça algumas pesquisas on-line sobre uma doença, preencha um formulário e você poderá acabar associado a essa doença em bancos de dados comerciais".[52]

Observa-se que, apesar dos potenciais benefícios da digitalização de dados, a sua utilização pode vir a configurar violação aos deveres de sigilo, transparência e informação, com desrespeito à autonomia do paciente e ao seu direito de consentir de modo amplo ao tratamento dos seus dados pessoais.[53] Na área médica, o risco de exposições é considerado mais profundo, tendo em vista que os dados de saúde são considerados como um recorrente alvo de crimes virtuais.[54] O grande desafio é manter "todos os avanços da digitalização da saúde sem comprometer o seu lado ético e humano, reforçando os códigos de conduta para proteger a informação clínica e os dados pessoais",[55] garantindo, ao final, a adequada tutela da privacidade do paciente.[56]

Entre os anos de 2018 e 2020, 562 episódios de invasões de dados em organizações da saúde foram reportados ao *U.S. Department of Health and Human Services Office for Civil Rights*.[57] Nos Estados Unidos, apenas em 2015, ocorreram 51 incidentes com *hackers* em instituições de saúde, envolvendo, na maioria das vezes, acesso ilícito aos dados sensíveis e prontuários eletrônicos de pacientes.[58] A empresa prestadora de serviços de saúde chamada *American Medical Tech* anunciou, em junho de 2020, a conclusão de investigação sobre episódio ocorrido em dezembro de 2019, no qual foi vítima de um ataque cibernético. Estima-se que a violação de dados afetou cerca de 50 mil pacientes e uma grande quantidade de dados pessoais pode ter ficado disponível ao *hacker* durante o incidente, incluindo-se: nomes de pacientes, números de seguro social, dados de prontuários médicos, informações de diagnóstico, apólice de seguro de saúde, informações de histórico médico, números de carteira de motorista etc.[59]

---

52. PASQUALE, Frank. *The black box society*, cit., p. 28. A questão guarda relação com problemática geral da discriminação algorítmica. Ao propósito, v. JUNQUEIRA, Thiago. *Tratamento de dados pessoais e discriminação algorítmica nos seguros*. São Paulo: Thomson Reuters Brasil, 2020, *passim*.
53. SCHULMAN, Gabriel. Tecnologias de telemedicina, responsabilidade civil e dados sensíveis. O *princípio ativo da proteção de dados pessoais do paciente e os efeitos colaterais do coronavírus*. In: MONTEIRO FILHO, Carlos Edson do Rêgo; ROSENVALD, Nelson; DENSA, Roberta (Coords.). *Coronavírus e Responsabilidade Civil*. Indaiatuba: Foco, 2020, p. 344-357.
54. Why cyber-criminals are attacking healthcare – and how to stop them. Disponível em: https://www.forbes.com/sites/kateoflahertyuk/2018/10/05/why-cyber-criminals-are-attacking-healthcare-and-how-to-stop-them/#5efc83f57f69. Acesso em 2 jul. 2020.
55. RIBEIRO, José Medeiros. *Saúde Digital*: um sistema de saúde para o século XXI. Lisboa: Fundação Francisco Manuel dos Santos, 2019, p. 27.
56. DONEDA, Danilo. *Da Privacidade à Proteção de Dados Pessoais*: elementos da formação da Lei Geral de Proteção de Dados Pessoais. 2. ed. São Paulo: Revista dos Tribunais, 2019, p. 128-129.
57. U.S. Department of Health and Human Services Office for Civil Rights Breach Portal: Notice to the Secretary of HHS Breach of Unsecured Protected Health Information. Disponível em: https://ocrportal.hhs.gov/ocr/breach/breach_report.jsf. Acesso em 2 jul. 2020.
58. Breaches of Unsecured Protected Health Information. Number of individuals affected by protected health information breaches: 2010 – 2015. Disponível em: https://dashboard.healthit.gov/quickstats/pages/breaches-protected-health-information.php. Acesso em 2 jul. 2020.
59. AMT healthcare data breach impacts nearly 50,000 patients. Disponível em: https://portswigger.net/daily-swig/amt-healthcare-data-breach-impacts-nearly-50-000-patients. Acesso em 2 jul. 2020.

Diversas empresas e entidades hospitalares de países da Europa, como Espanha, Inglaterra e Portugal, também têm sido alvos de ataques cibernéticos nos últimos anos.[60] No Reino Unido, 16 hospitais do Serviço Público de Saúde foram afetados e alguns pacientes em situação de emergência precisaram ser transferidos. Além disso, informações sobre pacientes, agenda de consultas, linhas internas de telefone e e-mails ficaram temporariamente inacessíveis.[61] No Brasil, noticia-se a ocorrência de aproximadamente 15 bilhões de ataques cibernéticos apenas nos três primeiros meses de 2020.[62] Em um desses episódios, os computadores do Hospital das Clínicas de Barretos sofreram ataques cibernéticos, paralisando temporariamente o funcionamento de alguns atendimentos.[63] Tais incidentes podem decorrer dos mais variados fatores, tais como a falta de segurança na transmissão das informações, inexistência de chaves de acesso e permissividades diversas dos sistemas e aplicativos que fragilizam a guarda e troca de informações.

Todo o problemático cenário apresentado acerca dos diversos riscos na utilização de algoritmos de inteligência artificial e tratamento de dados sensíveis traz a necessidade de serem discutidas importantes questões ético-jurídicos, às quais se dedicam os itens subsequentes.

3. RESSIGNIFICAÇÃO DO DEVER DE INFORMAR O PACIENTE NO CONTEXTO DA INTELIGÊNCIA ARTIFICIAL

Atualmente, o consentimento informado do paciente, com seu pilar no princípio da autonomia privada (ou autodeterminação), tem previsão em diversos documentos internacionais. Segundo disposições da Declaração Universal sobre Bioética e Direitos Humanos da UNESCO,[64] de 2005, as "questões éticas suscitadas pelos rápidos avanços na ciência e suas aplicações tecnológicas devem ser examinadas com o devido respeito à dignidade da pessoa humana e no cumprimento e respeito universais pelos direitos humanos e liberdades fundamentais". No artigo 5.º do referido diploma é previsto que "deve ser respeitada a autonomia dos indivíduos para tomar decisões, quando possam ser responsáveis por essas decisões e respeitem a autonomia dos demais". Já o artigo 6.º prescreve que "qualquer intervenção médica preventiva, diagnóstica e terapêutica só deve ser realizada com o consentimento prévio, livre e esclarecido do indivíduo envolvido, baseado em informação adequada (...)".

No Brasil, o princípio da autonomia privada (ou autodeterminação), com base constitucional,[65] representa-se como fonte primária do dever de informação e do cor-

---

60. Empresas e hospitais sofrem ataque cibernético em massa. Disponível em: https://link.estadao.com.br/noticias/empresas,empresas-e-hospitais-sofrem-ataque-cibernetico-em-massa-na-europa,70001776946. Acesso em 2 jul. 2020.
61. Ciberataque paralisa 16 hospitais do Reino Unido. Disponível em: https://brasil.elpais.com/brasil/2017/05/12/internacional/1494602389_458942.html. Acesso em 2 jul. 2020.
62. Brasil sofreu 15 bilhões de ataques cibernéticos em 3 meses, diz estudo. Disponível em: https://exame.abril.com.br/tecnologia/brasil-sofreu-15-bilhoes-de-ataques-ciberneticos-em-3-meses-diz-estudo/. Acesso em: 2 jul. 2020.
63. Os crimes dos hackers que interrompem até quimioterapia em sequestros virtuais de hospitais. Disponível em: https://www.bbc.com/portuguese/brasil-40870377. Acesso em 2 jul. 2020.
64. Declaração Universal sobre Bioética e Direitos Humanos. Disponível em: http://bvsms.saude.gov.br/bvs/publicacoes/declaracao_univ_bioetica_dir_hum.pdf. Acesso em 2 jul. 2020.
65. Luís Roberto Barroso e Letícia Martel identificam a autonomia individual com a dignidade da pessoa humana, entendimento este subjacente às principais declarações de direitos humanos do séc. XX, especialmente as diversas

relato direito ao consentimento livre e informado do paciente. O dever de informar também encontra balizas explícitas no Código de Ética Médica (Resolução n. 2.217, de 27/09/2018, do Conselho Federal de Medicina – CFM), especialmente nos artigos 22 e 24 que prescrevem, respectivamente, ser vedado ao médico "deixar de obter consentimento do paciente ou de seu representante legal após esclarecê-lo sobre o procedimento a ser realizado, salvo em caso de risco iminente de morte" ou "deixar de garantir ao paciente o exercício do direito de decidir livremente sobre sua pessoa ou seu bem-estar, bem como exercer sua autoridade para limitá-lo".

Destacam-se, ainda, as lições de Braga Netto e Rosenvald, ao explicarem que, atualmente, os deveres contratuais do médico de informar com lealdade e transparência encontram-se fortalecidos.[66] Isso, porque "não cabe mais, como no passado, manter o paciente em estado de ignorância acerca do estado de sua saúde, suas escolhas e possibilidades. Apenas em casos excepcionais, devidamente contextualizados, isso poderá ocorrer".[67] Atualmente, o que se espera dos médicos é que "ajam banhados pela boa-fé objetiva, pelo dever de cuidado e cooperação. Espera-se informação clara, adequada e suficiente".[68]

No que diz respeito especificamente à boa-fé objetiva, sabe-se que a consolidação da sua relevância no cenário jurídico nacional foi acompanhada "pelo amplo reconhecimento das suas três funções essenciais – interpretação, limitação do exercício de situações jurídicas subjetivas e criação de deveres laterais de conduta".[69] No âmbito da função criadora de deveres anexos, destaca-se a proeminência do dever de informar, cujo conteúdo somente pode ser integralmente delimitado (tal como sucede com a boa-fé objetiva em geral) a partir da compreensão do seu caráter eminentemente bilateral. Justamente nesse sentido, já se pôde destacar que "a definição do conteúdo e a investigação do adimplemento do dever de informar a cargo de uma das partes não se pode perfazer sem a concomitante perquirição do padrão de comportamento esperado da contraparte".[70] À luz dessas considerações, percebe-se a imprescindibilidade de serem compreendidas as peculiaridades das novas tecnologias na saúde para que, assim, seja possível determinar o conteúdo mínimo de informação, a fim de que o médico tenha adimplido o seu dever de informar.

Embora a tecnologia envolvida na associação entre *big data* e algoritmos de inteligência artificial ofereça a oportunidade de melhorar a eficiência da prestação de serviços de saúde e a qualidade da assistência ao paciente, conforme exposto anteriormente, ela

---

Constituições promulgadas no período Pós-Guerra (BARROSO, Luís Roberto; MARTEL, Letícia de Campos Velho. A morte como ela é: dignidade e autonomia individual no final da vida. *In*: GOZZO, Débora; LIGIERA, Wilson Ricardo. (Orgs.). *Bioética e Direitos Fundamentais*. São Paulo: Saraiva, 2012).

66. ROSENVALD, Nelson; BRAGA NETTO, Felipe Peixoto. Responsabilidade civil na área médica. *In*: BRAGA NETTO, Felipe Peixoto; CÉSAR SILVA, Michael (Coords.). *Direito privado e contemporaneidade*. Indaiatuba: Foco, 2020, p. 62.
67. ROSENVALD, Nelson; BRAGA NETTO, Felipe Peixoto. Responsabilidade civil na área médica, cit., p. 62.
68. ROSENVALD, Nelson; BRAGA NETTO, Felipe Peixoto. Responsabilidade civil na área médica, cit., p. 62.
69. SILVA, Rodrigo da Guia; TEPEDINO, Gustavo. Dever de informar e ônus de se informar: a boa-fé objetiva como via de mão dupla. *Migalhas*, 09/06/2020. Disponível em: https://www.migalhas.com.br/depeso/328590/dever-de-informar-e-onus-de-se-informar-a-boa-fe-objetiva-como-via-de-mao. Acesso em 02 jul. 2020.
70. SILVA, Rodrigo da Guia; TEPEDINO, Gustavo. Dever de informar e ônus de se informar, *cit.*

também apresenta expressivos riscos à sua autonomia e à sua privacidade. Destaca-se, a esse respeito, a usual falta de transparência no processamento dos dados pelos algoritmos e a possibilidade de a IA causar danos imprevisíveis, surgindo, assim, relevante debate bioético sobre a própria autonomia e consentimento informado do paciente, a demandar a expansão dos contornos usualmente atribuídos ao dever de informação.

Em 2019, a União Europeia (UE) lançou as "Orientações Éticas para uma Inteligência Artificial (IA) de Confiança",[71] destinadas a todas as pessoas que desenvolvem, utilizam ou são afetadas pela IA, incluindo empresas, instituições, organizações governamentais e da sociedade civil, pessoas singulares, trabalhadores e consumidores. No que toca ao foco de análise do presente estudo, há de se destacar dois importantes princípios dessas *guidelines*: respeito à autonomia humana e explicabilidade.

O respeito à autonomia humana é o primeiro imperativo ético que os profissionais no domínio da IA devem respeitar, a fim de que a tecnologia seja desenvolvida, implantada e utilizada de forma compatível com a liberdade e a autonomia da pessoa humana. Isso significa que precisa ser mantida a autodeterminação plena e efetiva dos seres humanos ao interagirem com a IA, além da necessária participação deles no processo democrático (parágrafo 52 das Orientações Éticas).[72] Os sistemas inteligentes devem ser criados para aumentar, complementar e capacitar as competências cognitivas, sociais e culturais dos homens, tendo sempre garantidos a supervisão e o controle humanos sobre a IA.[73] Deve a IA, portanto, apoiar a autonomia e a tomada de decisão dos seres humanos, de modo que o princípio geral da autonomia do utilizador esteja sempre no centro de funcionalidade do sistema.[74]

O princípio da explicabilidade, por sua vez, é igualmente crucial para a manutenção de uma IA de confiança, segundo as *guidelines* da União Europeia (parágrafo 53 das Orientações Éticas).[75] Os processos decisórios dos sistemas inteligentes precisam ser transparentes, possibilitando, na medida do possível, a explicação sobre determinado resultado (ou decisão), bem como a identificação da entidade responsável por ele. Todavia, conforme exposto anteriormente, a tecnologia em comento convive com o chamado "problema da caixa preta".[76] Nestas situações de falta de transparência no modo como a IA processa as informações, as *guidelines* indicam que são possíveis outras medidas buscando essa explicabilidade – tais como a rastreabilidade, auditabilidade e comunicação transparente sobre as capacidades do sistema –, desde que o sistema inteligente respeite os direitos fundamentais.[77] Destaque-se que tudo deve ser documentado para permitir ao máximo a rastreabilidade e, consequentemente, a

---

71. COMISSÃO EUROPEIA. *Orientações éticas para uma IA de confiança*, de 11 de agosto de 2019.
72. BODDINGTON, Paula. *Towards a Code of Ethics for Artificial Intelligence*. Cham: Springer, 2017, p. 20.
73. BODDINGTON, Paula. *Towards a Code of Ethics for Artificial Intelligence*, cit., p. 63.
74. BODDINGTON, Paula. *Towards a Code of Ethics for Artificial Intelligence*, cit., p. 28-30.
75. COMISSÃO EUROPEIA. *Orientações éticas para uma IA de confiança*, de 11 de agosto de 2019.
76. PASQUALE, Frank, cit.; RUS, Daniela. Artificial Intelligence: A Vector for Positive Change in Medicine. *In*: NORDLINGER, Bernard; VILLANI, Cédric; RUS, Daniela (Coords.). *Healthcare and Artificial Intelligence*. Cham: Springer, 2020, p. 19-20.
77. Sobre o tema, v. WISCHMEYER, Thomas. Artificial Intelligence and Transparency: Opening the Black Box. *In*: WISCHMEYER, Thomas; RADEMACHER, Timo. (Coords.) *Regulating Artificial Intelligence*. Cham: Springer, 2020, p. 75-101.

maior transparência da IA. Tal medida se afigura particularmente importante quando for preciso investigar o porquê de uma decisão ter sido tomada de determinada maneira pelo algoritmo de inteligência artificial.

Nesse contexto, os imperativos de solidez técnica e de segurança exigem que a IA se comporte conforme o previsto, minimizando-se os danos não intencionais e inesperados, e prevenindo, tanto quanto possível, os danos – em especial, os reputados inaceitáveis. Importante observar que a IA não é perfeita e, por certo, possui algum (maior ou menor) grau de falibilidade, mas este deve ser minimizado e claramente indicado ao seu usuário. Conforme dispõem as *guidelines* europeias, quando não é possível evitar essas eventuais previsões incorretas, é importante que "o sistema possa indicar a probabilidade de tais erros ocorrerem" (parágrafo 69 das Orientações Éticas). Um elevado grau de exatidão é particularmente crucial na área da saúde, tendo em vista os riscos à vida e à saúde do paciente decorrentes da imprecisão algorítmica. De qualquer modo, o grau de falibilidade da IA deve ser indicado àquele que é submetido à tomada de decisão médica apoiada no resultado traduzido pelos algoritmos.

De modo geral, percebe-se que a transparência durante o ciclo de vida da IA é um primordial requisito exposto nas Orientações da Comissão Europeia, estando intimamente ligado com o princípio da explicabilidade. A transparência se dá em três níveis: rastreabilidade, explicabilidade e comunicação. A rastreabilidade da IA é formada pelo conjunto de dados, os processos que produzem a decisão do sistema inteligente e os algoritmos utilizados (parágrafo 76 das Orientações Éticas). A explicabilidade refere-se à exigência de que as decisões tomadas pelo sistema inteligente possam ser compreendidas pelos seres humanos (parágrafo 77 das Orientações Éticas). Por fim, a comunicação diz respeito à necessidade de informar o usuário da IA de que ele está diante de um sistema inteligente, pois "deve ser facultada a opção de decidir contra essa interação a favor da interação humana, sempre que necessário, a fim de garantir que os direitos fundamentais são respeitados" (parágrafo 78 das Orientações Éticas).[78]

Em linhas gerais, os dois referidos princípios elencados nas *guidelines* – respeito à autonomia humana e explicabilidade – impactam diretamente na criação de um novo paradigma em matéria de dever de informação ao paciente submetido a cuidados da saúde com inteligência artificial. Importante destacar que as pessoas, ao utilizarem ou, de alguma forma, estarem submetidas à atuação da IA titularizam um direito não apenas à informação puramente consideradas, mas igualmente à explicação e à justificação acerca da informação prestada. Não basta, portanto, que o desenvolvedor ou usuário do algoritmo diga "the algoritm did it" ("o algoritmo fez isso", em tradução livre)[79] na eventualidade de um evento danoso. A título exemplificativo, desde 2017, na Alemanha, há exigência de fornecimento da caixa preta da IA nos carros autônomos. Após reforma da Lei de Trânsito Rodoviário (*Straßenverkehrsgesetz – StVG*), incluiu-se o direito de as vítimas de acidentes de automóveis acessarem a caixa preta de um carro

---

78. COMISSÃO EUROPEIA. *Orientações éticas para uma IA de confiança*, de 11 de agosto de 2019.
79. PASQUALE, Frank. Toward a Fourth Law of Robotics: Preserving Attribution, Responsibility, and Explainability in an Algorithmic Society. *University of Maryland Francis King Carey School of Law Legal Studies Research Paper*, n. 2017-21. Disponível em https://papers.ssrn.com/sol3/papers.cfm?abstract_id=3002546. Acesso em 02 jul. 2020.

equipado com funções de direção autônoma (Seção 63a (3) da *StVG*).[80] Tal medida busca permitir que se identifique a verdadeira causa do acidente, a fim de se apurar a existência (e o grau) de contribuição causal do sistema automatizado e do motorista humano. Semelhante lógica do direito de acesso à caixa preta poderia ser aplicada aos produtos e serviços na área da saúde que utilizem sistemas de inteligência artificial.

Como se nota, diante de todo o panorama atual da medicina digitalizada e algoritmos de inteligência artificial na área da saúde, o dever de informar o paciente adquire novos contornos. A atual doutrina do consentimento informado (leia-se, "livre e esclarecido") compreende um papel consultivo do médico, o que envolve um processo de diálogo, cujo objetivo é assegurar que o paciente compreenda todas as circunstâncias do tratamento proposto e da tecnologia utilizada para esse fim, bem como as razoáveis alternativas terapêuticas, possibilitando a tomada de decisão bem informada.[81]

Com a utilização cada vez mais frequente das tecnologias na área da saúde, especialmente de algoritmos de inteligência artificial em robôs de assistência à saúde e *softwares* para diagnóstico e tratamento médico, o dever de informar com lealdade e transparência inevitavelmente se fortalece, especialmente pelos novos riscos associados a cada tecnologia, implicando maiores ponderações acerca do consentimento livre e esclarecido do paciente.

À luz desse contexto, impõe-se uma revisão do escopo e do alcance tradicionalmente atribuídos ao dever de informação e ao sistema de obtenção do consentimento informado, convertendo-os realmente em instrumentos efetivos para um processo de escolha esclarecida, fazendo-se necessário para contrabalançar conceitos aparentemente tão incompatíveis como o direito à autonomia do paciente e a prevalência da opinião e da *expertise* médica. Esse, o primeiro dos muitos desafios. Essa, a primeira das revoluções ainda em andamento. E já partimos para a segunda, surgida em virtude das necessidades nascidas da evolução das novas tecnologias na área da saúde: médicos e demais profissionais e provedores de serviços de saúde precisam compreender que o direito à informação adequada (que lhes corresponde a um dever de informar) engloba ainda o consentimento específico para o uso das novas tecnologias, a partir do conhecimento de seu funcionamento, objetivos, suas vantagens, custos, riscos e alternativas. É um processo – também – de *convencimento* informado, bem mais trabalhoso, mas igualmente muito mais seguro do ponto de vista jurídico, uma vez que estabelece não um ato, mas um processo, que tem como resultado o surgimento de mais do que um simples dever de informar. Como visto, tem-se atualmente a exigência de se conferir renovada interpretação ao princípio da

---

80. Também o direito francês, por meio do Decreto de 28/03/2018, especifica a necessidade de os veículos autônomos possuírem um dispositivo de gravação que mantenha os dados da viagem registrados nos cinco minutos que precedem um acidente, como relata SOARES, Flaviana Rampazzo. Veículos autônomos e responsabilidade por acidentes: trajetos possíveis e desejáveis no direito civil brasileiro. *In*: ROSENVALD, Nelson; DRESH, Rafael de Freitas Valle. WESENDONCK, Tula (Coords.). *Responsabilidade civil*: novos riscos. Indaiatuba: Foco, 2019, p. 150.
81. Para desenvolvimento da temática, v. KFOURI NETO, Miguel; NOGAROLI, Rafaella. Responsabilidade civil pelo inadimplemento do dever de informação na cirurgia robótica e telecirurgia: uma abordagem de direito comparado (Estados Unidos, União Europeia e Brasil). *In*: ROSENVALD, Nelson; MENEZES, Joyceane Berreza de; DADALTO, Luciana (Coords.). *Responsabilidade Civil e Medicina*. Indaiatuba: Foco, 2020, p. 159-186.

autodeterminação do paciente no contexto da inteligência artificial, migrando-se do simples direito à informação rumo a uma maior amplitude informacional propiciada pelos direitos à explicação e à justificação.

4. ASPECTOS ÉTICO-JURÍDICOS NO TRATAMENTO DE DADOS PESSOAIS SENSÍVEIS DO PACIENTE POR ALGORITMOS DE INTELIGÊNCIA ARTIFICIAL

Na área médica, quando se trata de processamento de dados pessoais sensíveis, dentre os principais riscos estão, conforme exposto anteriormente, o tratamento irregular de dados (especialmente em relação à privacidade), as decisões automatizadas no processamento dos dados[82] e a falta de informações ou consentimento sobre como os dados foram coletados, tratados e compartilhados.[83] No âmbito da União Europeia, o art. 35 do Regulamento Geral de Proteção de Dados (*General Data Protection Regulation – GDPR*) fornece valiosa definição do conceito de *dados pessoais relativos à saúde*:

> todos os dados relativos ao estado de saúde de um titular de dados que revelem informações sobre a sua saúde física ou mental no passado, no presente ou no futuro. O que precede inclui informações sobre a pessoa singular recolhidas durante a inscrição para a prestação de serviços de saúde, ou durante essa prestação (...) as informações obtidas a partir de análises ou exames de uma parte do corpo ou de uma substância corporal, incluindo a partir de dados genéticos e amostras biológicas; e quaisquer informações sobre, por exemplo, uma doença, deficiência, um risco de doença, historial clínico, tratamento clínico ou estado fisiológico ou biomédico do titular de dados, independentemente da sua fonte, por exemplo, um médico ou outro profissional de saúde, um hospital, um dispositivo médico ou um teste de diagnóstico *in vitro*".[84]

Deve-se ter em mente que os dados pessoais relativos à saúde, fonte primária de "abastecimento" das tecnologias envolvidas no setor médico, tendem a ser, por natureza, *dados pessoais sensíveis*. No plano doméstico brasileiro, a Lei Geral de Proteção de Dados Pessoais (LGPD – Lei n. 13.709/2018) expressamente incluiu os dados relativos à saúde (conquanto sem defini-los) no conceito de "dado pessoal sensível", por ela definido como "dado pessoal sobre origem racial ou étnica, convicção religiosa, opinião política, filiação a sindicato ou a organização de caráter religioso, filosófico ou político, dado referente à saúde ou à vida sexual, dado genético ou biométrico, quando vinculado a uma pessoa natural" (art. 5º, II).

---

82. Mencione-se, a esse respeito, a controvérsia sobre a existência ou não do direito do titular de dados pessoais à revisão, por pessoa humana, das decisões tomadas unicamente com base em tratamento automatizado. Tal controvérsia remonta à circunstância de a Medida Provisória 869/2018 e a subsequente Lei n. 13.853/2019 terem alterado o art. 20 da Lei Geral de Proteção de Dados Pessoais (Lei n. 13.709/2018) para suprimir a previsão, constante da redação originária do referido dispositivo legal, segundo a qual "(O) titular dos dados tem direito a solicitar revisão, *por pessoa natural*, de decisões tomadas unicamente com base em tratamento automatizado de dados pessoais que afetem seus interesses" (grifou-se).
83. GRALL, Matthieu. CNIL (Commission Nationale de l'Informatique et des Libertés) and Analysis of Big Data Projects in the Health Sector, cit., p. 235.
84. Regulamento Geral sobre a Proteção de Dados (Regulamento UE 2016/679 do Parlamento Europeu e do Conselho, de 27 de abril de 2016, relativo à proteção das pessoas singulares no que diz respeito ao tratamento de dados pessoais e à livre circulação desses dados e que revoga a Diretiva 95/46/CE). Disponível em https://eur-lex.europa.eu/legal-content/PT/TXT/?uri=CELEX%3A32016R0679. Acesso em 03 jun. 2020.

Sem prejuízo dos percalços enfrentados para a sua plena vigência, a LGPD suscita prementes reflexões quanto aos seus dispositivos que tratam de conceitos e princípios gerais no tratamento de dados, os quais encontram amparo também em outras fontes normativas e podem ser utilizados em interpretação extensiva. Não por acaso, já se reconhece que o direito fundamental à proteção de dados pessoais é "um princípio atualmente implícito no ordenamento brasileiro, mas a proteção que se pode dele deduzir irradia seus efeitos sobre todo o arcabouço normativo complementar, garantindo racionalidade ao sistema jurídico e propiciando proteção mesmo antes do fim do prazo de *vacatio legis* da LGPD".[85] Observa-se, nos últimos anos, uma profunda mudança na compreensão sobre a proteção de dados pessoais, ora entendidos como aspecto inerente à privacidade da pessoa humana.[86]

Nesse contexto, enuncia-se o reconhecimento do direito à autodeterminação informativa, em ressignificação da acepção com que tradicionalmente era compreendido o direito à privacidade.[87] Especificamente na seara médica, a integral promoção da autodeterminação informativa pressupõe transparência e esclarecimento sobre quais dados do paciente serão tratados, qual a destinação dada a eles (princípio da finalidade) e com quem serão compartilhados.[88] Em consonância com a própria centralidade dos dados pessoais para a tutela contemporânea da privacidade, a LGPD estabelece, como regra geral, a necessidade de consentimento do titular para que ocorra o tratamento de dados pessoais (art. 7º, I). Para os fins da lei, considera-se como consentimento a "manifestação livre, informada e inequívoca pela qual o titular concorda com o tratamento de seus dados pessoais para uma finalidade determinada" (art. 5º, XII). Faleiros e Dresch explicam a função essencial do consentimento do titular de dados pessoais:

---

85. FALEIROS JUNIOR, José Luiz de Moura; NOGAROLI, Rafaella; CAVET, Caroline Amadori. Telemedicina e proteção de dados: reflexões sobre a pandemia da Covid-19 e os impactos jurídicos da tecnologia aplicada à saúde. *Revista dos Tribunais*, São Paulo, v. 1016, jun. 2020. Ainda no que tange ao reconhecimento de um direito fundamental à proteção de dados, afirma-se: "apesar de não existir no Brasil previsão constitucional sobre o direito à proteção de dados enquanto uma categoria de Direitos Fundamentais, é certo que o seu reconhecimento pode se dar por diversos dispositivos constitucionais: a partir da proteção da intimidade (artigo 5º, X), do direito à informação (artigo 5º, XIV), do direito ao sigilo das comunicações e dados (artigo 5º, XII), ou da garantia individual ao conhecimento e correção de informações sobre si pelo habeas data (artigo 5º, LXXII) (...) a privacidade é o *locus* constitucional adequado da proteção de dados, isto reflete no reconhecimento de que 'os dados são elemento constituinte da identidade da pessoa e que devem ser protegidos na medida em que compõem parte fundamental da sua personalidade, que deve ter seu desenvolvimento privilegiado, por meio do reconhecimento de sua dignidade' (...) O reconhecimento do direito à proteção de dados pessoais enquanto um Direito Fundamental os dota de eficácia direta e imediata, típica desta categoria de direito, decorrendo daí que os mesmos sejam respeitados não apenas na relação constituída entre Estado e sujeito, mas necessariamente nas relações travadas entre particulares" (MULHOLLAND, Caitlin; FRAJHOF, Isabella Z. Inteligência Artificial e a Lei Geral de Proteção de Dados Pessoais: breves anotações sobre o direito à explicação perante a tomada de decisões por meio de *machine learning*. In: FRAZÃO, Ana; MULHOLLAND, Caitlin; (Coords.). *Inteligência artificial e direito*. São Paulo: Revista dos Tribunais, 2019, p. 270).
86. DONEDA, Danilo. *Da Privacidade à Proteção de Dados Pessoais*, cit., p. 29.
87. Para o desenvolvimento da análise acerca da ressignificação da privacidade, hoje associada à autodeterminação informativa, faz-se imperiosa à clássica lição de RODOTÀ, Stefano. *A vida na sociedade da vigilância*: a privacidade hoje. Org. Maria Celina Bodin de Moraes. Tradução de Danilo Doneda e Luciana Cabral Doneda. Rio de Janeiro: Renovar, 2008, p. 15 e ss. Ao propósito, seja consentido remeter, ainda, a SOUZA, Eduardo Nunes de; SILVA, Rodrigo da Guia. Tutela da pessoa humana na lei geral de proteção de dados pessoais: entre a atribuição de direitos e a enunciação de remédios. *Pensar*, Fortaleza, v. 24, n. 3, jul.-set./2019, p. 9 e ss.
88. SCHAEFER, Fernanda; GONDIM, Glenda Gonçalves. Telemedicina e lei geral de proteção de dados. In: ROSENVALD, Nelson; MENEZES, Joyceane Berreza de; DADALTO, Luciana. (Coords.) *Responsabilidade Civil e Medicina*. Indaiatuba: Foco, 2020, p. 194-195.

O consentimento se torna a estrutura basilar do tratamento dos dados pessoais. Para traçar um comparativo, o RGPD europeu cita 72 vezes a palavra "consentimento". No art. 4º, sobre as definições, define consentimento como "uma manifestação de vontade, livre, específica, informada e explícita, pela qual o titular dos dados aceita, mediante declaração ou ato positivo inequívoco, que os dados pessoais que lhe dizem respeito sejam objeto de tratamento (...)." Não foi diferente o tratamento conferido ao tema pelo legislador brasileiro, que, no art. 7º da Lei 13.709/2018, atribuiu ao consentimento do titular a natureza de requisito essencial para o tratamento dos dados pessoais: não sendo o consentimento livre, informado e inequívoco (art. 5º, XII), a medida se torna ilegal.[89]

Ressalte-se que o tratamento de dados pessoais *sensíveis* somente será permitida quando "o titular ou seu responsável legal consentir, de forma específica e destacada, para finalidades específicas" (art. 11, I).[90] A finalidade no tratamento dos dados pessoais consiste em princípio disposto no art. 6º, inc. I, da LGPD.[91] Na hipótese de mudanças da finalidade para o tratamento de dados pessoais não compatíveis com o consentimento original, "o controlador deverá informar previamente o titular sobre as mudanças de finalidade, podendo o titular revogar o consentimento, caso discorde das alterações" (art. 9º, § 2º, da LGPD).

Apesar da regra geral de necessidade do consentimento para o tratamento de dados pessoais (art. 7º, I), em especial para os reputados sensíveis (art. 11, I), a LGPD estabelece a desnecessidade do consentimento para tratamento dos dados pessoais sensíveis em certas finalidades excepcionais, entre as quais se incluem a "proteção da vida ou da incolumidade física do titular ou de terceiro" (art. 11, II, "e") e a "tutela da saúde, exclusivamente, em procedimento realizado por profissionais de saúde, serviços de saúde ou autoridade sanitária" (art. 11, II, "f"). A partir de semelhante ordem de inspiração, o diploma em comento estabelece a possibilidade de conservação dos dados pessoais após o seu tratamento diante de algumas excepcionais finalidades, valendo destacar o "estudo por órgão de pesquisa, garantida, sempre que possível, a anonimização dos dados pessoais" (art. 16, II).

Parece possível afirmar, então, que, segundo os ditames da LGPD, o médico de um paciente oncológico não precisaria obter o consentimento para a inserção dos dados de saúde do paciente no já referido *Watson for Oncology*, em auxílio na realização do diagnóstico e na indicação do tratamento (art. 11, II, "e" e "f"). Tampouco seria necessário o

---

89. DRESCH, Rafael de Freitas Valle; FALEIROS JÚNIOR, José Luiz de Moura. Reflexões sobre a Responsabilidade Civil na Lei Geral de Proteção de Dados (Lei 13.709/2018). *In*: ROSENVALD, Nelson; DRESCH, Rafael de Freitas Valle; WESENDONCK, Tula (Coords.). *Responsabilidade Civil*: Novos Riscos. Indaiatuba: Foco, 2019, p. 74.
90. As disposições da LGPD, no que diz respeito à necessidade de consentimento específico do titular de dados para cada finalidade determinada no tratamento destes dados, seguem lógica similar à indicada nos artigos 32 e 33 do GDPR. A esse respeito, Aurelia Tamò-Larrieux explica a necessidade de o consentimento do titular de dados ser sempre específico a uma determinada finalidade: "O princípio de limitação de finalidade afirma essencialmente que os dados pessoais devem ser coletados para fins específicos, legais e legítimos, e não devem ser processados de maneira incompatível com essas finalidades. O objetivo subjacente a esse princípio [finalidade] é (...) não permitir um 'cheque em branco' para usos adicionais ilimitados dos dados. O princípio da limitação de propósito exige uma avaliação do propósito originalmente declarado para a coleta de dados e se ele é consistente com a maneira pela qual o processamento de dados está sendo realizado" (TAMÒ-LARRIEUX, Aurelia. *Designing for Privacy and its Legal Framework*. Data Protection by Design and Default for the Internet of Things. Cham: Springer, 2018, p. 90).
91. *In verbis*: "Art. 6º As atividades de tratamento de dados pessoais deverão observar a boa-fé e os seguintes princípios: (...) finalidade: realização do tratamento para propósitos legítimos, específicos, explícitos e informados ao titular, sem possibilidade de tratamento posterior de forma incompatível com essas finalidades".

consentimento do paciente para a manutenção dos seus dados na tecnologia cognitiva para a finalidade de estudo por órgão de pesquisa (art. 16, II), desde que devidamente anonimizados, ou para outra finalidade excepcional prevista no art. 16 da LGPD.

Nesse cenário, há de se ter em mente que as referidas exceções à necessidade de consentimento na disciplina da LGPD precisam ser interpretadas restritivamente e com cautela, em deferência à tutela prioritária conferida pela tábua axiológica constitucional à dignidade da pessoa humana e à sua privacidade. Cumpre destacar, ademais, que, nada obstante a excepcional dispensa do consentimento, a LGPD estabelece expressamente a necessidade de as atividades de tratamento de dados pessoais observarem a boa-fé e o princípio da transparência (art. 6º, *caput* e inciso VI).[92] Levando-se tais considerações para o campo da saúde, parece impor-se o reconhecimento de um dever do médico de repassar ao paciente informações sobre o tratamento dos seus dados, tanto no que se refere à finalidade (e.g., inserção no *Watson for Oncology*) quanto à conservação dos seus dados de saúde (anonimizados) na tecnologia cognitiva após o término do tratamento originário. Trata-se, vale esclarecer, de padrão de conduta imposto ao profissional inclusive (*rectius*: sobretudo) nas hipóteses excepcionais de desnecessidade de consentimento.

Diante da importância de toda a matéria, assume destacado relevo a preocupação com a integridade ou conformidade ("*compliance*") em matéria de proteção de dados pessoais no campo da saúde.[93] Precisamente nesse sentido, a LGPD enuncia normas gerais acerca das boas práticas e da governança (arts. 50 e 51). Fala-se, com isso, em *compliance digital*, com o que se pretende aludir a diretrizes sólidas para a implementação das políticas de proteção de dados pessoais, manifestando-se "em uma série de deveres relacionados ao proceder ético dos agentes de tratamento de dados".[94] A título ilustrativo, vale mencionar que a IBM, desenvolvedora da plataforma de computação cognitiva *Watson for Oncology*, disponibiliza um documento sobre "Princípios de Privacidade e Segurança de Dados: Serviços em Nuvem IBM", no qual a empresa indica medidas de segurança e privacidade dos dados nos serviços em nuvem, políticas e procedimentos projetados para gerenciar riscos associados à aplicação de mudanças em seus serviços em nuvem.[95]

A governança de dados também está prevista nas Orientações Éticas para uma IA de Confiança, da Comissão Europeia, sendo considerada um requisito diretamente ligado ao princípio de prevenção de danos e ao direito fundamental à privacidade. Isso porque, ao longo de todo o ciclo de vida de um sistema com algoritmos de inteligência artificial – tal como o *Watson for Oncology* –, devem ser adotados protocolos de segurança

---

92. *In verbis*: "Art. 6º As atividades de tratamento de dados pessoais deverão observar a boa-fé e os seguintes princípios: (...) transparência: garantia, aos titulares, de informações claras, precisas e facilmente acessíveis sobre a realização do tratamento e os respectivos agentes de tratamento, observados os segredos comercial e industrial".
93. Para uma análise da origem e de alguns dos principais efeitos jurídicos do *compliance* no direito brasileiro, seja consentido remeter a OLIVA, Milena Donato; SILVA, Rodrigo da Guia. Notas sobre o *compliance* no direito brasileiro. *Quaestio Iuris*, Rio de Janeiro, v. 11, n. 4, 2018, *passim*.
94. MARTINS, Guilherme Magalhães; FALEIROS JÚNIOR, José Luiz de Moura. Compliance digital e responsabilidade civil na Lei Geral de Proteção de Dados. *In*: MARTINS, Guilherme Magalhães; ROSENVALD, Nelson (Coords.). *Responsabilidade civil e novas tecnologias*. Indaiatuba: Foco, 2020, p. 264.
95. Princípios de Privacidade e Segurança de Dados: Serviços em Nuvem IBM. Disponível em: https://www-03.ibm.com/software/sla/sladb.nsf/pdf/KUP12494/$file/KUP12494BRPT.pdf. Acesso 23 jun. 2020.

dos dados, com indicação de informações como o modo de tratamento dos dados do usuário, as pessoas que terão acesso a eles e as circunstâncias específicas em que esse acesso poderá ocorrer.[96]

5. CONCLUSÃO

A revolução digital alavancada pela disseminação da inteligência artificial e pelo fenômeno de *big data* provoca transformações das mais diversas ordens no campo da saúde. De fato, o novo arcabouço tecnológico renova diariamente a prática da medicina e dos cuidados com a saúde, propiciando o desenvolvimento de novas técnicas e o aperfeiçoamento dos métodos tradicionais. Proliferam, então, bem-intencionadas proclamações dos benefícios trazidos pelas novas tecnologias à medicina contemporânea.

A celebração de tais benesses não deve, contudo, ofuscar a atenção quanto os riscos subjacentes à incorporação das novas tecnologias à prática médica. Eis, em síntese essencial, o propósito fundamental do presente estudo, no qual se buscou não apenas identificar os possíveis riscos associados à revolução digital no setor da saúde, mas igualmente formular algumas possíveis diretrizes hermenêuticas a auxiliar o intérprete-aplicador do direito na árdua tarefa de assegurar a proteção dos direitos da pessoa humana face às novas tecnologias, sem inibir-lhes o contínuo desenvolvimento. Espera-se que as contribuições ora desenvolvidas possam, ao final, contribuir para a premente renovação das discussões acerca dos impactos jurídicos da incorporação das novas tecnologias (em especial, a inteligência artificial e o tratamento de *big data*) à medicina e aos cuidados com a saúde.

REFERÊNCIAS

BALICER, Ran D.; COHEN-STAVI, Chandra. Advancing Healthcare Through Data-Driven Medicine and Artificial Intelligence. *In*: NORDLINGER, Bernard; VILLANI, Cédric; RUS, Daniela (Coord.). *Healthcare and Artificial Intelligence*. Cham: Springer, 2020, p. 9-15.

BARROSO, Luis Roberto; MARTEL, Letícia de Campos Velho. A morte como ela é: dignidade e autonomia individual no final da vida. *In*: GOZZO, Débora; LIGIERA, Wilson Ricardo. (Orgs.). *Bioética e Direitos Fundamentais*. São Paulo: Saraiva, 2012.

BODDINGTON, Paula. *Towards a Code of Ethics for Artificial Intelligence*. Cham: Springer, 2017.

CERKA, Paulius; GRIGIEN, Jurgita; SIRBIKYT, Gintar. Liability for damages caused by artificial intelligence. *Computer Law & Security Review*, v. 31, n. 3, jun. 2015, p. 376-389.

DANIEL, Christel; SALAMANCA, Elisa. Hospital Databases. AP-HP Clinical Data Warehouse. *In*: NORDLINGER, Bernard; VILLANI, Cédric; RUS, Daniela (Coords.). *Healthcare and Artificial Intelligence*. Cham: Springer, 2020, p. 57-67.

DEGOS, Laurent. International Vision of Big Data. *In*: NORDLINGER, Bernard; VILLANI, Cédric; RUS, Daniela (Coords.). *Healthcare and Artificial Intelligence*. Cham: Springer, 2020, p. 241-254

---

96. COMISSÃO EUROPEIA. *Orientações éticas para uma IA de confiança*, de 11 de agosto de 2019.

DONEDA, Danilo. *Da Privacidade à Proteção de Dados Pessoais*: elementos da formação da Lei Geral de Proteção de Dados Pessoais. 2. ed. São Paulo: Revista dos Tribunais, 2019.

DRESCH, Rafael de Freitas Valle; FALEIROS JÚNIOR, José Luiz de Moura. Reflexões sobre a Responsabilidade Civil na Lei Geral de Proteção de Dados (Lei 13.709/2018). *In:* ROSENVALD, Nelson; DRESCH, Rafael de Freitas Valle; WESENDONCK, Tula (Coord.). *Responsabilidade Civil*: Novos Riscos. Indaiatuba: Foco, 2019, p. 65-89.

FALEIROS JÚNIOR, José Luiz de Moura. NOGAROLI, Rafaella. CAVET, Caroline Amadori. Telemedicina e proteção de dados: reflexões sobre a pandemia da Covid-19 e os impactos jurídicos da tecnologia aplicada à saúde. *Revista dos Tribunais*, São Paulo, v. 1016, jun. 2020.

FLASISKI, Mariusz. *Introduction to Artificial Intelligence*. Cham: Springer, 2016.

FORD, Roger Allan; PRICE, W. Nicholson. Privacy and Accountability in Black-Box Medicine, *Michigan Telecommunications & Technology Law Review*, v. 23, 2016, p. 1-43

GARCIA, Christine; UZBELGER, Georges. Artificial Intelligence to Help the Practitioner Choose the Right Treatment: Watson for Oncology. *In:* NORDLINGER, Bernard; VILLANI, Cédric; RUS, Daniela (Coords.). *Healthcare and Artificial Intelligence*. Cham: Springer, 2020, p. 81-84.

GOETTENAUER, Carlos Eduardo. Algoritmos, inteligência artificial, mercados. Desafios ao arcabouço jurídico. *In:* FRAZÃO, Ana; CARVALHO, Angelo Gamba Prata de Carvalho (Coords.). *Empresa, mercado e tecnologia*. Belo Horizonte: Fórum, 2019, p. 269-286.

GOMES, Rodrigo Dias de Pinho. *Big Data*: desafios à tutela da pessoa humana na sociedade da informação. Rio de Janeiro: Lumen Juris, 2017.

GRALL, Matthieu. CNIL (Commission Nationale de l'Informatique et des Libertés) and Analysis of Big Data Projects in the Health Sector. *In:* NORDLINGER, Bernard; VILLANI, Cédric; RUS, Daniela (Coord.). *Healthcare and Artificial Intelligence*. Cham: Springer, 2020, p. 235-240.

HOLZINGER, Andreas; RÖCKER, Carsten; ZIEFLE, Martina. From Smart Health to Smart Hospitals. *In: Smart Health*: Open Problems and Future Challenges. Cham: Springer, 2015, p. 1-20.

JUNQUEIRA, Thiago. *Tratamento de dados pessoais e discriminação algorítmica nos seguros*. São Paulo: Thomson Reuters Brasil, 2020.

KFOURI NETO, Miguel; NOGAROLI, Rafaella. Responsabilidade civil pelo inadimplemento do dever de informação na cirurgia robótica e telecirurgia: uma abordagem de direito comparado (estados unidos, união europeia e brasil). *In:* ROSENVALD, Nelson; MENEZES, Joyceane Berreza de; DADALTO, Luciana. (Coords.). *Responsabilidade Civil e Medicina*. Indaiatuba: Foco, 2020, p. 159-186.

LEE, Kai-Fu. *As Superpotências da Inteligência Artificial*: a China, Silicon Valley e a Nova Ordem Mundial. Tradução de Maria Eduarda Cardoso. Lisboa: Relógio D'Água Editores, 2018.

MARTINS, Guilherme Magalhães; FALEIROS JÚNIOR, José Luiz de Moura. Compliance digital e responsabilidade civil na Lei Geral de Proteção de Dados. *In:* MARTINS, Guilherme Magalhães; ROSENVALD, Nelson (Coords.). *Responsabilidade civil e novas tecnologias*. Indaiatuba: Foco, 2020, p. 263-297.

MATTHIAS, Andreas. The responsibility gap: ascribing responsibility for the actions of learning automata. *Ethics and Information Technology*, v. 6, n. 3, p. 175-183, set. 2004.

MITTELSTADT, Brent Daniel; ALLO, Patrick; TADDEO, Mariarosaria; WACHTER, Sandra; FLORIDI, Luciano. The ethics of algorithms: mapping the debate. *Big Data & Society*, p. 1-21, jul. 2016.

MULHOLLAND, Caitlin; FRAJHOF, Isabella Z. Inteligência Artificial e a Lei Geral de Proteção de Dados Pessoais: breves anotações sobre o direito à explicação perante a tomada de decisões por meio de machine learning. *In:* MULHOLLAND, Caitlin; FRAZÃO, Ana (Coords.). *Inteligência artificial e direito*. São Paulo: Revista dos Tribunais, 2019, p. 265-290.

NORDLINGER, Bernard; VILLANI, Cédric; RUS, Daniela (Coord.). *Healthcare and Artificial Intelligence*. Cham: Springer, 2020.

OLIVA, Milena Donato; SILVA, Rodrigo da Guia. Notas sobre o *compliance* no direito brasileiro. *Quaestio Iuris*, Rio de Janeiro, v. 11, n. 4, p. 2708-2729, 2018.

PASQUALE, Frank. *The black box society*: the secret algorithms that control money and information. Cambridge: Harvard University Press, 2015.

PASQUALE, Frank. Toward a Fourth Law of Robotics: Preserving Attribution, Responsibility, and Explainability in an Algorithmic Society. *University of Maryland Francis King Carey School of Law Legal Studies Research Paper*, n. 2017-21. Disponível em https://papers.ssrn.com/sol3/papers.cfm?abstract_id=3002546. Aceso em 02 jun. 2020.

PRICE, William Nicholson. Artificial Intelligence in Health Care: Applications and Legal Issues. *University of Michigan Public Law Research Paper*, n. 599, 2017. Disponível em: https://papers.ssrn.com/sol3/papers.cfm?abstract_id=3078704. Acesso em: 20 jun. 2020.

RIBEIRO, José Medeiros. *Saúde Digital*: um sistema de saúde para o século XXI. Lisboa: Fundação Francisco Manuel dos Santos, 2019.

RODOTÀ, Stefano. *A vida na sociedade da vigilância*: a privacidade hoje. Org. Maria Celina Bodin de Moraes. Tradução de Danilo Doneda e Luciana Cabral Doneda. Rio de Janeiro: Renovar, 2008.

RODOTÀ, Stefano. Por que é necessária uma Carta de Direitos da Internet? *Civilistica.com*, Rio de Janeiro, ano 4, n. 2, 2015. Disponível em: http://civilistica.com/por-que-e-necessaria-uma-carta-de-direitos-da-internet/. Acesso em 02 jun. 2020.

ROSENVALD, Nelson; BRAGA NETTO, Felipe Peixoto. Responsabilidade civil na área médica. *In:* BRAGA NETTO, Felipe Peixoto; CÉSAR SILVA, Michael (Coords.). *Direito privado e contemporaneidade*. Indaiatuba: Foco, 2020, p. 25-68.

RUS, Daniela. Artificial Intelligence: A Vector for Positive Change in Medicine. *In:* NORDLINGER, Bernard; VILLANI, Cédric; RUS, Daniela (Coord.). *Healthcare and Artificial Intelligence*. Cham: Springer, 2020.

SCHAEFER, Fernanda; GONDIM, Glenda Gonçalves. Telemedicina e lei geral de proteção de dados. *In:* ROSENVALD, Nelson; MENEZES, Joyceane Berreza de.; DADALTO, Luciana. (Coords.) *Responsabilidade Civil e Medicina*. Indaiatuba: Foco, 2020, p. 187-202.

SCHULMAN, Gabriel. Tecnologias de telemedicina, responsabilidade civil e dados sensíveis. o *princípio ativo* da proteção de dados pessoais do paciente e os efeitos colaterais do coronavírus. *In:* MONTEIRO FILHO, Carlos Edson do Rêgo; ROSENVALD, Nelson; DENSA, Roberta (Coords.). *Coronavírus e Responsabilidade Civil*. Indaiatuba: Foco, 2020, p. 344-357.

SHABAN-NEJAD, Arash; MICHALOWSKI, Martin. *Precision Health and Medicine*. A Digital Revolution in Healthcare. Cham: Springer, 2020.

SILVA, Rodrigo da Guia; NOGAROLI, Rafaella. Inteligência artificial na análise diagnóstica da COVID-19: possíveis repercussões sobre a responsabilidade civil do médico. *In:* MONTEIRO FILHO, Carlos Edison do Rêgo; ROSENVALD, Nelson; DENSA, Roberta (Coords.). *Coronavírus e responsabilidade civil*: impactos contratuais e extracontratuais. Indaiatuba: Foco, 2020, p. 293-300.

SILVA, Rodrigo da Guia; TEPEDINO, Gustavo. Dever de informar e ônus de se informar: a boa-fé objetiva como via de mão dupla. *Migalhas*, 09/06/2020. Disponível em: https://www.migalhas.com.br/depeso/328590/dever-de-informar-e-onus-de-se-informar-a-boa-fe-objetiva-como-via-de-mao. Acesso em: 02 jul. 2020.

SOARES, Flaviana Rampazzo. Veículos autônomos e responsabilidade por acidentes: trajetos possíveis e desejáveis no direito civil brasileiro. *In:* ROSENVALD, Nelson; DRESH, Rafael de Freitas Valle. WESENDONCK, Tula (Coord.). *Responsabilidade civil*: novos riscos. Indaiatuba: Foco, 2019, p. 149-176.

SOUZA, Eduardo Nunes de; SILVA, Rodrigo da Guia. Tutela da pessoa humana na lei geral de proteção de dados pessoais: entre a atribuição de direitos e a enunciação de remédios. *Pensar*, Fortaleza, v. 24, n. 3, jul./set./2019.

TAMÒ-LARRIEUX, Aurelia. *Designing for Privacy and its Legal Framework*. Data Protection by Design and Default for the Internet of Things. Cham: Springer, 2018.

TAULLI, Ton. *Artificial Intelligence Basics*. Nova York: Springer, 2019.

TEFFÉ, Chiara Spadaccini de; MEDON, Filipe. Responsabilidade civil e regulação de novas tecnologias: questões acerca da utilização de inteligência artificial na tomada de decisões empresariais. *Revista Estudos Institucionais*, Rio de Janeiro, v. 6, n. 1, p. 301-333, jan./abr. 2020.

TEGMARK, Max. *Life 3.0*: Ser-se Humano na Era da Inteligência Artificial. Trad. João Van Zeller. Alfragide: Dom Quixote, 2019.

TURNER, Jacob. *Robot Rules*: Regulating Artificial Intelligence. Londres: Palgrave Macmillan, 2019.

VOIGT, Paul; BUSSCHE, Axel von dem. *The EU General Data Protection Regulation (GDPR)*. A Practical Guide. Cham: Springer, 2017.

WISCHMEYER, Thomas. Artificial Intelligence and Transparency: Opening the Black Box. *In*: WISCHMEYER, Thomas; RADEMACHER, Timo. (Coord.). *Regulating Artificial Intelligence*. Cham: Springer, 2020, p. 75-101.

20
DA ADEQUAÇÃO DA DEFENSORIA PÚBLICA À LEI GERAL DE PROTEÇÃO DE DADOS

Roger Vieira Feichas

Sumário: 1. Introdução. 2. O que é a LGPD (Lei Geral de Proteção de Dados)? 3. Impactos da LGPD na Defensoria Pública. 4. Definição dos dados sensíveis? 5. Motivos para a Defensoria Pública se preocupar com a LGPD. 6. O que é tratamento de dados? 7. Quem são os atores e agentes envolvidos na LGPD. 8. Principais regras da LGPD para a Defensoria Pública. 9. Autoridade Nacional de Proteção de Dados – ANPD. 10. O que fazer para se adequar à LGPD. 11. O que fazer com os dados coletados antes da vigência da LGPD? 12. Hipóteses em que a LGPD não é aplicável. 13. Existe regramento para a eliminação dos dados tratados? 14. Pontos importantes sobre as regras da LGPD. 15. Documentos institucionais que deverão ser atualizados. 16. Conclusão. Referências.

1. INTRODUÇÃO

Com advento da tecnologia e a consequente virtualização das relações humanas, ficamos muito mais vulneráveis no que tange aos nossos dados pessoais.

Vivemos num mundo de *Big Data*[1] e jamais, em tempo algum da história, além da alteração dos paradigmas da economia[2], volume tão significativo de informações foi processado de forma ininterrupta e exponencial.

Diante desta nova realidade percebeu-se a urgente necessidade de proteger as informações de cunho pessoal no sentido de resguardar a privacidade individual.

Assim, após anos de debates entrou em vigor em 2016 o GDPR – *General Data Protection Regulation* (Regulamento Geral de Proteção de Dados – n. 2016/679) na União Europeia.

---

1. Portal Cetax. *Big data, o que é definição*. Disponível em: https://www.cetax.com.br/blog/big-data/. Acesso em: 10 maio 2020.
2. "A proteção de dados tem que ser levada a sério, a fim de que isso traga a confiança, necessária a todos os atores de mercado, tanto da esfera pública quanto privada, facilitando a troca de dados, ao mesmo tempo que propicie que negócios se desenvolvam, diante da economia digital. Portanto, a criação de uma Lei Geral pode se servir para consolidar determinada nação como "porto seguro" de investimento, na medida em que se conseguirá ter clara dimensão sobre os limites do que é permitido, proibido, quais são as responsabilidades e os riscos, além das sanções a que estarão sujeitos, no caso de descumprimento da legislação. Com isso, mais investimentos acontecerão, não apenas internos, mas também externos, diante da segurança jurídica que será alcançada." (MALDONADO, Viviane Nóbrega; BLUM, Renato Opice (Coords.). *Comentários ao GDPR*: Regulamento Geral de Proteção de Dados da União Europeia. São Paulo: Thomson Reuters Brasil, 2018, p. 25).

Esse regulamento normatiza o uso dos dados pessoais em plataformas virtuais, dando mais controle aos cidadãos, além de entendimento sobre o que está sendo realizado com aqueles e o seu livre movimento (*dados*).

Baseada no GDPR, escândalos de espionagem do governo americano (*denunciados por Snowden*) e do caso Cambridge Analytica[3], o Brasil sancionou em 2018 a Lei Geral de Proteção de Dados – LGPD – 13.709[4], cuja entrada em vigor estava prevista para 15 de agosto de 2020 e que agora foi prorrogada (até o momento) para 03 de maio de 2021, segundo a Medida Provisória n. 959/2020[5,6].

Nada obstante a existência de legislação aplicada a temática de forma esparsa, comprometendo a ideia de um sistema protetivo dos dados pessoais, a referida LGPD exsurgiu como viés de *ordenação* e *unidade* ao tema, de forma a se consagrar um verdadeiro microssistema.

Assim, diante desta coesão para se consagrar a proteção da nova vulnerabilidade (*meio*), qual seja, a digital[7-8], desencadeamos através do presente artigo, de forma objetiva, abordagem sobre o significado da lei, conteúdo, efeitos de *compliance* na Defensoria Pública[9] enquanto Instituição e a sua propulsão como um dos *players* na proteção de dados.

2. O QUE É A LGPD (LEI GERAL DE PROTEÇÃO DE DADOS)?

A lei geral de proteção de dados, ou simplesmente LGPD (Lei n. 13.709/18)[10], tem como objetivo garantir transparência no uso dos dados das pessoas físicas[11] em quaisquer meios (*on-line* e *off-line*), além de adaptar e atualizar os institutos nacionais as regras internacionais de proteção desses direitos.

---

3. Portal EBC. *Entenda o Marco Civil da Internet ponto a ponto*. Disponível em: https://www.ebc.com.br/tecnologia/2014/04/entenda-o-marco-civil-da-internet-ponto-a-ponto. Acesso em 12 maio 2020.
4. Abrangência tanto para dados coletados e tratados de forma *on-line* como *off-line*.
5. Certamente, após a publicação do presente, tal parâmetro corre o risco de ser alterado novamente.
6. SOUZA, Carlos Affonso. MP de Bolsonaro atrasa a entrada em vigor da lei geral de proteção de dados. *TecFront*, 30 abr. 2020. Disponível em: https://tecfront.blogosfera.uol.com.br/2020/04/30/mp-de-bolsonaro-atrasa-a-entrada-em-vigor-da-lei-de-protecao-de-dados/. Acesso em 13 maio 2020.
7. Que não se amolda a uma definição específica, mas ao meio, de forma a ser apurada no caso concreto diante das circunstâncias da vulnerabilidade e consequentes áreas do direito atingidas.
8. "As tecnologias oferecem um enorme potencial, e não é exagero referir-se às oportunidades decorrentes da sociedade da informação. Na maioria dos aspectos da vida diária, os cidadãos são hoje obrigados a utilizar as novas tecnologias para não serem social e economicamente marginalizados. Mas as novas tecnologias também trazem consigo um potencial de perigo: não só o de terceiros, incluindo o Estado, penetrando na esfera privada, mas também o desenvolvimento de um poder de comunicação e de poder econômico que impõe seus interesses seletivamente através de manipulação ou por outros meios (tradução livre)" (HOFFMANN-RIEM, Wolfgang. Innovaciones en La Jurisprudencia del Tribunal Constitucional Alemán, a Propósito de la Garantía De Los Derechos Fundamentales En Respuesta A Los Cambios Que Conducen A La Sociedad De La Información. ReDCE, n. 22, 2014 – in, voto do Ministro Gilmar Mendes na Adin. 6387 perante o STF).
9. Confira – Decretos Federais n. 9.319/18 – Transformação Digital e n. 10332/2020 – Estratégia de Governo Digital.
10. Segundo o pesquisador da associação Data Privacy Brasil – Dr. Rafael Zanatta, a LGPD promete ser o Código de Defesa do Consumidor do século XXI, assegurando a titularidade dos dados às pessoas e o respeito aos seus direitos fundamentais; (Palestra proferida na sede da DPMG. Confira em: http://escolasuperior.mg.def.br/defensoria-publica-de-minas-gerais-promove-seminario-sobre-gestao-e-tecnologia/. Acesso em: 14 maio 2020.
11. Não se aplica a pessoa jurídica (art. 1º c.c. art. 5º, I, da LGPD).

A norma surge no sentido de transformar nossa concepção de privacidade e coíbe os abusos no uso dos dados pessoais protegendo direitos fundamentais tais como, *a privacidade, a dignidade da pessoa humana*[12], *direitos da personalidade, autodeterminação informacional*[13] *e até mesmo o exercício de liberdades públicas*.

Para melhor visualização elencamos a seguir os principais objetivos da LGPD, *verbis*:

– Atualizar as normas internas sob um aspecto de microssistema para tornar o Brasil um país moldado a proteção de dados pessoais[14], devendo se destacar que ela, de forma didática, traz vastas definições técnicas no seu art. 5º;

– Assegurar a livre iniciativa, livre concorrência e a defesa do consumidor[15] no ambiente *on-line* e *off-line*;

– Certificar a segurança jurídica[16] e boas práticas de segurança da informação, frente ao tema proteção de dados pessoais;

– Fomentar o desenvolvimento econômico e tecnológico da sociedade com adequado fluxo de dados;

– Possibilitar regras claras para as empresas sobre a coleta, armazenamento, tratamento e compartilhamento de dados pessoais e, de outro lado, se observado desvios fazer uso do *enforcement* administrativo via Autoridade Nacional de Proteção de Dados e atuação de outros *players*, se o caso, extra e/ou judicialmente;

– Regular a proteção de dados pessoais com destaque a clareza quanto a necessidade e finalidade dos dados;

Com isso, os ramos privados e públicos serão impactados diretamente, e de modo especial a Defensoria Pública, tanto pelo crivo da área meio[17] como da finalística, que terão sua rotina administrativa atingidas pelas regras da LGPD e dever funcional de atuar frente as novas vulnerabilidades.

De outro lado, cria-se oportunidade para a Defensoria Pública para mesclar sua gestão entre o modo analógico e digital para tomar decisões baseadas em evidências estruturadas, já que dados coletados legalmente e tratados, com o *plus* diferenciador de ter o atendimento presencial e ouvidoria como um termômetro[18] para atestar os *dashbo-*

---

12. BELLI, Luca. STJ consagra direito ao esquecimento na internet, o que isso significa. *Jota*, 20 maio 2018. Disponível em: https://www.jota.info/coberturas-especiais/liberdade-de-expressao/stj-consagra-direito-ao-esquecimento-na-internet-o-que-isso-significa-20052018. Acesso em: 15 maio 2020.
13. CASTRO, Júlio César Lemes de. Plataformas algorítmicas: interpelação, perfilamento e performatividade. *Revista FAMECOS*, Porto Alegre, v. 26, n. 3, e33723. Disponível em: https://doi.org/10.15448/1980-3729.2019.3.33723. Acesso em: 15 maio 2020.
14. Site da SERPRO. *Mapa da Proteção de dados Pessoais*. Confira em: https://www.serpro.gov.br/lgpd/menu/a-lgpd/mapa-da-protecao-de-dados-pessoais. Acesso em: 12 maio 2020.
15. VENTURA, Ivan. Geoblocking e Geoprice: os bastidores da disputa pelo turismo on-line no Brasil. *Consumidor Moderno*, 1º ago. 2018. Disponível em: https://www.consumidormoderno.com.br/2018/08/01/geopricing-geoblocking-novo-desafio-consumidor/. Acessado em: 17 maio 2020.
16. IBILIS Digital Security. *O desafio de lidar com a sobrecarga de vulnerabilidade digital*. Disponível em: https://www.ibliss.digital/o-desafio-de-lidar-com-a-sobrecarga-de-vulnerabilidade-digital/. Acesso em: 16 maio 2020.
17. Portal RHCENTER. *LGPD e as mudanças no setor de RH*. Confira em: https://www.rhcenter.com.br/blog/lgpd-e-as-mudancas-no-setor-de-rh. Acesso em 17 maio 2020.
18. "Tal situação, por sinal, confirma o típico "perfil indutivo" da Defensoria Pública no sentido de atuar coletivamente a partir do contato com a aflição jurídica que lhe é posta, e não pelo "crivo dedutivo", segundo aquela atuação iniciada a partir da criação do órgão de execução." FEICHAS, Roger Vieira. Método indutivo e dedutivo dos Defensores na atuação com efeitos coletivos. *Consultor Jurídico*, 1º set. 2015. Disponível em: https://www.conjur.com.br/2015-set-01/tribuna-defensoria-metodo-indutivo-dedutivo-defensores-atuacao-efeitos-coletivos. Acesso em: 18 maio 2020.

ards obtidos, permitem gerar um melhor e mais efetivo funcionamento da Instituição em todos os sentidos, conforme infográfico (*fluxo dos dados na gestão digital*) abaixo[19].

Coleta	Produção	Recepção
Classificação	Acesso	Utilização
Transmissão	Armazenamento	Processamento
Eliminação	Evidências e tomada de decisão =>	Defensoria Pública Digital

E nessa esteira de abordagem estratificada a pergunta é: *neste momento a Defensoria Pública está preparada para as novas exigências trazidas pela LGPD?*

3. IMPACTOS DA LGPD NA DEFENSORIA PÚBLICA

Para a Defensoria Pública, a LGPD traz como base legal para tratamento de dados os artigos 7º e 23[20], da referida lei, visando o resguardo para si e proteção do seu público específico, qual seja: o assistido[21].

O próprio Defensor Público, servidores da área meio e demais colaboradores devem ser salvaguardados frente a Instituição, eis que seus dados serão coletados (*já são*) e tratados pelos departamentos de *pessoal* (v.g. gestão de pagamento e histórico funcional), setor de *projetos, tecnologia de informação*[22] e da própria *Corregedoria* (que pode tratar apenas dados funcionais e não os da esfera privada), já não sendo utilizado nestas hipóteses a base legal anteriormente mencionada, mas outras a serem apuradas e correlacionadas ao art. 7º.

Os dados que são coletados e tratados pela Defensoria Pública serão impactados ainda mais com a chegada da referida lei, já que além dos dados pessoais, portanto, *identificando* ou *tornando identificável* uma pessoa (art. 5º, I, da LGPD), têm o *plus* de serem, em regra, dados sensíveis como veremos.

E por mais que algumas normas internas das Defensorias Públicas já tratem da proteção das informações relacionadas à segurança da informação, o fato é que a questão vai muito além.

Certamente, o planejamento estratégico deverá ser (re)lido sob outra lente, a da adequação (*roadmap*), inclusive irradiando efeitos para os parceiros e empresas por ela contratada na compra de produtos e serviços que deverão seguir o mesmo padrão caso haja transferência de dados.

---

19. Portal Govdata. Confira: https://www.govdata.gov.br/. Acesso em: 18 maio 2020.
20. Vide tabela sobre a base legal do Poder Público que se adequa a Defensoria Pública. (Modelo baseado na tabela da Associação – Data Privacy Brasil) Confira em: https://drive.google.com/file/d/1UgqJ_RQ6t5LJ2z.0213ba1BVRTtl6nNb/view?usp=sharing. Acesso em: 17 maio 2020.
21. ARRUDA, Ígor Araújo de. Vocabulário Defensorial: Assistido e Núcleo Regional. *Revista Jus Navigandi*, Teresina, ano 20, n. 4399, 18 jul. 2015. Disponível em: https://jus.com.br/artigos/40938. Acesso em: 18 maio 2020.
22. Estúdio ABC. *Você sabe o que é BYOD*. Confira em: https://exame.abril.com.br/tecnologia/voce-sabe-o-que-e-byod/. Acesso em: 18 maio 2020.

E para tanto, mister que exista um projeto de adequação cercado de diversas áreas da Instituição (*time interdisciplinar*) numa rota de governança e *compliance* que envolvem pessoas, sistemas e processos, adicionado da necessidade de ajustes em documentos internos e externos e, em especial, contratos (*duo diligence*). E só lembrando um fator indispensável e talvez o mais importante, muito além de um roteiro e o cumprimento da lei, é o da *mudança de cultura*.

4. DEFINIÇÃO DOS DADOS SENSÍVEIS?

A LGPD traz no seu art. 5º, definições de termos de extrema importância para a delimitação da sua aplicabilidade. O *dado pessoal* (art.5º, I) de que trata a lei se refere a pessoa natural *identificada*, como também a *identificável*, o que abre um leque de possibilidades para a tutela.

De maneira leiga, pode-se pensar que somente dados pessoais diretos podem identificar uma pessoa. Ocorre que, alguns outros dados são capazes de identificar uma pessoa a depender das circunstâncias, são os chamados *dados pessoais indiretos*, a exemplo da geolocalização, que não é pessoal, mas pode levar à identificação de um único individuo, tornando-se nesse caso um dado pessoal[23].

E de modo breve, destacamos que os dados *anônimos* não são pessoais, já que impossível a reidentificação por qualquer parte ou meio, de forma a estar fora do alcance da lei.

De outro lado, os dados *anonimizados* (art. 5º, III e art. 12) são aqueles que através de técnicas, como a criptografia, não geram a identificação da pessoa, mas caso haja possibilidade de reversão, tal tratamento está sujeito à lei, já que nesta hipótese trata-se da *pseudonimização* do dado.

Quanto aos dados sensíveis, e aqui reside o maior capital de dados da Defensoria Pública, entende-se sê-los aqueles que revelam a origem racial ou étnica, convicções religiosas ou filosóficas, opiniões políticas, filiação sindical, questões genéticas, biométricas, e sobre a saúde ou a vida sexual de uma pessoa. Essa categoria de dados tem proteção especial da lei e por isso merece ainda mais cautela em sua manipulação.

A Defensoria Pública enquanto Instituição autônoma que resguarda os interesses dos vulneráveis, tem a presunção quase absoluta de gerir dados sensíveis, de forma que a sua política de governança dos dados, inclusive sob o aspecto da segurança, tenha atenção redobrada.

Todo esse cuidado se dá em virtude do princípio da não discriminação, pois o acesso a esse tipo de informação abre margem para ações discriminatórias, tratamentos diferenciados, de modo a privilegiar um em detrimento do outro.

Assim, por ser realmente necessária à coleta desse tipo de dados – definidos como sensíveis – é imprescindível a obtenção do consentimento expresso do titular, inclusive de modo específico e destacado, no sentido de resguardar os agentes que farão o tratamento

---

23. Confira em: http://www.stf.jus.br/arquivo/cms/noticiaNoticiaStf/anexo/ADI6387MC.pdf. Acesso em: 18 maio 2020.

desses dados e o próprio *compliance* esperado em garantir a transparência e indicação da finalidade no modo de agir.

Na hipótese de execução de políticas públicas visando coletar dados para direcionar serviços da Defensoria Pública (de tomada de decisão por dados), não se compreende a necessidade do consentimento neste caso (art. 11, I, b). Deve-se buscar, por segurança, a classificar tal o dado neste caso, por tema, período de ocorrência e região de ocorrência, garantindo uma anonimização.

E podemos exemplificar como a necessidade de acesso à escola (tema), nos períodos de dezembro a janeiro (período), num determinado bairro (região) onde se verifique alto volume de judicialização gerada pela Defensoria Pública por falta de vaga. Neste caso, o consentimento para tratar esses dados e buscar gerar política pública fica dispensado, pois se permite, inclusive, atuar para pessoas não identificadas (num primeiro momento).

Também não se verifica a necessidade do consentimento no caso do atendimento com viés de atuação extrajudicial e judicial, já que inerentes aos art. 11, I, d, mas desde que não traga ao titular dos dados nenhum prejuízo (art. 21).

Importante salientar, que o consentimento não pode ser geral ou abstrato, ele deverá ser claro e objetivo, pautado nos princípios da finalidade, necessidade, transparência, livre acesso, qualidade dos dados e da boa-fé.

5. MOTIVOS PARA A DEFENSORIA PÚBLICA SE PREOCUPAR COM A LGPD

Pelo teor da redação do presente estudo, denota-se não estarmos seguindo a liturgia do direito, mas nos expressando através de linguajar simples, claro e objetivo.

Desta forma, seguem os iniciais *insights* que nos faz refletir sobre o porquê da Defensoria Pública ter que se preocupar com a proteção de dados:

(i) A Instituição, por tratar dados será impactada, assim como, por ter a missão de tutelar a proteção de dados, deve estar em conformidade para ser modelo (*privacy by design* – art. 46, § 2º) e poder exigir dos seus parceiros a mesma proteção (*duo diligence*);

(ii) O tratamento de dados pessoais somente poderá ser realizado se estiver em conformidade com as previsões legais da LGPD;

(iii) A atividade fim e meio devem adotar boas práticas e medidas de segurança;

(iv) Deve ser instituído a figura do Encarregado (pessoa definida na lei como responsável por instruir a Instituição para as práticas a serem tomadas na proteção de dados pessoais), assim como o *"time"* responsável pela sua implementação;

(v) A não contemplação de adequação pode implicar na impossibilidade de se obter transferência de dados de outros órgãos públicos nacionais e internacionais[24,25], além do setor privado que tenham respeito a legislação e exija o mesmo do seu parceiro (art. 33);

(vi) A sanção pelo descumprimento da lei pode, no que tange ao Poder Público, gerar a aplicação do §3º, do art. 52.

---

24. Site da Anadep. Confira em: https://www.anadep.org.br/wtk/pagina/internacional. Acesso em: 18 maio 2020.
25. Portal da Defensoria Pública da União. Confira em: https://www.dpu.def.br/internacional. Acesso em: 18 maio 2020.

Por isso, é de se inferir que a adequação é medida que se impõe, até mesmo para aprimorar o serviço público.

6. O QUE É TRATAMENTO DE DADOS?

É toda atividade realizada com os dados pessoais, ou seja, tratamento de dados corresponde a: *coleta, produção, recepção, classificação, utilização, acesso, reprodução, transmissão, distribuição, processamento, arquivamento, armazenamento, eliminação, avaliação ou controle da informação, modificação, comunicação, transferência, difusão ou extração* (art.5°, X).

Com exceção as hipóteses previstas no art. 4°, o tratamento de dados dever ser feito mediante o enquadramento em uma das bases legais do art. 7°. O rol é exaustivo e pode acontecer, no caso concreto, de se fazer uso de mais de uma base legal.

A Defensoria Pública, no que tange a sua atividade fim e sob a finalidade precípua de política pública, tem como base legal o art. 7°, III c.c. art. 23 (vide nota de rodapé n. 21).

Interessante que a LGPD faz referência de submissão do Poder Público a ela sob o reenvio ao rol da Lei de Acesso à Informação (Lei n. 12.527/2011), onde não há a previsão da Defensoria Pública.

E daí se pergunta: a LGPD não se aplica à ela? É óbvio que sim, por se tratar de Instituição Pública permanente e essencial, além de sujeitar aos ditames principiológicos do art. 37 e vários outros preceitos da Constituição Federal.

Noutro vértice, mister destacar que a lei trouxe também, as balizas para o uso dos dados sensíveis (art. 11 a 13), além do tratamento de dados de crianças e adolescentes (art.14). Um dos acertos da lei foi justamente trazer o detalhamento do ciclo de vida do dado tratado, já que menciona, igualmente, capítulo próprio sobre o término (arts. 15 e 16).

Em síntese, o tratamento de dados é toda e qualquer movimentação realizada pelos atores envolvidos na proteção dos dados.

7. QUEM SÃO OS ATORES E AGENTES ENVOLVIDOS NA LGPD

No meio de toda essa mudança, a própria LGPD especifica quem serão os sujeitos envolvidos na proteção dos dados pessoais (art. 37 ao 45).

São eles:

– *Titular:* Pessoa física (natural) a quem os dados identificados ou identificáveis se referem (art.5°, V c.c. art. 17).

– *Controlador:* Pessoa física ou jurídica que coleta os dados pessoais do titular, além de determinar a forma como serão usados (art. 5°, VI c.c. art. 41).

– *Operador:* Pessoa física ou jurídica que realiza o tratamento e processamento dos dados pessoais sob as instruções do controlador (art. 5°, VII c.c. art. 39).

– *Encarregado*: Pessoa física designada pelo controlador. Ele atuará como canal de comunicação entre o controlador, os titulares e a autoridade nacional, além de instruir os funcionários do controlador no que tange as práticas de tratamento de dados (art.5º, VIII c.c. art. 41, §2º).

Dentre esses, dois personagens têm destaque: o *controlador* e o *operador*, reconhecidos como agentes de tratamento, pois estes serão os responsáveis pela manipulação dessas informações (prestação de contas – *accountability*) e por isso estarão sujeitos a responder as sanções administrativas aplicáveis pela autoridade nacional em caso de uso indevido dos dados por eles manipulados.

Ambos devem documentar tudo o que foi feito para dar cumprimento à lei, inclusive as negativas, conforme art. 37, com destaque de evidenciar, sempre, a finalidade buscada pelo tratamento (art.6º). Vê-se que ínsito neste artigo (art.10) o princípio da transparência, responsabilização e prestação de contas. Por tal documento resta possível conhecer as vulnerabilidades e prioridades do programa.

8. PRINCIPAIS REGRAS DA LGPD PARA A DEFENSORIA PÚBLICA

a) Informar ao assistido[26] *qual a finalidade da coleta dos dados*

O assistido da Defensoria Pública precisa ser informado expressamente sobre a finalidade da coleta de determinados dados, de preferência de forma escrita, visual e inteligível (art.9º).

b) Excluir os dados depois de usados

Concluído o atendimento do assistido e observado a disposição do art. 15, as informações sensíveis deverão ser excluídas dentro de um protocolo previamente estabelecido, mas caso seja necessário o arquivamento desses registros para acompanhamento posterior é importante mantê-los sob a guarda do controlador e prudência na conservação, conforme art. 16.

c) Disponibilizar os dados de maneira transparente

Caso o assistido deseje acessar ou alterar seus dados, deve ser feito de maneira desburocratizada e clara, conforme arts. 17, 18 e 19. Buscando gerar segurança, se houver algum pleito de revisão de decisão automatizada, que ela seja implementada por pessoa natural.

An-passant, aqui nasce, inclusive pelas decisões insertas no RE n. 673707 e Adin n. 6387 (análise da liminar), oriundas do Supremo Tribunal Federal, a (re)significação da ação de habeas data e que pode, como de fato deve, ser utilizada pela Defensoria Pública, preferencialmente pelos viés coletivo, para fazer valer o acesso, retificação, exclusão a dados, inclusive a códigos fontes de algoritmos para averiguar se há ofensa a proteção de dados (art. 20, §2º), a exemplo de enviesamento por questões raciais, econômicas, geolocalização etc., em serviços com tomada de decisão automatizada.

d) Proteger com mais rigor os dados de crianças e adolescentes[27]

---

26. Considerar, também, na hipótese, os ditames da Lei n. 13.460/2017.
27. NAKAGAWA, Liliane. Youtube é multado em U$170 milhões por não proteger dados de crianças. *Olhar Digital*, 04 set. 2019. Disponível em: https://olhardigital.com.br/noticia/youtube-e-multado-em-us-170-mi-por-nao-proteger-dados-de-criancas/89932. Acesso em: 18 maio 2020.

A manipulação e acesso às informações do usuário menor devem ser feitas de forma ainda mais cautelosa e com consentimento expresso e específico do responsável da criança (art.14).

No que tangencia o adolescente, embora o §1º nada fale sobre o consentimento, a *contrário sensu* da norma, entendemos do dever de coleta, por não se poder exclui a aplicação do ECA sobre assistência para o exercício de qualquer direito e subordinação a deveres, salvo se houver impossibilidade de colhê-la, a atividade envolver o ciclo de tratamento sobre políticas públicas ou caso isso possa impedir o acesso ao serviço da Defensoria Pública.

Dessa forma, conhecer os dispositivos da lei, inclusive numa visão sistêmica e interdisciplinar, é extremamente importante no processo de adequação de sua atividade profissional à lei de proteção de dados.

E diante tanta informação você se pergunta: essa lei vai pegar?

É o que veremos agora, trazendo detalhes do órgão fiscalizador criado no sentido de manter a eficácia e cumprimento da lei.

Esse órgão, chamado inicialmente de Autoridade Nacional de Proteção de Dados – ANPD – funcionará como uma espécie de agência reguladora e será responsável por acompanhar e fiscalizar o cumprimento da LGPD.

9. AUTORIDADE NACIONAL DE PROTEÇÃO DE DADOS – ANPD

A Lei 13.853/2019 criou a Autoridade Nacional de Proteção de Dados (ANPD), órgão da administração pública federal responsável por acompanhar, fiscalizar e aplicar as sanções descritas na LGPD.

De acordo com a nova lei, a ANPD terá 03 competências fundamentais, quais sejam:

(i) zelar pela proteção dos dados pessoais;

(ii) elaborar diretrizes para a Política Nacional de Proteção de Dados Pessoais e da Privacidade;

(iii) aplicar sanções em caso de tratamento de dados feito de forma irregular.

A ANPD terá natureza transitória, podendo ser transformada em autarquia vinculada à Presidência da República após dois anos a critério do governo.

O novo órgão terá a seguinte estrutura organizacional:

– Conselho-diretor (órgão máximo de direção);

– Conselho Nacional de Proteção de Dados Pessoais e da Privacidade;

– Corregedoria;

– Ouvidoria;

– Órgão de assessoramento jurídico próprio; e

– Unidades administrativas necessárias à aplicação da lei.

O Conselho-diretor será formado por cinco diretores, que serão nomeados pelo Presidente da república, e os membros do conselho terão mandatos de quatro anos.

O Conselho Nacional de Proteção de Dados Pessoais e da Privacidade será composto de 23 representantes, titulares e suplentes, de órgãos públicos e da sociedade civil.

Como se pode observar, no entanto, pela letra da lei, a Defensoria Pública não foi integrada ao referido Conselho, talvez por não ter um Órgão central como o CNJ e CNMP, o que representa um grande retrocesso, por ter expertise na tutela coletiva[28] e atendimentos individuais que servem um termômetro da realidade social e ainda mais na análise dos fatores determinantes de vulnerabilidade, agora agravados pela digitalização dos dados e consequentes tratamentos.

Nessa situação a melhor estratégia é se preparar e se adequar o quanto antes as exigências da lei.

10. O QUE FAZER PARA SE ADEQUAR À LGPD?

No Brasil, não se infere, seja no setor privado ou público movimentação em alta escala para se adequar a LGPD. Não se pode negar, no entanto, que tal implementação é altamente complexa, já que não basta a cognição legal, mas a tecnológica e a de governança também.

Portanto, no que tange a Defensoria Pública, além de já se ter ressaltado os objetivos da LGPD no item 2, traçamos o seguinte *check-list* para adequação:

a) Diagnóstico

É necessária uma verificação do quanto a Defensoria Pública está em *compliance* com a LGPD, tomando conhecimento dos processos, sistemas e documentos desta. O desejável desta fase é um inventário de *gaps* e um plano de ação customizado, fazendo-se uma releitura do planejamento estratégico.

b) Inventário de dados

Nesta fase temos o levantamento dos dados, sendo que, diante da complexidade das atividades da Instituição, pode ser necessária a contratação de um *data mapping* (art. 37).

c) Classificação

Uma vez mapeados os dados, será necessário classificar os mesmos quanto à finalidade, sensibilidade e as bases legais de tratamento de dados estabelecidas na LGPD, com destaque aos art. 7º e 23.

d) Adequação

Adaptar os sistemas e procedimentos internos à LGPD. O desejável nesta fase é o de alcançar a feitura do Relatório de Impacto a Proteção de Dados à proteção de dados pessoais (RIPD/DPIA) (art. 5º, XVII), documento este que, inclusive, a DP precisa ter cognição para poder atuar frente as demandas envolvendo dados.

---

28. FEICHAS, Roger Vieira; SCHWARTZ, Fábio. *A Defensoria Pública como Instrumento de resolução de litígios*. Disponível em: https://fabioschwartz.com/2015/10/20/a-defensoria-como-instrumento-de-resolucao-de-litigios-em-escala/. Acesso em: 13 maio 2020.

e) Regularização

Fase onde é elaborado o Plano de Proteção de Dados Pessoais e os documentos são ajustados.

f) Capacitação

Aqui o objetivo é capacitar o DPO/Encarregado, bem como os Defensores Públicos e demais integrantes da Instituição para que compreendam a necessidade de obediência à lei.

Como se verifica acima, são fases complexas e cada uma delas possui outras subfases, além de envolverem diversas áreas (tecnologia, jurídico, compliance, Corregedoria, entre outros) e dependendo das necessidades da Defensoria Pública, diversas competências externas, como assessoria jurídica especializada, consultoria em segurança da informação, consultorias de tecnologia e, em alguns casos, a criação ou aquisição de sistemas.

O projeto deve ser otimizado, considerando a realidade da Defensoria Pública, sob pena de não se alcançar as metas estipuladas, frustrando as expectativas e não permitindo que ela passe ter uma gestão baseada em dados estruturados de forma a que, repita-se: somada aos atendimentos presenciais como um termômetro da realidade e uma ouvidoria que faça ecoar a voz das ruas, possa melhor direcionar recursos, pessoas e atuações em prol de uma maior eficiência e nova forma de atuar.

Eis a Defensoria Pública do agora, com destaque de que tal *commoditie*, ou seja, dados e referência das ruas, nenhuma outra Instituição ou Poder tem.

Daí a necessidade do projeto ser bem orientado da melhor forma de congregar todos os recursos necessários dentro dos limitados budgets e prazos (até agora 3 de maio de 2021).

11. O QUE FAZER COM OS DADOS COLETADOS ANTES DA VIGÊNCIA DA LGPD?

Como dito, os dados coletados para a atividade fim, estão acobertados com a base legal dos arts. 7º e 23. No entanto, caso tenham sido obtidos para outros fins e, inclusive isto se aplica para a área meio na sua atividade administrativa, tem-se que tais dados anteriores à vigência da lei também terão que ser legitimados.

As regras criadas para novas coletas deverão ser aplicadas aos registros já existentes, mas com procedimentos específicos.

Contudo, dados que por determinação interna não serão mais coletados, deverão ser eliminados, antes do início da eficácia da norma, se fizerem parte do banco de dados do legado.

No mais, os que por decisão interna permanecerem, deverão ser legitimados por meio de uma nova comunicação e consentimento expresso do titular (este se necessário).

Portanto, é importante estabelecer 2 grupos de dados pessoais: os que precisam de consentimento e os que podem ser mantidos dentro de alguma das exceções.

12. HIPÓTESES EM QUE A LGPD NÃO É APLICÁVEL

O art. 4º apresenta hipóteses em que as exigências até aqui expostas não serão aplicáveis, senão veja-se:

> Art. 4º Esta Lei não se aplica ao tratamento de dados pessoais:
> I – realizado por pessoa natural para fins exclusivamente particulares e não econômicos;
> II – realizado para fins exclusivamente:
> a) jornalístico e artísticos; ou
> b) acadêmicos, aplicando-se a esta hipótese os arts. 7º e 11 desta Lei;
> III – realizado para fins exclusivos de:
> a) segurança pública;
> b) defesa nacional;
> c) segurança do Estado; ou
> d) atividades de investigação e repressão de infrações penais; ou
> IV – provenientes de fora do território nacional e que não sejam objeto de comunicação, uso compartilhado de dados com agentes de tratamento brasileiros ou objeto de transferência internacional de dados com outro país que não o de proveniência, desde que o país de proveniência proporcione grau de proteção de dados pessoais adequado ao previsto nesta Lei.

Portanto, não obstante a regra ser a incidência da LGPD frente ao tratamento de dados, as hipóteses ventiladas por opção do legislador são exceções, já que inegável a depender da situação, a inflexibilidade da norma não acompanha a dinâmica das relações sociais e interesses subjacentes.

13. EXISTE REGRAMENTO PARA A ELIMINAÇÃO DOS DADOS TRATADOS?

A LGPD também prevê como os dados deverão ser eliminados. Não basta simplesmente selecionar o arquivo e apertar "delete". O desafio será o de eliminar o dado pessoal sem prejudicar o banco de dados remanescente.

A exclusão destes dados deverá receber um tratamento diferenciado para que não sejam acessados por qualquer pessoa, e se não houver necessidade do armazenamento, estes deverão seguir um protocolo de exclusão devidamente registrado.

A eliminação e conservação dos dados pessoais serão de uso exclusivo do controlador, vedado seu acesso por terceiro, desde que anonimizados os dados.

14. PONTOS IMPORTANTES SOBRE AS REGRAS DA LGPD

Nada obstante a abordagem inserta no item 10, mister destacar algumas ações a ser realizada pela Defensoria Pública até o dia 03 de maio de 2021:

– Realizar auditoria dos dados em tratamento;
– Nomear um encarregado e instituir a equipe responsável por tal projeto;
– Implantar ou revisar as políticas de segurança da informação;
– Revisar os contratos e termos e condições em uso;
– Elaborar relatórios de impacto à privacidade.

15. DOCUMENTOS INSTITUCIONAIS QUE DEVERÃO SER ATUALIZADOS

A Defensoria Pública mantém atividades enquanto área meio e fim, assim como frente a diversos casos simples e complexos, individuais e coletivos, mas sempre com lastro de vulnerabilidade e, consequentemente, diante de dados sensíveis.

Sob tal aspecto, já se infere a complexidade da atualização. E aqui, diga-se de passagem, é um desafio sem prazo em dobro. A lei estando em vigor, não há diferenciações.

Desta forma, impossível imaginar, até mesmo pelo limite cognitivo deste mero articulista e envolver um tema interdisciplinar, todos os documentos que deverão ser atualizados frente a LGPD.

No entanto, de forma geral, apontamos os seguintes que entendemos mais relevantes:

– Mapear o fluxo de dados para definir a nova governança junto ao setor de Tecnologia da Informação, no que tange a base legal para viabilizar o tratamento, assim como o ciclo de vida do dado – coleta, uso, compartilhamento, enriquecimento, armazenamento nacional ou internacional, com ou sem uso de nuvem, eliminação e portabilidade para outra Defensoria Pública;

– Tabela de temporalidade de guarda de logs de consentimento (quando este se fizer necessário);

– Política de gestão de dados pessoais, inclusive para terceirizados;

– Política de privacidade;

– Contratos gerais;

– Política de *cookies*;

– Atualização dos termos de declaração de hipossuficiência e uso de tecnologias de atendimento remoto;

– Política de segurança da informação, inclusive para detalhar as condutas nos casos de incidente de segurança e comunicação externa;

– Manual de Atuação Funcional.

Também se faz necessário observar a comprovação da aplicação de medidas administrativas e técnicas de proteção dos dados pessoais.

Ponderadas todas essas informações, fica mais fácil compreender e atender os requisitos que a lei exige.

16. CONCLUSÃO

Importante frisar que o conhecimento destas regras é de extrema relevância para que a Defensoria Pública, esteja compatível às mudanças trazidas pela LGPD – no que tange a coleta, classificação, utilização, acesso, reprodução, comunicação, transmissão, distribuição, transferência, difusão, extração, processamento, avaliação, modificação, arquivamento, armazenamento, eliminação e controle da informação.

Tudo isso, refere-se as medidas de segurança no escopo de não sofrer as sanções impostas pela lei.

É bom lembrar que a privacidade de seus assistidos/usuários é um direito fundamental protegido pela Constituição, assim como a proteção de dados, conforme ventilado na Adin n. 6387, do Supremo Tribunal Federal e agora pela LGPD e serão amplamente fiscalizadas pela ANPD.

A Defensoria Pública segue uma dupla obrigação, a de estar em conformidade e a de exigir daqueles que tratem dados que também estejam, já que ela tem a missão de ser mais um dos *players* na proteção de dados, aliás, para atuar frente a nova vulnerabilidade, a digital.

Nunca se esqueça que a coleta, armazenamento, modificação, divulgação ou disseminação ilegal de dados pessoais constitui uma ofensa à privacidade.

A privacidade e a proteção de dados estão relacionadas entre si, uma vez que a proteção de dados é uma medida necessária para proteger o direito à privacidade.

Por mais que possa parecer algo assustador, fica nítido que, em verdade, trata-se de uma grande oportunidade, principalmente para Defensoria Pública que pode passar a coletar e tratar os dados de forma estruturada e ter mais um vetor de atuação que, a partir dos dados, gerem evidências para elevar ainda mais a eficiência deste serviço.

O assistido nas nossas portas, fisicamente, e uma ouvidoria que dê voz aos *marginais*, isto é, os que estão alijados das leis (à margem) e da realidade, irá nos permitir, nesta simbiose entre dados estruturados e vida real apurada, a atuar como agentes públicos de transformação social e digital[29].

E ainda é bom dizer que essa projeção é despida do viés da judicialização, mas como indutora de políticas públicas, influencias legislativas e solução extrajudicial de modo que, caso seja preciso, todo a sua litigância na esfera judicial seja estratégica e direcionada para o que realmente é necessário, tornando a Instituição mais eficiente, tempestiva e universalizada.

Afinal, segundo celebre frase de Wiliam Edwards Deming, *"não se gerencia o que não se mede, não se mede o que não se define, não se define o que não se entende, não há sucesso no que não se gerencia"*.

REFERÊNCIAS

ARRUDA, Ígor Araújo de. Vocabulário Defensorial: Assistido e Núcleo Regional. *Revista Jus Navigandi*, Teresina, ano 20, n. 4399, 18 jul. 2015. Disponível em: https://jus.com.br/artigos/40938. Acesso em: 18 maio 2020.

BELLI, Luca. STJ consagra direito ao esquecimento na internet, o que isso significa. *Jota*, 20 maio 2018. Disponível em: https://www.jota.info/coberturas-especiais/liberdade-de-expressao/stj-consagra--direito-ao-esquecimento-na-internet-o-que-isso-significa-20052018. Acesso em: 15 maio 2020.

CASTRO, Júlio César Lemes de. Plataformas algorítmicas: interpelação, perfilamento e performatividade. *Revista FAMECOS*, Porto Alegre, v. 26, n. 3, e33723. Disponível em: https://doi.org/10.15448/1980-3729.2019.3.33723. Acesso em: 15 maio 2020.

COTS, Márcio; OLIVEIRA, Ricardo. *Lei Geral de Proteção de Dados Pessoais comentada*. 2. ed. São Paulo: Thomson Reuters Brasil, 2019.

---

29. Os órgãos de execução, isto é, seus defensores públicos, são os olhos, ouvidos e vozes de milhões de pessoas que vivem na pobreza de toda ordem – num verdadeiro "apartheid" jurídico (STF – ADI 3.643-2, rel. min. Sepúlveda Pertence. DJ 08.01.2006) – *vide referência n. 18*.

FEICHAS, Roger Vieira. Método indutivo e dedutivo dos Defensores na atuação com efeitos coletivos. *Consultor Jurídico*, 1º set. 2015. Disponível em: https://www.conjur.com.br/2015-set-01/tribuna-defensoria-metodo-indutivo-dedutivo-defensores-atuacao-efeitos-coletivos. Acesso em: 18 maio 2020.

FEICHAS, Roger Vieira; SCHWARTZ, Fábio. *A Defensoria Pública como Instrumento de resolução de litígios*. Disponível em: https://fabioschwartz.com/2015/10/20/a-defensoria-como-instrumento-de-resolucao-de-litigios-em-escala/. Acesso em: 13 maio 2020.

MALDONADO, Viviane Nóbrega; BLUM, Renato Opice (Coords.). *Comentários ao GDPR*: Regulamento Geral de Proteção de Dados da União Europeia. São Paulo: Thomson Reuters Brasil, 2018.

NAKAGAWA, Liliane. Youtube é multado em U$170 milhões por não proteger dados de crianças. *Olhar Digital*, 04 set. 2019. Disponível em: https://olhardigital.com.br/noticia/youtube-e-multado-em-us--170-mi-por-nao-proteger-dados-de-criancas/89932. Acesso em: 18 maio 2020.

PINHEIRO, Patrícia Peck. *Proteção de dados pessoais*: comentários à Lei n. 13.709/18 (LGPD). São Paulo: Saraiva Educação, 2018.

SOUZA, Carlos Affonso. MP de Bolsonaro atrasa a entrada em vigor da lei geral de proteção de dados. *TecFront*, 30 abr. 2020. Disponível em: https://tecfront.blogosfera.uol.com.br/2020/04/30/mp-de--bolsonaro-atrasa-a-entrada-em-vigor-da-lei-de-protecao-de-dados/. Acesso em 13 maio 2020.

TEIXEIRA, Tarcisio; ARMELIN, Ruth Maria Guerreiro da Fonseca. *Lei geral de proteção de dados pessoais*: comentada artigo por artigo. Salvador: Juspodivm, 2019.

VENTURA, Ivan. Geoblocking e Geoprice: os bastidores da disputa pelo turismo on-line no Brasil. *Consumidor Moderno*, 1º ago. 2018. Disponível em: https://www.consumidormoderno.com.br/2018/08/01/geopricing-geoblocking-novo-desafio-consumidor/. Acessado em: 17 maio 2020.

21
DA INVALIDADE DA CLÁUSULA DE NÃO INDENIZAR EM MATÉRIA DE PROTEÇÃO DE DADOS

Cíntia Rosa Pereira de Lima

Sumário: 1. Introdução. 2. Da cláusula de não indenizar. 3. O direito à proteção de dados como um direito fundamental. 4. O direito à proteção de dados e o Código de Defesa do Consumidor. 5. Conclusão. Referências.

1. INTRODUÇÃO

A Lei Geral de Proteção de Dados (LGPD), Lei n. 13.709, de 14 de agosto de 2018, que acaba de ter sua vigência anunciada,[1] traz um sistema jurídico em matéria de proteção de dados, assegurando aos titulares dos dados (definidos no art. 5º, inc. V da LGPD) como "pessoa natural a quem se referem os dados pessoais que são objeto de tratamento". Além dos direitos previstos nos artigos 17 a 22 da LGPD, a lei traz os princípios (art. 6º da LGPD) que norteiam as atividades de tratamento de dados pessoais, quais sejam: princípio da finalidade; da adequação; da necessidade; do livre acesso; da qualidade

---

1. A LGPD entrou em vigor em setembro de 2020, exceto quanto aos dispositivos que preveem sanções administrativas (arts. 52 a 54). Todavia, é importante registrar que, em decorrência da pandemia da COVID-19, discutiu-se a possível prorrogação da vigência da lei. A Medida Provisória n. 959, de 29 de abril de 2020, pretendeu prorrogar a vacatio legis da LGPD para 03 de maio de 2021, propondo a alteração do art. 65 da Lei n. 13.709/2018. Cf. BRASIL. Medida Provisória n. 959, de 29 de abril de 2020. Estabelece a operacionalização do pagamento do Benefício Emergencial de Preservação do Emprego e da Renda e do benefício emergencial mensal de que trata a Medida Provisória nº 936, de 1º de abril de 2020, e prorroga a vacatio legis da Lei nº 13.709, de 14 de agosto de 2018, que estabelece a Lei Geral de Proteção de Dados Pessoais - LGPD. Disponível em: http://www.planalto.gov.br/ccivil_03/_ato2019-2022/2020/mpv/mpv959.htm. Acesso em: 25 set. 2020. Contudo, o Projeto de Lei n. 1.179/2020 previa a imediata vigência da LGPD, ressalvadas as penalidades previstas na lei, que passariam a vigorar a partir de agosto de 2021. Este PL foi intensamente debatido no Senado Federal e na Câmara dos Deputados, culminando na Lei n. 14.010, de 10 de junho de 2020. Vide: BRASIL. Lei n. 14.010, de 10 de junho de 2020. Dispõe sobre o Regime Jurídico Emergencial e Transitório das relações jurídicas de Direito Privado (RJET) no período da pandemia do coronavírus (Covid-19). Disponível em: http://www.planalto.gov.br/ccivil_03/_ato2019-2022/2020/lei/L14010.htm. Acesso em: 25 set. 2020. Esta lei prorroga apenas a vigência dos artigos 52, 53 e 54 da LGPD para 1º de agosto de 2021. Após intensos debates, a Medida Provisória n. 959 foi aprovada com alterações, passando a depender de sanção presidencial, que ocorreu em 17 de setembro de 2020, com sua conversão na Lei nº 14.058, mas sem a previsão anteriormente contida no artigo 4º da MP 959. Cf. BRASIL. Lei n. 14.058, de 17 de setembro de 2020. Estabelece a operacionalização do pagamento do Benefício Emergencial de Preservação do Emprego e da Renda e do benefício emergencial mensal de que trata a Lei nº 14.020, de 6 de julho de 2020. Disponível em: http://www.planalto.gov.br/ccivil_03/_Ato2019-2022/2020/Lei/L14058.htm. Acesso em: 25 set. 2020. Assim, os dispositivos da LGPD passaram a viger, salvo os três de que a RJET tratou (arts. 52, 53 e 54), que permanecerão em vacatio legis até 1º de agosto de 2021.

dos dados; da transparência; da segurança; da prevenção; da não discriminação; e da responsabilização e prestação de contas.

Dentre estes princípios, destaca-se o princípio da segurança, entendido como a "utilização de medidas técnicas e administrativas aptas a proteger os dados pessoais de acessos não autorizados e de situações acidentais ou ilícitas de destruição, perda, alteração, comunicação ou difusão" (inc. VII do art. 6º da LGPD). Neste sentido, os agentes de tratamento de dados carregam o ônus de estabelecer medidas eficazes para impedir os acessos não autorizados às informações pessoais dos titulares dos dados e, consequentemente, os eventuais danos que decorrerem destas situações.[2]

Intimamente relacionado a este, a LGPD menciona expressamente o princípio da prevenção (inc. VIII do art. 6º da LGPD), isto é, a "adoção de medidas para prevenir a ocorrência de danos em virtude do tratamento de dados pessoais". Portanto, os agentes de tratamento devem evitar os danos aos titulares de dados decorrentes do tratamento de dados pessoais, na medida em que a reparação destes danos, muitas vezes será inócua ou pouco eficiente, diante do vazamento das informações pessoais do titular e outras violações aos direitos destes.[3]

Tão importante quanto os dois princípios acima destacados, o princípio da responsabilização e prestação de contas, também conhecido como *accountability*, determina que o agente deve demonstrar que adotou as medidas eficazes para a observância e o cumprimento das regras previstas na LGPD (inc. X do art. 6º da LGPD). Giusella Finocchiaro[4] afirma que segundo este princípio, o agente de tratamento de dado deve ser capaz de demonstrar que adotou um procedimento completo, ou seja, medidas jurídicas, organizacionais e técnicas para a efetiva proteção de dados.

Portanto, todos os princípios elencados no art. 6º têm igual importância para a efetiva proteção do titular dos dados pessoais; entretanto, os princípios da segurança, da prevenção e da responsabilidade e prestação de contas adquirem maior relevância ao tratarmos da (in)validade da cláusula de não indenizar em matéria de proteção de dados, o que será debatido neste artigo.

Geralmente, nas políticas de privacidade e proteção de dados, o titular dos dados se depara com um extenso texto cujas cláusulas restritivas de direito passam despercebidas, o que gera um enorme prejuízo.[5] Não é raro tais documentos inserirem uma cláusula afastando ou limitando o dever de reparar o dano eventualmente sofrido pelo titular de dados em decorrência do tratamento de dados pessoais realizados por determinado agente de tratamento.

---

2. LIMA, Cíntia Rosa Pereira de. *Autoridade Nacional de Proteção de Dados e a Efetividade da Lei Geral de proteção de Dados*. São Paulo: Editora Almedina, 2020. p. 204-206.
3. FLUMIGNAN, Silvano José Gomes; FLUMIGNAN, Wéverton Gabriel Gomes. Princípios que regem o tratamento de dados no Brasil. In: LIMA, Cíntia Rosa Pereira de. *Comentários à Lei Geral de Proteção de Dados*. São Paulo: Editora Almedina, 2020, p. 135.
4. Il Quadro d'Insieme sul Regolamento Europeo sulla Protezione dei Dati Personali. In: FINOCCHIARO, Giusella (coord.). *Il nuovo Regolamento europeo sulla privacy e sulla protezione dei dati personali*. Torino: Zanichelli Editore, 2017, p. 14.
5. Sobre os contratos de adesão eletrônicos e o problema relacionado à leitura e ao efetivo conhecimento do seu teor vide LIMA, Cíntia Rosa Pereira de. O ônus de ler o contrato no contexto da "ditadura" dos contratos de adesão eletrônicos. In: *Direito e novas tecnologias I* [Recurso eletrônico on-line] CONPEDI/UFPB. ROVER, Aires José Rover; CELLA, José Renato Gaziero; AYUDA, Fernando Galindo (Org.). Florianópolis: CONPEDI, 2014. p. 343-365. Disponível em: http://publicadireito.com.br/artigos/?cod=981322808aba8a03. Acesso em: 06 nov. 2015.

Por exemplo, nos termos e condições de uso da Microsoft,[6] há uma previsão que limita o valor da indenização por eventuais danos ao valor mensal pago pela utilização dos serviços ou produtos, em sendo gratuitos o limite de dez dólares:

13. Limitation of Liability. If you have any basis for recovering damages (including breach of these Terms), you agree that your exclusive remedy is to recover, from Microsoft or any affiliates, resellers, distributors, Third-Party Apps and Services providers, and vendors, direct damages up to an amount equal to your Services fee for the month during which the loss or breach occurred (or up to $10.00 if the Services are free). You can't recover any other damages or losses, including direct, consequential, lost profits, special, indirect, incidental, or punitive. These limitations and exclusions apply even if this remedy doesn't fully compensate you for any losses or fails of its essential purpose or if we knew or should have known about the possibility of the damages. To the maximum extent permitted by law, these limitations and exclusions apply to anything or any claims related to these Terms, the Services, or the software related to the Services.

↑Top of page

Para analisar esta questão, parte-se do estudo sobre a cláusula de não indenizar, enfatizando sua estrutura e requisitos de validade e eficácia. Assim, a caracterização do direito à autodeterminação informativa como direito e garantia fundamental e a aplicação do Código de Defesa do Consumidor (CDC) são elementos cruciais para a sistematização deste trabalho, partindo-se desta análise geral para se concluir sobre a (in)validade da cláusula de não indenizar em matéria de proteção de dados.

2. DA CLÁUSULA DE NÃO INDENIZAR

O instituto da responsabilidade civil tem se tornado cada vez mais complexo diante dos avanços tecnológicos. Desta forma, o problema da responsabilidade civil abarca o dever de reparar o dano consoante os ensinamentos de José Aguiar Dias.[7] Em síntese, o dever de reparar o dano surge quando alguém causa um prejuízo a outrem por culpa ou dolo (responsabilidade subjetiva) ou, ainda, por força da lei ou pelo risco da atividade (responsabilidade objetiva).[8]

Um dos grandes entraves para se definir a responsabilidade civil diz respeito à causalidade. Assim, existem quatro teorias que pretendem definir alguns critérios para identificar o nexo causal entre a ação e a omissão do agente e o dano experimentado pela vítima. A "teoria da equivalência das condições" faz uma regressão para considerar todos os fatos que colaboraram para o evento danoso. A "teoria da causalidade adequada", a fim de evitar a regressão *ad infinitum* da teoria anterior, leva em consideração o fato sem o qual o evento danoso não teria ocorrido. A "teoria da causalidade eficiente", por sua vez, identifica o evento caracterizado como a verdadeira "causa" do dano. Por fim, a "teoria da causalidade imediata ou direta", pretende dar mais cientificidade à teoria anterior, identificando o evento que produziu diretamente o resultado danoso.[9] Esta última teoria

---

6. Disponível em: https://www.microsoft.com/en-us/servicesagreement/default.aspx. Acesso em: 06 jul. 2020.
7. DIAS, José Aguiar. *Da responsabilidade Civil*. 9. ed. rev. e ampl. Rio de Janeiro: Editora Forense, 1994, v. I, p. 16-17. Cf. SERPA LOPES, Miguel Maria de. *Curso de Direito Civil*. v. V – Fontes Acontratuais das Obrigações – Responsabilidade Civil). 4. ed. ver. e atual. Rio de Janeiro: Freitas Bastos, 1995. p. 160: Serpa Lopes aplaude os ensinamentos de Henri De Page para quem a noção de responsabilidade civil aproxima-se mais do seu resultado do que do seu fundamento.
8. PEREIRA, Caio Mário da Silva. *Responsabilidade Civil*. Atualizada por Gustavo Tepedino. 12. ed. rev. e ampl. Rio de Janeiro: Editora Forense, 2018. p. 14.
9. SCHREIBER, Anderson. *Novos Paradigmas da Responsabilidade Civil*: da erosão dos filtros da reparação à diluição dos danos. 2. ed. São Paulo: Editora Atlas, 2009. p. 57-58.

vai ao encontro do que dispõe o art. 403 do CC/02, que diz: "Ainda que a inexecução resulte de dolo do devedor, as perdas e danos só incluem os prejuízos efetivos e os lucros cessantes por efeito dela *direto* e *imediato*, sem prejuízo do disposto na lei processual." (grifo nosso) Muito embora este dispositivo esteja na parte sobre inexecução das obrigações, a mesma regra pode ser aplicada à responsabilidade extracontratual.

Neste sentido, seja com o intuito de evitar este debate sobre o nexo de causalidade entre as atividades de tratamento de dados e o dano experimentado pelo titular dos dados pessoais, seja com o intuito de minimizar os riscos aos quais os agentes de tratamento de dados estão expostos, é muito comum ser inserida nas políticas de privacidade e de proteção de dados a cláusula de não indenizar, também conhecida como cláusula de irresponsabilidade.[10] Esta última expressão é criticada por ser imprópria ao sustentar a possibilidade de irresponsabilidade. Na verdade, o que ocorre, na prática, é um ajuste entre as partes de se afastar o dever de reparar o dano.[11] Em outras palavras, presentes os pressupostos da responsabilidade civil, não há que se falar em "irresponsabilidade", mas sim sobre a (im)possibilidade de afastar o dever de reparar o dano.

Quanto ao conceito da "cláusula de não indenizar", são diversas as tentativas de elaboração de uma definição técnico-científica. Para Capitant e Esmein[12] seria a estipulação pela qual uma parte contratante "declara que não será responsável perante a outra pelo dano resultante da inexecução de sua obrigação, dano esse que, sem a cláusula, seria indenizado à segunda". O problema desta definição está justamente no fato de que não seria possível o devedor declarar que não responde por eventuais prejuízos, afastando os efeitos legais. Justamente em virtude desta crítica, a doutrina ressalta a necessidade de se obter a concordância do credor quanto ao conteúdo desta cláusula. Além disso, esta definição só faz sentido se tomar o termo "responsabilidade" como sinônimo do dever de reparar o dano.

Interpretando esta definição à luz dos termos e condições de uso de sites, por exemplo, e das políticas de privacidade e de proteção de dados, geralmente não lidas pelos usuários que não têm ciência de que estejam renunciando o seu direito à reparação do dano decorrente do tratamento de dados pessoais. Neste sentido, faltaria um elemento essencial para a validade desta cláusula, qual seja, a anuência do credor.

Em outra definição, entende-se que a cláusula de não indenizar seja uma convenção pela qual o "o devedor eventual da obrigação de indenizar obtém do credor eventual da mesma obrigação a renúncia à ação de perdas e danos".[13]

---

10. DIAS, José Aguiar. *Cláusula de não indenizar (chamada cláusula de irresponsabilidade)*. 3. ed. rev. Rio de Janeiro: Editora Forense, 1976. p. 21: "Serve ao mesmo propósito de equilíbrio em que se inspira a cláusula de irresponsabilidade, porque suprime a incerteza da liquidação, evitando o risco de, na apuração do prejuízo, se computarem consequências que estejam além ou aquém das naturalmente derivadas do acontecimento prejudicial, a saber, o inadimplemento".
11. AZEVEDO, Antônio Junqueira de. (parecer) Cláusula cruzada de não indenizar (*cross-waiver of liability*), ou cláusula de não indenizar com eficácia para ambos os contratantes. Renúncia ao direito de indenização. Promessa de fato de terceiro. Estipulação em favor de terceiro. In: AZEVEDO, Antônio Junqueira de. *Estudos e Pareceres de Direito Privado*. São Paulo: Saraiva, 2004, p. 201.
12. *Apud* DIAS, José Aguiar. *Da cláusula de não indenizar. Op. cit.*, p. 36.
13. CLUZEL. *Apud* DIAS, José Aguiar. *Da cláusula de não indenizar. Op. cit.*, p. 37.

Portanto, entende-se por cláusula de não indenizar, o acordo de vontades, geralmente entre as partes contratantes, que afasta o dever de reparar o dano. Nos ensinamentos de Antônio Junqueira de Azevedo,[14] a cláusula de não indenizar constitui uma verdadeira transação sobre os riscos, podendo ser válida ou nula a depender de alguns requisitos.

Assim, por representar uma renúncia antecipada ao direito à reparação do dano, a validade desta cláusula tem sido contestada, situação esta que se agrava no contexto da proteção de dados, tido como um direito fundamental e, além disso, muitas vezes se trata de relação de consumo como adiante se verá, o que implica em nulidade da cláusula de não indenizar.

Isto porque esta cláusula tem sido muito comum nos contratos de adesão em que o policitante a insere dentre as várias cláusulas contratuais ou as condições gerais à contratação, impondo ao aderente a renúncia antecipada de pleitear qualquer indenização por prejuízos que sofrer em razão do inadimplemento do contrato.

Neste contexto, para que a cláusula seja reputada válida, exige-se que o aderente tome efetivo conhecimento de seu conteúdo, devendo com ela concordar expressamente. Ora em se tratando de renúncia a um direito, nunca é presumida; mas, antes, deve se originar de manifestação de vontade expressa neste sentido.[15]

Portanto, José Aguiar Dias[16] alerta para o especial papel que o consentimento nestes casos, *in verbis*:

> O consentimento, na formação da cláusula de irresponsabilidade, tem a máxima importância, porque o campo é especialmente propício a violações da livre manifestação de vontade. A vontade manifestada há de ser real e séria, não bastando, pois, o mero ato de violação externa, mas a vontade revestida de manifestação suficiente, consciente dirigida a resultado de índole obrigatória.

Em matéria de proteção de dados, o consentimento é de enorme relevância como se depreende da leitura do art. 8º da LGPD, que pode ser por escrito ou outro meio que demonstre a manifestação de vontade do titular dos dados. Quando tiver sido fornecido por escrito, deve ser destacado das demais cláusulas contratuais. Em qualquer hipótese se proíbe que o consentimento seja obtido mediante vício, podendo ser revogado a qualquer tempo.

O problema do consentimento em matéria de proteção de dados está justamente na sua adjetivação pretendida pelo legislador no inciso XII do art. 5º da LGPD, que afirma ser tal "manifestação livre, informada e inequívoca pela qual o titular concorda com o tratamento de seus dados pessoais para uma finalidade determinada". No entanto, as políticas de privacidade e de proteção de dados são demasiadamente extensas, desestimulando sua leitura por parte do titular de dados que não tem ciência do conteúdo ao qual está concordando.[17]

---

14. *Idem; ibidem.*
15. PEREIRA, Caio Mário da Silva. *Op. cit.*, p. 392-393.
16. DIAS, José Aguiar. *Cláusula de não indenizar. Op. cit.*, p. 63.
17. A crítica feita a esta prática é que degrada a "democracia contratual" na feliz expressão de RADIN, Margaret Jane. *Boilerplate*: the fine print, vanishing rights, and the rule of law. New Jersey: Princeton University Press, 2013. p. 33. Cf. LIMA, Cíntia Rosa Pereira de. *O Ônus de ler os contratos na ditadura dos contratos eletrônicos. Op. cit.*, *passim*.

Em um caso interessante, *In Re: Yahoo! Inc. Customer Data Security Breach Litigation*[18], uma ação coletiva proposta no 9º Circuito norte-americano, *United States District Court Northern District of California*, em que se discutiu a violação dos dados pessoais de 3 milhões de usuários. Nesta ação, a *Yahoo!* alegava não ser obrigada a indenizar os usuários, pois nos termos e condições de uso e nas políticas de privacidade e de proteção de dados havia a cláusula de não indenizar nestas situações. O caso não foi julgado, porque houve acordo entre as partes que custou à *Yahoo!* Aproximadamente 117 (cento e dezessete) milhões de dólares.[19] Consequentemente, os usuários que usaram os serviços da *Yahoo!* entre os anos de 1º de janeiro de 2012 até 31 de dezembro de 2016 podem usar alguns serviços gratuitamente durante o período de 2 (dois) anos, limitado a U$358 (trezentos e cinquenta e oito dólares). O interessante nesta ação é justamente a discussão sobre a invalidade da cláusula de não indenizar por ser materialmente abusiva (*substantial unconscionability*), além de ser inserida nestes termos e condições sem chamar a devida atenção dos usuários quanto à renúncia do direito de ser indenizado caso sofra algum dano decorrente do vazamento de dados pessoais (*procedural unconscionability*).

A Lei de Liberdade Econômica, Lei n. 13.874, de 20 de setembro de 2019, trouxe uma garantia no art. 3º, inc. VIII: "de que os negócios jurídicos empresariais paritários serão objeto de livre estipulação das partes pactuantes, de forma a aplicar todas as regras de direito empresarial apenas de maneira subsidiária ao avençado, exceto normas de ordem pública".

Entende-se que a matéria de proteção de dados pessoais é de ordem pública, como o recente julgado da Ação Direta de Inconstitucionalidade (ADI) 6387, julgada no dia 07 de maio de 2020, em que o Supremo Tribunal Federal (STF) afirmou ser o direito à proteção de dados um direito fundamental.[20] Além disso, em se tratando de uma relação de consumo, esta cláusula é nula de pleno direito nos termos do art. 51, inc. I do CDC, pois implica em renúncia antecipada de um direito, portanto, é abusiva. Esta cláusula não será válida quando for estabelecida de forma dolosa pela parte que pretende inadimplir a obrigação e se furtar das consequências do inadimplemento.

Assim, conclui Antônio Junqueira de Azevedo[21]:

> São *nulas* as cláusulas de não indenizar que: a) exonerem o agente, em caso de dolo; b) vão diretamente contra norma cogente – às vezes, dita de ordem pública; c) isentem de indenização o contratante, em caso de inadimplemento da obrigação *principal*; e d) interessem diretamente à vida e à integridade física das pessoas naturais.

Neste contexto, é de suma importância o reconhecimento do direito à proteção de dados como um direito fundamental.

---

18. Disponível em: https://www.govinfo.gov/app/details/USCOURTS-cand-5_16-md-02752/summary. Acesso em: 10 jul. 2020.
19. Disponível em: https://www.usatoday.com/story/money/2019/10/14/yahoo-data-breach-117-5-million-settlement-get-cash-monitoring/3976582002/. Acesso em: 15 jul. 2020.
20. Disponível em: https://portal.stf.jus.br/processos/detalhe.asp?incidente=5895165. Acesso em: 05 jul. 2020.
21. AZEVEDO, Antônio Junqueira de. (Parecer) Cláusula cruzada de não indenizar (*cross-waiver of liability*), ou cláusula de não indenizar com eficácia para ambos os contratantes. Renúncia ao direito de indenização. Promessa de fato de terceiro. Estipulação em favor de terceiro. In: AZEVEDO, Antônio Junqueira de. *Estudos e pareceres de Direito Privado*. São Paulo: Saraiva, 2004. p. 201.

3. O DIREITO À PROTEÇÃO DE DADOS COMO UM DIREITO FUNDAMENTAL

O direito à autodeterminação informativa é uma expressão genérica que compreende diversos direitos dos titulares de dados pessoais, hoje assegurados na Lei Geral de Proteção de Dados. Neste sentido, Stefano Rodotà[22] destaca que a ideia de *privacy* é uma metamorfose, em constante evolução: 1ª fase – do direito *to be let alone* ao controle das próprias informações; 2ª fase – do *diritto alla riservatezza* à autodeterminação informativa; 3ª fase – da *privacy* à não discriminação; e 4ª fase – do segredo ao controle.

A fim de compreender corretamente este direito, Helen Nissenbaum[23] destaca três categorias tendo em vista os sistemas de tecnologia da informação e as consequentes práticas, a saber: 1ª) capacidade de monitorar e rastrear as pessoas, ou seja, estas tecnologias são utilizadas de maneira tal que é possível seguir todos os passos dos indivíduos; 2ª) capacidade de agregação e de análise, isto é, estes sistemas tem uma enorme capacidade para coletar e armazenar uma quantidade cada vez maior de informações que são tratadas de maneira muito veloz resultando em um volume de informações verídicas sobre as pessoas (por exemplo, a tecnologia denominada *Big Data*); e 3ª) disseminação e publicização destas informações, que são disponibilizadas tendo em vista os interesses variados da economia informacional. Portanto, o direito à autodeterminação informativa deve ser contextualizado levando em consideração as características e as vulnerabilidades de cada uma destas categorias.

Enfim, a proteção de dados pessoais é um direito com dupla dimensão, segundo Laura Schertel Mendes,[24] ou seja, em sua dimensão subjetiva entende-se como o direito subjetivo de defesa contra os riscos à sua personalidade diante das práticas de coleta, processamento, utilização e circulação dos dados pessoais; em sua dimensão objetiva, compreende o dever estatal em garantir que a pessoa possa exercer o controle de maneira efetiva do tratamento de seus dados pessoais.

Stefano Rodotà[25] destaca uma diferença importante entre o direito à privacidade e o direito à proteção de dados, afirmando que o primeiro possui uma tutela estática e negativa, enquanto a tutela dos dados pessoais, estruturada a partir de regras sobre o tratamento de dados, poderes de intervenção, dentre outras, possui uma tutela dinâmica, ou seja, surge com a coleta dos dados e permanece com eles durante a circulação e armazenamento.

Sobre tal distinção, Giusella Finocchiaro[26] destaca que determinado dado pessoal, ainda que não seja privado, é objeto de tutela pela legislação sobre proteção de dados

---

22. RODOTÀ, Stefano. La costruzione della sfera privata. In: *Repertorio di fine secolo*. Bari: Laterza, 1999. p. 209.
23. NISSENBAUM, Helen. *Privacy in Context*: Technology, Policy, and the Integrity of Social Life. Califórnia: Stanford University Press, 2010. p. 19-20.
24. MENDES, Laura Schertel. *Privacidade, proteção de dados e defesa do consumidor: linhas gerais de um novo direito fundamental*. 2ª tiragem. São Paulo: Saraiva, 2019. p. 176.
25. Tra diritti fondamentali ed elasticità della normativa: il nuovo codice sulla *privacy*. In: *Europa e Diritto Privato*, fasc. 01, p. 01-11, Milão: Giuffrè, 2004. p. 03. No mesmo sentido: FINOCCHIARO, Giusella. *Privacy e Protezione dei dati personali: disciplina e strumenti operativi*. Bologna: Zanichelli, 2012. p. 04-05.
26. FINOCCHIARO, Giusella. *Privacy e protezione...*, op. cit., p. 36-37: "Da qui l'ulteriore riprova che il diritto alla riservatezza e il diritto alla protezione dei dati personali non coincidono, con riferimento ai beni oggetto dei diritti. Nel primo caso, l'oggetto della tutela è costituito dalle vicende riservate, intese come vicende intime o familiari; nel secondo caso, l'oggetto della tutela è invece costituito dai dati e dalle informazioni, anche se privi di contenuto riservato".

pessoais. Portanto, conclui que a definição de dado pessoal não faz referência direta nem indireta à privacidade.

Em suma, o objeto do direito à privacidade é diverso do objeto do direito à proteção dos dados pessoais. O primeiro é assegurar o resguardo de parcela de sua vida privada; o segundo, por sua vez, é proteger os titulares de dados viabilizando o acesso e controle de suas informações (ainda que de conhecimento público) e impedindo que sejam objeto de tratamento em desacordo com as regras e códigos de condutas.[27]

Tal distinção está consagrada pela União Europeia, a partir de 07 de dezembro de 2000, na *Carta dos Direitos Fundamentais* (*Charter of Fundamental Rights of the European Union* – 2000/C 364/01).[28] Este diploma legal complementa (nos termos do art. 52 da Carta)[29] a *Convenção Europeia sobre Direitos Humanos e Liberdades Fundamentais* (*Convention for the Protection of Human Rights and Fundamental Freedoms*)[30], realizada em Roma, em 04 de novembro de 1950.

Portanto, diante da evolução tecnológica e do desenvolvimento econômico e social, nos termos do "*Preâmbulo*" da *Carta*[31], o direito à proteção dos dados pessoais foi contemplado em artigo próprio, mencionando, inclusive, a necessidade de criar uma autoridade independente para a eficácia destas regras:

> Article 8 – Protection of personal data
>
> 1. Everyone has the right to the protection of personal data concerning him or her.
>
> 2. Such data must be processed fairly for specified purposes and on the basis of the consent of the person concerned or some other legitimate basis laid down by law. Everyone has the right of access to data which has been collected concerning him or her, and the right to have it rectified.
>
> 3. Compliance with these rules shall be subject to control by an independent authority. (grifo nosso)

Antes, a proteção dos dados pessoais era fundamentada na tutela da privacidade, que desde a Convenção de 1950 já estava garantida, em seu art. 8º.[32] Atualmente, entretanto, o direito à privacidade e proteção à vida privada e familiar continuam tutelados, porém em dispositivo distinto (art. 7º da *Carta*).[33] Não foi por acaso tal sistematização, mas sim

---

27. LIMA, Cíntia Rosa Pereira de. *Autoridade Nacional de Proteção de Dados. Op. cit.*, p. 92.
28. Disponível em: http://www.europarl.europa.eu/charter/pdf/text_en.pdf. Acesso em: 21 jan. 2020.
29. "Article 52 [...] 3. In so far as this Charter contains rights which correspond to rights guaranteed by the Convention for the Protection of Human Rights and Fundamental Freedoms, the meaning and scope of those rights shall be the same as those laid down by the said Convention. This provision shall not prevent Union law providing more extensive protection."
30. Disponível em: http://www.echr.coe.int/Documents/Convention_ENG.pdf. Acesso em: 04 jul. 2020.
31. *Idem; ibidem*: "To this end, it is necessary to strengthen the protection of fundamental rights in the light of changes in society, social progress and scientific and technological developments by making those rights more visible in a Charter."
32. Convenção Europeia sobre Direitos Humanos e Liberdades Fundamentais: "ARTICLE 8 – Right to respect for private and family life – 1. Everyone has the right to respect for his private and family life, his home and his correspondence. 2. There shall be no interference by a public authority with the exercise of this right except such as is in accordance with the law and is necessary in a democratic society in the interests of national security, public safety or the economic wellbeing of the country, for the prevention of disorder or crime, for the protection of health or morals, or for the protection of the rights and freedoms of others."
33. "Article 7 – Respect for private and family life – Everyone has the right to respect for his or her private and family life, home and communications."

por critério científico tendo em vista a necessária distinção seja em seu conteúdo, seja em sua tutela entre o direito à privacidade e o direito à proteção dos dados.

Em suma, na União Europeia, o direito à proteção de dados pessoais é um direito fundamental. No Brasil, este direito não está expressamente mencionado no art. 5º da CF/88, que traz o rol dos direitos fundamentais. Contudo, a dignidade da pessoa humana é um dos fundamentos da República Federativa do Brasil (art. 1º, inc. III da CF/88), levando ao entendimento de que o direito à proteção de dados é um direito fundamental, na medida em que consiste em corolário básico para o pleno e livre desenvolvimento humano.

Além disso, pode-se afirmar que no Brasil, o direito à proteção de dados decorre do direito geral de personalidade (art. 1º, inc. III CF/88 e art. 11 do CC/02), isto é, caracterizado como um direito autônomo que garante ao seu titular exercer o controle sobre a coleta, o armazenamento, o tratamento e o compartilhamento de seus dados.[34] Consoante recente julgado do Superior Tribunal de Justiça, concluiu-se que:

> [o]s direitos à intimidade e à proteção da vida privada, diretamente relacionados à utilização de dados pessoais por bancos de dados de proteção ao crédito, consagram o direito à autodeterminação informativa e encontram guarida constitucional no art. 5º, X, da Carta Magna, que deve ser aplicado nas relações entre particulares por força de sua eficácia horizontal e privilegiado por imposição do princípio da máxima efetividade dos direitos fundamentais. (EDcl no REsp 1630659/DF, Rel. Ministra Nancy Andrighi, Terceira Turma, julgado em 27.11.2018, DJe 06.12.2018).

Esta lacuna do art. 5º da CF/88 será sanada de maneira efetiva quando a Proposta de Emenda à Constituição (PEC) n. 17/2019[35] for aprovada, pois pretende inserir no rol dos direitos fundamentais o direito à proteção dos dados pessoais.

Recentemente, o Supremo Tribunal Federal afirmou ser a proteção de dados um direito fundamental no julgamento do plenário que confirmou a concessão da medida cautelar nas Ações Diretas de Inconstitucionalidade n. 6387, 6388, 6389, 6393, 6390,[36] para suspender a aplicação da Medida Provisória 954/2018, que obrigava as operadoras de telefonia compartilharem dados pessoais com o IBGE, tais como dados identificados de seus consumidores de telefonia móvel, celular e endereço.

Em suma, diante deste diagnóstico, é forçoso concluir que sendo um direito fundamental, não merece guarida a cláusula de não indenizar quando afastar o dever de indenizar dos agentes de tratamento de dados pessoais, sendo esta uma norma cogente ou de ordem pública.

4. O DIREITO À PROTEÇÃO DE DADOS E O CÓDIGO DE DEFESA DO CONSUMIDOR

O Código de Defesa do Consumidor tem *status* constitucional. Com efeito, o art. 5º, inc. XXXII traz a proteção ao consumidor como um direito fundamental, incumbindo ao

---

34. LIMA, Cíntia Rosa Pereira de. Direito ao esquecimento e internet: o fundamento legal no Direito Comunitário Europeu, no Direito Italiano e no Direito Brasileiro. *In*: CLÈVE, Clêmerson Merlin; BARROSO, Luis Roberto. *Coleção Doutrinas Essenciais em Direito Constitucional: direitos e garantias fundamentais*, volume VIII, São Paulo, Revista dos Tribunais, 2015, p. 511=544.
35. Disponível em: https://www25.senado.leg.br/web/atividade/materias/-/materia/135594. Acesso em: 14 jul. 2020.
36. Disponível em: https://portal.stf.jus.br/noticias/verNoticiaDetalhe.asp?idConteudo=442823. Acesso em: 10 jul. 2020.

Estado a promoção da defesa do consumidor. Além disso, o art. 48 do Ato das Disposições Transitórias determinou o prazo de 120 (cento e vinte dias) para a elaboração do Código de Defesa do Consumidor (CDC), resultando na Lei n. 8.078, de 11 de setembro de 1990.

No início da década de 1990, a economia informacional estava em uma fase bem inicial haja vista que a *World Wide Web* (*www*) passou a ser amplamente utilizada em meados da década de 1990.[37] Desta forma, o CDC não previu no rol dos direitos básicos do consumidor o direito à autodeterminação informacional, o que pretende ser corrigido pelo Projeto de Lei n. 3.514/2015, que pretende acrescentar ao art. 6º do CDC alguns direitos importantes no atual contexto, além de regras importantes para a proteção do consumidor no comércio eletrônico, *in verbis*[38]:

> XI – a privacidade e a segurança das informações e dados pessoais prestados ou coletados, por qualquer meio, inclusive o eletrônico, assim como o acesso gratuito do consumidor a estes e a suas fontes;
>
> XII – a liberdade de escolha, em especial frente a novas tecnologias e redes de dados, vedada qualquer forma de discriminação e assédio de consumo;
>
> XIII – a informação ambiental veraz e útil, observados os requisitos da Política Nacional de Resíduos Sólidos, instituída pela Lei 12.305, de 2 de agosto de 2020.

Como destacado neste trabalho, o direito à proteção de dados é um direito fundamental. No mesmo sentido, pode-se concluir que este é um direito básico do consumidor, compreendido como a tutela dos direitos de personalidade do consumidor em face aos riscos da coleta, processamento e circulação de seus dados pessoais, além de garantia ao consumidor de poder controlar o fluxo de suas informações no contexto da sociedade informacional.[39]

Cabe destacar que o art. 6º do CDC traz o direito à informação adequada e clara (inciso III), direito à proteção contra a "publicidade enganosa ou abusiva, métodos comerciais coercitivos ou desleais, bem como contra práticas e cláusulas abusivas ou impostas no fornecimento de produtos e serviços" (inciso V), direito à efetiva prevenção e reparação de danos (inciso VI), dentre outros. Outrossim, o art. 43 do CDC traz direitos importantes sobre o cadastro do consumidor em bancos de dados, o que demonstra que o direito à proteção de dados deve ser assegurado ao consumidor sob a égide da legislação consumerista.

Portanto, as atividades de tratamento de dados pessoais podem se enquadrar na relação jurídica de consumo consoante o disposto nos artigos 2º, *caput* e seu parágrafo único, 17 e 29, que definem as figuras do consumidor padrão e as figuras equiparadas respectivamente; o art. 3º, *caput*, que caracteriza a figura do consumidor; e seus parágrafos 1º e 2º, que trazem a ideia de serviço e produto para fins de aplicação do CDC.

---

37. Sobre o histórico do desenvolvimento da *World Wide Web* vide: LIMA, Cíntia Rosa Pereira de. *Autoridade Nacional de Proteção de Dados. Op. cit.*, p. 47-53.
38. BRASIL. Projeto de Lei n. 3.514/2015. Altera a Lei 8.078, de 11 de setembro de 1990 (Código de Defesa do Consumidor), para aperfeiçoar as disposições gerais do Capítulo I do Título I e dispor sobre o comércio eletrônico, e o art. 9º do Decreto-Lei 4.657, de 4 de setembro de 1942 (Lei de Introdução às Normas do Direito Brasileiro), para aperfeiçoar a disciplina dos contratos internacionais comerciais e de consumo e dispor sobre as obrigações extracontratuais. Autoria do Senador José Sarney (PMDB/AP). Origem Projeto de Lei n. 281/2012. Disponível em: https://www.camara.leg.br/proposicoesWeb/fichadetramitacao?idProposicao=2052488. Acesso em: 18 jul. 2020.
39. MENDES, Laura Schertel. *Op. cit.*, p. 22.

Um destes requisitos é a remuneração, que já foi amplamente analisada pelo Superior Tribunal de Justiça (STJ)[40] para entender que a publicidade realizada a partir das informações pessoais dos consumidores, tida como remuneração indireta, é suficiente para caracterizar este elemento da relação jurídica de consumo. Neste sentido, importante destacar a orientação do STJ quanto à caracterização da relação jurídica de consumo no contexto da sociedade informacional:

> RISCO INERENTE AO NEGÓCIO. INEXISTÊNCIA. CIÊNCIA DA EXISTÊNCIA DE CONTEÚDO ILÍCITO. RETIRADA IMEDIATA DO AR. DEVER. DISPONIBILIZAÇÃO DE MEIOS PARA IDENTIFICAÇÃO DE CADA USUÁRIO. DEVER. REGISTRO DO NÚMERO DE IP. SUFICIÊNCIA.
> 1. A exploração comercial da internet sujeita as relações de consumo daí advindas à Lei no 8.078/90.
> 2. O fato de o serviço prestado pelo provedor de serviço de internet ser gratuito não desvirtua a relação de consumo, pois o termo "mediante remuneração", contido no art. 3º, § 2º, do CDC, deve ser interpretado de forma ampla, de modo a incluir o ganho indireto do fornecedor.[41]

Portanto, o art. 45 da LGPD prevê que se houver violação do direito do titular de dados, no âmbito das relações de consumo, permanece a aplicação das regras de responsabilidade civil previstas na legislação cabível, isto é, o Código de Defesa do Consumidor.[42]

Assim, é fácil perceber que as atividades de tratamento de dados realizadas pelos agentes de tratamento de dados pessoais, definidas em *numerus apertus* no art. 5º, inc. X da LGPD como "toda operação realizada com dados pessoais, como as que se referem a coleta, produção, recepção, classificação, utilização, acesso, reprodução, transmissão, distribuição, processamento, arquivamento, armazenamento, eliminação, avaliação ou controle da informação, modificação, comunicação, transferência, difusão ou extração", quando caracterizada a remuneração direta ou indireta, e as figuras de consumidor de um lado e fornecedor, de outro, aplica-se o CDC.

Quanto à cláusula de não indenizar nas relações jurídicas de consumo, é inválida por contrariar o direito básico do consumidor à efetiva prevenção e reparação dos danos (inc. VI do art. 6º), além de ser caracterizada uma cláusula abusiva prevista no art. 51, inc. I do CDC: "I – impossibilitem, exonerem ou atenuem a responsabilidade do fornecedor por vícios de qualquer natureza dos produtos e serviços ou impliquem renúncia ou disposição de direitos. Nas relações de consumo entre o fornecedor e o consumidor pessoa jurídica, a indenização poderá ser limitada, em situações justificáveis".

Em suma, quando esta cláusula estiver inserida nas políticas de proteção de dados, será nula seja em virtude do direito à proteção de dados ser um direito fundamental, intimamente relacionado à dignidade da pessoa humana; seja em virtude

---

40. BRASIL. Superior Tribunal de Justiça. REsp. n. 1.316.921. 3ª Turma. Rel. Min. Nancy Andrighi. J. 26.06.2012; no mesmo sentido o REsp n. 1.398.985. 3ª turma. Rel. Min. Nancy Andrighi, j. 19.11.2013.
41. BRASIL. Superior Tribunal de Justiça. REsp 1186616/MG, Rel. Ministra Nancy Andrighi, órgão julgador: 3ª Turma, julgado em 23.08.2011, DJe 31.08.2011.
42. LIMA, Cíntia Rosa Pereira de; MORAES, Emanuele Pezati Franco de; PEROLI, Kelvin. O necessário diálogo entre o Marco Civil da Internet e a Lei Geral de Proteção de Dados para a coerência do sistema de responsabilidade civil diante das novas tecnologias. *In*: MARTINS, Guilherme Magalhães; ROSENVALD, Nelson. (Coords.) *Responsabilidade Civil e Novas Tecnologias*. São Paulo: Editora Foco, 2020, p. 154.

de se aplicar o CDC, diante da verificação dos elementos da relação jurídica de consumo, que não sustenta tal prática pelo fornecedor, no caso o agente de tratamento de dados pessoais.[43]

5. CONCLUSÃO

Diante da complexidade da sociedade informacional, percebe-se uma constante preocupação em se adaptar o instituto da responsabilidade civil. Uma destas preocupações é a verificação do nexo causal entre a ação do agente de tratamento de dados pessoais e o dano experimentado pela vítima. A fim de mitigar os riscos aos quais estão expostos, os agentes de tratamento de dados, é comum verificar nas políticas de privacidade e de proteção de dados a cláusula de não indenizar ou a cláusula que limita o valor da reparação dos danos.

A cláusula de não indenizar é um ajuste de vontade entre as partes pela qual se afasta o dever de reparar o dano, utilizando-se como marco teórico os trabalhos de Antônio Junqueira de Azevedo e de José de Aguiar Dias para poder compreender o conceito e os requisitos para a validade deste ajuste entre as partes contratantes, podendo ser aplicada, também, à responsabilidade civil extracontratual.

Conclui-se que o consentimento nesta transação é um elemento fundamental para a validade da cláusula de não indenizar. A título de argumentação, muitos trabalhos já enfrentaram os problemas em torno da qualificação do consentimento do titular dos dados pessoais, pois muitas vezes não lhe é dada efetiva oportunidade de ler os extensos textos das políticas de privacidade e de proteção de dados. Não sendo destacada as cláusulas restritivas de direitos, motivo que por si só já poderia acarretar a invalidade da cláusula de não indenizar.

No entanto, neste capítulo, foram enfrentados os questionamentos em torno desta cláusula, tendo em vista ser o direito à proteção de dados pessoais um direito fundamental decorrente do corolário da dignidade da pessoa humana (art. 1º, inc. III da CF/88), bem como ser um direito básico do consumidor. Assim, a cláusula de não indenizar nas políticas de privacidade e de proteção de dados é inválida por afrontar diretamente norma cogente, seja a LGPD, ao trazer os princípios da prevenção e responsabilização dentre outros; seja o CDC, que consagra o direito à efetiva prevenção e reparação dos danos, elencando a nulidade de pleno direito no rol do art. 51, inc. I, isto é, nulidade das cláusulas que afastam ou mitigam o dever de reparar o dano do fornecedor.

Portanto, caracterizada a relação jurídica de consumo na atividade de tratamento de dados, aplica-se o Código de Defesa do Consumidor haja vista o texto expresso no art. 45 da LGPD, fundamentando a invalidade da cláusula de não indenizar ou da cláusula que limite o dever de reparar o dano pelos agentes de tratamento de dados. Ainda que não seja aplicado o CDC, a invalidade destas cláusulas fundamenta-se no fato de ser o direito à proteção de dados um direito fundamental, tendo sido reconhecido pelo Supremo Tribunal Federal e pelo Superior Tribunal de Justiça.

---

43. AZEVEDO, Antônio Junqueira de. *Op. cit.*, p. 201-203.

Por fim, a própria Lei da Liberdade Econômica, Lei n. 13.874/2019, no art. 3º, inc. VIII, "ter a garantia de que os negócios jurídicos empresariais paritários serão objeto de livre estipulação das partes pactuantes, de forma a aplicar todas as regras de direito empresarial apenas de maneira subsidiária ao avençado, exceto normas de ordem pública", reforça a ideia de que o acordo entre as partes somente se sustenta se os contratos forem paritários, no entanto, as políticas de privacidade e de proteção de dados são contratos de adesão ou condições gerais à contratação, em que as cláusulas são estabelecidas unilateralmente pelos agentes de tratamento de dados. Além disso, o mesmo dispositivo legal ressalva que estes ajustes entre as partes não podem contrariar norma de ordem pública, como é a matéria de proteção de dados.

REFERÊNCIAS

AZEVEDO, Antônio Junqueira de. (Parecer) Cláusula cruzada de não indenizar (*cross-waiver of liability*), ou cláusula de não indenizar com eficácia para ambos os contratantes. Renúncia ao direito de indenização. Promessa de fato de terceiro. Estipulação em favor de terceiro. In: AZEVEDO, Antônio Junqueira de. *Estudos e Pareceres de Direito Privado*. São Paulo: Saraiva, 2004.

BRASIL. Proposta de Emenda à Constituição (PEC) n. 17/2019. Disponível em: https://www25.senado.leg.br/web/atividade/materias/-/materia/135594. Acesso em: 14 jul. 2020.

BRASIL. Lei n. 14.010, de 10 de junho de 2020. Dispõe sobre o Regime Jurídico Emergencial e Transitório das relações jurídicas de Direito Privado (RJET) no período da pandemia do coronavírus (Covid-19). Disponível em: http://www.planalto.gov.br/ccivil_03/_ato2019-2022/2020/lei/L14010.htm. Acesso em: 05 jul. 2020.

BRASIL. Lei 12.965, de 23 de abril de 2014. Estabelece princípios, garantias, direitos e deveres para o uso da Internet no Brasil. *Diário Oficial da União*, Brasília, 24 de abril de 2014. Disponível em: http://www.planalto.gov.br/ccivil_03/_Ato2011-2014/2014/ Lei/L12965. htm. Acesso em: 13 dez. 2019.

BRASIL. Lei 13.709, de 14 de agosto de 2018. Lei Geral de Proteção de Dados Pessoais (LGPD). Redação dada pela Lei 13.853, de 2019. Brasília, *Diário Oficial da União*, 15 de agosto de 2018. Disponível em: http://www.planalto.gov.br/ccivil_03/_Ato2015-2018/2018/Lei/L137 09.htm. Acesso em: 13 dez. 2019.

BRASIL. Lei 8.078, de 11 de setembro de 1990. Dispõe sobre a proteção do consumidor e dá outras providências. *Diário Oficial da União*, Brasília, 12 de setembro de 1990. Disponível em: http://www.planalto.gov.br/ccivil_03/leis/l8078.htm. Acesso em: 13 dez. 2019.

BRASIL. Lei n. 14.058, de 17 de setembro de 2020. Estabelece a operacionalização do pagamento do Benefício Emergencial de Preservação do Emprego e da Renda e do benefício emergencial mensal de que trata a Lei nº 14.020, de 6 de julho de 2020. Disponível em: http://www.planalto.gov.br/ccivil_03/_Ato2019-2022/2020/Lei/L14058.htm. Acesso em: 25 set. 2020.

BRASIL. Medida Provisória n. 959, de 29 de abril de 2020. Estabelece a operacionalização do pagamento do Benefício Emergencial de Preservação do Emprego e da Renda e do benefício emergencial mensal de que trata a Medida Provisória 936, de 1º de abril de 2020, e prorroga a vacatio legis da Lei 13.709, de 14 de agosto de 2018, que estabelece a Lei Geral de Proteção de Dados Pessoais – LGPD. Disponível em: http://www.planalto.gov.br/ccivil_03/_ato2019-2022/2020/mpv/mpv959.htm. Acesso em: 05 jul. 2020.

BRASIL. Projeto de Lei n. 3.514/2015. Altera a Lei 8.078, de 11 de setembro de 1990 (Código de Defesa do Consumidor), para aperfeiçoar as disposições gerais do Capítulo I do Título I e dispor sobre o comércio eletrônico, e o art. 9º do Decreto-Lei 4.657, de 4 de setembro de 1942 (Lei de Introdução às

Normas do Direito Brasileiro), para aperfeiçoar a disciplina dos contratos internacionais comerciais e de consumo e dispor sobre as obrigações extracontratuais. Autoria do Senador José Sarney (PMDB/AP). Origem Projeto de Lei n. 281/2012. Disponível em: https://www.camara.leg.br/proposicoesWeb/fichadetramitacao?idProposicao=2052488. Acesso em: 18 jul. 2020.

BRASIL. Superior Tribunal de Justiça. REsp 1186616/MG, Rel. Ministra Nancy Andrighi, órgão julgador: 3ª Turma, julgado em 23/08/2011, DJe 31/08/2011.

BRASIL. Superior Tribunal de Justiça. REsp n. 1.398.985. 3ª turma. Rel. Min. Nancy Andrighi, j. 19.11.2013.

BRASIL. Superior Tribunal de Justiça. REsp. n. 1.316.921. 3ª Turma. Rel. Min. Nancy Andrighi. J. 26.06.2012.

DIAS, José Aguiar. *Cláusula de não indenizar (chamada cláusula de irresponsabilidade)*. 3. ed. rev. Rio de Janeiro: Editora Forense, 1976.

DIAS, José Aguiar. *Da responsabilidade Civil*. 9. ed. rev. e ampl. Rio de Janeiro: Editora Forense, 1994, v. I.

ESTADOS UNIDOS DA AMÉRICA. *In Re: Yahoo! Inc. Customer Data Security Breach Litigation*. Disponível em: < https://www.govinfo.gov/app/details/USCOURTS-cand-5_16-md-02752/summary>, acessado em 10/07/2020.

FINOCCHIARO, Giusella. Il Quadro d'Insieme sul Regolamento Europeo sulla Protezione dei Dati Personali. *In*: FINOCCHIARO, Giusella (coord.). *Il nuovo Regolamento europeo sulla privacy e sulla protezione dei dati personali*. Torino: Zanichelli Editore, 2017.

FINOCCHIARO, Giusella. *Privacy e Protezione dei dati personali: disciplina e strumenti operativi*. Bologna: Zanichelli, 2012.

FLUMIGNAN, Silvano José Gomes; FLUMIGNAN, Wévertton Gabriel Gomes. Princípios que regem o tratamento de dados no Brasil. *In*: LIMA, Cíntia Rosa Pereira de. *Comentários à Lei Geral de Proteção de Dados*. São Paulo: Editora Almedina, 2020.

LIMA, Cíntia Rosa Pereira de. *Comentários à Lei Geral de Proteção de Dados*. São Paulo: Editora Almedina, 2020.

LIMA, Cíntia Rosa Pereira de. *Autoridade Nacional de Proteção de Dados e a Efetividade da Lei Geral de proteção de Dados*. São Paulo: Editora Almedina, 2020.

LIMA, Cíntia Rosa Pereira de. Direito ao esquecimento e internet: o fundamento legal no Direito Comunitário Europeu, no Direito Italiano e no Direito Brasileiro. *In*: CLÊVE, Clêmerson Merlin; BARROSO, Luis Roberto. *Coleção Doutrinas Essenciais em Direito Constitucional*: direitos e garantias fundamentais, volume VIII, São Paulo, Revista dos Tribunais, 2015.

LIMA, Cíntia Rosa Pereira de. O ônus de ler o contrato no contexto da "ditadura" dos contratos de adesão eletrônicos. *In*: Direito e novas tecnologias I [Recurso eletrônico on-line] CONPEDI/UFPB. ROVER, Aires José Rover; CELLA, José Renato Gaziero; AYUDA, Fernando Galindo (Org.). Florianópolis: CONPEDI, 2014. p. 343 – 365. Disponível em: http://publicadireito.com.br/artigos/?cod=981322808aba8a03. Acesso em: 06 nov. 2015.

LIMA, Cíntia Rosa Pereira de; MORAES, Emanuele Pezati Franco de; PEROLI, Kelvin. O necessário diálogo entre o Marco Civil da Internet e a Lei Geral de Proteção de Dados para a coerência do sistema de responsabilidade civil diante das novas tecnologias. *In*: MARTINS, Guilherme Magalhães; ROSENVALD, Nelson. (Coords.) *Responsabilidade Civil e Novas Tecnologias*. São Paulo: Editora Foco, 2020.

LUCCA, Newton De. *Direito do Consumidor*. São Paulo: Quartier Latin, 2003.

LUCCA, Newton De; SIMÃO FILHO, Adalberto; LIMA, Cíntia Rosa Pereira de. *Direito & Internet III*: Marco Civil da Internet – Lei n. 12.965/2014. 2 Tomos. São Paulo: Quartier Latin, 2015.

LUCCA, Newton De; SIMÃO FILHO, Adalberto; LIMA, Cíntia Rosa Pereira de; MOTA MACIEL. *Direito & Internet IV: Sistema de Proteção de Dados Pessoais*. São Paulo: Quartier Latin, 2019.

MARTINS, Guilherme Magalhães; ROSENVALD, Nelson. (Coords.) *Responsabilidade Civil e Novas Tecnologias*. São Paulo: Editora Foco, 2020.

MENDES, Laura Schertel. *Privacidade, proteção de dados e defesa do consumidor*: linhas gerais de um novo direito fundamental. 2ª tiragem. São Paulo: Saraiva, 2019.

NISSENBAUM, Helen. *Privacy in Context*: Technology, Policy, and the Integrity of Social Life. Califórnia: Stanford University Press, 2010.

PEREIRA, Caio Mário da Silva. *Responsabilidade Civil*. Atualizada por Gustavo Tepedino. 12. ed. rev. e ampl. Rio de Janeiro: Editora Forense, 2018.

RADIN, Margaret Jane. *Boilerplate*: the fine print, vanishing rights, and the rule of law. New Jersey: Princeton University Press, 2013.

RODOTÀ, Stefano. La costruzione della sfera privata. In: *Repertorio di fine secolo*. Bari: Laterza, 1999.

RODOTÀ, Stefano. Tra diritti fondamentali ed elasticità della normativa: il nuovo codice sulla *privacy*. In: *Europa e Diritto Privato,* fasc. 01, p. 01-11, Milão: Giuffrè, 2004.

SCHREIBER, Anderson. *Novos Paradigmas da Responsabilidade Civil*: da erosão dos filtros da reparação à diluição dos danos. 2. ed. São Paulo: Editora Atlas, 2009.

SERPA LOPES, Miguel Maria de. *Curso de Direito Civil*. Vol. V – Fontes Acontratuais das Obrigações – Responsabilidade Civil). 4. ed. ver. e atual. Rio de Janeiro: Freitas Bastos, 1995.

UNIÃO EUROPEIA. *Convenção Europeia sobre Direitos Humanos e Liberdades Fundamentais (Convention for the Protection of Human Rights and Fundamental Freedoms)*. Disponível em: http://www.echr.coe.int/Documents/Convention_ENG.pdf. Acesso em: 04 jul. 2020.

UNIÃO EUROPEIA. *Carta dos Direitos Fundamentais (Charter of Fundamental Rights of the European Union* – 2000/C 364/01). Disponível em: http://www.europarl.europa.eu/charter/pdf/text_en.pdf. Acesso em: 21 jan. 2020.

UNIÃO EUROPEIA. *General Data Protection Regulation – GDPR.* Regulation (EU) 2016/679 of the European Parliament and of the Council of 27 April 2016 on the protection of natural persons with regard to the processing of personal data and on the free movement of such data, and repealing Directive 95/46/EC.

22
DECISÕES JUDICIAIS COMPUTACIONALMENTE FUNDAMENTADAS: UMA ABORDAGEM A PARTIR DO CONCEITO DE *EXPLAINABLE ARTIFICIAL INTELLIGENCE*[1]

Gustavo Xavier de Camargo

Sumário: 1. Introdução. 2. Pragmatismo do programador e pragmatismo jurídico. 3. Inteligência artificial, hermenêutica computacional, computação cognitiva e aprendizagem de máquina (*machine learning*). 4. *EXplainable Artificial Intelligence* (XAI) e as decisões computacionalmente fundamentadas. 5. Conclusão. Referências.

1. INTRODUÇÃO

Em agosto de 2.015, o Desembargador Cesar Cury, presidente do Núcleo Permanente de Métodos Consensuais de Solução de Conflitos (Nupemec) do Tribunal de Justiça do Estado do Rio de Janeiro, anunciou, em artigo publicado na imprensa, a criação das Câmaras de Solução On-line (ODRs), tendo como foco a resolução pré-processual dos conflitos, principalmente aqueles relativos a relações de consumo envolvendo concessionárias de serviços públicos, empresas do setor financeiro e planos de saúde, a partir de uma plataforma digital[2].

Já em março de 2.018, as Câmaras de Solução On-line voltaram à mídia, agora como alvos de protesto da Ordem dos Advogados do Brasil, do Rio de Janeiro, em decorrência da informação de que a aplicação utilizada para suportar as ODRs utilizaria "robôs" e inteligência artificial para subsidiar "o pedido de um reclamante com mais informações"[3] a partir do histórico de decisões do tribunal sobre determinado caso. Segundo a OAB-RJ, em nota oficial publicada em seu site, tal medida "exclui a participação de advogados na resolução de conflitos, já que os casos serão analisados via internet por um robô. O programa de informática será financiado pelas empresas mais demandadas"[4].

---

1. Publicado originalmente na *Revista Democracia Digital e Governo Eletrônico*, Florianópolis, v. 1, n. 18, p. 167-177, 2019.
2. CURY, Cesar. Caminho para agilizar a Justiça. *O Globo*, 25 ago. 2015. Disponível em: https://oglobo.globo.com/opiniao/caminho-para-agilizar-justica-17289105. Acesso em: 7 maio. 2018.
3. PÁDUA, Luciano. OAB-RJ protesta contra sistema automatizado de solução de conflitos. *Jota*, 19 mar. 2018. Disponível em: https://www.jota.info/justica/oab-rj-protesta-contra-sistema-automatizado-de-solucao-de-conflitos-19032018. Acesso em: 7 maio. 2018.
4. ORDEM DOS ADVOGADOS DO BRASIL - SECCIONAL RIO DE JANEIRO. OAB/RJ convoca ato contra "Justiça" sem advocacia. *OAB/RJ*. 2018. Disponível em: http://www.oabrj.org.br/noticia/111704-oabrj-convoca-ato-contra-

A edição especial Exame CEO da Revista Exame, publicada em maio de 2.018, integralmente dedicada à inteligência artificial, traz matéria assinada pelo Dr. Juliano Maranhão, professor na Faculdade de Direito da USP, sobre os impactos desta tecnologia no sistema de justiça[5]. Ao tratar do tema, destaca a aprendizagem de máquina (*machine learning*) como a área da inteligência artificial com maior potencial de impacto no setor jurídico e que tais tecnologias podem ser utilizadas tanto em escritórios de advocacia quanto pelo próprio Poder Judiciário. Na sua visão:

> enquanto os juristas aliam conhecimento com reflexão para avaliar uma quantidade restrita de documentos, os agentes artificiais são capazes de analisar velozmente milhares de documentos, encontrando padrões que os humanos dificilmente conseguem enxergar. Assim, a inteligência artificial tende não somente a realizar tarefas rotineiras de modo mais eficiente como também a criar novos tipos de serviço e até mesmo novas formas de compreender o direito.

Na mesma esteira, a Receita Federal do Brasil anunciou que utilizará inteligência artificial no julgamento de processos administrativos fiscais de pequeno valor (até R$ 20.000,00), de modo a dar vazão ao imenso acervo de processos acumulados. Também em matéria publicada em veículo de grande circulação, de abril de 2018, "André Rocha Nardelli, coordenador-geral de Contencioso Administrativo e Judicial da Receita Federal, diz que essa é a primeira vez que a Receita usa a chamada "computação cognitiva" para auxiliar no julgamento de processos"[6]. A matéria destaca, também, que a aplicação deverá ler os autos, identificar as alegações da defesa e chegará a elaborar propostas de decisão.

Este pequeno levantamento de matérias veiculadas na imprensa, entre os meses de março e maio de 2018, tem como objetivo destacar não apenas a importância que vem tomando a preocupação acerca do uso de inteligência artificial no âmbito do processo, seja judicial ou administrativo, mas principalmente o imenso apelo do tema junto à opinião pública. Não se trata, obviamente, de questão reclusa aos debates jurídicos e acadêmicos, mas sim de assunto de interesse geral que, ao fim e ao cabo, refere-se à aceitação, pela sociedade, do fato de termos nossas ações julgadas não por outro ser humano, mas por uma máquina.

A questão, porém, mais importante acerca deste problema não está em definir se sofreremos o impacto do julgamento das máquinas, pois isso já acontece hoje, em inúmeras situações da vida quotidiana. Um exemplo claro destes julgamentos automatizados, com evidente potencial de restrição de direitos, é a utilização de sistemas de *credit scoring* para decisão de concessão de crédito, que cria verdadeiro sistema de "classificação" de consumidores a partir de análise de dados pessoais, de forma a criar uma avaliação probabilística de cumprimento das obrigações, por parte do consumidor, decorrentes da concessão do crédito. A questão realmente relevante acerca das decisões computacionais em processos administrativos ou judiciais relaciona-se a como seremos capazes de

---
justica-sem-advocacia. Acesso em: 7 maio 2018.
5. MARANHÃO, J. *O impacto na Justiça*. Exame CEO, São Paulo, 2018.
6. PUPO, Fábio; OLIVON, Beatriz. Receita testa inteligência artificial em julgamentos. *Valor Econômico*, 23 abr. 2018. Disponível em: http://www.valor.com.br/legislacao/5473055/receita-testa-inteligencia-artificial-em-julgamentos. Acesso em: 7 maio. 2018.

avaliar a qualidade da decisão gerada por computador, o que se dará, inexoravelmente, pela avaliação da qualidade de fundamentação destas decisões.

Os diversos trabalhos acerca da forma de decisão dos juízes, que levam em consideração os fatores extrajurídicos que influenciam as decisões judiciais, mostram a imensa complexidade em se estabelecer um modelo capaz de mapear a forma como, verdadeiramente, as decisões são concebidas pelos juízes humanos. Portanto, as questões relativas à obscuridade do modo de tomada de decisão por sistemas computacionais, principalmente aqueles baseados em computação cognitiva parecem não destoar da obscuridade que cerca a forma de concepção das decisões judiciais humanas.

O trabalho ora apresentado, inicialmente explora esta similaridade entre os processos de decisão humano e computacional, identificando, para ambos os casos, a impossibilidade de desenvolvimento de um método capaz de garantir integridade e correção a partir da análise do procedimento de concepção da decisão. Em seguida, apresenta de forma sucinta os principais conceitos relacionados a inteligência artificial, com destaque para o que se convencionou denominar de computação cognitiva. Ao final, apresenta o conceito de *EXplainable Artificial Intelligence* (XAI) como alternativa a produção de decisões jurídicas computacionalmente fundamentadas.

2. PRAGMATISMO DO PROGRAMADOR E PRAGMATISMO JURÍDICO

Um dos maiores cientistas da computação de todos os tempos, o americano Ken Thompson foi, juntamente com Dennis Ritchie, o criador do sistema operacional Unix. Também é criação de Ken, como é conhecido no meio técnico, a linguagem de computação B, que originou a amplamente utilizada linguagem de programação C e da qual também é um dos criadores. Pelas suas grandes contribuições à ciência da computação, Ken Thomson recebeu, em 1.983, o Prêmio Turing, a maior honraria mundial da ciência da computação, algo equivalente ao Prêmio Nobel dessa área.

No discurso de premiação, intitulado, numa tradução livre, Reflexões sobre a Confiabilidade da Confiança[7], Ken apresentou um singelo trecho de código, geralmente utilizado como exercício de programação, cuja função é se "reescrever" sempre que é executado, ou seja, a aplicação reescreve o próprio código que o gerou como resultado de sua execução. Em seguida, discorreu sobre a possibilidade de se inserir este trecho de código dentro de um compilador, um tipo de programa que traduz outros programas para a linguagem interna do computador, ou seja, um software que gera outros softwares. No passo seguinte, apresenta a ideia de que o código que se reescreve poderia ser um determinado tipo de vulnerabilidade, um cavalo de Troia, que permitiria que uma pessoa fizesse o login em um sistema Unix sem possuir a senha. Discorre, em seguida, com maiores detalhes sobre a forma como esta combinação de códigos poderia "esconder" a vulnerabilidade e conclui que, uma vez gerado um compilador com o código malicioso, é possível apagar os rastros da "infecção" eliminando o trecho de código que a implantou no compilador. Assim, o compilador gerará programas contaminados sem que os pro-

---

7. THOMPSON, Ken. Reflections on trusting trust. *Communications of the ACM*, Nova York, v. 27, n. 8, p. 761-763, 1984. No original: "Reflections on trusting trust" (tradução livre).

gramadores percebam, mesmo que novas versões do compilador sejam desenvolvidas a partir do código "descontaminado".

Ao final, apresenta a seguinte moral da história:

> A moral é óbvia. Você não pode confiar em um código que não foi totalmente criado por você. (Especialmente código de companhias que empregam pessoas como eu). Por mais que você faça testes ou examine cuidadosamente o código, isso não irá impedir que você use programas contaminados.[8]

Na mesma linha, pode-se abordar as decisões judiciais. É possível garantir que uma decisão judicial seja estabelecida a partir de uma atribuição de sentido decorrente de um esforço hermenêutico autêntico, onde se obtenha, como resultado final, a decisão? Em outras palavras, é possível que o processo de decisão, realizado por um ser humano, não esconda (da mesma forma como o programador "esconde" seu código malicioso) uma intenção previamente definida, fruto do solipsismo daquele que decide, sob uma fundamentação construída *a posteriori*?

Richard Posner, em seu livro clássico "Como os juízes pensam", responde negativamente a estas questões, ao abordar o caráter inescapável das decisões pragmáticas, para defender sua posição francamente favorável ao pragmatismo:

> O cerne do pragmatismo jurídico é a decisão pragmática, e o cerne desta está no aumento da preocupação judicial com as consequências e, portanto, a disposição política de basear suas decisões nessas consequências. Mas, ao invés de ser sinônimo de decisão ad hoc, no sentido de ter em conta apenas as consequências para as partes no caso concreto, o pragmatismo jurídico sensato diz ao juiz para considerar as consequências sistêmicas, inclusive institucionais, além das consequências diretas do caso concreto. Assim, o juiz deve considerar os efeitos sobre a atividade comercial ao desconsiderar a redação literal de um contrato ou de não aderir a precedentes legais nos quais a comunidade comercial passou a confiar.[9]

Neste sentido, muito didática a lição de Patrícia Perrone acerca da decisão pragmática dos juízes, inclusive ao escolher uma abordagem legalista ou fundada nas consequências na elaboração da decisão de determinado caso:

> o magistrado poderá adotar como postura a observância de normas e precedentes, por entender que o custo-benefício de adoção do comportamento legalista, como regra, é superior à adoção de uma ampla liberdade decisória. O comportamento legalista tem o efeito de garantir a previsibilidade do direito e o tratamento isonômico entre os jurisdicionados e poupa trabalho aos magistrados que, ao se apoiarem em precedentes para o julgamento de novos casos, reduzem seu ônus argumentativo. No entanto, diante de casos difíceis e inéditos ou de decisões que poderiam gerar consequências absurdas, as fontes lega-

---

8. THOMPSON, Ken. Reflections on trusting trust. *Communications of the ACM*, Nova York, v. 27, n. 8, p. 761-763, 1984. No original: "The moral is obvious. You can't trust code that you did not totally create yourself. (Especially code from companies that employ people like me.) No amount of source-level verification or scrutiny will protect you from using untrusted code" (tradução livre).
9. POSNER, Richard A. *How judges think*. Cambridge: Harvard University Press, 2008. No original: "The core of legal pragmatism is pragmatic adjudication, and its core is heightened judicial concern for consequences and thus a disposition to base policy judgments on them rather than on conceptualisms and generalities. But rather than being a synonym for ad hoc adjudication, in the sense of having regard only for the consequences to the parties to the immediate case, sensible legal pragmatism tells the judge to consider systemic, including institutional, consequences as well as consequences of the decision in the case at hand. He thus must consider the effects on commercial activity of disregarding the actual wording of a contract or failing to adhere to legal precedents on which the commercial community has come to rely" (tradução livre).

listas são, para o juiz pragmático, apenas um dos múltiplos aspectos a serem levados em consideração para um julgamento e não têm primazia sobre os demais. O elemento predominante em tal reflexão são as consequências de adotar esse ou aquele entendimento. A valoração de tais consequências, por sua vez, é produto de uma complicada interação de modos de raciocinar, da intuição, da emoção, do senso comum, das inclinações políticas e ideológicas, dos traços de personalidade, das experiências pessoais e profissionais de cada juiz. É produto, portanto, de uma decisão que leva em conta todo e qualquer argumento que seja relevante para se definir o melhor resultado a ser alcançado no caso específico – uma abordagem que poderia ser denominada, segundo Tushnet, *"all things considered"*.[10]

Estas abordagens demonstram que, mesmo no campo das decisões judiciais empreendidas por seres humanos, uma abordagem eminentemente hermenêutica enfrenta resistência, como bem alerta Lenio Streck ao denunciar que o processo interpretativo dominante funda-se em um paradigma metafísico, onde o sujeito (jurista ou intérprete) pode dispor dos fatos e dos textos jurídicos de modo livre e consciente.[11]

Em termos de adoção como um processo, metodológico ou filosófico, a depender da abordagem, para determinação da decisão jurídica, a hermenêutica parece ter sido derrotada, tanto na esfera das decisões empreendidas por seres humanos como daquelas tomadas pela inteligência artificial. No primeiro caso, vence as posturas realistas, o pragmatismo, a jurisprudência dos interesses e dos valores. No segundo, as abordagens simbólicas, onde floresceu a hermenêutica computacional, perdem espaço, com o aumento da capacidade computacional, para as abordagens conexionistas. Também é imprescindível reconhecer a impossibilidade de criação de um método de garantia da integridade e correção das decisões judiciais a partir da análise de seu processo de constituição, ou seja, a partir da verificação dos procedimentos utilizados para a sua formação, sejam estas decisões produzidas por um juiz humano ou produzida por métodos computacionais.

Fixa-se, portanto, a necessidade de outra abordagem para a verificação das decisões judiciais, por outro método, que não passe pelo seu processo de criação, mas que se foque no resultado do processo cognitivo, ou seja, na qualidade da fundamentação produzida. Para tanto, antes de abordar a alternativa de utilização de tecnologias conhecidas como *"explainable artificial intelligence"* como forma de produção de decisões fundamentadas, é necessário trazer a este trabalho alguns conceitos importantes como inteligência artificial, hermenêutica computacional, computação cognitiva e aprendizagem de máquina (*machine learning*).

3. INTELIGÊNCIA ARTIFICIAL, HERMENÊUTICA COMPUTACIONAL, COMPUTAÇÃO COGNITIVA E APRENDIZAGEM DE MÁQUINA (*MACHINE LEARNING*)

Inteligência artificial pode ser conceituada, nos seguintes termos, segundo Bittencourt:

> O que hoje chamamos Inteligência Artificial (IA) é um ramo da ciência da computação ao mesmo tempo recente, oficialmente nasceu em 1956, e muito antigo, pois a IA foi construída a partir de ideias

---
10. MELLO, Patrícia Perrone Campos. *Nos bastidores do STF*. Rio de Janeiro: Forense, 2015.
11. STRECK, Lenio Luiz. *Hermenêutica Jurídica e(m) Crise*. 11. ed. Porto Alegre: Livraria do Advogado, 2014.

filosóficas, científicas e tecnológicas herdadas de outras ciências, algumas tão antigas quanto a lógica, com seus 23 séculos. [...][12]

O objetivo central da IA é simultaneamente teórico – a criação de teorias e modelos para a capacidade cognitiva – e prático – a implementação de sistemas computacionais baseados nestes modelos. Neste sentido, a IA tem uma relação com seu objeto de estudo semelhante ao da psicologia, mas com uma importante diferença: os modelos e teorias da IA são implementados em um computador, o que os torna de certa forma autônomos. Assim, a validade de um modelo ou de uma teoria de IA não precisa ser provada através da comparação de seus resultados previstos com o comportamento psíquico humano, como no caso da psicologia, mas pode ser implementada em um computador e demonstrada diretamente através da ação inteligente do programa no mundo.

Vista a partir da perspectiva teórica, que busca a criação de teorias e modelos para a capacidade cognitiva, não seria estranho a seu próprio objeto, do ponto de vista epistêmico, a aproximação entre inteligência artificial e hermenêutica. Winograd, por exemplo, já na década de 1970, usa insights da hermenêutica filosófica para esboçar uma nova abordagem para o entendimento da linguagem natural[13]. Atualmente, é possível observar diferentes abordagens hermenêuticas ao que se pode chamar de hermenêutica digital ou hermenêutica de dados, desde a ideia de uma interpretação e entendimento de textos mediada por computador, até abordagens mais amplas que expandem o espectro de aplicação do texto para conjuntos de dados, onde a informação efetivamente significativa resulta de um processo de interpretação-entendimento que é sempre orientado por pré-juízos (pré-conceitos) tanto do emissor quanto do receptor[14], em um contexto muito similar ao proposto por Gadamer.

Já computação cognitiva, de modo bem amplo, pode ser conceituada da seguinte forma:

> A computação cognitiva visa desenvolver um mecanismo universal, coerente e unificado, inspirado pelas capacidades da mente. Em vez de montar uma coleção de soluções fragmentadas, em que diferentes processos cognitivos são construídos por meio de soluções independentes, procuramos implementar uma teoria computacional unificada da mente. O pioneiro da IA, Allen Newell, descreveu-o como "um conjunto único de mecanismos para todo o comportamento cognitivo. Nosso objetivo final é uma teoria unificada da cognição humana".[15]

---

12. BITTENCOURT, Guilherme. *Inteligência Artificial*. Ferramentas e Teorias. Campinas: Instituto de Computação. UNICAMP, 1996.
13. MALLERY, John C.; HURWITZ, Roger; DUFFY, Gavan. *Hermeneutics*: From Textual Explication to Computer Understanding? Massachusetts Institute of Technology. Artificial Intelligence Laboratory, Cambridge, 1986. Disponível em: https://dspace.mit.edu/handle/1721.1/6438. Acesso em: 7 maio 2018.
14. ROMELE, Alberto; SEVERO, Marta; FURIA, Paolo. Digital hermeneutics: from interpreting with machines to interpretational machines. *AI & Society*, Cham, v. 35, p. 73-86, 2020.
15. MODHA, Dharmendra S.; ANANTHANARAYANAN, Rajagopal; ESSER, Steven K.; NDIRANGO, Anthony; SHERBONDY, Anthony; SINGH, Raghavendra. Cognitive Computing. *Communications of the ACM*, Nova York, v. 54, n. 8, p. 62-71, 2011. No original: "Cognitive computing aims to develop a coherent, unified, universal mechanism inspired by the mind's capabilities. Rather than assemble a collection of piecemeal solutions, whereby different cognitive processes are each constructed via independent solutions, we seek to implement a unified computational theory of the mind. AI pioneer Allen Newell described it as 'a single set of mechanisms for all of cognitive behavior. Our ultimate goal is a unified theory of human cognition'" (tradução livre).

Em uma concepção mais específica, do ponto de vista técnico:

> Computação cognitiva refere-se a sistemas que aprendem em escala, raciocinam com propósito e interagem com os humanos naturalmente. Em vez de serem explicitamente programados, eles aprendem e raciocinam a partir de suas interações conosco e de suas experiências com o meio ambiente. Eles são possíveis graças aos avanços em várias áreas científicas ao longo do último meio século, e são diferentes em aspectos importantes dos sistemas de informação que os precederam.
>
> Anteriormente os sistemas eram determinísticos; sistemas cognitivos são probabilísticos. Eles geram não apenas respostas a problemas numéricos, mas também hipóteses, argumentos fundamentados e recomendações sobre conjuntos de dados mais complexos e significativos.[16]

É possível considerar, portanto, a computação cognitiva como uma área da inteligência artificial, cujo método de abordagem para a tomada de decisão funda-se na capacidade da aplicação em criar um processo de cognição a partir do conjunto de informações ao qual a aplicação tem acesso, utilizando uma abordagem probabilística. Importante notar, neste ponto, o afastamento entre o método utilizado para obtenção de determinado resultado e o conceito de hermenêutica, em especial da hermenêutica filosófica, de matiz gadameriana.

Mesmo podendo estabelecer uma relação hierárquica, muitas vezes os termos inteligência artificial e computação cognitiva são utilizados como sinônimos, como é o caso, por exemplo, da explicação dos efeitos da computação cognitiva aplicada aos dados pessoais, feita por Cass Sunstein em seu livro #Republic:

> Com o crescimento da inteligência artificial, os algoritmos melhorarão imensamente. Eles aprenderão muito sobre você, e eles saberão o que você quer ou vai gostar antes de você e melhor do que você. Eles vão mesmo conhecer suas emoções, novamente antes e melhor do que você, e eles serão capazes de imitar as emoções por conta própria.
>
> (...) O aprendizado da máquina [machine learning] pode ser usado (e provavelmente está sendo usado) para produzir distinções finas. É fácil imaginar uma grande quantidade de classificação, não apenas entre direita e esquerda no âmbito político, mas também com detalhes sobre os assuntos que mais lhe interessa e suas visões prováveis sobre essas questões (imigração, segurança nacional, igualdade, e meio ambiente). Para dizer o mínimo, estas informações poderão ser úteis para outras pessoas – gerentes de marketing, anunciantes, captadores de recursos e mentirosos, incluindo extremistas políticos.[17]

---

16. KELLY, John. E. Computing, cognition and the future of knowing. *IBM Global Services*, [s. l.], p. 7, 2015. No original: "Cognitive computing refers to systems that learn at scale, reason with purpose and interact with humans naturally. Rather than being explicitly programmed, they learn and reason from their interactions with us and from their experiences with their environment. They are made possible by advances in a number of scientific fields over the past half-century, and are different in important ways from the information systems that preceded them. Those systems have been deterministic; cognitive systems are probabilistic. They generate not just answers to numerical problems, but hypotheses, reasoned arguments and recommendations about more complex – and meaningful – bodies of data" (tradução livre).
17. SUNSTEIN, Cass. *#Republic*: divided democracy in age of social media. Princeton: Princeton University Press, 2017. No original: "With the rise of artificial intelligence, algorithms are bound to improve immeasurably. They will learn a great deal about you, and they will know what you want or will like, before you do, and better than you do. They will even know your emotions, again before and better than you do, and they will be able to mimic emotions on their own. [...] Machine learning can be used (and probably is being used) to produce fine-grained distinctions. It is easy to imagine a great deal of sorting – not just from the political right to the political left, but also with specifics about the issues that you care most about, and your likely views on those issues (immigration, national security, equality, and the environment). To say the least, this information can be useful to others – campaign managers, advertisers, fund-raisers and liars, including political extremists" (tradução livre).

Neste sentido, pode-se fazer uma associação clara entre a computação cognitiva e a capacidade de uma aplicação "aprender" a partir do conjunto de dados aos quais tem acesso, fazendo com que seja possível o estabelecimento de conclusões tendo como base um imenso volume de dados, numa quantidade, muitas vezes, impossível de ser processada por um ser humano. Assim, como bem destaca Kelly, "a meta da computação cognitiva é iluminar aspectos do nosso mundo que anteriormente eram invisíveis – padrões e *insight* em dados não estruturados, em particular – permitindo-nos tomar decisões mais informadas acerca de mais questões consequentes"[18].

Outra característica fundamental da computação cognitiva está relacionada à operação em linguagem natural. As aplicações baseadas nestas tecnologias conseguem processar dados não estruturados, ou seja, dados que não obedecem a padrões estruturais específicos, como aqueles existentes em bancos de dados convencionais, de forma a obter uma resposta também em linguagem natural. Assim, têm-se como resultado, dentre outras possibilidades, sentenças que fazem sentido para um ser humano.

Assim, não apenas por conseguir processar grandes volumes de dados não estruturados, mas também porque o resultado do processamento pode gerar discursos estruturados, é possível aplicar tais tecnologias para a elaboração de decisões judiciais finais, ou seja, passa a ser viável imaginar aplicações baseadas em computação cognitiva capazes de formular uma sentença a partir da análise de um processo, fundamentando suas decisões.

As características destas aplicações, capazes de fundamentar suas próprias decisões, são abordadas na próxima seção deste trabalho a partir do conceito de EXplainable Artificial Intelligence (XAI).

4. *EXPLAINABLE* ARTIFICIAL INTELLIGENCE (XAI) E AS DECISÕES COMPUTACIONALMENTE FUNDAMENTADAS

Aplicações baseadas em inteligência artificial podem gerar decisões injustas? Esta é a pergunta central que se coloca ao analisar a viabilidade de uso destas aplicações no âmbito jurídico. Um sinal de alerta foi ligado, em 2016, quando o jornal americano The New York Times, publicou a matéria "Inteligência artificial: problema dos 'caras brancos'"[19], onde se denuncia, a partir de estudo realizado pela entidade de jornalismo investigativo ProPublica, a existências de vieses de decisão em sistemas de inteligência artificial utilizados na análise de predição de reincidência de criminosos, com maior incidência de falsos positivos para pessoas negras e maior incidência de falsos negativos para pessoas brancas.

---

18. KELLY, John. E. Computing, cognition and the future of knowing. *IBM Global Services*, [s. l.], p. 7, 2015. No original: "the goal of cognitive computing is to illuminate aspects of our world that were previously invisible – patterns and insight in unstructured data, in particular – allowing us to make more informed decisions about more consequential matters." (tradução livre)
19. CRAWFORD, Kate. Artificial Intelligence's White Guy Problem. *The New York Times*, 25 jun. 2016. Disponível em: https://nyti.ms/30khuwg. Acesso em: 8 maio. 2018. No original: "Artificial Intelligence's white guy problem" (tradução livre).

Na matéria, Kate Crawford comenta sobre o desconhecimento dos motivos que levaram à existência de um viés étnico, nos seguintes termos:

> A razão pela qual essas previsões são tão distorcidas ainda é desconhecida, porque a empresa responsável por esses algoritmos mantém suas fórmulas em segredo – é uma informação proprietária. Os juízes se baseiam em avaliações de risco conduzidas por máquinas de diferentes formas – alguns podem até mesmo desconsiderá-las totalmente –, mas pouco podem fazer para entender a lógica por trás delas.[20]

É fácil notar o desconforto em basear uma decisão relativa à liberdade em um resultado único, sem que se tenha nenhuma informação quanto ao método utilizado, do conjunto de dados analisados e das relações estabelecidas entre estes dados a partir do método aplicado. Tem-se apenas um número, relativo à probabilidade de reincidência sem nenhuma fundamentação.

O grande impacto das decisões computacionalmente construídas com potencial de restrição do exercício de Direitos Fundamentais levou ao aumento da consciência quanto à necessidade de se desenvolver, tecnicamente, sistemas de inteligência artificial capazes de justificar o resultado obtido pela aplicação, em uma linguagem que possa ser plenamente entendida por um ser humano.

Paradoxalmente, a DARPA (*Defense Advanced Research Projects Agency*), ligado ao Departamento de Defesa dos EUA, anunciou em agosto de 2017[21], a criação do programa *Explainable Artificial Intelligence*, que segundo o Dr. David Gunning, gerente responsável, "será essencial para que os futuros combatentes compreendam, confiem plenamente e gerenciem efetivamente uma geração de máquinas de apoio baseadas em inteligência artificial"[22]. O mesmo autor segue explicando, resumidamente, o modo de funcionamento desta nova arquitetura de sistemas de aprendizado de máquina:

> Os novos sistemas de aprendizado de máquina terão a capacidade de explicar seu 'modo de pensar', caracterizar seus pontos fortes e fracos e transmitir uma compreensão sobre como se comportarão no futuro. A estratégia para alcançar esse objetivo é desenvolver técnicas novas ou modificar técnicas existentes de aprendizado de máquina que produzirão modelos mais autoexplicáveis. Esses modelos serão combinados com técnicas de interface homem-computador de última geração capazes de traduzir os modelos em diálogos com explicações compreensíveis e úteis para o usuário final.[23]

---

20. CRAWFORD, Kate. Artificial Intelligence's White Guy Problem. *The New York Times*, 25 jun. 2016. Disponível em: https://nyti.ms/30khuwg. Acesso em: 8 maio. 2018. No original: "The reason those predictions are so skewed is still unknown, because the company responsible for these algorithms keeps its formulas secret – it's proprietary information. Judges do rely on machine-driven risk assessments in different ways – some may even discount them entirely – but there is little they can do to understand the logic behind them" (tradução livre).
21. GORDON-MURNANE, L. Ethical, Explainable Artificial Intelligence: Bias and Principles. *Online Searcher*, [s. l.], v. 42, n. 2, p. 22–44, 2018. Disponível em: http://search.ebscohost.com/login.aspx?direct=true&db=bth&AN=128582745&lang=pt-br&site=ehost-live. Acesso em: 7 maio 2018.
22. GUNNING, David. *Explainable Artificial Intelligence*. [s.d.]. Disponível em: https://www.darpa.mil/program/explainable-artificial-intelligence. Acesso em: 8 maio. 2018. No original: "will be essential if future warfighters are to understand, appropriately trust, and effectively manage an emerging generation of artificially intelligent machine partners" (tradução livre).
23. GUNNING, David. *Explainable Artificial Intelligence*. [s.d.]. Disponível em: https://www.darpa.mil/program/explainable-artificial-intelligence. Acesso em: 8 maio. 2018. No original: "New machine-learning systems will have the ability to explain their rationale, characterize their strengths and weaknesses, and convey an understanding of how they will behave in the future. The strategy for achieving that goal is to develop new or modified machine-

Considerando a expansão do uso da inteligência artificial, mais especificamente do *machine learning*, em sistemas críticos de diversas áreas como, por exemplo, diagnósticos médicos, concessão de crédito, apoio a decisão jurídica, sistemas militares, controle aéreo, dentre outras, torna-se fundamental que as decisões sugeridas (ou tomadas) por estes sistemas possam ser validadas (ou auditadas) por seres humanos, tornando-se necessária a implementação de modelos computacionais capazes de abrir a caixa preta, expondo, em linguagem natural ou visualmente, os fundamentos que justificam a decisão tomada pela aplicação[24].

Apesar da origem militar, a ideia de se estabelecer um modelo de sistema de aprendizado de máquina que possa, além de gerar um resultado válido, também prover uma fundamentação adequada de suas conclusões possui absoluta aderência à necessidade de estabelecimento de controle sobre decisões computacionais no âmbito do Direito.

Passa a fazer sentido, a partir deste conceito, a concepção de verdadeiros sistemas de decisão judicial capazes de promover a fundamentação, em um determinado padrão esperado, garantindo às partes e, também, aos outros atores processuais, o pleno entendimento da decisão em padrões conhecidos e predeterminados.

Mesmo ainda sendo uma realidade distante, principalmente para situações que envolvam casos difíceis, a ideia de sistemas de aprendizagem de máquina que, por concepção de projeto, possuem a capacidade de fundamentar adequadamente as decisões tomadas segundo critérios específicos, aumenta as expectativas pela criação de aplicações que possam incrementar, de modo substancial, a eficácia do processo de decisão, tanto no âmbito judicial quanto na seara administrativa, sem que para tanto seja necessário sacrificar a fundamentação das decisões, verdadeiro corolário do devido processo legal.

5. CONCLUSÃO

A primeira conclusão que se pretende extrair deste trabalho diz respeito à proximidade entre os processos de decisão humano e computacional no que tange à forma como as decisões são concebidas. Não há como estabelecer um comportamento ideal, definido *a priori*, para o juiz, assim como não é possível garantir um modelo infalível de decisão computacional. Esta aproximação é facilmente constatada ao se observar que o resultado final obtido a partir do trabalho cognitivo, tanto do juiz, quanto do programador, estão sujeitos a influência de fatores externos à sua atividade, acarretando um certo grau de incerteza quanto ao resultado final obtido e, consequentemente, também um certo grau de desconfiança quanto a este mesmo resultado.

Feita esta constatação fica evidente que o método de controle da eficácia e qualidade das decisões judiciais computacionalmente elaboradas passa, essencialmente, pela garantia da devida fundamentação destas decisões pelo próprio sistema que a gerou.

---

learning techniques that will produce more explainable models. These models will be combined with state-of-the-art human-computer interface techniques capable of translating models into understandable and useful explanation dialogues for the end user" (tradução livre).

24. SAMEK, Wojciech; WIEGAND, Thomas; MÜLLER, Klaus-Robert. Explainable Artificial Intelligence: Understanding, Visualizing and Interpreting Deep Learning Models. *CoRR*, [s. l.], 2017.

Alinha-se, desta forma, o sistema de controle de decisões humana e computacional sobre os mesmos parâmetros. Como bem destaca Streck, "[a] peculiaridade do direito reside no fato de que aquele que interpreta precisa, necessariamente, dar à comunidade política as razões de sua interpretação"[25].

Por fim, os avanços das técnicas computacionais que visam a inclusão de novo processo de aprendizagem de máquina dedicado à fundamentação das decisões, em uma linguagem adequada, que possibilite o entendimento das decisões por seres humanos, o efetivo controle das decisões e, consequentemente, o aumento do nível de confiança das pessoas nestes sistemas de decisão computacional, são capazes de criar um cenário promissor para o desenvolvimento de sistemas de decisões judiciais fundamentadas computacionalmente, o que certamente contribuiria para o aumento expressivo da efetividade da jurisdição, principalmente em um país de alto nível de judicialização como é o caso do Brasil.

REFERÊNCIAS

BITTENCOURT, Guilherme. *Inteligência Artificial*. Ferramentas e Teorias. Campinas: Instituto de Computação. UNICAMP, 1996.

CRAWFORD, Kate. Artificial Intelligence's White Guy Problem. *The New York Times*, 25 jun. 2016. Disponível em: https://nyti.ms/30khuwg. Acesso em: 8 maio. 2018.

CURY, Cesar. Caminho para agilizar a Justiça. *O Globo*, 25 ago. 2015. Disponível em: https://oglobo.globo.com/opiniao/caminho-para-agilizar-justica-17289105. Acesso em: 7 maio. 2018.

GORDON-MURNANE, L. Ethical, Explainable Artificial Intelligence: Bias and Principles. *Online Searcher*, [s. l.], v. 42, n. 2, p. 22–44, 2018. Disponível em: http://search.ebscohost.com/login.aspx?direct=true&db=bth&AN=128582745&lang=pt-br&site=ehost-live. Acesso em: 7 maio 2018.

GUNNING, David. Explainable Artificial Intelligence. [s.d.]. Disponível em: https://www.darpa.mil/program/explainable-artificial-intelligence. Acesso em: 8 maio. 2018.

KELLY, John. E. Computing, cognition and the future of knowing. IBM Global Services, [s. l.], p. 7, 2015.

MALLERY, John C.; HURWITZ, Roger; DUFFY, Gavan. *Hermeneutics*: From Textual Explication to Computer Understanding? Massachusetts Institute of Technology. Artificial Intelligence Laboratory, Cambridge, 1986. Disponível em: https://dspace.mit.edu/handle/1721.1/6438. Acesso em: 7 maio 2018.

MARANHÃO, J. O impacto na Justiça. Exame CEO, São Paulo, 2018.

MELLO, Patrícia Perrone Campos. *Nos bastidores do STF*. Rio de Janeiro: Forense, 2015.

MODHA, Dharmendra S.; ANANTHANARAYANAN, Rajagopal; ESSER, Steven K.; NDIRANGO, Anthony; SHERBONDY, Anthony; SINGH, Raghavendra. Cognitive Computing. *Communications of the ACM*, Nova York, v. 54, n. 8, p. 62-71, 2011.

ORDEM DOS ADVOGADOS DO BRASIL – SECCIONAL RIO DE JANEIRO. *OAB/RJ convoca ato contra "Justiça" sem advocacia*. OAB/RJ. 2018. Disponível em: http://www.oabrj.org.br/noticia/111704-oabrj-convoca-ato-contra-justica-sem-advocacia. Acesso em: 7 maio 2018.

PÁDUA, Luciano. OAB-RJ protesta contra sistema automatizado de solução de conflitos. *Jota*, 19 mar. 2018. Disponível em: https://www.jota.info/justica/oab-rj-protesta-contra-sistema-automatizado-de-solucao-de-conflitos-19032018. Acesso em: 7 maio. 2018.

---

25. STRECK, Lenio Luiz. *Hermenêutica Jurídica e(m) Crise*. 11. ed. Porto Alegre: Livraria do Advogado, 2014.

POSNER, Richard A. *How judges think*. Cambridge: Harvard University Press, 2008.

PUPO, Fábio; OLIVON, Beatriz. Receita testa inteligência artificial em julgamentos. *Valor Econômico*, 23 abr. 2018. Disponível em: http://www.valor.com.br/legislacao/5473055/receita-testa-inteligencia-artificial-em-julgamentos. Acesso em: 7 maio. 2018.

ROMELE, Alberto; SEVERO, Marta; FURIA, Paolo. Digital hermeneutics: from interpreting with machines to interpretational machines. *AI & Society*, Cham, v. 35, p. 73-86, 2020.

SAMEK, Wojciech; WIEGAND, Thomas; MÜLLER, Klaus-Robert. Explainable Artificial Intelligence: Understanding, Visualizing and Interpreting Deep Learning Models. *CoRR*, [s. l.], 2017.

STRECK, Lenio Luiz. *Hermenêutica Jurídica e(m) Crise*. 11. ed. Porto Alegre: Livraria do Advogado, 2014.

SUNSTEIN, Cass. *#Republic*: divided democracy in age of social media. Princeton: Princeton University Press, 2017.

THOMPSON, Ken. Reflections on trusting trust. *Communications of the ACM*, Nova York, v. 27, n. 8, p. 761-763, 1984.

23
OS CRITÉRIOS E ELEMENTOS ESSENCIAIS PARA FIXAÇÃO DO *QUANTUM* INDENIZATÓRIO NOS CRIMES CONTRA A HONRA PRATICADOS NA INTERNET

Rodrigo Gugliara

Sumário: 1. Introdução. 2. Crimes contra a honra cometidos através de ambientes virtuais. 3. A responsabilidade civil. 3.1. Breves apontamentos acerca dos antecedentes históricos. 3.2. Principais critérios para fixação do *quantum* indenizatório. 4. Conclusão. Referências.

1. INTRODUÇÃO

Ao navegarmos pela internet e pelas redes sociais, nos deparamos com algumas discussões de assuntos polêmicos que, não raramente, involuem para ataques pessoais e troca de ofensas. Em um cenário de escalada exponencial de tensões entre diferentes ideologias e espectros políticos, a internet, que foi pensada para troca rápida de informações, tão utilizada nos primórdios dentro do ambiente acadêmico, se mostra um verdadeiro campo de guerra em que a razoabilidade e a convivência das liberdades públicas são ignoradas pelos "guerreiros". Diversas condutas que jamais seriam adotadas por pessoas em situações de equivalência presencial, são cotidianamente encontradas nas redes sociais.

Dentre outros fatores que fomentam tal animosidade no ambiente virtual, ainda persiste a mentalidade de que na internet tudo é possível, diante da possibilidade de ocultação do próprio nome e imagem, comumente através da utilização de dados falsos.

Diante de tais circunstâncias, a Lei 12.965/2014, popularmente conhecida como Marco Civil da Internet, regulamentou a requisição judicial de dados cadastrais e de acesso à vítima que "com o propósito de formar conjunto probatório em processo judicial" (art. 22, caput), poderá requerer ao Juiz que determine ao provedor de aplicação o fornecimento de dados necessários ao esclarecimento da autoria de atos ilícitos cometidos através da internet.

Com as ferramentas disponibilizadas para identificar o autor de ofensas irrogadas na internet, a responsabilização tanto penal quanto civil se torna mais acessível ao ofendido.

Os crimes contra a honra perpetrados através da internet permitem a discussão de diversos relevantes temas. Embora seja importante a questão do conflito entre os direitos fundamentais à liberdade de expressão e à honra e imagem, verdadeiro *hard case*, partiremos do princípio da certeza da sua ocorrência, isto é, não integrará o presente estudo as circunstâncias controversas acerca da caracterização, ou não, de determinada conduta como ilícito penal.

Certo o dever de indenizar, um momento tormentoso aos envolvidos é a quantificação da indenização. Inúmeras são as controvérsias que envolvem essa fase, com diversas teorias para justificar todo tipo de posicionamento. O ofensor tenta que o montante fixado seja o menor possível e, para legitimamente defender sua pretensão, utiliza dos conhecidos argumentos da vedação do enriquecimento ilícito ou da condição econômica das partes, enquanto o ofendido tenta emplacar o conhecido caráter punitivo (*punitive damages*) da responsabilidade civil para que a indenização seja fixada no maior patamar possível.

A fixação de valor justo depende, contudo, da análise do caso concreto e, frequentemente, da análise das provas dos autos. Essas circunstâncias afastam em muitos casos, o controle dos valores em sede recursal do Superior Tribunal de Justiça, Corte Superior responsável por uniformizar a jurisprudência.

Ciente da inviabilidade de uniformização ou tabelamento das indenizações e com os aspectos supra delineados, o presente artigo pretende identificar quais critérios devem ser levados em conta no momento da fixação do *quantum* indenizatório na responsabilidade civil por crimes contra a honra cometidos através da internet. Não se objetiva indicar parâmetros objetivamente definidos para a fixação do *quantum* indenizatório, porquanto a definição é prevalecente casuística, mas trazer critérios que poderão ser considerados para delimitação da indenização devida.

Em razão de diversas particularidades do ambiente digital, os critérios clássicos adotados pela jurisprudência podem se mostrar insuficientes para a justa quantificação do dano sofrido pela vítima do ilícito. Nesse cenário, devemos nos questionar, sob uma perspectiva crítica, se os critérios já utilizados hodiernamente em outras situações para fixação do *quantum* indenizatório são suficientes para indenizar o ofendido através da internet. Existem outros elementos que devem ser levados em conta na quantificação da indenização? Após pontuar brevemente os crimes contra a honra digitais, iremos melhor detalhar as questões apontadas, para concluir quais são os relevantes critérios que devem ser utilizados na fixação da indenização em favor da vítima do crime contra a honra cometidos pela internet.

2. CRIMES CONTRA A HONRA COMETIDOS ATRAVÉS DE AMBIENTES VIRTUAIS

O ambiente virtual tem se mostrado desafiador ao proporcionar maiores debates sobre assuntos diversos. Como citado na introdução, frequentemente ressurgem as clássicas controvérsias acerca dos limites da liberdade de expressão e a compatibilização da sua garantia com a proteção da honra.

Através da internet muitas condutas que dificilmente seriam realizadas em uma situação presencial, acabam se tornando normais, notadamente em razão do aparente anonimato quando do uso de dados pessoais falsos e avatares nos perfis de redes sociais e plataformas digitais. Isso tudo proporciona o que vem sendo denominado de "personas virtuais" ou, nas palavras de Nancy Andrighi:

O crescimento e popularidade da rede devem-se, em grande medida, justamente à sua informalidade e à possibilidade dos usuários a acessarem sem identificação. Essa liberdade tornou-se um grande atrativo, especialmente nos sites de relacionamento, em que pessoas desenvolvem "personalidades virtuais", absolutamente distintas de suas próprias, assumindo uma nova identidade, por meio da qual se apresentam e convivem com terceiros. Criou-se um "mundo paralelo", em que tudo é intangível e no qual há enorme dificuldade em se distinguir a realidade da fantasia.[1]

Diante do contexto delineado, os crimes contra a honra passam a ser objeto de estudo em razão da sua relevância e frequência da sua ocorrência na rede mundial de computadores.

O direito penal brasileiro não se preocupa com qualquer bem ou dano. O bem jurídico tutelado deve ser relevante e o dano grave. Quando um grave dano é impingido a um bem jurídico relevante, se os demais ramos do direito se mostraram insuficientes para evitar aquela lesão, o direito penal entra em cena. A honra é um bem jurídico constitucionalmente protegido (art. 5°, V) e, por isso, graves danos impostos a ela podem caracterizar uma das condutas tipificadas no ordenamento.

O capítulo V, do título I da parte especial do Código Penal (Decreto-Lei 2.848/1940) tipifica as condutas que caracterizam os crimes contra a honra. O artigo 138 tipifica a calúnia[2], seguido pelo crime de difamação[3] no artigo 140 e, por fim, o artigo 141 traz o crime de injúria[4]. Os crimes de calúnia, difamação e injúria também são tipos próprios previstos no Código Eleitoral[5].

A calúnia é o crime que atinge a honra objetiva do sujeito passivo e consiste na falsa atribuição a outrem, com dolo específico, de fato criminoso certo e determinado. Já a difamação é o crime que ocorre mediante a atribuição pelo sujeito ativo de fato certo e determinado que não configure crime[6], mas que ofenda a honra objetiva do sujeito passivo, enquanto a injúria, diferentemente dos dois anteriores, é o crime que atinge a honra subjetiva da vítima e ocorre mediante a imputação de qualidade negativa que ofenda a dignidade ou decoro do sujeito passivo. Sobre a aplicação dos conceitos penais ao âmbito civil, o Superior Tribunal de Justiça também compartilha do entendimento, senão vejamos:

---

1. STJ. REsp 1.193.764/SP. 3ª Turma. V.U. Relator Ministra Nancy Andrighi. J. 14.12.2010.
2. Art. 138. Caluniar alguém, imputando-lhe falsamente fato definido como crime: Pena: detenção, de seis meses a dois anos, e multa. § 1° Na mesma pena incorre quem, sabendo falsa a imputação, a propala ou divulga. § 2° É punível a calúnia contra os mortos. *Exceção da verdade* § 3° Admite-se a prova da verdade, salvo: I – se, constituindo o fato imputado crime de ação privada, o ofendido não foi condenado por sentença irrecorrível; II – se o fato é imputado a qualquer das pessoas indicadas no n. I do art. 141; III – se do crime imputado, embora de ação pública, o ofendido foi absolvido por sentença irrecorrível.
3. Art. 139. Difamar alguém, imputando-lhe fato ofensivo à sua reputação. Penal: detenção, de três meses a um ano, e multa. *Exceção da verdade* Parágrafo único – A exceção da verdade somente se admite se o ofendido é funcionário público e a ofensa é relativa ao exercício de suas funções.
4. Art. 140. Injuriar alguém, ofendendo-lhe a dignidade ou o decoro: Pena: detenção, de um a seis meses, ou multa. § 1° O juiz pode deixar de aplicar a pena: I – quando o ofendido, de forma reprovável, provocou diretamente a injúria; II – no caso de retorsão imediata, que consista em outra injúria. § 2° Se a injúria consiste em violência ou vias de fato, que, por sua natureza ou pelo meio empregado, se considerem aviltantes: Pena: detenção, de três meses a um ano, e multa, além da pena correspondente à violência. § 3° Se a injúria consiste na utilização de elementos referentes a raça, cor, etnia, religião, origem ou a condição de pessoa idosa ou portadora de deficiência: Pena: reclusão de um a três anos e multa.
5. Vide artigos 324 a 326 da Lei 4.737/1965.
6. O fato certo e determinado também pode ser uma contravenção penal.

Essa relação se estabelece por aplicação analógica das definições do Direito Penal, segundo as quais honra subjetiva é atingida pelas condutas tipificadas como crime de injúria, sendo a honra objetiva vulnerada pelos atos capitulados como crimes de difamação ou calúnia.

De fato, conforme o Direito Criminal, a conduta tipificada no delito de injúria – realizada mediante a atribuição de qualificações, atributos, que ofendam a dignidade e o decoro (art. 140 do CP) – está diretamente relacionada à imagem que a pessoa tem de si mesma, portanto, a sua honra subjetiva.

Por outro lado, a prática de atos tipificados como difamação ou mesmo calúnia – que se referem à atribuição da autoria de fatos certos que sejam ofensivos à reputação do ofendido (art. 139 do CP) – atingem o modo pelo qual a pessoa é valorada socialmente, podendo configurar a ofensa à honra objetiva.

Aplicando-se esses conceitos à Responsabilidade Civil, conclui-se que a pessoa jurídica não pode ser atingida pela imputação de qualificações e atributos, que ofendam a dignidade e o decoro, já que não possui sentimento próprio a respeito de suas qualidades físicas, intelectuais e morais, mas sim, somente, pela atribuição da autoria de fatos certos que sejam ofensivos à reputação.[7]

O Código Penal estabelece no artigo 141 causas de aumento de pena aplicáveis aos crimes previstos no capítulo V e, no inciso III elenca como uma dessas causas quando o crime é cometido "na presença de várias pessoas, ou por meio que facilite a divulgação da calúnia, da difamação ou da injúria". Diante da escala mundial da rede de computadores, a internet se mostra uma das formas de meios que facilitem a divulgação de um crime contra a honra.

Ocorre que frequentemente é possível constatar a ocorrência de diversos crimes contra a honra ao navegarmos na internet, justamente em razão da aparente proteção que o ambiente virtual proporciona ao indivíduo ofensor. E mais, embora o Brasil vivencie um período de tensão social, esse tipo de estresse pode ser encontrado em todo o mundo e, nesse sentido, encontramos reflexões semelhantes também na doutrina portuguesa:

> constatei que grande parte dos casos aquele espaço é usado como campo desnormatizado, livre de qualquer limite, onde tudo parece ser permitido, que nos comentários relativos aos atores das notícias que são seu objeto, quer em relação aos outros comentadores do mesmo fórum, num diálogo encarniçado, em regra destituído de qualquer valor opinativo e pouco merecedor das virtualidades daquele espaço cibernético para o pleno e adequado exercício do direito fundamental de *liberdade de expressão*[8]

Percebe-se, portanto, que ao mesmo tempo que a internet trouxe muitos benefícios ao organismo social, também possibilitou um crescente aumento de tensões entre sujeitos que, muitas vezes deságuam em ofensas e, por ocorrerem na internet, ganham dimensões inesperadas.

O que até então se restringia a determinado grupo social, passa a ter acesso facilitado a todos que tenham acesso à internet. Os efeitos de um ilícito, nesse cenário, tornam-se exponencialmente maiores diante da ausência de fronteiras da internet e da velocidade das informações. Essas circunstâncias merecem especial atenção no âmbito civil, quando responsabilizado o ofensor a indenizar a vítima do ilícito.

---

7. STJ. REsp 1.650.725/MG. 3ª Turma. Relatora Ministra Nancy Andrighi. J. 18.05.2017.
8. LOPES, Maria de Lurdes. Valoração jurídico criminal de comentários violadores do direito à imagem e ao nome e apologéticos de violência, discriminação ou intolerância étnica, racial e de gênero. In: *Informação e liberdade de expressão na internet e a violação de direitos fundamentais*: comentários em meios de comunicação online. Lisboa: Imprensa Nacional-Casa da Moeda, 2014, p. 51-52.

3. A RESPONSABILIDADE CIVIL

3.1. Breves apontamentos acerca dos antecedentes históricos

O dano moral foi, por muito tempo, considerado uma espécie de dano que não era indenizável, justamente em razão da impossibilidade da sua quantificação. Um dos primeiros instrumentos legislativos[9] que possibilitou a indenização em razão de dano moral foi o Código de Telecomunicações que previu[10], justamente, a indenização em caso dos crimes contra a honra cometidos através de radiodifusão. Sobre a questão, Stoco asseverou que

> atualmente, evoluímos, felizmente, no sentido de que o direito da personalidade e o direito à imagem estão inseridos nos direitos subjetivos que podem ensejar dano moral, quando atingidos, até porque a imagem constitui o sinal sensível da personalidade e sua expressão maior: o seu *vultus*.[11]

No contexto citado, vemos atualmente a existência de fartos fundamentos para o reconhecimento e a sua indenização, quando da ocorrência, do dano moral. A própria Constituição Federal já elenca no seu artigo 5º a garantia de que "é assegurado o direito de resposta, proporcional ao agravo, além de indenização por dano material, moral ou à imagem" (inciso V).

Já nas normas infraconstitucionais, o Código Civil nos fornece regramento suficiente para a questão, como o famoso artigo 186 que conceitua o ato ilícito e o artigo 187 que também classifica como ato ilícito o exercício regular de um direito exercido com manifesto excesso em relação aos limites impostos pela sua finalidade econômica ou social, pela boa-fé ou pelos bons costumes. Em complementação, o Código Civil também imputa o dever de reparar a aquele que cometeu ato ilícito e, em razão do ilícito, causou dano a outrem (art. 927).

Com a evolução do direito, atualmente o arcabouço legal é mais do que suficiente para possibilitar a indenização pelo dano moral sofrido.

Por lado outro, com esse desenvolvimento jurídico a doutrina vem alertando que o dano moral não pode ser banalizado. A sua fixação não serve para enriquecimento ilícito ou como mero instrumento de vingança. E justamente diante da subjetividade da fixação da indenização e constatada a chance do incorreto uso do instrumento indenizatório "iniciou-se um processo perigoso de exacerbação na pretensão e no estabelecimento do

---

9. Embora não empregue o termo "dano moral", o Código Civil de 1.916 previu, em seu artigo 1.538, § 2º a responsabilidade do ofensor por indenização para aquele que fosse ferido ou tivesse ofendida à sua saúde, "se o ofendido, aleijão ou deformado, for mulher solteira ou viúva, ainda capaz de casar". Ainda assim, por algum tempo prevaleceu o entendimento a inexistência de responsabilização por dano extrapatrimonial.
10. O "caput" do artigo 81 da Lei 4.117/62, posteriormente revogado pelo artigo 3º do Decreto-Lei 236/1967, previa que "Independentemente da ação penal, o ofendido pela calúnia, difamação ou injúria cometida por meio de radiodifusão, poderá demandar, no Juízo Cível, a reparação do dano moral, respondendo por êste solidáriamente, o ofensor, a concessionária ou permissionária, quando culpada por ação ou omissão, e quem quer que, favorecido pelo crime, haja de qualquer modo contribuído para êle."
11. STOCO, Rui. *Tratado de Responsabilidade Civil*: doutrina e jurisprudência (e-book). 2. ed. São Paulo: Revista dos Tribunais, 2015. E-book.

quantum da indenização"[12]. Nas relações de consumo levadas ao Judiciário, por exemplo, grande parte são acompanhadas de pedidos indenizatórios por supostos danos morais sofridos pelo consumidor.

Diante da complexidade de fatos sociais, a evolução normativa e jurisprudencial era inevitável. Agora, após a sua solidificação, cabe a doutrina e jurisprudência fixar parâmetros, sempre atentos a realidade social que nos rodeia, para que haja a efetiva tutela daqueles que sofrem um dano, de modo que o resultado cumpra com a razoabilidade e proporcionalidade.

3.2. Principais critérios para fixação do *quantum* indenizatório

Importante observar que a Constituição da República Federativa do Brasil mantém, em seu artigo 220, a "manifestação do pensamento, a criação, a expressão e a informação" livre de qualquer restrição, enquanto o parágrafo 2º do mesmo dispositivo Constitucional veda a censura política, ideológica e artística. Não se nega que eventualmente possamos encontrar decisões judiciais ou projetos de leis em sentido aparentemente contrário, mas ainda assim prevalece no sistema jurídico brasileiro a liberdade de expressão e manifestação de pensamento.

As convicções do indivíduo, enquanto interiorizadas, são protegidas pela liberdade de pensamento e o seu íntimo é inviolável, mesmo através de técnicas psicológicas ou qualquer outro meio disponível. Além do pensamento, também é assegurado ao indivíduo a exteriorização daquelas convicções, sem que seja possível a sua censura prévia. Ocorre que após manifestado o pensamento, poder-se-á ocorrer a figura do ato ilícito.

Mesmo diante do referido direito previsto no artigo 5º, X a Constituição também assegura que "são invioláveis a intimidade, a vida privada, a honra e a imagem das pessoas, assegurado o direito a indenização pelo dano material ou moral decorrente de sua violação".

O dever de indenizar, portanto, somente surge quando a manifestação ultrapassa os limites do razoável, atingindo efetivamente a honra de terceiros. Para o objeto em estudo isso é relevante, pois conforme o direito penal nos ensina, somente são tipificadas as condutas que não foram suficientemente combatidas pelos demais ramos do direito. O que se pretende concluir com estes apontamentos é que a manifestação de pensamento e opinião para chegar a ser tipificada já se mostra de considerável gravidade. Grave como apontada a conduta, o ofendido merece proporcional indenização.

No âmbito civil, a punição do ofensor é viabilizada através da indenização por dano moral. O dano moral é um dano extrapatrimonial que, segundo Nancy Andrighi, "dizem respeito a lesões a atributos da pessoa, enquanto ente ético e social que participa da vida em sociedade, estabelecendo relações intersubjetivas em uma ou mais comunidades"[13] suportado pela vítima de um ato ilícito, decorrente do abalo psicológico suportado em

---

12. STOCO, Rui. *Tratado de Responsabilidade Civil*: doutrina e jurisprudência (e-book). 2. ed. São Paulo: Revista dos Tribunais, 2015. E-book.
13. STJ. REsp 1.650.725/MG. 3ª Turma. Relatora Ministra Nancy Andrighi. J. 18.05.2017.

razão de um sentimento de dor, sofrimento ou angústia. Portanto, o dano moral não é reparado, pois impossível retornar ao estado anterior e segundo Galeano Lacerda

> pois "a dor não tem preço". O que se pretende, sob a perspectiva do ofendido, é proporcionar-lhe um status material diferenciado de conforto, minimizando a dor que sofreu. Dá-se à vítima, através do que o dinheiro pode comprar, uma alegria que contrabalance o sofrimento.[14]

Com tais apontamentos, ainda estamos diante de aspectos subjetivos, que dependem da adoção de critérios mais objetivos para aferição do quantum indenizatório devido. Para tanto, iniciaremos tratando dos critérios típicos já adotados pela jurisprudência.

a) Critérios típicos

Inúmeras iniciativas legislativas têm sido adotadas no sentido de prever e regulamentar o funcionamento e os efeitos de tecnologias, seja em âmbitos tributário, penal, civil e até mesmo Constitucional. As novas normas que passam a integrar o sistema jurídico nacional relacionadas à tecnologia são, frequentemente, festejadas e até abordadas como grandes feitos em termos de proteção aos usuários, embora, não raras vezes as normas já existentes fossem suficientes para tratar as situações do ambiente digital.

O que se pode verificar é que algumas normas editadas especificamente para tratar sobre tecnologia acabam sendo repetitivas e, mesmo assim, tratadas como grande marco legislativo. É essencial, nesse cenário, adotar uma perspectiva mais crítica quando a real necessidade de edição de novas leis ou se as atuais já são suficientes para regular determinadas matérias, quando aplicadas a contento.

Diante de tais considerações, para o escopo do presente estudo será necessária a análise dos critérios típicos de quantificação da indenização por danos morais e a sua eventual suficiência, ou não, para indenizar as vítimas de ilícitos contra a honra cometidos através da internet.

O próprio Código Civil traz em seus artigos 944 e seguintes algumas regras acerca da indenização na responsabilidade civil. O próprio artigo 944 estreia o capítulo II do Título IX (Da Responsabilidade Civil) com a disposição de que "a indenização mede-se pela extensão do dano". Ao refinar a pesquisa, é possível encontrar no artigo 953 do mesmo diploma legal, que repetiu e adaptou a previsão do artigo 1.547 do Código Civil de 1.916, uma regra aplicável especificamente aos crimes contra a honra, que garante que "A indenização por injúria, difamação ou calúnia consistirá na reparação do dano que delas resulte ao ofendido".

Enquanto os danos materiais são de fácil aferição, uma vez que correspondem exatamente a diminuição do patrimônio da vítima em razão do ato ilícito perpetrado, o mesmo não há que se falar dos danos morais. E essa dificuldade decorre, especialmente, diante dos diferentes efeitos que uma mesma conduta pode ter em relação a diferentes

---

14. LACERDA, Galeano. Indenização do dano moral In: STOCO, Rui (Org.). *Doutrinas Essenciais de Dano Moral*, v. 4. São Paulo: Revista dos Tribunais, 2015. *E-book*.

vítimas, o que torna tormentoso o trabalho do julgador diante da impossibilidade de dimensionar economicamente o dano sofrido.

Em razão da dificuldade de mensurar os danos morais, uma vez que uma determinada conduta pode ter diferentes efeitos em diferentes ofendidos, alguns são os critérios adotados pela jurisprudência no momento da fixação do *quantum* indenizatório. Em alguns casos, mormente os mais comuns do âmbito do Judiciário, é possível prever, com certo grau de precisão, os limites[15] máximos e mínimos utilizados, tal como em lides relacionadas a atraso de voos ou inscrição indevida no cadastro de inadimplentes que venha a ocasionar abalo creditício[16]. Quando a situação foge um pouco daquelas presentes na rotina judiciária, a quantificação da indenização começa a apresentar maiores desafios aos envolvidos.

O Superior Tribunal de Justiça costumeiramente não se debruça sobre *quantum* indenizatório por, na maioria dos casos, depender de análise do conjunto probatório, o que é obstado por força da súmula 7[17]. Contudo, também é assente no STJ que quando o valor fixado for considerado "exagerado" ou "irrisório" será passível de reforma pela Corte[18].

Asseverou Rui Stoco:

> Não se pode olvidar, ainda, que, diante dessa ausência de critérios e valores da Constituição Federal e no Código Civil, não se pode desprezar a construção criteriosa e paulatina do Superior Tribunal de Justiça, fixando diretivas mínimas mas seguras na fixação do *quantum* do dano moral em várias hipóteses[19]

---

15. Fazemos menção aos limites e não ao valor em si, pois até nas situações mais corriqueiros vistas no Poder Judiciário há a necessidade de observância das peculiaridades do caso concreto, especialmente frente ao posicionamento consolidado do Superior Tribunal de Justiça no sentido de rechaçar a tarifação dos danos morais, mesmo se legal, tal como ocorria na Lei de Imprensa. Sobre o tarifamento legal, importante regressarmos ao Código Civil de 1.916 que previa, inclusive, indenização tarifada para a responsabilidade civil em casos de calúnia ou injúria (art. 1.547, parágrafo único) quando não possível comprovar o dano material, no valor correspondente ao dobro da multa no patamar máximo cominada no tipo penal respectivo.
16. É o fenômeno chamado de tarifamento judicial que, nas palavras do Ministro Paulo de Tarso Sanseverino "que começa silenciosamente a ocorrer, embora não admitido expressamente por nenhum julgado, na fixação das indenizações por danos extrapatrimoniais de acordo com precedentes jurisprudenciais, considerando apenas o bem atingido" que, continua, com afirmação de que o tarifamento judicial acaba "ensejando um engessamento da atividade jurisdicional e transformando o seu arbitramento em uma simples operação de subsunção, e não mais de concreção" e "não se mostra compatível com o princípio da reparação integral que tem, como uma de suas funções fundamentais, a exigência de avaliação concreta da indenização, inclusive por prejuízos extrapatrimoniais." (STJ. REsp 959.780/ES. 3ª Turma. V.U. Relator Ministro Paulo de Tarso Sanseverino. J. 26.04.2011).
17. A súmula 7 do Superior Tribunal de Justiça preceitua que "A pretensão de simples reexame de prova não enseja Recurso Especial".
18. Sobre o assunto, Fábio Luis Furrier "Em resumo, portanto, a abordagem que se consagrou a partir de então e que se tornou um verdadeiro clássico instantâneo no âmbito do recurso especial afirma que, a princípio, o valor das indenizações por danos morais não pode ser revista em face da Súmula 7 do STJ, a menos que o montante seja demasiadamente discrepante por excesso ou falta; o que equivale a dizer que apenas situações excepcionais merecem atenção. Não se discute aquilo que o Min. Menezes Direito chamou de "função política" quanto às escolhas do Tribunal". *A atuação do STJ no exame do justo valor compensatório dos danos morais – como adicionar objetividade a partir de duas propostas de método.* FURRIER, Fábio Luis. A atuação do STJ no exame do justo valor compensatório dos danos morais – como adicionar objetividade a partir de duas propostas de método. *In*: STOCO, Rui (Org.). *Doutrinas Essenciais de Dano Moral*, v. 4. São Paulo: Revista dos Tribunais, 2015.
19. STOCO, Rui. *Tratado de Responsabilidade Civil: doutrina e jurisprudência.* 2. ed. São Paulo: Revista dos Tribunais, 2015. E-book. *E-book.*

Os casos que chegaram a cognição do Superior Tribunal de Justiça possibilitaram à corte firmar o entendimento de que o juiz deve indicar os critérios utilizados para chegar ao valor fixado[20], observada a razoabilidade e que

> Diante da impossibilidade de uma indenização pecuniária que compense integralmente a ofensa ao bem ou interesse jurídico lesado, a solução é uma reparação com natureza satisfatória, que não guardará uma relação de equivalência precisa com o prejuízo extrapatrimonial, mas que deverá ser pautada pela equidade[21].

Ainda que proporcionalmente não haja muitas situações em que a Corte Superior efetivamente modifique o montante fixado nas instâncias ordinárias, também restou pacificado o entendimento de que a fixação do *quantum* indenizatório deve seguir o método bifásico, que consiste na análise do interesse jurídico lesado, seguido pelo estudo das circunstâncias e particularidades do acontecimento, visando harmonizar a fixação do caso concreto com outros semelhantes, sem que ocorra, no entanto, a tarifação judicial, e sempre levando-se em conta as peculiaridades do caso concreto.

A primeira fase tem por objetivo harmonizar a indenização com outras fixadas em casos semelhantes. Uma vez que não há tarifamento legal, justamente para concretizar o princípio da reparação integral, o julgador deve analisar casos semelhantes para que se possa aferir quais são os valores comumente aplicados em casos paradigmas. Isso, se deve justamente para tentar reduzir um pouco do subjetivismo e proporcionar mais segurança jurídica, evitando-se grandes disparidades de indenização em casos parecidos. Assim, agrupa-se casos semelhantes e adota-se os valores como parâmetro para a fase seguinte.

Já na segunda fase é que ocorre a aferição das peculiaridades e circunstâncias da lide. É então que se opera a chamada, nas palavras de Karl Engisch, citado por Paulo de Tarso Sanseverino[22], a "concreção individualizadora" com o arbitramento equitativo.

Na específica análise efetuada na segunda parte do modelo bifásico de arbitramento equitativo indenizatório são levados em conta os critérios relativos ao grau de culpa do ofensor, a extensão do dano sofrido, a conduta e a capacidade econômica do ofensor e ofendido, circunstâncias fáticas preexistentes na relação entre ambos, a origem das ofensas e, por fim, as circunstâncias pessoais da vítima, como colocação pessoal e profissional, política e econômica, tudo limitado pelo princípios da proporcionalidade e razoabilidade.

O grau de culpa do ofensor é um critério que encontra, de certo modo, respaldo legal. O parágrafo único do artigo 944 estabelece que "se houver excessiva desproporção entre a gravidade da culpa e do dano, poderá o juiz reduzir equitativamente, a indenização". Ao contrário, condutas torpes e fúteis merecem maior reprimenda, mostrando-se tal critério essencial a correta concreção individualizadora.

---

20. O Ministro Paulo de Tarso Sanseverino, relator no REsp 959.780/ES entendeu que "A autorização legal para o arbitramento equitativo não representa a outorga pelo legislador ao juiz de um poder arbitrário, pois a indenização, além de ser fixada com razoabilidade, deve ser devidamente fundamentada com a indicação dos critérios utilizados." (STJ. 3ª Turma. V.U. J. 26.04.2011).
21. STJ. REsp 959.780/ES. 3ª Turma. V.U. Relator Ministro Paulo de Tarso Sanseverino. J. 26.04.2011.
22. STJ. REsp 959.780/ES. 3ª Turma. V.U. Relator Ministro Paulo de Tarso Sanseverino. J. 26.04.2011.

A extensão do dano sofrido é o principal elemento do método bifásico que diferenciará o dano efetuado no mundo presencial daquele ocorrido no ambiente virtual, motivo pelo qual será melhor detalhado no item específico a seguir.

Devem ser apuradas, igualmente, a conduta do ofensor e ofendido. Serão levadas em conta em quais circunstâncias ocorreu a ofensa, tal como se o ofendido teve a iniciativa na ofensa, se houve provocação do ofendido ou em qual contexto a ofensa foi proferida.

A capacidade econômica do ofensor e ofendido são importantes aspectos para a segunda fase, justamente para evitar a ruína do ofensor e, também, não acarretar o enriquecimento sem causa do ofendido. Neste sentido,

> a indenização do dano (ao patrimônio do sujeito como um todo) encontra vertente equilibrada no quantum que alguém, em seu contexto de necessidade, almeja ganhar para compensar o que perdeu em confronto com o que outrem, no contexto de sua possibilidade, pode pagar para repor o patrimônio lesado do outro.[23]

Do mesmo modo

> Para efeito de quantificação, por se tratar de sanção de natureza punitiva, deve-se levar em conta, ao lado de inelutável aferição da extensão do dano – que nas redes sociais da Internet pode tomar proporções incomensuráveis –, a condição pessoal do autor do discurso, como a sua condição de pessoa física ou jurídica (se pessoa física, a sua idade e inexperiência), condição social ou porte econômico da empresa, dentre outras circunstâncias, de maneira que a imputação da sanção não seja irrisória ou elevada a ponte de ofender o patrimônio mínimo do autor do discurso, atingindo-lhe a sua dignidade, ou comprometer as atividades e função social da empresa[24]

Colocamos as circunstâncias fáticas preexistentes na relação entre ofendido e ofensor e a origem das ofensas como critérios próprios, embora seja um consectário da conduta das partes, em razão da sua importância. Aqui, vale exemplificar com o uso de políticos, que não raras vezes tornam-se manchetes de jornais em razão de discussões acaloradas na internet. Desse modo, quando um político deixa seu cargo e não conta com imunidade de palavras, eventual ofensa irrogada na internet contra um adversário político não é o primeiro acontecimento.

Por fim, as circunstâncias pessoais da vítima, como colocação pessoal e profissional, política e econômica também devem ser considerados. Isso, pois ainda que a honra seja um direito constitucional que deve ser assegurado a todos os indivíduos, a depender desses elementos a conduta pode atingir de forma e em grau diferente cada ofendido.

Consolidados os critérios já explanados, o Superior Tribunal de Justiça entende que:

> na esteira da doutrina e da jurisprudência desta Corte Superior, a fixação da indenização por dano extrapatrimonial deverá observar a extensão do dano, o grau de culpa do agente e a contribuição causal

---

23. NERY, Rosa Maria Barreto Borriello de Andrade. Dano moral e patrimonial: fixação do valor indenizatório In: NERY JÚNIOR, Nelson; NERY, Rosa Maria de Andrade. Doutrinas Essenciais de Responsabilidade Civil, v. 2. São Paulo: Editora Revista dos Tribunais, 2010, p. 1.049.
24. BARBOSA-FOHRMANN, Ana Paula; SILVA JR., Antônio dos Reis Silva. O discurso de ódio na internet. In: MARTINS, Guilherme Magalhães; LONGHI, João Victor Rozatti (Coords.). Direito digital: direito privado e internet. 2. ed. Indaiatuba: Foco, 2019, p. 30.

da vítima, as condições socioeconômicas dos envolvidos e a vedação do enriquecimento ilícito e da ruína do ofensor[25]

Todos os referidos aspectos devem ser sopesados, de acordo com os princípios da proporcionalidade e razoabilidade, para que o julgador possa de modo específico efetuar a concreção individualizadora.

O que se busca com a aplicação do método bifásico é a minoração da insegurança jurídica da adoção de critérios meramente subjetivos, sempre com a preservação de balizas para que o julgador possa alcançar a efetiva indenização para que se efetue a minoração dos danos sofridos, já que a reparação é inviável.

Os critérios adotados, portanto, se mostram suficientes e se seguidos levam o magistrado ao modo mais justo e adequado de fixação de indenização por danos morais. Contudo, especialmente na extensão do dano devem ser levadas em conta todas as peculiaridades da internet, conforme proposição abaixo detalhada.

b) Proposição de elementos a serem considerados na extensão do dano

Os critérios atualmente adotados para a fixação do *quantum* indenizatório por danos morais a ser recebida pela vítima de crimes contra a honra cometidos através da internet são claros e, ao que se pode concluir, suficientes para uma justa indenização da vítima. Não se pode negar, por lado outro, que as relações em ambientes digitais têm suas peculiaridades e merecem especial atenção, justamente com a finalidade de pacificar as relações sociais digitais.

Não se pretende no presente estudo modificar a metodologia já utilizada para apuração de valor justo indenizatório, mas apenas e tão somente trazer, diante da suficiência do método já empregado, alguns novos elementos que são importantes que sejam considerados pelo julgador no momento de aplicar o método bifásico.

O dano moral e incomensurável e a extensão do dano é um dos pontos de maior atenção no momento da aplicação do método bifásico. Quando o dano moral decorre de uma conduta ilícita praticada no âmbito digital, o julgador poderá se valer de alguns elementos objetivos para servir de parâmetros no momento de dimensionar a extensão do dano.

O artigo 2º do Marco Civil da Internet (Lei 12.965/2014) elenca os fundamentos da disciplina do uso da internet em território nacional. Dentre as sete hipóteses previstas, o inciso I traz como fundamento "o reconhecimento da escala mundial da rede". E é justamente neste ponto em que o crime contra a honra cometido presencialmente e na internet se diferenciam.

Atualmente, nem mesmo o idioma impede que a informação seja acessada em qualquer lugar do mundo. Alguns navegadores, ou *browser*, já têm como recurso nato a tradução, muitas vezes automática, de conteúdo em diferentes idiomas ao idioma natural do usuário.

---

25. STJ. REsp 1.771.866/DF. V.U. 3ª Turma. Relator Ministro Marco Aurélio Bellizze. J. 12.02.2019.

Além do alcance, também há que se lembrar a velocidade da informação. Com apenas alguns cliques, em milésimos de segundo a publicação já está disponível para todo aquele que esteja conectado.

No momento de identificar a extensão do dano, sempre deve ser levado em conta que uma simples publicação na internet tem a potencialidade lesiva de afetar a honra de um indivíduo em todo o planeta.

Alguns pontos mais objetivos merecem especial atenção.

A plataforma em que o ilícito foi cometido é um ponto importante a ser levado em conta. A notoriedade da plataforma, a sua destinação, a extensão territorial da sua presença são alguns fatores que permitem a identificação de maior ou menor extensão do dano. Aqui, por exemplo, uma ofensa que envolva o lado profissional de uma pessoa rogada em uma rede social destinada a contatos profissionais tem maior potencial de abalar a honra do ofendido do que se o mesmo conteúdo fosse vinculado em um pequeno fórum da internet descorrelacionado ao tema do seu labor.

O próprio conteúdo também nos permite extrair dados objetivos relevantes para parametrizar a extensão do dano. Isso, pois algumas plataformas digitais, tal como listas de transmissão[26] do Telegram, stories[27] do Instagram ou vídeos no Youtube[28], armazenam a quantidade exata de usuários que visualizaram e o efetivo alcance daquele conteúdo. Uma vez que tais dados podem ser requisitados pelo Magistrado, tais informações são as mais objetivas para que se identifique a extensão do dano.

As interações realizadas no conteúdo ilícito também devem ser objeto de análise. Isso, pois algumas redes sociais permitem vários tipos de interações de usuários em relação a publicações de suas conexões ou até mesmo de terceiros. Algumas das interações disponíveis permitem concluir que outras pessoas efetivamente concordam com aquela manifestação[29] e, assim, verificar o impacto da conduta perante os destinatários do conteúdo.

Uma específica interação merece atenção: o "Compartilhar". O recurso compartilhar existe em diversas redes sociais, como Facebook, Instagram[30] e LinkedIn e permite que um usuário compartilhe com seus amigos/seguidores o conteúdo originalmente publicado por terceiros. E o recurso merece especial atenção, pois o dano que poderia alcançar

---

26. O aplicativo de mensagens eletrônicas Telegram conta com um recurso chamado de Lista de transmissão. Através das listas de transmissão um usuário pode disponibilizar um canal em que todos os demais usuários que tiverem interesse naquele tema terão a oportunidade de se inscrever para receber mensagens instantâneas de atualizações. Quando enviada uma mensagem a determinada lista de transmissão, no canto inferior direito há a indicação de quantas pessoas visualizaram aquela mensagem.
27. A rede social Instagram disponibiliza o recurso chamado Stories, no qual o usuário poderá publicar um conteúdo audiovisual que ficará disponível, a princípio, pelo prazo de 24 horas, podendo ser colocado como destaque no perfil de quem publicou, o que o torna disponível para acesso pelo tempo que o usuário desejar. O titular daquele conteúdo, sempre que entra em suas postagens do stories, conta com a lista de quem visualizou aquela postagem.
28. O Youtube é a mais conhecida plataforma de disponibilização de vídeos. O usuário responsável pelo vídeo tem acesso, sendo franqueado que tal informação também permaneça pública, ao número de visualizações que o seu vídeo teve enquanto publicado.
29. A plataforma LinkedIn, por exemplo, permite que seus usuários utilizem reações como "Amei" e "Genial" nas publicações de terceiros (próprias também, mas não se enquadra no presente estudo).
30. Em algumas situações o Instagram permite que usuários compartilhem em seus próprios *stories* o conteúdo publicado por terceiros nos stories.

apenas algumas pessoas do círculo[31] de quem a publicou, passa a atingir também aos amigos/seguidores de quem a compartilhou. No caso de um ilícito, o dano ganha ainda maior amplitude e tal aspecto certamente também deve ser levado em conta.

Cada rede social, fórum de discussão, aplicativo ou plataforma digital conta com as suas próprias funcionalidades e especificidades. A depender de qual foi a ferramenta utilizada para a publicação do conteúdo ofensivo, diversos são os elementos que permitem ao julgador aferir a extensão do dano de modo mais razoável e proporcional, devendo ser tais informações levadas ao seu conhecimento, seja pelas partes ou mediante colaboração dos provedores das aplicações.

Com tais elementos, é possível tornar a extensão do dano menos subjetiva e, assim, aproximar a indenização do justo em relação ao dano efetivo sofrido pela vítima.

4. CONCLUSÃO

Em uma sociedade extremamente polarizada em que diversas pessoas estão conectadas na internet, emitindo opinião sobre os mais diversos assuntos, em diversos momentos crimes contra a honra são cometidos.

Irrogada a ofensa através da internet, o alcance da conduta não encontra fronteiras e é imediato, circunstâncias essas que diferenciam o dano em relação a mesma ofensa caso realizada presencialmente. Tanto que a sua efetivação por meios que facilitem a sua divulgação é até mesmo uma majorante da pena do respectivo tipo penal.

O ofendido passa, portanto, a ter o direito de receber indenização pelo dano suportado, uma vez que a reparação não possível e que até mesmo a retratação não ganharia a mesma atenção.

A fixação de valor indenizatório de danos morais é uma tarefa, por si só, complexa. Visando reduzir a subjetividade do instituto e considerando a inviabilidade de tarifação do dano moral, o Superior Tribunal de Justiça adotou o método bifásico, que consiste na utilização de casos semelhantes para que delimite o valor base e, com essa estrutura, inicia-se a segunda fase em que são valoradas as circunstâncias do caso concreto.

Na segunda fase as peculiaridades do ocorrido devem ser levados em conta, com a verificação do grau de culpa do ofensor, a conduta e a capacidade econômica tanto do ofensor quanto do ofendido, circunstâncias fáticas preexistentes na relação entre ambos, a origem das ofensas, as circunstâncias pessoais do ofendido e, principalmente, e a extensão do dano sofrido tudo limitado pelos princípios da proporcionalidade e razoabilidade. Um dos pontos centrais da segunda fase, para o específico objeto de estudo é a extensão do dano.

A extensão do dano causado pelo crime contra a honra cometido pela internet tem algumas peculiaridades que merecem análise específica. Centra-se, aqui, na ideia de que

---

31. É notório que os algoritmos das principais redes sociais não permitem que as publicações dos usuários atinjam todos os seus amigos/seguidores, pois essa limitação é um dos meios utilizados para monetização do serviço, que mediante pagamento pode chegar a um número maior de usuários. Contudo, em algumas redes sociais específicas e dependendo das configurações de privacidade do usuário, não apenas os seus amigos/seguidores podem ter acesso aos *posts*, como também os amigos/seguidores dos seus amigos/seguidores.

o julgador valore elementos como a rede social ou plataforma utilizada para ofensa, o conteúdo ofensivo, quando possível extrair o número de visualizações e o seu alcance, as interações de terceiros com o conteúdo ilícito e eventuais compartilhamentos da ofensa e as possíveis ferramentas disponíveis e eventualmente utilizadas pela rede social ou plataforma que acarretem a ampliação do dano.

Depreende-se, portanto, que a forma de quantificação da indenização por danos morais empregada pela jurisprudência é satisfatória para que o julgador possa fixar o valor adequado, sem qualquer espécie de tarifação, mas com parâmetros suficientes para afastar a completa discricionariedade inerente ao modelo do instituto.

Contudo, os crimes contra a honra cometidos no ambiente virtual têm algumas peculiaridades que devem ser levadas em conta, especialmente no momento de identificação da extensão do dano. Cremos que a utilização dos específicos elementos abordados ao longo do estudo, aliado ao método bifásico de quantificação da indenização ensejará a revelação de justo valor para que o ofendido tenha as consequências do ilícito contra si cometido minoradas a contento.

REFERÊNCIAS

BARBOSA-FOHRMANN, Ana Paula; SILVA JR., Antônio dos Reis Silva. O discurso de ódio na internet. In: MARTINS, Guilherme Magalhães; LONGHI, João Victor Rozatti (Coords.). *Direito digital*: direito privado e internet. 2. ed. Indaiatuba: Foco, 2019.

BRASIL. Superior Tribunal de Justiça. REsp 959.780/ES. 3ª Turma. V.U. Relator Ministro Paulo de Tarso Sanseverino. J. 26/04/2011.

BRASIL. Superior Tribunal de Justiça. REsp 1.193.764/SP. 3ª Turma. V.U. Relator Ministra Nancy Andrighi. J. 14/12/2010.

BRASIL. Superior Tribunal de Justiça. REsp 1.650.725/MG. 3ª Turma. Relatora Ministra Nancy Andrighi. J. 18/05/2017.

BRASIL. Superior Tribunal de Justiça. REsp 1.771.866/DF. 3ª Turma. V.U. Relator Ministro Marco Aurélio Bellizze. J. 12/02/2019.

CAMARGO, Coriolano Almeida et al. (Coord.). *Direito digital*: novas teses jurídicas. 2. ed. Rio de janeiro: Lumen Juris, 2019.

GOUVÊA, José Roberto Ferreira; SILVA, Vanderlei Arcanjo da. A quantificação dos danos morais pelo STJ. In: STOCO, Rui (Org.). *Doutrinas Essenciais de Dano Moral*, v. 4. São Paulo: Revista dos Tribunais, 2015.

FURRIER, Fábio Luis. A atuação do STJ no exame do justo valor compensatório dos danos morais - como adicionar objetividade a partir de duas propostas de método. In: STOCO, Rui (Org.). *Doutrinas Essenciais de Dano Moral*, v. 4. São Paulo: Revista dos Tribunais, 2015.

LACERDA, Galeano. Indenização do dano moral In: STOCO, Rui (Org.). *Doutrinas Essenciais de Dano Moral*, v. 4. São Paulo: Revista dos Tribunais, 2015.

LONGHI, João Victor Rozatti; FALEIROS JÚNIOR, José Luiz de Moura (Coords.). *Estudos essenciais de direito digital*. Uberlândia: LAECC, 2019.

LOPES, Maria de Lurdes. Valoração jurídico criminal de comentários violadores do direito à imagem e ao nome e apologéticos de violência, discriminação ou intolerância étnica, racial e de gênero. In:

Informação e liberdade de expressão na internet e a violação de direitos fundamentais: comentários em meios de comunicação online. Lisboa: Imprensa Nacional-Casa da Moeda, 2014.

NANNI, Giovanni Ettore (Coord.). *Comentários ao Código Civil*: direito privado contemporâneo. São Paulo: Saraiva, 2019.

NERY, Rosa Maria Barreto Borriello de Andrade. Dano moral e patrimonial: fixação do valor indenizatório *In:* NERY JÚNIOR, Nelson; NERY, Rosa Maria de Andrade. *Doutrinas Essenciais de Responsabilidade Civil*, v. 2. São Paulo: Editora Revista dos Tribunais, 2010.

STOCO, Rui. *Tratado de Responsabilidade Civil*: doutrina e jurisprudência (e-book). 2. ed. São Paulo: Revista dos Tribunais, 2015. *E-book*.

ANOTAÇÕES